法人税法要説

五訂版

福岡大学商学部教授・商学博士
山内ススム 著

税務経理協会

は　し　が　き

　本書は，初めて法人税法を勉強する人々を対象にした専門書である。経理実務に携わる人や，将来税理士，会計士，弁護士となる人にとって，わかりやすく書かれた専門書は少ない。税法のなかでも特に法人税はもっとも難しく思われている。

　そこで本書は，筆者が実際に税理士試験（国税三法及び会計二科目）及び会計士二次試験に合格した経験と，現在，大学で教鞭をとっている経験を生かし，難しい法人税法を次の7段階に分けてわかりやすく作成した。

　1　条文に書かれている【Point】をまず示した。

　2　次に《税法の条文》を掲げた。

　3　その条文を基にした《計算Point》を表した。

　4　その原則的な《計算Pattern》を示した。

　5　その《計算Point》と《計算Pattern》の理解により《例題》を解く。

　6　例題の《解答》により，読者の理解の程度を確認する。

　7　最後に関連する《実務上のPoint》を示した。

　したがって，まず条文の《要点》を読み，その後さらにその条文を読み，条文に応じた《計算Point》《計算Pattern》を覚えたうえで，《例題》を解くことにより，条文の理解を深め，法人税法の計算の仕組みが理解できるように書かれている過去にない書である。

　内容については，特殊な複雑な部分はできるだけ避け，法人税法を初めて学ぶ人々を対象に，大学で使うテキストないし入門書としてできるだけわかりやすく記述したつもりである。

　また，各項目に対しては，章末に実務においてよく生ずる問題点を掲げておいたので，読者は法人税法に興味を覚え，本書によって，初めて法人税法を学ぶ人々は，この書により法人税法により深い理解を示すと考える。なお，本書『法人税法要説』は，『所得税法要説』『相続税法要説』『消費税法要説』と姉

2

妹書であり，法人税法を学ぶ学生，将来の税理士及び会計士を目指す人々，会計実務家等にお役に立てていただければ幸いである。

　本書作成にあたり，私の指導教授であった慶応義塾大学商学部名誉教授藤森三男先生，本書出版に際してお世話になった税務経理協会の鈴木利美氏・岩渕正美氏に深くお礼を申し上げます。

　最後に，私を日々精神的にも経済的にも支えてくれた妻故山内佑美，妻の両親である大村　清，大村春子並びに私の両親である山内　燊，山内初乃にこの場をかりて心より感謝する次第である。佑美の支えなく，今の私の学者人生はなかった。妻佑美は私にとってかけがえのない女性だった。また，現在の妻の両親である渡辺常朝，渡辺公子，妻山内由実，長女香味（2歳）にも深く感謝する。

　平成15年7月23日　大安
　　　　　　　　　ケンブリッジ大学にて　　　山　内　ス　ス　ム（進）

改訂に当たって

　会社法の改正に伴う税法の改正及び平成31年度の税制改正に合わせて改訂した。五訂版の作成にあたり税務経理協会の鈴木利美氏には，深く感謝致します。

　また，妻の両親である渡辺常朝，渡辺公子，妻山内由実，長女香味（18歳）に感謝する。

　令和元年5月吉日
　　　　　　　　　　　　　　山　内　ス　ス　ム（進）

1

目　　次

第1章　法人税法の基礎

第1節　税金の根拠……………………………………………………1
　　1　形式的根拠……………………………………………………1
　　2　実質的根拠……………………………………………………5
　　3　租税法の基本原則……………………………………………7
第2節　租税法における法源……………………………………………9
　　1　日本国憲法……………………………………………………9
　　2　法　　律………………………………………………………9
　　3　政令・省令……………………………………………………9
　　4　告　　示………………………………………………………10
　　5　条　　例………………………………………………………10
　　6　租税条約………………………………………………………10
　　7　行政先例法……………………………………………………11
　　8　通　　達………………………………………………………11
　　9　判　　例………………………………………………………12
第3節　租税法の解釈……………………………………………………14
　　1　租税法の解釈・事案把握・適用の3ステップ……………14
　　2　租税法の解釈方法の二本柱…………………………………14
　　3　その他の租税法の解釈方法…………………………………15
第4節　租税法で使用される用語の解釈………………………………17
　　1　固有概念と借用概念と一般概念……………………………17
　　2　借用概念の学説………………………………………………18
第5節　租税回避行為……………………………………………………21
　　1　租税回避と脱税及び節税……………………………………21

2

| | 2 | 租税回避行為の否認 | 22 |

第6節　税金の意義と種類 24

	1	国税と地方税	24
	2	直接税と間接税	24
	3	収得税，消費税，財産税，流通税	26

第7節　徴税方式 28

| | 1 | 税金の決定方式 | 28 |
| | 2 | 税金の納付方法 | 28 |

第8節　実質所得者課税の原則 31

| | 1 | 実質所得者課税の原則 | 31 |
| | 2 | 実質所得者課税の原則の意義 | 32 |

第9節　所得の概念 35

	1	所得の概念	35
	2	消費型（支出型）所得の概念	35
	3	取得型（発生型）所得の概念	35

第10節　法的三段論法とリーガルマインド 38

	1	税務調査と事実認定，法令解釈・適用	38
	2	更正処分と事実認定，法令解釈・適用	38
	3	税務訴訟と事実認定，法令解釈・適用	39

第2章　法人税法の概要

第1節　法人税課税の根拠 41

【Point 1】

| | 1 | 法人税課税の根拠 | 42 |
| | 2 | わが国の法人税の考え方 | 44 |

第2節　法人税の納税義務者と課税所得の範囲 46

【Point 2】

| | 1 | 法人の種類と課税所得の範囲 | 46 |

《計算Point》 ……………………………………………………51

《計算例題１》…………………………………………………52

《計算例題２》…………………………………………………52

《計算例題３》…………………………………………………53

2 課税所得の種類……………………………………………54

3 事業年度……………………………………………………55

【Point 3】

4 納　税　地…………………………………………………58

【Point 4】

第３節　同族会社………………………………………………60

【Point 5】

1 制度の趣旨…………………………………………………60

2 同族会社の定義……………………………………………61

3 同族関係者の定義…………………………………………62

4 同族会社における特別規定………………………………64

《計算Point》 ……………………………………………68

《計算Pattern》…………………………………………69

《計算例題１》…………………………………………71

《計算例題２》…………………………………………72

《実務上のPoint》………………………………………74

第４節　青色申告制度…………………………………………75

【Point 6】

1 青色申告制度の意義………………………………………75

2 青色申告制度の特典………………………………………76

3 青色申告の手続き…………………………………………77

《計算Point》 ……………………………………………79

《計算例題１》…………………………………………80

《計算例題２》…………………………………………81

《実務上のPoint》 ……………………………………………………81

第3章　所得金額の計算の仕組み

【Point 7】

1　益金の額 …………………………………………………………84

2　損金の額 …………………………………………………………86

3　会計の三重構造 …………………………………………………88

4　一般に公正妥当と認められる会計処理の基準 ………………89

5　資本等取引の除外 ………………………………………………95

6　資本金等の額 ……………………………………………………95

7　確定決算主義の原則 ……………………………………………96

8　税務調整 …………………………………………………………98

《計算Point》 ………………………………………………………102

《計算例題1》 ………………………………………………………102

《計算例題2》 ………………………………………………………102

《計算例題3》 ………………………………………………………103

《実務上のPoint》 …………………………………………………104

第4章　益金の額の計算

第1節　収益の計上時期 ………………………………………………107

【Point 8】

1　収益の帰属事業年度 …………………………………………108

2　棚卸資産の販売による収益計上時期 ………………………109

3　固定資産の譲渡による収益計上時期 ………………………111

4　委託販売による収益計上時期 ………………………………111

5　予約販売による収益計上時期 ………………………………112

6　試用販売による収益計上時期 ………………………………112

7　長期割賦販売等に係る収益計上時期 ………………………112

8 長期工事の請負による収益計上時期 ……………………………115

9 役務の提供を行った場合の収益計上時期 ……………………119

10 工業用所有権等の譲渡に係る収益の帰属の時期 ……………119

11 ノウハウの頭金等の収益の帰属の時期 ………………………120

12 商品引換券等の発行に係る収益の帰属の時期 ………………120

《計算Point》………………………………………………………121

《計算Pattern》……………………………………………………122

13 損害賠償請求権の収益計上時期 ………………………………124

《計算例題１》………………………………………………………129

《計算例題２》………………………………………………………131

《計算例題３》………………………………………………………133

第２節　受取配当等の益金不算入額の計算 …………………………137

【Point 9】

1 受取配当等の益金不算入制度の趣旨 …………………………138

2 受取配当等の益金不算入の対象となる金額 …………………138

3 短期所有株式に係る受取配当金の益金不算入の不適用 …………143

4 受取配当等の益金不算入額の計算 ……………………………143

5 関連法人株式等に係る控除負債利子の金額 …………………147

6 益金不算入の適用要件 …………………………………………149

7 外国子会社から受け取る配当等 ………………………………150

《計算Point》………………………………………………151, 153

《計算Pattern》……………………………………………151, 154

《計算例題１》………………………………………………………155

《計算例題２》………………………………………………………156

《計算例題３》………………………………………………………157

《計算例題４》………………………………………………………159

《計算例題５》………………………………………………………162

《計算例題６》………………………………………………………164

《計算例題7》 ………………………………………………………168

《実務上のPoint》 ………………………………………………170

第3節 みなし配当金 ………………………………………………171

【Point10】

1 趣　　旨 ……………………………………………………171

2 みなし配当が生ずる事由 ………………………………172

3 みなし配当金額の計算 …………………………………173

4 自己株式の取得とみなし配当 …………………………173

《計算Pattern》………………………………………………174

《計算例題1》 ………………………………………………176

《計算例題2》 ………………………………………………178

第4節 還付金等益金不算入の計算 ………………………………180

【Point11】

1 制度の趣旨 ………………………………………………180

2 還付税金等の益金不算入 ………………………………181

3 還付税金を仮払税金と減額したとき …………………182

《計算Point》………………………………………………183

《計算例題1》 ………………………………………………183

《計算例題2》 ………………………………………………184

《計算例題3》 ………………………………………………185

《実務上のPoint》 ………………………………………………186

第5節 資産評価益の益金不算入の計算 …………………………187

【Point12】

1 制度の趣旨 ………………………………………………187

2 資産評価益の益金不算入 ………………………………187

3 資産の評価換えがあった場合における帳簿価額 ……188

《計算Pattern》………………………………………………188

第5章　損金の計算

第1節　費用損失の計上基準 ……………………………………189

【Point13】

  1　売上原価等 ………………………………………………189

  2　販売費及び一般管理費 …………………………………190

第2節　棚卸資産と売上原価 …………………………………194

【Point14】

  1　棚卸資産の意義 …………………………………………194

  2　売上原価の算定と棚卸資産の評価 ……………………195

  3　棚卸資産の評価方法 ……………………………………195

  4　棚卸資産の取得価額 ……………………………………198

  5　棚卸資産の評価方法の選定と届出 ……………………201

  《計算例題》 ………………………………………………203

  《実務上のPoint》…………………………………………204

第3節　租税公課 ………………………………………………205

【Point15】

  1　制度の趣旨と租税公課の損金算入と損金不算入 ……205

  2　損金不算入の租税公課 …………………………………206

  3　損金算入の租税公課 ……………………………………207

  4　租税の損金算入時期 ……………………………………208

  5　納税充当金の設定と取崩し ……………………………210

  6　仮払経理の租税公課 ……………………………………212

  《計算Point》………………………………………………213

  《計算例題1》 ……………………………………………216

  《計算例題2》 ……………………………………………217

  《計算例題3》 ……………………………………………219

  《計算例題4》 ……………………………………………221

8

《計算例題5》……………………………………………………222

《計算例題6》……………………………………………………224

《計算例題7》……………………………………………………226

《計算例題8》……………………………………………………227

第4節　不正行為等による費用……………………………………230

【Point16】

1　制度の趣旨 ………………………………………………230

2　隠ぺい仮装行為による経費の損金不算入 …………………230

3　附帯税等の損金不算入 …………………………………231

4　罰金等の損金不算入 ……………………………………231

5　賄賂等の損金不算入 ……………………………………232

第5節　交　際　費…………………………………………………233

【Point17】

1　制度の趣旨 ………………………………………………233

2　交際費の範囲 ……………………………………………234

3　交際費と他の費用との区分 ……………………………239

4　交際費の経理処理 ………………………………………241

5　交際費の損金不算入額の計算 …………………………242

《計算Point》………………………………………………244

《計算Pattern》……………………………………………245

《計算例題1》……………………………………………………246

《計算例題2》……………………………………………………248

《計算例題3》……………………………………………………249

《計算例題4》……………………………………………………250

《計算例題5》……………………………………………………252

《実務上のPoint》…………………………………………254

第6節　寄　付　金…………………………………………………256

【Point18】

1	制度の趣旨	256
2	寄付金の範囲	257
3	寄付金の意義に関する学説	258
4	寄付金の現金主義	263
5	寄付金の損金不算入額の計算	264
	《計算Point》	267
	《計算Pattern》	268
	《計算例題1》	269
	《計算例題2》	272
	《計算例題3》	275
	《実務上のPoint》	279

第7節　役員給与・使用人給与 …………………………………280

【Point19】

1	使用人に対する給与	280
2	使用人給料・賞与	281
3	使用人賞与の損金算入時期	282
4	使用人退職給与	282
5	役員の定義	283
6	役員の給与の分類	284
7	役員給与の損金算入と損金不算入	286
8	定期同額給与の改定	287
9	事前確定届出給与の届出期限	289
10	仮装経理等による役員給与の損金不算入	289
11	過大な役員給与の損金不算入	290
12	役員退職給与	293
13	使用人兼務役員の定義	299
14	使用人兼務役員の使用人分給与	302
	《計算Pattern》	303,304

10

《計算例題１》 ………………………………………………306

《計算例題２》 ………………………………………………307

《計算例題３》 ………………………………………………308

《計算例題４》 ………………………………………………311

《計算例題５》 ………………………………………………316

《計算例題６》 ………………………………………………319

《実務上のPoint》 …………………………………………321

第6章　資産と償却費

第1節　固定資産と減価償却費 ………………………………………323

【Point 20】

1　制度の趣旨 ………………………………………………323

2　固定資産と減価償却資産 ………………………………324

《計算Pattern》 ……………………………………………331

《計算例題》 ………………………………………………331

3　減価償却資産の取得価額 ………………………………334

4　減価償却の方法 …………………………………………337

5　耐用年数 …………………………………………………346

《計算Pattern》 ……………………………………………349

《計算例題１》 ……………………………………………349

《計算例題２》 ……………………………………………350

6　減価償却資産の償却限度額の計算 ……………………352

《計算Point》 ………………………………………………355

《計算Pattern》 ……………………………………………357

《計算例題１》 ……………………………………………363

《計算例題２》 ……………………………………………366

《計算例題３》 ……………………………………………368

《計算例題４》 ……………………………………………373

《実務上のPoint》……………………………………………………376

7　通　　算 ……………………………………………………………376

《計算Pattern》……………………………………………………377,378

8　資本的支出 …………………………………………………………379

《計算Pattern》……………………………………………………………391

《計算例題1》………………………………………………………………396

《計算例題2》………………………………………………………………399

《計算例題3》………………………………………………………………402

《計算例題4》………………………………………………………………404

《計算例題5》………………………………………………………………405

《実務上のPoint》………………………………………………………411

第2節　特別償却と特別控除 ………………………………………412

【Point21】

1　趣　　旨 ……………………………………………………………412

2　中小企業投資促進税制である中小企業者等が機械等を取得した
場合の特別償却又は特別控除　資産取得の特別控除1 ………414

3　障害者を雇用する場合の機械等の割増償却 …………………416

4　特別償却の不足額の繰越 ………………………………………418

《計算Pattern》……………………………………………………421,422

《計算例題1》………………………………………………………………424

《計算例題2》………………………………………………………………428

《計算例題3》………………………………………………………………431

《計算例題4》………………………………………………………………433

《計算例題5》………………………………………………………………435

第3節　特別償却準備金 ……………………………………………438

【Point22】

1　趣　　旨 ……………………………………………………………438

2　特別償却準備金の積立 …………………………………………438

3　特別償却準備金の積立不足額の繰越し ……………………439

　4　特別償却準備金の取崩 ……………………………………439

　《計算Point》……………………………………………………441

　《計算Pattern》…………………………………………………442

　《計算例題１》…………………………………………………444

　《計算例題２》…………………………………………………447

第４節　特定中小企業者等が経営改善設備を取得した場合の特別償却 …450

　1　趣　　旨 ……………………………………………………450

　2　適用要件 ……………………………………………………450

　《計算Pattern》…………………………………………………451

第５節　中小企業者等が特定経営力向上設備等を取得した場合の
　　　　特別償却又は特別控除 …………………………………453

　1　趣　　旨 ……………………………………………………453

　2　適用要件 ……………………………………………………453

　《計算Pattern》…………………………………………………454

第６節　特定事業継続力強化設備等を取得した場合の特別償却 …………456

　1　趣　　旨 ……………………………………………………456

　2　適用要件 ……………………………………………………456

第７節　給与等の引上げ及び設備投資を行った場合等の
　　　　特別税額控除制度 ………………………………………458

　【Point23】

　1　趣　　旨 ……………………………………………………458

　《計算Pattern》…………………………………………………461

　《計算例題》……………………………………………………462

第８節　情報連携投資等の促進税制 …………………………………464

　1　趣　　旨 ……………………………………………………464

　2　内　　容 ……………………………………………………464

第９節　地方拠点強化税制 ……………………………………………466

(1) 地方拠点建物等の特定建物等を取得した場合の特別償却又は

税額控除 ···466

　　1　趣　　旨 ···466

　　2　適用要件 ···466

　　3　特別償却と特別控除額 ···466

(2) 地方活力向上地域等において雇用者の数が増加した場合の

税額控除制度 ···467

　イ　地方事業所基準雇用者数に係る措置 ······························467

　　1　趣　　旨 ···467

　　2　適用要件 ···467

　　3　税額控除 ···468

　ロ　地方事業所特別基準雇用者数に係る措置 ·························469

　　1　趣　　旨 ···469

　　2　税額控除額 ···469

　　3　適用関係 ···469

第10節　高度省エネルギー増進設備等を取得した場合の特別償却

又は法人税額の特別控除制度 ···································471

　1　趣　　旨 ···471

　2　概　　要 ···471

　3　対象設備及び適用対象法人 ···472

　4　適用対象となる高度省エネルギー設備等 ···························472

第11節　繰延資産と繰延資産の償却費 ·································475

【Point 24】

　1　制度の趣旨 ···475

　2　繰延資産の範囲 ···475

　3　繰延資産の償却限度額の計算 ·······································478

　《計算Point》···482

　《計算Pattern》···482

14

《計算例題》 ……………………………………………………484

《実務上のPoint》 …………………………………………487

第12節　リース取引 ………………………………………………488

【Point 25】

1　制度の趣旨 ………………………………………………488

2　税法上のリース取引の定義 ……………………………489

3　リース取引のうち，売買取引とする所得権移転ファイナンス・
　　リース取引と所有権移転外ファイナンス・リース取引 ………493

4　所有権移転ファイナンス・リース取引の税務処理 ……………495

《計算Point》 ………………………………………………495

《計算Pattern》 ……………………………………………495

5　所有権移転外ファイナンス・リース取引の税務処理 ……………497

《計算Pattern》 ……………………………………………500

6　リース取引のうち，金融取引とするもの ……………………501

7　金融取引とされる場合の税務処理 ……………………………502

《計算Point》 ………………………………………………503

《計算Pattern》 ……………………………………………503

《計算例題1》 ……………………………………………504

《計算例題2》 ……………………………………………505

《計算例題3》 ……………………………………………506

《計算例題4》 ……………………………………………508

《計算例題5》 ……………………………………………509

第13節　資産の評価損 ………………………………………………511

【Point 26】

1　制度の趣旨と資産の評価損の損金不算入 ……………………511

2　評価損が認められる場合 ………………………………………511

3　期末時価 …………………………………………………………514

《計算Point》 ………………………………………………516

4　減損損失 ………………………………………………517

　　　《計算Pattern》………………………………………………517

　　　《計算例題１》………………………………………………519

　　　《計算例題２》………………………………………………521

　　　《計算例題３》………………………………………………522

第14節　圧縮記帳制度 …………………………………………524

　【Point27】

　　　1　圧縮記帳制度の趣旨 ………………………………………524

　　　2　圧縮記帳の経理方法 ………………………………………525

　　　3　特別勘定の処理 ……………………………………………526

第15節　国庫補助金等で取得した固定資産の圧縮記帳 ………………527

　【Point28】

　　　1　制度の趣旨 …………………………………………………527

　　　2　補助金交付年度で返還不要が確定している場合の圧縮記帳 ……528

　　　3　補助金交付年度で返還不要が確定していない場合の

　　　　　特別勘定経理 ………………………………………………529

　　　4　特別勘定経理後に返還不要が確定した場合の圧縮記帳 …………529

　　　《計算Pattern》………………………………………………530

　　　《計算例題１》………………………………………………531

　　　《計算例題２》………………………………………………532

第16節　保険金で取得した固定資産の圧縮記帳 ………………534

　【Point29】

　　　1　制度の趣旨 …………………………………………………534

　　　2　代替資産を取得した場合の圧縮記帳 ………………………535

　　　3　保険金等の範囲 ……………………………………………536

　　　4　代替資産の範囲 ……………………………………………536

　　　5　滅失経費の額 ………………………………………………536

　　　6　経理要件 ……………………………………………………537

7　支払事業年度で代替資産の取得ができない場合の
　　　　　特別勘定経理 ……………………………………………537

　　　8　特別勘定経理後に代替資産を取得した場合 …………………538

　　　《計算Pattern》………………………………………………538

　　　《計算例題１》 ………………………………………………540

　　　《計算例題２》 ………………………………………………541

第17節　交換で取得した固定資産の圧縮記帳 …………………………544

　【Point 30】

　　　1　制度の趣旨 ……………………………………………………544

　　　2　適用要件 ………………………………………………………544

　　　3　圧縮限度額 ……………………………………………………546

　　　4　圧縮記帳の経理方法 …………………………………………547

　　　《計算Pattern》………………………………………………548

　　　《計算例題１》 ………………………………………………550

　　　《計算例題２》 ………………………………………………551

第18節　特定資産の買換えの圧縮記帳 …………………………………556

　【Point 31】

　　　1　制度の趣旨 ……………………………………………………556

　　　2　適用要件 ………………………………………………………556

　　　3　圧縮限度額 ……………………………………………………558

　　　4　圧縮記帳の経理方法 …………………………………………559

　　　5　先行取得の場合の圧縮記帳 …………………………………559

　　　6　特別勘定の取扱い ……………………………………………560

　　　《計算Point》…………………………………………………561

　　　《計算Pattern》………………………………………………561

　　　《計算例題》 …………………………………………………563

第19節　収用で取得した固定資産 ………………………………………567

　【Point 32】

17

1 制度の趣旨 ……………………………………………567

2 収用の圧縮記帳 ………………………………………567

3 収用の圧縮記帳の経理方法 …………………………568

4 圧縮限度額 ……………………………………………568

5 特別勘定の設定 ………………………………………569

6 収用等の特別控除 ……………………………………569

《計算Point》……………………………………………570

《計算Pattern》…………………………………………571

《計算問題》………………………………………………572

《圧縮記帳の総まとめPattern》………………………576

第7章 有価証券

第1節 有価証券の譲渡損益 ……………………………………581

【Point 33】

1 制度の趣旨 ……………………………………………581

2 有価証券の範囲 ………………………………………582

3 有価証券の取得価額 …………………………………583

4 評価換え等があった場合の取得価額の特例 …………583

5 1単位当たりの帳簿価額の算出方法 …………………584

6 有価証券の譲渡損益の額の計算等 …………………586

《計算Pattern》…………………………………………586

《計算例題》………………………………………………587

第2節 期末有価証券の評価 ……………………………………591

【Point 34】

1 制度の趣旨 ……………………………………………591

2 有価証券の評価 ………………………………………592

3 有価証券の評価損益 …………………………………593

《計算Point》……………………………………………594

《計算Pattern》……………………………………………………594

《計算例題1》………………………………………………………597

《計算例題2》………………………………………………………598

第3節　仮想通貨の課税 ……………………………………………601

1　制度の趣旨 …………………………………………………………601

2　期末評価 ……………………………………………………………601

3　譲渡損益の計上時期 ………………………………………………601

4　1単位当たりの帳簿価額の算出方法 ……………………………601

5　信用取引等について ………………………………………………602

第8章　借 地 権

【Point 35】

1　趣　　旨 ……………………………………………………………603

2　権利金の収受に対する課税 ………………………………………604

3　権利金の認定課税 …………………………………………………605

4　無償返還の届出 ……………………………………………………606

5　地主の税務上の取扱い ……………………………………………608

6　借地権者の税務上の取扱い・更新料を支払った場合の

　　損金算入額 …………………………………………………………609

《計算Pattern》……………………………………………………610

《計算例題1》………………………………………………………611

《計算例題2》………………………………………………………612

第9章　引当金と繰入限度額

第1節　貸倒損失 ………………………………………………………615

【Point 36】

1　貸倒損失制度の趣旨 ………………………………………………616

2　貸倒損失 ……………………………………………………………616

19

第2節　引当金及び準備金 ……………………………………………621

【Point 37】

1　制度の趣旨 ………………………………………………………621

2　引当金制度 ………………………………………………………622

3　準備金制度 ………………………………………………………623

第3節　貸倒引当金 ……………………………………………………626

【Point 38】

1　制度の趣旨 ………………………………………………………626

2　貸倒引当金繰入額の損金算入 …………………………………627

3　個別評価する金銭債権に係る貸倒引当金の繰入限度額 ………628

《計算Pattern》………………………………………………………631

《計算例題》…………………………………………………………631

4　一括評価する金銭債権に係る貸倒引当金の繰入限度額 ………634

5　中小企業等の貸倒引当金繰入限度額計算の特例 ……………636

6　貸倒引当金の洗替えの翌期益金算入 …………………………640

7　貸倒引当金の差額法 ……………………………………………641

8　申告書記載要件 …………………………………………………641

《計算Point》…………………………………………………………642

《計算Pattern》………………………………………………………642

《計算例題1》………………………………………………………645

《計算例題2》………………………………………………………647

《計算例題3》………………………………………………………650

《計算例題4》………………………………………………………652

《実務上のPoint》……………………………………………………658

第10章　外貨換算

【Point 39】

1　外貨換算の趣旨 …………………………………………………659

20

2 外貨建取引と外貨建資産，外貨建負債の内容 ························660

3 円への換算 ···660

4 期末換算方法の選定と届出 ···661

5 換算差額の処理 ···662

《計算Pattern》··662

6 先物外国為替契約による場合 ·······································662

《計算Pattern 1 》··664

《計算Pattern 2 》··665

《計算例題》··666

第11章 支払保険料

【Point 40】

1 趣　　　旨 ···671

2 養老保険に係る保険料を支払った場合 ·······························671

3 定期保険に係る保険料を支払った場合 ·······························672

4 定期付養老保険に係る保険料を支払った場合 ·························673

5 長期の損害保険に係る保険料を支払った場合 ·························673

《計算例題》··674

第12章 欠損金の繰越しと繰戻し

【Point 41】

1 欠損金の繰越し ···676

2 欠損金の繰戻し ···685

《計算例題 1 》···689

《計算例題 2 》···690

《計算例題 3 》···691

《計算例題 4 》···692

《計算例題 5 》···695

《実務上のPoint》……………………………………………………………697

第13章　税額計算

第1節　税額計算 ……………………………………………………………699

【Point 42】

1　税額計算の仕組み ……………………………………………………699

2　各事業年度の所得に対する法人税額 ………………………………701

3　復興特別所得税 ………………………………………………………704

4　中小法人向け特別措置の大法人の100％子会社に対する適用……704

《計算Point》………………………………………………………………705

《計算Pattern》……………………………………………………………705

《計算例題1》………………………………………………………………706

《計算例題2》………………………………………………………………707

《実務上のPoint》…………………………………………………………710

第2節　特定同族会社の留保金課税 ………………………………………711

【Point 43】

1　制度の趣旨 ……………………………………………………………711

2　留保金課税が行われる特定同族会社の範囲 ………………………712

3　同族会社の留保金課税の計算 ………………………………………713

《計算Pattern》……………………………………………………………716

《計算例題1》………………………………………………………………718

《計算例題2》………………………………………………………………721

《実務上のPoint》…………………………………………………………723

第3節　土地譲渡等がある場合の土地重課 ………………………………724

【Point 44】

1　制度の趣旨 ……………………………………………………………724

2　土地譲渡等 ……………………………………………………………725

3　譲渡利益金額の計算 …………………………………………………725

22

　　　4　　土地重課税額の計算 ……………………………………………726

　　　《計算Point》………………………………………………………727

　　　《計算Pattern》……………………………………………………727

　　　《計算例題１》………………………………………………………728

　　　《計算例題２》………………………………………………………730

　　　《実務上のPoint》…………………………………………………733

第４節　使途秘匿金課税 ………………………………………………………734

　　【Point 45】

　　　1　　使途秘匿金課税制度の趣旨 ………………………………734

　　　2　　使途秘匿金の意義 …………………………………………734

　　　3　　使途秘匿金の適用除外 ……………………………………735

　　　4　　判定時期 ……………………………………………………735

　　　5　　追加課税 ……………………………………………………736

　　　6　　使途不明金の損金不算入 …………………………………736

　　　7　　使途秘匿金の取扱い ………………………………………736

第５節　税額控除 ………………………………………………………………737

　　【Point 46】

第６節　所得税額控除 …………………………………………………………739

　　【Point 47】

　　　1　　制度の趣旨 …………………………………………………739

　　　2　　控除の対象 …………………………………………………739

　　　3　　法人税額から控除される所得税額 ………………………740

　　　4　　元本の所有期間に対応する部分の金額の計算 …………741

　　　《計算Point》………………………………………………………744

　　　《計算Pattern》………………………………………………744,745

　　　《計算例題１》………………………………………………………747

　　　《計算例題２》………………………………………………………751

第７節　試験研究費の特別控除 ………………………………………………756

【Point 48】

1 制度の趣旨 ……………………………………………………… 756

2 試験研究費の特別控除 ………………………………………… 756

3 試験研究費の総額による特別控除 …………………………… 758

《計算Pattern》……………………………………………………… 759

《計算例題》………………………………………………………… 759

4 中小企業者等の特例 …………………………………………… 761

《計算Pattern》……………………………………………………… 761

5 試験研究費割合が10%を超える場合の
　上乗せ（割り増し）措置 …………………………………… 762

6 特別試験研究費がある場合 …………………………………… 763

《計算Pattern》……………………………………………………… 764

7 試験研究費の範囲 ……………………………………………… 765

《計算Point》………………………………………………………… 767

《計算Pattern》 …………………………………768,770,771,772,774,776

《計算例題１》……………………………………………………… 778

《計算例題２》……………………………………………………… 784

《計算例題３》……………………………………………………… 790

第14章　組織再編税制

第１節　組織再編税制 ……………………………………………………797

【Point 49】

1 組織再編税制の趣旨 …………………………………………… 797

2 合　　併 ………………………………………………………… 799

3 分割型分割 ……………………………………………………… 802

4 分社型分割 ……………………………………………………… 803

第２節　特定事業再編に係る株主課税の特例 …………………………813

1 制度の趣旨 ……………………………………………………… 813

2 内　　容 ………………………………………………………………813

第15章　グループ法人税制

【Point 50】

1 趣　　旨 ………………………………………………………………815

2 完全支配関係の意義 ………………………………………………815

3 100％グループ内の法人間の資産の譲渡取引等…………………817

《計算Pattern》…………………………………………818, 819, 820

《基本例題》 ………………………………………………………821

《計算例題》 ………………………………………………………823

4 100％グループ内の法人間の受取配当等…………………………824

《計算Pattern》……………………………………………………825

5 100％グループ内の法人間の寄附金………………………………826

《計算Pattern》……………………………………………………826

6 100％グループ内の法人間の現物分配……………………………833

7 100％グループ内法人の株式の発行法人に対して内国法人の

株式を譲渡 ………………………………………………………836

《計算Pattern》……………………………………………………837

《計算例題１》 ……………………………………………………838

《計算例題２》 ……………………………………………………840

《計算例題３》 ……………………………………………………842

第16章　連結納税制度

【Point 51】

1 連結納税制度の趣旨 ………………………………………………847

2 連結対象法人及び申告納付等 ……………………………………848

3 連結所得金額 ………………………………………………………852

4 連結所得金額の計算 ………………………………………………852

第一段階 ……………………………………………………854

第二段階 ……………………………………………………858

5 第三段階 連結法人税額の計算 ………………………863

《連結法人額の計算Pattern》…………………………864

《計算例題》………………………………………………865

6 資産の時価評価 …………………………………………872

7 連結欠損金の繰越控除 …………………………………874

第17章　国際課税

第1節　外国税額控除 …………………………………………877

【Point 52】

1 制度の趣旨 ………………………………………………877

2 税額控除の対象となる外国法人税額 …………………878

3 控除限度額 ………………………………………………880

4 申告書の記載 ……………………………………………881

5 法人税額から控除する外国税額の損金不算入 ………881

6 控除限度超過額と控除余裕額の繰越 …………………881

《計算Pattern》……………………………………884, 885

《計算例題1》……………………………………………888

《計算例題2》……………………………………………889

《計算例題3》……………………………………………892

第2節　移転価格税制 …………………………………………898

【Point 53】

1 趣　　旨 …………………………………………………898

2 国外関連者 ………………………………………………898

3 独立企業間価格 …………………………………………899

4 無形資産の移転 …………………………………………900

5 適用対象取引 ……………………………………………901

26

6	税務処理	901
7	移転価格税制に係る更正期間	901
8	事前確認制度	902
9	相互協議	902
10	納税の猶予	902
11	対応的調整	902
12	独立企業間価格に幅があるとき	903
13	文書化等の義務化	903
	《計算Point》	908
	《計算例題》	908

第3節　タックス・ヘイブン税制 912

【Point 54】

1	趣　　旨	912
2	適用対象となる内国法人と益金算入時期	913
3	外国関係会社	916
4	特定外国関係会社	916
5	経済活動基準	917
6	課税対象金額の益金算入	917
	《計算Pattern》	919
7	部分課税対象金額の益金算入	919
	《計算例題》	922
8	外国関係会社の課税対象金額の益金算入に伴う外国額控除	927
	《計算例題》	928

第4節　過少資本税制 932

1	過少資本税制の趣旨	932
2	適用対象となる非居住者又は外国法人	933
3	適用要件	933
4	自己資本の額	934

5　国外支配株主等の資本持分 ……………………………934

　　　6　損金不算入額 ………………………………………934

　　　《計算Pattern》………………………………………934

　　　《計算例題》…………………………………………935

　第5節　過大支払利子税制 ……………………………………937

　　　1　趣　　旨 ……………………………………………937

　　　2　概　　要 ……………………………………………937

　　　3　関連者等の範囲 ……………………………………938

　　　4　関連者純支払利子の額 ……………………………939

　　　5　調整所得金額と損金不算入額 ……………………939

　　　6　適用除外 ……………………………………………940

　　　《計算Pattern》………………………………………941

　　　《計算例題》…………………………………………941

　　　7　超過利子の損金算入 ………………………………943

　　　《計算Pattern》………………………………………943

第18章　申告手続き

　第1節　申告手続き ……………………………………………945

　　【Point 55】

　　　1　確定申告 ……………………………………………946

　　　2　中間申告 ……………………………………………947

　　　3　納付の期限 …………………………………………948

　　　《計算Point》…………………………………………949

　第2節　更正請求，更正，修正申告，決定及び不服申立て等 ……………950

　　【Point 56】

　　　1　決　　定 ……………………………………………950

　　　2　更正請求 ……………………………………………951

　　　3　更　　正 ……………………………………………951

4　不服の申立て ……………………………………………………952

　　5　修正申告 ……………………………………………………………957

　　6　還　　付 ……………………………………………………………957

　　7　納付と利子税 ………………………………………………………958

　　8　延　滞　税 …………………………………………………………959

　　9　加　算　税 …………………………………………………………960

第3節　総合問題 ………………………………………………………………962

凡　　例

1　本書は，平成31年4月1日現在の法令による。

2　【略 語 例】

通法	国税通則法
法	法人税法
令	法人税施行令
規	法人税法施行規則
基	法人税基本通達
所令	所得税法施行令
措法	租税特別措置法
措令	租税特別措置法施行令
措規	租税特別措置法施行規則
措通	租税特別措置法関係通達
耐用令	減価償却資産の耐用年数等に関する省令
耐通	耐用年数の適用等に関する取扱通達
地法	地方税法
民	民法
商	商法
商規	商法施行規則

3　【引 用 例】

　　法40②三　⇨　法人税法第40条第2項第3号

　　基8―5―1⇨　法人税基本通達8―5―1

法人税法の基礎

第1節 税金の根拠

　国民はなぜ税金を納めなければならないのか，また，国や地方公共団体はなぜ税金を徴収するのかという税金の根拠には，**形式的根拠**と**実質的根拠**がある。

1 形式的根拠
(1) 租税法律主義

　法律の根拠に基づくことなしには，国民は租税の納付を要求されることはなく，また，国家は租税を賦課・徴収することはできない。この原則を**租税法律主義**という。まず，日本国憲法は第30条で「国民は，法律の定めるところにより，納税の義務を負ふ」と規定している。これは「国民の納税義務」を憲法において確認したものである。

　さらに，第84条では「あらたに租税を課し，又は現行の租税を変更するには，法律又は法律の定める条件によることを必要とする」と規定している。これは，国や地方公共団体に対しては「財政収入確保のためには法律によることを要すること」を定め，一方，国民に対しては「法律を超えて課税されることはないということによって，納税者の財産権が保証された」ものである[1]。このように，日本国憲法は第30条と第84条の双方から**租税法律主義**を確認している。憲法第30条や第84条の規定が，租税の形式的根拠というものである。この

2

憲法のような規定の生まれた根拠というべきものが，次の租税の実質的根拠である。

〈図表1－1〉租税法律主義

```
                    租税法律主義
        ┌──────────┬──────────┬──────────┐
    課税要件      課税要件      合法性原則    保障手続的
    法定主義      明確主義                  原則
```

　租税法律主義には，課税要件法定主義，課税要件明確主義，合法性原則，手続的保障原則などがある。この租税法律主義は，租税公平主義と並ぶ租税法の基本原則である

　ちなみに，**租税法律主義**の始まりは，イギリスである。1215年にマグナ・カルタが制定され，そのなかで「いっさいの楯金もしくは援助金は，朕の王国の一般評議会によるのでなければ，朕の王国においてはこれを課さない。」と規定されたのが起源である。つづいてアメリカでは，1733年のボストン茶会事件において「代表権なければ課税なし」と，イギリス議会に代表者を出席させられないアメリカ国民が主張している。また1789年のフランス革命においては，人権宣言のなかで，「市民は，自身または代表者により公の租税の必要性を確認し，これを承諾し，その使途を追求し，かつその数額・基礎・徴収及び存続期間を規定する権利を有する。」とされた[2]。このように欧米では，市民が自らの自由と権利を勝ち取ろうとした市民革命と，租税法律主義の起源は大きく関係しているといえる。

　日本においては，イギリス，フランスのような租税法律主義の起源はない。明治維新後，憲法の制定が政府主導で行われたのと同様に，租税法律主義も例外ではなかった。明治22年に大日本帝国憲法第21条に「日本臣民は法律の定める所に従い納税の義務を有す」と規定し，第62条に「新たに租税を課し及び税率を変更するは法律を以って之を定べし」と規定したのが，租税法律主義の宣

言だった[3]）。

(2) 課税要件法定主義

課税要件法定主義とは，課税要件（納税義務が生ずるための要件）が法律によって規定しなければならないという原則である。租税の徴収・賦課も法律によって定めなければならない。

課税要件としては，**納税義務者**（誰が税金を払うのか。個人か法人か），**課税物件**（何に対して課税するのか。つまり，課税対象となる物・行為・事実を指すが，所得税や法人税では所得，相続税や固定資産等では財産，消費税では資産の譲渡・貸付け，役務の提供，登録免許税では登記・登録等），**課税物件の帰属**（誰に帰属するのか。所得税や法人税では所得が誰に帰属するのか，課税物件の帰属については実質所得者課税原則が適用される。法律的帰属説と経済的帰属説がある），**課税標準**（課税対象となる金額や数量等を指す。所得税や法人税では所得金額），**税率**（金額又は価額に対する税率としては，比例税率と累進税率がある）がある。

(3) 課税要件明確主義

課税要件明確主義とは，法律の定めは明確でなければならないという原則である。したがって，租税法においては，**不確定概念つまり抽象的な概念**をできる限り避けるほうが望ましい。不確定概念の使用で**納税者の法的安定性，予測可能性**が害されるからである。

しかし，不確定概念の使用といってもやむを得ない場合がある。税法の趣旨等を考え，その規定の目的が明らかなものについては課税要件明確主義に反するとはいえない場合もあろう。一方，同じ不確定概念でも，その趣旨や目的を明確にできないものがあり，課税上混乱が発生するものは，その条文は効力がないと考えられる。同族会社の行為・計算の否認の規定で使用されている税負担を不当に減少させる結果となると認められるものがあるときは，「不当に減少という」不確定概念につき争われた判例があるが，この規定は課税要件明確主義に反するものではないと判示がされている。これは前者のケースである。

(4) 合法性原則

合法性原則とは，税務当局は，課税要件が充たされている限り，税法で規定

された税額を徴収しなければならないという意味である。したがって、租税の減免や徴収猶予も法律に基づいて行わなければならない。

(5) 手続的保障原則

手続的保障原則とは、租税の賦課・徴収は適正な手続きで行わなければならない。また、それに対する**争訟**は、公正な手続きで解決されなければならないという原則である。平成23年度の税制改正により、国税通則法が改正され税務調査（質問・検査）の手続き整備が行われ、原則としてすべての不利益処分及び申請に対する拒否処分には、青色申告、白色申告ともに理由を附記すべきことが定められた[4]。

租税法の面白い話（減税のために裸になった貴婦人）

11世紀半ばの伝説です。ある国の領主が領民に重税を課すことを計画していたところ、逆に奥様は税を引き下げるように諭しました。これに領主は怒り、「日中に奥様が裸で馬に乗り町中を一巡してくれば、重税を止めよう」というのです。翌朝、心優しい奥様は一糸まとわぬ姿で町を周り、重税は取り止められました。この奥様がゴディバの婦人です[5]。

「GODIVA」の名の由来

ゴディバのチョコレートの商標は、このゴディバの婦人に由来しています。そのため女性が馬にまたがっていますね。

奥様は何としても、重税に苦しむ領民のために、人々を思いやる愛をご主人に諭そうとしたのです。レディ・ゴディバは、自らの行動でご主人への愛の証を示したのです。ゴディバのチョコレートには、この愛の精神が込められているといいます。ゴディバのチョコレートを食べると幸せな気持ちになりますね。人を思いやる深い愛がゴディバのチョコレートには沢山つまってるからではないでしょうか。

このように昔は、王様が課税を決定していました。その後、租税法律主義の時代が到来したのです。

第1章 法人税法の基礎 5

2 実質的根拠

税金の実質的な根拠については，古来多くの学説がある。その中で主となるものは，以下の学説である。

(1) 利 益 説（交換説）

利益説は，フランスの重農学派によって提唱された学説である。国民は，国又は地方公共団体から公共サービスの利益（道路，保険，教育，警察等）を受ける。したがって，国民又は地域住民は，その受ける利益の代償として国又は地方公共団体に税金を支払わなければならないし，逆に，国又は地方公共団体は，国民又は地域住民から税金を徴収できるという説である。この説は利益説というが，交換説ともいわれる。

(2) 義 務 説

義務説は，ドイツの歴史学派によって提唱された学説である。現在では，この義務説が支持されており通説になっている。しかし，税の強権的性格が露骨になっているという批判がある[6]。この説は，国民又は住民は，誕生すると生活を行ううえにおいて必要な共同生活の機関である国又は地方公共団体の構成員の一員となり，国民や住民は，この共同生活の機関を離れて存在することはできない。また，国は，個人を越えた道徳的ないし倫理的基礎があるので，国や地方公共団体は，必要となるときは個人の生命をも要求（兵役の義務や死刑等）できるということが前提となる。

したがって，このように国や地方公共団体は，国民や住民の生活に必要不可欠な機関であり，かつ，国は個人を越えているため，国又は地方公共団体がその活動に必要な費用は，税金として国民や住民が負担すべきであるという説である。

(3) 保 険 説

保険説は，フランスのモンテスキュー等によって提唱された学説である。国又は地方公共団体は，国民の生命や財産を保護し，秩序の維持をする役割を果たすのであるから，国や地方公共団体は保険者（保険会社）と，国民は被保険者と類似している。したがって，国民は，保険料としての税金を国や地方公共団

6

体に支払わなければならないとする説である。

(4) 公 需 説

公需説は，ドイツの旧官房学派によって提唱された学説である。国又は地方公共団体の機能は，治安維持，生活環境の改善等などの公共福祉の増進である。この公共の福祉の増進のためには，費用がかかる。そこで，その費用を賄うための資金は，当然に国民又は地域住民から税金として徴収できる説である。

この説は，国又は地方公共団体が課税権を持つ必要を力説し，国民又は住民が，なぜ租税を負担しなければならないのか，という説明には十分ではない[7]。

〈図表1－2〉税金の根拠

```
                    ┌─→ 形式的根拠 ──→ 憲法第30条・第84条
                    │
                    │                    ┌─→ 利益説 （交換説）
  税金の根拠 ────────┤                    │
                    │                    ├─→ 義務説
                    └─→ 実質的根拠 ──────┤
                                         ├─→ 保険説
                                         │
                                         └─→ 公需説
```

租税法の面白い話（美人税，イケメン税）

『ガリヴァ旅行記』に税金の話がある。男性の場合は，最高税率は異性から最も愛された男性にかけるという。愛された人は，その好意の数と質によって税金を決定するのである。

女性の場合は，美貌と装身術の巧みさに課税するという[8]。人々が喜んで税金を納めるという発想がおもしろい。

さあ，皆さんは，美人税，イケメン税を払いますか？

第1章　法人税法の基礎　7

3　租税法の基本原則

　租税法の基本原則として，**租税法律主義**と**租税公平主義**の２つがある。

　既に税金を徴収する形式的根拠で示したように**租税法律主義**とは，憲法第84条に基づく，法律の根拠なくして国民は納税を要求されることはないという国家の課税権の行使に対する形式的な原則であった。一方，**租税公平主義**とは，租税負担は国民に公平でなければならないとする原則である。

　憲法第14条では「すべての国民は，法の下に平等であって，人種，信条，性別，社会身分又は門地により，政治的，経済的又は社会的関係において差別されない」と規定している。この憲法上の平等という原則を課税面において適用したのが租税公平主義であるといえる。租税公平主義は，担税力に応じた**公平な税負担，租税の公平，中立性**を要請するものである[9]。しかし，政策税制においては，特定の産業等の成長の効果，効率が期待され，公平性に反する場合も生じる[10]。

　裁判所は，課税問題に限らず「平等原則」については，「**合理的な区別取扱い**」であれば許容するという考えを取っている。税の優遇であっても，合理的な区別取扱いであれば，**租税公平主義（租税平等主義）**には違反しないことになる[11]。

〈図表１－３〉租税法の基本原則

租税法の基本原則	租税法律主義
	租税公平主義

［注］
1) 松沢　智『租税法の基本原理』中央経済社，1983年，p.58
2) 酒井克彦『スタートアップ租税法』財形詳報社，2010年，p.140
3) 斉藤　稔『租税法律主義入門』中央経済社，1992年，p.28
4) 金子　宏『租税法第21版』弘文堂，2016年，p.83
5) 武田昌輔『税金千夜一夜物語』清文社，1992年，pp.6-7
6) 井上隆司『税法通論』税務経理協会，1987年，p.12

8

7) 泉美之松『税法の基礎』税務経理協会，1885年，p.76
8) 前掲書『税金千夜一夜物語』pp.10－11
9) 前掲書『租税法第21版』p.84
10) 山内　進『租税特別措置と産業成長』税務経理協会，p.99
11) 木山奏嗣『税務訴訟入門』税務研究会出版局，2012年，p.259

第2節 租税法における法源

　法源とは，いろいろな意味に使用されている。一般的には，法の存在する形式（法がどのような形式で存在しているかという意味）のことをいう。すなわち，一般的には，**裁判官が裁判を行う際に，基準（規範）となるものである。** 租税法の法源には，以下のような，日本国憲法，法律，政令・省令，条例・規則等の国内法源と，条約，交換公文等の国際法源がある。

1 日本国憲法

　憲法第30条には「国民は，法律の定めるところにより，納税義務を負ふ」と規定され，第84条には租税法律主義が規定されている。

2 法　　律

　法律とは，国会によって制定するもので，法律では税制の仕組みや基本的重要事項（納税義務，課税所得等の範囲，税額計算の方法，申告，納付及び還付等）が規定されている。法律として国税では，租税法律関係に基本的な事項（納税義務，納税猶予等）や各国税に共通的事項を定めた「**国税通則法**」と，国税の滞納処分その他徴収に関する手続きの執行についての必要な事項を定めた「**国税徴収法**」と，個別には一税目一税法を原則とした「**法人税法**」「**所得税法**」「**相続税法**」「**租税特別措置法**」「**印紙税法**」等の各税法が設けられている。

　租税特別措置法とは，経済政策的，社会政策的，産業政策的目的を達成するために課税の減免，繰延べを特例をもって定めた法律であり，一定の時限を設けた時限立法である。

3 政令・省令

　法律だけでは対応しきれない場合には，法律を補うために命令を定める必要が生じる。そのうち内閣が制定する命令を「**政令**」といい，国税通則法施行令，

10

所得税法施行令，法人税法施行令，租税特別措置法施行令等の各施行令が挙げられる。政令は，憲法第73条に規定されており，専門的事項，技術的事項や解釈的事項について定められている。

さらに，各省大臣が発する命令を「省令」といい，国税通則法施行規則，所得税法施行規則，法人税法施行規則，租税特別措置法施行規則等の各施行規則がある。この省令は，国家行政組織法12条1項で規定されており，書式ならびに申告や申請の記載等の手続的事項や様式等について定められている。

4　告　　　示

国家行政組織法14条1項では「各省大臣，各委員会及び各庁の長官は，その機関の所掌事務について，公示を必要とする場合においては，告示を発することができる」と規定している。所得税法78条2項2号は，公益法人に対する寄付金で財務大臣の指定したものは，総所得金額から控除する旨を定めている。そして，財務大臣が指定したときは，告示することとされている。この告示は，その性質上，法規を定立する行為であり，租税法の法源の一種であると解されている[12]。

5　条　　　例

条例は，地方公共団体の会議が制定する法である。地方税についての租税法律主義は，条例に基づいて行われる。

6　租　税　条　約

わが国は，平成27年6月1日現在で53の国ないしは地域と国際的所得税の二重課税を防止するための**租税条約**を締結している。また，アメリカとの間では，相続税・贈与税の二重課税を防止するための租税条約を締結している。租税条約が国内法と異なる定めをしている場合には，**租税条約の定めが優先**して適用される[13]。

7 行政先例法

租税法は侵害規範であるから，納税者に不利益な内容の慣習法の成立の余地はないといわれている。しかしながら，納税者の有利な**慣習法の成立**は認めるべきであろう[14]。

8 通　　達

なお，税務執行上，不十分なときに国税庁の上部機関（国税庁長官）が下部機関（国税局・税務署）やその職員へ出した職務執行上の命令が「**通達**」である。つまり，通達は執行上の命令である。この通達には，「**事務運営指針**」と「**法令解釈通達**（取扱通達）」とがある。「事務運営指針」は，行政事務の執行についての命令で，税務官吏の規定である。「法令解釈通達」は，法令の解釈を行うもので，法人税法上重要である。さらに，この法令解釈通達には，各税法について逐条的にその解釈や取扱基準を示した「**基本通達**」と，個別的な事項について税法の解釈や取扱基準を示した「**個別通達**」がある。

通達は，下部機関は通達に基づいて事務処理をしなければならないので，行政組織の内部では拘束力を持つが，国民及び裁判所に対しては**拘束力を持つ法規ではない**。したがって，通達の解釈が正しいか否かは，裁判所によって審査されるものである。

ところが実際上，税法の解釈に際しては通達に準じて処理する場合が多く，通達は重要な役割を果たしている[15]。しかし，租税法律主義の観点からは，通達が法律の趣旨に反するような場合には，その通達は否定されることになる。

〈図表1－4〉法律・政令・省令・通達

法　　律	法人税法	租税特別措置法
政　　令	法人税法施行令	租税特別措置法施行令
省　　令	法人税法施行規則	租税特別措置法施行規則
通　　達	法人税法取扱通達	租税特別措置法関係通達

9 判　例

　裁判所の判決は，具体的な争訟の解決を目的とするが，その理由中に示された解釈が合理的である場合には，それは先例として尊重され，やがては確立した解釈として一般的に承認されるようになる。このように，一般的な承認を受けるに至った裁判所の解釈を判例という。判例も法源の一種である[16]。

　裁判所の判断，特に最高裁判所の判例の積み重ねによって判例法が形成されるような場合は，このような判例法に対して一般に税法の法源としての地位が承認されている[17]。過去の最高裁判決に示された判断（レイシヲ・デシデンタイ）が，その後の裁判において拘束を与えることもある。これを先例拘束力という。その後の裁判において引用される数が多い過去の判例は，先例拘束力が高いといえる。法源性となりうるのは，この判断が一般的承認を受けるに至っている場合ということである[18]。

　わが国は，ドイツ，イタリアとともに成文法の国なので，イギリスやアメリカ等の判例こそが法であるとする判例法の国ほど判例に法的な拘束力が強いとはいえないが，わが国の判例の中には事実上，先例拘束力の強いものもある。最高裁で，過去の最高裁で言い渡された法規範に相当する部分が，ほかの事件でも適用されることがあるからである。その意味では，わが国は成文法と判例法とがハイブリット化されているといえる。

　先例としての最高裁の判決をあてはめようとする事案が全く同じということはないので，どこまで先例の判決の射程が及んでくるのかという先例の判決の拘束力が及ぶ射程範囲が重要となる。

〈図表1－5〉成文法の国と判例法の国

成 文 法 の 国	ドイツ，イタリア，日本等
判 例 法 の 国	イギリス，アメリカ
成文法と判例法のハイブリットともいえる国	日本は成文法の国だが，判例の中には，先例の拘束力の強いものがある。

第1章　法人税法の基礎　13

[**注**]

12)　前掲書『スタートアップ租税法』p. 157

13)　前掲書『租税法第21版』p. 107

14)　前掲書『租税法第21版』pp. 107-108

15)　通達による解釈に異議があって審査請求が出された場合は，国税通則法の規定によれば，国税不服審判所所長が国税庁長官の発する通達に示されている解釈と異なる解釈により採決する道が開かれている。荒井　勇『税法解釈の常識』税務研究会出版局，1983年，p. 16

16)　前掲書『租税法第21版』p. 111

17)　清永敬次『税法』ミネルヴァ書房，2008年，p. 23

18)　前掲書『スタートアップ租税法』p. 161

3節 租税法の解釈

1 租税法の解釈・事案把握・適用の3ステップ

具体的な事案に租税法の条文をあてはめる（適用する）ためには，第一ステップとして租税法の条文の意味内容を明確にする必要がある。特に課税要件は，何かを明確にしなければならない。これを**租税法の解釈**という。

続いて，第二のステップの**事案を把握**することである。

最後の第三のステップは，当該事案に租税法の条文の課税要件が適用できるか，当てはまるかを検証しなければならない。

2 租税法の解釈方法の二本柱

租税法の解釈には，大きな柱として**文理解釈**と**目的論的解釈**がある。この解釈の二本柱を理解しておくことが，解釈するうえでの基本となる。

(1) 文 理 解 釈

租税法を解釈するときに，条文の文言のみに着目して解釈することを「**文理解釈**」という。文言解釈ともいう。租税法の解釈を，多数の納税者間の税負担の公平，恣意性の排除，法的安定性や予測可能性の要請という視点からみると，解釈は原則として**文理解釈**によるべきである。

(2) 目的論的解釈

文言のみならず規定の趣旨にも着目して解釈することを**目的論的解釈**（**趣旨解釈や論理解釈ともいう**）」という（目的論的解釈が行われた判例として外国税額控除事件（最高裁平成17年12月19日第二小法廷判決））。

ただし，文理解釈によって規定の意味内容を明らかにすることが困難な場合にはじめて，規定の**趣旨・目的**に照らしてその意味内容を明らかにする**目的論的に解釈**が行われるべきである（タックス・ヘイブン来料加工事件（東京地裁平成21年5月28日判決））。

租税特別措置（政策税制）に関する解釈についても，原則として文理解釈によ

第1章　法人税法の基礎　15

るべきではあるが，必要に応じて規定の趣旨・目的を勘案するべきである[19]。

> **租税法の面白い話（文理解釈と趣旨解釈）**
>
> 　ある女性がいいました。「私，嵐の櫻井君と結婚したいの。だって櫻井君と結婚したら頭のいいかわいい子供ができると思うから。」
>
> 　この女性の話を文言どおりに解釈するかぎりは，結婚したい男性は嵐の櫻井さんです。これが**文理解釈**です。
>
> 　しかし，櫻井さんと結婚すると賢い，かわいい子ができるというならば，他の男性でも，櫻井さんのように慶應ボーイ等で賢く，かわいい男性ならば結婚してもいいように解釈できるかもしれません。このように文言通りに解釈するのではなく，その趣旨で解釈する方法が**趣旨解釈，目的論的解釈**です。

3　その他の租税法の解釈方法

　さらに以下のように，拡大解釈，縮小解釈，反対解釈，類推解釈，勿論解釈等がある。

⑴　拡　大　解　釈

　条文が規定する文言よりも拡張して解釈することを**拡張解釈，拡大解釈**という。法の目的に応じて拡張して解釈しなければならないときには，必要な解釈方法である[20]。

⑵　縮　小　解　釈

　条文が規定する文言よりも縮小して解釈することを**縮小解釈，限定解釈**という。

　限定解釈は，文言どおり読む文理解釈ではなく，その趣旨・目的を考慮したうえで，その条文適用範囲を限定する方法であり，趣旨解釈であり目的論的解釈であるともいえる[21]。

　外国税額控除事件（最高裁平成17年12月19日第二小法廷判決）では，わが国の外国税額控除制度を本来の趣旨目的（わが国の企業の海外における経済活動の振興を図

るという政策的要請の下に，国際的二重課税防止，海外取引に対する課税の公平と税制の中立性を図る目的）から著しく逸脱する様態で利用して納税を免れという判示をし，租税回避には二重課税防止規定は適用しないという縮小解釈，目的論的解釈が行われた。

(3) 反 対 解 釈

その条文の規定の文言に書かれていないものについては適用されないと考える解釈が，**反対解釈**である。反対解釈も文理解釈の1つといえる。

(4) 類 推 解 釈

似かよった事柄のうち一方についてだけ規定があって，他方については明文の規定がない場合に，その規定と同じ趣旨の規定が他方にもあると考えて解釈することを**類推解釈**という。これも目的論的解釈の1つといえる。

(5) 勿 論 解 釈

類推解釈の一類型であって，ある法令の規定の立法目的，趣旨等からみて，ほかの場合には明文の規定はないものの，それと同じ趣旨の規定があると解することが条理上当然のことと考えられる場合にとられる解釈が，**勿論解釈**である[22]。

租税法は市民の財産を侵害する**侵害規範**であり，しかも納税者の法的安定性，予見可能性を守るためにも，その解釈は原則として**文理解釈**によるべきであり，みだりに**拡張解釈**や**類推解釈**等を行うことは許されない。

〈図表1－6〉租税法の解釈の二本柱

租税法の解釈 方法の二本柱	文理解釈
	目的論的解釈（趣旨解釈や理論解釈ともいわれる）

［注］
19) 前掲書『租税法第21版』pp.115-117
20) 前掲書『フォローアップ租税法』p. 8
21) 木山泰嗣『税務判断が読めるようになる』大蔵財務協会，2015年，p.139
22) 林 修三『法令解釈の常識第2版』日本評論社，1975年，pp.128-134

第1章 法人税法の基礎 17

第4節 租税法で使用される用語の解釈（固有概念・借用概念・一般概念）

　各種経済事象（売買，交換，贈与，相続等）等から租税法上，納税義務が発生してくる場合に，その経済事象の多くは，第一ステップとして民法，商法及び会社法等の法律により規定されている。したがって，このような私法と租税法の関係がある限り，租税法が納税を課す場合は，これらの他の法規定で使用されている用語（法人の概念，配当の概念，住所の概念等）をどのように，租税法で解釈すべきかが，問題となる。

1　固有概念と借用概念と一般概念

　租税法で使用される用語のなかに，まず**固有概念**と**借用概念**という2種類がある。

　固有概念とは，租税法が独自に使用する所得等の概念である。

　借用概念とは，他の法律で使用している概念を租税法が借用することである。私法である民法，商法及び会社法等の他の法規定がある場合には，租税法では特に定義を設けず，他の法規定で使用されている用語を**そのまま使用**することがある。これを**借用概念**という。

　その他にも，租税法中に用いられた用語が法文上明確に定義されておらず，他の特定の法律からの借用概念ともいえるものがない場合には，その用語は，特段の事情がない限り，**言葉の通常の用法**（一般概念）に従って解釈されるべきである。

≪一般概念の判例研究≫ ☕ ちょっと考えるコーヒーブレイク

　住宅借入金改築事件・東京高裁平成14年2月28日判決では，改築とは，言葉の通常の意味からすると，既存の建物の全部又は一部を取り壊して新たに建物を建てることと解した。

　これは，固有概念でも借用概念でもない3種類目に**一般概念**が存することを前提とした判断が示されている。また，レポ取引事件・東京地裁平成19年4月

18

17日判決がある。日本のA社は，有価証券をケイマン諸島にある外国法人Cに売却し，その後，Cはレポ差額（譲渡価格に一定の率を乗じた利子）を付加してAに譲渡した。このレポ差額が貸付金の利子に該当するか否かが争点となった。東京地裁では，法令上の用語は言葉の通常の用法に従って解釈すべきとした23)。一審から最高裁まで納税者の主張が認められた。すなわち，レポ取引は（債権の売買と再売買を内容とする契約），貸付金利子ではなく，売買，再売買と考えるのが相当と解釈された。その後，平成21年度の税制改正で，所得税法上，貸付金利子にレポ差額が含まれると明記された。

　ちなみに日本版レポ取引とは，現金を担保とした債券の消費貸借契約（貸借取引）のこと。当事者の一方（債券の貸手）が債券の借手に債券を貸し出し，その見返りとして担保金を受け入れる。一定期間経過後に債券の返還を受け，担保金を返却する仕組みである。債券の借手は賃借料を支払い，債券の貸手は受け入れた担保金に対する金利を払う。その差額（担保金金利－債券賃借料）がレポ差額（レポート）である。

2　借用概念の学説（統一説，独立説，目的適合説）

　借用概念については，学説上さらに，統一説，独立説，目的適合説に分類できる。

　統一説とは，**租税法律主義**の目的である**取引の法的安定性，納税者の予測可能性**の視点から，租税法の解釈においては，民法，商法及び会社法などの私法と同じように考えるべきであるという説である。統一説をとった判例として，武富士事件と鈴や会社事件がある（武富士事件・最判平成23年2月18日は，住所の概念を民法と同義と解した。住所の法解釈として，民法どおり，住所であるか否かは，客観的に生活の本拠たる実態で決すべきと，客観的な事実で判定した。鈴や会社事件・最判昭和35年10月7日は，利益配当の概念を商法の概念と同義と解した）。

　私法との関連で見ると，納税義務は，各種の経済活動ないしは経済現象から生じてくるのであるが，それらの活動ないしは現象は，第一次的には私法によって規律されているから，租税法がそれらを課税要件規定の中に取り込むに

あたって，私法上におけると同じ概念を用いている場合には，別意に解すべきことが租税法規の明文又はその趣旨から明らかな場合は別として，それを私法上におけると同じ意義に解するのが，法的安定性の見地から好ましい[24]。この統一説が判例・通説である。

独立説とは，税法上，別の趣旨目的があるので，民法，商法及び会社法などの私法からの概念を借用したとしても，税法上の解釈は，独自の解釈をすべきだとする説である。

ドイツにおいては，租税通則法の制定とともに，別意に解することを妨げないという見解が強くなり，ナチス時代に入りますます強くなったという。しかし現在では，原則として同義に解すべきという見解が支配的である[25]。

目的適合説とは，租税立法にあたっては，できるだけ精緻にかつ明確に，そして疑問の余地のないように規定を整えることが望ましいのであるが，現行租税法には，幾多の不備欠陥のあることが否定できない現在，たとえ私法上の規定を引用し，又はその概念を用いている場合でも，租税法上，直ちに私法上のそれと同一に解すべきではなく，規定又は概念の相対性を認め，租税法の目的に照らし，その自主性・独立性を尊重して，その目的に合する合目的な解釈をなすべきことを承認しなければならない[26] という説である。

〈図表１－７〉租税法が使用する用語の解釈

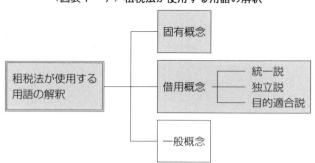

［注］
23）　前掲書『ステップアップ租税法』p.52
24）　前掲書『租税法第21版』p.119

20

25) 前掲書『租税法第21版』p.118

26) 田中二郎『租税法第3版』有斐閣, 1981, p.126

第1章　法人税法の基礎　21

5節　租税回避行為

1　租税回避と脱税及び節税

　租税回避とは，私法上の選択可能性を利用し，私的経済取引プロパーの見地から合理的理由がないのに，**通常用いられない法形式を選択**することによって，結果的には意図した経済的目的ないしは経済的効果を実現しながら，**通常用いられる法形式に対応する課税要件の充足を免れ**，もって税負担を減少させあるいは排除することをいう[27]。

　このように，わが国において，**租税回避**とは，本来課税要件に該当すべきものと考えられる一定の事実の発生が認められるにもかかわらず，当事者が**異なった法形式**を採ることにより，課税要件の充足を避けることと考えられている[28]。

　脱税とは，課税要件の充足の事実の全部又は一部を**秘匿する行為**である。

　節税とは，**租税法規が予定しているところに従って税負担の減少を図る行為**である。一方，**租税回避**は，**租税法規が予定していない異常な法形式を用いて税負担の減少を図る行為**である。この節税と租税回避の境界は，必ずしも明確でない。

　以上から，総括するならば，わが国では租税回避とは，「**課税要件を避けること**」及び「**通常用いられない法形式を選択**」の二要件で定義がなされている。

〈図表1-8〉節税・脱税・租税回避

節　　税	租税法規が予定しているところに従う税負担の減少
脱　　税	課税要件の充足の事実の全部又は一部を秘匿する行為
租税回避	租税法規が予定していない異常な法形式を用いて，課税要件を避けること

22

2 租税回避行為の否認

租税回避があった場合に，当事者が用いた法形式を租税法上は無視し，通常の用いられる法形式に対応する課税要件が充足されたものとして取り扱うことを**租税回避の行為の否認**と呼ぶ。租税回避行為の否認を一般的に認めた規定として，ドイツ法42条がある。わが国には，ドイツ法42条のような**すべての分野を包含する一般的否認規定**はない。

ただし，わが国では，**個別分野の一般的否認規定**として，「同族会社の行為又は計算の否認」（所得税法157条1項，法人税法132条，相続税法64条1項，地価税法32条，地方税法72条の43第1項2項），「**法人組織再編成に係る行為又は計算の否認**」（所得税法157条4項，法人税法132条の2，相続税法64条4項，地方税法72の43第4項），「**連結法人に係る行為又は計算の否認**」（法人税法132条の3），「**外国法人の恒久的施設帰属所得に係る行為又は計算の否認**」（法人税法147条の2）がある。さらには，多くの**個別的否認規定**がある[29]。

個別的否認規定がない場合に，まだすべての分野を包含する包括的な一般否認規定がないわが国では，租税回避という理由だけで否認していくのは，難しいといえる。

最近では，**OECD**をはじめとして多くの国は，租税回避に対する対策として，**一般否認規定（GAAR）**等の導入の検討が盛んになっている[30]。

租税法の面白い話（租税回避と節税と脱税）

今年の3月までに結婚すれば，新婚さんの新婚旅行割引セールが使えるという広告が旅行会社のパンフレットにありました。3月を過ぎれば高い料金になります。今年，大学4年の恋人同士の2人が，これを利用することを考えました。

結婚して，3月までに入籍を済まし新婚旅行に行けば，結婚資金が節約できます。旅行割引の要件である結婚を充たしていますから，税で考えると**節税**と似ています。結婚していないまま，つまり入籍していないまま，結婚したことにして，旅行会社に嘘をいい，この割引セールを利用したならば，割

引の要件である結婚を**隠蔽，秘匿**しているわけですから，これを税で考えると**脱税**となります。

　2人は3月から旅行代金が高くなるし，旅行割引を利用したいばかりに，結婚の入籍手続きだけは済ませました。一緒に住んでいるわけでも，今後の結婚の意思もありません。家族も入籍を知りません。ただ，法律的には入籍しています。しかし，その実態は結婚ではありません。旅行割引の要件を得るだけのために，入籍したのです。そして，旅行から戻りしだい離婚したのです。旅行代金が高くなるのを免れる行為であり，これは税で考えると，**課税要件を免れる行為**である**租税回避**にあたるでしょう。

　　［注］
27）　前掲書『租税法第21版』p.125
28）　清水敬次『租税回避の研究』ミネルヴァ書房，2015，p.111
29）　前掲書『租税法第21版』pp.126-128
30）　矢内一好『一般否認規定と租税回避判例の各国比較』財形詳報社，2015，p.2

24

第6節　税金の意義と種類

　租税の分類方法には，いくつもの方法がある。ここでは代表的な3分類について示す。

1　国税と地方税（課税主体による分類）（だれに払うか）

　税金をかける課税主体の違いにより，国が課税主体である国税と，地方公共団体（都道府県及び市町村）が課税主体である地方税とに分けられる。

　国税（national tax）には，法人税，所得税，相続税，贈与税，消費税，酒税，登録免許税，印紙税等がある。

　地方税（local tax）には，都道府県が課税する道府県税と市町村が課税する市町村税がある。道府県税には，都民税，道府県民税，事業税，不動産取得税，自動車税等がある。市町村税には，市町村民税，固定資産税，軽自動車税，国民健康保険税，都市計画税等がある。

〈図表1－9〉課税主体による分類

```
                      ┌─ 国 税 ──── 法人税　所得税　相続税　贈与税　消費税　酒税等
                      │
  ┌─────┐          │          ┌─ 道府県税 ── 道府県民税　事業税　不動産取得税等
  │ 税 金 │──────┤          │
  └─────┘          └─ 地方税 ─┤
                                 └─ 市町村税 ── 市町村民税　固定資産税　軽自動車税等
```

2　直接税と間接税（納税義務者による分類）（だれが払うか）

　納税義務者（税金を納める人）と担税者（税金を負担する人）が同一人か否かにより直接税（direct tax）と間接税（indirect tax）に分けられる。

　直接税と間接税の区分の基準については，従来から多くの学説があった。しかし，ジョン・スチュアート・ミルが最初に唱えてから，多くの学者にとられ

ている区分の基準は，次のとおりである。課税権者（政府）又は立法者が税負担の転嫁を予想している税が間接税であり，転嫁を予想していないものが直接税であるという区別である[31]。したがって，間接税は原則として転嫁が行われる。

例えば，酒税は，税金の納税義務者は酒造業者だが，酒税は酒の価格に含まれ，負担するのは消費者である。このように税の負担が，製造業者，消費者と移っていくことを転嫁という。結果として間接税は，転嫁により税金を納める人と税金を負担する人が異なることになる。

直接税とは，納税義務者と担税者が同一人の税金であり，税金を負担する人が直接，税金を納めるものをいう。直接税として，国税の中には法人税，所得税，相続税，贈与税等があり，地方税の中には道府県民税，市町村民税，固定資産税，都市計画税，自動車税等がある。

間接税とは，納税義務者と担税者が異なる税金である。間接税として，国税の中には酒税，消費税，石油石炭税等があり，地方税の中には不動産取得税，自動車取得税，ゴルフ場利用税等がある。

〈図表1－10〉 納税義務者による分類

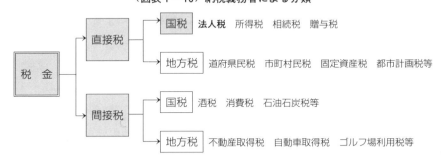

〈図表1-11〉直接税と間接税の長所と短所

	直　接　税
長所	直接税は，累進税率により高額所得者がより多くの税金を負担し，その垂直的公平の面から優れている。また，各納税者の事情を考慮した各種控除等の設定により，担税力に応じた課税が可能である。
短所	反面，納税者は，累進税率により重税感が強く抵抗感がある。各担税者の事情を考慮するため，納税者の所得の種類により課税に差が生ずるので，水平的公平の確保に問題が残る。
	間　接　税
長所	間接税は，消費の大きさにより負担するため，負担の水平的公平の面からは優れている。間接税は，納税者，消費者の税負担感が少なく，徴税が容易で，徴税コストも少なくすむ。
短所	反面，担税者の事情が考慮しにくいため，低所得者層にとっては，負担が所得に対して逆進的になるという問題がある。

　平成元年4月1日より，消費税が導入された。それは，高齢化社会を目の前にして財政上の税収入を上げる必要性と，消費税は間接税のため税負担感が少ないためであると考えられる。

3　収得税，消費税，財産税，流通税（課税対象による分類）（どこの過程で支払うか）

　課税の対象（段階）による分類である。経済過程には，生産（販売），流通，消費，貯蓄（財産の所有）の各段階がある。その段階に応じた分類である。

　収得税（receipts tax）とは，収入を得ているという事実に基づいて課税するものをいう。収得税には，法人税，所得税，道府県民税，市町村民税，事業税，固定資産税，自動車税等がある。

　財産税（property tax）とは，財産を所有しているという事実に基づいて課税するものをいう。財産税には，相続税，贈与税等がある。

　また，**消費税**（consumption tax）とは，特定の商品やサービスを購入したり，消費したりする事実に基づいて課税される税金であり，消費税，酒税，市町村たばこ税，道府県たばこ税等がある。

流通税 (circulation tax) とは，財産の移転や流通に基づいて課税する税金である。流通税には，印紙税，登録免許税，不動産取得税，自動車取得税等がある。

〈図表1−12〉課税対象による分類

[注]
31) 前掲書『税法の基礎』p.115

第7節 徴税方式

1 税金の決定方式（だれが税金の額を決定するか）

税金の決定方式として，税金を決定する主体の違いにより申告納税方式と賦課課税方式がある。

(1) 申告納税方式

申告納税方式とは，納税者本人がその納付すべき税額を計算し，それを申告し納税する方式である。法人税をはじめ所得税，相続税，贈与税，消費税等の国税のほとんどはこの方式によっている。地方税では，法人の住民税，法人の事業税，自動車取得税等がこの方式を採用している。

納税者自身が所得状況，経済的状況等を一番知り精通しているので，納税者が納税意識を持ち，納税者本人が自らの責任により税法に基づいた正しい申告をし納税をすれば，最も理想的かつ民主的な方式であるといえる。

(2) 賦課課税方式

賦課課税方式とは，国や地方公共団体が納税者に対して，公的財産権あるいは行政権力に基づいて，行政処分により納付すべき税額を決定し，その税額の納付を納税者に命令し，強制する方式である。国ないしは地方公共団体から送られて来た納税通知書に記載された税額を払い込むことになる。現在では，地方税のうち，個人の住民税，個人の事業税，固定資産税，不動産取得税，自動車税等の多くがこの方式を採用している。

ただし，賦課課税方式は，明治憲法時代における国家主権主義のもとでは，権力強制的な税務行政であった。

2 税金の納付方法

税金の納付方法には，以下の6つの方法がある。

(1) 申告の納付

申告納税方式により自らが，計算した税額を申告して納付する方法である。

申告納税方式で既述したように，法人税，所得税，相続税等の国税や，自動車取得税等の地方税がこの方法である。

(2) **賦課の納付**

　既述した**賦課課税方式により税金を納付**するものに，地方税の中には固定資産税がある。賦課課税方式により地方税を徴収する方法は，次の普通徴収という言葉を使用している。

(3) **源 泉 徴 収**

　給与，賞与，利子，配当，報酬などの**支払者**（源泉徴収義務者）が，支払の際に所得税を計算し，その税額をあらかじめ支払金額から差し引いて預かっておいて，あとで税金を申告して納付する方法である。

(4) **普 通 徴 収**

　特別徴収も普通徴収も地方税の徴収方法である。そのうち，地方公共団体（市町村役場等）が，法律，条例で決められた方法で税額を決定し，その税額等を記載した納税通知書を納税者に送付し，納税者はそれに基づいてその税金を納付する方法が**普通徴収**である。この方法をとるものには，賦課課税方式で既述したように個人の住民税，個人の事業税，固定資産税，自動車税等がある。

(5) **特 別 徴 収**

　普通徴収と同じように，地方税の徴収方法である。しかし，特別徴収は，地方公共団体の代わりに，特別徴収義務者が納税者から販売代金等と一緒に税金を預かっておき，あとで預かった税金を申告して，納付する方法である。この特別徴収は，給与の支払者の場合に給与から直接差し引いて税金を徴収する方法である。したがって，国税でいう源泉徴収に似ている。地方消費税，軽油取引税，給与所得者の住民税等がこの方法である。

(6) **証 紙 徴 収**

　地方公共団体が発行する**証紙を購入する**ことにより，税金を納付する方法である。この方法をとるものには，軽自動車税等がある[32]。

〈図表1−13〉税金の決定方式

〈図表1−8〉税金の納付方法

[注]
32) 高島博治『会社の税金』日本経済新聞社，1991，p. 9

第8節 実質所得者課税の原則

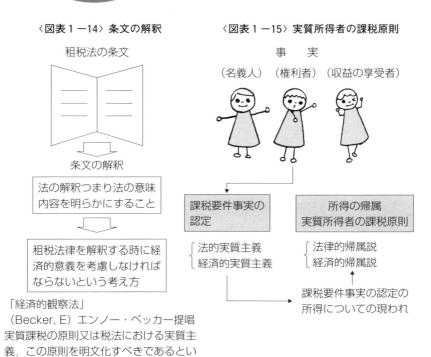

〈図表1-14〉条文の解釈　〈図表1-15〉実質所得者の課税原則

「経済的観察法」
(Becker, E) エンノー・ベッカー提唱
実質課税の原則又は税法における実質主義，この原則を明文化すべきであるという「通則法の答申」が昭和36年に出されたが，論議と批判を呼びわが国の通則法の答申から外された。

[注] 渡辺淑夫『法人税法21年版』中央経済社，pp.85-89

1 実質所得者課税の原則

実質所得者課税の原則は，法人税法11条，所得税法12条に規定されている。

法人税法11条では，「資産又は事業から生ずる収益の法律上帰属するとみられる者が単なる名義人であって，その収益を享受せず，その者以外の法人がその収益を享受する場合には，その収益は，これを享受する法人に帰属するもの

として，この法律の規定を適用する。」と規定されている。

　所得税法12条にも同様に「資産又は事業から生ずる収益の法律上帰属すると
みられる者が単なる名義人であって，その収益を享受せず，その者以外の者が
その収益を享受する場合には，その収益は，これを享受する者に帰属するもの
として，この法律の規定を適用する。」と規定されている。

　所得税，法人税にとって課税物件つまり課税対象となるのは所得であるから，
法人税法及び所得税法では，**実質所得者課税原則**とは，所得の帰属を判定する
うえで，所得（法文上は収益）の帰属者が形式と実質が異なる場合に，実質を基
準にして所得（法文上は収益）の帰属者を判断する考え方である。

2　実質所得者課税の原則の意義

　実質所得者課税の原則の意義については，法律的帰属説と経済的帰属説があ
る。

　法律的帰属説とは，課税物件（法人税及び所得税は所得）の**法律上（私法上）の
帰属**につき，その形式と実質が相違している場合には，実質に即して帰属を判
定すべきであるという趣旨に，これらの規定を理解する考え方である。

　ちなみに**私法**とは，民法，商法などの私的，社会的生活関係を規律する法律
をいう。

　経済的帰属説とは，課税物件の**法律上（私法上）の帰属**と**経済上の帰属**が相
違している場合には，経済上の帰属に即して課税物件の帰属を判定すべきこと
を定めたものであると解する立場である[33]。

　経済的帰属説は，所得の分割ないしは移転を認めることになりやすいのみで
はなく，納税者の立場からは，法的安定性が害されるという批判がありうる。
税務行政の立場からは，経済的に帰属を決定することは，実際上多くの困難を
伴う。その意味で，法律的帰属説が妥当である[34]。現在では，法律的帰属説が
通説的地位を占めている[35]。ただし，判例を見る限り法律的帰属説のみならず，
経済的帰属説をとっている場合もある。

　この法律的帰属説と経済的帰属説との対立は，課税要件事実の認定に関する

第1章　法人税法の基礎　33

法的実質主義（私法上の真実の法律関係に即して，課税要件事実を認定すべきであるという考え方）と経済的実質主義（私法上の真実の法律関係から離れて，その経済的成果・目的・動機等に即して，課税要件事実を認定すべきであるとする考え方）との対立の，所得の帰属の判定の場面における現れである[36]。

租税法の面白い話（実質所得者課税の原則）

例えば，株の名義人は長男の子供だが，資金を出し投資したのは父親だとします。そして実際に，この株の一部売却の資金や配当金を収受し，使用しているのは20歳の長女だとします。長女が「株の名義人は長男の子供だから，長男の子供に税金を課税してください。」といいました。さあ，どうなるでしょうか？

法律的帰属説では，単なる名義人である長男でなく，収益を享受するのは本来，投資した父親であり，父親が権利者となる。経済的帰属説では，権利者に関わらず，実際に収益を享受しているのは長女であり，ここに課税をしようとするものと考えられます。

経済的帰属説は，税務行政上，収益の帰属者の決定を経済的な関係をその管理，運営等の経済活動の実態を踏まえて総合的に判断する必要があり，その判断は非常に難しく，実態を把握するには慎重な対応が望まれます。納税者に対して，**法的安定性及び課税の予測可能性**を奪うことに繋がるからです。したがって，法的帰属説が通説で，税金が課税されるのは，父親ということになります。

≪税法と私法の関係の判例研究≫ ☕ ちょっと一息コーヒーブレイク

税法と私法との関係の判例として，岩瀬事件（東京高判平成11年6月21日）がある。譲渡資産とほぼ等価の取得資産を交換し，あわせて3億円を取得した。譲渡資産は7億円で売却し，取得土地は4億円で借入れする旨の売却と購入の各々の売買契約を締結し，各売買代金を相殺して残金3億円の交付を受けたものである。課税庁は交換契約にあたるとした。一方，東京高判では，「譲渡及び取得も各々別々に売買契約もが作成されており，交換ではなく売買の法形式

34

が採用されている。

　租税法律主義の下において，法律の根拠なしに，当事者の選択した法形式を通常用いられる法形式に引き直し，それに対応する課税要件が充足されたものとして取り扱う権限は課税庁に認められていないとし，更正処分は違法」とした。

　[注]
　33)　前掲書『租税法第21版』p.157
　34)　前掲書『租税法第21版』p.157
　35)　清永敬次『税法第6版』ミネルヴァ書房，2006，p.67
　36)　佐藤英明『租税法演習ノート』谷口勢津夫,「3　悪いやつら」弘文堂，2006，p.36

第1章　法人税法の基礎　35

第9節　所得の概念

1　所得の概念

　所得の定義は，多くの論議があるが，所得税，法人税の課税対象とするためには，数量化する必要がある。所得を，金銭的価値に数量化した場合には，**消費型（支出型）所得概念**と**取得型（発生型）所得概念**がある。

　消費型（支出型）所得概念とは，収入のうち，効用ないし満足の源泉である財貨や人的役務の購入に充てられる部分のみを所得と観念し，蓄積に向けられる部分を所得の範囲から除外する考え方である。かつて，アーヴィング・フィッシャーやニコラス・カルドアによって提唱された[37]。

　取得型（発生型）所得概念は，個人が新たに取得する経済的価値を所得とするもので，各国で一般的に利用されている[38]。

2　消費型（支出型）所得の概念

　消費型所得概念は，蓄積に充てられた部分は所得から除外することになり，富の格差を拡大させ，公平負担の原則に反する。これを避けるためには，相続税や贈与税を増税する必要がある。借入金によって消費した場合も，所得として課税されるなど問題が多い。

　ただし，近年，消費税を基幹税としようと考える学者による「マーリーズ報告」信者が勢いを増している。同報告は，ノーベル賞経済学者マーベル教授を中心とした財政学者の提案である[39]。

3　取得型（発生型）所得の概念

　所得型所得概念は，さらに**制限的所得概念**と**包括的所得概念**とに区分される[40]。

　まず，**制限的所得概念**とは，発生した所得のうちでも，反復継続的な利得だけを所得としてとらえ，一時的・偶発的・恩恵的な利得を所得の範囲も**除外し**

36

て制限する概念である。イギリスやヨーロッパの所得税制度は，伝統的にこの考え方に基づいている。

包括的所得概念とは，人の担税力を増加させる経済的利得は，反復継続的なものであれ，一時的・偶発的・恩恵的なものであれ，**全てを所得ととらえる概念**である。現在では，世界各国とも財政事情等から包括的所得概念の方向に移っている。この包括的所得概念は，1892年にドイツのシャンツによって体系化され，その後アメリカのロバート・ヘイグやヘンリー・サイモンズによって主張された。アメリカで1913年に採用した連邦所得税は，当初から，制度上，包括的所得概念の考え方をとっていた。わが国も戦後，アメリカの影響を受けて包括的所得概念をとっている[41]　という。

担税力を増加させる利益でありながら，課税されないものがあるのは公平の観点から問題があり，課税される所得の源泉を制限する理由もない。そこで，**多数説**となっている包括所得概念という考えが生まれた[42]。また，全ての所得を包括し累進税率を適用するほうが，所得税の再配分機能を高める。さらには，所得の範囲を広くすることで，所得税の景気調整機能を高める等の包括所得概念が支持される理由がある。

※　アメリカでは，**所得税**は個人所得税と法人所得税の両者を包含しているが，ドイツやわが国では，所得税とは個人の所得に対する租税をさし，法人税とは法人の所得に対する租税をさす。しかし，法人税も，その性質上，所得に対する租税であることはいうまでもない[43]。

〈図表1−16〉所得の概念

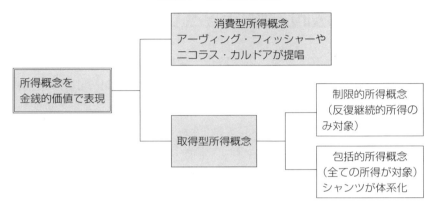

[注]
37)　前掲書『租税法21版』p.183
38)　山本守之『体系法人税法』税務経理協会，2017，p.194
39)　前掲書『体系活人税法』p.193
40)　前掲書『体系法人税法』p.194
41)　前掲書『体系活人税法』pp.194-195
42)　水野忠恒『租税法第4版』有斐閣，2009，p.137
43)　前掲書『租税法21版』pp.182-184

38

第10節 法的三段論法とリーガルマインド

1 税務調査と事実認定，法令解釈・適用

　平成24年9月12日制定の国税通則法第7章（国税の調査）関係通達の制定について（法令解釈通達）には，**調査**とは「国税（略）に関する法律規定に基づき，特定の納税義務者の課税標準等又は税額等を認定する目的その他国税に関する処分を行う目的で調査担当職員が行う一連の行為」であり，一連の行為とはかっこ書きには，**証拠資料の収集，要件事実の認定，法令の解釈適用**となっている。

　この，証拠資料の収集と要件事実の認定とは**事実の認定**であり，法令の解釈とは**法解釈**であり，**適用**とは法解釈により定立された規範に，認定された事実をあてはめる作業を意味している[44]。

　つまり，税務調査にも，取引事実を認定し，法令を解釈し，認定した事実にあてはめ適用させる，**法的三段論法**が必要である。

　当然，税務調査に立ち向かう税理士，会計士，弁護士も法的三段論法が求められる。課税庁が顧問先に「税額を修正してください。」といってきた場合は，税理士，会計士は**どの事実**に対してで，どこの条文の**法解釈**によるものであるかを，調査官に質問し検討する必要がある。

2 更正処分と事実認定，法令解釈・適用

　さらに，課税庁が，上記の税務調査後に，更正処分する場合には，手続保障の見地から，処分庁の判断の慎重・合理性を担保としてその恣意を抑制するため，**処分の理由**を相手方に知らせ，不服申立てに判断材料を提供するという便宜を与えるために，**法令解釈及び適用理由**を明らかにしなければならない。

　その程度は，更正処分庁の恣意抑制及び不服申立ての便宜という理由附記制度の制度目的を充足する程度に具体的に明示しなければならず（最高裁昭和60年4月23日判決），**理由附記**に不備がある場合には，更正処分は取り消しになると

解されている（最高裁昭和38年5月31日判決）[45]。

　青色申告者に対する更正通知書には，**理由附記が要求される**（所得税法155②，法人税法130②）。このように，国税の更正処分に理由附記が義務付けられたため，課税庁は明確に更正処分理由を書く必要があるといえる。また，白色申告者にも記帳義務が課せられ（所得税法231の2），**更正の理由附記も求められる**（国税通則法74条の14）。

　更正の理由附記の趣旨は，更正処分庁の判断の慎重・合理性を担保にその恣意を抑制するとともに，処分の理由をその相手方である納税者に知らせて不服申立てに便宜を与えるためである。

　このように，課税庁が更正処分等を行う時には，理由附記，法令解釈及び適用理由が求められているため，法的三段論法により，処分が適法であると立証できる状態が必要となる。

　当然，更正処分に対抗し，再調査，審査請求，訴訟を提起していくか否かの判断に対して，税理士，会計士，弁護士も法的三段論法が求められる。

3　税務訴訟と事実認定，法令解釈・適用

　論理学では，第一段階「人は死ぬ」，第二段階「アリストテレスは人だ」，ならば人は死ぬの人に，アリストテレスをあてはめ「アリストテレスは死ぬ」と結論を導く。裁判所も第一ステップ**法律の解釈による法規範の定立**，第二ステップ**事実の認定**，第三ステップ認定された事実に解釈による法規範をあてはめることで，判決がでるという法的三段論法が行われる。

　更正処分，税務調査をする課税庁はもちろんのこと，税理士・会計士・弁護士等も同様に法的三段論法の施行が求められる。このように，三段論法は裁判官のみならず，この法的思考力（リーガルマインド）は，課税庁も税理士・会計士・弁護士等にも求められる。しかし，税理士，会計士が税務実務をする場合は，一般的に顧問先の事実を認識した上で，それに対する税務処理が法解釈上，適切かどうかをあてはめている<図表1-19>のではないかと考えられる。

〈図表 1 －17〉 法的三段論法

法解釈　　　　　法規に論理則を当てはめて，法規範の定立
　　　　　　　　　（規範の多くは判例で示されるが，過去の判例が，今
　　　　　　　　　回の事件に適用される（判例の先例拘束力）かは，射
　　　　　　　　　程範囲が問題となる）

事実認定　　　　証拠に経験則をあてはめて，事実を認定
　　　　　　　　　（経験則とは事実に関する知見などから導かれる一般
　　　　　　　　　的に法則）

結論（あてはめ）　定立された法規範に，認定された事実をあてはめ

前掲書『税務判例が読めるようになる』大蔵財務協会，p.10

〈図表 1 －18〉 三段論法

抽象論　　　　　人は死ぬ

具体例　　　　　アリストテレスは人だ

結論（あてはめ）　アリストテレスは死ぬ

前掲書『税務判例が読めるようになる』大蔵財務協会，p.15

〈図表 1 －19〉 税務実務三段論法

事実認定

法解釈

結論（あてはめ）

前掲書『税務判例が読めるようになる』大蔵財務協会，p.15

　［注］

44）　前掲書『税務判例が読めるようになる』pp.182-184

45）　高橋貴美子『税務判例に強くなる本』中央経済社，2016，pp.4-5

法人税法の概要

第1節 法人税課税の根拠

【Point 1】

> 　**法人税の課税の根拠**として，民法の考えに基づき法人の本質観から**法人擬制説**と**法人実在説**がある。どちらの説をとるかにより，課税関係は相違する。
> 　現行の法人税は，どちらの説とも考えられないという見解もある。

　法人税の課税の根拠として種々の考えがある。民法には，法人の本質観から検討した法人擬制説と法人実在説という２つの対立する考え方がある。従来からこの民法の対立した考え方を税制に持ち込んで，法人税の課税の根拠の検討がなされてきた。

　法人の性格をどうとらえるかによって，法人とその株主である個人の課税関係が大きく異なってくる。法人擬制説をとるか法人実在説をとるかは，国により又は同じ国にでも時代により異なっている。

1 法人税課税の根拠

(1) 法人擬制説

この説は，**法人は個人株主の集合体**であり，法人とは個人が共同して事業をする手段であって，権利能力や固有の意思及び行為能力は有しない。よって，法人の所得に対する法人税は，その所得が配当等として分配された場合の個人所得に対する源泉課税的な意味を有するとし，法人税は個人株主の所得に対する所得税の前取りであるとする考え方である。

なぜならば，法人擬制説では，法人の利益は最終的には個人株主に分配され帰属するものであるので，本来は法人には税金をかける必要はなく，個人株主に分配された段階で課税すればよい。

そこで，もし個人株主に分配される以前の法人の段階で税金をかけた場合には，この法人税は個人株主にかけられる所得税の前払いと考えられるのである。

この考え方では，法人と独立した租税主体を構成するものではないと考えられるため，法人の所得に対する法人税と所得税との二重課税を行うべきではないとする考え方ができる。

したがって，配当を受け取った個人株主の所得税の課税において，配当を含んで総合累進課税をするので，法人の段階で課税が行われた法人税相当額を調整（配当控除）することが必要となる。また，配当を受け取った法人株主の場合には，**受取配当等の益金不算入**により二重課税を防止している。

法人税の税率は所得税の税率とは異なり，累進税率である必要はなく一定の**比例税率**であることが好ましい。なぜならば，法人擬制説では配当を受け取った個人株主の段階で総合して累進税率で課税するので，法人税の税率は累進税率である必要はなく，一定の比例税率でよいからである。

(2) 法人実在説

この説は，**法人はその個人株主とは別個の独立した主体であり，権利能力がある**。したがって，課税主体であって，配当を受け取った個人株主の所得税の課税と法人所得に対する法人税の課税は独立して別個にしてもよいという考え方である。この場合の法人は個人から独立したもので，会社として経済取引を

する権利能力を持ち，固有の意思及び行為能力を持つ。

　この法人実在説の考え方では，法人と株主とは別個の独立した租税主体なので，法人に課税され，株主に課税されることは，なんら二重課税とはならない。したがって，個人株主や法人株主が法人から受けた配当について，所得税の総合課税上，なんら調整を必要としない。この考え方では，法人税についても所得税と同様に，**累進税率**により課税することも認められる。

〈図表 2 − 1 〉法人擬制説と法人実在説

		法人擬制説	法人実在説
1	法人の意義	法人は個人株主の集合で権利能力がない	法人は個人株主とは別個の独立主体で権利能力がある
2	法人税の性格	法人税は個人株主の所得税の前取り	法人税は法人自身に課せられた税金
3	受取配当金の課税	《法人株主のとき》 受取配当金の益金不算入 《個人株主のとき》 受取配当金は総合所得に合算し，配当控除あり	《法人株主のとき》 受取配当金の益金算入 《個人株主のとき》 受取配当金は総合所得に合算し，配当控除は適用しない
4	法人税率	一定の税率	累進税率
5	留保金課税	留保金課税の合理性あり	留保金課税の合理性なし

⑶　**法人擬制説と法人実在説の問題点**

　税制調査会の中期答申（昭和55年11月「財政体質を改善するために税制上とるべき方策についての答申」）では，「法人の性格論（法人実在説あるいは法人擬制説）については，法人は株主から独立して経済活動を行う一方，その所得は配当及び残余財産の分配により株主に帰属する面があり，また，これが法人という企業形態の存立目的であることも否定し難く，法人実在説あるいは法人擬制説という形でどちらかの立場に割り切ることは困難であると考えられる。

　したがって，法人税制の負担調整に関する基本的仕組みのあり方について上記のような法人の性格論から導き出そうとすることは不毛であり，適当ではない。二重課税を行うことないし行わないという法人税の負担調整に関する基本

44

的仕組みの検討に当たっては，結局，企業の資金調達，資本市場のあり方，企業形態の選択，国際資本の交流など経済全般に対してどのような影響を及ぼすかという観点から検討することが必要である」旨を述べている。

現実の税制も，わが国では経済的影響，社会的影響等を考慮しながら，租税政策，産業政策手段等として創られていったものであって，経済，財政の構造の複雑化した現在，法人擬制説あるいは法人実在説という，いずれか一方の法人性格論のみから検討がされていたわけではないといえる。また，各国の税制にみる法人税の動向も諸国の租税政策と国民経済の運営，財政状態に応じて実施されているというのが現状であり，法人の性格論からの一面的な見方はされていない。

ただし，特定産業の成長，産業活動の拡大を目的とする産業政策の推進を考慮する租税特別措置は，法人擬制説の考え方のほうが説明しやすいといえる。なぜならば，シャウプ勧告のとった法人擬制説は租税特別措置を認める論理構造となっているからである[1]。

また，上記サビニーの唱えた法人擬制説とギールケの唱えた法人実在説とは，あくまでも法人の法律的性格に関する私法(民法)理論分野での論争であって比喩であって適切でないという見解もある[2]。租税政策の1つとして置かれている法人税制に私法の学説によって左右されるべきではない[3]と述べている。

2 わが国の法人税の考え方

わが国の税制は，明治20年の所得税法創設（当初個人所得に対してのみ課税し，法人に対しては課税されなかった）より明治32年までの租税収入の中心は地租及び酒税等の消費税であって，所得税はウエイトが低く法人企業もまた未発達であり法人に対する課税は行われなかった。明治32年の改正からは，法人に所得税を課すこととなった。この時代には，株主が法人から受ける賞与，配当には課税していない。したがって，大正9年の改正前までは法人擬制説的な立場に立っていた。

第2章　法人税法の概要　45

　大正9年の改正により従来から非課税であった株主の賞与，配当にも課税することとなった。この時から法人実在説に転換したといえる[4]。昭和15年には第一種所得税を廃止し，法人税法が創設された。昭和25年のシャウプ勧告[5] に基づく税制改正があるまでは，法人実在説的立場にあったといえる。現在のわが国の法人税は，原則的には法人擬制説的考え方がとられているといえる。なぜならば，現在の法人税は昭和25年のシャウプ勧告に基礎をおいており，シャウプ勧告は法人擬制説の考えを採用したからである。法人税法の受取配当等の益金不算入制度や所得税法の配当控除制度があり，法人税法では原則的には1本の比例税率が維持されているからである。

　しかし，現行税制には租税特別措置等が存在する。現行税制は法人擬制説に租税特別措置等の政策的修正を加えられた制度といえる。したがって，現行税制は原則的には法人擬制説だが，単純に法人擬制説ないしは法人実在説の立場とみなすことは難しい。

　　　［注］
　1）　租税特別措置は法人税を減少させる。反面，法人留保利益が上昇し株価が上がる。したがって，個人株主が株式を売却するキャピタルゲインの段階でその分税金を取り戻せるという論理であろう。山内　進「租税特別措置に関する一考察」『三田商学研究』, vol. 34, No. 3, 1991年8月, p. 113
　2）　山本守之『体系法人税法』税務経理協会, 1991, p. 2
　3）　前掲書『体系法人税法』pp. 3-4
　4）　山上一夫『設例による法人税法解説』税務研究会出版局, 1987, p. 8
　5）　シャウプ勧告とは，連合国最高司令官の要請によりコロンビア大学教授のシャウプ博士を団長として編成された日本使節団が1949年に行った勧告である。これによって，国税については直接税を中心とする租税制度が確立した。さらには，地方税は独立税主義となった。

第2節 法人税の納税義務者と課税所得の範囲

【Point 2】

---

(1) 法人税法上の法人の種類により課税所得の範囲が異なっている。

(2) 法人税の課税上，内国普通法人が典型的な法人であり，内国普通法人の課税関係が重要であろう。昨今，国際化が進み，外国法人の課税関係も重要性が増している。

---

1 法人の種類と課税所得の範囲

わが国の租税法上，法人概念は課税所得の範囲を確定する重要な概念である。しかし，わが国では，租税法上，法人の定義がない，そのため借用概念の統一説により，私法上の法人概念が借用される。

私法上，法人とは，自然人とは別に，法律によって，権利義務の主体となることを認められたものである。

法人は，その公共性の有無により公法人又は私法人に，その営利性の有無により公益法人又は営利法人に，その構成により社団法人又は財団法人に，その本店の所在地により内国法人又は外国法人に分類される。

法人税法における法人の種類は，まず，次のように区分することができる（法2，4）。

法人を区分する理由は課税範囲が相違するからであり，法人税法における法人の区分に従えば，次のようになる。

内国法人（domestic corporations）と外国法人（foreign corporations）の区分は法人の本店等の所在地による区分であり，公共法人，公益法人等，協同組合等，人格のない社団等，普通法人の区分は法人の種類による区分である。

第2章　法人税法の概要　47

〈図表2-2〉法人税上の法人区分

```
                              ┌─ 公共法人
                              ├─ 公益法人等
                   ┌─ 内国法人 ─┼─ 協同組合等
                   │          ├─ 人格のない社団等
   法　人 ─────────┤          └─ 普通法人
                   │
                   └─ 外国法人 ─┬─ 人格のない社団等
                              └─ 普通法人
```

⑴　所在地による区分

①　内 国 法 人

　内国法人とは，国内に本店又は主たる事務所を有する法人をいい（法2三），国内に源泉がある所得はもちろんのこと，国外にその源泉がある所得についても法人税の納税義務がある。ただし，公益法人等（public interest corporations）又は人格のない社団等は，収益事業（profit－making business）に係る所得についてのみ納税義務がある（法4）。

　　⑷　国内と国外

　　　国内とは，この法律の施行地をいい（法2一），国外とは，この法律の施行地外をいう。

　　㋺　本店又は主たる事務所

　　　会社の場合の本店とは，営業活動の中心たる事務所をいい，形式的には定款に定められた本店の所在地である。

　　　主たる事務所とは，中枢たる事務所をいう。

②　外 国 法 人

　外国法人とは，内国法人以外の法人をいう（法2四）。すなわち，外国法に基づいて設立された法人で，国外に本店又は主たる事務所を有する法人である。外国法人は，国内源泉所得についてのみ法人税の納税義務がある。外国法人である人格のない社団等は，国内源泉である収益事業に係る所得についてのみ法人税の納税義務がある（法4②）。

　外国法人である普通法人に対しては，国内源泉所得について「各事業年度の

所得に対する法人税」が課税される（法9）。

外国法人である公共法人に対しては，法人税は課税されない。

(2) 法人の種類による区分

① 公共法人

公共法人とは，法人税法別表第一（公共法人の表）に掲げる法人であり（法2五），公共目的のための特別法に基づいて設立された法人であって，法人税の納税義務はない（法4③）。

例えば，地方公共団体，日本放送協会，日本中央競馬会，日本育英会，日本学術振興会，国立大学法人等。

② 公益法人等

公益法人等とは，法人税法別表第二（公益法人等の表）に掲げる法人であり（法2六），公益を目的として特別法に基づいて設立された法人又は民法に基づいて設立された財団法人及び社団法人等であって，**収益事業**を営む場合においてのみ法人税の納税義務がある（法4①ただし書，②ただし書）。

例えば，学校法人，社会福祉法人，宗教法人，商工会議所，日本赤十字社，税理士会，公益社団法人，公益財団法人等である。

ここでの**収益事業**とは，次の各事業で継続して事業場を設けて営まれるものをいう（令5①）。

①物品販売業　②不動産販売業　③金銭貸付業　④物品貸付業　⑤不動産貸付業　⑥製造業　⑦通信業　⑧運送業　⑨倉庫業　⑩請負業　⑪印刷業　⑫出版業　⑬写真業　⑭席貸業　⑮旅館業　⑯料理店業その他の飲食店業　⑰周旋業　⑱代理業　⑲仲立業　⑳問屋業　㉑鉱業　㉒土石採取業　㉓浴場業　㉔理容業　㉕美容業　㉖興行業　㉗遊技所業　㉘遊覧所業　㉙医療保健業　㉚洋裁，和裁，着物着付け，編物，手芸，料理，理容，美容，茶道，生花，演劇，演芸，舞踊，舞踏，音楽，絵画，書道，写真，工芸，デザイン，自動車操縦，小型船舶操縦の教授又は予備校もしくは公開模擬学力試験を行う事業　㉛駐車場業　㉜信用保証業　㉝工業所有権及び著作権の譲渡又は提供を行う事業　㉞労働者派遣業

第2章　法人税法の概要　49

≪収益事業の判例研究≫ ☕ ちょっと考えるコーヒーブレイク

これらの収益事業にあてはまるかどうかについて，ペット供養事件（最高裁平成20年9月12日判決）がある。宗教法人が行っているペットの葬儀や供養等が，つまりペット葬儀業が収益事業に当たるとしたのである。ペット葬祭業は，外形的に見ると，請負業，倉庫業及び物品販売業並びにその性質上これらの事業に付随して行われる業者の形態を有するとした。しかも当時，一般事業者もペット葬儀業を始めており，宗教法人に民間事業等と同じような価格表等があり，対価性があるため，一般事業者との競争条件の平等化を意味する**イコール・フィッティング論**が課税の根拠の1つとなっていることは否定できない。

もう1つ有償ボランティア事件（東京高判平成16年11月17日）がある。有償ボランティア事業は，外形的には家事サービスであり，少額である。しかし，対価が支払われ，サービス提供主体がＮＰＯ法人であり，請負業として収益事業に当たるとしたのである。

③ 協同組合等（cooperatives）

協同組合等とは，法人税法別表第三（協同組合等の表）に掲げる法人であり（法2七），構成員の相互扶助を目的として特別法に基づいて設立された法人であって，すべての所得について法人税の納税義務がある。ただし，普通法人とは適用税率が異なり低率の税率となっている（法66③）。

例えば，農業協同組合，漁業協同組合，商工組合，中小企業等協同組合，消費生活協同組合，信用金庫等である。

④ 人格のない社団等（nonjuridical organizations）

人格のない社団等とは，法人でない社団又は財団で代表者又は管理人の定めがあるものをいう（法2八）。人格のない社団等は，法律的には法人格はないが，法人税法上は法人とみなされ（法3），収益事業を営む場合においてのみ法人税の納税義務がある（法4①ただし書，②ただし書）。

例えば，ＰＴＡ，同窓会，町内会，サークル，学会，同業者団体等である。

⑤ 普通法人（ordinary corporations）

普通法人とは，公共法人，公益法人等，協同組合等以外の法人で，人格のな

50

い社団等は含まない（法2九）。内国法人である普通法人はすべての所得について法人税の納税義務があり（法4①），外国法人である普通法人は国内源泉所得について法人税の納税義務がある（法4②）。

例えば，合名会社，合資会社，合同会社，株式会社及び医療法人である。

特殊法人等整理合理化により，公共法人等の特殊法人が，独立行政法人等に移行することになり，法人税法は各独立行政法人等を公共法人又は公益法人等とする措置が行われた（法別表第一，第二他）。

また，中小企業等協同組合法の企業組合や医療法による医療法人，日本銀行法による日本銀行，証券取引法による証券取引所等も含まれる。

《計算Point》

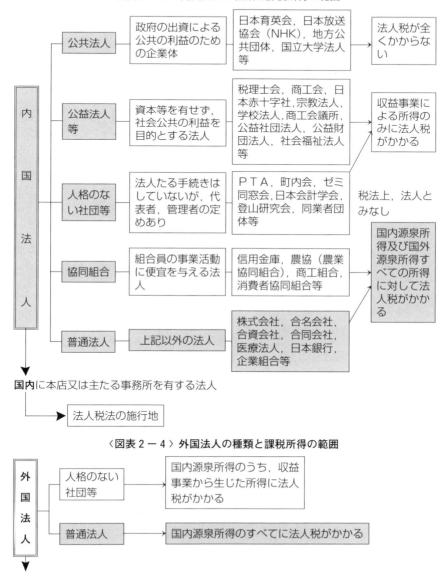

〈図表2-3〉内国法人の種類と課税所得の範囲

〈図表2-4〉外国法人の種類と課税所得の範囲

《計算例題１》
次の表は法人を区分したものであるが，（　）の中に語群から最も適当なものを選び記入しなさい。

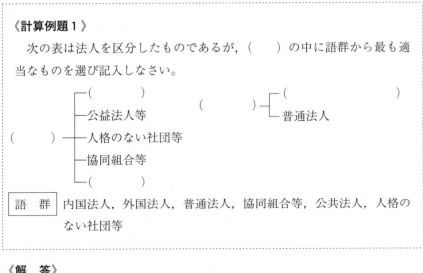

| 語　群 | 内国法人，外国法人，普通法人，協同組合等，公共法人，人格のない社団等 |

《解　答》

《計算例題２》
普通法人には◎，公共法人には△，公益法人等には□，人格のない社団等には×，協同組合には○をつけなさい。

日本住宅公団（　　）　　株式会社　　（　　）　　医療法人（　　）
同窓会　　　（　　）　　宗教法人　　（　　）　　信用金庫（　　）
合同会社　　（　　）　　医療法人　　（　　）　　労働金庫（　　）
合資会社　　（　　）　　日本放送協会（　　）　　合名会社（　　）

第2章　法人税法の概要　53

《解　答》

日本住宅公団（　△　）　　株式会社　　　（　◎　）　　医療法人（　◎　）

同窓会　　　（　×　）　　宗教法人　　　（　□　）　　信用金庫（　○　）

合同会社　　（　◎　）　　医療法人　　　（　◎　）　　労働金庫（　○　）

合資会社　　（　◎　）　　日本放送協会　（　△　）　　合名会社（　◎　）

《計算例題3》

　次の内国法人について，各事業年度の所得に対する法人税の課税関係を，該当欄に○印で記入しなさい。

法　　　人	課税される	課税されない	課税される場合もある
日本育英会，ＮＨＫ， 地方公共団体　（公共法人）			
税理士会，宗教法人， 学校法人　（公益法人等）			
町内会，同窓会，ＰＴＡ 　（人格のない社団等）			
信用金庫，ＪＡ，商工組合 　（協同組合等）			
合名会社，合資会社， 株式会社　（普通法人）			

《解　答》

法　　　人	課税される	課税されない	課税される場合もある
公 共 法 人		○	
公 益 法 人 等			○
人格のない社団等			○
協 同 組 合 等	○		
普 通 法 人	○		

54

2 課税所得の種類

法人税には，法人の各事業年度の所得及び清算所得（法5）並びに各事業年度の退職年金等積立金（法8）に対して課税される三つの種類がある。

(1) 各事業年度の所得に対する法人税

各事業年度の所得は，法人の通常の経営活動期間中に生ずる所得であって，その所得を法人の各事業年度ごとに区切って法人税が課税される。

各事業年度の所得に対する法人税の課税標準は，各事業年度の所得の金額であるが（法21），その金額は，当該事業年度の益金の額から損金の額を控除して計算する。なお，清算所得課税は廃止されるとともに，清算中の内国法人である普通法人又は協同組合等には各事業年度の所得に対する法人税を課す（法5，旧法6，92〜120関係）。

(2) 退職年金等積立金に対する法人税

退職年金業務等を営む法人＊には，通常の法人税のほか，退職年金積立金に対する法人税が課税される（法8）。したがって，一般の法人には関係がない。退職年金等積立金に対する法人税の課税標準は，各事業年度の退職年金等積立金であるが，退職年金等積立金とは，適格退職年金契約等に基づいて，退職年金業務等を営む法人に適格退職年金等の給付のために積み立てられている信託財産又は保険積立金のうち，事業主等が負担した部分に相当するものである（法84）。なお，平成11年4月1日から平成32年3月31日までの間に開始する事業年度については，退職年金等積立金に対する法人税は課されない（措法68の4）。

> ＊　退職年金業務等を営む法人とは，適格退職年金契約，厚生年金基金契約又は勤労者財産形成（基金）給付契約に係る信託，生命保険，生命共済又は損害保険の業務を営む法人をいう。
> 　　つまり，信託銀行や生命保険会社等をいう。

〈図表2−5〉課税所得の種類

各事業年度の所得に対する法人税	→	法人の事業年度の所得に対して課税される
退職年金等積立金に対する法人税	→	退職年金積立業務を行う，生命保険会社などの法人に対してのみ課税される
（平成11年4月1日から平成32年3月31日開始事業年度は廃止）┘		
各連結事業年度の連結所得に対する法人税	→	連結納税制度を適用した場合に課税される

第2章　法人税法の概要　55

3　事 業 年 度

【Point 3 】

---

(1)　**営業年度等の定めのある法人の事業年度**

　　法令又は定款等によって定められた営業年度等が事業年度となる。

(2)　**営業年度等の定めのない法人の事業年度**

　　法人の設立の日以後 2 月以内に，納税地の所轄税務署長に届け出た営業年度等が事業年度となる。

　　営業年度等の届出がない場合には，納税地の所轄税務署長が指定した営業年度等が事業年度となる。

(3)　**営業年度等の期間が 1 年を超える場合の事業年度**

　　営業年度等の期間を，その開始の日以後 1 年ごとに区分した各期間が事業年度となる。

(4)　**法人が解散合併等をした場合**

　　みなし事業年度の定めもある。

⑴　**制度の趣旨**

　法人税は，各事業年度の所得に対する課税である。その事業年度の期間により所得金額の計算が行われる。また，法人税に関する申告，申請及び届出は事業年度が基礎となる。

　みなし事業年度についての規定は，法人税の課税技術上の必要から設けられている。

　法人税法における事業年度とは，営業年度その他これに準ずる期間（営業年度等という）で法令で定めるもの，又は法人の定款，寄付行為，規則もしくは規約（定款等という）に定める期間をいう（法13①）。

　法令又は定款等において営業年度の定めのない場合は，法人がその期間を定めてその納税地を所轄する税務署長に届け出なければならない（法13②）。

　届出のない場合は，税務署長がその営業年度を指定する（法13③）。

(2) **営業年度等の定めがある法人の事業年度**

　法令又は定款等によって営業年度等が定められている法人については，その定められている営業年度等が事業年度とされる。

　事業年度は，営業年度その他これに準ずる期間で，法令で定めるもの，又は法人の定款，寄付行為，規則もしくは規約に定めるものをいう（法13①）。

(3) **営業年度等の定めがない法人の事業年度**

　法令又は定款等において営業年度の定めがない法人の事業年度は，法人の設立の日（内国法人である公益法人等又は人格のない社団等については，収益事業を開始した日）以後2月以内に，納税地の所轄税務署長に届け出た営業年度が法人税法上の事業年度とされる。

　営業年度等の届出がない場合には，納税地の所轄税務署長が指定した営業年度等が法人税法上の事業年度となる（法13③）。税務署長による営業年度等の指定は，法人（人格のない社団等を除く）に書面によりその旨を通知する方法で行われる（法13③）。

　人格のない社団等にあっては，営業年度等の届出がない場合には，暦年が事業年度とされる。なお，1月1日後に収益事業を開始したときは，収益事業を開始した日からその年の12月31日までの期間が事業年度となる（法13④）。

(4) **営業年度等の期間が1年を超える場合の事業年度**

　法令又は定款等によって定められた営業年度等の期間及び法人が届け出た事業年度等の期間が1年を超える場合は，課税時期を均等化する見地から，当該期間をその開始の日以後1年ごとに区分した各期間が法人税法上の事業年度とされる（法13①ただし書）。

(5) **みなし事業年度**

　法人が解散，合併等をした場合は，次に掲げるそれぞれの期間が法人税法上の事業年度とみなされる（法14）。これをみなし事業年度といい，その事実が生じた前後の期間の課税を円滑にするために，事業年度とみなしたものである。

① 　内国法人である普通法人又は協同組合等が事業年度の中途において解散（合併による解散を除く）をした場合

　㋑　その事業年度開始の日から解散の日までの期間……各事業年度の所得に対する法人税の課税が行われる。

　㋺　解散の日の翌日からその事業年度の末日までの期間……清算所得に対する法人税の課税が行われる。

② 　法人が事業年度の中途において合併により解散した場合

　　その事業年度の開始の日から合併の日（合併期日の前日をいう）までの期間……各事業年度の所得に対する法人税の課税が行われる。

③ 　法人が事業年度の中途において当該法人を分割法人とする分割型分割を行った場合

　　その事業年度開始の日から分割型分割の日の前日までの期間及び分割型分割の日からその事業年度の終了の日までの期間……各事業年度の所得に対する法人税の課税が行われる。

　　その他，連結法人，連結子法人，外国法人等においても，みなし事業年度の規定がある。

⑹ 　事業年度を変更した場合等の届出

　　法人がその定款等に定める営業年度等を変更し，又はその定款等において新たに営業年度等を定めた場合には，遅滞なく，その変更前の営業年度等及び変更後の営業年度又は新たに定めた営業年度等を納税地の所轄税務署長に届け出なければならない（法15）。

4 納 税 地

【Point 4】

(1) 内国法人の**納税地**は，その**本店又は主たる事務所**の所在地である。

(2) 法人の事業又は資産の状況からみて法人税の納税地として不適当であると認められる場合には，国税局長又は国税庁長官により納税地の指定がされる。

(3) 法人は，法人税の納税地に異動があった場合には，遅滞なくその異動前の納税地の所轄税務署長及び異動後の納税地の所轄税務署長にその旨を届け出なければならない。

(1) 納税地の意義

　納税地とは，納税者が納税手続等をする場合に，どこの税務官庁*に対して履行すればよいか，その税務官庁を決定する基準となる場所をいう。納税地を定める利点は，法人税に関する申告，申請，請求，届出及び納付に関する一切の手続きを履行し，権利を行使する場所が決定できることである。また，法人税の更正又は決定をする所轄税務署長を決定する基準となることである。

> *　国税に関する税務官庁には，中央庁として国税庁がある。また，その地方支部部局として国税局があり，更にその下に税務署が配置されている。

(2) 内国法人の納税地

　内国法人の納税地は，その本店又は主たる事務所の所在地である (法16)。

　新たに設立された内国法人である普通法人又は協同組合等は，その設立の日以後2月以内に，その納税地等を記載した設立の届出書を提出しなければならない (法148)。また，内国法人である公益法人等又は人格のない社団等は，新たに収益事業を開始した場合には，その開始した日以後2月以内に，その納税地等を記載した収益事業開始の届出書を提出しなければならない (法150)。

(3) 納税地の指定

　法人の納税地が，法人の事業又は資産の状況からみて，法人税の納税地とし

て不適当であると認められる場合には，その納税地の所轄国税局長は，法人税法16条（内国法人の納税地）及び同17条（外国法人の納税地）の規定にかかわらず，その法人税の納税地を指定することができる（法18①）。

(4) **納税地の異動の届出**

法人は，その法人税の納税地に異動があった場合には，遅滞なく，異動前の納税地及び異動後の納税地を記載した納税地異動の届出書を，その異動前の納税地の所轄税務署長及び異動後の納税地の所轄税務署長に提出しなければならない（法20，令18）。

(5) **外国法人の納税地**

外国法人の納税地は，国内に支店等の恒久的施設を有する外国法人の場合には当該恒久的施設のある場所，不動産の貸付等による国内源泉所得を有する外国法人は，その所得の源泉となる資産の所在地である（法17）。

〈図表2－6〉納　税　地

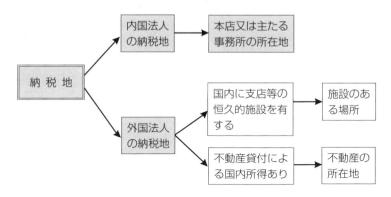

第3節 同族会社

【Point 5】

法人が身内や仲間であり，個人的色彩の強い同族会社については，法律の目をくぐって課税の回避をしやすいため，同族会社については，次の3つの課税上の特例がある。

(1) 留保金課税
(2) その行為又は計算の否認
(3) 使用人兼務役員

1 制度の趣旨

法人税法では同族会社（family corporation）に対して，行為計算の否認，留保金課税，役員の認定・使用人兼務役員の制度と3つの特別規定が設けられている。なぜならば，株主等3人以下及び同族関係者で50％超の株式や出資，又は50％超の議決権，又は社員総数の半数超となる個人的色彩が強い同族会社にあっては，株主総会等でチェックがされにくく，恣意的な経営が行われやすいためである。

例えば，株主に対する所得税の課税を不当に回避するために，通常，株主に支払うべき配当がなされなかったり，株主と同族会社との間で，資産を不当に高い価額で買ったりするなど，法形式を利用した行為又は計算によって課税の回避が行われることがある。

このように，同族会社を利用した課税の回避を防止するために，法人税法上，同族会社について特別の規定を設けている。

2 同族会社の定義

同族会社とは，株主等の3人以下及び株主等（その会社が自己株式等を有する場合のその会社を除く）の同族関係者（株主等と特殊関係のある個人及び法人）が①その会社の株式総数又は出資金額が，発行株式総数又は出資金合計の50％超に相当する場合，又は②その会社の議決権につき，その総数の50％超の数を有する場合，又は③その会社の社員の総数の半数超を占める場合をいう（法2十）。これらの同族会社の判定で使用した割合を所有割合という。

要するに，会社の株主等の1人とその同族関係者とを1つのグループとし，同じように2つ目，3つ目のグループと，3グループの**持分割合の合計**もしくは**議決権割合の合計**が50％超となる場合又は3グループで**社員総数**の半数超を占めている場合には，その会社は同族会社である。

同族会社の判定を行う場合，その判定の対象となる会社が自己株式を有しているときは，判定の基礎となる上位3グループの株主等から，その会社を除くとともに，その会社が有する自己株式を，判定計算をするときの発行済株式総数から除くこととした（法2十，令4）。

〈図表2－7〉同族会社の判定（資料に持株数のみのとき）

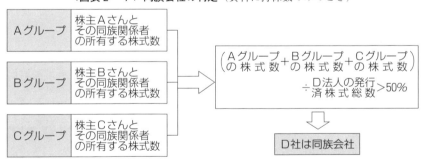

〈図表2-8〉同族会社の判定（資料に持株数と議決権数があるとき）

1　持株割合

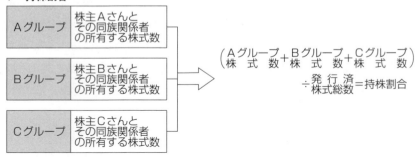

2　議決権割合

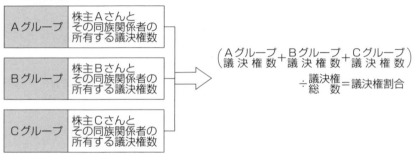

3　持株割合と議決権割合 ⇒ 同族会社である
　　の大きい方が50％超

（資料が持株数か議決権のみのときはその3グループの合計が50％超）⇒同族会社

3　同族関係者の定義

同族会社を判定する場合にでてきた、**株主等の同族関係者**とは、以下のような株主等と特殊関係のある個人及び法人をいう（法2十、令4）。

(1)　特殊関係のある個人

株主と特殊関係のある個人とは、次に掲げる者である（令4）。

①　株主等の親族*

②　株主等とまだ婚姻の届出をしていないが事実上婚姻関係と同様の事情にある者（いわゆる内縁関係にある者）

③　個人である株主等の使用人
④　①から③までに掲げる者以外の者で，個人である株主等から受ける金銭その他の資産によって生計を維持しているもの
⑤　②から④までに掲げる者と生計を一にするこれらの者の親族*
＊　親族とは，配偶者，6親等内の血族及び3親等内の姻族をいう（民法725）。

(2) **特殊関係のある法人**（令4②③④）

株主等と特殊関係のある法人とは，次に掲げる法人をいう（令4②）。

①　株主等の1人（個人である株主等については，その1人及びその特殊関係にある個人。以下同じ）が有する他の会社の株式の総数又は出資の金額の合計数が，当該他の会社の発行済株式の総数又は出資金額の100分の50超に相当する場合における当該他の会社
②　株主等の1人及び①の特殊関係にある会社が有する他の会社の株式の総数又は出資の金額が当該他の会社の発行済株式の総数又は出資金額の100分の50超に相当する場合における当該他の会社
③　株主等の1人及びこれと①，②に掲げる会社が有する他の会社の株式の総数又は出資金額の合計額が当該他の会社の発行済株式の総数又は出資金額の100分の50超に相当する場合における当該他の会社
④　他の会社の議決権につき，その総数の50％超の数を有する会社
⑤　他の会社の社員の総数の50％超を占める会社

〈図表2－9〉 **特殊関係のある個人**

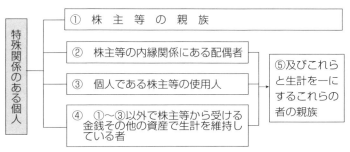

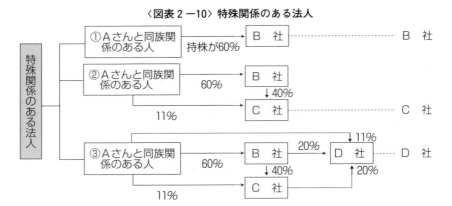

〈図表2−10〉特殊関係のある法人

4 同族会社における特別規定

(1) 留保金課税

少数の株主により支配されている同族会社においては，同族株主の所得税の課税の回避のため，法人の所得を配当せず法人に留保することが容易に行われやすいため，一定の限度を超えて留保を行った場合には，付加的に特別に法人税を課税することにしている。

したがって，特定同族会社においては，一般に留保割合が高くなりやすく，結果として同族株主の所得税の課税が延期されるため，一定額を超える利益留保金額に対しては，以下のように特別税率による留保金課税が行われる(法67)。

①の金額に対して，②の区分により課税される (法67①)。

① 課税対象金額

　　課税対象金額＝留保金額−留保控除額

② 税　　率

　　(イ) 年3,000万円以下の金額　　　　　　　$\frac{10}{100}$

　　(ロ) 年3,000万円超年1億円以下の金額　　$\frac{15}{100}$

　　(ハ) 年1億円を超える金額　　　　　　　　$\frac{20}{100}$

留保金課税が行われる特定同族会社であるかどうかは，当該会社の各事業年

度終了の時の現況により判定する（法67⑥）。

留保金に対する課税が行われる**特定同族会社**とは，1つの株主グループで所有割合（①発行済株式又は出資の50％超，又は②会社の議決権の50％超，又は③社員の総数の半数超）が50％超となる（**被支配会社**という）会社で，その判定の基礎となった株主グループから，被支配会社でない法人を含めないで判定した場合においても被支配会社となるものをいう。いわゆる特定同族会社に対して留保金課税が適用される。つまり，個人株主と同族会社である法人株主等で判定して，特定同族会社となる会社だけに対して，留保金課税が適用される。同じ同族会社であっても，被支配会社でない法人を含めないで判定した場合には被支配会社とならない特定同族会社以外については，留保金に対する課税は適用されない。しかし，平成19年4月1日から特定同族会社の留保金課税の適用対象から，資本金の額又は出資金額が1億円以下である中小法人を除外する。この中小法人の適用除外は，中小法人でも，資本金5億円以上の法人に完全支配されている中小法人には適用されない。

〈図表2－11〉特定同族会社と特定同族会社以外

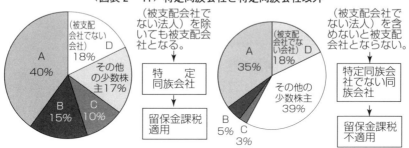

（注）上記の図は，ABは株主等の1人並びにこれと特殊関係にある個人及び法人であり，1つのグループを構成しているとする。
　　左の図
　　　(1) 株主順位
　　　　① 第1順位　ABグループ　40＋15＝55％
　　　　② 第2順位　D（被支配会社以外）18％
　　　　③ 第3順位　C　　　　　　10％
　　　(2) 同族会社の判定
　　　　　①＞50％　　∴同族会社

(3) 留保金課税の判定

⑴①＞50％　　　∴特定同族会社であり，留保金課税適用

右の図

(1)　株主順位

　① 第1順位　ＡＢグループ　35＋5＝40％

　② 第2順位　Ｄ（被支配会社以外）18％

　③ 第3順位　Ｃ　　　　　　3％

(2)　同族会社の判定

　⑴＞50％　　　∴同族会社

(3)　留保金課税の判定

　⑴①≦50％　　　∴特定同族会社ではなく，留保金課税の適用はない

〈図表2－12〉留保金課税の判定

期末資本金1億円以下の中小法人で，資本金5億円以上の法人に完全支配されていない		留保金課税の適用なし
上位1グループの割合（持株と議決権があるときは大きい割合）	50％超	特定同族会社であり，留保金課税の適用あり（判定の基礎となった株主グループから被支配会社でない法人を含めないで判定した場合にも被支配会社（50％超）となるもの）
	50％以下	留保金課税の適用なし

⑵　同族会社の行為又は計算の否認

　同族会社は個人的色彩が強く，租税負担を回避のために不当な行為又は計算が行われやすい。そこで，それを防止するため，同族会社の法人税について，税務署長が更正又は決定をする場合において，その同族会社の行為又は計算で，これをそのまま認めた場合には法人税の負担を不当に減少する結果となると認められるものがあるときは，その行為又は計算にかかわらず，税務署長の認めるところにより，他の合理的な行為又は計算が行われたものとして，その同族会社に係る次のものの計算をすることができる（法132①）。

　① 課税標準額又は欠損金額

　② 法人税の額

　行為又は計算の否認の対象となる同族会社は，すべての同族会社である（法

132①一)。

　行為又は計算の否認が行われる同族会社であるかどうかは，その行為又は計算の事実があった時の現況によって判定する（法132②)。

　否認される行為計算の例として，次のものが挙げられる(旧基355)。

　①現物出資資産の過大評価，②社員所有資産の高価買入，③法人所有資産の低価譲渡，④個人的寄付金の負担，⑤無収益資産の受入れ，⑥過大給与，⑦社員に対する用役贈与，⑧社員に対する過大な利率及び賃借料の支払，⑨不良債権の肩代り，⑩債務の無償引受

(3)　使用人兼務役員

　同族会社においては，少数の株主等によって支配され，しかも，職務分担についても不明確な場合も多いので，税法では役員の定義においてその範囲を拡大し，実質によって判断しようとしている。

　使用人であっても同族会社の特定の株主等であり，その会社の経営に従事している者については，その実質から考えて役員と認定されるみなし役員である（法2十五，令7)。

　また，同族会社の役員で**特定株主等**（特定の大株主）に該当する者は，使用人兼務役員とはなれない（法35⑤，令71)。

≪同族会社の行為・計算否認の判例研究≫ ☕ ちょっと考えるコーヒーブレイク

　同族会社の行為・計算否認の判例として，最高裁第一小法廷（平成23年1月13日）の判決がある。夫が経営する有限会社Xは妻が経営する有限会社に対して交際費を支出していた事例である。

　X社の収入金額は，ほとんど関係各社との建物管理委託契約に係るもので，妻の経営する有限会社の収入金額もほとんどが夫（有限会社代表）との建物管理委託契約によるものだった。妻の誕生日に平成18年と19年に100万円ずつ祝金を送り，結婚記念日にも平成18年と19年に100万円ずつ祝金を送るなどしており，これを全て交際費として損金に算入していた。

| 平成18年度 | 誕生日祝金100万円 | 結婚祝金100万円 |
| 平成19年度 | 誕生日祝金100万円 | 結婚祝金100万円 |

　最高裁は，法人税法132条は「不当に減少させる」という不確定概念を用いているが，これは課税要件明確主義（憲法84条）に反するものではないと解すべきであり（最高裁昭和52年4月21日第二小法廷判決），十分な合理性もあり，憲法14条（法の下に平等）にも違反しないというべきである。

　原告（有限会社X代表）の業務のほとんどは，夫と妻の両名のみで行われ，実質的に夫婦間のみで行われている取引において，収入の60％もの交際費を支出とすることを必要とする事情を認めることはできない。交際費支出は通常の経済人の行為又は計算として不合理，不自然であり，法人税法132条1項「法人税の負担を不当に減少させる結果となると認められる」ものに該当するため，交際費として損金の額に算入することはできないと判示した。

《計算Point》

　同族会社の判定は3グループの合計で，特定同族会社の判定は1グループで判定する。

	同族会社		非同族会社
	特定同族会社	特定同族会社でない同族会社	非同族会社
留保金課税の適用	○	×	×
行為計算の否認	○	○	×
使用人兼務役員の判定	○	○	×

被支配会社でない法人を判定の基礎となる株主等から除外した場合 ⇨ 1つのグループの株主等の保有する株式総数等

所有割合
→ 50％超 → 特定同族会社
→ 50％以下 → 特定同族会社でない同族会社

《計算Pattern》同族会社の判定と留保金課税の適用の判定

(判定1) 同族会社の判定資料が持株割合や議決権のケース（資本金1億円以下の中小法人で，資本金5億円以上の法人に完全に支配されていない）

(1) 同族株主グループ

① 持株割合

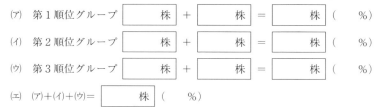

② 議決権割合

　　(ア)　第1順位グループ　□個 ＋ □個 ＝ □個 (　%)
　　(イ)　第2順位グループ　□個 ＋ □個 ＝ □個 (　%)
　　(ウ)　第3順位グループ　□個 ＋ □個 ＝ □個 (　%)
　　(エ)　(ア)+(イ)+(ウ)＝ □個 (　%)

(2) 同族会社の判定

① 持株割合　(1)①(エ) ≷ 議決権割合(1)②(エ)　∴大きい方

（資料が持株数か議決権数のみのとき，その3グループの合計が50％超ならば同族会社）

② (2)①＞50％のとき　　∴同族会社に該当する

　　(2)①≦50％のとき　　∴同族会社に該当しない（非同族会社）

(3) 留保金課税の適用の判定

期末資本金額が1億円以下の中小法人であるため適用しない

(判定2) 同族会社の判定資料が持株割合と議決権割合など2つ以上あるケース（資本金1億円超）

(1) 同族株主グループ

① 持株割合

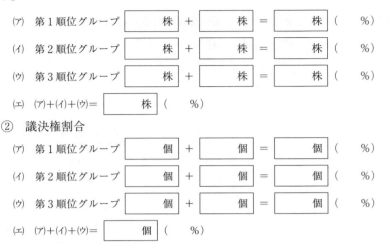

- (2) 同族会社の判定
  - ① 持株割合 (1)①(エ) ≷ 議決権割合(1)②(エ) ∴大きい方
    (資料が持株数か議決権のみのときは, その3グループの合計が50％超ならば同族会社)
  - ② (2)①＞50％のとき ∴同族会社に該当する
    (2)①≦50％のとき ∴同族会社に該当しない（非同族会社）
- (3) 留保金課税の判定（第1順位グループのみ）
  - ① 持株割合 (1)①(ア) ≷ 議決権割合(1)②(ア) ∴大きい方
    (資料が持株数か議決権のみのときは, 上位1グループの合計が50％超ならば特定同族会社)
  - ② (3)①＞50％ ∴特定同族会社であり留保金課税の適用
    (3)①≦50％ ∴特定同族会社に該当しないため留保金課税の適用をしない
    (注) 被支配会社でない法人がある場合には, 除いて判定する。

《計算例題1》 同族会社の判定 ケース1 持株数のみの判定

次の会社が同族会社であるかどうかを判定しなさい。持株数のみで判定しなさい。

1　慶応株式会社
株　主	持株数
慶応　進	60,000株
早稲田　初乃	30,000株
明治　栄	10,000株
その他小数株主	100,000株
合　計	200,000株

2　青山株式会社
株　主	持株数
立教　佑美	90,000株
東大　春子	20,000株
法政　清	10,000株
その他小数株主	180,000株
合　計	300,000株

《解答欄》

1　慶応株式会社

（　□　＋　□　＋　□　）÷200,000株

＝　□　％　（≥／≦）50%　したがって，同族会社で　□

2　青山株式会社

（　□　＋　□　＋　□　）÷300,000株

＝　□　％　（≥／≦）50%　したがって，同族会社で　□

《解　答》

1　慶応株式会社

（60,000株＋30,000株＋10,000株）÷200,000株＝50%（≦）50%

したがって，同族会社で　ない

2　青山株式会社

（90,000株＋20,000株＋10,000株）÷300,000株＝40%（≦）50%

72

したがって，同族会社で ない

《計算例題2》 同族会社の判定 ケース2（平成19年4月1日開始年度）持株
割合と議決権割合の判定あり

福大株式会社の株主構成に関する次の資料により，「同族会社の判定」
及び「留保金課税の適用法人の判定」を行いなさい。福大株式会社は資本
金が2億円の大法人である。

〈資 料〉

株 主 名	地 位 又 は 関 係	株 式 数	議決権数
A	代表取締役社長	1,000株	10個
B	Aの友人	500株	5個
C	専務取締役営業部長	300株	3個
D	Aの長男	400株	4個
E	Cの妹	100株	－個
F	Bの夫	200株	－個
G		800株	8個
その他少数株主	上記の者又はお互いに同族関係ではない	1,500株	－個
合　　　　計		4,800株	30個

《解答欄》 大法人のケース

同族会社の判定

(1) 同族株主グループ（上位3順位）

① 持株割合

(ア) 第1順位株主グループ ☐ 株 ＋ ☐ 株 ＝ ☐ 株 （☐ ％）

(イ) 第2順位株主グループ ☐ 株

(ウ) 第3順位株主グループ ☐ 株 ＋ ☐ 株 ＝ ☐ 株

(エ) (ア)＋(イ)＋(ウ)＝ ☐ 株 （☐ ％）

② 議決権割合

(ア) 第1順位株主グループ ☐ 個 ＋ ☐ 個 ＝ ☐ 個 （☐ ％）

(イ) 第2順位株主グループ ☐ 個

第2章　法人税法の概要　73

　　　(ウ)　第3順位株主グループ　□　個

　　　(エ)　(ア)＋(イ)＋(ウ)＝　□　個　（□　％）

(2)　同族会社の判定

　①　持株割合　(1)①(エ) ⋛ 議決権割合(1)②(エ)　∴大きい方

　②　(2)①＞50％のとき　∴同族会社に該当する

　　　(2)①≦50％のとき　　∴同族会社に該当しない（非同族会社）

(3)　留保金課税の判定（第1順位グループのみ）

　①　持株割合　(1)①(ア) ⋛ 議決権割合(1)②(ア)　∴大きい方

　②　(3)①＞50％　∴特定同族会社であり留保金課税の適用

　　　(3)①≦50％　　∴特定同族会社でないため留保金課税の適用をしない

　（注）　被支配会社でない法人がある場合には，除いて判定する。

《解　答》　大法人のケース

同族会社の判定

(1)　同族株主グループ（上位3順位）

　①　持株割合

　　　(ア)　第1順位株主グループ　1,000株　＋　400株

　　　　　＝　1,400株　$\left(\dfrac{1,400株}{4,800株} = 29\% \right)$

　　　(イ)　第2順位株主グループ　800株

　　　(ウ)　第3順位株主グループ　500株　＋　200株　＝　700株

　　　(エ)　(ア)＋(イ)＋(ウ)＝　2,900株　$\left(\dfrac{2,900株}{4,800株} = 60\% \right)$

　②　議決権割合

　　　(ア)　第1順位株主グループ　10個　＋　4個　＝　14個　　$\dfrac{14個}{30個} = 46\%$

　　　(イ)　第2順位株主グループ　8個

　　　(ウ)　第3順位株主グループ　5個

$$(エ)　(ア)+(イ)+(ウ)=\boxed{27個}\quad\left(\frac{27個}{30個}=90\%\right)$$

(2)　同族会社の判定

　　①　持株割合　(1)①(エ)＜議決権割合(1)②(エ)　　∴大きい方　90％

　　②　(2)①90％＞50％　　∴同族会社に該当する

(3)　留保金課税の判定（第1順位グループのみ）

　　①　持株割合　(1)①(ア)＜議決権割合(1)②(ア)　　∴大きい方　46％

　　②　(3)①46％≦50％　　∴特定同族会社でないため留保金課税の適用をしない

《実務上のPoint》

　同族会社と個人株主との間において行われる取引については，法人税などの負担を不当に減少されることにもなりやすいため，行為計算の否認規定がある。したがって，同族会社と個人株主との間の取引については，この規定に該当しないような公正な取引金額で行うことに注意を要する。

第2章　法人税法の概要　75

第4節　青色申告制度

【Point 6 】

---

(1) **青色申告書の提出**

　　法人は，税務署長の承認を受けた場合には，青色申告書により申告をすることができる。

(2) **青色申告の承認申請**

　　青色申告書により申告をしようとする法人は，所定の期限までにその旨の申請書を提出し，承認を受けなければならない。

(3) **青色申告法人の帳簿書類**

　　青色申告法人は，所定の帳簿書類を備え付けて取引を記録するとともに，その帳簿書類を原則として7年間保存しておかなければならない。

(4) **青色申告の特典**

　　青色申告法人は，税法上の特典を与えられている。

1　青色申告制度の意義

　通常の申告は**白色申告**といい，税務署長の承認を受けて**青色申告**（blue return）ができる。青色申告制度とは，青色の用紙（申告書）を用いてする申告である。

　青色申告制度は，納税者に一定の帳簿書類を備えさせ，日々の取引を整然と記録させることによって，所得金額と税額の計算を自主的に，確定させ申告納付し，あわせて企業の健全な経営と発展を図ることを目的として行われている。

　このように申告納税制度における適正な申告は，正確な帳簿書類の記帳によって初めて実現されるものであることから，所定の帳簿書類を備えて日々の取引を正確に記帳している法人について，この申告を尊重するとともに，青色

申告の種々の特典を与えることにより，青色申告を促進，奨励しようとするものである。

2 青色申告制度の特典

青色申告法人に対しては，次のような課税上の特典が設けられている。

(1) 法人税法上の特例

イ　欠損金の9年間繰越控除（中小法人等以外は各事業年度の所得の50％，平成30年4月1日以後開始事業年度において生じた欠損金額については10年間の繰越控除）

ロ　中小法人（資本金5億円以上の法人に完全支配されている中小法人は除く）欠損金の繰戻しによる前1年以内の法人税額の還付

ハ　税務署長が更正するときは，原則として帳簿書類の調査に基づき更正しなければならない。

ニ　税務署長が更正するときは，更正通知書にその理由を付記しなければならない。

ホ　推計による更正又は決定はできない。

(2) 租税特別措置法上の特例

イ　試験研究費の額が増加した場合等の法人税額の特別控除，特定中小企業者が経営改善設備を取得した場合・経営力向上設備を取得した場合及び中小企業者等が機械等を取得した場合の法人税額の特別控除（特別償却との選択適用）

ロ　減価償却資産の特別償却，割増償却（新築貸家住宅の割増償却を除く）

ハ　特別償却，割増償却の償却不足額の1年間繰越し

ニ　特別償却，割増償却の準備金方式の場合の積立不足額の1年間繰越し

ホ　各種準備金の積立額の損金算入

〈図表2-13〉青色申告の特典と根拠法

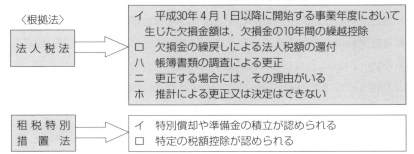

3 青色申告の手続き

(1) 青色申告法人の帳簿書類

青色申告書の提出の承認を受けている法人は，仕訳帳，総勘定元帳，その他所定の帳簿書類を備え付けて，その資産，負債及び資本に及ぼす一切の取引につき，複式簿記の原則に従い記帳を行う義務があり，その帳簿記録に基づいて決算を行い，その帳簿書類を原則として7年間保存しなければならない（法126①，規53～59）。

〈図表2-14〉青色申告の要件

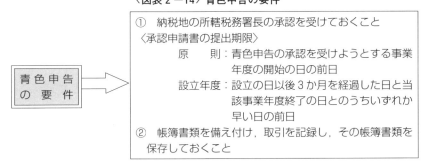

なお，税務署長は，必要があると認めるときは，所定の帳簿書類について必要な指示をすることができることになっている。

(2) **青色申告の承認の申請**

　青色申告法人となるためには，所轄税務署長の承認を受けることが必要である。青色申告の承認を受けようとする法人は，**青色申告書を提出しようとする事業年度開始の日の前日までに**，**承認申請書を所轄税務署長に提出しなければ**ならない（法122①）。しかし，設立第１期の法人については，設立日から３か月たった日とその事業年度終了の日とのいずれか早い日の前日までに，申告書を提出すればよい。

(3) **青色申告の承認又は却下の通知**

　税務署長は，青色申告書提出の承認申請書の提出があった場合には，申請法人に対し，書面で承認又は却下の通知をする。その事業年度終了日までに承認又は却下の通知がなかったときは，青色申告の承認があったものとみなされる（法123，124，125）。

(4) **青色申告の承認の取消しと取りやめ**

　青色申告の承認を受けた法人につき，次に掲げるいずれかに該当する事実があると認められる場合には，その該当することとなった事業年度まで遡及してその承認を取り消すことができるとともに，その旨が書面により通知される（法127①）。

① 　その帳簿書類の備付け，記録又は保存が所定の方法に従って行われていないとき

② 　その帳簿書類の備付け，記録又は保存に関する税務署長の指示に従わなかったとき

③ 　その帳簿書類に取引の全部又は一部を隠ぺいし又は仮装して記載する等その記載事項の全体についてその真実性を疑うに足りる相当の理由があるとき

④ 　確定申告書等をその提出期限までに提出しなかったとき

　青色申告法人が青色申告を取りやめようとするときは，**取りやめようとする事業年度終了の日の翌日から２か月以内に**，**取りやめの届出書を所轄税務署長**に提出しなければならない（法128）。

《計算Point》

〈手　　続〉

　青色申告法人として承認を受けるためには，その事業年度開始の日の前日まで（設立年度については設立の日から3か月以内）に，「**青色申告書提出の承認申請書**」を税務署長に提出しなければならない。

〈特典のうち主なもの〉

①　平成30年4月1日以後に開始する事業年度において生じた欠損金は10年間
　　繰越控除（確定申告書を提出法人の当期首前9年以内に開始した各事業年度において
　　生じた欠損金額は，当期の所得計算上，損金の額に算入できる。所定の欠損金につい
　　ては，白色申告法人でも繰越控除できる）

②　特別償却

③　各種準備金の設定

④　更正するには理由がいる

《**計算例題1**》　**青色申告の特典　ケース1**

　次の各処理事項のうち，青色申告の特典に該当するものを選び出し，解答欄にその番号を記入しなさい。

1　寄付金の損金算入限度額の計算

2　貸倒引当金の繰入

3　欠損金の9年間繰越控除

4　各種準備金の積立額の損金算入

5　減価償却費の計算

6　特別償却の計算

7　割増償却の計算

8　欠損金の繰戻しによる法人税額の還付

《解答欄》

《**解　答**》

3	4	6	7	8

第2章 法人税法の概要 81

《**計算例題2**》 **青色申告の特典　ケース2**

　次の文章のうち，正しいものには○をつけなさい。

1　貸倒引当金繰入額の損金算入は，青色申告の特典である。(　　)

2　各種準備金積立額の損金算入は，青色申告の特典である。(　　)

3　返品調整引当金の繰入額の損金算入は，青色申告の特典ではない。(　　)

4　欠損金の10年間繰越控除は，すべて法人に認められている。(　　)

5　減価償却費の損金算入は，青色申告の特典である。(　　)

6　特別償却は，青色申告の特典ではない。(　　)

7　青色申告法人に対して税務署長が更正するときは，更正通知書に更正の理由を付記しなければならない。(　　)

《**解　答**》

1　×　　　2　○　　　3　○　　　4　×　　　5　×　　　6　×　　　7　○

《**実務上のPoint**》

　特別償却，各種準備金の積立額の損金算入，欠損金の5年間の繰越控除等の青色申告の特典を利用できるためにも，自らの申告に基づく青色申告を積極的に利用すべきである。

　なお，帳簿については，次のような要件を満たさなければならない。

① 取引を整然かつ明瞭に記録し，その記録に基づき決算を行うこと

② 仕訳帳，総勘定元帳その他必要な帳簿を備え，それぞれに必要な取引に関する事項を記載すること

③ 貸借対照表及び損益計算書を作成すること

④ 帳簿書類を原則として7年間保存すること

所得金額の計算の仕組み

【Point 7】

(1) **法人税の課税標準**は，法人の**各事業年度の所得の金額**である。
(2) 所得の金額は，次により計算される。

　　　所得の金額 ＝ 益金の額 － 損金の額

　益金の額と損金の額は，法人税法及び租税特別措置法等に別段の定め（個別的規定）があるものを除き「公正妥当と認められる会計処理基準」に従って計算した収益の額と原価・費用・損失の額による。
(3) 法人税法では，企業の決算に基づいた「当期利益」を基準として，益金算入，損金算入，益金不算入，損金不算入を加算，減算して所得金額を計算する。これを**確定決算主義**という。

　各事業年度の所得に対する法人税の課税標準は，各事業年度の所得の金額である（法21）。各事業年度の所得の金額は，その事業年度の益金の額から損金の額を控除した金額である（法22①）。

　　　益金の額 － 損金の額 ＝ 所得金額

1 益 金 の 額 （法人税法22条 2 項）

　各事業年度の所得の金額の計算上当該事業年度の**益金の額に算入すべき金額**は，法人税法，租税特別措置法及びその他の法令に別段の定めがあるものを除き，①資産の販売，②有償又は<u>無償による資産の譲渡</u>，③有償又は<u>無償による役務の提供</u>，④<u>無償による資産の譲受け</u>，⑤その他の取引で**資本等取引以外の**ものにかかる当該事業年度の収益の額である（法22②）。

　平成30年 3 月改正で内国法人の各事業年度の**資産の販売等に係る収益の額**として当該事業年度の所得の金額の計算上収益の額に算入する金額は，別段の定めがあるものを除き，その販売もしくは譲渡をした資産の**引渡しの時における価額又はその提供をした役務につき通常得べき対価の額に相当する金額**とする（法22の 2 ④）となり，収益の認識基準が時価取引であることが明確となった。

　②無償による資産の譲渡，③無償による役務の提供には，注意を要する。このような無償取引の場合は，本来受け取るべき時価の金額で益金に算入される。ここは企業会計と大きく異なるが，税法では企業とは利益の極大化を目的とした合理的経済人であり，企業取引は，利益追求の一貫とみなされている。そのため，原則的には贈与や低額譲渡の場合は，時価で益金の額に算入されるのである。

　これらの無償取引に対して収益認識する根拠として，以下のように適正所得算出説，同一価値移転説，有償取引同視説，キャピタルゲイン説がある。

〈図表 3 － 1 〉無償取引と収益認識の根拠

適正所得算出説	税負担の公平の視点から，無償取引を，正常取引を行ったのと同様に適正な所得を算出する。
同一価値移転説	無償取引も経済的価値の移転があるので，収益を認識する。
有償取引同視説（二段階説）	無償譲渡は，有償取引を行い，対価をすぐに相手に贈与したものと考える。
キャピタル・ゲイン課税説	固定資産の無償譲渡は，キャピタル・ゲインが生じており，これを収益認識する。

第3章　所得金額の計算の仕組み　85

　売主が有償で得た現金を，買主に寄付した（贈与）場合と，無償で寄付した場合との公平性を図るために，資産の無償譲渡を第1段階で資産を売却したと仮定し，第2段階で得た現金を売主に寄付したと仮定している。無償取引をこのように2段階に分けて有償取引と同様に課税する**有償取引同視説**[1]（二段階説）という考え方はわかりやすい。しかし，税負担の公平の視点からは，無償取引を正常取引を行ったのと同様に適正な所得を算出する**適正所得算出説**[2]が通説といえる。

　その他資産の値上がり分（キャピタル・ゲイン）に対して課税しようとする**キャピタル・ゲイン課税説**[3]や，無償取引といっても売主側と買主側では，同一の経済的価値が移転していると考える**同一価値移転説**[4]などがある。

会計と税法の考え方の相違・無償による資産譲渡のケース（資産50円を贈与，帳簿価額50円，時価80円）

会計の考え方	税法の考え方（二段階説）
寄付金　50　／資　産　50	①段階 現　金　80　／売　上　80 ⎱ 資産の売却 原　価　50　／資　産　50 ⎰ を仮定する。 ②段階 寄付金　80　／現　金　80 ⎱ 売却代金の寄付を仮定する。 ↓ 寄付は相手が役員のとき役員給与ととらえる。 （税法では益金，損金は総額で認識） 無償による資産譲渡も法22②では，時価で益金に算入される。

会計と税法の考え方の相違・資産の低額譲渡のケース（固定資産，帳簿価額30円，時価70円を32円で譲渡）

会計の考え方	税法の考え方（二段階説）
現　　金　32　／固定資産　30 　　　　　　　／譲　渡　益　　2 会計の考え方は，車両運搬具のような固定資産の譲渡は差額で収益を計上する。商品の売却では総額で収益を計上する。	①段階 現　　金　70　／売　　　上　70 原　　価　30　／固定資産　30 ②段階 寄付金　38　／現　　　金　38 税法の考え方は，固定資産の譲渡も商品の売却も総額で益金に算入する。

　法人税法22条2項の法的性格については，確認的規定と解釈する場合と創設的規定と解釈する場合に分かれている。そもそも無償取引については，会計と税法との収益の認識に大きな開きがあった。そのため納税者の予見可能性及び納税者の法的安定性を考えるならば，創設的規定と解釈するほうが望ましいと考える。

　無償取引の収益の範囲は，通説である適正所得算出説から検討するならば，無償取引については，広い範囲で収益を認識すべきであろう。

2　損　金　の　額（法人税法22条3項）

　各事業年度の所得の金額の計算上当該事業年度の**損金の額に算入すべき金額**は，法人税法，租税特別措置法及びその他の法令に別段の定めがあるものを除き，次に掲げる金額である（法22③）。

①　当該事業年度の収益（revenues）に係る売上原価，完成工事原価その他これらに準ずる原価（1号）

②　①に掲げるもののほか，当該事業年度の販売費，一般管理費その他の費用（expenses）の額（償却費以外の費用で当該事業年度の終了日までに**債務の確定**しないものは除く）（2号）

このように販売費，一般管理費その他費用のうち償却費以外の費用で当該事

業年度終了の日までに**債務の確定しないものは除かれる**。つまり，期末までに支払が確定しているもの以外は除かれる。単なる見込だけでは，損金に算入できないことになる。

③　当該事業年度の損失の額で**資本等取引以外の取引**に係るもの（3号）

したがって，債務の確定しない引当金は別段の定めがある場合を除き，損金の額に算入されない。なぜならば，統一した計上基準が欠けているので，法人税法上の課税の公平を妨げるからである。別段の定めにより，貸倒引当金と返品調整引当金のみが，損金経理により繰り入れた金額のうち納入限度額までが損金算入される（法52，53）。

また減価償却費は，内部計算であり債務が確定していない。しかし，償却費は企業会計上損金性を有している。そこで，償却費としての損金算入は，法人税の課税の公平から，別段の定めにより法人が償却費として損金経理した金額のうち，法人が選定した所定の償却方法により計算した償却限度額内の金額が損金算入される（法31）。

なお**損金経理**とは，法人が確定した決算において費用又は損失として経理することをいう。販売費・一般管理費その他の費用は，償却費以外の費用でその事業年度終了の日までに債務の確定しないものは除かれる。税法は課税の公平が重要で，所得は覚知しうる事実に基づいて計算すべきであり，一般的確実性，客観性を重視する税法の立場から，債務の確定を基準（**債務確定基準**）としている。

債務の確定していない費用が損金に算入され，所得が軽減されていくのを防ぐために債務確定を基準としている。

この場合の「**債務の確定**」は，次の3要件のすべてに該当するものである（基2－2－12）。

①　その事業年度終了日までにその費用にかかる債務が成立していること（契約）（契約書があり契約が成立していること）

②　その事業年度終了日までにその債務に基づいて具体的な給付をすべき原因となる事実が発生していること（サービス提供等の給付が済んでいること）

③　その事業年度終了日までにその金額を合理的に算定することができるも
のであること（合理的に金額が計算できること）

〈図表３－２〉法人税法22条３項と債務確定基準と収益との対応

収益に係る売上原価， 完成工事原価　１号	債務確定基準なし	収益と 個別対応
販売費，一般管理費 その他の費用　２号	債務確定基準あり （債務の確定しないものは除く）	収益と 期間対応
事業年度の損失の額 ３号	債務確定基準なし	収益との 対応なし

≪債務確定基準の判例研究≫　☕　ちょっと一休みコーヒーブレイク

　２号の費用については，債務の確定を要するが，通達２－２－12の３要件を
全て充たしていなければならない（山口地裁昭和56年11月５日判決）がある。

　１号の売上原価には債務認定のしないものは除くという文言がないので，売
上原価等には，**債務の認定は不要**と考えるのが文理解釈に忠実といえる。しか
し，**法的義務**が成立していないため，売上原価に算入されない（水戸地裁平成11
年５月31日判決）とされた判決もある。売上原価に計上できるためには，支払い
債務が確定していたことが必要となる。すなわち，**義務内容が客観的，一義的
に明白で費用が見積もることができる程度に特定されていた**ことを要する（東
京高裁平成12年10月20日判決）という**債務確定基準**に基づいた判決がある。　しか
し，宅地開発業者事件（最高裁平成16年10月29日第二小法廷判決）では，将来，費
用を支出することが**相当程度確実**であり，金額を適正に**見積もる**ことができる
ときは，債務が確定してないときであっても損金算入できるとした。

3　会計の三重構造

　法人税法では，「法人は株主総会の決議を経た確定した決算に基づいて申告し
なければならない」（法74①）とされる。これは，法人税法が会社法に基づくこ
とを意味する。さらに，会社法では，「株式会社の会計は一般に公正妥当と認
められる会計慣行に従うものとする」（会社法431）とされる。これは，会社法は

会計に基づくことを意味する。

上記のことから**法人税法**は，土台に**企業会計**があるといえる。つまり，この**企業会計**に従って**会社法**の会計があり，**会社法**に基づいて**法人税法**（税務会計）があるといえる。この関係は「**会計の三重構造**」5）といわれている。

〈図表 3 － 3 〉会計の三重構造

4　一般に公正妥当と認められる会計処理の基準（公正処理基準）

所得金額の計算上，益金の額に算入すべき収益の額及び損金の額に算入すべき原価，費用，損失の額の計算に関しては，別段の定めがあるものを除いて，**一般に公正妥当と認められる会計処理の基準**による（法22④）。

このように22条 4 項では，益金の額に算入すべき収益の額及び損金の額に算入すべき原価・費用・損失の額は，基本的には「**一般に公正妥当と認められる会計処理の基準**」に従って計算するものとされているが，これは，税法による別段の定めによる個別的規定のない処理について税法の課税所得計算上，**一般に公正妥当と認められる会計処理基準への依存**を示したといえる。

そもそも一般に公正妥当と認められる会計処理の基準，すなわち**公正処理基準**は，昭和42年に法人税法の簡素化の一環として設けられたものである。公正処理基準は，法人の各事業年度の所得の計算が，計算を簡素化するために企業会計に準拠して行われるべきこと「**企業会計準拠主義**」を定めた規定である。

「**一般に公正妥当と認められる会計処理の基準**」とは，アメリカの企業会計における「一般に承認された会計原則」に相当する観念であって，**一般社会通念に照らして公正で妥当であると評価されうる会計処理の基準を意味する**（東京地判昭和52年12月26日判時909号110項，東京地判昭和54年 9 月19日判夕414号138頁）

90

その中心は，企業会計原則・同注解，企業会計基準委員会の会計基準・適用基準等，中小企業の会計に関する指針，中小企業の会計に関する基本要領や，会社法，金融商品取引法，これらの法律の特別法等の計算規定・会計処理基準等である（電気事業法及び電気事業会計規則に基づく火力発電設備の有姿除却にかかる除却損の損金算入は，公正処理基準に適合すると解するべきであろう（東京地判平成19年1月31日税資257号10623））。確定した会計慣行を広く含むと解すべきであろう（大阪高判平成3年12月19日，高松地判平成7年4月25日，神戸地判平成14年9月12日）。

しかし，注意する必要がある。**企業会計原則や会計慣行**が，必ずしも公正妥当とは限らないことや，網羅的でないこと。さらに，公正処理基準は，法的救済を排除するものであってはならないことである[6]。

≪公正処理基準の判例研究≫ ☕ ちょっと考えるコーヒーブレイク

納税者の行った企業会計に基づいた税務処理が法人税法22条4項の公正処理基準に該当するか争った判例がある。

まず，大竹貿易事件（最高裁判決平成5年11月25日）は，会社の採用した**荷為替取組日基準**（荷為替手形を取引銀行で買い取ってもらう時に，船荷証券を取引銀行に交付することによって商品を引き渡したものとする基準）が，船積みによりすでに確定したものとみられる売買代金請求権を，為替手形を取引銀行に買い取ってもらう時点まで待って収益計上するものであり，収益計上時期を人為的に操作する余地を生じさせる点において，一般に公正妥当と認められる会計処理の基準に適合するものとはいえないとすると判示された。

この判決では「法人がした利益計算が法人税法の企図する**公平な所得計算**としての要請に反するものでない限り，課税所得計算上是認するのが相当である」と述べている。その後，多くの判例がこの大竹貿易事件の判示を先例の拘束力として使用している。

次に，リース取引が売買か賃貸借か争われた事例（福岡地裁平成11年12月21日判決）がある。

原告は機械設備をリース契約で利用し，リース会計基準に従っており，所有権を取得したとして減価償却費を計上した。これに対して福岡地裁は「リース

会計基準の設定・公表は平成5年6月である。係争事業年度の最終日（平成8年2月29日）に至っても，リース会計基準は3年足らずしか，経過しておらず，法人の会計慣行として確立するには至っていない。

しかも，本件リース契約は，契約期間終了後，リース設備を速やかに引き揚げるとしており，実態が売買あるとすることはできない。しかも内容も**公平な所得に合致しているとはいえない**から，公正処理基準に当たるとはいえない」と判示した。

また，会計慣行に従った税務処理か公正処理基準に該当するかが争われた判例として，石油販売会社によりプリペード発行がされた場合の収益計上時期について争われたプリペード発行事件（名古屋地裁平成13年7月16日判決）がある。

石油販売会社は，プリペード発行に際して得た対価は預り金として処理し，カード所有者が商品と引き換えた時に収益計上するとして申告した。

判決では，昭和41年12月に『税制簡素化についての第一次答申』が発表され，これを受けて昭和42年5月の税制改正により法22条4項が新設された。この経緯に照らすと，法22条4項は税法が繁雑なものとなることを避ける目的で，客観的にみて規範性，合理性があり，公正妥当な会計処理の基準であると認められる方式に基づいて所得計算がなされている限り，これを認めようとするものであると解される。しかし，税法は納税義務の適正な確定及び履行を確保することを目的としているから，**適正公平な税収の確保**という観点から弊害を有する会計処理方式は，法22条4項にいう公正妥当処理基準には該当しないというべきである。

そこで，発行時に得た対価の額を益金の額に算入するとした。

裁判所は，プリペードカード発行時に「預り金として処理する**会計慣行が古くから存した**」としたものの，**適正公平な税収確保**という観点から弊害を生ずるとした。

さらに，中部電力の事例（東京地裁平成19年1月31日判決）がある。

電気事業者であるX社（原告）は，火力発電設備について，各発電設備ごとに**一括**してその設備全部につき，いわゆる**有姿除却**に係る**除却損**を損金算入し

た。

東京地裁ではまず，「公正処理基準とは，一般社会通念に照らして公正で妥当であると評価され得る会計処理の基準を意味し，その中心となるのは，企業会計原則や商法及び証券取引法の計算規定並びにこれらの実施省令である旧計算書類規則，商法施行規則及び財務諸表等規則の規定であるが，確立した会計慣行をも含んでいる。」とした。その上で電気事業会計規則は，公正処理基準の中心となる旧計算書類規則，商法施行規則及び財務諸表等規則の特則として位置付けられているということができるとした。

このような電気事業会計規則の位置付けに加えて，同規則1条4号において，電気事業者は，一般に公正妥当であると認められる会計の原則によってその会計を整理しなければならない旨定められていること，さらには，膨大な電気事業者の会計の中に生起する複雑多岐にわたる現象をすべて規則をもって律することはもとより不可能であることを考慮すると，電気事業者が従うべき公正処理基準とは，電気事業会計規則の諸規定のほか，一般に公正妥当と認められる会計処理の基準を含むものというべきである。」と判示した。

このように東京地裁は，電気事業会計規則の諸規定は，旧計算書類規則，商法施行規則処理及び財務諸表等規則の特則として位置付けた。つまり「電気事業者における会計においては，電気事業会計規則の規定が，これらの一般に公正妥当と認められる会計処理の基準に優先して適用される」と示した。

もう一つビックカメラ事件（東京高裁平成25年7月19日判決）がある。

争点は，会社が使用した不動産流動化実務指針（日本公認会計士協会制度委員会報告15号）が公正処理基準に該当するか否かである。

原告企業が行ったSPC（特別目的社会）を利用した不動産流動化に伴う信託受益権の売却取引について，原告企業の出資に係るリスク負担割合が，会計上売却取引としては認められない5％超（約31％）であったことなどを理由に，実務指針では会計上否定された売却取引であった。

控訴審判決は，信託受益権を有償譲渡したことにより収益が生じている以上，法人税法22条2項が別段の定めがあるものを除き，有償による資産の譲渡

により収益が生じる旨規定しているため，**不動産流動化実務指針**が企業会計上の公正会計基準として有力なものであっても，当然に「一般に公正妥当と認められる会計処理の基準」(法法22④)に該当するものではないと解するのが相当であると判示した。この判示においても，法22条4項は**公平な所得計算**という要素に反するものでない限りは収益及び費用の額は公正妥当な会計処理基準に従って計上すべき（最高裁平成5年11月25日）と大竹貿易事件を先例の拘束力として用いている。

さらに，オリックス事件（東京高裁平成26年8月29日判決）がある。

会社は劣後受益権の保有につき，**金融商品会計に関する実務指針**を適用し，劣後受益権による収益配当金の一部のみを収益計上し，残りは計上しなかった。この実務指針に基づく会計処理が，一般に公正妥当と認められる会計処理の基準として是認されるか否かが争点だった。結果として，実務指針に依拠したの処理が公正処理基準に従った処理に該当すると判示された。

大竹貿易事件，プリペード発行事件，ビックカメラ事件のように実務指針や会計慣行に準拠していても，税法では公正処理基準に該当しない事例もある。一方，中部電力事件やオリックス事件のように公正処理基準に該当する事例もある。これでは，納税者の予測可能性，法的安定性が損なわれるといえる。公正処理基準の明確なる判断基準が必要であろう。しかし，大竹貿易事件の判示の「法人がした利益計算が法人税法の企図する公平所得計算としての要請に反するものでない限り，課税所得計算上是認するのが相当である」をその後，先例の拘束力として多くの判示に利用されていたのが認識できる。

〈図表3－4〉 公正処理基準に関する事例

輸出取引収益認識判例（2） 大竹貿易事件（最高裁平成5年11月25日）	法人がした利益計算が，法人税法の企図する**公平な所得計算**としての要請に反しない限り，課税所得計算として是認するのが相当と述べ，しかし，荷為替取組日基準は収益計上時期も人為的に操作できるため，公正妥当な会計処理基準に適合しないと判示。
リース会計事件 （福岡地裁平成11年12月21日）	リース会計基準の設定・公表は平成5年6月である。係争事業年度の最終日（平成8年2月29日）に至っても，リース会計基準は3年足らずしか経過しておらず，法人の会計慣行として確立するに至っていない。しかも本件リース契約は，契約期間終了後，リース設備を速やかに引き揚げるとしており，実態が売買であるとすることはできない。しかも，内容も**公平な所得計算**に合致しているとはいえないから公正処理基準に当たるとはいえないと解するのが相当と判示した。
プリペードカード発行による収益計上事件 （名古屋地裁平成13年7月16日）	昭和42年5月の税制改正の経緯に照らすと，税法が繁雑となるものを避ける目的で，客観的にみて規範性，合理性があり，公正妥当な会計処理の基準であると認められる方式で所得計算がなされている限り，認めようとするものである。しかし税法は納税義務の適正な確定及び**履行**を確保することを目的としているから，**適正公平な税収の確保**という観点から弊害を有する会計処理方式は法22条4項にいう公正処理基準には該当しない。
中部電力事件 （東京地裁平成19年1月31日）	**電気事業会計規則**は，公正処理基準の中心となる旧計算書類規則や商法施行規則等の特則と位置付け，**電気事業所管官庁等の解説の趣旨**を考慮に入れるべきとした。
ビックカメラ事件 （東京高裁平成25年7月19日）	信託受益権を譲渡したことで収益が生じている以上，不動産流動化実務指針が当然には「一般に公正妥当と認められる会計処理の基準」（法22④）に該当しないと判示。 法22条4項は，**公平な所得計算**という要請に反するものでない限りは収益及び費用の額は公正妥当な会計処理基準に従って計上すべきと定めたもの（最高裁平成5年11月25日）。
オリックス事件 （東京高裁平成26年8月29日）	金融商品会計に関する実務指針を適用し，劣後受益権による収益配当金の一部のみ収益計上した。この処理は公正処理基準に従った処理とされた。

5 資本等取引の除外

資本等取引については，損金の額及び損金の額の発生原因から除外されている。**資本等取引**とは，次のものをいう（法22⑤，2十六）。

① 法人の資本金等の額の増加又は減少を生ずる取引
② 法人が行う利益又は剰余金の分配（中間配当を含む）

この規定は，資本等取引と損益取引とを適切に区分するためのものである。

資本金等の額は，法人が株主等から出資を受けた金銭の額等で所定の金額をいう（法2十六）。

6 資本金等の額（法2十六，令8）

資本金等の額は，法人が株主等から出資を受けた金銭の額等として以下の算式で計算される。

(1) **プラス金額**

① 株式（出資を含む）の発行又は自己の株式の譲渡をした場合に払い込まれた金銭の額及び給付を受けた金銭以外の資産の価額その他対価の額に相当する金額のうち，資本金又は出資金として計上しなかった金額
② 協同組合等が新たに出資者となる者から徴収した加入金の額
③ 資本金の額又は出資金の額を減少した場合のその減少した金額に相当する金額
④ 財団である医療法人又は社団である医療法人で持分の定めのないものがその設立について贈与又は遺贈を受けた金銭の額又は金銭以外の資産の価額
⑤ その他一定の金額

96

(2) マイナス金額

① 準備金の額もしくは剰余金の額を減少して資本金の額もしくは出資金の額を増加した場合のその増加した金額又は再評価積立金を資本に組み入れた場合のその組み入れた金額に相当する金額

② 資本の払戻し及び解散による財産の一部分配に係る減資資本金額

③ 自己株式の取得等（法24①四～六に掲げる事由，ただし証券取引所の開設する市場における購入による取得等の事由は除く）が生じた場合の取得資本金額

④ 自己株式の取得（証券取引所の開設する市場における購入による取得等の事由によるものに限る）の対価の額に相当する金額

⑤ その他一定の金額

7 確定決算主義の原則

(1) 確 定 決 算

法人の所得の金額は，法人の確定した決算に基づく利益金額を基礎として計算される。すなわち，内国法人は，**各事業年度終了の日の翌日から2か月以内**に，税務署長に対して，確定した決算に基づいて申告書を提出しなければならない（法74）。なお，**確定した決算**とは，株主総会等において承認されたものをいう。

このように，確定した決算書類を基礎に課税所得を計算することを**確定決算主義**と呼ぶ。

なお，所得金額の計算上，益金の額に算入すべき収益の額及び損金の額に算入すべき原価，費用，損失の額の計算に関しては，別段の定めがあるものを除いて，**一般に公正妥当と認められる会計処理の基準**による（法22④）。法人税法22条4項の規定により，課税所得計算の基になる益金，損金等の額は基本的には公正処理基準に従って計算されている。

つまり，確定決算主義は，個別規定がない処理については，公正処理基準に依存しているといえる。または確定決算主義は，公正処理基準が前提となっているともいえよう。

第3章 所得金額の計算の仕組み　97

〈図表 3 － 5 〉確定決算主義と公正処理基準

（確定した決算書類を基礎に課税所得を計算）

確定決算主義

↑

（前提）公正処理基準

　具体的には，法人の確定した決算に基づく損益計算書に計上された会計上の当期利益金額に基づいて，税法上の別段の定めに基づく調整により，税法の所得の金額を計算する。

　税法の所得金額は，益金の額より損金の額を控除するのであるが，企業会計原則及び商法における収益・費用と税法上の益金・損金とは必ずしも一致しない。なぜならば，**法人税法は課税の公平及び租税政策目的**から益金・損金を計算し，企業会計では，**企業会計原則の株主の保護**（期間損益計算の適正化），**会社法の債権者保護を目的**とし，収益・費用を計算するため，目的が異なるため，収益と益金及び費用と損金はそれぞれ範囲が異なるため，企業会計上の利益金額と法人税法上の所得金額が一致しないのである。すなわち，会計上の収益であっても税法上益金とならないもの（**益金不算入**）もあり，会計上の費用であっても税法上損金とならないもの（**損金不算入**）もある。

　さらに，企業の会計上は収益として計上されていないが税法上益金となるもの（**益金算入**），会計上は費用として計上されていないが税法上損金に算入される項目（**損金算入**）がある。

　そこで，法人の**確定**した**決算**に基づく利益を基礎にして，調整（益金不算入，損金不算入，益金算入，損金算入）を加え税法の所得金額を計算することを**確定決算主義**という。そして，その調整のことを**税務調整**という。

〈図表3－6〉決算利益と所得金額の違い

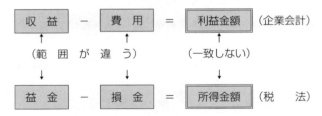

〈図表3－7〉決算利益と所得金額の違い

会　社　の　利　益		
（減　算） 益金不算入 損金算入	会社の利益と税 法の所得金額と の共通部分	（加　算） 益金算入 損金不算入
所　得　金　額		

（プラス）
益 金 算 入……企業会計上は収益ではないが，法人税法上では益金となるもの
損金不算入……企業会計上は費用だが，法人税法上では損金とならないもの
（マイナス）
益金不算入……企業会計上は収益だが，法人税法上では益金とならないもの
損 金 算 入……企業会計上は費用ではないが，法人税法上では損金となるもの

〈図表3－8〉決算利益から所得への調整

法人の確定決算に基づく当期利益金額		円
加算するもの	益金の額に算入すべき金額（益金算入額）	＋
	損金の額に算入されない金額（損金不算入額）	＋
減算するもの	益金の額に算入されない金額（益金不算入額）	－
	損金の額に算入される金額（損金算入額）	－
所　　得　　金　　額		円

8　税務調整

　税務調整には，法人の決算段階において行う**決算調整**と法人税の申告書の上で行う**申告調整**がある。

決算調整事項と申告調整事項の主要なものは，以下のとおりである。

(1) 決算調整事項

確定した決算において，費用又は損失の額として計上しなければ，所得の金額の計算上，損金の額に算入することが認められない事項である。この事項については，確定した決算においては何の処理もせず，申告調整により，損金に算入することはできない。

決算調整には，損金経理をしておかなければ，税務上損金に認められないものと，損金経理に代えて剰余金処分による計上をして，あとで申告書で減算が認められているものがある。

損金経理をした場合にのみ損金算入が認められる事項の例としては，減価償却費，貸倒損失，繰延資産の償却費，評価損，引当金，準備金等の繰入額がある。

この場合における「**損金経理**」とは，法人がその確定した決算において費用又は損失として経理することをいう（法2二十五）。

(2) 申告調整事項

申告書の所得の調整については，以下の必ず調整しなければならないものと，任意に選択することができる性質のものとがある。

① 必須調整事項

法人が法人税法施行令に定める別段の定めに従ったところの経理処理をしていない場合に法人税の申告にあたって，必ず申告調整をしなければならない事項である。この必須調整事項について法人が申告調整をしない場合には，税務署長によって更正を受けることになる。

そのほかにも，法人の経理処理が一般に公正妥当と認められる会計処理の基準に従っていない場合又は事実関係と異なる経理処理がなされている場合等においては，税法に従ったところの申告調整を要する。

必須調整事項の例としては，還付法人税等の益金不算入，役員給与等の損金不算入，交際費・寄付金の損金不算入，法人税・県市民税の損金不算入，引当金・準備金の繰入超過額の損金不算入，減価償却超過額の損金不算入，青色申

告年度の繰越欠損金の損金算入等がある。

② **任意調整事項**

　税法の規定の適用を受けるかどうかは法人選択に委ねられており，その適用を受ける場合には申告調整を必要とする事項である。これらの事項について法人が申告調整をしていない場合であっても，税務署長によって更正を受けることはない。また，これらの事項について申告調整をしなかったからといって，更正の請求をすることは認められない（通法23）。なぜならば，任意調整事項は調整するか否かは法人の任意であり，申告書に記入することにより，法人に有利なものばかりだからである。

　任意の調整事項としては，受取配当金の益金不算入，所得税額の控除等がある。

〈図表 3 － 9 〉 税務調整

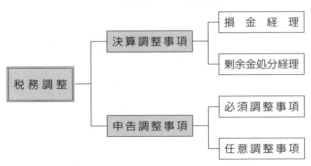

〈図表 3 －10〉 税務調整項目

決算調整	損金経理を要件として損金の額に算入できるもの	減価償却資産の償却費の損金算入（法31） 繰延資産の償却費の損金算入（法32） 特定な事実がある場合の資産の評価損の損金算入（法33②） 利益連動役員給与の損金算入（法34①三） 圧縮記帳による圧縮額の損金算入（法42等） 引当金繰入額の損金算入（法52等） 少額減価償却資産及び少額繰延資産の損金算入（令133，134） 一括償却資産の損金算入（令133の 2 ） 貸倒損失の損金算入（基 9 － 6 － 2 ）

第3章　所得金額の計算の仕組み　101

事項	もっぱら認められる剰余金の処分経理による積立金経理もできる事項	国庫補助金等による圧縮記帳に係る圧縮額の損金算入（令80等） 圧縮記帳に係る特別勘定への繰入額の損金算入（措法64の2①等） 特別償却準備金積立額の損金算入（措法52の3①） 各種準備金積立額の損金算入（措法55等）
	計上時期の特例	延払基準（法63） 工事進行基準（法64）
申告調整事項	必須的申告調整事項	法人税額から控除する外国子会社の外国税額の益金算入（法28） 資産の評価益の益金不算入（法25） 還付金等の益金不算入（法26） 青色申告法人の繰越欠損金の損金算入（法57） 資産の評価損の損金不算入（法33） 過大な役員給与の損金不算入（法34） 過大使用人給与の損金不算入（法36） 過大な役員退職給与の損金不算入（法36） 寄附金の損金不算入（法37） 交際費等の損金不算入（措法61の4） 法人税額等の損金不算入（法38） 減価償却の償却限度超過額の損金不算入（法31） 引当金の繰入限度超過額の損金不算入（法52） 準備金の積立限度超過額の損金不算入（措法55等） 圧縮記帳の圧縮限度超過額の損金不算入（法42等） 使途秘匿金の支出がある場合の課税特例（措法66の4）
	任意的申告調整事項	受取配当等の益金不算入（法23） 会社更生等による債務免除等があった場合の欠損金の損金算入（法59） 協同組合等の事業分量配当金の損金算入（法61） 資産譲渡の場合の特別控除による損金算入（措法65の2〜65の6） 所得税額及び外国税額の税額控除（法68・69） 試験研究費の額が増加した場合等の法人税額の特別控除（措法42の4）

102

《計算Point》

加　　　　算
会計上の利益金額 ＋（ 益 金 算 入 ＋ 損 金 不 算 入 ）

減　　　　算
－（ 損 金 算 入 ＋ 益 金 不 算 入 ）＝ 法人税法上の所得金額

《計算例題 1 》 所得金額の計算

　慶応株式会社の次の資料により，当事業年度の所得金額を計算しなさい。

1　当期利益の額　　　　58,000,000円

2　益金算入額　　　　　1,800,000円

3　益金不算入額　　　　3,800,000円

4　損金算入額　　　　　2,600,000円

5　損金不算入額　　　　4,700,000円

《解答欄》

　　　　円 ＋（ 　　　　円 ＋ 　　　　円 ）

－（ 　　　　円 ＋ 　　　　円 ）＝ 　　　　円

《解　答》

58,000,000円 ＋（ 1,800,000円 ＋ 4,700,000円 ）

－（ 3,800,000円 ＋ 2,600,000円 ）＝ 58,100,000円

《計算例題 2 》 益金の額と損金の額

　次の各取引による収入額が，法人税の計算上「益金の額」ないし「損金の額」に該当するものには○印を付し，該当しないものには×印を付しなさい。

1　商品の売却収入額　　2　貸付金の回収額　　3　有価証券の売却収

第 3 章　所得金額の計算の仕組み　103

入額　　4　使用人に対する賞与の支給額　　5　利益配当金の支払額

6　土地の購入代金　　7　社債利息の支払額　　8　定期預金の利息受

取額　　9　事業税の納付額　　10　借入金の返済額

《解　答》

| 1 | ◯ | 2 | × | 3 | ◯ | 4 | ◯ | 5 | × |
| 6 | × | 7 | ◯ | 8 | ◯ | 9 | ◯ | 10 | × |

《計算例題3》　税務調整の区分

　税務調整について，下記のAの要件に該当するものを，下記Bからそれ

ぞれ2個選び解答欄に記号で記入しなさい。

A

決　　算　　調　　整	解　答　欄	
1　損金経理をしなければ損金算入が認められないもの		
2　損金経理の方法のほかに剰余金の処分によることができるもの		
3　剰余金の処分によっては損金算入が認められないもの		
4　確定した決算において一定の経理を行うことが要件とされているもの		
申　　告　　調　　整		
5　必須申告調整事項（必ず申告書上で調整をしなければならないもの）		
6　任意申告調整事項（確定申告書に記載がないと適用がないもの）		

B

ア　工事進行基準　　イ　受取配当等の益金不算入　　ウ　所得税額の税

額控除　　エ　使用人賞与の損金算入　　オ　過大役員給与の損金不算入

カ　寄付金の損金不算入　　キ　割賦基準　　ク　各種準備金積立額の損

金算入　　ケ　減価償却費の損金算入　　コ　貸倒引当金繰入額の損金算

入　　サ　国庫補助金により取得した固定資産等の圧縮額の損金算入
　　　シ　寄付金の損金算入

（税務検定出題）

《解　答》
　1　ケコ　　2　サク　　3　エシ　　4　アキ
　5　オカ　　6　イウ

《実務上のPoint》

　法人税法上は，無償による資産の譲渡，無償による役務の提供は，本来法人が受けとるべき時価相当額で益金の額に算入される。これに関する事例をとりあげる。

　まず，最初の事例（Aのケース）は，会社が退職する副社長に土地を帳簿価額の500万円で譲ったケースであった。時価は8,000万円だった。

　税務署では，8,000万円で取引があったとみなされた。したがって，会社は副社長に500万円の土地を8,000万円で譲渡したとみなされ，7,500万円の譲渡益に課税された。また，7,500万円は副社長への退職金とみなされ，副社長にも課税された。会社にとって退職金7,500万円とされ，会社の役員退職給与で役員給与の損金不算入とみなされた。

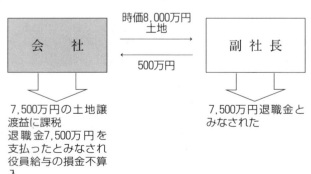

＜Aのケース＞

次の事例（Bのケース）は，仮払金についてである。会社社長は，いつも100万円の仮払金を渡したまま精算していない。

税務署では，仮払金を会社の社長への貸付金とみなし，しかも本来受け取るべき利息も受け取っていなかった。そこで利息5万円は役員に対する利益非連動型給与で事前届出がなしとみなし，役員給与の損金不算入が適用された。

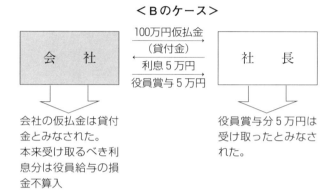

＜Bのケース＞

最後の事例（Cのケース）は，親会社が子会社に無利息で資金を貸したケースである。会社は子会社に無利息で資産を貸し，利息を取っていなかった。このケースは，会社が利息を本来受け取るべきなのに受けていなかった。

そこで税務署では，会社がいったん子会社から利息をもらい，その利息分を子会社への寄付とみなして処理をした。しかし，無利息も会社に相当の理由がある場合に限り認められる。

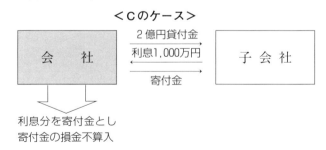

＜Cのケース＞

[引用]

1）　吉牟田勲『所得計算関係の改正』税務弘報，vol.13 No.6

2）　金子　宏「無償取引と法人税」『法学協会百周年記念論文集　第二巻』有斐閣, 1983

3）　松沢　智『新板租税実体法』中央経済社，2003

4）　中村利雄「法人税の課税所得計算と企業会計」税大論叢，vol.11，1977

5）　金子　宏「公正妥当な会計処理の基準について」『所得税・法人税の理論と課題』日本租税研究協会，2010年，p.124

6）　金子　宏『租税法第21版』弘文堂，2010年，pp.321-324

益金の額の計算

第1節 収益の計上時期

【Point 8】

1 棚卸資産の販売
企業活動の中心となる商品又は製品等の棚卸資産の販売収益の額は，その引渡しのあった日の属する事業年度の益金の額に算入する。

2 固定資産の譲渡
固定資産の譲渡による収益は，原則としてその引き渡した日の属する事業年度の益金の額に算入する。

3 特殊販売

(1) 委託販売

この場合に，法人税においては，原則として，受託者が受託商品を販売した日の属する事業年度に益金の額に算入する。

(2) 予約販売

商品等を引き渡した日の属する事業年度の益金の額に算入する。

(3) 試用販売

相手方が購入の意思を表示した日の属する事業年度の益金の額に算入する。

(4) 長期割賦販売等

割賦販売等は商品又は役務の販売等をした日の属する事業年度の益
金の額及び損金の額に算入する。

　　ただし，長期割賦販売等については，延払基準により収益の額及び費
用の額を計上することができる（法63）。

(5)　**長期工事の請負**

　　請負による収益は，原則として，その引き渡した日の属する事業年度
の益金の額に算入される。

　　長期大規模工事の場合には，工事進行基準の方法により計算する。

1　収益の帰属事業年度

　法人税の課税標準である**各事業年度の所得の金額**は，当該事業年度の益金の
額から当該事業年度の損金の額を控除した金額である（法22①）。そこで，その
計算上は益金の額又は損金の額がどの事業年度に帰属するかが確定すべきであ
る。しかし，益金の額又は損金の額がどの事業年度に帰属するかについては，
長期工事の請負や長期割賦販売等を除いて法人税法上具体的な明文の規定はな
い。当該事業年度の収益の額及び損金の額に算入すべき原価・費用・損失の額
は，一般に公正妥当と認められる会計処理の基準に従って計算されるものとす
る（法22④）。

　ゆえに法人税法では，**益金の額**は，会計処理基準に従って原則として，それ
が発生しかつ実現したときに課税するものとしている。しかし，法的基準とし
ての確実性から，収益を収受すべき権利が確定したときに，その収益は実現し
たものとされる**権利確定主義**をとられている。

　これらを前提とし収益がいずれの事業年度に帰属するかについて，取引の実
体に対応させ法人税基本通達において **2** 以下にある個別的な基準が示されて
いる。

　なお，国際会計基準を考慮し，わが国も新会計基準を導入した。それに併せ，
法人税法における収益の認識についても，計上時期及び益金算入額について，

以下のように明文化された(法22の2)。

(1) **計 上 時 期**

資産の販売等に係る収益の額は,原則として**引渡し又は役務の提供の日の属する事業年度**の所得の金額の計算上,益金の額に算入される。

また,その収益の額につき,**一般に公正妥当な会計処理基準**に従って,その**引渡し等の日に近接する日の属する事業年度**の収益の額として経理した場合には,その事業年度の益金の額に算入される。

(2) **益金算入額**

資産の販売等に係る収益の額として,各事業年度の所得の金額の計算上,益金の額に算入する金額は,原則として資産の**引渡し時の価格又は役務につき通常得べき対価の額**に相当する金額とする。

この場合の引き渡し時の価格又は通常得べき対価の額は,金銭債権の貸倒れ又は**資産の買戻しの可能性がある場合**においても,その**可能性がないものとし**

〈図表4-1〉

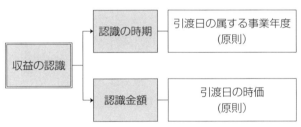

た場合の価額とする。

2 棚卸資産の販売による収益計上時期

棚卸資産の販売による収益の額は,その**引渡し**があった日の属する事業年度の益金に算入する(基2-1-1)。

この場合に「**引渡し**」という販売基準の時期が問題となる。引渡しの日とは,例えば,出荷日,相手方による検収日,相手方において使用収益ができることとなった日,検針等により販売数量を確認した日等,棚卸資産の種類,性質,

〈図表4−2〉取引の流れと商品の販売収益の計上時期（引渡基準）

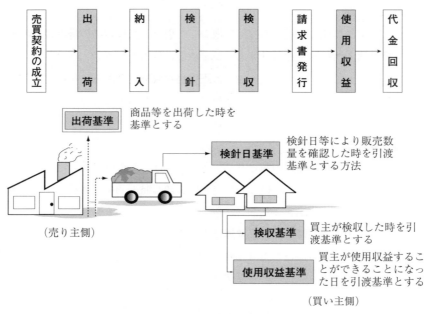

　契約内容等に応じて，引渡しの日として合理的であると認められる日で，法人が継続してその収益計上を行っている日による。

　この場合において，その棚卸資産が土地又は土地の上に存する権利であり，その引渡しの日が明らかでないときは，次のいずれか早い日を引渡しのときとする（基2−1−2）。

　(イ)　代金の相当部分（おおむね50％以上）を収受するに至った日
　(ロ)　所有権移転登記の申請日

　ガス，水道，電気等の販売をする場合において，週，旬，月を単位とする**規則的な検針**に基づき料金の算定が行われ，法人が継続してその検針が行われた日において収益計上を行っているときは，**その検針が行われた日は，その引渡しの日に接近する日に該当**し，検針日にその事業年度の益金の額に算入する（基2−1−4）。

　機械設備等の販売に伴い据付工事を行った場合は，原則として**機械設備等の**

引渡しの日の属する事業年度に，益金の額に算入する（基2―1―1の2）。

ただし，その据付工事が相当の規模のものであり，かつ，契約その他に基づいて機械設備等の販売に係る対価の額とその据付工事に係る対価の額とを合理的に区分することができるときには，以下のように区分して益金の額に算入する。

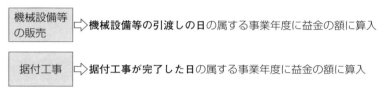

3 固定資産の譲渡による収益計上時期

固定資産の譲渡による収益の額は，別に定めるものを除き，その**引渡し**があった日の属する事業年度の益金に算入する。ただし，その固定資産が土地，建物等である場合は，法人がその固定資産の譲渡契約の効力発生の日の属する事業年度の益金の額に算入することも認められている（基2―1―14）。

4 委託販売による収益計上時期

委託販売とは，委託者が棚卸資産の販売につき受託者に委託する販売形態をいう。委託者は委託商品を積送品として発送し，受託者は受け取った商品につき販売を行う。したがって，委託者による商品の発送段階では売上に計上することはできない。

棚卸資産の委託販売による収益の額は，その委託品について受託者が販売をした日の属する事業年度の益金の額に算入するのが原則である。

ただし，当該委託品についての売上計算書が売上のつど作成され送付されている場合において，法人が継続してその収益を当該売上計算書の到達した日の属する事業年度の益金の額に算入しているときは，その計算が認められる（基2―1―3）。

しかし，受託者が週，旬，月を単位として一括して売上計算書を作成してい

る場合においても，それが継続して行われているときは，「売上のつど作成されている場合」に該当するものとして取り扱われる。

　この委託販売は，繊維業界に多い販売形態で，メーカーからデパートやスーパー等の量販店に製品が納入され，売り場で売れて，はじめてメーカーに仕入の代金が支払われるという販売形態である。

5　予約販売による収益計上時期

　予約販売（sale by subscription）とは，商品の販売につき予約をとり，あらかじめ予約金を徴収しておき，その後に商品の引渡しを行う販売である。予約販売における売上の計上は，商品を予約者に引き渡したときに行われる。

6　試用販売による収益計上時期

　試用販売とは，商品を相手方に仮に送付し，相手方が購入の申し出をしたときに売買が成立する販売である。したがって，試用販売による売上の計上は，相手方が購入の意思を示した日に行われる。

7　長期割賦販売等に係る収益計上時期

　割賦販売等に係る商品又は役務の販売等の収益(金利相当部分は除く)については，各事業年度の所得の金額の計算上，**商品又は役務の販売等を行った事業年度の収益及び費用の額**に算入される。

　ただし，長期割賦販売等に該当する資産等の販売等については，**延払基準**により，収益の額及び費用の額を計算することができる（法63）。

　割賦販売は，宝石，電化製品，絵画等で行われる販売形態で代金が分割により回収されるのに対し，資産を原則のように引き渡した日の属する事業年度で一時に課税すると，長期割賦販売の場合は，一般の売買と比較し，納税資金に相当の較差が生じる。そのため販売者の担税力を考慮して，長期割賦販売には**延払基準**によることも認めることとされた。

〈図表4-3〉割賦販売等の収益計上時期

　ここでいう資産の販売等とは，資産の販売もしくは譲渡，工事（製造を含み，工事進行基準の対象となる長期大規模工事に該当するものを除く）の請負又は役務の提供をいう。

　これにより次の所定の要件を満たす長期割賦販売等に該当する資産の販売等をした場合は，延払基準により経理した時は，その収益の額及び費用の額を各事業年度の益金の額及び損金の額に算入することができるとされた（法63）。

　長期割賦販売等でもその他の割賦販売等でも，契約において販売対価と金利に相当する金額とか，明確かつ合理的に区分されている場合は，その利息相当額については販売損益から除外して，期間経過に従って収益計上するという所得金額の計算を行うことができる（基2-4-11）。

　この場合における**長期割賦販売等**とは，次に掲げる要件に適合する条件を定めた契約に基づき当該条件により行われる資産の販売等をいう（法63④）。

① 月賦，年賦その他の賦払方法により3回以上（賦払回数）に分割して対価の支払を受けること

② その資産の販売等に係る目的物又は役務の引渡し又は提供の期日の翌日から最後の賦払金の支払の期日までの期間が2年以上（賦払期間）であること

③ その資産の販売等の目的物の引渡しの期日までに支払の期日の到来する**賦払金の合計額（頭金）**が，その**資産の販売等の対価の額の3分の2以下**（頭金の割合）であること

114

　延払基準とは，長期割賦販売等に係る延払損益について以下のように，各事業年度の収益の額及び費用の額を計算する方法である（令124）。

　この延払基準による収益及び費用の計上は，資産の販売等が行われており，法人が引渡事業年度以後の各事業年度の確定した決算において延払基準の方法により経理した場合に認められる。

　新会計基準では，資産が顧客に移転し（顧客が資産の支配を獲得し），当社の履行義務を充足したときに収益を認識することとされるため，割賦による販売であっても販売時に全額収益を計上する。したがって，**従来の延払基準**による収益の額及び費用の額の計上は**認められなくなる**。

　そこで，**新会計基準適用後は延払基準による経理ができなくなるため**，法人税法においても延払基準により収益の額及び費用の額を計算する帰属事業年度の特例制度を廃止する改正が行われる。

　平成30年4月1日前に長期割賦販売等（リース譲渡は除く）に該当する資産の販売等を行った法人は，**令和5年3月31日までに開始する各事業年度**（経過措置事業年度）については現行の延払基準により収益の額及び費用の額を計算することが認められる。

　そして，平成30年4月1日以後に終了する事業年度において延払基準の適用をやめた場合の繰延割賦益額を，その後の10年間で均等に収益計上する等の経過措置が講じられる。現行制度上，延払基準の適用をやめた場合の繰延割賦利益額は，そのやめた事業年度において一括計上することとされているが（法令125①），これを緩和するための措置である。

　つまり**新会計基準を適用する上場企業等**は，新基準を適用する事業年度から経理要件を満たせなくなるため，その直前事業年度において繰り延べた割賦利益額を，その後10年間で取り崩していく。

　新会計基準を適用しない中小企業は，最長で令和5年3月31日までに開始する各事業年度については，延払基準による経理を継続することで現行制度上の益金の額及び損金の額の計算が認められる。そして，延払基準の適用をやめた事業年度から10年間で均等に，繰り延べた割賦利益額を取り崩していく。

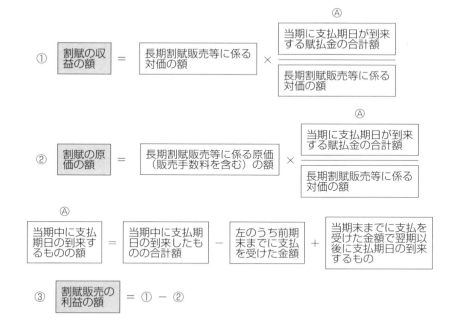

8 長期工事の請負による収益計上時期

　請負による収益の額は，原則として，その目的物の**引渡し**が行われた**日の属する事業年度の益金の額**に算入される。しかし，この原則によると，長期の請負工事の場合には，工事の着工事業年度から目的物の引渡事業年度までは，全く収益が計上されない。引渡年度に収益を計上するのみでは，収益の計上が偏ったものとなる。そこで長期の大規模な請負工事の場合は，工事の進行程度に応じて収益を計上することは企業活動の状況を的確に示し合理的となる。また，国際的にも工事進行基準を採用する方向にあり，法人税法では，法人が確定した決算において工事が**長期にわたる大規模な工事**については，**工事進行基準**により収益及び費用の額を計上することとしている。

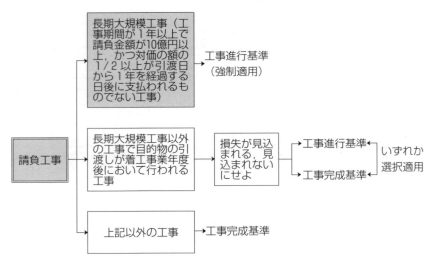

〈図表4－4〉工事収益等の収益計上時期

　法人が請け負った建設工事等について，以下に掲げるような事実がある場合には，引渡日に属する事業年度（完成した部分ごと）に収益に計上できる（基2－1－1の4）。

① 一の契約により同種の建設工事等を**多量に請け負ったような場合**で，その引渡量に従い工事代金を収入する旨の特約又は慣習がある場合（建売住宅の建築等）

② 1個の建設工事等であっても，その建設工事等の一部が完成し，その完成した部分を**引き渡した都度その割合に応じて工事代金を収入する旨の特約又は慣習がある場合**（長距離の道路工事等）

(1) **長期大規模工事**

　工事（製造を含む）のうち，平成10年4月1日以後に開始する事業年度の**長期大規模工事**については，**工事進行基準**により各事業年度の収益の額及び費用の額を計算する。損失が見込まれる工事でも工事進行基準の適用がある。

　この場合における**長期大規模工事**とは，次の要件を満たす工事（製造を含む）をいう（法64①，令129①②）。

第4章　益金の額の計算　117

イ　**工事期間**（工事の着手日から，目的物の引渡しの日までの期間）が**1年以上**であること。

ロ　**請負金額***が**10億円以上**であること。

*　平成10年4月1日から平成13年3月31日までの間に締結したものについては150億円以上，平成13年4月1日から平成16年3月31日までの間に締結したものについては100億円以上とされる。平成16年4月1日から平成21年3月31日までの間に締結したものについては50億円以上，工事期間2年以上とされる。

ハ　**請負金額の2分の1以上が目的物の引渡しの期日から1年を経過する日後に支払うこととされているものでないこと。**

なお，次のいずれかに該当する場合は，長期大規模工事でも工事進行基準を適用しないことができる（令129⑥）。

①　その事業年度の終了時に，着手から6月を経過していないもの

②　その事業年度の終了時に，工事進行割合が20％に満たないもの

(2)　**長期大規模工事以外の工事**

長期大規模工事以外の工事でその目的物の引渡しが着工事業年度後の事業年度において行われるものについては，法人の選択により**工事進行基準**と**工事完成基準**のいずれかの方法により各事業年度の収益の額又は費用の額を計算することができる（選択適用）（法64②本文）。

損失が見込まれる工事についても，工事進行基準を適用することができる（法64②本文）。

(3)　**工事進行基準の方法**

この場合の**工事進行基準の方法**とは，その工事の請負金額と見積原価に工事進行割合を乗じて算出した収益の額及び費用の額から，それぞれ当該事業年度前の各事業年度においてすでに計上された収益の額及び費用の額を控除して当該事業年度の収益の額及び費用の額を算定する（令129③）。

この**工事の進行割合**とは，工事原価の額のうちにその工事のために既に要した原材料費，労務費その他の経費の額の合計額の占める割合その他の工事の進行の度合を示すものとして合理的と認められるものに基づいて計算した割合を

いう（令129③）。

① 工事期間中の事業年度の収益と費用

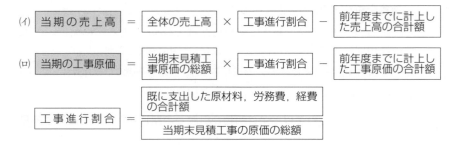

② 工事完成事業年度の収益と費用

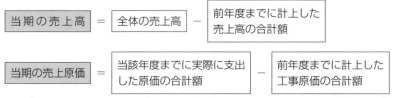

（注） 工事原価の額とは，その事業年度終了の時の現況により，その工事に見積もられる工事の原価の額をいう。

(4) **工事の途中で，長期大規模工事になった場合**

　工事完成基準の方法により収益の額及び費用の額の計上を行うこととしていた工事が，対価の額の引上げその他の事由により着工事業年度後の事業年度において長期大規模工事に該当することとなった場合には，原則として，当該事業年度において当該事業年度終了の時における進行割合に応じた収益の額及び費用の額を計上することになるが，前事業年度までの各事業年度において工事進行基準の方法により計算すると仮定した場合にその各事業年度の収益の額及び費用の額とされる金額については，当該事業年度の確定申告書にその計算に関する明細書の添付を行うことを要件に完成時までその計上を繰り延べることができる（令129⑤⑧）。

第4章 益金の額の計算 119

9 役務の提供を行った場合の収益計上時期

内国法人が役務の提供を行ったことによる収益の額は，その役務の提供の日の属する事業年度の益金の額に算入される。

(1) 機械装置の修繕など（(2)以外）の役務の提供

　　一時点で役務の提供が完了する場合，その役務の提供の日の属する事業年度に通常得べき対価の額で益金の額に算入される。

(2) 清掃サービスなど（日常的又は反復的なサービス）の役務の提供

　　期間が経過するごとに役務の提供が完了する。その役務の提供の日の属する事業年度において，期間の経過に応じて次の算式により計算した金額を各事業年度の益金の額に算入する。

　　イ　契約事業年度の収益

$$\boxed{\begin{array}{c}\text{通常得べき}\\\text{対価の額}\end{array}} \times \frac{\text{その事業年度終了の日までに経過した期間}}{\text{契約期間}}$$

　　ロ　翌事業年度以後の事業年度の収益

$$\boxed{\begin{array}{c}\text{通常得べき}\\\text{対価の額}\end{array}} \times \frac{\text{その事業年度終了の日までに経過した期間}}{\text{契約期間}} - \text{過年度計上額}$$

　　ハ　期間終了事業年度の収益

　　過年度未計上額

10 工業所有権等の譲渡に係る収益の帰属の時期

工業所有権等の譲渡につき法人が以下に掲げる日において収益計上を行っている場合には，以下に掲げる日は，その引渡しの日に近接する日に該当し，その事業年度の益金の額に算入する（基2-1-16）。

① その譲渡に関する契約の効力発生の日

② その譲渡の効力が登録により生ずることとなっている場合におけるその登録の日

ただし，工業所有権等の実施権の設定により受ける対価（使用料を除く。）の額につき法人が以下に掲げる日において収益計上を行っている場合には，以下に掲げる日はその実施権の設定に係る役務の提供の日に近接する日に該当し，

120

その事業年度の益金の額に算入する（基2－1－30の2）。

① その設定に関する**契約の効力発生の日**

② その設定の効力が登録により生ずることとなっている場合におけるその
登録の日

11 ノウハウの頭金等の収益の帰属の時期

ノウハウの設定契約に際して支払を受ける一時金又は頭金に係る収益の額
は，原則として**ノウハウの開示を完了した日**の属する事業年度に益金の額に算
入する（基2－1－1の6，2－1－30の3）。ただし，ノウハウの開示が分割して
行われ，それに見合って一時金又は頭金の支払が分割して行われる場合には，
その開示をした都度これに見合って支払を受けるべき金額をその開示をした日
の属する事業年度に益金の額を算入する。

12 商品引換券等の発行に係る収益の帰属の時期

商品引換券等の発行に係る収益は，原則として，その**商品の引渡しのあった
日**の属する事業年度において益金の額に算入する（基2－1－39，2－1－39の
2）。

ただし，その商品引換券等の発行の日から10年が経過した日の属する事業年
度終了の時において商品の引渡し等を完了していない商品引換券等がある場合
には，商品引換券等に係る対価の額をその**商品引換券等の発行の日から10年が
経過した日**の属する事業年度の益金の額に算入する。

第4章 益金の額の計算　121

《計算Point》

〈図表4－5〉税法の収益計上時期

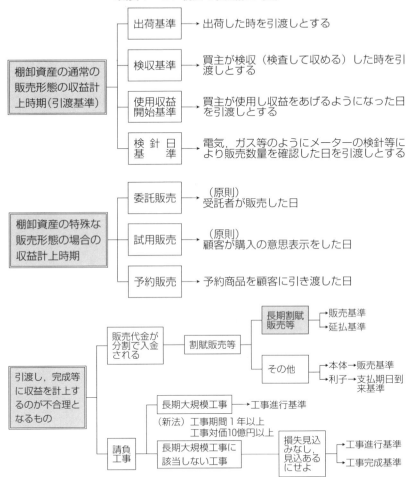

《計算Pattern》

〈延払基準のケース〉

延払基準の判定

① 賦払回数≧3回

② 引渡しの翌日から最後の賦払金の支払期日≧2年
　　　　　　　（賦　払　期　間）

③ 販売対価×$\frac{2}{3}$＝ □ 円 ≧目的物の引渡し期日までに支払期日到来賦払金
　　　　　　　　　　　（頭　　　　金）

1　会社計上延払利益

2　税務上の割賦の収益の額（税務上の延払収益）

3　税務上の割賦原価の額（税務上の延払原価の額）

4　税務上の割賦利益の額（税務上の延払利益の額）　2－3

5　1－4＞0　延払利益認定損（減・留）

　　1－4＜0　延払利益計上洩（加・留）

〈工事進行基準のケース〉

① 工事期間中の事業年度

1　会社計上工事利益

第4章　益金の額の計算　123

2　当期の税務上売上高

（工事基準割合）

$$\boxed{全体の売上高} \times \dfrac{\overset{Ⓑ}{既に支出した原材料・労務費，経費の合計額}}{当期末見積工事原価の総額} - \boxed{前年度までに計上した売上高合計額}$$

3　当期の税務上工事原価

$$\boxed{工事原価の額} \times \dfrac{Ⓑ}{当期末見積工事原価の総額} - \boxed{前年度までに計上した工事原価合計額}$$

4　税務上の工事利益　2－3

5　1－4＞0　工事利益認定損（減・留）

　　1－4＜0　工事利益計上洩（加・留）

②　工事完成事業年度

1　会社計上工事利益

2　当期の売上高

$$\boxed{全体の売上高} - \boxed{前年度までに計上した売上高の合計額}$$

3　当期の工事原価

$$\boxed{当該事業年度までに実際に支出した原価の合計額} - \boxed{前年度までに計上した工事原価の合計額}$$

4　税務上の工事利益　2－3

5　1－4＞0　工事利益認定損（減・留）

　　1－4＜0　工事利益計上洩（加・留）

《別表四の記載》

区　　分		金額	留保
加算	延払利益計上洩	×××	××
	工事利益計上洩	×××	××
減算	延払利益認定損	×××	××
	工事利益認定損	×××	××

124

〈売上計上洩れのケース〉

〈会計〉

仕訳しなかった

〈税法〉

売　掛　金　××／売　　　　上　　××──→売上計上洩（加算・留保）

売 上 原 価　××／製　　　　品　　××──→売上原価認定損（減算・留保）

《別表四の記載》

	区　　分	金額	留保
加算	売 上 計 上 洩	×××	××
減算	売上原価認定損	×××	××

〈売上返品の計上洩れのケース〉

〈会計〉

仕訳しなかった

〈税法〉

売　　　　上　　××／売　掛　金　　××──→売上過大計上（減算・留保）

製　　　　品　　××／売 上 原 価　　××──→売上原価否認（加算・留保）

《別表四の記載》

	区　　分	金額	留保
加算	売 上 原 価 否 認	×××	××
減算	売 上 過 大 計 上	×××	××

13　損害賠償請求権の収益計上時期

役員や従業員による横領により，会社が損害を被った場合は，損金を計上する時期と損害賠償請求権の収益計上時期につき争われた判例がある。

第4章　益金の額の計算　125

≪損害賠償請求権の収益計上時期の判例研究≫ ☕ ちょっと一休み
コーヒーブレイク

　まず，役員による横領損害賠償請求事件（最高裁昭和43年10月17日判決）である。
　法人の代表者による横領行為によって当該法人が被った損害の賠償請求権の
益金計上時期が争点となった事案である。法人の代表自身が横領行為を行った
場合には，被害者である法人が損害の発生と同時に損害及び加害者を知ったも
のと評価することができ，これにより損害賠償請求権が確定したものとして，
これを当該損害の発生と同じ事業年度の益金に計上すべきと判示した。法人の
代表者すなわち法人と同様ととらえ判示したいといわれる。いわゆる同時両建
説である。この最高裁昭和43年10月17日判決は，多くの裁判で先例の拘束力と
して引用されている。

≪損害賠償請求権の収益計上時期の判例研究2≫ ☕ ちょっと考える
コーヒーブレイク

　さらに，従業員による架空外注計上事件がある。X社の経理部長が外注費を
架空計上した事例である。X社は経理部長に対し，損害賠償請求訴訟を提起
し，裁判所は経理部長に1億8,815万475円の支払を命じる判決を言い渡した。
争点は，この損害賠償金を益金の額に算入すべき計上時期の問題である。

　東京地裁平成20年2月15日判決では，不法行為による損害請求権は，その行
使が事実上可能となった時，すなわち，被害者である法人（具体的には当該法人
の代表機関）が損害及び加害者を知った時に，権利が確定したものとして，その
時期の属する事業年度の益金に計上すべきものと解するのが相当である（最高
裁平成4年10月29日第一小法廷判決・裁判集民事166号525頁参照）と判示した。いわ
ゆる異時両建説である。

　一方，東京高裁平成21年2月18日判決では，法人税法上，内国法人の各事業
年度の所得の金額の計算上当該事業年度の損金の額に算入すべき金額として，
当該事業年度の損失の額で資本等取引以外の取引に係るもの（同条3項3号）が
掲げられているところ，本件のような不法行為により発生した損失はこれに該

当し，その額を**損失が発生した年度の損金**に計上すべきものと解されている（最高裁昭和43年10月17日第一小法廷判決・裁判集民事92号607頁参照）。

そして，本件のような不法行為による損害賠償請求権については，通常，**損失が発生した時には損害賠償請求権も発生**，確定しているから，これらを同時に損金と益金とに計上するのが原則であると考えられる（不法行為による損失の発生と損害賠償請求権の発生，確定はいわば表裏の関係にあるといえるのである）。加害者を知ることが困難であるとか，権利内容が把握できない場合もある。このような場合は，損失は損金計上するが損害賠償金は益金算入しない（裁判等により支払を受けるべきことが確定した日の属する年度に益金算入）することが許される。

ただし，**通常人**を基準にして，権利（損害賠償請求権）の存在・内容等を把握し得ず，権利行使が期待できないといえるような客観的状況にあったかどうかという観点から判断していくべきである。本事例は**法人が振込依頼書をチェックさえすれば容易に発覚**するものであり，損害賠償請求権について内容が把握できないような客観的状況，権利行使できないような客観的状況にあったとはいえず，**損失が発生した年度に損害賠償請求権を計上するのが原則**と判示した。これは，いわゆる**同時両建説**である。

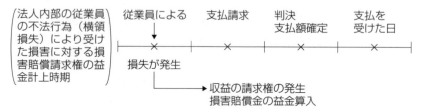

≪過払返還請求権の収益計上時期の判例研究≫ ☕ ちょっと考えるコーヒーブレイク

電気料金の過払に対する返還請求権の益金計上時期に関する裁判例に，平成4年10月29日最高裁判決がある。

会社は，12年間電力会社による電気料金等の請求が正当なものであるとして支払をしていた。その後に，**過払が発見された事例**である。

電気料金等の**過大支払日が属する各事業年度**に過払電気料等の**返還請求権**が

確定したものとして各事業年度の所得金額の計算をするのは相当ではない。電力会社に対する**過払電気料等の返還請求権**は，メーターの設定ミスが発見されたという新たな事実の発生を受けて，当事者間の**確認書**により**返還すべき金額**について**合意が成立**したことによって**確定**したものとみるのが相当であると判示した。

つまり，判決は，具体的な返還請求権に係る**収入すべき金額の確定**した**時期**をもって益金の額に算入すべきと判示した。設定ミスを認識できなかった時期において**返還請求権を認識**することは相当でないとして異時両建説的だと考えられる。

〈図表4－6〉損失の計上時期と損害賠償請求権の益金計上時期

同時両建説	不法行為が発生した年度に損失と損害賠償請求権（益金）を同時に計上する説。その後，回収不能が明確になった時，貸倒処理を行う。（最高裁昭和43年10月17日判決）（東京高裁平成21年2月18日判決）
異時両建説	不法行為が発生した年度に損失を計上する。損害賠償請求権の行使が可能となった時に益金に計上すべき（最高裁平成4年10月29日）（東京地裁平成20年2月15日判決）

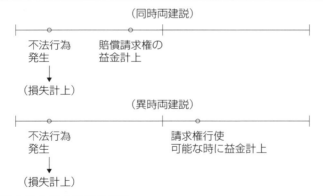

≪**損害賠償金の支払を受ける側**≫

基本通達において，法人が他の者から支払を受ける損害賠償金の益金算入時期が定められている（基2－1－43）。

損害賠償請求は，被害者と加害者との間で，請求金額等について争いとなる

場合が多い。そこで，原則として裁判等によって**支払を受けるべきことが確定した日**の属する事業年度に益金の額に算入する。しかし，加害者の支払能力によって支払が履行されない場合もあるため，法人が実際に支払を受けた日の属する事業年度に収益計上を行っている場合にはこれを認めている（基2－1－43）。

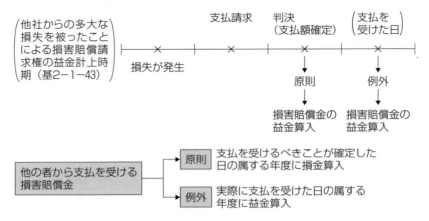

≪**損害賠償金の支払をする側**≫

　法人が業務の遂行に関連して他の者に与えた損害については，損害賠償金の支払をする場合の損金算入時期が定められている（基2－2－13）。

　損害賠償は支払金額が最終的に裁判等で確定するものであるため，原則として**支払うべき額が確定した日**の属する事業年度の損金の額に算入する。

　一方，その事業年度終了の日までに損害賠償金として支払う金額の総額が確定していない場合に，相手方に申し出た金額があるときは，少なくともその部分の金額については双方に争いがない。そのため，その申し出た金額分を支払うことが確定しているといえるため，その一部の未払金経理額を損金に算入することを認めている（基2－2－13）

第4章　益金の額の計算　129

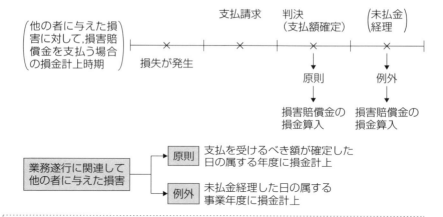

《計算例題1》　延払基準　ケース1

　慶応株式会社は，物品販売業を営んでおり，当期（自平成31年4月1日至令和2年3月31日）より割賦販売を開始した。次の資料に基づき，当期において計上すべき延払基準による割賦販売利益の額を計算しなさい。

〈資　料〉

1	販売価額	15,000,000円
2	売上原価	7,000,000円
3	販売手数料	1,000,000円
4	当期中に支払期日の到来する賦払金額の合計額	9,500,000円
5	4のうち前期末までに支払を受けた金額	1,000,000円
6	翌期以降に支払期日の到来する賦払金額の合計額	6,200,000円
7	6のうち当期中に支払を受ける金額	500,000円

《解答欄》

1　割賦の収益の額

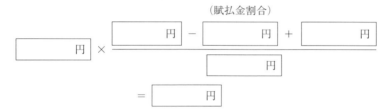

2 割賦の費用の額

$$\left(\boxed{}円 + \boxed{}円\right) \times \frac{\boxed{}円 - \boxed{}円 + \boxed{}円}{\boxed{}円}$$

$$= \boxed{}円$$

3 割賦販売利益の額

$$\boxed{}円 - \boxed{}円 = \boxed{}円$$

《解　答》

1 割賦の収益の額

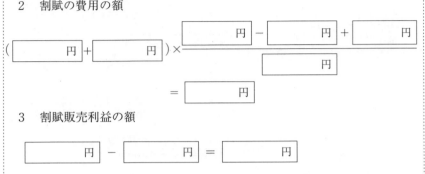

2 割賦の費用の額

$$\left(\boxed{7,000,000円} + \boxed{1,000,000円}\right) \times \frac{\boxed{9,500,000円} - \boxed{1,000,000円} + \boxed{500,000円}}{\boxed{15,000,000円}}$$

$$= \boxed{4,800,000円}$$

3 割賦販売利益の額

$$\boxed{9,000,000円} - \boxed{4,800,000円} = \boxed{4,200,000円}$$

第4章 益金の額の計算　131

《計算例題2》　延払基準　ケース2

福大株式会社は，物品販売業を営んでおり，前期より割賦販売を行っている。次の資料に基づき，当期（自平成31年4月1日　至令和2年3月31日）において，計上すべき延払基準による割賦販売利益の額を計算しなさい。

〈資　料〉

項　　　　　目	前期販売分	当期販売分
譲渡代金	14,000,000円	20,000,000円
売上原価	8,000,000円	12,000,000円
販売手数料	1,000,000円	1,000,000円
当期において賦払期日の到来する金額	2,200,000円	11,150,000円
同上のうち前期に支払を受けた金額	300,000円	──────
翌期に賦払期日の到来する金額のうち当期中に支払を受けた金額	200,000円	850,000円

《解答欄》

1　前期割賦販売分の当期計上金額の計算

2　当期割賦販売分の当期計上金額の計算

(1) 割賦の収益の額

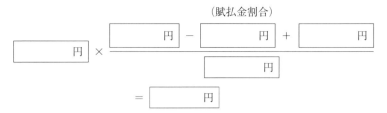

(2) 割賦の費用の額

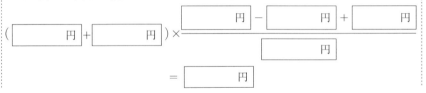

132

(3) 割賦販売利益の額

$$\boxed{}\ 円 \ -\ \boxed{}\ 円 \ =\ \boxed{}\ 円$$

《解　答》

1　前期割賦販売分の当期計上金額の計算

(1) 割賦の収益の額

$$\boxed{14,000,000円} \times \dfrac{\boxed{2,200,000円} - \boxed{300,000円} + \boxed{200,000円}}{\boxed{14,000,000円}}$$

$$= \boxed{2,100,000円}$$

(2) 割賦の費用の額

$$\left(\boxed{8,000,000円} + \boxed{1,000,000円} \right) \times \dfrac{\boxed{2,200,000円} - \boxed{300,000円} + \boxed{200,000円}}{\boxed{14,000,000円}}$$

$$= \boxed{1,350,000円}$$

2　当期割賦販売分の当期計上金額の計算

(1) 割賦の収益の額

$$\boxed{20,000,000円} \times \dfrac{\boxed{11,150,000円} - \boxed{0\,円} + \boxed{850,000円}}{\boxed{20,000,000円}}$$

$$= \boxed{12,000,000円}$$

(2) 割賦の費用の額

$$\left(\boxed{12,000,000円} + \boxed{1,000,000円} \right) \times \dfrac{\boxed{11,150,000円} - \boxed{0\,円} + \boxed{850,000円}}{\boxed{20,000,000円}}$$

$$= \boxed{7,800,000円}$$

(3) 割賦販売利益の額

$$\boxed{12,000,000円} - \boxed{7,800,000円} = \boxed{4,200,000円}$$

第4章　益金の額の計算　133

《計算例題3》　工事進行基準

　慶応株式会社は，以下のような長期大規模工事を請け負った。各事業年度における収益の額と原価の額を計算しなさい。当社の事業年度は自平成31年4月1日　至令和2年3月31日である。なお，契約締結日は平成23年11月5日，引渡期限は令和2年1月10日とする。また，請負金額は320億円とする。

1　平成30年3月期の入金額100億円，期末現況による見積工事費240億円，期末時までに支出した原材料費，労務費，経費の合計は60億円である。

2　平成31年3月期の入金額100億円，期末の現況による見積工事費250億円，期末時までに支出した原材料費，労務費，経費の合計は200億円である。

3　令和2年3月期の入金額120億円で支出した工事費は260億円であった。

《解答欄》

〈平成30年3月期〉

(1)　収益の額

$$\boxed{}円 \times \frac{\boxed{}円}{\boxed{}円} = \boxed{}円$$

(2)　原価の額

$$\boxed{}円 \times \frac{\boxed{}円}{\boxed{}円} = \boxed{}円$$

(3)　利益の額

$$\boxed{}円 - \boxed{}円 = \boxed{}円$$

〈平成31年3月期〉

(1) 収益の額

　　□ 円 × □ 円 / □ 円 = □ 円

　　□ 円 − □ 円 = □ 円

(2) 原価の額

　　□ 円 × □ 円 / □ 円 = □ 円

　　□ 円 − □ 円 = □ 円

(3) 利益の額

　　□ 円 − □ 円 = □ 円

〈令和2年3月期〉

(1) 収益の額

　　□ 円 − (□ 円 + □ 円) = □ 円

(2) 原価の額

　　□ 円 − (□ 円 + □ 円) = □ 円

(3) 利益の額

　　□ 円 − □ 円 = □ 円

第4章　益金の額の計算　135

《解　答》

〈平成30年3月期〉

(1)　収益の額

$$\boxed{320億円} \times \frac{\boxed{60億円}}{\boxed{240億円}} = \boxed{80億円}$$

(2)　原価の額

$$\boxed{240億円} \times \frac{\boxed{60億円}}{\boxed{240億円}} = \boxed{60億円}$$

(3)　利益の額

$$\boxed{80億円} - \boxed{60億円} = \boxed{20億円}$$

〈平成31年3月期〉

(1)　収益の額

$$\boxed{320億円} \times \frac{\boxed{200億円}}{\boxed{250億円}} = \boxed{256億円}$$

$$\boxed{256億円} - \boxed{80億円} = \boxed{176億円}$$

(2)　原価の額

$$\boxed{250億円} \times \frac{\boxed{200億円}}{\boxed{250億円}} - \boxed{60億円} = \boxed{140億円}$$

(3)　利益の額

$$\boxed{176億円} - \boxed{140億円} = \boxed{36億円}$$

136

〈令和2年3月期〉

(1) 収益の額

$$\boxed{320億円} - (\boxed{80億円} + \boxed{176億円}) = \boxed{64億円}$$

(2) 原価の額

$$\boxed{260億円} - (\boxed{60億円} + \boxed{140億円}) = \boxed{60億円}$$

(3) 利益の額

$$\boxed{64億円} - \boxed{60億円} = \boxed{4億円}$$

第4章　益金の額の計算　137

第2節　受取配当等の益金不算入額の計算

【Point 9】

1　受取配当等の益金不算入

　受取配当等のうち，完全子法人株式等，関連法人株式等及び非支配目的株式等以外のその他の株式等に係るものは，受取配当等の額の税法上その50％相当額，完全子法人株式等に係るものは受取配当等の額の100％（関連法人株式等に係るものは受取配当等の額から負債利子を控除した残額の100％，非支配目的株式等に係るものは受取配当等の額の20％）は益金の額に算入されない。

(1)　完全子法人株式等（保有割合100％）

$$\boxed{\text{完全子法人株式等に係る配当等の額}} \times 100\% = \text{益金不算入額}$$

(2)　関連法人株式等（保有割合3分の1超　100％未満）

$$\left(\boxed{\text{関連法人株式等に係る配当等の額}} - \boxed{\text{関連法人株式等に係る負債利子の額}}\right) \times 100\% = \text{益金不算入額}$$

（原則法と簡便法のうち少ない金額）

(3)　(1)(2)(4)以外のその他の株式等（保有割合5％超3分の1以下）

$$\boxed{\text{その他の株式等に係る配当等の額}} \times 50\% = \text{益金不算入額}$$

(4)　非支配目的株式等（保有割合5％以下）

$$\boxed{\text{非支配目的株式等に係る配当等の額}} \times 20\% = \text{益金不算入額}$$

(5)　受取配当等の益金不算入額

　　(1)　＋　(2)　＋　(3)　＋　(4)

2　短期所有株式等に係る配当等の不適用

　配当基準日の前後の株式の売買による租税回避を防ぐために，短期所有

株式等に係る配当等は，益金不算入の対象とならない。

3　負債利子の控除

　関連法人株式等に係る受取配当等の額から，関連法人株式等の取得に要した負債の利子は，益金不算入額の計算上控除する。

1　受取配当等の益金不算入制度の趣旨

　法人は**個人株主の集合体**であり，法人の利益は最終的に個人株主に配当して分配される。したがって，配当として個人株主に分配された段階で課税すればよい。しかし，現行税制では法人の所得には法人税を課税している。そこで，法人税は個人が負担すべき所得税の前払的性格を有する。ゆえに，法人間及び個人と法人との間には**二重課税**（double taxation）の問題が生ずる。

　前者の法人間では法人が他の法人の株式を保有し，配当を受けたときには**受取配当金の益金不算入**により，後者の個人と法人間では個人が同様に法人の株式を保有し，配当を受けたときは**配当控除制度**により二重課税を排除している。

　これにより，法人から株主までの課税を1回のみにしようとするものである。特に，支配目的で所有している株式は，投資先の企業の課税済の利益が配当として分配され二重課税が生ずる。企業の支配が税制の影響を受けることになる。課税の中立性の視点から，支配目的で保有する株式等に係る配当については二重課税を排除するため，受取配当金の益金不算入としている。

2　受取配当等の益金不算入の対象となる金額

　益金不算入の対象となる**受取配当**（dividends received）等の源泉徴収税額控除前の金額とは，**剰余金の配当，利益の配当又は剰余金の分配の額，特定株式投資信託の収益の分配の額及びみなし配当等の額**である。なお，公益法人等，人格のない社団等又は外国法人から受ける配当は除かれる。

　公益法人等，人格のない社団等から受けるものが除かれる理由は，公益法人

等，人格のない社団等はもともと出資概念はなく，制度的に配当等を目的としていないからである。また，外国法人から受けるものが除かれる理由は，この制度の趣旨は，わが国の国内での法人税と所得税の二重課税を調整することをめざしているためである。また，支払法人の側で損金に算入する建設利息，社債利子，基金利息（保険会社の契約者配当金），公社債投資信託の収益分配金等は，二重課税とならず，益金不算入の対象から除かれる。事業分量配当金は構成員等への売上割戻しの意味を持ち，益金不算入の対象とならない。

特定株式投資信託以外の証券投資信託の収益分配金は，支払を受ける法人と支払をする法人との間に，出資概念がないため，利益について課税済利益の分配とはいえず，二重課税とならないため，益金不算入の対象から除かれた。

〈図表4－7〉受取配当等の益金不算入の対象

益金不算入の対象	剰余金の配当（内国法人である株式会社又は有限会社から受け取るもので，株式又は出資に係るものに限る。資本剰余金の額の減少に伴うものを除く）
	利益の配当（合名会社，合資会社，合同会社のいわゆる持株会社から受け取るもの）
	剰余金の分配（協同組合等から受け取るもので，出資に係るものに限る。出資分量配当金（非支配目的株式等に係る受取配当等と同様に処理））
	中間配当
	みなし配当（法24）
	名義株式等の配当（役員，使用人名義の株式に係る配当金等）（基通3―1―1）
	特定株式投資信託の収益の分配（非支配目的株式等に係る受取配当等と同様に処理）

〈図表 4 − 8 〉 受取配当等の益金不算入の対象外

益金不算入の対象外	預貯金利子，公社債利子，保険会社の基金利息
	協同組合等の事業分量配当金（構成員に対しての売上割戻し的性格のため）
	特定株式投資信託以外の証券投資信託の収益の分配金（支払を受ける法人と支払をする法人との間に出資概念がないため利益の分配とはいえないため），公社債投資信託の収益分配金，貸付信託の収益分配金
	外国法人からの配当（日本国内での二重課税ではないため），人格のない社団からの配当，公益法人等からの配当（どちらも出資概念がないため，利益の分配とはいえないため），外国投資信託の収益分配金

(1) **剰余金の配当，利益の配当又は剰余金の分配の額**

剰余金の配当は，株式会社又は有限会社から受け取るもので，株式又は出資に係るものに限る。資本剰余金の額の減少に伴うものを除く。

利益の配当は，合名会社，合資会社，合同会社のいわゆる持株会社から受け取るものである。中間配当も含まれる。

また，剰余金の分配は，協同組合等から受け取るもので出資に係るもの（出資分量配当金）に限られる（法23①一）。

(2) **特定株式投資信託の収益分配金**

平成27年度の税制改正で，外国株価指数連動型特定株式投資信託以外の**特定株式投資信託の収益の分配**については，受益権を株式等と交換等ができ株式等と同様に取り扱われているため，受取配当等の益金不算入の対象とされる。ただし，株式等のなかでも非支配目的株式等として，収益の分配の20％が益金不算入とされる。

なお，**特定株式投資信託**とは，証券投資信託のなかでも，信託財産を特定の株価指数（日経300株価指数等）採用銘柄の株式のみに，つまり信託財産の特定銘柄の株式のみに運用するものをいう。

《参考》 **追加型（オープン型）証券投資信託の特別分配金を分配された時の処理**

証券投資信託には，元本の追加設定が可能な追加型（オープン型）と信託財

産への追加設定が不可能な単位型（ユニット型）がある。追加型の場合は，信託期間の途中で追加信託（取得）するときに，その投資信託につき，既に実現している収益があるため，追加購入は収益調整金を加えて支払が行われる。この収益調整金は，受益権の取得価額の元本に加えられている。

そののち，特別分配金（収益調整金の一部）が分配された時は，元本が払い戻されたことと同じであるため，特別分配金を収益に計上している場合には，特別分配金分の有価証券の帳簿価額を減額させる。

〈図表4-9〉

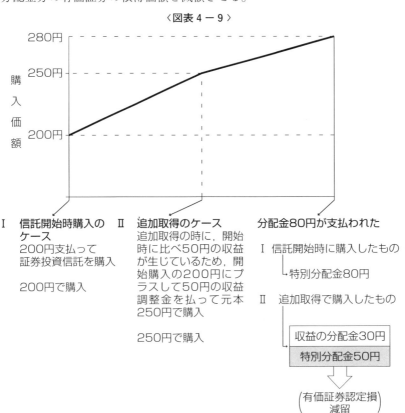

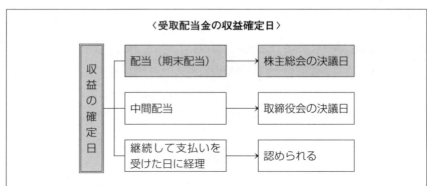

〈受取配当金の収益確定日〉

収益の確定時期である配当等の額の支払が確定する日は，配当（期末配当）は株主総会の決議日であり，中間配当は取締役会の決議日である。

この確定日に収益が確定したことにして受取配当金を計算するのが基本である。しかし継続して支払を受けた日に確定したことで経理している場合も認められる（基2－1－27，2－1－28）。

〈図表4－10〉受取配当等と源泉所得税の取扱い

3 短期所有株式に係る受取配当金の益金不算入の不適用

受取配当金の元本である株式等を，その配当等の支払に係る基準日前1か月以内に取得し，かつ，その株式等と同銘柄のものを**基準日後2か月以内に譲渡**した場合は，その譲渡した株式等の一定数に対する配当については，次の算式で計算した配当等の額について益金不算入の規定は適用しない（法23③，令20）。

この趣旨は，決算期直前に株式等を取得して受取配当金を益金不算入とし，配当後に配当落ちにより値下がりした株式を売却して，売却損を損金算入することにより，**二重控除されることを回避**しようとしたのである。

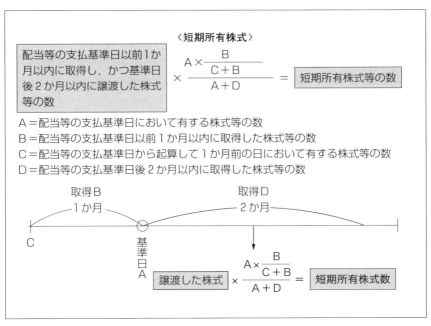

4 受取配当等の益金不算入額の計算

受取配当の元本である関連法人株式等の取得に必要な支払利子（**負債利子**）がある場合は，関連法人株式等に係る受取配当金より関連法人株式等に係る部分の**負債利子を控除した金額**を関連法人株式等の受取配当金の益金不算入の対象とする。

関連法人株式等に係る受取配当金の益金不算入額の計算で**負債利子を控除する理由**は，受取配当等の元本である株式等を取得するために要した借入金に係る支払利子の額が，所得の金額の計算上損金の額に算入されており，受取配当等の額の金額を益金不算入とすると，**支払利子相当額が所得金額の計算上二重に控除される**ためである。

平成27年4月1日以後に開始する事業年度において受取配当等の益金不算入額は，その配当等が，①**完全子法人株式等にも関連法人株式等にも非支配目的株式等どちらにも該当しない株式等に係るもの**（その他の株式等という），②**関連法人株式等に係るもの**，③**完全子法人株式等に係るもの**，④**非支配目的株式等**の4つに区分し，次の算式により計算した金額の合計額となる（法23④）。完全子法人株式等にも関連法人株式等にも非支配目的株式等にもどちらにも該当しない株式等（その他の株式等）の配当金は，そのうち50％を益金不算入とするのに対して，**関係法人株式等に係る配当金と完全子法人株式等に係る配当金は100％益金不算入**である。そして，**非支配目的株式等に係る配当金は20％益金不算入**である。

なお，**関連法人株式等**とは，内国法人が他の内国法人（公益法人等及び人格のない社団等を除く）の発行済株式の総数又は**出資金額の3分の1を超え100％未満の数又は金額の株式又は出資を，その内国法人が交付を受ける配当等の効力が生じる日以前**（事業年度終了の日以前）**6か月以上引き続いて有している場合**における他の内国法人の株式又は出資をいう（法23⑥，令22の3）。

また，**完全子法人株式等**とは，配当等の計算期間を通じて継続して内国法人との間に完全支配関係（発行済株式等の100％所有）があった場合のその支配されている内国法人の株式等をいう。受取配当金の益金不算入額を計算するときに，完全子法人株式等に係る**負債利子の額は控除しない**（法23⑤，令22の2）。

完全支配関係とは，ある法人が他の法人の発行済株式等（自己株式等を除く）の100％を直接もしくは間接に保有する関係（当事者間の完全支配関係），又はある法人との間に当事者間の完全支配関係がある場合の法人相互の関係をさす。

非支配目的株式等とは，内国法人が他の内国法人の発行済株式又は出資（他

第4章　益金の額の計算　145

の内国法人が有する自己株式等を除く）の総数又は総額の**100分の5以下**に相当する数又は金額の株式等をその内国法人が他の内国法人から受ける配当等の額の支払に係る基準日において有する場合をいう（法23⑦，令22の3の2①）。**非支配目的株式等に係る配当金**は20％益金不算入であり，受取配当金の益金不算入額を計算するときは，非支配目的株式等に係る負債利子の額は控除しない。

〈受取配当等の益金不算入額の計算〉

(1)　完全子法人株式等（100％の株式保有）

完全子法人株式等に係る受取配当等の額 ×100％＝益金不算入額

(2)　関連法人株式等（3分の1超100％未満の株式保有）

（関連法人株式等に係る受取配当等の額 － 関連法人株式等に係る負債利子の額）×100％＝益金不算入額

(3)　上記の(1)(2)(4)以外の株式等（その他の株式等）（5％超3分の1以下の株式保有）

関連法人株式等にも完全子法人株式等にも非支配目的株式等にも該当しない株式等に係る受取配当等の額 × 50％＝益金不算入額

(4)　非支配目的株式等（5％以下の株式等保有）

非支配目的株式等に係る受取配当の額 × 20％＝益金不算入額

〈配当等の計算期間の株式等の区分〉

(1) 完全子法人会社等（所有割合100％）

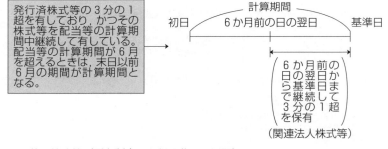

(2) 関連法人株式等（所有割合3分の1超100％未満）

(3) その他の株式等（所有割合5％超3分の1以下）
    (1)(2)(4)以外の株式等

(4) 非支配目的株式等（所有割合5％以下）
    ① 株式の出資

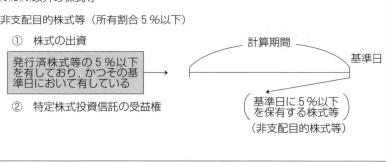

    ② 特定株式投資信託の受益権

　この趣旨は、本支店関係の場合は、支店と本店の所得は合算され、課税は1回である。それに対して親子会社の関係の場合は、課税は別個に行い、子会社の所得に法人税を課税され税引後利益から親会社に配当をし、その受取配当に

課税すると，支店よりも不利となる。そこで，支配目的で保有する株式の二重課税の排除，関連法人株式等に係る配当金や**完全子法人株式等**に係る配当金は100％益金不算入としている。

5 関連法人株式等に係る控除負債利子の金額

関連法人株式等に係る配当等に対して，当該事業年度において支払う負債の利子があるときは，**関連法人株式等に係る負債利子を計算し**，以下の算式で負債利子の額を計算する。

なお，控除負債利子の額の計算には，次の(1)の原則法と(2)の簡便法とがある。完全子法人株式等に係る配当等については，配当等の額から負債利子は控除されない。完全子法人（100％株式所有）は，親会社と子会社が完全な一体関係があるため，課税の中立性を害さないように負債利子を控除せず，配当等の全額が益金不算入とされる。

関連法人株式等に係る配当等については，配当等の額から負債利子を控除する。関連法人（3分の1超100％未満株式所有）は，支配関係が限定され，完全な一体関係にないため，配当等の額から負債利子を控除した額が益金不算入とされている。

(1) 原 則 法

原則法による負債利子の額の計算は，以下の算式により，当該事業年度において支払う**関連法人株式等に係る負債利子の額**に，関連法人株式等の帳簿価額が，総資産の帳簿価額のうちに占める割合を乗じて按分して計算する（令22①②）。

〈原則法による関連法人株式等に係る負債利子の額の計算〉

$$\boxed{\text{関連法人株式等に} \atop \text{係る負債利子の額}} = \boxed{\text{支払} \atop \text{利子} \atop \text{総額}} \times \frac{\text{当期末と前期末の関連法人株式等}\atop\text{の簿価合計額}}{\text{当期末と前期末の総資産の簿価合計額}}$$

（注）　総資産の簿価，関係法人株式等の簿価はそれぞれ，前期末及び当期末の合計額
　　　により計算する。

(2) **簡　便　法**

　受取配当等の額から控除する負債利子の額の計算は，原則法で計算するのが
原則であるが，簡便法として，**関連法人株式等に対しては**，以下のように計算
することが認められる（令22④）。

　なお，**簡便法の基礎となる基準年度**は，平成27年４月１日から平成29年３月
31日までに開始した各事業年度（通常は自平成27年４月１日から至平成28年３月31日
と自平成28年４月１日から至平成29年３月31日の２事業年度が通常使われる）をいう。

　当期が平成27年４月１日から平成28年３月31日の場合のみ，当期そのものが
基準年度となるため，平成27年４月１日以後，最初に開始する事業年度（自平成27年４月１日　至平成28年３月31日）の負債利子の額の計算は原則法と簡便法で
は同じ金額となる。

〈簡便法による関連法人株式等に係る負債利子の額の計算〉

$$\boxed{\text{関連法人株式等に係る配当等から}\atop\text{控除する負債利子の額}} = \boxed{\text{当期支払}\atop\text{利子総額}} \times \boxed{\text{負債利子控除の実績割合}\atop\text{（小数点以下３位未満切捨て）}}$$

⇩

$$\frac{\text{基準年度の原則法による関係法人株}\atop\text{式等に係る負債利子等の額の合計額}}{\text{基準年度の支払利子総額の合計額}}$$

第4章 益金の額の計算 149

原則法及び簡便法の計算において，支払利子総額に該当するもの該当しないものは，以下のようである。

支払利子総額にあたるもの	支払利子総額にあたらないもの
① 借入金利子 ② 社債利子 ③ 手形売却損 　（手形割引料） ④ 取得価額に算入された利子 　（経済的な性質が利子に準ずるもの）	① 利子税，延滞金 ② 売上割引料

≪受益配当金の判例研究≫ ☕ ちょっと考えるコーヒーブレイク

　受益配当金に関する判例については，負債利子に係る東京地裁平成21年2月3日判決がある。原告が受取配当金の益金不算入額を計算するときの負債利子の計算（原則法）で，配当があった関係法人株式等の価格のみで計算したところ，課税庁は保有株式全ての関係法人株式等の価格の合計で算定すべきと更正処分を受けたものである。

　東京地裁は，法人税法23条4項2号の「負債利子の額のうち当該関係法人株式等に係る部分とは，文理上，「その保有する関係法人株式等」を接することは明らかであり，…「関係法人株式等」に該当するための要件として，配当等の支払のあることは，何ら要件として規定しておらず，配当等の支払の有無にかかわらず，当該法人の保有する関係法人株式等を全ていうと解すべきと判示した。

6 益金不算入の適用要件

　受取配当等の益金不算入は，確定申告書に益金の額に算入されない配当等の額及びその計算に関する明細の記載がある場合に限り認められる。また，益金の額に算入されない金額は，益金不算入額として記載された金額が限度となる（法23⑥）。

150

7　外国子会社から受け取る配当等

平成21年4月1日以後に開始する事業年度において内国法人が**外国子会社か**
ら受け取る配当等は，内国法人の**益金に算入しない**（法23の2）。なお，益金不
算入となる金額は受取配当等の額の**95％相当額**である（令22の3②）。受取配当
等の額の5％相当額は配当を得るために必要とされた負債利子の費用とみなさ
れ，益金不算入額から除かれる。この**外国子会社**とは，その内国法人が発行済
株式等の25％以上の株式等を，配当等の支払義務が確定する日以前6か月以上
引き続き所有している外国法人をさす（令22の3①）。

この趣旨は，外国子会社から受け取る配当等を内国法人が益金に算入して
は，外国法人税とわが国の法人税の二重課税となる。そこで，**外国子会社から**
受け取る配当等について益金に算入しないことにより，日本と外国での**二重課**
税を回避するものである。これにより，海外からの配当金の流入を促進するこ
とになる。

受取配当に対して**外国子会社の所在地国で課税される源泉税**は，損金不算入
となり（法39の2），**直接外国税額控除の対象外**となる（法69）。

〈益金不算入の対象となる配当等の額〉

外国子会社（内国法人の所有割合25％以上）……　 配当 　×95％
から受けとる配当等

一方，**外国子会社以外の外国法人から受ける配当等は益金算入**であり，**外国**
税額控除の適用がある。

第4章 益金の額の計算 151

《計算Point》

1 社債利子，基金利息，公社債投資信託の収益の分配金，特定株式投資信託以外の証券投資信託の収益の分配金，外国子会社以外の外国法人からの配当金，公益法人，人格のない社団等から受けるものは益金不算入の対象とならない。

2 受取配当等の額の計算において，①**完全子法人株式等**と②**関連法人株式等**と③その他の株式等（①でも②でも④でもない）と④**非支配目的株式等**と，それぞれを区別すると計算しやすい。

3 控除負債利子の計算は，**関連法人株式等に係るものだけ**に計算しなければならない。

《計算Pattern》内国法人からの受取配当金等

(1) 受取配当等の額

　① 完全子法人株式等（保有割合100%） $\boxed{\text{手取額}}$ ÷（1−0.2）

　② 関連法人株式等（保有割合3分の1超100%未満） $\boxed{\text{手取額}}$ ÷（1−0.2）

　③ ①でも②でも④でもないその他の株式等（保有割合5%超3分の1以下）の

　　配当 $\boxed{\text{手取額}}$ ÷（1−0.2）

　④ 非支配目的株式等（保有割合5%以下） $\boxed{\text{手取額}}$ ÷（1−0.2）

(2) 控除負債利子（(1)②の関連法人株式等に係るものに限る）

　① 原則法

　　㈠ 支払利子総額

　　㈡ 株式等簿価（税務上の金額）

　　　前期末簿価＋当期末簿価

　　㈢ 総資産簿価（会社計上の金額）

　　　前期末簿価＋当期末簿価

　　㈣ 控除額

　　　支払利子㈠×$\dfrac{(ロ)}{(ハ)}$

② 簡便法

関連法人株式

(イ) 支払利子総額

(ロ) 控除割合

(ハ) 控除額

支払利子(イ)× | 関連法人株式等に係る基準年度の控除割合(ロ) |

③ ①と②の少ない方の金額

(3) 益金不算入額

① 完全子法人株式等　(1)①×100%（負債利子は考慮しない）

② 関連法人株式等

$$((1)②-(2)③)×100\%$$

③ その他の株式等

$$(1)④×50\%$$

④ 非支配目的株式等

$$(1)③×20\%$$

⑤ 益金不算入額　(3)①+(3)②+(3)③+(3)④

受取配当等の益金不算入額（減算，社外流出）

《**別表四の記載**》内国法人からの配当

	区　　　分	金　　額	社外流出
減算	受取配当等の益金不算入額	×××	※×××

《計算Point》外国法人から受け取る配当金等

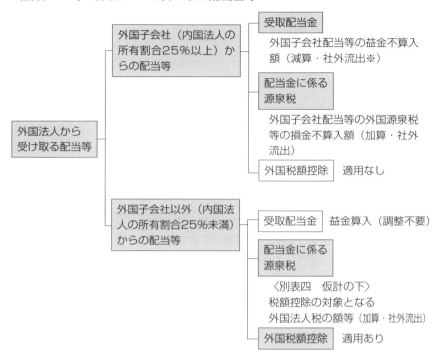

《計算Pattern》外国子会社（内国法人の所有割合が25％以上）からの配当等

(1) 受取配当等の額

外国子会社から受け取った配当等

(2) 控除費用

(1)× 5 ％

(3) 益金不算入額　(1)−(2)

外国子会社配当等の益金不算入額（減算・社外流出※）

受取配当等に課税される外国源泉税　→　外国子会社配当等の外国源泉税等の損金不算入額（加算・社外流出）

《別表四の記載》外国子会社からの配当

	区　　　分	金　額	社外流出
加算	外国子会社配当等の外国源泉税等の損金不算入額	××××	××××
減算	外国子会社配当等の益金不算入額	××××	※××××

第4章 益金の額の計算 155

《計算例題1》 受取配当等の益金不算入 ケース1

　次の資料により，慶応株式会社（大法人）の受取配当等の益金不算入額を計算しなさい。なお，控除負債利子及び復興特別所得税については，考慮しないでよい。

(1) 内国法人から受け取った配当金手取額1,600,000円（所得税20%源泉徴収後）を受取配当金勘定に計上している。当社は，その法人の株式総数の35%を所有している。負債の利子はない。

(2) 特定株式投資信託の収益の分配の手取額255,000円（所得税15%源泉徴収後）を受取配当金勘定に計上している。

《解答欄》

(1) 受取配当金の額

　① 関連法人株式 [　　　　　　　] 円 ÷ (1 - [　　　]) = [　　　　　　　] 円

　② 非支配目的株式等 [　　　　　　　] 円 ÷ (1 - [　　　])

　　　　　　　　　　　　　　　　　= [　　　　　　　] 円

(2) 益金不算入額

　① 関連法人株式 [　　　　　　] 円 ×100%

　② 非支配目的株式等

　　　[　　　　　　] 円 ×20%

　③ ①+②

《解　答》

(1) 受取配当金の額

　① 関連法人株式等 [1,600,000円] ÷ (1 - [0.2])

　　　　　　　　　　　　　　= [2,000,000円]

　② 非支配目的株式等 [255,000円] ÷ (1 - [0.15]) ×

　　　　　　　　　　　　　　= [300,000円]

156

(2) 益金不算入額

① 関連法人株式等 $\boxed{2,000,000円}$ ×100%＝2,000,000円

② 非支配目的株式等

$\boxed{300,000円}$ × 20%＝ 60,000円

③ ①＋②＝2,060,000円

《計算例題 2 》 受取配当等の益金不算入 ケース 2

次の資料により，福大株式会社（大法人）の受取配当等の益金不算入額を計算しなさい。関連法人株式等に該当する。

(1) 内国法人から受け取った配当金手取額4,000,000円(所得税20%源泉徴収後)を受取配当金勘定に計上している。当社はその法人の株式総数の60%を所有している。

(2) 期中支払利子の合計額は800,000円である。なお,控除する負債利子の計算はいわゆる簡便法によるものとし，その割合は0.029とする。

《解答欄》

(1) 受取配当金の額

関連法人株式等

$\boxed{}$ 円 ÷ （1 － $\boxed{}$ ） ＝ $\boxed{}$ 円

(2) 控除する負債の利子

$\boxed{}$ 円 × $\boxed{}$ ＝ $\boxed{}$ 円

(3) 益金不算入額

（ $\boxed{}$ 円 － $\boxed{}$ 円 ）×100%

＝ $\boxed{}$ 円

《**解 答**》

(1) 受取配当金の額

関連法人株式等

$\boxed{4,000,000円}$ ÷ （1 － $\boxed{0.2}$ ） ＝ $\boxed{5,000,000円}$

第4章　益金の額の計算　157

(2)　控除する負債の利子

$\boxed{800,000円} \times \boxed{0.029} = \boxed{23,200円}$

(3)　益金不算入額

$(\boxed{5,000,000円} - \boxed{23,200円}) \times 100\% = \boxed{4,976,800円}$

《計算例題3》　受取配当等の益金不算入　ケース3（外国子会社の配当あり）

　次の資料により，慶応株式会社の受取配当等の益金不算入額を計算しなさい。なお，控除負債利子及び復興特別所得税については，考慮しないでよい。これらは特定株式に該当しない。資本金は2億円である。

(1)　内国法人から受け取った配当金手取額1,600,000円(所得税20%源泉徴収後)を雑収入に計上している。当社は，その法人の株式所有割合は25%未満である。

(2)　特定株式投資信託の収益の分配の手取額425,000円(所得税15%源泉徴収後)

(3)　当期に，収益に計上した外国子会社（内国法人が株式等の25%以上所有）からの受取配当金は600,000円である。この配当には外国源泉税60,000円が課されている。

《解答欄》

(1)　受取配当金の額

①　その他の株式等 $\boxed{}$ 円 ÷ (1 − $\boxed{}$)

= $\boxed{}$ 円

②　非支配目的株式等 $\boxed{}$ 円 ÷ (1 − $\boxed{}$)

= $\boxed{}$ 円

(2)　益金不算入額

①　その他の株式等（関係法人株式にも完全子法人株式にも該当しない株式等）

$\boxed{}$ 円 × $\boxed{}$ % = $\boxed{}$ 円

158

② 非支配目的株式等

$$\boxed{\qquad 円} \times \boxed{\quad \%} = \boxed{\qquad\qquad 円}$$

③ 外国子会社の配当

$$\boxed{\qquad 円} - (\boxed{\qquad 円} \times 5\%)$$
$$= \boxed{\qquad 円}$$

《解　答》

(1) 受取配当金の額

① その他の株式等

$$\boxed{1,600,000円} \div (1 - \boxed{0.2}) = \boxed{2,000,000円}$$

② 非支配目的株式等

$$\boxed{425,000円} \div (1 - \boxed{0.15}) = \boxed{500,000円}$$

(2) 益金不算入額

① その他の株式等（関係法人株式にも完全子法人株式にも該当しない株式等）

$$\boxed{2,000,000円} \times \boxed{50\%} = \boxed{1,000,000円}$$

② 非支配目的株式等

$$\boxed{500,000円} \times \boxed{20\%} = \boxed{100,000円}$$

③ 外国子会社の配当

$$\boxed{600,000円} - (\boxed{600,000円} \times 5\%) = \boxed{570,000円}$$

第4章　益金の額の計算　159

《計算例題4》　受取配当等の益金不算入（控除負債利子有）　ケース4

　慶応株式会社（資本金3億円）の当期（自平成31年4月1日　至令和2年3月
31日）の受取配当等の益金不算入額を，次の資料により計算しなさい。

〈資　料〉

(1)　当期において次の配当等の支払を受け，源泉徴収税額控除後（復興特
　別所得税を含む）の差引手取額をもって雑収入に計上している。

銘　　柄　　等	区　　分	受取配当等の額（税込）	源泉所得税	配当計算期間	取得年月日
A　　株　　式	剰余金配当	1,700,000円	346,800円	平30.4.1〜平31.3.31	平13.8.10
B 公社債投資信託	収益の分配	900,000円	137,835円	平31.1.1〜令元.12.31	平14.5.20
C特定株式投資信託	収益の分配	900,000円	137,835円	平31.2.1〜令2.1.31	平13.9.5
D 協 同 組 合 出 資	出資分配金	850,000円	173,570円	平30.6.1〜令元.5.31	平9.10.8
預　金　利　子	───	5,000,000円	765,750円	───	───
合　　　　計	───	9,350,000円	1,561,790円	───	───

(注)　1　関連法人株式等に該当するものはA株式のみである。
　　　2　C証券投資信託はオープン型である。

(2)　当期において支払った利子の額は，5,900,000円である。

(3)　基準年度における関連法人株式等に係る支払利子と控除負債利子の金
　額の内訳は，次のとおりである。

区　　分	支　払　利　子	関連法人株式等に係る原則法での控除負債利子
平27.4.1〜平28.3.31	9,800,000円	58,300円
平28.4.1〜平29.3.31	11,700,000円	63,500円

　(注)　控除負債利子はそれぞれ原則法により計算した金額である。

《解答欄》

(1)　受取配当等の額

　①　関連法人株式等　［　　　　　円　］＝［　　　　　円　］

　②　非支配目的株式等　［　　　　　円　］

(2) 控除負債利子（関連法人株式等）

① 支払利子　□円

② 控除負債利子

□円 × (□円 + □円) / (□円 + □円) (0.　) = □円

(3) 益金不算入額

① 関連法人株式等

（□円 － □円）× 100％ = □円

② 非支配目的株式等

□円 × □ = □円

③ ①＋②＝□円

《解　答》

(1) 受取配当等の額

① 関連法人株式等　1,700,000円

② 非支配目的株式等　900,000円 ＝ 900,000円

※特定株式投資信託は非支配目的株式として処理

(2) 控除負債利子（関連法人株式等）

① 支払利子　5,900,000円

② 控除負債利子

5,900,000円 × (58,300円 + 63,500円) / (9,800,000円 + 11,700,000円) (0.005) = 29,500円

(3) 益金不算入額

① 関連法人株式等

（1,700,000円 － 29,500円）× 100％ ＝ 1,670,500円

第4章　益金の額の計算　161

② 非支配目的株式等

$\boxed{900,000円} \times \boxed{20\%} = \boxed{180,000円}$

③ ①＋②＝ $\boxed{1,850,500円}$

《計算例題5》 受取配当等の益金不算入（短期所有株式有） ケース5

(1) 福大株式会社が当期（自平成31年4月1日 至令和2年3月31日）において受け取った利子，配当等の内訳は次のとおりであり，いずれも税引後の手取額を収益に計上している。資本金は2億円である。

区　分	利子・配当等の区別	利子・配当等の計算期間	元本の取得時期	収入金額	源泉徴収税額 所得税	差引手取額
A株式	剰余金の配当	平成30年11月1日～平成31年4月30日	平成31年1月1日	950,000円	190,000円	760,000円
B株式	剰余金の配当	平成30年11月1日～平成31年4月30日	(注)1参照	2,160,000円	432,000円	1,728,000円
C公社債投資信託	収益の分配	平成31年4月1日～令和元年9月30日	平成29年5月10日	1,500,000円	225,000円	1,200,000円
D投資信託	収益分配金	平成31年3月1日～令和元年8月31日	平成28年8月10日	1,600,000円	210,000円	1,320,000円
E社債	社債利子	平成31年2月1日～令和2年1月31日	平成29年2月5日	700,000円	105,000円	560,000円
銀行預金	預金利子	──	──	500,000円	75,000円	400,000円
合計	──	──	──	7,410,000円	1,237,000円	5,968,000円

(注) 1　B株式の配当等の支払基準日の前後における持株数の異動は，次のとおりである。

配当の計算期間開始の時の持株数	39,600株
平成31年3月31日における持株数	57,600株
平成31年4月1日から同月30日までの間の取得株数	28,800株
平成31年4月1日から同月30日までの間の譲渡株数	43,200株
平成31年4月30日における持株数	43,200株
令和元年5月1日から同年6月30日までの間の取得株数	21,600株
令和元年5月1日から同年6月30日までの間の譲渡株数	12,960株

2　B株式の福大における持株割合（発行会社の発行済株式の総数に対する福大の持株数の割合）は，いずれも**常時3分の1超100%未満**である。

3　D社投資信託は，その信託財産の50%超が外貨建証券等に運用されることになっている証券投資信託である。

(2) 当期に支払う利子の額は7,500,000円であり，そのうち配当の元本である関連法人株式等（B株式）に係る負債利子の部分の金額は1,552,000円であるものとする。

《解答欄》
(1) 受取配当等の額

関連法人株式等

([　　　円　] − [　　　円　](注)) + [　　　円　] = [　　　円　]

(注) 短期所有株式等に係る配当金

① [　　株] × ([　　株] × [　　株] / ([　　株] + [　　株])) / ([　　株] + [　　株]) = [　　株]

② [　　円] / [　　株] × [　　株] = [　　円]

(2) 控除負債利子の額　[　　　円　]

(3) 益金不算入額

([　　　円　] − [　　　円　]) × ─── = [　　　円　]

《解　答》

(1) 受取配当等の額

関連法人株式等

(2,160,000円 − 144,000円(注)) + 950,000円 = 2,966,000円

(注) 短期所有株式に係る配当金の計算

① 12,960株 × (43,200株 × 28,800株 / (57,600株 + 28,800株)) / (43,200株 + 21,600株) = 2,880株

② $\dfrac{\boxed{2,160,000円}}{\boxed{43,200株}} \times \boxed{2,880株} = \boxed{144,000円}$

(2) 控除負債利子の額　$\boxed{1,552,000円}$

(3) 益金不算入額

$(\boxed{2,966,000円} - \boxed{1,552,000円}) \times \boxed{100\%} = \boxed{1,414,000円}$

《計算例題6》　受取配当等の益金不算入（控除負債利子有）　ケース6

　福大株式会社の当期（自平成31年4月1日　至令和2年3月31日）における受取配当等の収入金額及び負債利子の明細等は，次のとおりである。受取配当等の益金不算入額を計算しなさい。いずれも税引後の手取額を収益に計上している。

１．受取配当等の明細

利子配当等の区分	収入金額（税込）
A社株式（中間配当）	1,000,000円
B社株式剰余金の配当	500,000円
C社株式剰余金の配当	300,000円
D社株式剰余金の配当	400,000円
E生命保険契約者配当金	100,000円
F証券投資信託収益分配金	800,000円

〔注〕1．A社株式は，数年前から発行済株式総数の60%を継続して所有している。
　　　2．B社株式は，数年前から発行済株式総数の15%を継続して所有している。
　　　3．D社株式は，数年前から発行済株式総数の3%を継続して所有している。
　　　4．C社株式は，すべて配当計算期間の末日の20日前に取得し，その末日の2カ月以内に譲渡している。D社は外国子会社以外の外国法人である。
　　　5．F証券会社投資信託は，特定株式投資信託以外の証券投資信託である。

２．支払利子の明細

①	金融機関からの借入金（返済期間2年）の利子	1,000,000円
②	金融機関からの借入金（返済期間1年）の利子	1,400,000円

3．前期末及び当期末の帳簿価額の明細

内　　　　容	前　期　末	当　期　末
総資産の帳簿価額	800,000,000円	900,000,000円
税務上の関連法人株式等の帳簿価額	11,200,000円	12,800,000円

4．基準年度における支払利子の額等の明細

事業年度 （基準年度）	支払利子の総額	関連法人株式等に係る 原則法での控除負債の利子の額
平成27年4月1日 〜 平成28年3月31日	3,300,000円	10,000円
平成28年4月1日 〜 平成29年3月31日	3,700,000円	11,000円

《解答欄》

(1) 受取配当等の額

　① 関連法人株式等

　　　　□　　　　円

　② その他の株式等

　　　　□　　　　円

　③ 非支配目的株式等

　　　　□　　　　円

(2) 控除負債利子（関連法人株式等）

　① 原則法

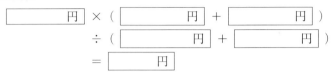

② 簡便法

　　□円 × (□円 + □円) / (□円 + □円) （　）

　　＝ □円

③ ①と②の少ない方の金額

　　□円

(3) 益金不算入額

① 関連法人株式等

　　(□円 － □円) × □% ＝ □円

② その他の株式等

　　□円 × □% ＝ □円

③ 非支配目的株式等

　　□円 × □% ＝ □円

④ ①+②+③

　　□円

《解　答》

(1) 受取配当等の額

① 関連法人株式等（A株式）

　　1,000,000円

② その他の株式等（B株式）

　　500,000円

③ 非支配目的株式等（D株式）

　　400,000円

第4章　益金の額の計算　167

(2)　控除負債利子（関連法人株式等）

①　原則法

2,400,000円 × (11,200,000円 + 12,800,000円)

÷ (800,000,000円 + 900,000,000円)

= 33,882円

②　簡便法

$$2{,}400{,}000円 \times \frac{10{,}000円 + 11{,}000円}{3{,}300{,}000円 + 3{,}700{,}000円}\ (0.003)$$

= 7,200円

③　①と②の少ない方の金額

7,200円

(3)　益金不算入額

①　関連法人株式等

　　　　　　　　　　負債利子

(1,000,000円 − 7,200円) × 100% = 992,800円

②　その他の株式等

500,000円 × 50% = 250,000円

③　非支配目的株式等

400,000円 × 20% = 80,000円

④　①+②+③

1,322,800円

《**計算例題 7 》 受取配当等の益金不算入**（**完全子法人株式等を含む**）
平成27年度新改正

　福大株式会社の当期（自平成31年4月1日　至令和2年3月31日）における
受取配当等の益金不算入額を計算しなさい。株式は全て，福大株式会社が
以前から継続して所有している。このなかに外国法人株式はない。受取配
当等の額は，源泉徴収税額を控除した手取額を雑収入に計上している。

区　　分	配当等の計算期間	受取配当等の額（税込）	所有割合
A株式の剰余金の配当	平成30年4月1日〜 平成31年3月31日	2,000,000円	35%
B株式の剰余金の配当	平成31年1月1日〜 令和元年12月31日	1,000,000円	20%
C株式の剰余金の配当	平成30年6月1日〜 令和元年5月31日	500,000円	100%
D株式の剰余金の配当	平成30年4月1日〜 平成31年3月31日	300,000円	5%
E特定株式投資信託の 収益の分配	平成31年2月1日〜 令和2年1月31日	800,000円	──

（注）　関連法人株式等に係る控除負債利子は30,000円である。

《解答欄》

(1)　受取配当等の額

　　①　完全子法人株式等

　　　　┌─────────┐
　　　　│　　　　　　　円│
　　　　└─────────┘

　　②　関連法人株式等　┌─────────┐
　　　　　　　　　　　　│　　　　　　円│
　　　　　　　　　　　　└─────────┘

　　③　その他の株式等

　　　　┌─────────┐
　　　　│　　　　　　　円│
　　　　└─────────┘

　　④　非支配目的株式等

　　　　┌───────┐　　┌───────┐　　┌───────┐
　　　　│　　　　円│　+　│　　　　円│　=　│　　　　円│
　　　　└───────┘　　└───────┘　　└───────┘

第4章　益金の額の計算　169

(2)　控除負債利子

①　関連法人株式等　[　　　　　円　]

(3)　益金不算入額

①　完全子法人株式等　[　　　　　円　] × 100％ ＝ [　　　　　円　]

②　関連法人株式等

（[　　　　円　] － [　　　　円　]）× 100％ ＝ [　　　　円　]

③　その他の株式等

（[　　　　円　] － [　　　　円　]）× 50％ ＝ [　　　　円　]

④　非支配目的株式等

[　　　　円　] × 20％ ＝ [　　　　円　]

⑤　①＋②＋③＋④＝ [　　　　円　]

《解　答》

(1)　受取配当等の額

（C株式）

①　完全子法人株式等　C [500,000円]

（A株式）

②　関連法人株式等　A [2,000,000円]

（B株式）

③　その他の株式等　[1,000,000円]

（D株式）

④　非支配目的株式等　[300,000円] ＋ [800,000円] ＝ [1,100,000円]

(2)　控除負債利子

A
関連法人株式等　[30,000円]

(3)　益金不算入額

①　完全子法人株式等　[500,000円] × 100％ ＝ [500,000円]

② 関連法人株式等

$$(\boxed{2,000,000円} - \boxed{30,000円}) \times 100\% = \boxed{1,970,000円}$$

③ その他の株式等

$$\boxed{1,000,000円} \times 50\% = \boxed{500,000円}$$

④ 非支配目的株式等

$$\boxed{1,100,000円} \times 20\% = \boxed{220,000円}$$

⑤ ①＋②＋③＋④＝ $\boxed{3,190,000円}$

《実務上のPoint》

(1) 関連法人株式等に係る負債利子の控除の計算は，簡便法，原則法と自由に選択できるので，いずれか有利な方法を適用するほうが得策である。

(2) 受取配当金の益金不算入額計算は，出資割合により「**完全子法人株式等**」「**関連法人株式等**」「**その他の株式等**」「**非支配目的株式等**」に区分して計算する。

(3) 関連法人株式等に係る負債の利子がある場合は，二重控除になるため，負債利子控除を忘れないように注意を要する。

(4) 負債の利子は，平成27年度改正で関連法人株式等に係る負債の利子のみが受取配当等の額から控除されることになったので，注意を要する。

第4章　益金の額の計算　171

第3節　みなし配当金

【Point 10】

> **1　みなし配当金の意義**
>
> 　合併，分割，解散，資本の払戻し，自己株式の取得等により，株主に分配した金額のうち，発行法人の利益積立金額に相当する部分は，配当と実質的にはかわらない。そこで分配を受けた法人は相当する部分の分配金が配当金とみなされる。
>
> **2　受取配当等の益金不算入計算**
>
> 　みなし配当金は，受取配当等の益金不算入の規定の適用を受ける (法24)。

1　趣　　旨

　通常の配当は，株式の所有者が株式の発行会社より配当等として分配を受け取るものである。しかし，合併や解散その他の事由により，株式を所有している法人が，発行法人に株を売却することがある。この場合に，売却によって得た譲渡収入のうち，発行法人の利益積立金額に相当する部分については，発行法人からの配当金と経済的効果は等しい。そこで，配当金とみなされる。これがみなし配当金である。

　一方，譲渡収入のうち，発行法人の資本積立金額に相当する部分については，発行法人からみれば，資本の払戻し等に該当する。したがって，売却した法人にとっては，株の譲渡対価に該当すると考えられる。

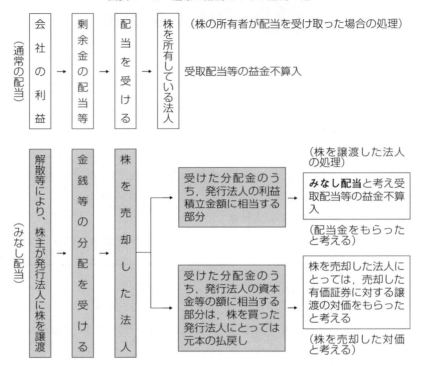

〈図表4-11〉通常の配当とみなし配当の違い

2 みなし配当が生ずる事由

　株主等である内国法人が、その株式等の発行法人に以下に掲げる事由により、株を譲渡し、発行法人から金銭その他の資産の交付を受けた場合は、その**金銭その他の資産の価額の合計額**（取得金銭等の額）が、**発行法人の資本等の額のうちその交付の基因となった株式等に対応する部分の金額**を超えるときは、その超える部分の金額（取得金銭等のうち発行法人の利益積立金額からなる部分の金額）は、配当等の額とみなされる（法24①）。

第4章　益金の額の計算　173

〈図表4－12〉みなし配当が生ずる事由

発　生　事　由
①　合併（適格合併を除く）
②　分割型分割（適格分割型分割を除く）
③　資本の払戻し（資本剰余金が減少するものに限る）又は解散による残余財産の分配
④　自己株式の取得（市場における購入を除く）
⑤　出資の消却，出資の払戻し，社員その他法人の出資者の退社又は脱退による持分の払戻しその他株式又は出資をその発行法人が取得することのない消滅
⑥　組織変更（株式又は出資以外の資産を交付したものに限る）

3　みなし配当金額の計算

上記の事由により発生したみなし配当金の計算は，以下の算式により計算する（法24①）。

（元本の払戻しに相当）

みなし配当金	＝	譲渡により取得した金銭等の額	－	発行法人の資本金等の額のうち，当該譲渡した株式に対応する部分の金額

4　自己株式の取得とみなし配当

（自己株式の発行法人に，当該自己株式を譲渡した場合）

⑴　みなし配当金

株式発行法人により自己株式の取得が行われたときには，自己株式を売却した法人は，取得した金銭等の額から，発行法人の資本金等の額のうち譲渡した株式に対応する部分の金額を控除した金額が，みなし配当となる。

発行法人が，自己株式を市場より購入して取得したときは，発行法人において，みなし配当とはならない。なぜならば，発行法人で自己株式を取得することになり，結果として売却した法人で，みなし配当金が発生し課税されるのでは，問題となるためである。

(2)　**譲渡原価の計算**

　株式を譲渡したため，譲渡原価は以下のように計算する。会社計上譲渡原価と税務上譲渡原価との差額と，会社計上期末帳簿価額と税務計上期末帳簿価額との差額は一致する。したがって，期末帳簿価額の税務上の調整は，結果的には譲渡原価の税務調整をしたこととなる。この調整額は，受取配当等の益金不算入額の計算上の控除負債利子（原則法）に加減する。

《計算Pattern》みなし配当金の計算

(1)　取得金銭等の額

　　発行法人（株式取得法人）から受けた交付金銭等の額（源泉徴収税額控除前）

　　又は（1株当たりの交付金銭等×売却株式数）

(2)　資本金等の額

　　発行法人の資本金等の額のうち，譲渡した株式に対応する部分の金額

　　又は（売却した株式の1株当たりの資本金等の額×売却株式数）

(3)　(1)－(2)＝みなし配当金

$\left(\begin{array}{l}受取配当等の益金不算\\入額の計算へプラス\end{array}\right)$

〈受取配当等の益金不算入額の計算〉

(1)　受取配当等の額

　①　本来の配当金

　②　みなし配当金　◀

　③　①＋②

《計算Pattern》有価証券の期末簿価の調整（譲渡原価の調整）

(1)　会社計上簿価

(2)　税務上簿価

　①　$\dfrac{売却直前帳簿価額}{売却直前株式数}＝1株当たりの帳簿価額$

　②　①×期末株式数

第4章　益金の額の計算　175

(3) (1)−(2)　プラスのとき　　有価証券認定損（減・留）─┐
　　　　　　　マイナスのとき　有価証券計上洩（加・留）─┘

〈受取配当等の益金不算入額の計算〉

(1)　受取配当等の額

　①　本来の配当金

　②　みなし配当金

　③　①＋②

(2)　控除負債利子　　　　　　　　　加減する

　①　原則法　←─────────────

　②　簡便法

　③　①②の少ない方の金額

(3)　受取配当等の益金不算入額　(1)−(2)

〈法人税額から控除される所得税，控除所得税〉

(1)　株式出資

　①　原則法

　②　簡便法

　③　①②の大きい方の金額

(2)　受益権

　①　原則法

　②　簡便法

　③　①②の大きい方の金額

(3)　その他（預貯金の利子，│みなし配当│の源泉所得税）

　　　　　　　　　　　　　　　⇩

　　　　　　　　　全額（按分しない）

(4)　(1)＋(2)＋(3)

　　法人税額から控除される所得税（加・社）（別表四）

　　控除税額（別表一）

《計算例題1》 みなし配当金の計算（発行法人へ発行法人の自己株式を売却したケース）

　福大株式会社は，慶応株式会社からの請求に対して，福大株式会社が所有する慶応株式を売却した。以下の資料により，福大株式会社の税務上調整すべき金額を計算しなさい。

1　慶応株式会社は，株式取得の直前の発行済株式総数は600,000株，取得した株式数は2,500株，株式取得の直前の資本金等の額は600,000,000円，株式取得の直前の利益積立金額は120,000,000円であった。

2　福大株式会社の慶応株式会社に売却した慶応株式会社の株式の譲渡対価の額は2,400,000円（源泉所得税控除前）であり，譲渡株式数は2,000株であった。譲渡直前の慶応株式の所有株式は3,000株（帳簿価額3,000,000円）であった。譲渡後の所有株式数は1,000株（帳簿価額900,000円）となった。

《解答欄》

（みなし配当金の計算）

(1)　取得金銭等の額

　　　□ 円

(2)　発行法人の資本金等の額

(3)　みなし配当金

　　(1)−(2)＝ □ 円 − □ 円 ＝ □ 円

〈有価証券の期末評価の調整〉（譲渡原価の調整）

　　(1)　会社計上簿価　□ 円

　　(2)　税務上簿価

第4章　益金の額の計算　177

$$
① \quad \frac{\boxed{\qquad 円 \qquad}}{\boxed{\qquad 株 \qquad}} = \boxed{\qquad 円 \qquad}
$$

② ①× $\boxed{\qquad 株 \qquad}$ ＝ $\boxed{\qquad 円 \qquad}$

(3) (1)−(2)＝ $\boxed{\qquad 円 \qquad}$ − $\boxed{\qquad 円 \qquad}$ ＝ $\boxed{\qquad 円 \qquad}$

《解　答》

（みなし配当金の計算）

(1) 取得金銭等の額　$\boxed{2,400,000円}$

(2) 発行法人の資本金等の額

$$
\boxed{600,000,000円} \times \frac{\boxed{2,000株}}{\boxed{600,000株}} = \boxed{2,000,000円}
$$

(3) みなし配当金

(1)−(2)＝ $\boxed{2,400,000円}$ − $\boxed{2,000,000円}$ ＝ $\boxed{400,000円}$

〈有価証券の期末評価の調整〉（譲渡原価の調整）

(1) 会社計上簿価　$\boxed{900,000円}$

(2) 税務上簿価

$$
① \quad \frac{\boxed{3,000,000円}}{\boxed{3,000株}} = \boxed{1,000円}
$$

② ①× $\boxed{1,000株}$ ＝ $\boxed{1,000,000円}$

(3) (1)−(2)＝ △ $\boxed{100,000円}$

マイナスのとき有価証券計上洩　100,000円

（加・留）

《計算例題2》 みなし配当金の計算（被合併法人の株主が，合併法人の株式等の交付を受けたケース）

福大株式会社は，西南株式会社の株式を保有していた。西南株式会社は，慶応株式会社に吸収合併された。そこで，福大株式会社は，慶応株式会社から，慶応の株式と金銭等の交付を受けた。みなし配当金の計算をしなさい。

1　合併直前における西南株式会社の資本金等の額は800,000,000円であり，発行済株式総数は1,000,000株である。

2　合併により，福大株式会社は慶応株式70,000株（1株当たり600円）と，金銭8,000,000円の交付を受けた。福大株式会社の合併直前における西南株式の所有株数は60,000株であった。なお，この合併は適格合併には該当しない。

《解答欄》

（みなし配当金の計算）

(1)　取得金銭等の額　□円 × □株 + □円
　　　= □円

(2)　資本金等の額

　　　□円 × □株／□株 = □円

(3)　(1)−(2) = □円

《解　答》

（みなし配当金の計算）

(1)　取得金銭等の額　600円 × 70,000株 + 8,000,000円
　　　= 50,000,000円

第4章 益金の額の計算　179

(2) 資本金等の額

$$\underset{\substack{（被合併法人の合併\\直前資本金等）}}{\boxed{800,000,000円}} \times \frac{\overset{（当社所有株式数）}{\boxed{60,000株}}}{\underset{（被合併法人の発行済株式数）}{\boxed{1,000,000株}}} = \boxed{48,000,000円}$$

(3) (1)−(2) = $\boxed{2,000,000円}$

(注) 適格合併では，被合併法人の利益積立金部分が，合併法人に引き継がれるので，みなし配当は生じない。

〈有価証券の期末評価の調整〉　参考

(1) 会社計上簿価

(2) 税務上簿価

　新株と金銭の交付を受けた →時価　（取得のために通常要する価額）

　（理由）金銭を受けたため，投資活動の継続とは考えない，新たなる株式の取得と考えるため

　新株のみ交付を受けた →旧株式の合併直前の帳簿価額＋みなし配当

　（理由）金銭を受けないため，投資活動が続いていると仮定するため

(3) (1)−(2)　プラスのとき　有価証券認定損（減・留）

　　　　　　　マイナスのとき　有価証券計上洩（加・留）

第4節　還付金等益金不算入の計算

【Point 11】

　還付又は未納の税金に充当された次に掲げるものは，益金の額に算入されない。

(1)　法人税，道府県民税，市町村民税（都民税を含む）及び所得税の還付金額，外国法人税額の還付金額，みなし配当の25％相当額

(2)　欠損金の繰戻しによる還付金額

(3)　延滞税，無申告加算税，過少申告加算税及び不納付加算税の還付金並びに延滞金（都道府県民税及び市町村民税の徴収猶予並びに納期限の延長に係るもの，事業税の納期限の延長に係るものを除く）

(4)　その他損金の額に算入されない租税の還付金

1　制度の趣旨

　法人の納付した法人税，道府県民税及び市町村民税等の過誤納税金は，還付される。法人がこれらの税金還付を受け取った場合は，原則として，収益として処理される。ただし，法人税，道府県民税及び市町村民税の還付金は，益金に算入されない。なぜならば，法人税，道府県民税及び市町村民税の税金は，その納付額は損金の額に算入されないため，これらの税金が還付された場合において，これらの還付金を益金の額に算入するとすれば，二重課税となるからである。したがって，これらの還付金は益金不算入になっている。

　このように，税法上の各事業年度の所得金額の計算においては，納付に際して損金不算入とされた税金の還付金は益金に算入しない。それに対し，納付に際して損金算入項目である税金の還付金については益金に算入する（法26）。

第4章 益金の額の計算　181

2 還付税金等の益金不算入

次に掲げる税金の還付を受け，又はその還付を受けるべき金額を未納の国税もしくは地方税に充当される場合には，その還付を受け又は充当される金額は，所得の金額の計算上，益金の額に算入されない（法26①）。

① 法人税法38条（法人税額等の損金不算入）の規定により損金算入が認められないもの

　法人税本税，道府県民税及び市町村民税（都民税を含む），過少申告加算税，無申告加算税，延滞税，延滞金*，過少申告加算金，不申告加算金，重加算金

　* 道府県民税及び市町村民税（都民税を含む）並びに事業税の納期限の延長に係るものを除く。

② 所得税額の還付金

　法人が納付した利子等に対する所得税は，法人税課税の段階で法人税額から控除することができるが（法68），法人税額から控除しきれなかった場合には，その控除しきれなかった所得税相当額が還付されるが，その還付金は益金の額に算入されない。

　還付金があった場合は，その税金の納付があった日の翌日からその還付のための支払決定日までの期間に応じ，年7.3%の還付加算金が付けられる（通法58，地法17の4）。この還付加算金は，還付金に対する受取利子的なものとして益金算入とされる。

〈図表4－13〉還付税金と別表四

（還付税金）	（別表四上の調整）
前期中間申告分法人税 前期中間申告分住民税 前期住民税利子割額	法人税額等の還付金額の益金不算入 （減算，留保）
前期納付源泉所得税 前期中間申告分延帯税等	所得税額等の還付金額の益金不算入 （減算，社外流出）
前期中間分事業税 前期自動車税，固定資産税等の還付金 利子税，徴収猶予の延帯金の還付金， 還付加算金	益金となる

182

《別表四の記載》

		区　　　分	金　額	留　保	社　外
還付税金の取扱い →	加算				
（会計の仕訳） 現　金××／ 　　　雑収入××	減算	法人税額等の還付金額 所得税額等の還付金額	×× ××	××	××

（税法上の調整　別表四）

3　還付税金を仮払税金と減額したとき

　前期に仮払税金と処理した税金が還付され，当期に仮払税金を減額したときは，合計では借方が現金，貸方は仮払金として計上されている。現金で戻ってきたものを仮払金と相殺し，資産がふえていない。そこで税法上，前期仮払税金否認として加算留保する。

　しかし，これは，すべての還付税金を雑収入に計上したのと同じになる。そこで，支払時に損金不算入のものは，還付時には益金不算入となるという法人税等の還付金額を減算留保する。

《別表四の記載》

		区　　　分	金　額	留　保	社　外
還付税金を仮払金 と相殺したときの 取扱い →	加算	前期仮払税金否認	××	××	
（会計の仕訳） 現　金××／ 　　　仮払金××	減算	法人税額等の還付金額 所得税額等の還付金額	×× ××	××	××

第4章　益金の額の計算　183

《計算Point》

〈図表4-13〉還付金の益金不算入と益金算入

益金不算入 還 付 金	法人税，都道府県民税，市町村民税，延滞税，無申告加算税等の還付金	還付金等の 益金不算入

益 金 算 入 還 付 金	事業税，自動車税，固定資産税等の還付金	益金算入でよい

① 益金不算入となる還付金は，納付額が損金不算入とされる租税等に係るものである。

② 益金不算入となるのは，実際に還付されたもののみでなく，未納の税金に充当されたものも含まれる。

《計算例題1》　還付金の益金算入・不算入1

　次に掲げる収益を，益金となるものと益金とならないものに区分して解答欄に番号を記入しなさい。

1　法人税（本税）の還付金　　　　2　事業税（本税）の還付金

3　過少申告加算税の還付金　　　　4　自動車税の還付金

5　固定資産税の還付金　　　　　　6　延滞税の還付金

7　還付加算金　　　　　　　　　　8　所得税の還付金

《解答欄》

益金となるもの				
益金とならないもの				

《解　答》

益金となるもの	2	4	5	7
益金とならないもの	1	3	6	8

《**計算例題2**》 還付金の益金算入・不算入2

　当期中に福大株式会社が還付を受けた前期分の法人税額等及び経理は，次のとおりである。益金不算入額を計算しなさい。

税　目	区　分	金　額	経理処理	備　　考
法　人　税	中間申告分	1,250,000円	雑収入に計上	前期分の中間納付額
所　得　税	所得税還付金	250,000円	雑収入に計上	前期分の所得税還付額
法人住民税	前期利子割額と中間申告分	217,000円	雑収入に計上	前期に費用として計上
法人事業税	中間申告分	180,000円	雑収入に計上	前期に費用として計上

（第50回税理士試験類題）

《解答欄》

所得金額の計算

区　　　　　分		金　　　額	うち留保金額
当　期　純　利　益		円	円
加算			
	小　　計		
減算			
	小　　計		

第4章　益金の額の計算　185

《解　答》

所得金額の計算

区　　　　　分		金　　　額	うち留保金額
当　期　純　利　益		円	円
加算			
	小　　　計		
減算	法人税等の還付金額	1,467,000	1,467,000
	所得税額等の還付金額	250,000	
	小　　　計		

（注）　法人税等の還付金額は，1,250,000＋217,000＝1,467,000円である。

《計算例題3》　還付税金を仮払税金と減額したとき

当期中に慶応株式会社が還付を受けた前期分の法人税額等の金額は，次のとおりである。別表四に税務調整金額を計上しなさい。

税　目	区　分	金　額	経理処理	備　　考
法　人　税	中間申告分	1,500,000円	仮払税金を減額	前期分の中間納付額全額を仮払経理していた
法人事業税	中間申告分	280,000円	仮払税金を減額	前期分の中間納付額全額を仮払経理していた

（第50回税理士試験類題）

《解答欄》

所得金額の計算

区　　　　　分		金　　　額	うち留保金額
当　期　純　利　益		円	円
加算			
	小　　　計		

減			
算			
	小　　　計		

《解　答》

所得金額の計算

区　　　　　分		金　　額	うち留保金額
当　期　純　利　益		円	円
加	前期仮払税金否認	1,780,000	1,780,000
算			
	小　　計		
減	中間法人税等の還付金額	1,500,000	1,500,000
算			
	小　　計		

(注)　前期仮払税額は否認される。1,500,000＋280,000＝1,780,000円

これはすべて雑収入に計上したことと同じになる。そこで，支払った時に損金不算入のものである中間法人税等の還付金額は減留として調整される。

《実務上のPoint》

損金不算入である法人税等が過納となって還付された場合，又は所得税額控除の規定を適用して控除しきれない所得税額の還付を受けた場合の還付金は，益金の額に算入されない。ゆえに，これらの還付金は雑収入等にはならないので注意を要する。

しかし，還付金に課される還付加算金は益金の額に算入される。

第4章　益金の額の計算　187

第5節　資産評価益の益金不算入の計算

【Point 12】

評価換えにおいては，原則として資産の評価益の計上は認められない。
ただし，次に掲げる特定の場合には，評価益の計上は認められる。
(1)　**会社更生法の規定による評価換え**
(2)　**民事再生法の規定による評価換え資産の評価換え**
(3)　**保険会社が保険業法に基づいて行う株式の評価換え**

1　制度の趣旨

法人税法では，原価主義に基づき，資産の評価益（valuation profit）の計上を
認めていない。すなわち，法人が有する資産の評価換えをして，その帳簿価額
を増額した場合には，その増額した金額は益金に算入されない。そして，税務
上はその資産の帳簿価額は増額されなかったものとみなされる（法25）。

その理由は，**評価益は未実現の利益**であって，これに課税するのは適当では
ないからである。

2　資産評価益の益金不算入

法人が，その有する資産の評価換えをしてその帳簿価額を増額した場合には，
その増額した部分の金額は，その法人の各事業年度の所得の金額の計算上，益
金の額に算入しない。すなわち，資産の評価益の計上は認めないのである。た
だし，次に掲げる場合には，その評価益の計上が認められる（法25①，令24）。

(1)　会社更生法の規定により更生手続開始の決定に伴って行う評価換え
(2)　民事再生法の規定による再生計画認可の決定に伴って行う評価換え
(3)　保険会社が保険業法84条（株式の評価の特例）の規定に基づいて行う株式

の評価換え

3 資産の評価換えがあった場合における帳簿価額

　法人が資産の評価換えを行ってその計算が認められなかった場合において，その評価換えによって増額された金額を益金の額に算入されなかった資産については，その評価換えをした日の属する事業年度以後の事業年度の所得の金額の計算上，その資産の帳簿価額は，その増額がされなかったものとみなされる（法25②）。すなわち，その事業年度以後におけるその資産の譲渡等があった場合における売上原価の計算，又は減価償却資産にあっては，減価償却限度額の計算は評価増をする前の帳簿価額を基礎として行われることになる。

$$
\boxed{資産の評価益} \quad \rightarrow \quad
\begin{array}{l}
（原　則）\\
資産評価益益金不算入\\
（減・留）
\end{array}
$$

《計算Pattern》資産の評価益

(1)　評価益が認められる場合

　　①　会社更生法による更生手続開始決定による評価換え
　　②　民事再生法による再生計画認可の決定による評価換え
　　③　保険業法の規定による評価換え

(2)　益金算入限度額

　　$\boxed{(1)の評価換えによる当期末時価}$ － $\boxed{評価換前帳簿価額}$

(3)　益金不算入額

　　会社計上評価益 － (2)

《別表四の記載》

	区　　分	金　額	留　保
減算	資産評価益益金不算入	×××	××

損金の計算

第1節 費用損失の計上基準（債務確定基準）

【Point 13】

(1) **売上原価，完成工事原価その他これらに準ずる原価**は，これらの原価に係る売上又は工事売上を収益の額に計上すべき日の属する事業年度の損金の額に算入される。

(2) **売上原価，完成工事原価その他これらに類する原価**が事業年度終了の日までに確定していない場合には，同日の現況により金額を適正に見積もることとされている。

(3) **販売費，一般管理費その他の費用**で償却費以外のものは，別段の定めがあるものを除き，各事業年度終了の日までに債務が確定したものに限り損金算入が認められる。

1 売上原価等（法22③一）

(1) 売上原価等の損金算入の時期

売上原価，完成工事原価その他これらに準ずる原価（法22③一）は，まさに収益に対応する費用で，売上又は工事売上と**直接対応関係を持つ費用**である。したがって，商品及び製品の売上又は工事の売上があるまでは，それまでに発生した費用は棚卸資産として計上され，商品及び製品の売上又は工事の売上とい

190

う収益の計上すべき日の属する事業年度にそれに対応する原価は損金算入される。

⑵　売上原価等が確定していない場合の見積り

　売上原価，完成工事原価その他これらに準ずる原価となるべき費用の額の全部又は一部が当該事業年度終了の日までに確定していない場合には，同日の現況によりその金額を適正に見積もるものとされている。

⑶　請負収益に対応する原価の額

　請負による収益に対応する原価の額には，その請負の目的となった物の完成又は役務の履行のために要した材料費，労務費，外注費及び経費の額の合計額のほか，その受注又は引渡しをするために直接要したすべての費用の額が含まれるものとされている（基2―2―5）。

　2　販売費及び一般管理費（法22③二）

　販売費，一般管理費その他の費用（法22③二）は，商品の販売活動又は企業の維持管理のために発生する費用であって，直接的に売上とは対応関係のない費用である。したがって，一定の会計期間において発生した期間費用として認識される。法人税法においても，償却費を除き，各事業年度末までに**債務が確定**したものは期間費用として損金算入が認められる（法22③二）。これを**債務確定基準**という。

　この場合に**債務が確定**しているものとは，別に定めるものを除き，次に掲げる要件のすべてに該当するものをいう（基2―2―12）。

⑴　当該事業年度終了の日までに当該費用に係る債務が成立していること
　（契約書があり契約が成立していること）

⑵　当該事業年度終了の日までに当該債務に基づいて具体的な給付をすべき原因となる事実が発生していること（サービス提供等の給付が済んでいること）

⑶　当該事業年度終了の日までにその金額を合理的に算定することができるものであること（合理的に金額が計算できること）

　損失は，災害等により発生し企業の意図しないものであって，収益の獲得に

第5章 損金の計算　191

は関係がない財貨の減失に基づくものである。したがって，損失はそれが**発生**した日の属する事業年度の損金の額に算入される。

　債務の確定していない費用が，次々と損金に算入され所得が軽減されるのを防ぐために債務確定主義がとられる。

≪旅行費用の判例研究≫　☕　ちょっと安らぐコーヒーブレイク

　社員旅行費用の会社負担に関する判例（東京地裁平成24年10月25日判決，東京高裁平成25年5月30日判決）がある。

　法人は，社員旅行（2泊3日のマカオ旅行・1人当たり約25万円）を福利厚生費として処理していた。課税庁は「給与等」の支払に該当するもので，源泉徴収義務が法人にあるとした。

　判決は，従業員は使用者から経済的利益の供与を受けたと認めるのが相当であり，従業員の慰労等を目的とし，研修等も一切行われなかったため，慰安旅行と認めるのが相当とした。法人は，従業員に旅行に係る経済的利益を供与し，給与等の支払をしたものであるということができるとした。

　通達26－30には，4泊5日以内であり従業員参加率50％以上であれば，課税は原則されないとしているが，しかし本判例は，この基準をみたしていた。福利厚生費として認められなかった事例である。

　次に，海外渡航者の事案として横浜地裁平成17年1月19日の判決がある。原告は，リヒテンシュタイン公国に所在するC社の製品を輸入し販売していた会社である。C社の主催する会議に出席するにあたり，原告の長男（小学生）を同行させた。そして，長男に要した海外渡航費を（平成10年度28万円，平成11年度20万円，平成12年度34万円）支出し，損金に算入したのである。課税庁は長男の渡航費は損金の額に算入すべきでないとした。争点は，長男の渡航費が業務遂行上必要なものかということと，渡航費が賞与になるかどうかという2点である。

　横浜地裁は，長男は小学生であり，業務に従事していたわけでもなく，会議で原告の業務遂行上必要な行為をする立場にあったということはできない。し

192

かも会議において，業務遂行上必要な発言等をしたと認められる客観的証拠も存在しない。

C社との経営者家族相互の信頼関係の醸成に資することはできても，業務の円滑な遂行上の必要性があるとは認め難いとした。

基本通達9－7－8には，**国際会議への出席等のために配偶者を同伴する場合等**が，海外渡航費の損金算入例として挙げられている。これは，国際会議への出席等という名目だけでなく，会議の性質，配偶者の同伴が必要な事情を個別的，実質的に検討して判断すべきである。

さらに，**海外駐在員の家族の渡航費・帰国費用**を損金に認められた過去の事例は，従業員が海外に駐在し，家族も生活本拠も海外に移す場合であり，今回の事案とは異なるとした。

したがって，長男の海外渡航費は，損金の額に算入にされる性質のものではなく，長男の扶養者である原告会社の代表取締役が個人的に負担すべき費用であり，原告の会社の代表取締役に対する臨時的給与すなわち賞与と判示した。

（海外渡航費）

9－7－6 法人がその役員又は使用人の海外渡航に際して支給する旅費（支度金を含む。以下この款において同じ。）は，その海外渡航が当該法人の業務の遂行上必要なものであり，かつ，当該渡航のため通常必要と認められる部分の金額に限り，旅費としての法人の経理を認める。したがって，法人の業務の遂行上必要とは認められない海外渡航の旅費の額はもちろん，法人の業務の遂行上必要と認められる海外渡航であってもその旅費の額のうち通常必要と認められる金額を超える部分の金額については，原則として，当該役員又は使用人に対する給与とする。

（注）その海外渡航が旅行期間のおおむね全期間を通じ，明らかに法人の業務の遂行上必要と認められるものである場合には，その海外渡航のために支給する旅費は，社会通念上合理的な基準によって計算されている等不当に多額でないと認められる限り，その全額を旅費として経理することができる。

（業務の遂行上必要な海外渡航の判定）

9－7－7 法人の役員又は使用人の海外渡航が法人の業務の遂行上必要なものであるかどうかは，その旅行の目的，旅行先，旅行経路，旅行期間等を総合勘案して実質的に判定するものとするが，次に揚げる旅行は，原則として法人の業務の遂行上必要な海外渡航に該当しないものとする。

(1) 観光渡航の許可を得て行う旅行

(2) 旅行あっせんを行う者等が行う団体旅行に応募してする旅行

(3) 同業者団体その他これに準ずる団体が主催して行う団体旅行で主として観光目的と認められるもの

（同伴者の旅費）

9－7－8 法人の役員が法人の業務の遂行上必要と認められる海外渡航に際し，その親族又はその業務に常時従事していない者を同伴した場合において，その同伴者に係る旅費を法人が負担したときは，その旅費はその役員に対する給与とする。ただし，その同伴が例えば次に揚げる場合のように，明らかにその海外渡航の目的を達成するために必要な同伴と認められるときは，その旅行について通常必要と認められる費用の額は，この限りでない。（平23年課法2－17「二十一」により改正）

(1) その役員が常時補佐を必要とする身体障害者であるため補佐人を同伴する場合

(2) 国際会議への出席等のために配偶者を同伴する必要がある場合

(3) その旅行の目的を遂行するため外国語に堪能な者又は高度の専門的知識を有する者を必要とするような場合に，適任者が法人の使用人のうちにいないためその役員の親族又は臨時に委託した者を同伴するとき

194

第2節　棚卸資産と売上原価

【Point 14】

1　棚卸資産の範囲

　棚卸資産は，商品，製品，半製品，仕掛品，原材料その他の資産で棚卸をなすべきものからなる。　━━━→期末在高が売上原価に影響を与える

2　棚卸資産の取得価額

　棚卸資産の期末評価の基礎となるその取得価額は，購入代価（購入費用を含む），製造原価等の原価に消費・販売のために直接要した費用を加算して計算する。

3　棚卸資産の期末評価

　8つの方法がある原価法，低価法及び特別な方法の選択適用が継続適用を条件として認められている。

1　棚卸資産の意義

　法人税法においては，**棚卸資産**（inventories）を商品，製品，半製品，仕掛品，原材料，その他の資産（有価証券を除く）で棚卸をすべきものとして政令で定めるものをいう（法2二十）としており，さらに政令では，次の資産を掲げている（令10）。

(1)　商品又は製品（副産物及び作業屑を含む）

(2)　半製品

(3)　仕掛品（半成工事を含む）

(4)　主要原材料

(5)　補助原材料

(6)　消耗品で貯蔵中のもの

第5章　損金の計算　195

(7) (1)〜(6)に掲げる資産に準ずるもの

2 売上原価の算定と棚卸資産の評価

　各事業年度の所得金額の計算上，損金の額に算入すべき金額は，当該事業年度の収益にかかる売上原価（cost of goods sold），完成工事原価その他これらに準ずる原価の額である（法22③）。

| 期首在高 | ＋ | 当期仕入高 | － | 期末在高 | ＝ | 当期売上原価 |

　期首棚卸高及び当期仕入高は，既に認識されているため，期末棚卸資産の評価が売上原価を決定する。そして，利益に対して影響を与える。したがって，所得金額の計算上，棚卸資産の評価（inventory valuation）は重要である。そのため税法においては，その評価方法を定めている。

3 棚卸資産の評価方法

　法人税法では，棚卸資産の各事業年度末における評価額の計算上選定することができる評価方法として**原価法**（cost method）と，これを基礎とする**低価法**（lower of cost or market method）を定めている（令28①）。

　原価法とは，その取得価額を基礎として棚卸資産を評価（inventory valuation）する方法であり，低価法とは，原価法により計算された評価額と期末時価とのうち，いずれか低い金額をもって期末評価とする方法である。

　また，企業の経理の意思を尊重するため，上記に掲げた原価法又は低価法以外の方法であっても，税務署長の承認を受けて特別な評価方法を適用することが認められている（令28の2）。

(1) **原　価　法**

　原価法は，取得価額をもって期末棚卸資産を評価する方法である。

① **個　別　法**

　個別法とは，個々の棚卸資産の取得価額をその取得価額とする方法である（令28①一イ）。

196

この方法は，通常一の取引によって大量に取得をされ，かつ，規格によって価額が定められているものについては選定できない（令28③）。

② 先入先出法

先入先出法は，期末棚卸資産を種類等（種類，品質，型）の異なるものごとに区分し，その種類等の同じものについて，その期末棚卸資産を期末に最も近い時に取得した種類等を同じくする棚卸資産から順次なるものとみなし，そのみなされた棚卸資産の取得価額をその棚卸資産の取得価額とする方法である（令28①一ロ）。

③ 総平均法

総平均法とは，棚卸資産をその種類等の異なるものごとに区分し，その種類等の同じものについて，その事業年度開始の時において有していた種類等を同じくする棚卸資産の取得価額とその事業年度において取得した種類等を同じくする棚卸資産の取得価額の総額との合計額をこれらの棚卸資産の総数量で除した価額をその1単位当たりの取得価額とする方法である（令28①一ニ）。

④ 移動平均法

移動平均法とは，棚卸資産をその種類等の異なるものごとに区分し，その種類等の同じものについて，当初の1単位当たりの取得価額が，種類等を同じくする棚卸資産を再び取得した場合には，その取得の時において有する当該棚卸資産とその取得した棚卸資産との数量及び取得価額を基礎として算出した平均単価によって改定されたものとみなし，以後種類等を同じくする棚卸資産を取得するつど同様の方法により1単位当たりの取得価額が改定されたものとみなして，その事業年度終了の時から最も近い時において改定されたものとみなされた1単位当たりの取得価額をその期末棚卸資産の1単位当たりの取得価額とする方法である（令28①一ホ）。

⑤ 最終仕入原価法

最終仕入原価法とは，期末の棚卸資産をその種類等の異なるものごとに区分し，その種類等の同じものについて，その事業年度終了の時から最も近い時において取得したものの1単位当たりの取得価額をその1単位当たりの取得価額

とする方法である（令28①一ト）。

⑥　売価還元法

　売価還元法とは，期末棚卸資産を種類等又は通常の差益の率の異なるものごとに区分し，その種類等又は通常の差益の率の同じものについて，その事業年度終了の時における種類等又は通常の差益の率を同じくする棚卸資産の販売価額に原価の率を乗じて計算した金額をその期末棚卸資産の取得価額とする方法（令28①一ヘ）。

　「通常の差益の率」及び「原価の率」を算式で示せば，次のようになる。

〈売価還元法による期末棚卸資産の取得価額の計算〉

$$通常の差益の率 = \frac{通常の販売価額 - 通常の取得価額}{通常の販売価額}$$

$$原価率 = \frac{期首棚卸高 + 期中仕入高}{当期売上高 + 期末棚卸資産の通常の販売価額の総額}$$

期末棚卸資産の通常の販売価額の総額 × 原価率 = 期末棚卸高

　平成21年度の税制改正で，後入先出法と単純平均法が除外された。

(2)　低　価　法

　低価法とは，期末棚卸資産をその種類等の異なるものごとに区別し，その種類等の同じものについて，原価法のうちいずれかによって評価した額と，期末におけるその事業年度終了の時における価額（正味売却価額）とのいずれか低い価額をもってその評価額とする方法である（令28①二）。

　洗替え方式

　洗替え方式とは，期末評価を行う際の前期繰越額を，前期末の原価法による評価額（前期末における低価法適用前の評価額）により計算をし，これを基礎として当期末の原価法による評価を行ったうえで当期末の時価と比較する方法である。

　平成23年度の税制改正において，切放し低価法は廃止された。

〈図表5－1〉 棚卸資産の評価方法

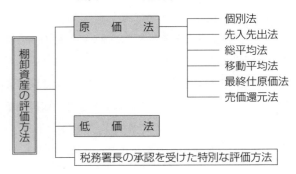

4　棚卸資産の取得価額

(1)　棚卸資産の取得価額

　棚卸資産の取得価額は，別段の定めがあるものを除き，次の資産区分に応じ掲げられた金額の合計とする（令32①）。

① 　購入した棚卸資産
　(イ)　購入代価
　(ロ)　引取運賃，荷役費，運送保険料，購入手数料，関税その他購入のために要した費用
　(ハ)　取得資産を消費し又は販売の用に供するために直接要した費用の額

② 　自己の製造等に係る棚卸資産
　(イ)　その資産の製造等のために要した原材料費，労務費及び経費の額
　(ロ)　その資産を消費し又は販売の用に供するために直接要した費用の額

③ 　合併又は出資により受け入れた棚卸資産
　(イ)　その資産の受入価額
　(ロ)　引取運賃，荷役費，運送保険料，関税その他その資産の受入れのために要した費用
　　　ただし，(イ)と(ロ)の合計額が受入れ時における時価（取得のために通常要する価額）を超えるときは時価とする。

(ハ)　その資産を消費し又は販売の用に供するために直接要した費用の額

④　その他の方法（贈与，交換，債権の代物弁済等）により取得した棚卸資産

(イ)　その取得の時における当該資産の時価（取得のために通常要する価額）

(ロ)　その資産を消費し又は販売の用に供するために直接要した費用の額

(2)　購入棚卸資産の取得価額に算入しなくてもよい少額費用

次の費用については，これらの費用の合計額が少額（その棚卸資産の購入代価のおおむね３％以内の金額）である場合には，購入棚卸資産の取得価額に算入しないことができる（基５―１―１）。

①　買入事務，検収，整理，選別，手入れ等に要した費用の額

②　販売所等から販売所等へ移管するために要した運賃，荷造費用の額

③　特別の時期に販売するなどのため，長期にわたって保管するために要した費用

(3)　製造等棚卸資産の取得価額に算入しなくてもよい少額費用

次に示す費用については，これらの費用合計が少額（製造原価のおおむね３％以内）である場合には，製造等棚卸資産の取得価額に算入しないことができる（基５―１―３）。

①　製造等の後に要した検査，検定，整理，選別，手入れ等の費用の額

②　製造場等から販売所等へ移管するため要した運賃，荷造費等の費用の額

③　特別の時期に販売するなどのため，長期にわたって保管するために要した費用の額

〈図表5−2〉購入等をした場合の取得価額

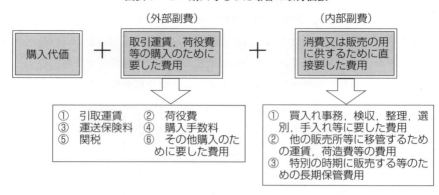

〈図表5−3〉製造等をした場合の取得価額

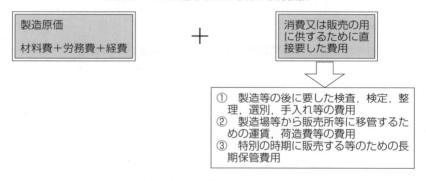

〈図表5−4〉購入棚卸資産の取得価額に算入しなくてもよい費用

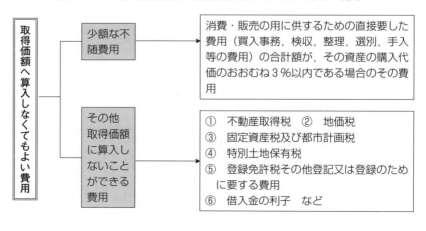

〈図表5−5〉製造棚卸資産の取得価額（製造原価）へ算入しなくてもよい費用

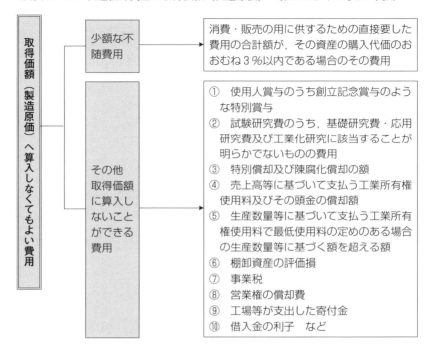

5　棚卸資産の評価方法の選定と届出

(1)　棚卸資産の特別な評価の方法

　法人は，政令で定められた原価法や低価法による評価の方式に代え，棚卸資産の評価額を，それらの評価方法以外の評価方法を選定することができる。このような特別な評価方法により計算することについて納税地の所轄税務署長の承認を受けた場合は，その承認年度以後，承認を受けた評価方法を選定することができる（令28の2）。

(2)　棚卸資産の評価の方法の選定

　法人は，棚卸資産の評価方法につき，原価法に定められたいずれか1つを選定しなければならない。低価法の場合も，時価と比較する原価法について，いずれか1つを選定しなければならない。この場合には，法人の営む事業の種類

ごとに，かつ，棚卸資産の区分さらに次の５つの区分ごとに評価方法を選定しなければならない（令29①）。

〈棚卸資産の区分〉

① 商品又は製品（副産物及び作業屑を除く）

② 半製品

③ 仕掛品（半成工事を含む）

④ 主要原材料

⑤ 補助原材料その他の棚卸資産

(3) 棚卸資産の評価方法の選定手続

評価方法の選定は，次の①〜③の法人の区分に応じて，それぞれに定める日の**確定申告書の提出期限まで**に，そのよるべき方法を納税地の所轄税務署長に届け出なければならない。仮決算する中間申告書を提出する法人は，その中間申告書の提出期限までとする（令29②）。

〈棚卸資産の評価方法の届出日〉

① 新たに設立した普通法人……設立の日

② 新たに収益事業を開始した公益法人等及び人格のない社団等……新たに収益事業を開始した日

③ 設立後又は新たに他の種類の事業を開始し又は事業の種類を変更した法人……当該他の種類の事業を開始し又は事業の種類を変更した日

(4) 棚卸資産の法定評価法

法人が評価方法の選定をしなかった場合又は実際にその選定した方法により評価しなかった場合は，**最終仕入原価法**による**原価法**によって取得価額を計算することとされている（法29①，令31①）。

(5) 棚卸資産の評価方法の変更手続

法人は選定した棚卸資産の**評価方法を変更**しようとするときは，**変更しようとする事業年度の開始日の前日まで**に，変更しようとする理由その他の事項を記載した承認申請書を，納税地の所轄税務署長に提出しなければならない（令30①②）。

第5章　損金の計算　203

《計算例題》　期末棚卸高の計算

　次の資料から慶応株式会社の期末棚卸高を先入先出法，最終仕入原価法，総平均法によって求めなさい。

		数　量	単　価	残高数量
1月1日	期首棚卸	200個	100円	200個
2月5日	仕　入	300	110	500
4月20日	売　上	150	——	350
5月5日	仕　入	400	120	750
8月1日	売　上	550	——	200
10月30日	売　上	100	——	100
12月31日	期末棚卸	100		

《解答欄》

先入先出法	最終仕入原価法	総平均法

《解　答》

先入先出法　　　100個×120円＝12,000円

最終仕入原価法　100個×120円＝12,000円

総平均法　　　　200個×100円＋300個×110円＋400個×120円＝101,000円

　　　　　　　　200個＋300個＋400個＝900個

$$\frac{101,000円}{900個} = 112.22円$$

112.22円×100個＝11,222円

先入先出法	最終仕入原価法	総平均法
12,000円	12,000円	11,222円

《**実務上のpoint**》

(1)　買入事務，検収等に要した費用は，その合計額が購入代価の3％以内であれば，取得価額に含めず，当期の費用として処理できる。

(2)　低価法を採用すると期末棚卸資産の評価額は低くなり，結果として売上原価が高くなり，所得金額は低くなる。

(3)　棚卸資産の取得又は保有のために要した費用でも，不動産取得税，地価税，固定資産税，都市計画税，特別土地保有税，登録免許税，借入金の利子などは，棚卸資産の取得価額に含めなくてもよい。

第5章 損金の計算 205

第3節 租税公課

【Point 15】

---

1 原則的考え方

　法人税法第22条の原則的考え方によれば，法人の納付する租税公課等は損金の額に算入する。

2 損金の額に算入されない租税公課

　各事業年度の所得に対する法人税の本税，この法人税に係る住民税，延滞税，加算税，罰金など，一定の租税公課は，損金の額に算入されない。これらは，罰金的性格を持つ税金や課税対象が所得となっている税金なので損金不算入とされている。

3 損金の額に算入される租税公課

　法人が営業活動を行うために，直接的に支出する租税は原則的考え方により損金の額に算入する。

4 損金算入時期

　租税は申告納税方式，賦課課税方式，特別徴収方式に区分できるが，それぞれの区分に応じて損金の額に算入する時期を定めている。

---

1 制度の趣旨と租税公課の損金算入と損金不算入

　法人の納付する**租税公課**（taxes and duties）は，法人の事業遂行上必要な費用であり，原則として損金の額に算入すべきものである。例えば，事業の遂行上必要な税金である固定資産税，自動車税，印紙税，不動産取得税，登録免許税，消費税，事業所税，利子税等は損金に算入すべきものである。しかし，**その租税の性質，租税収入の確保等の理由**から，損金不算入とされる租税がある。

2　損金不算入の租税公課

法人が納付する租税公課で次に掲げる税額については，**損金の額に算入され**
ない（法38〜41）。

① **法人税**（延滞税，過少申告加算税，無申告加算税及び重加算税を除く）

　イ　退職年金積立金に対する法人税（利子税以外の附帯税＊を除く）

　ロ　修正申告等によって納付することとなる還付加算金の返納に相当する法
　　　人税（延滞税を除く）

　ハ　利子税

　＊　延滞税，利子税，過少申告加算税，無申告加算税及び重加算税等を附帯税という
　　　（通法第6章）。

② **道府県民税**（利子割額も含まれる）及び**市町村民税**（都民税を含み，退職年金積
　立金に対する法人税に係るものを除く）

上記の法人税額，道府県民税額，市町村民税が損金不算入とされる理由は，
これらは所得金額を課税標準とするものであり，本来所得のうちから支払われ
るべきである。つまり，課税対象となる所得金額は，これらの税金を支払う前
の金額である。これらの税金を損金に算入すると，税金を支払った後の金額と
なり，税金を支払う前の本来の所得が計算できなくなるためである。また，法
人税額等は，所得から支払われる所得処分の1つと考えられているからであ
る。

③　法人税額から控除される所得税

法人が配当金や利子を受け取る場合は，源泉所得税が差し引かれる。この源
泉所得税については，納付法人税額を計算するときに，法人税額から控除され
るため，法人税額から控除される所得税といわれる。

この法人税（corporation tax）から控除を受ける所得税は，法人税の前払と考
えられ，法人税額の損金不算入と同様に，損金不算入として加算される。

④　外国法人税

内国法人が外国において源泉を有する所得がある場合は，外国の法令によっ
て外国法人税を納付する。外国所得部分は，わが国の法人税によっても課税が

行われるため二重課税となる。したがって，外国から生じた所得に対応する部分の金額を限度として，法人税から外国法人税額を控除するのである（法69）。この場合の控除される外国税額は，法人税に代わる性質のものであるので，損金不算入とされている。

3 損金算入の租税公課

法人が納付する以下に掲げる税額については，損金の額に算入される。

(1) **事 業 税**

当期分の事業税（enterprise tax）の額は，当期の損金の額に算入されない。ただし，中間申告分の事業税は申告等により債務確定した場合は，たとえ未払であっても損金とすることができる。

前期分の事業税の額は，法人が納付又は損金経理をしているか否かを問わず，原則として当期の損金の額に算入される。この場合に当期分の法人税について更正又は決定が行われるときは，その損金に算入する事業税の額は前期分の所得等に標準税率を乗じて計算するものとし，その後申告等があったことにより，その損金に算入した事業税に過不足額が生じたときは，その申告等又は納付があった事業年度の益金又は損金に算入する（基9−5−2）。

(2) **固定資産税**

土地，建物及び償却資産に対しては，市町村税として固定資産税（property tax）が課せられる。この固定資産税は，営業に必要な費用のため損金に算入される。

(3) **自動車税，軽自動車税**

自動車の所有に対しては，自動車税（auto tax）が課せられる。この自動車税は営業に必要な経費として損金に算入される。

(4) **法人税の利子税**

法人税の確定申告（納付）期限については，**災害等により決算が確定しない**場合の延長，会計監査人の監査を受けなければならない場合の1か月の延長の特例がある。これらの場合には，延長期間分について**年7.3%の利子税**(interests tax）が課せられる（法75①⑦，75の2①⑥）。利子税は，合法的に納期を延長した税額について課せられる利子の性格を持つため，損金に算入される。

(5) 徴収猶予及び納期限の延長の場合の延滞金

地方税においても**徴収猶予及び納期限の延長**が認められ，延納分に対して延滞金（penalty）が課せられる。この場合の延滞金は損金算入とされる。

(6) 印　紙　税

印紙税（stamp tax）は，契約等をする際に印紙を証書等に貼られ，消印することによって納付される。印紙税は営業取引に必要な費用として損金算入とされる。

▌4▏租税の損金算入時期

法人が納付すべき国税及び地方税で損金に算入されるものは，次に定める事業年度の損金に算入する（基9—5—1）。

(1) 申告納税方式による租税

申告納税方式とは，法人が自主的に税額を計算して納税するものである。

納税申告書に記載された税額については，その納税申告書が提出された日の属する事業年度の損金とし，更正又は決定に係る税額については，その更正又は決定があった日の属する事業年度の損金とする。

(2) 賦課課税方式による租税

賦課課税方式とは，税金の額をもっぱら税務署長が決定し，それにより，法人が納付するものである。

賦課決定のあった日の属する事業年度の損金とする。ただし，法人がその納付すべき税額について，その納期の開始の日の属する事業年度，又は実際に納付した日の属する事業年度における損金に算入することができる。

(3) 特別徴収方式による租税

納入申告書に係る税額については，その申告の日の属する事業年度の損金とし，更正又は決定による不足税額については，その更正又は決定があった日の属する事業年度の損金とする。

第5章　損金の計算　209

〈図表5－6〉租税の損金算入時期

| ① 申告納税方式による租税 | 酒税

事業所税等 | 納税申告書の記載税額 | 申告書提出の日 |
| | | 更正又は決定税額 | 更正又は決定の日 |

| ② 賦課課税方式による租税 | 固定資産税
不動産取得税
自動車税等 | | 賦課決定の日 |

| ③ 特別徴収方式による租税 | 地方消費税
ゴルフ場利用税等 | 納入申告書の記載金額 | 申告の日 |
| | | 更正又は決定による不足税額 | 更正又は決定の日 |

5 納税充当金の設定と取崩し

(1) 納税充当金の設定（当期）

納税充当金の繰入は，法人税，住民税，事業税を見積計上するものである。会計では，税引前当期純利益から，法人税，住民税及び事業税として差し引かれるものである。

期末に設定された納税充当金は，2か月後に申告，納付され，取崩しが行われる。

税法では，納税充当金の繰入を認めていない。費用を債務確定主義でとらえているため，見込計上はできないからである。そこで，納税充当金の期中増加額である繰入額は，加算，留保される。

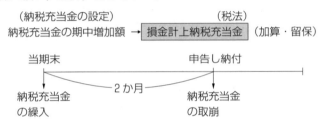

(会計) 納税充当金繰入　××／納税充当金　××　　納税充当金　××／現金　××

(2) 納税充当金の取崩し（翌期，当期末から2か月以内）

税法では，事業税は申告時に損金算入されるため，納税充当金から支出された事業税は減算，留保される。そこで納税充当金を取り崩し，本税と附帯税をともに納付した場合は，以下のように処理される（P.222（注）において説明）。

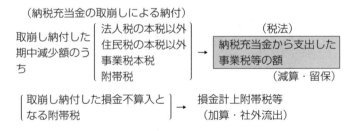

(3) 納税充当金の過大分を取り崩したとき

（会計）　　　　　　　　　　　　　（税法）
納税充当金 ×× ／現金　　×× 　　納税充当金から支出した事業税等の額
　　　　　　／納税充当金戻入益 ×× →（減・留）にプラス

納税充当金の過大引当金の会計処理は，上記のように取り崩され戻入益として収益に計上されている。

税法では，収益ととらえていないため，納税充当金から支出した事業税等の額に含めて減算，留保される。

(4) 納税充当金に引当不足があり，不足額は損金経理したとき

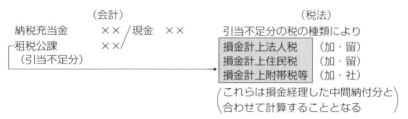

前期に会計処理した納税充当金の繰入額が当期に実際納付した税額に満たないときは，上記のように会計上処理がされる。したがって，引当不足分は租税公課として損金経理がなされるので，このうち税法上，損金不算入となる法人税，住民税，附帯税については加算処理がなされる。

6 仮払経理の租税公課

(1) 仮払経理事業年度

租税公課を仮払経理することは会計では借方に仮払金，貸方に現金等として仕訳され資産性のないものを資産として計上しているため，税法上は仮払税金認定損（減算，留保）により調整する。しかし，仮払税金すべてを減算しているため，損金経理をすべての仮払税金について行ったことになるので，法人税や住民税や附帯税等の本来損金にならない税金は否認する。例えば，損金計上法人税（加算，留保），損金計上住民税（加算，留保），損金計上附帯税等（加算，社外流出）の調整を行う。

〈図表5－7〉仮払経理事業年度

仮払事業年度の仮払税金の取扱い	→		区　　分	金　額	留　保	社　外
		加算	損金計上法人税 損金計上住民税 損金計上附帯税等	×× ×× ××	×× ××	××
		減算	仮払税金認定損	××	××	

（会計）　仮払金 ××／現金 ××　　　　　　　　（税法上の調整　別表四）

(2) 消去事業年度

翌期の消去事業年度には，税金にすでに仮払税金認定損として損金の額に算入しているので，翌期の消去事業年度においては，会計では借方に租税公課，貸方に仮払金として仕訳される。しかし，税金は前期の仮払事業年度にすでに仮払税金認定損として損金の額に算入されている。このままでは，二重控除となるので，税法上に前期仮払税金否認（加算，留保）により調整する。

〈図表5－8〉仮払消去事業年度

（税法上の調整　別表四）

第5章 損金の計算 213

《計算Point》　　　　〈図表 5 － 9 〉租税公課の処理

損金算入○，損金不算入×

① 損金経理した中間納付法人税額 → × 損金計上法人税 （加算）

〈支払時の仕訳〉
租税公課×××／現金×××
　　　　　　　　　　　　（理由）税金を損金算入したのでは
　　　　　　　　　　　　　　　　本来の所得が計算できない。

② 損金経理した中間納付都道府県民税，市町村民税 → × 損金計上住民税 （加算）

〈支払時の仕訳〉
租税公課×××／現金×××
　　　　　　　　　　　　（理由）上①と同じ

③ 損金経理した延滞金・延滞税・加算税（重加算税，過少申告加算税等） → × 損金計上附帯税 4 節（加算）

〈支払時の仕訳〉
租税公課×××／現金×××
　　　　　　　　　　　　（理由）ペナルティ

④ 損金経理した罰金，科料，交通反則金 → × 損金計上罰金等 4 節（加算）

〈支払時の仕訳〉
租税公課×××／現金×××
　　　　　　　　　　　　（理由）ペナルティ

⑤ 法人税から控除される所得税 → × 法人税から控除される所得税 仮計の下（加算）

〈支払時の仕訳〉
現　　金×××／受取利息×××
租税公課×××
　　　　　　　　　　　　（理由）所得税は法人税の前払いなので，
　　　　　　　　　　　　　　　　所得税分は法人税から控除される
　　　　　　　　　　　　　　　　所得税として加算する。但し，住民
　　　　　　　　　　　　　　　　税分の源泉は，損金計上住民税利
　　　　　　　　　　　　　　　　子割額として加算する。

⑥ 損金経理した納税充当金 → × 損金計上納税充当金 （加算）

　　　　　　　　　　　　（理由）税引前の利益に戻す。税法では費用は債
　　　　　　　　　　　　　　　　務確定主義のため見積りはダメ。

⑦ 納税充当金から支出した事業税 → ○ 納税充当金から支出した前期分の事業税等の額 （減算）

〈支払時の仕訳〉　　　（理由）翌期には損金のため。
納税充当金×××／現　金×××

214

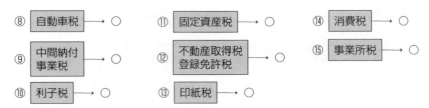

《中間納付と納税充当金の取扱い》

　確定申告分の法人税等と中間納付分の法人税等の関係は以下の図のようになる。

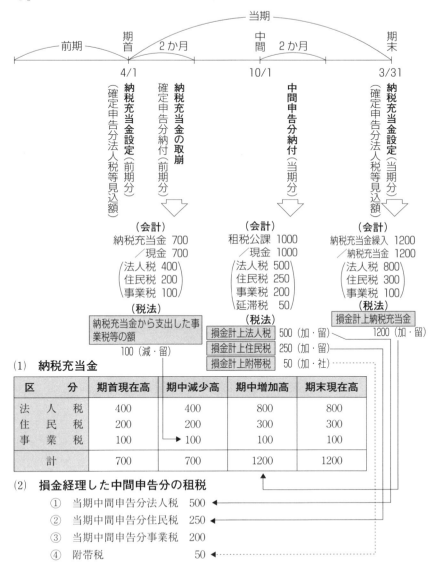

《別表四の記載パターン》

区　　分		金　額	留　保	社外流出
加算	損金計上法人税(注1)	×× ×	× ×	
	損金計上住民税	×× ×	× ×	
	損金計上附帯税	×× ×		× ×
	損金計上納税充当金	×× ×	× ×	
	損金計上罰金	×× ×		× ×
	前期仮払税金否認	×× ×	× ×	
減算	納税充当金から支出した事業税等の額(注2)	×× ×	× ×	
	仮払税金認定損	×× ×	× ×	
仮　　　　計				
法人税額から控除される所得税額		×× ×		× ×

(注1)　損金の額に算入した法人税とか損金計上法人税のように記載される。ただし，申告書では損金の額に算入した法人税と記載されている。

(注2)

納税充当金から支出した事業税等	＝	納税充当金前崩額（期中減少）	－	前期確定納付分法人税・地方法人税・住民税

（減・留）

《計算例題1》　租税公課の損金算入・不算入

　次の租税公課のうち，損金となるものには○印を，損金とならないものには×印を，各租税公課の末尾に設けた（　　）内に記入しなさい。

法人県民税（　　）　　延　滞　税（　　）　　法人事業税（　　）

固定資産税（　　）　　不納付加算税（　　）　印　紙　税（　　）

法　人　税（　　）　　自　動　車　税（　　）　重　加　算　税（　　）

利　子　税（　　）　　事　業　所　税（　　）

《解　答》

法人県民税（×），延　滞　税（×），法人事業税（○），固定資産税（○），不納付加算税（×），印　紙　税（○），法　人　税（×），自　動　車　税（○），重　加　算　税（×），利　子　税（○），事　業　所　税（○）

第5章 損金の計算　217

《計算例題2》 納税充当金の基本問題1

　租税公課等に関する事項により別表四の加算，減算欄に記入しなさい。

(1)　福大株式会社の当期において損金経理により租税公課勘定に計上した
　　金額は75,290,000円であり，その内訳は次のとおりである。

　　①　当期中間申告法人税（本税）　　　　　　　37,510,000円

　　②　当期中間申告事業税（本税）　　　　　　　19,250,000円

　　③　当期中間申告住民税（本税）　　　　　　　12,340,000円

　　④　自動車税　　　　　　　　　　　　　　　　　130,000円

　　⑤　役員の業務中以外の交通違反に係る交通反則金　180,000円

　　⑥　印紙税（うち過怠税400,000円）　　　　　1,560,000円

　　⑦　その他損金の額に算入される租税公課　　　4,320,000円

(2)　当期における納税充当金の異動状況は，次のとおりである。

区　　分	期首現在額	期中減少額	期中増加額	期末現在額
法 人 税	36,780,000円	36,780,000円	38,100,000円	38,100,000円
事 業 税	19,530,000円	19,530,000円	20,500,000円	20,500,000円
住 民 税	9,160,000円	9,160,000円	10,280,000円	10,280,000円
合 　 計	65,470,000円	65,470,000円	68,880,000円	68,880,000円

(注)　1　期首現在額及び期中増加額は，前期及び当期において損金経理により計
　　　　上したものである。
　　　2　期中減少額は，前期確定申告分の法人税等を納付する際に取り崩したも
　　　　のであるが，これらの税額はすべて本税である。

218

《解答欄》

区　　　　　　　　分		金　　　額
当　期　純　利　益		円
加		
算		
	小　　　　　計	
減		
算		

《解　答》

区　　　　　　　　分		金　　　額
当　期　純　利　益		円
加	損金計上法人税	37,510,000
	損金計上住民税	12,340,000
	役員給与の損金不算入額	180,000
	損金計上過怠税	400,000
	損金計上納税充当金	68,880,000
算		
	小　　　　　計	
減	納税充当金から支出した事業税等の額	19,530,000
算		

第5章 損金の計算 219

《計算例題3》 納税充当金の基本問題2

　次の慶応株式会社の資料に基づき，税務上の調整を別表四に記入しなさい。

(1)　当期における納税充当金の異動状況は次のとおりである。

区　　　分	期首現在額	期中減少額	期中増加額	期末現在額
法　人　税	11,000,000円	11,000,000円	12,000,000円	12,000,000円
事　業　税	3,000,000円	3,000,000円	3,600,000円	3,600,000円
住　民　税	1,800,000円	1,800,000円	2,000,000円	2,000,000円
合　　　計	15,800,000円	15,800,000円	17,600,000円	17,600,000円

(注)1　期首現在額及び期中増加額は前期及び当期において損金経理により計上したものである。

　　2　期中減少額は前期確定申告分の法人税等それぞれの税額を納付するために取り崩した金額である。これらの税額はすべて本税である。

(2)　当期において損金経理した租税公課には以下のものがある。

　①　法人税（当期中間分本税）　　　　　　　　5,200,000円

　　　法人税（当期中間分延滞税）　　　　　　　 310,000円

　②　住民税（当期中間分本税）　　　　　　　　1,250,000円

　　　住民税（当期中間分延滞金）　　　　　　　 32,000円

　③　事業税（当期中間分本税）　　　　　　　　3,050,000円

　　　事業税（当期中間分延滞金）　　　　　　　 45,000円

　④　自動車税　　　　　　　　　　　　　　　　 280,000円

　⑤　印紙税　　　　　　　95,100円（このうち，過怠税は4,800円）

　⑥　不動産取得税　　　　　　　　　　　　　　 220,000円

220

《解答欄》

	区　　　　分	総　　額	留　　保	社外流出	
加					
算					
減算					

《解　答》

	区　　　　分	総　　額	留　　保	社外流出	
加	損金計上納税充当金	17,600,000	17,600,000	—	—
	損金計上法人税	5,200,000	5,200,000	—	—
	損金計上住民税	1,250,000	1,250,000	—	—
算	損金計上附帯税等	387,000	—	その他	387,000
	損金計上過怠税	4,800	—	その他	4,800
減算	納税充当金から支出した事業税等の額	3,000,000	3,000,000	—	—

（損金計上納税充当金）

　12,000,000＋3,600,000＋2,000,000＝17,600,000

（損金計上附帯税等）

　310,000＋32,000＋45,000＝387,000

第5章 損金の計算 221

《計算例題4》 納税充当金の基本問題3

　慶応株式会社の当期の純利益は2,000,000円である。次の事項に基づいて，当期所得金額を計算しなさい。

(1) ①当期計算において損金経理により納税充当金に繰り入れた金額300,000円

(2) 当期に納税充当金を取り崩して納付した租税公課は，②前期確定申告分法人税400,000円，③同利子税15,000円，④前期確定申告分県民税及び市民税97,000円，⑤前期確定申告分事業税70,000円である。なお，取り崩した納税充当金は，前期に損金経理により計上したものである。

(3) 当期に損金経理により納付した租税公課は，次のとおりである。

　A ⑥当期中間申告分法人税180,000円，⑦当期中間申告分県民税及び市民税26,000円，⑧同事業税31,000円，⑨⑧に係る延滞金（納期限の延長に係るものではない）3,200円

　B ⑩期中納期の到来した固定資産税60,000円，⑪同延滞金4,000円

　C ⑫受取利子100,000円について納付した所得税15,000円，⑬同県民税利子割5,000円

《解答欄》

当　期　純　利　益	
加算	
減算	
仮　　　　　計	
所　得　金　額	

222

《解　答》

当　期　純　利　益			2,000,000円
加算	①	損金計上納税充当金	300,000円
	⑥	損金計上法人税	180,000円
	⑦	損金計上住民税	26,000円
	⑬	損金計上住民税利子割	5,000円
	⑨	損金計上当期事業税に係る附帯税	3,200円
	⑪	損金計上固定資産税に係る附帯税	4,000円
減算	③	納税充当金から支出した利子税	15,000円
	⑤	納税充当金から支出した事業税の額	70,000円
仮　　　　　　　計			2,433,200円
加算⑫　法人税額から控除される所得税額			15,000円
所　　得　　金　　額			2,448,200円

（注）　前期分の事業税を納税充当金を取り崩して納付したときは，申告書別表四の「減算」欄で「納税充当金から支出した事業税等」として利益から減算する。

　　　なお，延滞税等や延滞金等を，納税充当金を取り崩して納付したときは，損金経理したことにならないので当期利益に加算する調整は要しないのであるが，留保所得の計算上の都合から申告書別表四の「加算」社外流出欄で「損金の額に算入した附帯税等」として利益に加算する一方で「減算」留保欄で「納税充当金から支出した事業税等」として利益から減算することになるので注意を要する。

《計算例題5》　過大引当分があるケース

　次の慶応株式会社の資料に基づき，当期において税務上の調整を別表四に記入しなさい。

(1)　当期における納税充当金の異動状況は次のとおりである。

区　　分	期首現在額	期中減少額	期中増加額	期末現在額
法　人　税	35,000,000円	35,000,000円	36,000,000円	36,000,000円
住　民　税	6,000,000円	6,000,000円	8,000,000円	8,000,000円
事　業　税	10,000,000円	10,000,000円	12,000,000円	12,000,000円
合　　計	51,000,000円	51,000,000円	56,000,000円	56,000,000円

（注）1　期首現在額及び期中増加額は，前期及び当期において損金経理により計上したものである。

第5章　損金の計算　223

2　期中減少額は前期分の法人税等を納付するために取り崩した金額である。
　その内訳は以下のとおりである。

① 法人税 (イ) 本税分　　　　　　　　33,000,000円
　　　　　 (ロ) 過大引当分　　　　　　 2,000,000円
② 住民税 (イ) 本税分　　　　　　　　 5,000,000円
　　　　　 (ロ) 過大引当分　　　　　　 1,000,000円
③ 事業税 (イ) 本税分　　　　　　　　 9,700,000円
　　　　　 (ロ) 過大引当分　　　　　　　 300,000円

(2)　当期において損金経理した租税公課には，以下のものがある。

① 法人税の当期中間納付額　　　　　　27,000,000円

② 住民税の当期中間納付額　　　　　　 5,000,000円

③ 事業税の当期中間納付額　　　　　　 9,000,000円

④ 役員の業務中の交通違反による罰金　　 80,000円

⑤ 役員の業務中以外の交通違反による罰金　50,000円

⑥ 事業に係る事業所税額　　　　　　　　750,000円

《解答欄》

	区　　　分	総　　額	留　保	社外流出
加 算				
減 算				

224

《解　答》

	区　　　　　分	総　　額	留　　保	社外流出	
加	損 金 計 上 納 税 充 当 金	56,000,000	56,000,000	—	—
	損 金 計 上 法 人 税	27,000,000	27,000,000	—	—
	損 金 計 上 住 民 税	5,000,000	5,000,000	—	—
	損 金 計 上 罰 金	80,000		その他	80,000
算	役員給与の損金不算入	50,000		その他	50,000
減算	納税充当金から支出した事業税等の額	13,000,000	13,000,000	—	—

（納税充当金から支出した事業税等）

　51,000,000 － 33,000,000 － 5,000,000 ＝ 13,000,000　又
納税充当金減少　（法人税本税）　（住民税本税）

　事業税取崩　事業税過大　法人税過大　　住民税過大
　9,700,000 ＋ 300,000 ＋ 2,000,000 ＋ 1,000,000 ＝ 13,000,000
役員の業務中の交通違反による罰金は損金計上罰金（加算・社外流出）
役員の業務中以外の交通違反の罰金は役員給与の損金不算入（加算・社外流出）
使用人の業務中の交通違反による罰金は損金計上罰金（加算・社外流出）

《計算例題6》　納税充当金の引当不足のケース

　次の福大株式会社の資料に基づき，当期において税務調整すべき金額を計算しなさい。

(1)　当期における納税充当金の異動の状況は次のとおりである。

区　　　分	期首現在額	期中減少額	期中増加額	期末現在額
法 人 税	13,000,000円	13,000,000円	20,000,000円	20,000,000円
住 民 税	2,600,000円	2,600,000円	3,800,000円	3,800,000円
事 業 税	3,100,000円	3,100,000円	4,500,000円	4,500,000円
合　　　計	18,700,000円	18,700,000円	28,300,000円	28,300,000円

（注）1　期首現在額及び期中増加額は前期及び当期において損金経理により計上したものである。
　　　2　期中減少額は前期分の法人税等の税額を納付するために取り崩した金額である。

(2)　当期中に損金経理した租税公課には以下のものがある。

第5章　損金の計算　225

① 納税充当金の引当不足のため納付した法人税　1,200,000円
② 納税充当金の引当不足のため納付した住民税　220,000円
③ 納税充当金の引当不足のため納付した事業税　260,000円
④ 中間納付の法人税額　3,100,000円
⑤ 中間納付の住民税額　550,000円
⑥ 中間納付の事業税額　1,000,000円
⑦ 法人税の利子税　100,000円
⑧ 住民税の納期限延長による延滞金　38,000円
⑨ 住民税の納期限延長によるものではない

　納付遅延による延滞金　32,000円
⑩ 自動車税　180,000円
⑪ 不動産取得税　350,000円

《解答欄》

	区　　分	総　　額	留　保	社外流出	
加					
算					
減					
算					

《解　答》

	区　　分	総　　額	留　保	社外流出	
加	損金計上納税充当金	28,300,000	28,300,000	—	—
	損金計上法人税	4,300,000	4,300,000	—	—
	損金計上住民税	770,000	770,000	—	—
算	損金計上附帯税等	32,000	—	その他	32,000
減算	納税充当金から支出した事業税等の額	3,100,000	3,100,000	—	—

226

（納税充当金から支出した事業税等の額）

18,700,000－13,000,000－2,600,000＝3,100,000

（損金計上法人税）

1,200,000＋3,100,000＝4,300,000

（損金計上住民税）

220,000＋550,000＝770,000

《計算例題 7 》 租税公課の仮払経理 1 （仮払事業年度）

次の福大株式会社の資料により税務上の調整を別表四にしなさい。

1 当期中に以下の税金を仮払経理した。

(1)	当期中間申告分法人税本税	5,000,000円
(2)	当期中間申告分法人住民税本税	2,100,000円
(3)	当期中間申告分事業税本税	530,000円

2 当期に租税公課として損金経理した税金には以下のものがある。

(1)	自動車税	150,000円
(2)	印紙税（過怠税30,000円含む）	160,000円
(3)	使用人の業務遂行上の交通反則金	20,000円

《解答欄》

1 所得金額の計算

区　　　　　分		金　　額	うち留保金額
当　期　純　利　益		円	円
加			
算			
	小　　計		
減			
算	小　　計		

第5章 損金の計算 227

《解 答》

1 所得金額の計算

区　　　　　　　　　分		金　　　額	うち留保金額
当　期　純　利　益		円	円
加	損金計上法人税等	5,000,000	5,000,000
	損金計上住民税	2,100,000	2,100,000
	損金計上過怠税	30,000	
算	損金計上罰金	20,000	
	小　　　　計		
減	仮払税金認定損	7,630,000	7,630,000
算	小　　　　計		

（注）　仮払税金は認定損として，いったん減算留保される。そのため損金経理と同じ状況になるので，法人税等を加算する。

仮払税金認定損は，5,000,000＋2,100,000＋530,000＝7,630,000となる。

《計算例題8》　租税公課の仮払経理2（仮払事業年度と消去事業年度）

以下の租税公課に関する資料から，別表四の記入をしなさい。

(1)　当期分の確定申告により納付することとなる法人税，事業税，住民税の見積額の合計額は25,100,000円であり，乙社はこの金額を損金経理により法人税等未払金に計上している。

(2)　当期中に納付した前期分の確定申告に係る法人税本税15,200,000円，事業税本税8,000,000円，住民税本税5,200,000円については，前期に費用に計上した法人税等未払金（納税充当金）28,400,000円を取り崩す経理を行っている。

(3)　当期において損金経理により租税公課勘定に計上した金額のうち留意すべきものは次のとおりである。

① 仮払金経理した前期分の中間申告に係る法人税本税の当期消却額

12,500,000円

② 仮払金経理した前期分の中間申告に係る事業税本税の当期消却額

7,200,000円

③ 仮払金経理した前期分の中間申告に係る住民税本税の当期消却額

3,300,000円

(4) 当期において次に掲げる税金を仮払金経理している。

① 当期分の中間申告に係る法人税 　　　　　　　　　13,000,000円

② 当期分の中間申告に係る事業税 　　　　　　　　　 5,000,000円

③ 当期分の中間申告に係る住民税（うち延滞金30,000円）　2,530,000円

《解答欄》

1　所得金額の計算

区　　　　　　　分		金　　額	うち留保金額
当　期　純　利　益		円	円
加			
算			
	小　　　　　計		
減			
算	小　　　　　計		

第5章　損金の計算　229

《解　答》

1　所得金額の計算

区　　　　分		金　　額	うち留保金額
当　期　純　利　益		円	円
加算	損金計上納税充当金の額	25,100,000	25,100,000
	前期仮払税金消却損否認	23,000,000	23,000,000
	損金計上法人税等	13,000,000	13,000,000
	損金計上住民税	2,500,000	2,500,000
	損金計上附帯税等	30,000	
	小　　　　計		
減算	納税充当金から支出した事業税等の額	8,000,000	8,000,000
	仮払税金認定損	20,530,000	20,530,000
	小　　　　計		

(注)　仮払税金の消却した事業年度には前期仮払税金消去否認（加算，留保）がなされる。前期にすでに税法上，仮払税金認定損（減算，留保）し，処理が終わっており，また当期に損金では二重控除となるからである。

第4節 不正行為等による費用

【Point 16】

1 **隠ぺい仮装行為による経費**

隠ぺい仮装行為に要する費用の額は損金の額に算入しない。

2 **附帯税**

国税にかかる延滞税や各種加算税は損金の額に算入しない。

地方税にかかる延滞金や各種加算金は損金の額に算入しない。

3 **罰金等**

罰金及び科料や各種課徴金は損金の額に算入しない。

4 **賄賂等**

法人が納付する賄賂等に相当する費用は損金の額に算入しない。

1 制度の趣旨

脱税目的の隠ぺい仮装行為に要する費用や法人が納付した賄賂等の費用は，不正行為にかかる費用である。また，附帯税（延滞税，各種加算税）や罰金等の費用は，ペナルティとして課せられるものである。もし，これらの費用が損金算入されるならば，不正行為等により税金が安くなり，ペナルティの効果を失わせる結果となる。そこで，これらの不正行為，罰金等にかかる費用は損金不算入となる。

2 隠ぺい仮装行為による経費の損金不算入

内国法人が，隠ぺい仮装行為により法人税の負担を減少させ，又は減少させようとする場合には，その隠ぺい仮装行為に要する費用の額又は生ずる損失の額は，各事業年度の損金の額に算入しない（法55①）。

この規定は，内国法人が隠ぺい仮装行為によりその納付すべき法人税以外の租税の負担を減少させ，又は減少させようとする場合についても準用する（法55②）。

脱税しようとして，架空仕入や経費を計上するために，領収書を購入して処理した費用等の損金計上を否認するものである。

3 附帯税等の損金不算入

内国法人が納付する次に掲げるものの額は，各事業年度の損金の額に算入しない（法55③）。

(1) 国税に係る延滞税，過少申告加算税，無申告加算税，不納付加算税及び重加算税並びに印紙税法に係る過怠税

(2) 地方税法に係る延滞金（納期限の延長によるものを除く），過少申告加算金，不申告加算金及び重加算金

延滞税は税金滞納に関係する附帯税であるのに対し，加算税は法人の申告に関係する附帯税である。これらは，行政上の制裁として課せられるものであるから，損金不算入の扱いがなされている。

4 罰金等の損金不算入

内国法人が納付する次に掲げるものの額は，各事業年度の損金の額に算入しない（法55④）。

(1) 罰金及び科料（通告処分によるもの及び外国で課せられるものを含む）並びに過料

(2) 国民生活安定緊急措置法の規定による課徴金及び延滞金

(3) 独占禁止法の規定による課徴金及び延滞金

(4) 証券取引法の規定による課徴金及び延滞金

罰金，科料及び過料並びに課徴金等は法令違反に対するペナルティとして課せられるものであり，損金不算入とされている。

〈図表５−10〉

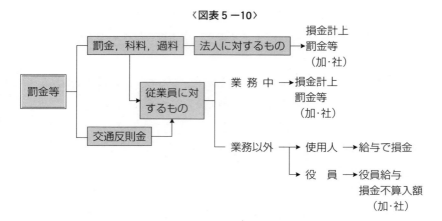

5 賄賂等の損金不算入

内国法人が納付する次に掲げるものの額は，各事業年度の損金の額に算入しない（法55⑤）。

(1) 刑法198条に規定する賄賂に相当する費用又は損失の額
(2) 不正競争防止法18条１項に規定する金銭の額及び金銭以外の資産の価額並びに経済的な利益の額の合計額

これらは不正の供与であり，損金不算入とされている。

《別表四の記載》

	区　分	金　額	社外流出
加算	損金計上附帯税等	×××	××
	損金計上罰金等	×××	××

第5章　損金の計算　233

第5節　交　際　費

【Point 17】

1　交際費等の範囲

　交際費等とは，交際費，接待費，機密費その他の費用で，法人がその得意先，仕入先その他事業に関係ある者等に対する接待，きょう応，慰安，贈答その他これらに類する行為のために支出するものをいう。

　交際費等と類似費用である寄付金，値引及び割戻し，広告宣伝費，福利厚生費，給与等との区分は明確にしなければならない。

2　交際費等の損金不算入額

　資本金1億円以下の法人については，1人当たり5,000円超の接待飲食費の合計の50%と年間800万円までの多い方の金額が損金算入ができる。これらの損金算入費を超える交際費は損金不算入とされる。一定額を超える部分の金額を損金不算入とする特例が設けられている。

　資本金1億円超の法人については，1人当たり5,000円超の接待飲食費の50%まで損金算入ができる。

1　制度の趣旨

　法人が支出する**交際費**（entertainment expenses）等は，それが事業の遂行上必要なものであり，その費途が明らかである限り，その全額が所得金額の計算上損金の額に算入されるべきものである。しかし，冗費節減による企業資本の蓄積という配慮から，租税特別措置で**交際費の濫費の抑制**のために交際費課税の制度がとられた。

　そもそも，交際費課税が創設されたのは昭和29年である。当時は，役員や使用人に対する給与や旅費，交際費等として支給されたり，事業関係者が必要を

234

超えた接待をする風潮があった。

このため，税制調査会の答申により，「他の資本蓄積策と並んで法人の交際費等の濫費を抑制し，経済の発展に資するため」に交際費課税を創設したのである。

しかし，昨今，経済成長を促進させるため，法人企業が外部の得意先等を接待等をした場合の飲食費（接待飲食費）については，中小法人，大法人とも一定額の損金算入ができることとなった。しかも，企業は交際費の濫費をしなくなったため，交際費課税創設の趣旨である濫費の抑制は，制度として必要なくなっている。この制度を考え直す時期に来ていると考える。

2 交際費の範囲

税法上，**交際費等**とは，交際費，接待費，機密費その他の費用で，法人が，その得意先，仕入先その他事業に関係のある者に対する**接待**（客を飲食等でもてなすこと），**きょう応**（酒食をしてもてなす），**慰安**（仕事の苦労から離れ親睦を深め，楽しませること），**贈答**（贈り物をする），その他これらに類する行為のために支出するものをいうと規定されている（措法61の4③，措通61の4(1)─1）。

≪交際費課税の判別研究≫ ☕ ちょっと気分転換コーヒーブレイク

重要な法解釈

交際費に対する要件について，医学論文萬有製薬事件高裁判決では3要件が示され解釈された（東京高裁平成15年9月9日判決）。この事案は，製薬会社が大学病院の医師等から英文添削の依頼を受け，その添削料の一部を製薬会社が負担した事案である。課税庁は，この負担は接待等に該当し交際費にあたるとした。しかし，東京高裁では交際費に該当せず寄付金とした。

租税特別措置法61条の4第3項の法文規定や交際費等が一般的に支出の相手方及び目的に照らして，取引関係の相手方との親睦を密にして取引関係の円滑な進行を図るためと理解されていることからすれば，支出が交際費に該当するためには3要件を満たす必要があると，本判決では以下の3要件の法規範を定立した画期的判決である。この判決で，支出の目的が要件としてプラスされ強

第5章　損金の計算　235

調された（3要件）。

　1）「支出の相手方」が事業に関係ある者等であること。

　2）「支出の目的」が事業関係者等との間の親睦の度を密にして取引関係の
　　円滑な進行を図ること。そのためには，相手方が利益を受けていると認識
　　されている状況が必要と解される。

　3）「行為の形態」が接待，供応（裁判所が使用している），慰安，贈答その他
　　これらに類する行為であること。

　1）の要件の事業に関係があるか否かについては，当該性は否定できないが，
添削の依頼先の多くは，若手の講師や助手等であり，事業（取引）との関係性
は強いものではないこと。

　2）の要件の支出の目的が取引の円滑な進行を図るか否かについては，添削
の1件当たりの金額が決して高いものではないこと。また，依頼者は若手の講
師や助手等であり，取引との結びつきは強くないこと。

　3）の要件の行為の形態が接待，供応等に該当するか否かについては，学術
奨励という意味合いが強く，接待，供応等には該当しない。

　以上から，英文添削のような学術研究に対する支援のようなものまで交際費
に含めることは，租税法律主義の観点から疑問とされた。

　萬有製薬事件（東京高裁判決）で，交際費の要件として3要件説が示された。
それ以前の判決では，ドライブイン事件（東京地裁判決昭和50年6月24日，東京高
裁判決昭和52年11月30日）では旧2要件説，萬有製薬事件（東京地裁判決平成14年9
月13日）には新2要件説が示めされていた。

〈図表5－11〉過去の判例における交際費の要件の検討

旧2要件説 （ドライブイン事件） 東京地裁判決 昭和50年6月24日 東京高裁判決 昭和52年11月30日	新2要件説 （萬有製薬事件） 東京地裁判決 平成14年9月13日	3要件説 （萬有製薬事件） 東京高裁判決 平成15年9月9日
要件1　「支出の相手方」が，事業に関係ある者等であること	要件1　同左	要件1　同左
要件2　「支出の目的」が，接待，供応，慰安，贈答，その他これらに類する行為のために支出	要件2　「支出の目的」が，接待等の行為により，取引関係の円滑な進行を図ること。 （新たに取引関係の円滑な進行という支出目的が強調された）	要件2　同左
		要件3　「行為の形態」が，接待，供応，慰安，贈答，その他これらに類する行為のために支出 （ドライブイン事件では要件2に該当）

ただし，次のものは交際費等から除外されることになっている（措令37の5）。

《交際費から除かれるもの》

① 専ら従業員の慰安のために行われる運動会，演芸会，旅行等のために通常要する費用（福利厚生費）

② 飲食その他これに類する行為のために要する費用（飲食費。専らその法人の法人税法上の役員もしくは従業員又はこれらの親族に対する接待費等のために支出するもの（社内飲食費）を除く）であって，1人当たり5,000円以下となる飲食費等の金額（**5,000円以下の少額接待飲食費**）

（注） ただし，飲食等のあった年月日，参加者の氏名等及び関係，参加者数，費用

の金額並びに飲食店等の名称及び所在地等を記載した書類を保存している場合に適用される。1人当たりの飲食費の計算は飲食費等を参加した人数で除して計算する（措令37の5①）。

$$\frac{飲食その他これらに類する行為のために要する費用（飲食費）}{その行為に参加した者の人数（参加人数）}$$

＝　1人当たりの支出額≦5,000円

∴少額接待飲食費

③　カレンダー，手帳，扇子，うちわ，手ぬぐい，その他これらに類する物品を贈与するために通常要する費用（**広告宣伝費**）

④　会議に関連して茶菓，弁当その他これらに類する飲食物を供与するために通常要する費用（**会議費**）

⑤　新聞，雑誌等の出版物又は放送番組を編集するために行われる座談会その他の記事の収集のために，又は放送のための取材のために通常要する費用（**取材費**）

《**接待飲食費**》

　接待飲食費とは，交際費等の額のうち，法人企業が，外部の得意先等との飲食その他これに類する行為のために要する費用（いわゆる**社内飲食費**を除く）であり，参加者1人当たりの支出額が5,000円を超えるものをいう。

　社内飲食費とは，飲食その他これに類する行為のために要する費用のうち，専らその法人社内の役員もしくは従業員又はこれらの親族に対する接待等のために支出するものをいう。社内飲食費は交際費ではあるが，しかし50％基準の接待飲食費の額には含まれない。また，1人当たり5,000円以下の少額接待飲食費の判定にも含まれない。

　次のような費用は，交際費等に含まれる（措通61の4(1)─15）。

《**交際費に含まれるもの**》

①　会社の何周年記念，社屋新築記念等における宴会費，交通費及び記念品代，新船建造又は土木建築等における進水式，起工式，落成式等におけるこれらの費用

② 下請工事，特約店，代理店等となるため，又はするための運動費等の費用

　　ただし，これらの取引関係を結ぶために相手方である事業者に対して金銭又は事業用資産を交付する費用は除かれる。

③ 得意先，仕入先等社外の他の慶弔禍福に際し支出する金品等の費用

④ 得意先，仕入先その他事業に関係のある者（自社の製品又は商品を取り扱う販売業者を含む）等を旅行・観劇等に招待する費用

⑤ 製造業者又は卸売業者がその製品又は商品の卸売業者に対し，その卸売業者が小売業者等を旅行，観劇等に招待する費用の全部又は一部を負担した場合のその負担額

　　また，売上割戻し等に該当するものは交際費等から除かれる。しかし，売上割戻し等と同一の算定基準によるものであっても，得意先に対し事業用資産又は購入単価がおおむね3,000円以下の少額物品以外の物品を交付する費用，旅行・観劇等に招待する費用は交際費等になる。

⑥ 総会対策等のため総会屋等に対し，会費，賛助金，寄付金，広告料，購読料の名目で支出する金品の費用

⑦ 建設業者等が高層ビル等の建設にあたり，周辺住民の同意を得るため旅行・観劇等に招待し，又は酒食を提供する場合の費用

　　ただし，日照妨害や電波障害等による損害補償のための金品の費用は除かれる。

⑧ スーパーマーケット，百貨店等が既存商店街等に進出するにあたり，周辺商店等の同意を得るための運動費等（営業補償等の名目で支出するものを含む）の費用

⑨ 得意先，仕入先等の従業員に対して取引の謝礼等として支出する金品の費用

⑩ 建設業者等が工事の入札等に際して支出するいわゆる談合金その他これに類する費用

⑪ 得意先，仕入先等社外の者に対する接待，きょう応に要した費用で，寄

第5章　損金の計算　239

付金，割戻し，広告宣伝費，福利厚生費，給与等に該当しないすべての費用

〈図表5—12〉交際費の区分

交際費となるもの　○

得意先に対する販売奨励金	金銭，事業用資産の交付		販売奨励金
	得意先を観劇，旅行等に招待する費用		○
慶弔・禍福の費用	従業員又はその親族等		福利厚生費
	取引先等の社外者に対する		○
記念式典等の費用	従業員におおむね社内で供与		福利厚生費
	取引先等の社外者に対する宴会費，交通費，記念品代等		○
売上割戻し	金銭による割戻し		売上割戻し
	旅行，観劇等へ招待		○
	物品	事業用資産の交付による割戻し	売上割戻し
		少額物品（3,000円以下）の交付	売上割戻し
		それ以外の物品の交付	○
広告宣伝費	一般消費者を対象にカレンダー，手帳などを贈る費用		広告宣伝費
	得意先に見本品，試供品を供与		広告宣伝費
会 議 費	会議，商談に通常要する飲食費		会 議 費
寄 付 金	金銭でした贈与		原則として寄付金
	政治団体，社会事業団体への献金神社への祭礼の寄贈金		寄 付 金
特約店等のセールスマンのための費用	取引数量に応じて交付する金品		販売促進費
	慰安のために行われる運動会等の費用		福利厚生費
	セールスマン又はその者の親族の慶弔・禍福費		福利厚生費

3　交際費と他の費用との区分

⑴　寄付金との区分

　会社業務に直接関係のない者に金銭や物品を贈与したときは，それが寄付金

240

か交際費かは実態によって判定するが，金銭でした贈与は原則として寄付金となる。また，次のものも交際費ではなく，寄付金となる（措通61の4(1)—2）。

① 社会事業団体，政治団体等に対する献金

② 神社のお祭りなどへの寄贈金

(2) **売上割戻し等との区分**

得意先に対し売上高や回収高その他の協力度合に応じて一定の計算基準で支出される金銭又は事業用資産を交付した場合は，交際費ではなく，売上割戻しとなる。

事業用資産又は少額物品以外の物品を交付したり，旅行・観劇等に招待すれば，その基準が売上割戻し計算と同じものでも，その費用は交際費となる。

なお，メーカーや問屋が得意先に対し景品付販売をする場合，その景品が少額物品であり，かつ，その種類及び金額がそのメーカーや問屋側で確認できる場合は，その費用は交際費としなくてもよいとされている（措通61の4(1)—3～5）。

(3) **広告宣伝費との区分**

次のものは，広告宣伝費となる（措通61の4(1)—9）。

① カレンダー，手帳，扇子，うちわ，手ぬぐいなどを贈るための費用

② 一般の工場見学者等に自社の製品を試飲試食させたり，常識で考えられる程度のお茶やお菓子を出してもてなす費用

③ 得意先等に配る見本品や試供品の費用

④ 一般消費者に対し，抽せんで賞品を交付したり，旅行・観劇に招待する費用（**得意先，仕入先**などを旅行・観劇などに招待した費用は交際費である）

⑤ 取扱商品の継続的試用者又は消費動向調査に協力した一般消費者に対し謝礼として金品を交付するための費用

(4) **販売奨励金との区分**

金銭又は事業用資産の交付であれば，交際費等とはしない（措通61の4(1)—5）。

第5章　損金の計算　241

⑸　**福利厚生費との区分**

①　創立記念日，国民の祝日，新社屋落成式などの会社行事に，従業員全員に同じように配られる祝いの折詰などは福利厚生費となる。ただし，同じ創立記念でも取引の相手先を招いてする宴会費や交通費，記念品代などは交際費となる。

②　従業員又は従業員であった者の親族等の慶弔禍福の見舞金，祝金は福利厚生費となるが，得意先，仕入先等社外の人の慶弔禍福に際し支出する金品は交際費となる（措通61の4⑴―10）。

⑹　**会議費との区分**

社内や通常会議を行う場所での会議に際し，昼食程度を超えない範囲で飲食物等を提供する費用は交際費とはされない。この場合の会議には，来客との商談や打合せ等も含まれる。

実態で判断するのであるから特約店，販売店を旅行，観劇に招待し，同時に新製品の説明会，販売技術の研究会などを開いた場合は，全体のスケジュールのなかで実質的に会議を行った部分の費用だけは会議費としてもよいことになる（措通61の4⑴―16）。

4　交際費の経理処理

会社の支出する交際費等については，仮払経理しようと未払経理しようと剰余金処分経理しようとも，接待，きょう応等の**事実のあった事業年度の交際費等**として損金不算入額計算の対象となる。

242

〈図表 5—13〉交際費の経理方法と税務調整

本年の経理方法	本年の税務調整	翌年の経理方法	翌年の税務調整
本年に接待あり，支払った。そして損金経理をした。 （交際費）××／（現金）××	税法でも支出交際費となる。	処理なし	処理なし
本年に接待あったが，未払の損金経理をした。 （交際費）××／（未払金）××	税法でも支出交際費となる。	前期の未払金の支払をした。 （未払金）××／（現金）××	税法では支出交際費とならない。
本年に接待あったが，仮払経理をした。 （仮払金）××／（現金）××	税法では支出交際費となる。 仮払交際費認定損 （減算・留保）	前期の仮払金を交際費に振り替えた。 （交際費）××／（仮払金）××	税法では支出交際費とならない。 前期仮払交際費否認 （加算・留保）
本年に接待あったが，何も経理しなかった。 本年に接待等の事実は領収書等でわかる。	税法では支出交際費となる。 支出交際費認定損 （減算・留保）	翌年に仕訳をした。 （交際費）××／（現金）××	税法では支出交際費とならない。 交際費否認 （加算・留保）

5 交際費の損金不算入額の計算

(1) **交際費課税の原則**（資本金 1 億円超の法人）

法人が支出した交際費等の金額は，その全額が損金不算入とされる（措法61の4 ①）。

(2) **平成26年 4 月 1 日以降に開始する事業年度**

全ての法人に対して，平成26年 4 月 1 日から平成32年 3 月31日までに開始する事業年度において，交際費等のうち**接待飲食費**（1 人当たりの飲食費が5,000円を超えるものに限る）の50％を損金算入できる。

接待飲食費とは，交際費等のうち飲食その他これらに類する行為のために要する費用（専らその法人の役員もしくは従業員又はこれらの親族に対する接待等のために支出するもの，すなわち社内飲食費を除く）で，参加者 1 人当たりの支出額が5,000円を超えるものである。法人の役員もしくは従業員又はこれらの親族に対する接待費のために支出する**社内飲食費**は，1 人当たり5,000円以下となる少額接待飲食費の対象にも含まれない。

この社内飲食費は，交際費に該当する。しかし，50％基準の対象となる接待

第5章　損金の計算　243

飲食とは社外飲食費を対象するため，社内飲食費は接待飲食費には含まれない。

　中小法人（資本金1億円以下の法人）に対しては，支出する交際費については，定額基準800万円まで損金算入できる規定と，上記の交際費等のうち接待飲食費（1人当たり飲食費が5000円を超えるものに限る）の50％を損金算入できる規定との選択適用ができる。中小法人でも**資本金5億円以上の法人（大法人）に完全支配**（発行済株式総数等の100％所有）されている普通法人等に800万円の定額基準の適用はない。

期末資本金額	損金算入限度額
1億円以下の法人（中小法人）	①　800万円 $\times \dfrac{\text{事業年度の月数}}{12}$ （定額基準） ②　接待飲食費（1人当たり5,000円超） 　　×50％（接待飲食費基準） ③　①・②多い方
1億円超の法人	接待飲食費（1人当たり5,000円超） ×50％（接待飲食費基準）

〈図表5―14〉 交際費の損金算入額の計算 (平成26年4月1日以後に開始する事業年度)

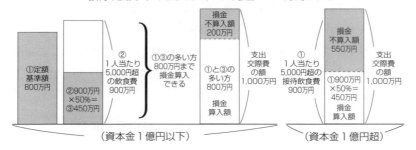

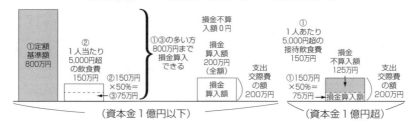

《計算Point》

交際費とは，事実のあった事業年度の交際費として計算する。

交際費の要件 《3要件説 (平成15年9月9日判決：医学論文高裁判決)》

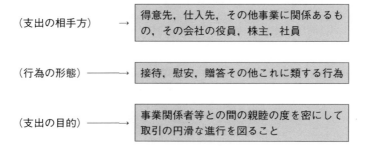

第5章　損金の計算　245

〈例〉　①　××周年記念，交通費，記念品代

②　得意先，仕入先への見舞金，香典

③　得意先，仕入先を旅行，観劇に招待

④　ゴルフクラブ，ライオンズクラブの会費

（平成26年4月1日以後に開始する事業年度）

〈損金算入限度額〉

中小法人──── 資本金1億円以下の法人

①　年800万円（定額基準）

②　接待飲食費（1人当たり5,000円超）×50%（接待飲食費基準）

③　①②の多い方

〈損金算入限度額〉

中小法人以外－資本金1億円超の法人

接待飲食費（1人当たり5,000円超）×50%（接待飲食費基準）

〈損金不算入額の計算〉

全法人────支出交際費の額－損金算入限度額

《計算Pattern》

交際費の損金不算入額の計算（平成26年4月1日以後に開始する事業年度）

(1)　支出交際費の額

損金経理，剰余金処分経理，仮払経理などを問わず，その行為があった時点で限度計算等の対象となる。

(2)　損金算入限度額

（中小法人）1億円以下の法人

①　$800万円 \times \dfrac{事業年度の月数}{12}$　（定額基準額）

②　接待飲食費（1人当たり5,000円超）×50%（接待飲食費基準）

③　①②の多い方

（中小法人以外）1億円超の法人

接待飲食費（1人当たり5,000円超）×50%（接待飲食費基準）

246

(3) 損金不算入額

支出交際費の額(1)－損金算入限度額(2)

《別表四の記載》

	区　　　　　分	金　　額	社外流出
加 算	交際費の損金不算入額	×× ×	××

《計算例題１》　交際費の損金不算入の計算　ケース１

　慶応株式会社の当期（自平成31年１月１日　至令和元年12月31日）における交際費等の損金不算入額を計算しなさい。なお，慶応株式会社は資本金５億円以上の法人には支配されていない。

１　当期において損金経理により交際費勘定に計上した金額の内訳は，次のとおりである。

　①　得意先を旅行に招待した費用　　　　　　　　　　　　12,000,000円

　②　従業員のために行われる運動会に要した費用　　　　　　250,000円

　③　社内会議に関連して支出した茶菓・弁当　　　　　　　　400,000円

　④　得意先に配布したカレンダー・手帳の作成費用　　　　1,500,000円

　⑤　仕入先を料亭等で接待した費用（参加人数100人分）　3,430,000円

　　　（全て１人当たり5,000円超）

　⑥　得意先との商談のときに要した飲食費（参加人数７人）　35,000円

２　期末資本金額　　　　　　　　　　　　　　　　　　　40,000,000円

《解答欄》

１　支出交際費の額

　　　　┌─────────────┐　　┌─────────────┐
　　　　│　　　　　　　　　　　　　│＝│　　　　　　　　　円│
　　　　└─────────────┘　　└─────────────┘

2　損金算入限度額

3　損金不算入額

☐円 − ☐円 = ☐円

《解　答》

1　支出交際費の額

| 12,000,000円＋3,430,000円(注) | = | 15,430,000円 |

2　損金算入限度額

① 8,000,000円 × $\dfrac{12}{12}$ = 8,000,000円（定額基準）

② 3,430,000円 × 50％ = 1,715,000円（接待飲食費基準）

③　①と②の多い方　　　8,000,000円

3　損金不算入額

15,430,000円 − 8,000,000円 = 7,430,000円

（注1）$\dfrac{3,430,000円}{100人}=34,300円>5,000円$　∴交際費

（注2）$\dfrac{35,000円}{7人}=5,000円≦5,000円$

∴1人当たり少額接待飲食費なので全額損金

《計算例題2》 交際費の判定　ケース1

　次の文章のうち，正しいものには○印を，誤っているものには×印を，
（　）内に記入しなさい。

1　交際費等は事業の遂行上必要であるので，その支出額はすべて法人税
　法において損金とされる。（　　）

2　接待等をしてその支出額を仮払計上しても，その行為があった事業年
　度において限度計算の対象となる。（　　）

3　きょう応等をしてその費用を事業年度終了の日までに支払わず未払計
　上した場合は，実際にその支払が行われた事業年度で限度計算の対象と
　する。（　　）

4　得意先に贈答等の行為のために支出した金額は，剰余金経理した事業
　年度の限度計算の対象とする。（　　）

5　得意先を接待した。合計額は32,000円（参加人数8人）は交際費である。
　（　　）

6　役員が得意先をクラブに接待した。合計額100,000円（参加人数5名）
　は交際費である。（　　）

7　当社の従業員3人で当社の役員2人を料亭に接待した費用合計額
　90,000円は交際費である。（　　）

《解　答》

1　（　×　）　　　2　（　○　）　　　3　（　×　）　　　4　（　×　）

5　（　×　）　32,000円÷8人＝4,000円≦5,000円　∴5,000円以下の少額
　接待飲食費であり損金となる。交際費ではない。

6　（　○　）　100,000円÷5人＝20,000円＞5,000円　∴交際費である。

7　（　○　）∴社内飲食費であり交際費である。50%基準の接待飲食基準
　の判定には含まれない。50%基準は社外飲食費も対象とするためである
　社内飲食費には1人当たり5,000円以下となる少額接待飲食費の対象に

も含まれない。

《計算例題3》 交際費の損金不算入の計算 ケース2

慶応株式会社は，当期（自平成31年4月1日 至令和2年3月31日）において，次に掲げる金額を交際費等として損金経理している。よって，以下の資料に基づき，当期の交際費等の損金不算入額を計算しなさい。なお，当期末における資本金額は50,000,000円である。なお，慶応株式会社は資本金5億円以上の法人には支配されていない。

1　社外の者を招いて行われた社屋新築記念における宴会費　5,000,000円
　（1人当たり5,000円超の接待飲食費は，そのうち4,200,000円）
2　得意先に対する見本品の供与に要した費用　350,000円
3　仕入先を接待した当社社員の帰宅に要したタクシー代　30,000円
4　A政治団体に対する献金　500,000円
5　株式総会対策のため，総会屋に支払った賛助金　200,000円
6　役員に対して支給した交際費で報告を求めないもの　1,000,000円
7　得意先を旅行に招待した費用　450,000円
8　その他の費用で税務上の交際費等に該当するもの　3,200,000円
　（このうち，200,000円が未払経理されている）
9　仕入先と飲食した1人当たり5,000円以下の費用　32,000円
　（8人分の合計）

《解答欄》
1　□ ＝ □ 円

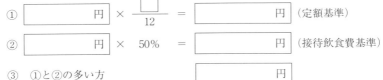

250

3　損金不算入額

| 円 | － | 円 | ＝ | 円 |

（税務検定類題）

《解　答》

1　支出交際費の額

| 4,200,000円＋30,000円
　　＋200,000円＋450,000円＋3,200,000円 | ＝ | 8,080,000円 |

2　損金算入限度額

① $\boxed{8,000,000円} \times \dfrac{\boxed{12}}{12} = \boxed{8,000,000円}$ （定額基準）

② $\boxed{4,200,000円} \times 50\% = \boxed{2,100,000円}$ （接待飲食費基準）

③　①と②の多い方　　$\boxed{8,000,000円}$

3　損金不算入額

$\boxed{8,080,000円} － \boxed{8,000,000円} ＝ \boxed{80,000円}$

（注）　1人当たり5,000円以下の飲食費は交際費に含まれない。32,000円÷8人
＝4,000円/人なので少額接待飲食費であり、損金となる。

《計算例題4》　交際費の判定　ケース2

　次の資料のうち交際費に該当するものに○をつけなさい。該当しないも
のは，該当する勘定科目を記入しなさい。

(1)　カレンダー，手帳，扇子，うちわ，手ぬぐいなどの贈与の費用

(2)　得意先，仕入先などの慶弔，観劇などに招待する費用

(3)　政治献金，社会事業団体，神社，祭礼などの寄贈金

(4)　従業員の親族などの慶弔，禍福について支出される費用

(5)　会議の際の茶菓，弁当代（通常の昼食程度，おおむねビール1，2本程度

第5章　損金の計算　251

　で3,000円以下）

(6)　会社の何周年記念等の宴会費，記念品代，交通費等

(7)　取引先の使用人等に対する取引の謝礼として支出する費用

(8)　機密費，接待費などの名義で従業員へ支給の使途不明のもの，又は報告の義務に関係しないもの

(9)　従業員の慰安のために運動会，演芸会，旅行などの費用

(10)　出版社などの新聞，雑誌などの座談会，取材費用

(11)　不動産業者の現地案内費用，新製品説明費用

(12)　下請工場，特約店，代理店となるための運動費用

(13)　売上に比例して金銭で支給のリベート

(14)　得意先などに見本品や試用品を提供するための費用

(15)　同業者組合の通常会費

(16)　従業員の昼食代や自社製品の原価以下の販売で原価までの費用

(17)　売上高に比例して得意先を物品の交付や旅行，観劇などの招待の費用

(18)　得意先あるいは一般の消費者に交付する景品の費用

(19)　社内の創立記念日，新社屋落成式などで従業員へ供する飲食などの費用

(20)　得意先，仕入先などを旅行，観劇などに招待の費用

《解答欄》

(1)		(2)		(3)		(4)		(5)	
(6)		(7)		(8)		(9)		(10)	
(11)		(12)		(13)		(14)		(15)	
(16)		(17)		(18)		(19)		(20)	

《解　答》

(1)　広告宣伝費　　(2)　○　　(3)　寄付金　　(4)　福利厚生費　　(5)　会議費

252

(6) ○　　(7) ○　　(8) 給　与　　(9) 福利厚生費　(10) 取材費

(11) 販売費　(12) ○　　(13) 売上割戻し　(14) 広告宣伝費　(15) 諸会費

(16) 給　与　(17) ○　　(18) 販売費　(19) 福利厚生費　(20) ○

《計算例題5》　交際費の損金不算入の計算　ケース3

　福大株式会社の当期（自平成31年1月1日　至令和元年12月31日）における次の資料に基づいて，当期の交際費等の損金不算入額を計算しなさい。なお，福大株式会社は，資本金5億円以上の法人には支配されていない。

1　当期における費用のうちに，次のものがある。

　(1)　A株の特約店となるために支出した費用

　　　イ　A株に対して支出した金銭　　　　　　3,000,000円

　　　ロ　A株の役員に対する接待費，贈答費　　　600,000円

　　　　（そのうち1人当たり5,000円超の接待飲食費は400,000円である）

　(2)　創業20周年記念に当たり支出した費用

　　　イ　大口得意先に対する記念品代　　　　　750,000円

　　　ロ　出席した得意先との宴会費　　　　　　500,000円

　　　　（全て1人当たり5,000円超の接待飲食費）

　　　ハ　遠隔地の得意先に対する交通費　　　　200,000円

　　　ニ　従業員に対し一律に社内において供与した通常の飲食費

　　　　　　　　　　　　　　　　　　　　　　　450,000円

　(3)　得意先，仕入先等の贈答等の費用　　　7,000,000円

　　　このほか，土地購入のために地方有力者に贈答した費用50,000円が，土地の取得価額に算入されている。

2　当期末資本金額　　　　　　　　　　　　40,000,000円

《解答欄》

1　支出交際費の額

円+	円+	円+	円+	円+	円

第5章 損金の計算　253

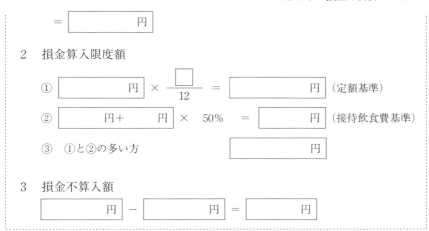

= 　　　円

2　損金算入限度額

① 　　　円 × □/12 = 　　　円（定額基準）

② 　　　円 + 　　　円 × 50% = 　　　円（接待飲食費基準）

③ ①と②の多い方　　　　　円

3　損金不算入額

　　　円 − 　　　円 = 　　　円

《解　答》

1　支出交際費の額

400,000円 + 750,000円 + 500,000円 + 200,000円 + 7,000,000円 + 50,000円

= 8,900,000円

2　損金算入限度額

① 8,000,000円 × 12/12 = 8,000,000円（定額基準）

② 400,000円 + 500,000円 × 50% = 450,000円（接待飲食費基準）

③ ①と②の多い方　8,000,000円

3　損金不算入額

8,900,000円 − 8,000,000円 = 900,000円

《実務上のPoint》

⑴　交際費は損金算入限度額があり，損金に算入できる金額が限られている。

⑵　交際費は概念が広いため，他の類似費用との区別を明確にすることが重要となる。

⑶　**渡切交際費**は交際費等に含まれない。会社が役員や使用人に対して機密費，接待費，交際費，旅費等の名目で渡したお金でその使途が不明のもの又は業務に関係ないものである。この渡切交際費は給与として処理する。したがって，渡切交際費が役員に対するもので臨時的ならば，役員給与（法34①）となり損金不算入となる。毎月定額ならば役員給与となる。そして，相当額なら法34②により損金となる。役員個人にも所得税が課される。渡切交際費とは，使途不明金と異なり，お金を渡した相手がわかっている。

⑷　法人が，社外に対して交際費，機密費，接待費等の名義をもって支出した金銭でその使途が明らかでないものは**使途不明金**といい，損金の額に算入されない（基9─7─20）。

　　一方，**使途秘匿金**とは，会社が支出したものの，相当の理由がなく相手先の住所，氏名，事由等が帳簿に記載していないものである。この**使途秘匿金**（ヒトクキン）を支出したときは，その支出額に対して40％の特別税率による法人税が課税される。**渡切交際費**が，会社から役員や使用人に対内的にお金が支払われ，相手がわかっているのに対して，この**使途不明金**は対外的に支出されたが相手までわからないのである。使途不明金の損金算入を認めることは，公正な会計処理に基づいているとはいえず，損金に算入されない。さらに**使途秘匿金**とは企業が，相当の理由がなく相手方の住所，氏名等を秘匿（隠す）ものであり，違法ないし不正な支出につながるおそれがあるので，損金を否認するだけではなく，さらに使途秘匿金課税がなされている。

〈図表5―15〉使途不明金

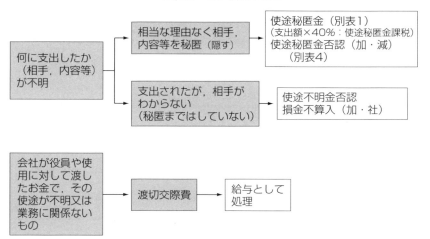

(5) **ゴルフクラブの入会金**は**法人会員**で業務の遂行上必要な場合，資産となるが，**年会費やプレー代金は交際費**となる。**個人会員**で個人がプライベートで利用する場合，その入会金，年会費，プレー代金は**役員**が利用するときは，役員給与の損金不算入となる。使用人が利用するときは損金でよい。

第6節　寄　付　金

【Point 18】

> 　寄付金には，所得金額，資本金等の額によって損金算入限度額が定められている。損金算入限度額を超える寄付金は損金にはならない。
>
> 　寄付金は，現実に支出した年度において寄付金として扱われる。また，寄付金の種類によって損金算入，損金不算入の取扱いは異なる。

1　制度の趣旨

　法人が支出した**寄付金**（contributions）の額につき損金経理の方法により支出した場合であっても，損金算入限度額を超える部分の金額は，損金の額に算入されない（法37）。

　本来，寄付金とは反対給付がないものである。ところが，わが国では，個々の寄付金が，法人の**事業に直接関連があるものであるか否か明確**ではなく，かつ，直接関連のあるものとないものを区別することが実務上極めて困難なものも含まれている。そのため，行政的便宜の必要性上，一定の基準として損金算入限度額を設けている。これを超える金額を損金不算入としている。

　また，財政学的には，法人の支出する寄付金を全額損金算入するとすれば，国の財政収入の確保を阻害することとなり，しかも**課税の公平**上適当ではないため，損金算入に一定の基準を設定している。

　このように，寄付金の損金算入限度額を設けた趣旨は，**行政的便宜の必要性**及び**課税の公平**にあるといえる。

2 寄付金の範囲

　寄付金の額は，寄付金，拠出金，見舞金その他いずれの名義をもってするかを問わず，法人が金銭その他の資産又は経済的な利益の贈与又は無償の供与をした場合におけるその**金銭の額**，贈与資産の贈与時の**時価**又は**経済的な利益のその供与時の価額**による。ただし，これらの贈与又は無償の供与であっても，広告宣伝及び見本品の費用その他これらに類する費用並びに交際費，接待費，福利厚生費に該当するものは，寄付金に該当しないものとして除かれる（法37⑦）。

　この法人税法37条7項のカッコ書きの寄付金に該当しないものとして除かれる解釈は，3つの説に分かれている。

　まず**限定説**は，寄付金から除かれる費用は，条文と同じ広告宣伝及び見本品の費用その他これらに類する費用並びに，交際費，接待費，福利厚生費に限定されるとする説である。

　これに対して，カッコ書きで除かれている費用は，あくまでも例示にすぎないとする**例示説**がある。**例示説**には，除かれる費用は販売費及び一般管理費に限るという**限定例示説**と，除かれる費用は広く，販売費及び一般管理費に限定せず，営業外費用，特別損失，子会社管理のために負担した損失等も除かれるという**無限定例示説**がある[1]。

　また，時価に比して低い対価をもって資産の譲渡又は経済的な利益の供与をした場合には，その対価の額と時価又は経済的な利益のその供与時の価額との差額のうち**実質的に贈与又は無償の供与をしたと認められる金額**は，寄付金の額に含まれる（法37⑧）。なお，法人の事業に関係のない者に対して贈与をした場合において，それが寄付金であるか交際費であるかは個々の実態により判断するが，金銭でした贈与は原則として寄付金とする。社会事業団体，政治団体に対する拠出金，神社の祭礼等の寄贈金は寄付金とされる（措通61の4(1)—2）。

258

〈図表5－15〉寄付に対する税法と会計の考え方の違い

土地を町内会へ寄付した。（時価1,000万円，簿価600万円）	
（会　　　　計）	（税　　　　法）2段階説
譲渡損600万円／土地600万円	①段階 　　現金1,000万円／土地　　600万円 　　　　　　　　　　　／譲渡益400万円 　（時価売却したと仮定する） ②段階 ──寄付金1,000万円／現金1,000万円 　（売却したお金で寄付したと仮定する） ──→損金算入限度額あり

　法人税法上の寄付金と私法上の贈与との関係については，規定上の目的が異なっているが，以下の判例がある。

≪法人税法上の寄付金の概念の判例研究≫ ☕ ちょっと考えるコーヒーブレイク

　福井地裁（平成13年1月17日）判決においては，法人税法上の寄付金は税法の固有の概念であると判示した。子会社の新株を取得するために払い込んだ金額が額面金額かつ発行価額を超える部分が寄付金にあったとされた。法律や企業会計原則上の制約に反しない適法な増資支払込みであるか否かと，税法上の寄付金に当たるか否かは，各元を異にする問題であるとした。

3　寄付金の意義に関する学説

　寄付金の意義・範囲に関する学説は，(1)非事業関連説，(2)事業関連説，(3)非対価説の3つに分類できる。

(1)　**非事業関連説**

　寄付金とは，事業に関係なく支出される金銭等の贈与をいい，その支出が事業に関係あるものであれば，寄付金に該当しない。

(2)　**事業関連説**

　法人税上の寄付金とは，事業に関連した寄付金であり，事業に関連しない寄付金は利益処分による寄付金として損金の額に算入されない。

第5章 損金の計算 259

⑶ **非対価説**

　法人が支出した寄付金とは，事業関連性の有無を問わず，直接的な対価を伴わない支出とするものである[2]。この考え方が，現在の判例・学説及び課税実務の定説であるということができる。

　つまり，**法人税上の寄付金**とは，①無償の支出であり，②事業に関連するか否かを問わず，③対価を享受しないでなされた金銭又は経済的利益の給付または供与であり，④法人税法37条7項の本文のかっこのただし書きに該当しないものといえる。

〈図表5－16〉**寄付金の意義・範囲に関する学説**

非事業関連説	事業関連説	非対価説
法人税法上の寄付金とは，事業に関係なく支出される金銭等の贈与をいう	法人税法上の寄付金とは，事業に関連した寄付金である	法人税法上の寄付金とは，直接的な対価を伴わない支出である

≪**寄付金課税の判例研究1**≫ ☕ **ちょっとくつろぐコーヒーブレイク**

　寄付金課税の判例として，清水惣事件・大阪高裁昭和53年3月30日控訴審判決がある。争点は2つある。1つ目は子会社にした無利息融資に係る利息相当額が，法人税法22条2項にいう「無償による役務の提供に係る収益の額」に該当するかである。2つ目の争点は，子会社に対する無利息貸付の寄付金当該性についてである。まず2つ目の争点に対しては，利息相当額の**対価的利益の供与**を受けておらず，その供与を受けることの**合理的理由が見出し**がたいこと，しかも法37条5項のカッコ書き内の所定のものに該当するとは解しえないため，寄付金の額に算入されることと判決された。

　この判決を受け，昭和55年に9－4－1，9－4－2の法人税基本通達が創設された。また，1つ目の争点に対しては，資産の無償譲渡，役務の無償提供は，実質的にみた場合，資産の有償譲渡，役務の有償提供によって得た代償を無償で給付したのと同じであるところから，担税力を示すものとみて，法22条

2項はこれを収益発生事由として規定したものと考えられる。したがって，無利息融資の利息相当額は，法22条2項の無償による役務の提供による収益の額と判示された。 大阪高裁は，法22条2項の無償による役務の提供に係る収益に該当するとした。

(子会社等を整理する場合の損失負担等)

9—4—1 法人がその子会社等の解散，経営権の譲渡等に伴い当該子会社等のために債務の引き受けその他損失負担又は債権放棄等（以下9—4—1において「損失負担等」という。）をした場合において，その損失負担等をしなければ今後より大きな損失を蒙ることになることが社会通念上明らかであると認められるためやむを得ずその損失負担等をするに至った等そのことについて相当な理由があると認められるときは，その損失負担等により供与する経済的利益の額は，寄付金の額に該当しないものとする。（昭55年直法2—8「三十三」により追加，平10年課法2—6により改正）

(注) 子会社等には，当該法人と資本関係を有する者のほか，取引関係，人的関係，資金関係等において事業関連性を有する者が含まれる（以下9—4—2において同じ。）。

(子会社等を再建する場合の無利息貸付け等)

9—4—2 法人がその子会社等に対して金銭の無償若しくは通常の利率よりも低い利率での貸付け又は債権放棄等（以下9—4—2において「無利息貸付け等」という。）をした場合において，その無利息貸付け等が例えば業績不振の子会社等の倒産を防止するためにやむを得ず行われるもので合理的な再建計画に基づくものである等その無利息貸付け等をしたことについて相当な理由があると認められるときは，

第5章　損金の計算　261

その無利息貸付け等により供与する経済的利益の額は，寄付金の額に該当しないものとする。（昭55年直法2―8「三十三」により追加，平10年課法2―6により改正）

（注）合理的な再建計画かどうかについては，支援額の合理性，支援者による再建管理の有無，支援者の範囲の相当性及び支援割合の合理性等について，個々の事例に応じ，総合的に判断するのであるが，例えば，利害の対立する複数の支援者の合意により策定されたものと認められる再建計画は，原則として，合理的なものと取り扱う。

≪寄付金課税の判例研究2≫　☕ ちょっとくつろぐコーヒーブレイク

　もう1つの寄付金課税の判例として，売上値引・売買損失に関する判例（東京高裁平成4年9月24日）がある。

　商事会社X社が関連会社である製造業A社に対する支援策として行った売上値引き及び売買損失を損金計上していた。しかし，税務署長はこれを「寄付金」に該当するとして，損金不算入とする更正処分をしたのである。

　A社が棒鋼の製造に使用する原料は，すべてX社が仕入先から仕入れて，A社に販売する形式をとっていた。

　まず，売上値引についてである。

　A社宛てに発行した請求書に，「ウリアゲネビキ（チュウゴクセイコウ　7ガット　アカジニタイスル　エンジョ）」との記載がなされ，原料の売上値引きが行われていた。

　裁判所は，請求書の記載等からすれば，本件売上値引きは，A社の赤字に対する援助として行われたものであることが明らかであり，一般に売上品について量目不足等があった場合に基づいて行われる通常の取引における売上値引きとはおよそその性質を異にするものである。A社に対する「経済的な利益の無償の供与」として法人税法37条所定の寄付金に該当するものといわなければならない。また，「広告宣伝及び見本品の費用その他これらに類する費用並びに交際費，接待費及び福利厚生費」とされるべき営業経費は，寄付金から除外す

ることとしているに過ぎず，本件売上値引きは，そのようないわゆる営業経費の性質を有するものとは到底解し得ないから，寄付金と判示した。

次に，売買損失についてである。

A社とB社との間で商談が進められたが，異形棒鋼の市況の下落，需要供給関係の悪化から，買手がなかなか見つからない状態にあった。そのため，当面仮仕切りの価額で買い受け，後日B社に買手が見つかった場合，最終的な売買価額を確定し仮仕切り価額との差額を清算するという形の売買を行うこととなった。

B社から仕入を解消したいと申出があった。そこで，X社がB社の販売店であったC社から買戻しを行った。その後，X社はD社に売却したが，棒鋼の価格は下がっており，売買損失が生じてしまった。

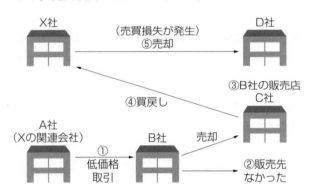

裁判所は，X社がC社から棒鋼の買受けを行った時点においては，売買価額は当時の相場価格にほぼ等しく，しかも，相場価格の先行きの見通しとしては，更ににその下落傾向が続くとする見方がありながら，そろそろ反発して上昇する見方もあった。A社のためにこの買受けを行ったという面は認められるにしても，その行為自体としては，客観的な市場価格に相当する価額で，将来は更にその価額が上昇に向かう可能性もある商品を買い入れるという，ごく通常の取引行為の性格を持つものであったとも考えられる。したがって，売買損失は寄付金に算入することはできないと判示した。売買損失として認められた。

第5章 損金の計算 263

4 寄付金の現金主義

　寄付金については，実際に金銭を支払った日の属する事業年度の寄付金となる（令78）。したがって，現金主義によって計算される。ゆえに，未払金経理によるものは当期の寄付金とはしない。しかし，仮払金経理によるときは，支払った年度の支出寄付金に含めることになる（基9─4─2の3）。

　一定限度額の範囲内で損金算入が認められる寄付金は，「支出した寄付金」に限られる（法37③）。また，寄付金を支払うための手形振出も，現実の支払に該当しない（基9─4─2の4）。

　このように，寄付金計上時期は，原則として現実に支出した時点とされている。これは，意図的に未払寄付金等を計上することによる租税回避の防止を意図したものである。

〈図表5─17〉寄付金の経理と処理

支払った年度に損金経理 →	支払寄付金に含める
未払経理した寄付金，手形で支払った寄付金 →	現実に支払があるまでは，寄付はなかったものとされる。したがって，その事業年度において未払経理しても損金の額には算入されない。
仮払経理した寄付金	支出のあった事業年度の寄付金とされ，支出寄付金に含めて損金不算入額の計算がなされる。

〈図表5─18〉寄付金の経理方法と税務調整

本年の経理方法	本年の税務調整	翌年の経理方法	翌年の税務調整
本年に寄付金を支払った。損金経理をした。 (寄付金)××／(現金)××	税法でも支出寄付金となる。	処理なし	処理なし
本年に未払の損金経理をした。 (寄付金)××／(未払金)×× 又は (寄付金)××／(支払手形)××	税法では支出寄付金とならない。 未払寄付金否認 (加算・留保)	未払金等を現金で支払った。 (未払金)××／(現金)×× 又は (支払手形)××／(現金)××	税法では支出寄付金となる。 前期未払寄付金認容 (減算・留保)
本年に仮払経理をした。 (仮払金)××／(現金)××	税法では支出寄付金となる。 仮払寄付金認定損 (減算・留保)	仮払金を寄付金に振り替えた。 (寄付金)××／(仮払金)××	税法では支出寄付金とならない。 前期仮払寄付金否認 (加算・留保)

5 寄付金の損金不算入額の計算

寄付金は，支出の相手方によって次のように区分されており，この区分により処理が異なっている。

(1) 指定寄付金等

寄付金は，一般的には，資本金等の額と所得金額に比例して，一定割合を損金算入されるのであるが，寄付金が公益目的のためである場合は，むしろ奨励されるべきものとして，その性格上，全額損金に算入される。これを指定寄付金等という。指定寄付金等には，次の２種類がある（法37④）。

① 国又は地方公共団体に対する寄付金（特別の利益がその寄付をした者に及ぶと認められるものを除く）

② 公益社団法人，公益財団法人その他公益目的の事業を行う法人，団体に対する寄付金のうち，以下の要件を満たすものとして財務大臣が指定したもの（法37③二）

(イ) 広く一般に募集されること

(ロ) 教育又は科学の振興，文化の向上，社会福祉への貢献，その他公益の増進に寄与するための支出で緊急を要するものに充てられることが確実であること

(2) 特定公益増進法人等に対する寄付金

公共法人，公益法人等（公益法人等とされる一般社団法人，一般財団法人を除く）その他特別の法律により設立された法人のうち，教育又は科学の振興，文化の向上，社会福祉への貢献その他公益の増進に著しく寄与する法人（特定公益増進法人）に対する寄付金で，その法人の主たる目的である業務に関連する寄付金がある場合には，一般の寄付金と別枠で，その特定公益増進法人に対する寄付金の額と，特別損金算入限度額といずれか少ない金額が損金の額に算入される（法37④）。

第5章　損金の計算　265

〈特定公益増進法人に対する寄付金の特別損金算入限度額の計算〉

$$\boxed{期末の資本金等の額} \times \frac{事業年度の月数}{12} \times \frac{3.75}{1,000} = \boxed{資本基準額}$$

$$\boxed{各事業年度の所得金額} \times \frac{6.25}{100} = \boxed{所得基準額}$$
（仮計の金額＋支出寄付金）

$$\left(\boxed{資本基準額} + \boxed{所得基準額}\right) \times \frac{1}{2} = \boxed{特別損金算入限度額}$$

　これは，特定公益増進法人等に対する寄付は公共性も高く，その寄付を容易にするために損金算入の枠を広げたものである。特定公益増進法人の主なものは，次のとおりである（令77）。認定特定非営利法人（認定NPO法人）に対する特定非営利活動に関する寄付金は，特定公益法人に対する寄付金に合計される（措法66の11の2）。特定地域雇用会社（高年齢者を積極的に雇用する企業，障害者を積極的に雇用する企業）に対する寄付金も特定公益増進法人に対する寄付金に合計される（措法66の12）。

①　自動車安全運転センター，日本私立学校振興財団，日本赤十字社（経常経費にあてるもの）等

②　独立行政法人，地方独立行政法人

③　私立学校法第3条に規定する学校法人で，学校又は専修学校の設置を主たる目的とするもの

④　社会福祉法第22条に規定する社会福祉法人

⑤　公益社団法人及び公益財団法人

(3)　一般の寄付金の損金算入限度額

　寄付金は，元来その企業活動との直接的な関連がなく，その支出を無制限に損金算入するときは，課税所得と税額の軽減をもたらすので，法人税法では，一定の限度を設けて損金算入を認めている。すなわち，寄付金は，資本金等の金額や所得金額の一定割合を限度として損金に算入される。

　通常の場合，次の算式により計算された金額が損金算入限度額となる（令73）。

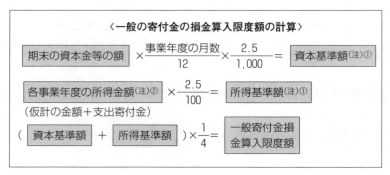

(注)① 資本基準額は企業規模から判断した寄付金の支出水準を示し、所得基準額は支払能力から判断した一般的支出水準を示している。資本金等の額は法人が株主等から出資を受けた金銭の額等の金額で、資本金の額とその他一定の金額をいう（第3章 5 ）。

(注)② 所得金額は、具体的には法人税申告書別表四「仮計」の金額に**支出寄付金の額を加算**した金額である。つまり、支出寄付金の額を損金の額に算入しないと仮定した場合の仮計の金額といえる。

(4) 国外関連者に対する寄付金（措法66の4③）

法人がその法人の**国外関連者**に対する寄付金は、全額が損金の額に算入されない。国外関連者を相手にした取引について、移転価格税制が適用される場合があるのに対して、国外関連者への寄付が損金となるのでは、均衡が崩れるためである。そのため、国外関連者への寄付について損金不算入となった。

なお、**国外関連者**とは、その法人との間に一方の法人が他方の法人の発行済株式総数の50％以上を直接又は間接に保有する関係等にある外国法人をさす（措法66の4①、措令39の12①）。

第5章 損金の計算 267

〈図表5-19〉寄付金の種類と損金算入限度額

寄付金の種類	損金算入限度額（1年決算法人の場合）
国・地方公共団体に対する寄付金 （国立大学法人等への寄付，県立高校への寄付も含む）	全額損金算入
財務大臣の指定した寄付金	
特定公益増進法人に対する寄付金 （日本赤十字社，私立学校法人，独立行政法人，自動車安全運転センター等）	下記の特定公益増進法人に対する寄付金の特別損金算入限度額と特定公益増進法人に対する寄付金のうち少ない金額 $\left(\dfrac{期末資本金}{等\ の\ 額} \times \dfrac{事業年度の月数}{12} \times \dfrac{3.75}{1,000}\right.$ $\left. + \dfrac{当\ 期\ の}{所得金額} \times \dfrac{6.25}{100}\right) \times \dfrac{1}{2}$
一般の寄付金 （町内会への寄付，政治団体への寄付，宗教法人への寄付，日本商工会議所等への寄付）	$\left(\dfrac{期末資本金}{等\ の\ 額} \times \dfrac{事業年度の月数}{12} \times \dfrac{2.5}{1,000}\right.$ $\left. + \dfrac{当\ 期\ の}{所得金額} \times \dfrac{2.5}{100}\right) \times \dfrac{1}{4}$

（注） 法人税申告書別表四の仮計の金額＋支出寄付金の額＝当期の所得金額

《計算Point》

(1) 寄付金は現金主義

　　仮払経理　→　支払った年度の寄付金　→仮払寄付金認定損（減算）

　　未払経理　→　当期の寄付金でない　→未払寄付金否認（加算）

　　前期に仮払経理　→　当期に損金経理　→前期仮払寄付金否認（加算）

　　手形払寄付金　→　決済時の寄付金　→振出日　未払寄付金否認（加算）
　　　　　　　　　　　　　　　　　　　→支払日　前期未払寄付金認容（減算）

(2) 寄付金の分類

　① 指定寄付金等

　　　国，地方公共団体に対する寄付金　→　全額損金算入

　　　上記以外の指定寄付金　→　全額損金算入

　② 特定公益増進法人に対する寄付金　→　特別損金算入限度額まで損金算入

　③ 一般の寄付金　→　一般の損金算入限度額まで損金算入

(3) 損金算入限度額

① 特定公益増進法人の特別損金算入限度額

$$\left\{ (期末資本金等の額) \times \frac{事業年度の月数}{12} \times \frac{3.75}{1,000} + \left(\begin{array}{c} 所得金額 \\ 支出した寄付金 \\ を加算する \end{array} \times \frac{6.25}{100} \right) \times \frac{1}{2} \right\} = 損金算入限度額$$

② 一般寄付金の損金算入限度額

$$\left\{ (期末資本金等の額) \times \frac{事業年度の月数}{12} \times \frac{2.5}{1,000} + \left(\begin{array}{c} 所得金額 \\ 支出した寄付金 \\ を加算する \end{array} \times \frac{2.5}{100} \right) \times \frac{1}{4} \right\} = 損金算入限度額$$

《計算Pattern》寄付金の損金不算入額の計算

(1) 支出寄付金の額

① 指定寄付金等

② 特定公益増進法人等に対する寄付金

③ 一般の寄付金

④ ①+②+③

(2) 特定公益増進法人の特別損金算入限度額

① 資本基準額（特定公益増進法人に対する寄付金）

$$期末資本金等の額 \times \frac{事業年度の月数}{12} \times \frac{3.75}{1,000}$$

② 所得基準額（特定公益増進法人に対する寄付金）

$$(別表四「仮計」＋支出寄付金(1)④) \times \frac{6.25}{100}$$

③ 特定公益増進法人の特別損金算入限度額

$$(①+③) \times \frac{1}{2}$$

(3) 一般寄付金の損金算入限度額

① 資本基準額（一般の寄付金）

第5章　損金の計算　269

$$期末資本金等の額 \times \frac{事業年度の月数}{12} \times \frac{2.5}{1,000}$$

② 所得基準額（一般の寄付金）

$$（別表四「仮計」＋支出寄付金(1)④） \times \frac{2.5}{100}$$

③ 一般寄付金の損金算入限度額

$$（②＋④） \times \frac{1}{4}$$

(4) 損金不算入額

支出寄付金の額の合計額 － 指定寄付金 －（注1）－(3)一般の限度
　　　　(1)④　　　　　　　　　(1)①

＝寄付金の損金不算入額（加・社）

（注1）特定公益増進法人に対する寄付金 $\begin{matrix} <(2)（特定公益増進の限度） \\ >(2) \end{matrix}$ 少ない方
　　　　　(1)②

《別表四の記載》

	区　　　　分	金　額	留　保	社外流出
加算	未払寄付金否認	×××	××	
	前期仮払寄付金否認	×××	××	
減算	前期未払寄付金認容	×××	××	
	仮払寄付金認定損	×××	××	
	仮　　　計			
	寄付金の損金不算入額	×××		×××

《計算例題1》　寄付金の損金不算入　ケース1

慶応産業株式会社（期末資本金等の金額7,000万円である）の第○期（自平成31年4月1日　至令和2年3月31日）における次の資料により，寄付金の損金不算入額を計算しなさい。

〈資　料〉

1　当期に損金経理した一般寄付金の支出額　　　200,000円

2　申告書別表四の仮計総額欄の金額　　　7,310,000円

《解答欄》

(1) 支出寄付金

① 指定寄付金等 [　　　　　円]

② 特定公益増進法人に対する寄付金 [　　　　　　円]

③ 一般の寄付金 [　　　　　円]

④ ①+②+③= [　　　　　円]

(2) 特定公益増進法人の特別損金算入限度額

① 資本基準額 （特定公益増進法人に対する寄付金）

$$[\qquad 円] \times \frac{\boxed{}}{12} \times \frac{3.75}{\boxed{}} = [\qquad 円]$$

② 所得基準額 （特定公益増進法人に対する寄付金）

$$([\quad 円] + [\quad 円]) \times \frac{\boxed{}}{100} = [\qquad 円]$$

③ 特定公益増進法人特別損金算入限度額

$$(① + ③) \times \frac{\boxed{}}{2} = [\qquad 円]$$

(3) 一般寄付金の損金算入限度額

① 資本基準額 （一般の寄付金）

$$[\qquad 円] \times \frac{\boxed{}}{12} \times \frac{2.5}{\boxed{}} = [\qquad 円]$$

② 所得基準額 （一般の寄付金）

$$([\quad 円] + [\quad 円]) \times \frac{\boxed{}}{100} = [\qquad 円]$$

③ 一般寄付金の損金算入限度額

$$(② + ④) \times \frac{\boxed{}}{4} = [\qquad 円]$$

第5章 損金の計算 271

(4) 損金不算入額

　　□円 − □円 − □円（注1） − □円（3)③

　　　　　　　　　　　　= □円

　　□円 < □円 ∴少ない方（注1）
　　　　　　　　　　　□円

《解　答》

(1) 支出寄付金

① 指定寄付金等　　□円

② 特定公益増進法人に対する寄付金　　□円

③ 一般の寄付金　　200,000円

④ ①＋②＋③＝　　200,000円

(2) 特定公益増進法人の特別損金算入限度額

① 資本基準額（特定公益増進法人に対する寄付金）

$$\boxed{}円 \times \frac{\boxed{}}{12} \times \frac{3.75}{\boxed{}} = \boxed{}円$$

② 所得基準額（特定公益増進法人に対する寄付金）

$$(\boxed{}円 + \boxed{}円) \times \frac{\boxed{}}{100} = \boxed{}円$$

③ 特定公益増進法人特別損金算入限度額

$$(① + ③) \times \frac{\boxed{}}{2} = \boxed{}円$$

(3) 一般寄付金の損金算入限度額

① 資本基準額（一般の寄付金）

$$70,000,000円 \times \frac{12}{12} \times \frac{2.5}{1,000} = 175,000円$$

② 所得基準額（一般の寄付金）

(7,310,000円 + 200,000円) × $\frac{2.5}{100}$ = 187,750円

③ 一般寄付金の損金算入限度額

(② + ④) × $\frac{1}{4}$ = 90,687円

(4) 損金不算入額

支出寄付金合計額　　(1)①　　　（注1）　　　(3)③
200,000円 － 　円 － 　円 － 90,687円
= 109,313円

　円 < 　円　　∴少ない方（注1）
　　　　　　　　　　　円

《計算例題2》　寄付金の損金不算入　ケース2

　次の資料に基づき，福大株式会社の当期（自平成31年4月1日　至令和2年3月31日）の寄付金の損金不算入額を示しなさい。なお，寄付金以外の申告調整項目はない。

1　当期末における資本金等の額　　60,000,000円
2　期末利益積立金　　　　　　　　10,000,000円
3　所得金額（寄付金控除後）　　　　9,000,000円
4　損金経理の寄付金　　　　　　　 1,000,000円
　（同上の内訳）
　　イ　指定寄付金　　　　　　　　　　50,000円
　　ロ　特定公益増進法人に対する寄付金　220,000円
　　ハ　その他の寄付金　　　　　　　　730,000円

第5章 損金の計算 273

《解答欄》

(1) 支出交付金の額

① 指定寄付金等 ［　　　　　］円

② 特定公益増進法人等に対する寄付金 ［　　　　　　　］円

③ 一般の寄付金 ［　　　　　］円

④ ①＋②＋③＝ ［　　　　　］円

(2) 特定公益増進法人の特別損金算入限度額

① 資本基準額（特定公益増進法人に対する寄付金）

$$［　　　　］円 \times \frac{□}{12} \times \frac{3.75}{［　　　］} = ［　　　　　］円$$

② 所得基準額（特定公益増進法人に対する寄付金）

$$(　［　　　　］円 + ［　　　　］円　) \times \frac{［　　　］}{100} = ［　　　　　］円$$

③ 特定公益増進法人特別損金算入限度額

$$(　① + ③　) \times \frac{［　　　］}{2} = ［　　　　　］円$$

(3) 一般寄付金の損金算入限度額

① 資本基準額（一般の寄付金）

$$［　　　　　］円 \times \frac{□}{12} \times \frac{2.5}{［　　　］} = ［　　　　　］円$$

② 所得基準額（一般の寄付金）

$$(　［　　　　］円 + ［　　　　］円　) \times \frac{［　　　］}{100} = ［　　　　　］円$$

③ 一般寄付金の損金算入限度額

$$(　② + ④　) \times \frac{［　　　］}{4} = ［　　　　　］円$$

(4) 損金不算入額

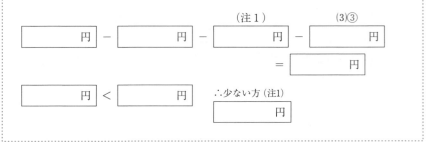

《解　答》

(1) 支出寄付金の額

① 指定寄付金等　　　　50,000円

② 特定公益増進法人等に対する寄付金　　220,000円

③ 一般の寄付金　　730,000円

④ ①+②+③＝　　1,000,000円

(2) 特定公益増進法人の特別損金算入限度額

① 資本基準額（特定公益増進法人に対する寄付金）

$$60,000,000円 \times \frac{12}{12} \times \frac{3.75}{1,000} = 225,000円$$

② 所得基準額（特定公益増進法人に対する寄付金）

$$(9,000,000円 + 1,000,000円) \times \frac{6.25}{100} = 625,000円$$

③ 特定公益増進法人特別損金算入限度額

$$(① + ③) \times \frac{1}{2} = 425,000円$$

(3) 一般寄付金の損金算入限度額

① 資本基準額（一般の寄付金）

$$60,000,000円 \times \frac{12}{12} \times \frac{2.5}{1,000} = 150,000円$$

② 所得基準額（一般の寄付金）

$$\left(\boxed{9{,}000{,}000円} + \underset{(1)④}{\boxed{1{,}000{,}000円}} \right) \times \dfrac{\boxed{2.5}}{100} = \boxed{250{,}000円}$$

③ 一般寄付金の損金算入限度額

$$\left(② + ④ \right) \times \dfrac{\boxed{1}}{4} = \boxed{100{,}000円}$$

(4) 損金不算入額

$$\underset{(1)④}{\boxed{1{,}000{,}000円}} - \underset{(1)①}{\boxed{50{,}000円}} - \overset{(注1)}{\boxed{220{,}000円}} - \overset{(3)③}{\boxed{100{,}000円}}$$

$$= \boxed{630{,}000円}$$

$$\boxed{220{,}000円} < \underset{(2)③}{\boxed{425{,}000円}} \quad \overset{∴少ない方（注1）}{\boxed{220{,}000円}}$$

《計算例題3》 寄付金の損金不算入 ケース3

　次の資料に基づき，福大株式会社の寄付金の損金不算入額を計算しなさい。

(1) 当期は平成31年4月1日から令和2年3月31日までである。

(2) 当期における確定した決算に基づく当期利益金額は15,000,000円である（これは調整前の金額である）。

(3) 期末資本金等の額は26,000,000円であり，うち資本金の額20,000,000円である。また期末利益積立金額は3,000,000円である。

(4) 下記以外に税務調整すべき金額はない。

(5) 当期中における寄付金に関する資料は次のとおりである。

276

寄付金	使　途	金　額	経理方法
県立西南高校	設備拡充資金	1,200,000円	損　金　経　理
日本商工会議所	事　業　費	1,800,000円	損　金　経　理
Ａ　町　内　会	町　内　会　費	500,000円	未　払　金　経　理
Ｂ　　政　　党	政　治　資　金	400,000円	損　金　経　理
Ｃ　宗　教　法　人	賛　　助　　金	300,000円	未　払　金　経　理
国　立　九　州　大　学	体　育　館　資　金	700,000円	仮　払　金　経　理
日　本　赤　十　字　社	事　業　費	200,000円	損　金　経　理
合　　　　　計		5,100,000円	———

(注)　県立西南高校に対する寄付金は前期において仮払金に計上し，当
　　　期において損金経理したものである。

《解答欄》

(1)　支出寄付金の額

　　①　指定寄付金　　　　　　　　　　　　　　　□　　　　　円

　　②　特定公益増進法人に対する寄付金　　　　□　　　　　円

　　③　一般の寄付金　　□　　　　　円　＋　□　　　　　円　＝　□　　　　　円

　　④　①＋②＋③＝　　□　　　　　円

(2)　特定公益増進法人の特別損金算入限度額

　　①　資本基準額（特定公益増進法人に対する寄付金）

$$\boxed{\qquad 円} \times \frac{\boxed{}}{12} \times \frac{3.75}{\boxed{}} = \boxed{\qquad 円}$$

　　②　所得基準額（特定公益増進法人に対する寄付金）

$$\{(\boxed{\qquad 円} + \boxed{\qquad 円} + \boxed{\qquad 円} + \boxed{\qquad 円}$$

$$-\boxed{\qquad 円}) + \boxed{\qquad 円}\} \times \frac{\boxed{}}{\boxed{}} = \boxed{\qquad 円}$$

　　③　特定公益増進法人特別損金算入限度額

$$(\boxed{\qquad 円} + \boxed{\qquad 円}) \times \frac{\boxed{}}{2} = \boxed{\qquad 円}$$

(3) 一般寄付金の損金算入限度額

① 資本基準額（一般の寄付金）

□ 円 × □/12 × □/□ = □ 円

② 所得基準額（一般の寄付金）

{(□ 円 + □ 円 + □ 円 + □ 円 − □ 円) + □ 円} × □/□ = □ 円

③ 一般寄付金の損金算入限度額

(□ 円 + □ 円) × □/4 = □ 円

(4) 損金不算入額

□ 円 − □ 円 − □ 円(注1) − □ 円(3)③

= □ 円

□ 円 < □ 円　∴少ない方(注1)
　　　　　　　　　　□ 円

《解　答》

(1) 支出寄付金の額

① 指定寄付金　　　　　　　　　700,000円
② 特定公益増進法人に対する寄付金　200,000円
③ 一般寄付金　1,800,000円 + 400,000円 = 2,200,000円
④ ①+②+③＝　3,100,000

(2) 特定公益増進法人の損金算入限度額

① 資本基準額（特定公益増進法人に対する寄付金）

$$26{,}000{,}000 \times \frac{12}{12} \times \frac{3.75}{1{,}000} = 97{,}500円$$

② 所得基準額（特定公益増進法人に対する寄付金）

$$\{(\underset{\text{調整前利益}}{15{,}000{,}000} + \underset{\text{前期仮払金寄付金否認}}{1{,}200{,}000円} + \underset{\text{未払寄付金否認}}{500{,}000円} + \underset{\text{未払寄付金否認}}{300{,}000円}$$

$$-\underset{\text{仮払寄付金認定損}}{700{,}000円}) + \underset{\text{支出寄付金}}{3{,}100{,}000円}\} \times \frac{6.25}{100} = 1{,}212{,}500円$$

③ 特定公益増進法人特別損金算入限度額

$$(97{,}500円 + 1{,}212{,}500円) \times \frac{1}{2} = 655{,}000円$$

(3) 一般寄付金の損金算入限度額

① 資本基準額（一般の寄付金）

$$26{,}000{,}000 \times \frac{12}{12} \times \frac{2.5}{1{,}000} = 65{,}000円$$

② 所得基準額（一般の寄付金）

$$\{(\underset{\text{調整前利益}}{15{,}000{,}000} + \underset{\text{前期仮払金寄付金否認}}{1{,}200{,}000円} + \underset{\text{未払寄付金否認}}{500{,}000円} + \underset{\text{未払寄付金否認}}{300{,}000円}$$

$$-\underset{\text{仮払寄付金認定損}}{700{,}000円}) + \underset{\text{支出寄付金}}{3{,}100{,}000円}\} \times \frac{2.5}{100} = 485{,}000円$$

③ 一般寄付金の損金算入限度額

$$(65{,}000円 + 485{,}000円) \times \frac{1}{4} = 137{,}500円$$

(4) 損金不算入額

《実務上のPoint》
(1) 寄付金の支出に対しては，指定寄付金や特定公益増進法人に対する寄付金が税法上有利である。
(2) 未払金経理，手形振出し（翌期決済）の寄付金も当期の損金の額に算入されない。

［注］
1） 大淵博義『法人税法解釈の検証と実践的展開　第Ⅰ巻』税務経理協会，2013年，pp.564-565
2） 前掲書『法人税法解釈の検証と実践的展開　第Ⅰ巻』pp.558-562

第7節　役員給与・使用人給与

【Point 19】

1　過大な役員給与の損金不算入

　退職給与等以外の役員給与の額のうち，一定のもので不相当に高額と認められる部分の金額は損金に算入されない。定められた基準として実質的基準及び形式的基準がある。

2　役員給与の損金算入

(1)　役員に対して支給する定期同額給与は損金に算入する。

(2)　事前確定届出・開示された利益非連動型役員給与（報酬・賞与）は損金に算入する。

(3)　同族会社に該当しない法人が，役員に対して支給する開示された利益連動給与で一定のものは損金に算入する。

3　過大な役員退職給与の損金不算入

　役員に対して支給する退職給与の額のうち，不相当に高額な部分の金額は損金の額に算入しない。役員給与の損金不算入額となる。

1　使用人に対する給与（使用人給料・賞与・退職給与）

　使用人に対する給与である**給料**（salaries），**賞与**（bonuses），**退職給与**（retirement allowances）は，原則として損金に算入される。これらは，従業員の労働力の提供に対する対価として，定期的に，臨時的に，あるいは退職を理由として支払われるものであるからである。ただし，使用人給与（給料・賞与，使用人退職給与）については，**特殊関係使用人に支給した金額**のうち不相当に高額な部分の金額は損金に算入されない。

　特殊関係使用人以外の使用人に対する給与（給料・賞与，退職給与）は，原則

どおり全額が損金算入される。なお，使用人とは，部長・課長・工場長・支店長・支配人・主任等の職制上使用人としての地位のみを有するものである。

〈図表5−20〉使用人に対する給与（給料・賞与・退職給与）

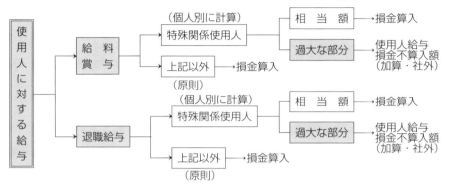

2 使用人給料・賞与

内国法人が，使用人に支給する給与（給料・賞与・退職給与）は，原則として損金の額に算入される（法22③二）。

ただし，法人が役員と特殊の関係のある使用人（**特殊関係使用人**）に対して支給する給料・賞与（債務の免除による経済的利益その他の利益を含む）のうち，不相当に高額な部分の金額は，損金不算入とされる（法36の2①）。

特殊関係使用人とは，①役員の親族，②役員と事実上婚姻関係と同様の関係にある者，③前記①②以外で役員から生計を受けている者，②③の者と生計を一にする②③の親族をいう（令72の2）。

この**不相当に高額な部分の金額**とは，その使用人に対して支給した給料・賞与の額が，その使用人の職務内容，その内国法人の収益及び他の使用人に対する給料・賞与の支給の状況，その法人と同種の事業を営む法人でその事業規模が類似するものの使用人に対する給料・賞与の支給状況等に照らし，その使用人の職務に対する対価として相当であると認められる金額を超える場合のその超える部分の金額とする（令72の3）。

役員給与では，不相当に高額な部分は損金に算入されない。そこで同族会社

の経営者が，自分の身内を使用人として損金に入れ，課税を軽減することがないように，法人が役員と特殊関係のある使用人に支給する金額のうち，不相当に高額な部分は損金不算入とした。

3 使用人賞与の損金算入時期（令72の5）

内国法人が使用人に支給する賞与（使用人兼務役員に対して支給する使用人分賞与を含む）は，次の区分に応じ，それぞれの定める日の属する事業年度の損金の額に算入する。

(1) 労働協約又は就業規則により定められる支給予定日が到来している使用人賞与（使用人に支給額の通知がされ，かつ，その支給予定日又はその通知日の属する事業年度において損金経理しているものに限る）→支給予定日又はその支給額通知日のいずれか遅い日
(2) 次の要件を全て満たす使用人賞与→通知日
    ① 支給額を，各人別に，かつ，同時期に支給を受ける全ての使用人に通知していること。
    ② ①の通知した金額を通知した全ての使用人に，その通知日の属する事業年度終了の日の翌日から1か月以内に支払っていること。
    ③ 支給額につき通知日の属する事業年度において損金経理していること。
(3) (1)(2)以外の使用人賞与→支給した日

4 使用人退職給与

法人がその退職した**特殊関係使用人**（範囲は使用人給料，賞与の特殊関係使用人と同じ）に対して支給する退職給与の額のうち不相当に高額な部分の金額は損金不算入とされる（法36の3）。

この**不相当に高額な部分の金額**とは，その使用人に対して支給した退職給与の額が，その使用人の業務に従事した期間，その退職事情，その法人と同種の事業を営む法人で，その事業規模が類似するものの使用人に対する退職給与の支給状況に照らし，その退職した使用人に対する退職給与として相当であると認められる金額を超える場合におけるその超える部分の金額とする(令72の4)。

5　役員の定義

法人税法上，役員とは次のものをいう(法2十五，令7)。

(1) 取　締　役
(2) 会 計 参 与
(3) 監　査　役
(4) 理　　　事
(5) 監　　　事
(6) 清　算　人

　　　　会社法上の役員

(7) 使用人以外の者で，その法人の経営に従事している者(税法独自の役員)。

　相談役，顧問，会長，副会長，その他これらに類する者で，その法人内における地位，その行う職務等からみて，他の役員と同様に実質的に法人の経営に従事していると認められる者(基9—2—1)(みなし役員)。

(8) 同族会社の使用人のうち，次に掲げる要件のすべてを満たしている者で，その会社の経営に従事している者(令7，71)(みなし役員)(税法独自の役員)。

① 持株割合が同族会社の判定基準の50％超に達するまでの，上位3位以内の株主グループに属していること(50％基準)

② その使用人の属する株主グループの，その会社に係る所有割合が10％を超えていること(10％基準)

③ その使用人の，その会社に係る所有割合が5％を超えていること(5％

284

基準）

　ここで使用する所有割合とは，グループないしは使用人が保有する同族
会社の判定で使用した発行済株式総数に対する株式の割合，会社の議決権
に対する保有する議決権の割合，会社の社員総数に対する社員の割合をさ
す。

　このように，同族会社については使用人（部長，課長，工場長，支店長，営
業所長，支配人，主任等）であっても，同族会社の判定の基礎となる株主又は
その同族関係者で，一定割合以上の持株を有しているなど，実質的に会社
の経営に従事していると認められる者は，役員として取り扱われる（みな
し役員）。

〈図表 5 −21〉 税法上の役員

取締役，執行役，会計参与，監査役，理事，監事，清算人（会社法上の役員）

使用人以外で相談役，顧問　会長等で経営に従事（みなし役員）（税法独自の役員）

部長，課長，工場長，支店長，営業所長，支配人，主任等

使 用 人

同族会社の特定の持株を持つ株主（みなし役員）で経営に従事（税法独自の役員）

経営に従事

税法上の役員

その他の使用人

使用人

6　役員の給与の分類

　役員の給与は，報酬，賞与，退職給与の三つに区分される。法人税法では，
報酬と賞与について次のような規定を置いている。

　役員は，法人において，自らの給与の額を決定できる地位にあり，しかも会
社法で，役員報酬と賞与が費用化され，一本化されたため，その調整をする必
要もあり，役員に対する給与（役員報酬・賞与）の損金算入について，一定の制

限規定を設けた。なお，役員に対する給与には，債務免除に利益のほか無利息貸付や低額譲渡等の経済的利益も含む。他にも以下のものがある。

① 法人がした役員に対する資産の贈与（時価），低額譲渡（時価－譲渡対価）
② 役員が本来負担すべき寄付金や業務執行上の交通反則金を，法人が肩代わりした場合
③ 役員に対して支出した機密費や交際費等の名前で支給したものの精算不要のもの

〈図表5－22〉役員に対する給与の取扱い

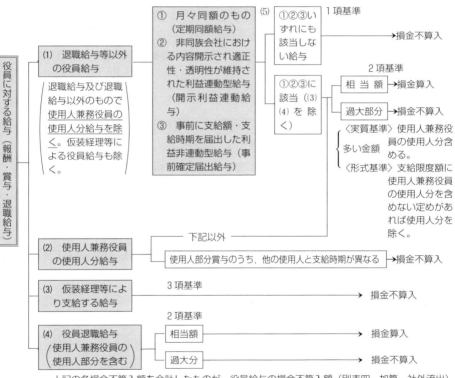

上記の各損金不算入額を合計したものが，役員給与の損金不算入額（別表四　加算・社外流出）

7 役員給与の損金算入と損金不算入（退職給与以外）

　新会社法において，役員報酬，賞与が職務執行の対価として費用として処理し一本化されることから，いままで損金算入が認められていなかった臨時の給与についても損金算入と認めることとなった。しかし，法人税法では，役員賞与を損金算入すると利益操作の危険があるため，役員報酬と同様に役員賞与も合わせて損金算入に制限を設けた。

　法人が，役員に対して支給する給与（退職給与，使用人兼務役員の使用人分給与，ストックオプションによる経済的利益，仮装隠ぺいによる給与を除く）のうち，次に掲げる給与は損金の額に算入する。次に掲げる給与に該当する給与以外のものの額は損金の額に算入しない（法34①）（1項の基準）。つまり，役員に対して支給する臨時的・一時的給与（退職給与を除く）は②③に該当しない限り，損金の額に算入されない。

① 　支給時期が1か月以下の一定期間ごとであり，かつ，各支給時期における支給額が同額である給与（**定期同額給与**）は損金の額に算入する。毎月に同額が支払れる**通常の役員報酬**がこれにあたる。

　　職制上の地位の変更等により改定された定期給与の分についても，定期同額給与とされる（令69）（**定期同額給与**）。

② 　所定の時期に確定額を支給する旨の定めに基づいて支給する給与（**年2回のボーナス等**）で，その内容等一定の事項を記載した届出書をあらかじめ所轄税務署長に提出しているもの（定期同額給与および利益連動給与を除く）（**事前確定届出給与・利益非連動型役員給与**は特定月に増額支給しても，あらかじめ支給額と支給時期が定められている役員給与（報酬・賞与）で損金算入が認められている）。通常の盆・暮に支給する役員賞与も事前届出をしておけば，損金算入ができる。事前届出により，透明性が維持されているためである（**事前確定届出給与**）。なお，同族会社に該当しない内国法人が定期給与を支給しない役員に対して支給する給与にあたっては届出の必要はない。

③ 　同族会社に該当しない法人が業務を執行する役員に対して支給する**利益連動給与**（利益に関する指標を基礎として算定される給与）で，その算定方法が，

報酬委員会での決定等の適正な手続を経ており，かつ，有価証券報告書での記載等によりその内容が開示され，利益に関する指標の数値が確定後，1か月以内に支払われ，又は支払われる見込であり，損金経理をしているものは適正性・透明性が維持されている**開示利益連動給与**であり，損金の額に算入する（開示利益連動給与）。

8 定期同額給与の改定

(1) 事業年度開始の日の属する会計期間開始の日から3月経過日までの役員給与の改定

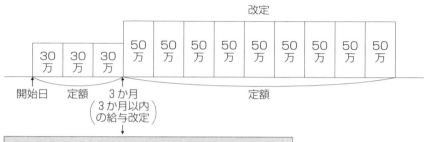

(2) 臨時改正事由による役員給与の改定

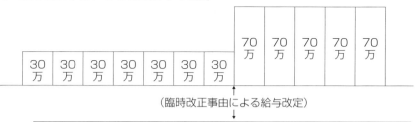

(3) 業績悪化による役員給与の改定

(業績悪化による給与改定)(注)

その事業年度において経営状況が著しく悪化したことその他これに類する理由により定期給与の改定は定期同額給与として認められる

(注) 業績悪化改正事由に該当とは，株主・取引先等の第三者との関係から，役員が責任を取らざるを得ない状況をさす。

9 事前確定届出給与の届出期限

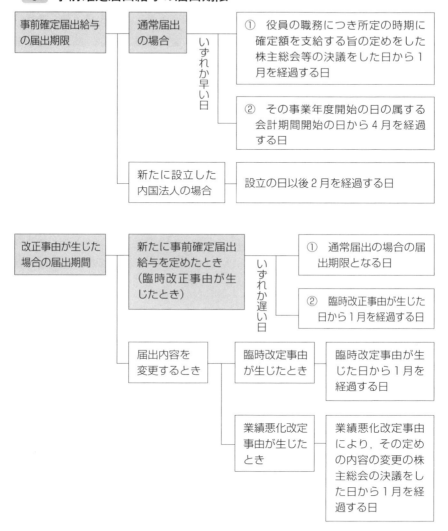

10 仮装経理等による役員給与の損金不算入

内国法人が，事実を隠ぺいし，又は仮装して整理することによりその役員に対して支給する報酬の額は，その内国法人の各事業年度の所得の金額の計算

上，損金の額に算入されない（法34③）。簿外収益が発覚し，税務上，会社の簿外収益を役員給与（借方）／売上（貸方）と処理した場合，売上計上洩（加算），役員給与認定損（減算）と相殺され課税回避することができる。そこで回避を防ぐために借方の役員給与を損金の額に算入しないとした。

11　過大な役員給与の損金不算入（退職給与以外）

　役員に対して支給する給与の額（ 10 　事実の隠ぺい，仮装経理による役員給与の損金不算入及び 7 　一定の役員給与の損金不算入の適用を受けるものは除く）のうち不相当に高い部分の金額（過大役員給与）は損金不算入とされる（法34②）（2項の基準）。

　この**不相当に高額な部分の金額**とは，次の実質基準及び形式基準の区分に応じそれぞれに定められた金額とされている。この場合において，次の①及び②のいずれにも該当するときは，そのうちいずれか多いその金額が損金の額に算入されないこととなる（令69）。

①　実質基準

　各役員（税法上の役員でみなし役員を含む）に対して支給した給与（退職給与以外のものをいう）の額（使用人兼務役員の使用人分を含むが，使用人兼務役員の使用人分賞与で，他の使用人の支給時期と異なる時期に支給したものを除く）が，その役員の職務の内容，その法人の収益及びその使用人に対する給与の支給状況，その法人と同種の事業を営む法人で事業規模が類似するものの役員に対する給与の支給状況等に照らし，その役員の職務に対する対価として相当であると認められる金額を超える場合のその超える部分の金額（役員が2人以上ある場合には，その超える金額の合計額）

　　　　　　 支 給 額 － 相 当 額 ＝ 不 相 当 額 個人ごと
　　　└（定額給与＋事前確定届出給与＋利益連動給与＋使用人兼務役員の使用人分給与）

　イ　**個人ごとに過大分を計算する。そして合計する。**
　ロ　法人税法上の役員で，会社法等の役員とみなし役員を含む。使用人兼務役員も含む。つまり，税法上の役員が全て対象。

第5章　損金の計算　291

ハ　使用人兼務役員の場合には使用人分と役員分を合計して過大分を計算する。使用人兼務役員の使用人分を含める。

$$\boxed{\text{支　給　額}} \quad - \quad \boxed{\text{相　当　額}}$$
（役員分　＋　使用人分）　　（役員分　＋　使用人分）

② **形式基準**

定款の規定又は株主総会，社員総会もしくはこれらに準ずるものの決議により給与として支給することができる金額の限度額を定めている法人が，各事業年度においてその役員（その限度額が定められた給与の支給の対象となるものに限る。みなし役員，相談役，顧問等は除く）に対して支給した給与の額の合計額がその事業年度の支給限度額を超える場合におけるその超える部分の金額。なお，**使用人兼務役員**に対して支給する給与のうち，その使用人としての職務に対するものを含めないで限度を定めている場合には，使用人兼務役員に対して支給した給与の額から，適正と認められた使用人分の給与の額（使用人兼務役員の使用人分賞与で，他の使用人の支給時期と異なる時期に支給したものを除く）を除いて形式基準は判定する（令69二）。

(A)　取締役の分（合計額）

| 取締役に支給した給与の合計（経済的利益を含む） | － | 使用人兼務役員の使用人分を含めないで支給限度を定めている場合の，使用人兼務役員の使用人分相当額 | － | 定款等による支給限度額 | ＝ 過大部分 |

（定期同額給与＋事前確定届出給与＋開示利益連動給与＋使用人兼務役員の使用人分給与）

(B)　監査役の分（合計額）

| 監査役に支給した給与の合計（経済的利益を含む） | － | 定款等による支給限度額 | ＝ 過大部分 |

（定期同額給与＋事前確定届出給与＋開示利益連動給与）

Ⓒ　過大役員給与

　　　(A) ＋ (B) ＝ 過大役員給与

イ　取締役の総額，監査役の総額で計算する。

ロ　役員は会社法等の役員のみ対象とする。みなし役員，相談役，顧問等は除く。

ハ　使用人兼務役員の使用人分を含めないで支給限度額を定めている場合は使用人分相当額の次の金額を控除する（基9－2－6～7）。

　　(i)　実際の支給額（使用人兼務役員の使用人分給与）　｜
　　(ii)　類似使用人の給料（使用人分相当額）　　　　　　　｜いずれか少ない方

　　　∴使用人兼務役員の使用人分相当額

〈図表5－23〉役員給与の過大な部分

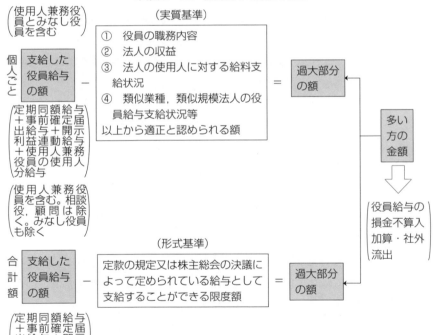

≪役員給与の判例研究≫ 　☕ 　ちょっと気分転換コーヒーブレイク

　役員報酬の相当額について争われた判例として縫製加工業役員報酬の相当性事件（最高裁平成9年3月25日）がある。

　争点1は，法34条1項（不相当に高額な部分の金額は損金不算入の規定）及び令69条1項（不相当に高額な部分の金額の規定・実質基準と形式基準）が租税法律主義（課税要件明確主義）に反するかということである。この点につき，政令に定められた内容で，判断基準は客観的に明らかであり，課税要件明確主義に反するものではないと判示された。

　争点2は，役員報酬の適正額についてである。

　類似法人の平均報酬額と売上金額の増加率を基礎とし，それに売上総利益の増加率を加味した報酬相当額の多い方の金額を認めるのが相当であると判示された。

　類似法人の平均報酬額という納税者には入手できない資料を基に判断が下されることは，納税者と課税庁が使用できる情報の公平性という面から問題が残されていると考える。

12 役員退職給与

　法人が役員に対して支給する退職給与（使用人兼務役員に対して使用人部分として支給する金額を含む）と特殊関係使用人に対して支給する退職給与の額のうち，不相当に高額な部分の金額は，損金の額に算入されない（法34②）。

　平成18年4月1日以後開始事業年度から，損金経理の要件はなくなった。

　過大な役員退職給与の金額とは，役員の業務従事期間，退職の事情，同業類似規模の他法人の支給状況等に照らして，その支給した退職給与の金額のうち，退職給与として相当であると認められる金額を超える金額をいう（令72）。

　退職した**使用人兼務役員**に対して支給すべき退職給与を役員と使用人分とに区分して支給した場合においても，過大な役員退職給与の損金不算入の規定は，その合計額によって，その支給額が，不相当に高額であるかどうかを判定する（基9―2―22）。

特殊関係使用人とは，以下に掲げる者である。

① 役員の親族
② 役員と事実上婚姻関係と同様の関係にある者
③ 上記①②に掲げる以外の者で役員から生計の支援を受けている者

《別表四の記載》

区 分		金 額	社外流出
加算	役員給与の損金不算入	×××	××
	使用人給与の損金不算入	×××	××

〈図表5－24〉退職給与の取扱い

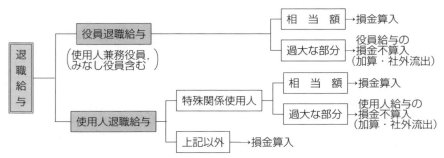

④ 上記②③に掲げる者と生計を一にするこれらの者の親族

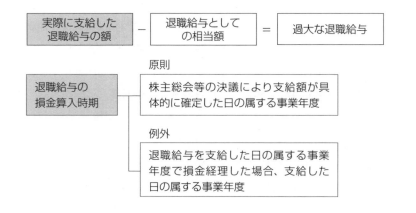

≪役員退職金の判例研究≫　☕　ちょっと気分転換コーヒーブレイク

　京都地判平成18年2月10日では，取締役から監査役に就任し，しかも報酬も半分以下になったにもかかわらず，実質的に職務内容が，監査役に異動前後に大きく変動していないため，退職給与として否認され，役員賞与とされた事案がある。

　したがって，役員退職給与の支払においては，異動前後の業務内容の変化，異動前後の給与の変化，退職に起因する長年の役務の提供の対価としての退職金であること等を総合的に検討する必要がある。

≪役員退職金の相当額の判例研究判例研究≫　☕　ちょっと気分転換コーヒーブレイク

　役員退職金の適正額について争われた最高裁（平成15年11月7日）の判例がある。

　争点1は，旧法人税法36条（不相当に高額な退職給与の損金不算入）及び施行令72条（過大な役員退職給与の金額についての規定）の合憲性についてであった。法36条を受け施行令72条（過大な役員退職給与の金額についての規定）の規定は，退職給与の相当性の判断基準につき，一般的に是認できる程度に具体的，客観的に定められており，租税法律主義に反するものではないと判示された。

　争点2は，課税庁が平均功績倍率法を用いたことについてである。

　平均功績倍率法は，当該退職役員の当該法人に対する功績はその退職時の報酬に反映されていると考え，同種類似の法人の役員に対する退職給与の支給の状況を平均功績倍率として把握し，比較法人の平均功績倍率に当該退職役員の最終報酬月額及び勤続年数を乗じて役員退職給与の適正額を算定する方法であり，適正に算出された平均功績倍率を用いる限り，その判断方法は客観的かつ合理的であり，令72条の趣旨に最もよく合致する方法であるというべきであると判示された。

《実務上の役員退職金の計算》

　　最終報酬月額　×　勤続年数　×　功績倍率

実務上の役員退職金は，上記の算式で一般的に計算される。

判例では，功績倍率のうち平均功績倍率法が適切であるとされている。しかし，平均功績倍率の算定の基礎となる類似法人を抽出する基準等が，わかりにくいのが現状である。納税者と課税庁がその基準を公平に利用できる情報利用の公平性が重要であると考える。

≪職務分掌の変更に伴う役員退職給与の判例研究≫ ☕ **ちょっと考えるコーヒーブレイク**

常勤取締役が非常勤取締役に就任したり，常勤取締役が監査役に就任するなど，退きながら会社に在職することを分掌変更という。この分掌変更に伴う退職金の支払いについて，以下の規定がある。

分掌変更等があったことにより，役員の職務内容が大きく変化し，又は給与が大きく減少し，**実質的には退職したのと同様な状況にある場合**は，分掌変更にあたり，役員に対して退職給与として支給した給与は退職給与と取り扱う（基通 9 — 2 —32）。

| 分掌変更等の事実 | ・常勤役員が非常勤役員となった。
（経営上主要な地位を占めている者は除く）
・取締役が監査役（経営上主要な地位を占めている者は除く）となった
・分掌の変更により，その役員に支給する給与が著しく減少（50％以上減少） | → 役員に退職給与を支給した（退職給与として扱う） |

※ 他の事情から，退職した事情にあると認められない時は退職給与としての取扱いはない。

職務分掌の変更に伴う役員退職給与の判例がある。

分掌変更による役員退職金を分割支給する場合の東京地裁平成27年 2 月26日判例である。分掌変更により役員退職給与を支給（社長が代表取締役を辞任し，非常勤取締役となり支給）することになった。

会社の作成した計算書では，2 億5,000万円を分割して 3 年以内に支給する旨

を記載されており，市役所に対しても総額を計算し，分割した現実の支給額に応じて按分した住民税及び所得税を源泉徴収していた。

これにより，平成19年に7,500万円の退職慰労金を支払い，平成20年に1億2,500万円を支払い，各々を退職金として各々の年度に損金の額に算入し確定申告した。

これに対して，平成20年に支払った退職金1億2,500万円は，損金に算入できないとして，更正処分がなされた事例である。

東京地裁判決ではまず，先例の拘束力として最高裁昭和58年9月9日判決を引用し，退職所得に該当するとしている。すなわち，①退職すなわち勤務関係の終了という事実（退職基因要件），②従来の継続的な勤務に対する報償ないしその間の労務の対価の一部の後払の性質を有すること（労務対価要件），③一時金として支払われること（一時金要件）という3要件に基づいて支給がされている。したがって，役員退職金は全額経費となると判示した。

ちなみに，以下の退職金の損金算入に関する2つの通達（基9—2—28，9—2—32）がある。

まず，法人税基本通達9—2—28では，役員に対する退職金の算入の時期について，原則として，退職給与の額が具体的に確定した日の属する事業年度とするとしている。ただし，その退職給与の額を支払った日の属する事業年度において損金算入した場合，はこれを認めると規定している。

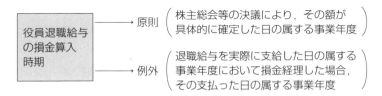

基通9—2—28で，役員退職給与の損金導入時期は株主総会等で支給額が確定した時に，損金に算入すべきこと（債務確定主義）を原則としている。ただし，企業の資金繰り，役員の傷病等により，株主総会決議の前後に，退職給与を支給せざるをえない状況もあるため，例外として退職給与を実際に支給した年度

に損金算入が定められている。

基通9―2―32は,「実質的に退職したと同様な事情があると認められる」役員に対して,臨時的に支給した給与も退職給与として認めている。この分掌変更による損金算入時期も基通9―2―28を適用する。

もう1つの分掌変更の場合の退職給与に関する同通達9―2―32の注で,原則として未払金等に計上した場合の当該未払金等の額は含まれないとしており,実際に支払ったものに限られる旨が規定されている。まず9―2―28で本件は退職金の額が具体的に確定しているのかが認められないこと。さらに本件に対する更正処分は,9―2―32の注の通達からみると平成19年の未払の退職金は退職金とは認められないとて判断し更正処分にしたものと考えられる。

(役員に対する退職給与の損金算入の時期)

9―2―28 退職した役員に対する退職給与の額の損金算入の時期は,株主総会の決議等によりその額が具体的に確定した日の属する事業年度とする。ただし,法人がその退職給与の額を支払った日の属する事業年度においてその支払った額につき損金経理をした場合には,これを認める。(昭55年直法2－8「三十二」,平19年課法2－3「二十二」により改正)

(役員の分掌変更等の場合の退職給与)

9―2―32 法人が役員の分掌変更又は改選による再任等に際しその役員に対し退職給与として支給した給与については,その支給が,例えば次に掲げるような事実があったことによるものであるなど,その分掌変更等によりその役員としての地位又

は職務の内容が激変し，実質的に退職したと同様の事情にあると認められることによるものである場合には，これを退職給与として取り扱うことができる。(昭54年直法2－31「四」，平19課法2－3「二十二」，平23課法2－17「十八」により改正)

(1) 常勤役員が非常勤役員（常時勤務していないものであっても代表権を有する者及び代表権は有しないが実質的にその法人の経営上主要な地位を占めていると認められる者を除く。）になったこと。

(2) 取締役が監査役（監査役でありながら実質的にその法人の経営上主要な地位を占めていると認められる者及びその法人の株主等で令第71条第1項第5号≪使用人兼務役員とされない役員≫に掲げる要件のすべてを満たしている者を除く。）になったこと。

(3) 分掌変更等の後におけるその役員（その分掌変更等の後においてもその法人の経営上主要な地位を占めていると認められる者を除く。）の給与が激減（おおむね50％以上の減少）したこと。

(注) 本文の「退職給与として支給した給与」には，原則として，法人が未払金等に計上した場合の当該未払金等の額は含まれない。

13 使用人兼務役員の定義

法人税法上，使用人兼務役員（使用人としての職務を有する役員）とは，次の(1)から(4)の役員以外の役員で，部長，課長その他法人の使用人としての職制上の地位を有し，かつ，常時使用人としての職務に従事するものをいう（法35⑤，令71）。例えば，取締役総務部長，取締役販売部長，取締役工場長，取締役支店長等，使用人である職制上の地位を有しており，かつ，使用人としての職務に従事している人をいう。

この使用人兼務役員は使用人としての職制上の地位と役員の地位を両方持っているので，使用人兼務役員に支給される給与のうち使用人分は相当な金額を損金算入できるが，相当な金額を超える部分は損金不算入など税法上の一般の役員とは異なる取扱いがある（法35②）。

しかし，次に掲げる役員（特定株主等すなわち特定の大株主その他のことで，(1)か

ら(4)をさす)は，その性格上使用人兼務役員とされない（令71）。なぜならば，対外的に代表権を持っているとみなされることが多いためである。

(1) 社長，理事長，副社長，代表取締役，専務取締役，専務理事，常務取締役，常務理事，清算人その他これらの者に準ずる役員
(2) 合名会社及び合資会社の業務執行社員
(3) 取締役（指名委員会等設置会社の取締役のみ），会計参与，監査役及び監事
(4) 以上のほか，同族会社の役員のうち，その会社が同族会社であることについての判定の基礎となった株主等であって，次の要件のすべてを満たしている者（**特定の大株主**），同族会社の役員のうち　5　(8)において，使用人となるところを役員と読み替え，　5　(8)①②③のすべての要件を満たしている者

〈図表5－24〉使用人兼務役員の判定

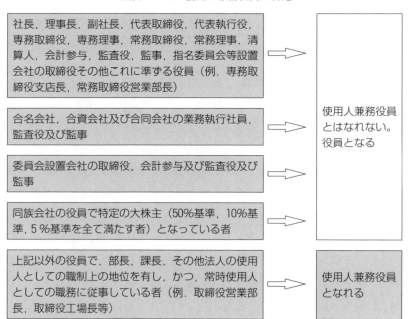

① 所有割合の合計が50％超に達するまでの上位3位以内の株主グループに属していること
② その役員の属する株主グループの所有割合が10％を超えること
③ その役員（配偶者及びこれらの者の所有割合が50％超である他の同族会社を含む）の所有割合の合計が5％を超えること

〈図表5－25〉同族会社における使用人と使用人兼務役員の判定の総まとめ

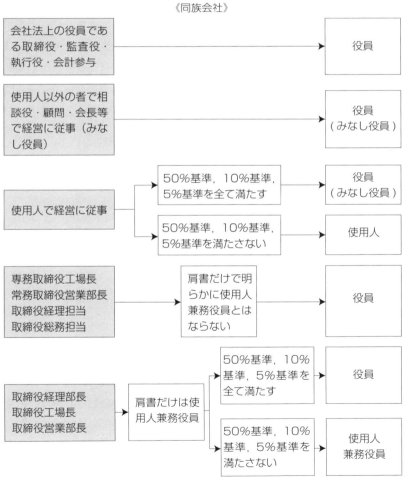

302

なお，同族会社の判定と同様，使用人兼務役員とされない同族会社の役員を判定する場合にも，ある会社が自己株式を有するときは，上記株主グループの判定に際し，株主等からその会社を除く（令71②）。

14 使用人兼務役員の使用人分給与

図表 5 −21にあったように法34条 1 項（ 1 項基準）では，使用人兼務役員の役員分は役員給与と同じ取扱いをする。一方，使用人兼務役員の使用人分は 1 項基準の対象とならない。法34条 2 項（ 2 項基準）では，使用人兼務役員の使用分給与は，役員分の給与に含めて相当額は損金の額に算入される。不相当額は損金に算入されない（法34②）。したがって，使用人兼務役員の役員分の定期同額給与，事前確定届出給与，利益連動型給与と使用人兼務役員の使用人分の給与を合計させて相当額を超える部分が，以下のように損金不算入となる。

〈図表 5 −26〉使用人兼務役員の給与の取扱い

① 実質基準の計算（個人ごとに計算）

〈使用人兼務役員〉

使用人兼務役員支給額	−	相当額
（役員分＋使用人分）		（役員分＋使用人分）

＝過大部分（損金不算入）

② 形式基準（取締役分と監査役分は区分）

〈取締役の分〉

取締役に支給した給与（定期同額給与，事前確定届出給与，利益連動給与）	−	使用人兼務役員の使用人分を含めないで限度を定めている場合の使用人分相当額	−	定款等による限度額

＝過大部分（損金不算入）

しかし，使用人兼務役員に対し，その使用人としての職務に対する賞与のうち，他の使用人に対する賞与支給時期と異なる時期に支給したものは，損金の額に算入されない（令70三）。

第5章　損金の計算　303

《計算Pattern》使用人兼務役員の判定

(1) 同族会社の判定

　① 株主グループ

　　(イ)　第1順位　[　　　株]　+　[　　　株]
　　(ロ)　第2順位　[　　　株]　+　[　　　株]
　　(ハ)　第3順位　[　　　株]　+　[　　　株]

　② 判定

　　　(イ)+(ロ)+(ハ)　>50%

　　　同族会社である。

(2) 留保金課税の判定

$$\frac{第1順位の株式数}{発行済株式総数} = \boxed{} > 50\%$$

　　∴　特定同族会社であり，留保金課税の適用あり

(3) みなし役員の判定（同族会社の使用人で経営に従事している者が，みなし役員にあたるかどうかの判定）

	〈50%超〉	〈10%超〉	〈5%超〉	〈判定〉
福大太郎	○	○	○	みなし役員
慶応　進	○	×	―	使用人

(4) 使用人兼務役員の判定

	〈50%超〉	〈10%超〉	〈5%超〉	〈判定〉
福大花子	○	×	―	使用人兼務役員
慶応恵子	○	○	○	みなし役員

　（注）上記の判定は，同族会社のケースであり，非同族会社は全て肩書のみで判定する。

《計算Pattern》役員給与の損金不算入（退職給与以外の役員給与）

① 月々同額のもの（定期同額給与）

② 非同族会社の内容開示された利益連動型給与
　　　　　　　　　　　　　　　（開示利益連動給与）

③ 利益非連動型給与（事前確定届出給与）

> 相当額
> 損金算入

(1) 定額同額，開示利益連動，事前届出給与いずれにも該当しない給与
（1項基準）

　　　上記①②③いずれにも該当しない給与──→役員給与の損金不算入

(2) 過大分の計算（2項基準）

　　　上記①②③に該当

① 実質基準（役員全員が対象，使用人兼務役員の使用人分も含めて計算。みなし役員，監査役も含める）　**各人ごとに不相当額を計算し，合計する。**

　(イ)　A取締役への実際支給額 － 各人ごとの相当額 ＝ 各人ごとの不相当額
　　　　　　　　　　　　↑
　　　（定期同額給与＋事前確定届出給与＋利益連動給与）

　(ロ)　B取締役への実際支給額 － 各人ごとの相当額 ＝ 各人ごとの不相当額
　　　　　　　　　　　　↑
　　　（定期同額給与＋事前確定届出給与＋利益連動給与）

　(ハ)　C使用人兼務役員（役員分）＋（使用人分）－ 相当額（役員分＋使用人分）
　　　　　　　　　　　　　　　　　　　　　　＝ 各人ごとの不相当額

　(ニ)　D監査役への実際支給額 － 各人ごとの相当額 ＝ 各人ごとの不相当額
　　　　　　　　　　　　↑
　　　（定期同額給与＋事前確定届出給与＋利益連動給与）

　(ホ)　(イ)～(ニ)の合計額

② 形式基準（使用人兼務役員の使用人分を含めないで，定款で支給限度を定めている場合は，使用人分支給額と使用人分相当額の小さい金額を除く。みなし役員を除く。取締役でない会長・顧問・相談役を除く）　取締役と監査役とは別けて計算する。取締役1人ごとには計算せずに**合計で計算**する。

第5章　損金の計算　305

(イ)　取締役

$$\left(\begin{array}{l}\text{使用人兼務役員の使用人分含め}\\\text{ないで限度を定めている場合}\end{array}\right)$$

　　　　使用人兼務役員の使用人相当額　　監査役の
　　　　　　（実際支給額を限度）　　　　支給額

　　㋑　取締役への実際支給額合計（ ☐ ＋ ☐ ＋ ☐ － ☐ － ☐ ）
　　　　　　　　　　　↑

　　　　（定期同額給与＋事前確定届出給与＋利益連動給与）

　　㋺　支給限度額

　　㋩　(イ)－(ロ)

(ロ)　監査役

　　　　監査役への実際支給額 － 支給限度額 ＝ ×××
　　　　　　　↑

　　　　（定期同額給与＋事前確定届出給与＋利益連動給与）

(ハ)　(イ) ＋ (ロ) ＝ ×××

③　① ＞ ②
　　① ＜ ②　　　∴大きい金額

④　退職給与

実際支給額－退職給与の相当額

⑤　③＋④

(3)　(1) ＋ (2)⑤ ＝ ×××

《別表四の記載》

	区　　　分	金　　額	社外流出
加算	役員給与の損金不算入	×××	××
減算			

《計算例題1》 給与の損金算入・不算入

下記の図は，法人が役員及び使用人に対して損金経理により支給する給与の税法上における取扱いを示したものであるが，（　）に損金算入は○印を，損金不算入は×印を記入しなさい。

```
        ┌─ 使用人（給料・賞与） ················································ 1（　）
        ├─ 特殊関係   ┌ 相 当 額 ··········································· 2（　）
        │  使用人 （給料，賞与）└ 過大部分 ··········································· 3（　）
        ├─ 使用人（退職給与） ················································ 4（　）
        ├─ 特殊関係   ┌ 相 当 額 ··········································· 5（　）
        │  使用人 （退職給与）└ 過大部分 ··········································· 6（　）
 給与 ─┤            ┌ ①定期同額給与   ┐ ①②③いず  ┌ 相当額 ··· 7（　）
        ├─ 退職給与以外の│ ②開示利益連動型給与 ├ れかに該当 └ 過大部分 ··· 8（　）
        │  役員給与    │ ③事前確定届出給与 ┘ するとき
        │            └ ①②③いずれにも該当しない ···················· 9（　）
        └─ 役員退職給与  ┌ 相 当 額 ··········································· 10（　）
                        └ 過大部分 ··········································· 11（　）
```

（税務検定類題）

《解　答》

上から 1 （○） 2 （○） 3 （×） 4 （○） 5 （○） 6 （×） 7 （○） 8 （×）
9 （×） 10 （○） 11 （×）

第5章　損金の計算　307

《計算例題2》　役員給与の損金不算入

　慶応株式会社の次の資料に基づき，役員等に対して支給した賞与のうち損金の額に算入されない額を各人ごとに計算しなさい。

〈資　料〉

(1)　当期に支給した賞与の額は，次のとおりである。

氏　名	役　職　名	支給額		損金不算入額
		役　員　分	使 用 人 分	
A	代表取締役社長	2,000,000円	0円	＿＿＿＿円
B	取締役営業部長	700,000円	500,000円	＿＿＿＿円
C	経　理　部　長	0円	600,000円	＿＿＿＿円

(2)　当社は，同族会社である。

(3)　役員賞与は，使用人賞与と，同時に損金経理により支給されている。役員賞与は，事前に税務署長に届出をしていない。

(4)　B氏は，常時使用人の職務に従事しており，使用人としての職務（部長）に対する賞与の適正額は400,000円である。使用人兼務役員Bの使用人分賞与は，他の使用人と支給時期は異なる。

　使用人兼務役員の役員分賞与も所定の時期に確定額を支給するが事前に税務署長に届出をしていない。

《解　答》

　　　　　A　　2,000,000円

　　　　　B　　700,000円 ＋ 500,000円 ＝ 1,200,000円

　　　　　C　　0円

　（注）　事前に税務署長に届出をしていないので，役員賞与（使用人兼務役員の使用人分相当額を除く）は全額役員給与損金不算入である。

《計算例題3》 役員給与の損金不算入　ケース1

次の資料に基づき，福大株式会社（同族会社）の当期に税務上調整すべき金額を計算しなさい。

氏　　　名	報　　酬		賞　　与	
	役員分	使用人分	役員分	使用人分
A代表取締役社長	9,000,000円	——	3,000,000円	
B専務取締役	8,500,000円	——	3,500,000円	
C常務取締役	8,000,000円		2,000,000円	
D人事部長		4,000,000円		1,500,000円
E営業部長		2,000,000円		1,500,000円
F監査役	5,000,000円		2,500,000円	
その他株主	——		——	
	30,500,000円	6,000,000円	11,000,000円	3,000,000円

(1) 給与は，全て損金経理が行われている。

(2) その他の株主は，いずれも持株が5％以下の株主である。

(3) 報酬は，全て毎月20日に定額を支給した定期同額給与に該当する。

(4) 役員分として支給した賞与は，税務署に事前に支給額及び支給時期を届出した事前確定届出給与に該当する。

(5) 福大株式会社は株主総会において，取締役に対する給与の支給限度額を31,000,000円，監査役に対する給与の支給限度額を7,000,000円と決議した。

(6) Cの職務内容による実質基準の給与適正額は9,000,000円である。

(7) Eは社長Aの次男で，福大株式会社の使用人として業務に従事している。

　Eに対する職制上の地位，職務に対する給与適正額は3,200,000円である。

　それ以外の者に対しての給与は実質基準の適正額の範囲内である。

《解答欄》

〈役員給与の損金不算入額の計算〉

(1) 定期同額給与，開示利益連動給与，事前確定届出給与のいずれにも該当しない給与（1項基準）

　　□ 円

(2) 過大分の計算（2項基準）

　① 実質基準C

　　□ 円 ＋ □ 円 － □ 円 ＝ □ 円

　② 形式基準

　　(イ) 取締役

　　　㋑ 実際支給

　　　　□ 円 ＋ □ 円 ＋ □ 円
　　　　＋ □ 円 －（□ 円 ＋ □ 円
　　　　＋ □ 円 ＋ □ 円 ＋ □ 円
　　　　＋ □ 円 ）＝ □ 円

　　　㋺ 限度額

　　　　□ 円

　　　㋩ ㋑－㋺＝ □ 円

　　(ロ) 監査役

　　　（□ 円 ＋ □ 円 ）－ □ 円
　　　＝ □ 円

　　(ハ) (イ)＋(ロ)＝ □ 円

　③ ①＜② 多い方 ∴ □ 円

(3) (1)＋(2)＝ □ 円

310

〈使用人給与の損金不算入額の計算〉

(　　　　　円 + 　　　　　円) − 　　　　　円 = 　　　　　円

《解　答》

〈役員給与の損金不算入額の計算〉

(1) 定期同額給与，開示利益連動給与，事前確定届出給与のいずれにも該当しない給与（1項基準）

　　| 0円 |

　　ＡＢＣＤへの支給は全て定額支給又は事前届出給与であり，1項基準に該当しない給与はない。

(2) 過大分の計算（2項基準）

　① 実質基準（Ｃ）

　　　　　　　　　　　　　　　　　　　　　　限度額

　　| 8,000,000円 | + | 2,000,000円 | − | 9,000,000円 | = | 1,000,000円 |

　② 形式基準

　　(イ) 取締役

　　　㋑ 実際支給（監査役，使用人除く）

　　　　| 30,500,000円 | + | 11,000,000円 | + | 6,000,000円 |

　　　　　　　　　　　　　　監査役報酬　　　　　監査役賞与

　　　　+ | 3,000,000円 | − (| 5,000,000円 | + | 2,500,000円 |

　　　　　使用人報酬　　　　　使用人賞与　　　　　使用人報酬

　　　　+ | 4,000,000円 | + | 1,500,000円 | + | 2,000,000円 |

　　　　　使用人賞与

　　　　+ | 1,500,000円 |) = | 34,000,000円 |

　　　㋺ 限度額

　　　　| 31,000,000円 |

　　　㋩ ㋑−㋺= | 3,000,000円 |

第5章　損金の計算　311

(ロ)　監査役

（ 5,000,000円 ＋ 2,500,000円 ）－ 7,000,000円

＝ 500,000円

(ハ)　(イ)＋(ロ)＝ 3,500,000円

③　①＜②　多い方　∴ 3,500,000円

(3)　(1)＋(2)＝ 3,500,000円 　役員給与の損金不算入額
（加算・社外流出）

〈使用人給与の損金不算入額の計算〉特殊関係使用人

（ 2,000,000円 ＋ 1,500,000円 ）－ 3,200,000円 ＝ 300,000円

使用人給与の損金不
算入額（加算・社外
流出）

《計算例題４》　役員給与の損金不算入　ケース２

　次の資料に基づき，福大株式会社の当期に税務上調整すべき金額を計算
しなさい。

（単位：円）

氏　　名	持株割合	報　　酬		賞　　与	
		役員分	使用人分	役員分	使用人分
A代表取締役社長	20%	35,200,000円	——	3,800,000円	
B常務取締役	16%	14,500,000円	——	2,500,000円	
C取締役経理部長	15%	9,000,000円	2,800,000円	3,200,000円	2,000,000円
D監査役	13%	9,800,000円	——	1,200,000円	——
その他の株主	36%	——	——	——	——
合　　計	100%	68,500,000円	2,800,000円	10,700,000円	2,000,000円

(1)　給与は，全て損金経理が行われている。

(2)　その他の株主は，いずれも持株が５％以下の株主である。

(3)　報酬は，全て毎月20日に定額を支給した定期同額給与に該当する。

(4)　役員分として支給した賞与は，税務署に事前に支給額及び支給時期を

312

届出した事前確定届出給与に該当する。

(5) 使用人兼務役員の使用人分賞与は，他の使用人に対する賞与の支給時期と同時期に支給した。

(6) 福大株式会社は，株主総会において，取締役に対する給与支給限度額を72,000,000円，監査役に対する給与支給限度額を10,000,000円と決議した。この金額には，使用人兼務役員の使用人分給与は含まれている。

(7) Bの職務内容による実質基準の給与適正額は15,000,000円

Cの職務内容による実質基準の給与適正額は16,000,000円である。

それ以外の者に対しての給与は実質基準の適正額の範囲内である。

《解答欄》

判定

(1) 株主順位

① 第1順位

Aグループ 　　　　　 ％

② 第2順位

Bグループ 　　　　　 ％

③ 第3順位

Cグループ 　　　　　 ％

(2) 同族会社の判定

　　　　　 ％ ＞ 50％ ∴ 同族会社である

(3) 留保金課税の判定

　　　　　 ％ ≦ 50％ ∴ 特定同族会社でないため，留保金課税の適用はない

(4) 使用人兼務役員の判定

50％基準　　10％基準　　5％基準　　判定

C

〈役員給与の損金不算入の計算〉
(1) 定期同額給与，開示利益連動給与，事前確定届出給与のいずれにも該当しない給与（1項基準）

　　□ 円

(2) 過大分の計算（2項基準）
　① 実質基準
　　(イ) B □ 円 + □ 円 − □ 円
　　　　 = □ 円
　　(ロ) C □ 円 + □ 円 + □ 円
　　　　 + □ 円 − □ 円 = □ 円
　　(ハ) (イ)+(ロ)= □ 円

　② 形式基準
　　(イ) 取締役
　　　㋑ 実際支給
　　　　□ 円 + □ 円 + □ 円
　　　　 + □ 円 − (□ 円 + □ 円)
　　　　 = □ 円
　　　㋺ 限度額　□ 円
　　　㋩ ㋑−㋺= □ 円

　　(ロ) 監査役
　　　(□ 円 + □ 円) − □ 円
　　　 = □ 円

　　(ハ) (イ)+(ロ)= □ 円

　③ ①<② 多い方 ∴ □ 円

(3) (1)+(2)= □ 円

314

《解　答》

判定

(1)　株主順位

　　①　第1順位

　　　　Aグループ　　| 20% |

　　②　第2順位

　　　　Bグループ　　| 16% |

　　③　第3順位

　　　　Cグループ　　| 15% |

　　④　①+②+③ ＝　| 51% |

(2)　同族会社の判定

　　| 51% | ＞ 50%　　∴　同族会社である

(3)　留保金課税の判定

　　| 20% | ≦ 50%　　∴　特定同族会社でないため，留保金課税の適用はない

(4)　使用人兼務役員の判定

	50%超	10%超	5％超	判定
C	○	○	○	役員

〈役員給与の損金不算入の計算〉

(1)　定期同額給与，開示利益連動給与，事前確定届出給与のいずれにも該当しない給与（1項基準）

　　| 0円 |

　　ＡＢＣＤへの支給は，全て定額支給又は事前届出給与であり，1項基準に該当しない給与はなし

(2)　過大分の計算（2項基準）

　　①　実質基準

　　　(イ)　B　| 14,500,000円 | ＋ | 2,500,000円 | － | 15,000,000円 |

　　　　　＝　| 2,000,000円 |

第5章　損金の計算　315

　(ロ)　C　9,000,000円 ＋ 2,800,000円 ＋ 3,200,000円

　　　　＋ 2,000,000円 － 16,000,000円 ＝ 1,000,000円

　(ハ)　(イ)＋(ロ)＝ 3,000,000円

②　形式基準

　(イ)　取締役

　　イ　実際支給

　　　68,500,000円 ＋ 2,800,000円 ＋ 10,700,000円

　　　　　　　　　　　　　　　　監査役分報酬　　監査役分賞与

　　　＋ 2,000,000円 － (9,800,000円 ＋ 1,200,000円)

　　　＝ 73,000,000円

　　ロ　限度額

　　　72,000,000円

　　ハ　イ－ロ＝ 1,000,000円

　(ロ)　監査役

　　　(9,800,000円 ＋ 1,200,000円) － 10,000,000円

　　　＝ 1,000,000円

　(ハ)　(イ)＋(ロ)＝ 2,000,000円

③　①＜②　多い方　∴　3,000,000円

(3)　(1)＋(2)＝ 3,000,000円

316

《計算例題5》 同族会社と留保金課税と役員及び使用人兼務役員の判定

次の資料に基づき，同族会社の判定，法人税法上の役員及び使用人兼務役員の判定をしなさい。

(1) 慶応株式会社は資本金2億円（発行済株式総数400,000株）の会社であり，同社の期末現在の株主及び役員の状況は，次のとおりである。

株主名	持株数	備　考
明　治　　進	60,000株	代表取締役社長
清	30,000	進の長男，取締役経理部長
春　子	15,000	清の妻
青　山　　朗	57,000	専務取締役
佑　美	11,000	朗の妻
栄	23,000	朗の長男，総務部長
早稲田　　勇	29,000	取締役副社長
健　一	3,000	勇の三男，取締役企画部長
立　教　伸　夫	17,000	常務取締役工場長
初　乃	9,000	伸夫の妻
秀　夫	6,000	伸夫の叔父
法　政　太　郎	28,000	取締役営業部長
その他の株主	112,000	いずれも1,000株以下の持株である。
合　　　計	400,000株	

(2) 当社の株主である青山　栄は，常時役員会に出席し，事実上会社経営に従事している。

(3) 明治　清，早稲田健一，立教伸夫，法政太郎は，常時使用人としての職務に従事している。

《解答欄》

(1) 同族会社の判定

　① 株主グループ

　　(イ) 第1順位 ☐ 株 ＋ ☐ 株 ＋ ☐ 株 ＝ ☐ 株

　　(ロ) 第2順位 ☐ 株 ＋ ☐ 株 ＋ ☐ 株 ＝ ☐ 株

第5章　損金の計算　317

(ハ)　第3順位　□株 ＋ □株 ＝ □株

(ニ)　第3順位　□株 ＋ □株 ＋ □株 ＝ □株

　　　（同順位）

(ホ)　(イ)＋(ロ)＋(ハ)＋(ニ)＝ □株

② 判　定

$$\frac{□株}{□株} = □ > \frac{□}{□}$$

∴ □ である

(2)　留保金課税の判定

$$\frac{□株}{□株} = □ ≦ 50\%$$

(3)　みなし役員の判定

氏　名	〈50％超基準〉	〈10％超基準〉	〈5％超基準〉	〈判　定〉
□	□	□	□	□

(4)　使用人兼務役員の判定

氏　名	〈50％超基準〉	〈10％超基準〉	〈5％超基準〉	〈判　定〉
□	□	□	□	□
□	□	□	□	□
□	□	□	□	□

《解　答》

(1)　同族会社の判定

①　株主グループ

第1順位

(イ) 明治グループ　60,000株 ＋ 30,000株 ＋ 15,000株 ＝ 105,000株

第2順位

(ロ) 青山グループ　57,000株 ＋ 11,000株 ＋ 23,000株 ＝ 91,000株

第3順位

(ハ) | 早稲田グループ | | 29,000株 | + | 3,000株 | = | 32,000株 |

第3順位（同順位）

(ニ) | 立教グループ | | 17,000株 | + | 9,000株 | + | 6,000株 | = | 32,000株 |

(ホ) (イ)+(ロ)+(ハ)+(ニ)= | 260,000株 |

（注）　第3順位に同順位の立教グループを加えて判定する。

② 判　定

$$\frac{260,000株}{400,000株} = \boxed{0.65} > \frac{\boxed{50}}{\boxed{100}} \quad \therefore \boxed{同族会社} \ である$$

(2)　留保金課税の判定

第1順位のみ

$$\frac{105,000株}{260,000株} = \boxed{0.40} \leq 50\% \quad \therefore \ 特定同族会社でないため，留保金課税の適用なし$$

(3)　みなし役員の判定

	〈50％超基準〉	〈10％超基準〉	〈5％超基準〉	〈判　定〉
青　山　栄	○	○	○	役　　員

(4)　使用人兼務役員の判定

	〈50％超基準〉	〈10％超基準〉	〈5％超基準〉	〈判　定〉
明　治　清	○	○	○	役　　員
早稲田健一	○	×	－	使用人兼務役員
法　政　太郎	×	－	－	使用人兼務役員

第5章　損金の計算　319

《計算例題6》　同族会社の判定，役員の判定と役員給与の損金不算入

　当期末現在の福大株式会社の株主，役員等の状況並びに役員報酬及び賞
与の当期中の支給状況等は，次のとおりであり，すべて販売費・一般管理
費として計上している。役員賞与に対する税務調整額を計算しなさい。

氏　　　名 （役職名）	関　係	持株数	役員報酬	賞　　　与	
				役　員　分	使用人分
M （代表取締役）		15,000株	12,000,000円	1,500,000円	
N （監　査　役）	Mの妻	3,000株	1,800,000円	400,000円	200,000円
O （専務取締役）	Mの長男	5,000株	10,000,000円	1,000,000円	1,500,000円
㈱　P　社	（注1）	4,000株			
Q　　　㈱	（注2）	2,000株			
R （取締役営業部長）	（注3）	8,000株	7,200,000円	600,000円	2,500,000円
S （取締役経理部長）	（注3）	3,000株	7,000,000円	500,000円	1,350,000円 （注4）
その他の株主	（注5）	20,000株			
合　　　　計		60,000株	38,000,000円	4,000,000円	5,550,000円

（注1）　㈱P社の発行済株式総数の60％は代表取締役Mが所有している。
（注2）　Q㈱の発行済株式総数のうち40％を代表取締役Mが所有し，20％を㈱P社
　　　　が所有している。
（注3）　R及びSは常時使用人としての職務に従事している。使用人兼務役員の使
　　　　用人分賞与は，他の使用人と支給時期が異なる。
（注4）　Sの職務とおおむね類似する職務に従事する使用人の賞与の支給額は，
　　　　1,000,000円である。
（注5）　その他の株主の持株数は，すべて5％未満である。
（注6）　役員賞与は所定の時期に確定額を支給したが事前に税務署長に届出してい
　　　　ないし，内容開示された利益連動型給与や，定期同額給与でもない。

（第50回税理士試験類題）

320

《解答欄》

〔同族会社の判定〕

①株主グループ

　(イ)　第1順位　　□ 株 ＋ □ 株 ＋ □ 株 ＋ □ 株 ＋ □ 株 ＝ □ 株

　(ロ)　第2順位　　□ 株

　(ハ)　第3順位　　□ 株

②判定

　　(イ)＋(ロ)＋(ハ)≒　□ ％ $\gtreqless$ 50％

∴同族会社で（ある，なし）

〔役員の判定〕

	50％以上	10％超	5％超	〈判定〉
R				
S				

〔役員の給与〕

役員給与の損金不算入額

　□ 円 ＋ □ 円 ＝ □ 円

《解　答》

〔同族会社の判定〕

①　株主グループ

　(イ)　第1順位　　15,000株 ＋ 3,000株 ＋ 5,000株 ＋ 4,000株
　　　（Mグループ）
　　　　　　　　　　＋ 2,000株 ＝ 29,000株

　(ロ)　第2順位　　8,000株
　　　（Rグループ）

　(ハ)　第3順位　　3,000株
　　　（Sグループ）

第5章　損金の計算　321

② 判定

(イ)＋(ロ)＋(ハ)≒ 　66.6%　 ＞50%

∴同族会社である

〔役員の判定〕

	50%以上	10%超	5％超	〈判定〉
R	○	○	○	役員
S	×	──	──	使用人兼務役員

〔役員の給与〕

役員給与の損金不算入額

　4,000,000円　 ＋ 　5,550,000円　 ＝ 　9,550,000円

（注）　使用人兼務役員Ｓの使用人分賞与相当額は，他の使用人と支給時期が異なり損金不算入となる。事前に税務署長に届出をしていない，定期同額給与でもない。内容開示された利益連動型給与でもないので役員賞与（使用人兼務役員の使用人分相当額を除く）は，全額損金不算入である。

《実務上のPoint》

(1)　役員給与の決定においては，過大給与とならないように注意すべきである。

(2)　役員退職給与の支給にあたっても，過大役員退職給与額にならないように注意すべきである。

(3)　使用人兼務役員の使用人分賞与は他の使用人と支給時期が異なると損金不算入となる。

(4)　役員と特殊関係のある使用人に支給した給与の場合には過大な部分は損金の額に算入されない。

(5)　使用人兼務役員に対する給与がある場合には，役員分の給与は役員給与と同様に取扱う。使用人分の給与は，２項基準における役員分の給与に含め，相当額は損金に算入される。

資産と償却費

第1節 固定資産と減価償却費

【Point 20】

(1) **減価償却資産**につき,その償却費として法人の各事業年度の所得金額の計算上,損金の額に算入する金額は,法人がその償却費として損金経理した金額のうち一定限度額までの金額であり,償却費として損金経理するか否かは法人の任意である。
(2) **償却の方法**は,原則として定額法又は定率法(無形固定資産及び生物は定額法のみ)によるのであるが,特定の資産については生産高比例法,取替法によることも認められている。少額の減価償却資産については,一時に損金算入できる。

1 制度の趣旨

　建物,機械等は使用により価値が減少して,やがて使用することもできなくなる。そのため,購入した時に費用化するのではなく,その効用が受けられる期間に対応して,取得価額を費用化して計上する。このことを減価償却という。
　換言すれば,毎年度末に価値の減少を見積計上することが減価償却である。しかし,企業がかってに減価償却を行うと利益に影響を及ぼし,課税所得の計

算上，不公平が生じる。

　そこで，負担の公平，計算の簡便化等の見地から減価償却費の計算と減価償却の方法については，法人税法では詳細に規定している。

　わが国の経済成長力を強化するために，設備投資を促進する必要があった。しかも企業活動の国際化に伴い，わが国の減価償却制度を欧米諸国等の税制と国際的調和をはかることが求められた。そこで平成19年度に，残存価額の廃止，償却可能限度額の廃止，法定耐用年数等の税制改正が行われた。

2 固定資産と減価償却資産

(1) 減価償却資産の意義

　法人税法上，**固定資産**（fixed assets）とは，土地（土地の上に存する権利を含む），減価償却資産，電話加入権その他の資産で政令で定めるものと定義（法2二十二）されているが，そのうち**減価償却資産**とは，減価償却の対象となる資産のことで，建物，構築物，機械及び装置，船舶，車両及び運搬具，工具，器具及び備品，鉱業権その他の資産で償却をすべきものとして政令で定めるものと定義（法2二十三）されている。

　償却をすべき減価償却資産（depreciable assets）の範囲は，棚卸資産，有価証券及び繰延資産以外の資産のうち，次に掲げるものである（令13）。つまり減価償却資産とは，以下の有形減価償却資産，無形減価償却資産，生物の3つに分けることができる。

① 有形減価償却資産

　有形減価償却資産とは，減価償却資産のうち具体的物理的形態を持つものをいう。

　　イ　建物及びその附属設備（冷暖房設備，照明設備，通風設備，昇降機その他建物に附属する設備をいう）

　　ロ　構築物（ドック，橋，岸壁，さん橋，軌道，貯水池，坑道，煙突その他土地に定着する土木設備又は工作物をいう）

　　ハ　機械及び装置

第6章 資産と償却費 325

ニ 船舶

ホ 航空機

ヘ 車両及び運搬具

ト 工具，器具及び備品（観賞用，興行用その他これらに準ずる用に供する生物を含む）

② **無形減価償却資産**

無形減価償却資産とは，有形減価償却資産のような具体的物理的形態をもたないが，以下のような長期収益力を生み出す要因となるものをいう。

鉱業権（租鉱権及び採石権その他土石を採掘し又は採取する権利を含む），漁業権（入漁権を含む），ダム使用権，水利権，特許権，実用新案権，意匠権，商標権，ソフトウェア，営業権，専用側線利用権，鉄道軌道連絡通行施設利用権，電気ガス供給施設利用権，熱供給施設利用権，水道施設利用権，工業用水道施設利用権，電気通信施設利用権

（注）ソフトウェアは，他の者から購入等したものか，自社で製作したものかを問わず，無形固定資産に該当する。

③ **生　物**

イ 牛，馬，豚，綿羊及びやぎ

ロ かんきつ樹，りんご樹，ぶどう樹，なし樹，桃樹，桜桃樹，びわ樹，栗樹，梅樹，かき樹，あんず樹，すもも樹，いちじく樹及びパイナップル

ハ 茶樹，オリーブ樹，つばき樹，桑樹，こりやなぎ，みつまた，こうぞ，もう宗竹，アスパラガス，ラミー，まおらん及びホップ

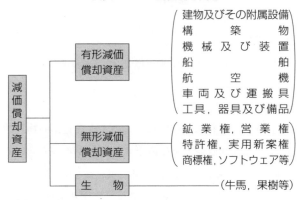

(2) **少額の減価償却資産**

　平成10年4月1日以後に開始する事業年度から減価償却資産で，**使用可能期間が1年未満であるもの，又は取得価額が10万円未満**（平成10年4月1日前に開始する事業年度においては使用可能期間が1年未満であるもの又は取得価額が20万円未満の減価償却資産）であるものは，事業の用に供した日の属する事業年度において損金経理したときは，減価償却資産とせず，その年度の損金に算入される（令133）。取得価額が10万円未満かどうかは，1単位として取引されるごとに判定する。機械では1台又は1基ごと，工具器具備品は1個，1組又は1そろいごと（したがって応接セットは机といすで1組）で判定される。

　また，使用可能期間が1年未満であるかどうかは，①使用状況や補充状況等からみて業界で消耗性が高いと認識され，②会社の平均的使用状況や補充状況からして使用可能期間が1年未満のものである。

〈図表6－2〉取得価額が10万未満かどうかの基準

機械及び装置	1台又は1基ごと
工具器具備品	1個，1組又は1そろいごと

　少額減価償却資産に該当するか否か，10万円未満の資産の判断基準は明確でない。法人税基本通達7―1―11において「取得価額が10万円未満であるかど

うかは，機械及び装置については通常1台又は1基ごと，工具，器具及び備品については1個，1組又は1そろいごとに判定し，構築物のうち例えば枕木，電柱等単体では機能を発揮できないものについては一の工事等ごとに判定する」と規定されている。

そこで通常は，**取引単位**として，テーブルと椅子をセットとして10万円未満であるかどうかを考えるのが一般的と解されている。

「単位として**機能**を発揮できないものは，一の工事等ごとに判定する」と規定されている。その機能については2つの考え方があり得る。

1つ目は**純機能説**であり，「資産の機能」として発揮できる資産の単位を基準として取得価額を判断するという考え方，2つ目は**事業対応機能説**で，本来の事業の用途に応じた機能として発揮できる資産の単位を基準として取得価額を判断する考え方である[1]。

《少額の減価償却資産の判例研究》 ☕ちょっとくつろぎコーヒーブレイク

東京地裁平成17年5月13日判決では「本件エントランス回線利用権は，…X社の事業活動において，一般的・客観的には，1回線で，基地局とPHS接続装置との間の相互接続を行うという機能を発揮できる。」と判示し，純機能説の立場をとった。

⑶　**中小企業者等の少額減価償却資産30万円未満の特例**

青色申告書を提出する資本金1億円以下の中小企業者等（常時使用従業員1,000人超は特例適用なし）が30万円未満の少額減価償却資産を取得した場合には，取得価額相当額を事業供用年度に損金経理することを要件として全額損金算入（即時償却）を認める。ただし，**30万円未満の少額減価償却資産の取得価額の合計は300万円が限度である**（措法67の5）。この規定は，前3年間の年間平均所得金額が15億円超の法人には適用されない。

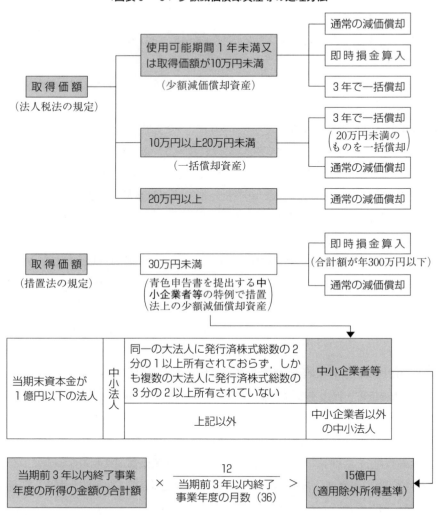

〈図表6－3〉少額減価償却資産等の処理方法

(4) 3年間一括償却対象資産

　平成10年4月1日以後に開始する事業年度から取得価額が20万円未満の減価償却資産（上記の少額減価償却資産で即時損金算入の規定の適用を受けるもの及び国外リース資産を除く）については，事業年度ごとに，一括して取得価額合計額を3

第6章　資産と償却費　329

年間で償却できる方法を選択できる。

　この場合，対象資産を事業の用に供した事業年度以後の各事業年度の所得の金額の計算上損金の額に算入される金額は，一括償却対象資産の取得価額合計額の全部又は一部につき損金経理した金額のうち，次の金額に達するまでの金額となる（令133の2）。

| 3年間一括償却対象資産の損金算入限度額 | ＝ | 事業年度ごとに区分した一括償却資産の取得価額の合計額 | × | $\dfrac{\text{当該事業年度の月数}}{36}$ |

(5)　耐用年数の短縮

　従来，取得から更新，廃棄が見込まれる時期までの期間として，国税局長の承認を受けた使用可能期間を法定耐用年数とみなして，変更前後の法定耐用年数で計算された償却額の差額を陳腐化償却（臨時償却）として処理していた。しかし，平成23年6月の改正で，個々の減価償却資産について，以下の短縮事由のいずれかに該当する場合には，その減価償却資産の使用可能期間のうちいまだ経過していない期間（「未経過使用期間」という）を基礎としてその償却限度額を計算することにつき，納税地の所轄国税局長の承認を受けたときは，その**未経過使用可能期間をもって法定耐用年数とみなす**とともに，承認日の属する事業開始の日の帳簿価額をもって，承認以後の償却限度額の計算の基礎となる取得価額とされ，将来にわたって減価償却費が調整されることとなった。陳腐化償却は廃止された（令57）。

　耐用年数短縮の事由には，次のものがある（令57，基7―3―18）。

　①　資産の材質又は製作方法が，通常の材質又は製作方法と著しく異なること

　②　資産の存する地盤が隆起し又は沈下したこと

　③　資産が陳腐化したこと

　④　資産が使用される場所の状況に基因して著しく腐しょくしたこと

　⑤　資産が通常の修理又は手入れをしなかったことにより著しく損耗したこと

⑥ その他①～⑤までに準ずる事由

(6) 減価償却資産の残存価額

① 残 存 価 額

残存価額とは，廃棄する場合の見積り価額をいう。なお，平成19年4月1日以後に取得された減価償却資産については残存価額は廃止され，耐用年数を経過した段階で，備忘価額の1円を残すだけで，あとは償却できることとなった。

平成19年3月31日以前に取得された減価償却資産について，毎期の減価償却限度額を計算する場合の**残存価額**（scrap value）は，取得価額に次の**残存割合率**を乗じたものである（耐用年数省令別表10，耐用年数省令5）。

有形減価償却資産（坑道を除く）　　10%

無形減価償却資産並びに鉱業権及び坑道　　0

牛馬果樹等　　その細目に応じ50%から5％まで（牛馬は最高10万円）

② 償却可能限度額

平成19年3月31日以前に取得した減価償却資産について毎事業年度の償却限度額の計算をする場合の残存価額は前述のとおりであるが，有形減価償却資産（坑道を除く）は，残存価額（取得価額の10%）に達した後，さらに取得価額の5％に達するまで償却することができる。95%まで償却した後は，翌事業年度以後5年間にさらに備忘価額1円を残すだけで，残りは以下の算式により均等償却することができる（令48，61②③）。

平成19年3月31日以前に取得した減価償却資産で，償却累計額が95%に達している場合のそれ以後の償却限定額（令48，令61②③）

$$（取得価額 \times 5％ - 1円）\times \frac{その事業年度の月数}{60}$$

坑道及び無形固定資産は残存価額が0であるから，その取得価額に相当する金額が償却可能限度となる。ただし，平成19年4月1日以後に取得した減価償却資産については，償却可能限度額（取得価額の95%相当）が廃止された。備忘価額1円を残すだけで，残りは全て償却することができる。

つまり，取得価額－1円まで償却できる（令48の2①一・二，61）。

第6章　資産と償却費　331

	償却可能限度額	償却方法
平成19年３月31日以前に取得した，減価償却資産	取得価額の95％相当	旧定率法；旧定額法
	95％に達した場合には，さらに備忘価額１円まで償却可能	$(取得価額 \times 5\% - 1円)$ $\times \dfrac{事業年度の月数}{60}$
平成19年４月１日以後に取得した減価償却資産	備忘価額の１円まで償却可能	新定率法　新定額法

《計算Pattern》

平成19年３月31日以前に取得した減価償却資産の償却限度額（減価償却累計が取得価額の95％に近いとき）

(1)　**会社計上額**

(2)　**償却限度額**

①　従来の償却限度額

②　税務上の期首帳簿価額－取得価額×５％

③　(ア)　②＞０のケース（95％に償却累計未達）

　　　　①と②　少ない方

(イ)　②≦０のケース（95％に償却累計到達）

ⅰ　税務上の期首帳簿価額－１円

ⅱ　$(取得価額 \times 5\% - 1円) \times \dfrac{その事業年度月数}{60}$

ⅲ　ⅰとⅱ　少ない方

(3)　**償却超過額**

(1)－(2)

《計算例題》　**平成19年３月31日以前取得，償却累計95％に近いとき**

福大株式会社の第○期（自平成31年４月１日　至令和２年３月31日）事業年度の減価償却の計算に必要な資料は，下記のとおりである。税務上調整す

332

べき金額を計算しなさい。なお，償却方法は，旧定額法を選択している。

	事業供用日	取得価額 円	当期償却額 （損金経理） 円	期末減価 償却累計額 円	耐用年数
建物A	昭和43年10月1日	9,000,000	150,000	8,700,000	50年
建物B	昭和44年4月1日	100,000,000	1,500,000	91,000,000	50年

　　耐用年数50年の定額法により償却率は0.020である。

《解答欄》

1　建物A

（1）　会社計上額　　[　　　　　円　　]

（2）　償却限度額

①　従来の償却限度額　[　　　　円　]　× 0.90 ×　[　　　]　=　[　　　　円　]

②　（[　　　　円　]　－　[　　　　円　]　+　[　　　円　]　）－　[　　　　円　]

　　× 5 ％ ＝　[　　　　円　]

③　②≦0のケース（95％償却累計到達）

i　（[　　　円　]　－　[　　　円　]　+　[　　円　]　）－ 1 円

　　＝　[　　　円　]

ii　（[　　　円　]　× 5 ％ － 1 円）×　$\dfrac{[\quad]}{[\quad]}$　=　[　　円　]

iii　i と ii　少ない方　[　　円　]

（3）　償却超過額　[　　円　]　－　[　　円　]　=　[　　円　]

2　建物B

（1）　会社計上額　[　　　円　]

（2）　償却限度額

①　従来の償却限度額　[　　　　円　]　× 0.9 ×　[　　]

　　＝　[　　　円　]

第6章　資産と償却費　333

② （ 　　　　円 － 　　　　円 ＋ 　　　　円 ）

　　－ 　　　　円 × 5 ％＝ 　　　　円

③　②＞0のケース（95％に償却累計未達）

　　①と②　少ない方 　　　　円

(3)　償却不足額

　　　　円 － 　　　　円 ＝ 　　　　円
　　　　　　　　　　　　　　　　　　（切捨）

《解　答》

1　建物A

(1)　会社計上額 150,000円

(2)　償却限度額

①　従来の償却限度額 9,000,000円 × 0.90 × 0.020 ＝ 162,000円

②（税務上の期首帳簿価額）

（ 9,000,000円 － 8,700,000円 ＋ 150,000円 ） － 9,000,000円

× 5 ％＝ 0円

③　②≦0のケース（95％償却累計到達）

（税務上の期首帳簿価額）

i　（ 9,000,000円 － 8,700,000円 ＋ 150,000円 ） － 1円

＝ 449,999円

ii　（ 9,000,000円 × 5 ％ － 1円）× $\dfrac{12}{60}$ ＝ 89,999円

iii　i とii　少ない方 89,999円

(3)　償却超過額 150,000円 － 89,999円 ＝ 60,001円

2　建物B

(1)　会社計上額 1,500,000円

(2) 償却限度額

① 従来の償却限度額　$\boxed{100,000,000円}$ × 0.9 × $\boxed{0.020}$

　　＝ $\boxed{1,800,000円}$

② （税務上の期首帳簿価額）

　　（ $\boxed{100,000,000円}$ － $\boxed{91,000,000円}$ ＋ $\boxed{1,500,000円}$ ）

　　－ $\boxed{100,000,000円}$ × 5 ％ ＝ $\boxed{5,500,000円}$

③ ②＞0のケース（95％に償却累計未達）

　　①と② 少ない方　$\boxed{1,800,000円}$

(3) 償却不足額

　　$\boxed{1,800,000円}$ － $\boxed{1,500,000円}$ ＝ $\boxed{300,000円}$

　　　　　　　　　　　　　　　　　　　　　（切捨）

3　減価償却資産の取得価額

　減価償却資産の取得価額（acquisition cost）は，その資産の償却限度額の計算の基礎となるものである。法人税法は，その取得の形態等に応じ取得価額とすべき金額を規定している（令54①）。

(1)　購入した減価償却資産

　他から購入した減価償却資産の取得価額は，購入代価（引取運賃，荷役費，運送保険料，購入手数料，関税その他購入のために要した費用がある場合には，その費用の額を加算した金額）とその資産を事業の用に供するために直接要した費用の額との合計額による（令54①一）。

(2)　自己の建設等に係る減価償却資産

　自己の建設，製作又は製造（以下「建設等」という）に係る減価償却資産の取得価額は，その資産の建設等のために要した原材料費，労務費及び経費の額とその資産を事業の用に供するために直接要した費用の額との合計額による（令54①二）。

(3)　自己が成育させた牛馬等

　自己が成育させた牛馬等（令13九イ該当のもの）の取得価額は，成育させるた

めに取得した牛馬等に係る前記(1)の購入代価（付随費用を含む），後記(5)の被合併法人の取得価額，(6)の現物出資による受入価額，(7)の時価又は種付費及び出産費の額並びに成育のために要した飼料費，労務費及び経費の額と成育させた牛馬等を事業の用に供するために直接要した費用の額との合計額による（令54①三）。

(4) 自己が成熟させた果樹等

自己が成熟させた果樹等（令13九ロ及びハに該当のもの）の取得価額は，成熟させるために取得した果樹等に係る前記(1)の購入代価（付随費用を含む），後記(5)の被合併法人の取得価額，(6)の現物出資による受入価額，(7)の時価又は種苗費の額並びに成熟のために要した肥料費，労務費及び経費の額と成熟させた果樹等を事業の用に供するために直接要した費用の額との合計額による（令54①四）。

(5) 適格合併，適格分割，適格現物出資又は適格現物分配により移転を受けた減価償却資産

① 適格合併等（適格合併又は適格分割型分割）により移転を受けた減価償却資産　次に掲げる金額の合計額による（令54①五）。

イ　被合併法人又は分割法人が適格合併等の日の前日の属する事業年度においてその減価償却資産の償却限度額の計算の基礎とすべき取得価額

ロ　合併法人又は分割承継法人がその減価償却資産を事業の用に供するために直接要した費用の額

② 適格合併又は適格分割，適格現物出資又は適格現物分配により移転を受けた減価償却資産　次に掲げる金額の合計額による。

イ　適格合併又は適格現物分配（残余財産の全部の分配に限る）により移転を受けた場合には，被合併法人又は現物分配法人が，その適格合併の日の前日又は残余財産の確定の日の属する事業年度において，その減価償却資産の償却限度額の計算の基礎とすべき取得価額に事業の用に供するために直接要した費用の額を加えた合計額

ロ　適格分割，適格現物出資又は適格現物分配（残余財産の全部の分配を除く）により移転を受けた場合には，分割法人，現物出資法人又は現物分配法

人における取得価額に，事業の用に供するために直接要した費用の額を加えた合計額

(6) その他の方法により取得した減価償却資産

　例えば，贈与や交換等(1)から(5)までの方法以外の方法により取得した減価償却資産の取得価額は，取得の時におけるその資産の取得のために通常要する価額（購入時価）とその資産を事業の用に供するために直接要した費用の額との合計額による（令54①六）。

〈図表6－4〉減価償却資産の取得価額

減価償却資産の取得価額

購入した場合	購入代価＋購入のための費用（引取運賃，荷役費，運送保険料，関税等）＋事業の用に供するために直接要した費用（据付費，試運転費用等）
自社で製造した場合	製造原価（原材料費，労務費，経費の合計額）＋事業の用に供するために直接要した費用
自己が成熟させた果樹の場合	購入代価又は（種苗費＋肥料費＋労務費＋経費等）＋事業の用に供するために直接要した費用
自己が生育させた牛馬等の場合	購入代価又は（種付費及び出産費＋飼育費＋労務費＋経費等）＋事業の用に供するために直接要した費用
交換や贈与の場合	購入時の時価＋事業の用に供するために直接要した費用

4 減価償却の方法

(1) 選定できる償却方法

法人税においては，償却限度額を計算する際に選定できる償却方法として，定額法，定率法，生産高比例法，取替法の4つが認められている。ただし，税務署長の承認を受けた場合には，特別な償却方法を選定することも認められている。

選定できる償却方法は，資産の種類ごとに次のように定められている（令48）。

有形減価償却資産のうち**建物だけが定額法**となっている。それは建物は一般的に長期安定的に使用され，使用形態も，生産性や収益性に大きく左右されないこと。主要諸外国も定額法により償却されていることが理由である。

具体的には，平成10年4月1日以後に取得された建物は定額法による（令48①一）。平成24年4月1日以後に取得した資産から定率法の償却率が，200％定率法（定額法の償却率に200％を乗じた割合）に改正された。それより前は250％定率法（定額法の償却率に250％を乗じた割合）であった。また，営業権の任意償却（随意償却）も商法との調整を図るため認められていたが，償却を任意にすると課税の適正化の観点から好ましくないため，商法上の取扱いも勘案しつつ，平成10年4月1日以後に取得された営業権は5年間にわたる均等償却となった。

〈減価償却方法〉

建　　　物		平成10年3月31日以前取得	旧定率法・旧定額法
		平成10年4月1日から 平成19年3月31日に取得	旧定額法
		平成19年4月1日以後 平成28年3月31日以前取得	新定額法
建物，建物附属設備， 構築物		平成28年4月1日以後取得	新定額法
建物，鉱業用減価償却資 産及び牛馬，果樹等以外 の有形減価償却資産		平成19年3月31日以前取得	旧定率法・旧定額法
		平成19年4月1日以後 平成28年3月31日以前取得	新定率法（250％定率法 又は200％定率法）・新定 額法
建物，建物附属設備，構 築物，鉱業用減価償却資 産及び牛馬，果樹等以外 の有形減価償却資産（機 械装置，車両運搬具，工 具等）		平成28年4月1日以後取得	新定率法
無形減価償却資産及び 生物（牛馬，果樹等）		平成19年3月31日以前取得	旧定額法
		平成19年4月1日以後取得	新定額法
鉱業用減価償却資産 （鉱業権を除く）		平成19年3月31日以前取得	旧生産高比例法 旧定率法・旧定額法
		平成19年4月1日以後取得	新生産高比例法 新定率法（250％定率法 又は200％定率法）・新定 額法
鉱　業　権		平成19年3月31日以前取得	旧生産高比例法 旧定額法
		平成19年4月1日以後取得	新生産高比例法 新定額法
リース資産	国外リース 資産	平成20年3月31日まで締結	国外リース期間定額法
	リース資産	平成20年4月1日以後締結	リース期間定額法

第6章　資産と償却費　339

〈減価償却方法〉参考

取得時期／資産の種類		～平成10年3月31日	平成10年4月1日～平成19年3月31日	平成19年4月1日～平成24年3月31日	平成24年4月1日～平成28年3月31日	平成28年4月1日～
有形減価償却資産	建物	① 旧定額法 ② 旧定率法 （法定償却方法）	旧定額法	定額法		
	建物附属設備 構築物	① 旧定額法 ② 旧定率法（法定償却方法）		① 定額法 ② 250%定率法 （法定償却方法）	③ 200%定率法	定額法
	その他 （機械装置，車両，工具等）	① 旧定額法 ② 旧定率法（法定償却方法）		① 定額法 ② 250%定率法 （法定償却方法）	③ 200%定率法	
無形減価償却資産及び生物（牛馬，果樹等）		旧定額法		定額法		
鉱業用減価償却資産（鉱業権を除く）		旧生産高比例法 旧定率法・旧定額法		新生産高比例法 新定率法（250%定率法又は200%定率法）・新定額法		
鉱業権		旧生産高比例法 旧定額法		新生産高比例法 新定額法		
リース資産	国外リース資産	平成20年3月31日まで締結 国外リース期間定額法		平成20年4月1日以後締結 リース期間定額法		
	リース資産					

340

法人が償却方法を**選定**，**届出**しなかった場合は，それぞれ次の償却方法（法定償却方法）によらなければならない（令53）。

〈図表6－5〉平成19年3月31日以前取得と，平成19年4月1日以後取得の減価償却

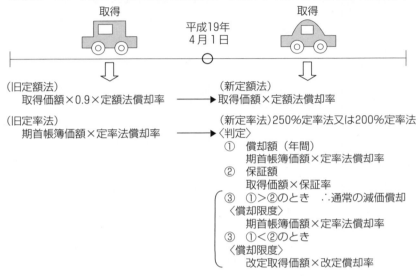

〈法定償却方法〉

建　　　物	平成10年3月31日以前取得	旧定率法
建物以外の有形減価償却資産（鉱業用減価償却資産及びリース資産を除く）	平成19年3月31日以前取得	旧定率法
	平成19年4月1日以後取得	新定率法（250％定率法又は200％定率法）
鉱業用減価償却資産及び鉱業権	平成19年3月31日以前取得	旧生産高比例法
	平成19年4月1日以後取得	生産高比例法

〈図表6－6〉保証額の理解

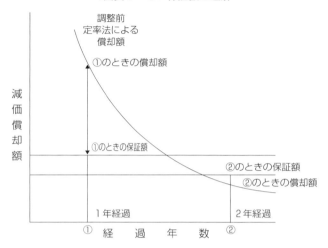

経過年数①のとき
　調整前定率法の償却額＞保証額　のときの減価償却額は
　　　　　　∴定率法償却額
経過年数②のとき
　調整前定率法の償却額＜保証額　のときの減価償却額は
　　　　　∴改定取得価額×改定定率法償却額
　　　　　（この式は、実質的には定率法から定額法への切り替え）
　※改定取得価額は、調整前定率法償却額が保証額に満たなくなった最初の年の期首未償却残高
　※保証額＝取得価額×保証率
　※保証率は、1円を残し減価償却させるための基準

$$保証額 = \frac{期首帳簿価額}{法定耐用年数 - 経過年数}$$

平成19年4月1日から平成24年3月31日までに取得資産の200％定率法の適用の特例（令附則3③）

　平成19年4月1日から平成24年3月31日までの間に取得した減価償却資産について定率法を選定している法人が、平成24年4月1日の属する事業年度の確定申告書の提出期限までに一定の届出書を所轄税務署長に提出したときは、変更事業年度（平成24年4月1日以後最初に開始する事業年度等）以後の各事業年度に

342

ついては，平成19年4月1日以後に取得したその減価償却資産の全てを平成24年4月1日以後に取得した200％定率法適用資産とみなすことにより償却限度額の計算をすることができる。

　この特例の適用を受ける減価償却資産の耐用年数は，その減価償却資産の法定耐用年数及び未償却割合から経過年数表で経過年数を求め，減価償却資産の法定耐用年数から経過年数を控除した年数である耐用年数から定率法償却率と保証率を計算する。取得価額はすでに償却した償却累計額を減算する。

〈平成19年4月1日から平成24年3月31日までに取得した資産に200％定率法を適用する特例の場合の減価償却限度額〉

(1)　耐　用　年　数

　①　未償却割合

$$\frac{変更事業年度の期首帳簿価額（取得価額－償却累計額）}{取得価額}$$

　②　未償却割合をもとに経過年数表から経過年数を求める

　③　法定耐用年数－経過年数＝耐用年数

　　　→耐用年数により償却率と保証率等を選択

(2)　償却限度額

　①　調整前償却額

　　　　期首帳簿価額×定率法償却率

　②　償却保証額

　　　　変更事業年度の期首帳簿価額×保証率

(3)　償却限度額

　　　　①≧②の場合

　　　　　通常の減価償却

　　　　①＜②の場合

　　　　　改定取得価額×改定償却率

〈図表6－7〉平成24年3月31日以前取得と平成24年4月1日以後取得

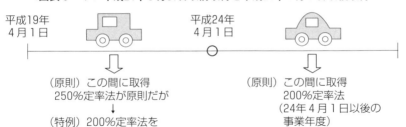

(2) 償却方法の内容

　平成19年3月31日以前に取得したものでも，平成19年4月1日以後に事業に供用した減価償却資産は，その供用日に取得したものとみなす（改正令附則11②）。

① 定　額　法（straight line method）

　定額法とは，平成19年3月31日以前に取得された減価償却資産は，取得価額から残存価額を控除した金額に，その耐用年数に応じた定額法の償却率を乗じて計算した金額を償却限度額とする方法である。また，平成19年4月1日以後に取得された場合には，取得価額に定額法の償却率を乗じて計算する。算式は，次のとおりである。

| 平成19年3月31日以前の取得 | 旧定額法 | 取得価額×0.9×旧定額法の償却率＝償却限度額 |
| 平成19年4月1日以後の取得 | 新定額法 | 取得価額×新定額法の償却率＝償却限度額 |

② 定　率　法（declining balance method）

　定率法は，減価償却資産の帳簿価額（帳簿価額とは未償却残高のことで，取得価額から，いままでの減価償却をしてきた累計額を控除した金額である）に，その耐用年数に応じた定率法の償却率を乗じて計算した金額を償却限度額とする方法である。償却限度額が一定の割合で逓減するから，技術的陳腐化の激しい資産に適している。

344

　平成19年4月1日以後に取得した減価償却資産は，定率法償却率の250％となっている（令48の2）。また，耐用年数期間内での償却を完了させるため，保証額という基準を設けた。各年の年間償却限度額が保証額に満たない場合は，税務上の期首簿価に改定償却率を乗じて償却限度額を計算する（令48の2①二，59①一）。

平成19年3月31日以前の取得	旧定率法	税務上の期首簿価×旧定率法の償却率＝償却限度額
平成19年4月1日以後の取得（令48の2①二，令59①一）	新定率法（200％定率法又は250％定率法）	償却額≧保証額のとき 税務上の期首簿価×定率法の償却率＝償却限度額(注)
		償却額＜保証額のとき 改定取得価額×改定償却率＝償却限度額

（注）① ここでいう償却額とは，税務上の期首簿価に定率法の償却率を乗じた年間償却額である。月割はしない。
　　　② 保証額とは，取得価額に耐用年数による保証率を乗じた額である。それは期首帳簿価額を「法定耐用年数－経過年数」で除した金額に該当する。1円を残して減価償却を完成させるための基準となるのが，この保証額である。
　　　③ 改定取得価額は，償却額（年間償却額）が保証額に満たない場合には，税務上の期首簿価とする。
　　　④ 償却限度額が保証額より少なくなった時から，改定取得価額に改定償却率をかけて減価償却の計算をする。これは定率法から定額法への実質的切り替えである。この切り替えにより，耐用年数経過時に，1円を残し減価償却ができる。

　なお，新定率法の償却率は，次の割合となる。

平成24年3月31日以前に取得した減価償却資産	定額法の償却率に2.5を乗じた割合（250％定率法）が原則だが，届出をすれば19年4月1日から24年3月31日までに取得したものは200％定率法の適用の特定あり
平成24年4月1日以後に取得した減価償却資産	定額法の償却率に2を乗じた割合（200％定率法）

③　**生産高比例法**（production method）

　生産高比例法とは，減価償却資産の取得価額から，残存価額を控除した残額を，その減価償却資産の耐用年数又は鉱区の採掘予定年数のいずれか短い期間における採掘予定数量で除して得た金額に，各事業年度の実際採掘数量を乗じ

て計算した金額を償却限度額とする方法である。計算式で示すと，次のとおりである。

$$取得価額 \times \frac{その事業年度の採掘数量}{その鉱区の採掘予定数量} = 償却限度額$$

④ **取　替　法**（replacement method）

　取替法は，取替資産について納税地の所轄税務署長の承認を得た場合に適用できる方法であり，次の(イ)及び(ロ)の合計額を償却限度額とする方法である（令49）。

　(イ)　取得価額の50％に達するまで定額法又は定率法のどちらかの方法で計算した金額

　(ロ)　取得資産が使用に耐えなくなったため，その事業年度において種類及び品質を同じくする資産を取り替えた場合のその取得価額のうち，その事業年度において損金経理した金額

　取替資産は，同一の目的のために多量に使用される減価償却資産で，毎事業年度において使用に耐えなくなったこれらの資産の一部が同じ数量ずつ取り替えられるものであり，軌条，まくら木，木柱（電柱），がい子，送電線等が挙げられる。

(3)　償却方法の選定，変更手続等

① **選　定　単　位**

　平成19年3月31日以前に取得された資産（旧減価償却適用資産）又は平成19年4月1日以後に取得された資産（新減価償却適用資産）の区分ごとに，かつ選定できる償却方法が複数あるものについては，設備の種類その他一定の区分ごとに償却方法を選定しなければならない（令51①②）。

② **選定の届出手続**

　選定は，次に掲げる日の属する事業年度の**確定申告書の提出期限**（仮決算をして中間申告書を提出する場合は，その提出期限）までに，償却方法を書面により納税地の税務署長に提出しなければならない（令51②）。

(イ) 新設法人………設立の日

(ロ) 設立後にすでによるべき償却方法を選定している減価償却資産以外の減価償却資産を取得した場合………その資産を取得した日

③ みなし選定

旧定額法，旧定率法又は旧生産高比例法を選定している旧減価償却方法を適用している資産と同一区分に属する資産については，選定の届出をしていないときは，以下の償却方法を選定したものとみなされる（令51③）。

(イ) 旧定率法……定率法

(ロ) 旧定額法……定額法

(ハ) 旧生産高比例法……生産高比例法

④ 変 更 手 続

減価償却の方法を変更しようとするときは，納税地の所轄税務署長の承認を受けなければならない。この承認を受けるためには，その新たな償却方法を採用しようとする事業年度開始の日の前日までに，その旨，変更しようとする理由等を記載した申請書を，納税地の所轄税務署長に提出しなければならない。

税務署長は，その申請書を提出した法人が現によっている償却方法を採用してから相当期間を経過していないとき，又は変更しようとする償却の方法によっては各事業年度の所得の金額の計算が適正に行われ難いと認めるときは，その申請を却下することができる。

5 耐 用 年 数

(1) 法定耐用年数

法定償却限度額を計算する場合の耐用年数（useful life）は，「減価償却資産の耐用年数等に関する省令」に定められたものが用いられる。それには「別表第1　機械及び装置以外の有形減価償却資産の耐用年数表」，「別表第2　機械及び装置の耐用年数表」，「別表第3　無形減価償却資産の耐用年数表」等，別表第8までの耐用年数表が定められている。

第6章　資産と償却費　347

(2)　中古資産の耐用年数

　既に他の個人又は法人において使用され又は事業の用に供された減価償却資産（試掘権以外の鉱業権，坑道及び営業権を除く）を取得して，これを法人の事業の用に供した場合におけるその資産の耐用年数は，その事業の用に供したとき以後の**使用可能期間の年数**（残存耐用年数）によることができる（耐用令3①）。

①　中古資産の耐用年数の見積りの簡便法

　中古資産の残存耐用年数は，その使用可能期間を実際に見積もって算定するのが原則であるが，その見積，おりが困難な場合には，次の簡便法により残存耐用年数を算定することが認められている。

　つまり，その残存耐用年数を見積もることが困難であるときは，次の(イ)又は(ロ)によって計算した年数（その年数に1年未満の端数があるときは，その端数を切り捨て，その年数が2年に満たない場合には，2年とする）を残存耐用年数とすることができる（耐用令3①二）。

〈中古資産の耐用年数の見積り〉

(イ)　法定耐用年数の全部を経過したもの……法定耐用年数$\times\dfrac{20}{100}$

(ロ)　法定耐用年数の一部を経過したもの

　　　……（法定耐用年数－経過年数）＋$\left(経過年数\times\dfrac{20}{100}\right)$

---

②　耐用年数の見積りにつき簡便法によることができない中古資産

　取得した中古資産を事業の用に供するにあたって，その改良等のために支出した金額がその中古資産の取得価額の50％を超えるときは，簡便法によることができない。その場合には，改良後の状況に基づいて実際に見積もった耐用年数によることとなる。

　ただし，次の算式により計算した年数（1年未満の端数があるときは，これを切り捨てた年数）を残存耐用年数として計算することもできる（耐通1－5－6）。

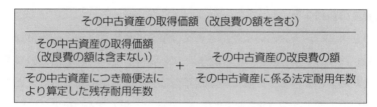

③ 見積耐用年数によることができない中古資産

取得した中古資産を事業の用に供するにあたって，改良等のために支出した金額がその減価償却資産の再取得価額の50％を超えるときは，その減価償却資産については見積耐用年数によることはできない（耐通1―5―2）。

〈図表6－8〉中古資産の耐用年数

《計算Pattern》

(中古資産の期中取得の場合)

1　見積耐用年数

〈法定耐用年数の一部経過の場合〉

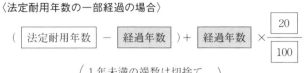

$$\begin{pmatrix} 1\text{年未満の端数は切捨て} \\ 2\text{年に満たない場合は2年} \end{pmatrix}$$

〈法定耐用年数の全部経過の場合〉

2　償却限度額

《計算例題1》　中古資産　ケース1

　慶応株式会社では，当期中に下記の中古資産を取得し事業の用に供したが，その残存使用可能期間を見積もることが困難なので，簡便法によって残存耐用年数を計算しなさい。

〈資　料〉(1)　乗用車　　法定耐用年数　5年，製作後すでに3年間使用されたものである。

　　　　　(2)　木造建物　法定耐用年数　24年，建築後5年間使用されたものである。

　　　　　上記のいずれの資産についても事業の用に供するにあたって支出した改良費の額はない。

350

《解答欄》

	計　算　過　程	見積耐用年数
(1)		年
(2)		年

《解　答》

	計　算　過　程	見積耐用年数
(1)	$（5年－3年）＋3年×\dfrac{20}{100}＝2.6年$ 1年未満切捨て	2　　年
(2)	$（24年－5年）＋5年×\dfrac{20}{100}＝20年$	20　　年

《計算例題2》　中古資産　ケース2

　福大株式会社は，当期（自平成31年4月1日　至令和2年3月31日）の6月に中古の建物を取得し，ただちに事業の用に供した。次の資料に基づき，当期における減価償却限度額を計算しなさい。

〈資　料〉

1　当期末の帳簿価額　　　　　　　　　　　　　　　　　　6,500,000円

2　当期償却額　　　　　　　　　　　　　　　　　　　　　　500,000円

3　法定耐用年数　　　　　　　　　　　　　　　　　　　　　　　45年

4　取得日までの経過年数　　　　　　　　　　　　　　　　　　　16年

5　残存耐用年数の見積りは簡便法による。

6　償却率（定率法）

耐用年数	29年	30年	32年	40年
旧定率法償却率	0.076	0.074	0.069	0.050
新定率法償却率	0.086	0.083	0.078	0.063

第6章 資産と償却費 351

《解答欄》

1 見積耐用年数

([　　年] − [　　年]) + [　　年] × [　　]/100 =

1年未満の端数切 { 上げ / 捨て } いずれかを○で囲みなさい

[　32.2 年] → [　　年]

2 償却限度額

([　　円] + [　　円]) × 0.[　　]

× [　　]/12 = [　　円]

《解　答》

1 見積耐用年数

(45 年 − 16 年) + 16 年 × 20/100 =

32.2 年 → 32 年

1年未満の端数切 { 上げ / (捨て) } いずれかを○で囲みなさい

2 償却限度額

(6,500,000 円 + 500,000 円) × 0.078

× 10/12 = 455,000 円

6 減価償却資産の償却限度額の計算

(1) 償却限度額と損金算入額

　法人の各事業年度の所得の金額の計算上，損金の額に算入される減価償却費は，法人が「**償却費として損金経理した金額**」のうち，その法人が選定した償却方法に基づいて計算される「**償却限度額**」**に達するまでの金額である**（法31①）。

　この各事業年度の償却限度額は，その資産について法人が採用している償却方法に基づいて計算した金額である（令58①）。

(2) 償却不足がある場合の償却限度額

　法人が減価償却費として会計処理を通じて損金経理した金額が，償却限度額と一致しない場合がある。償却超過額又は償却不足額がある場合である。償却超過額は，税法の償却限度額以上の金額で減価償却費を損金経理することである。その超過額は，損金不算入とされる。そして，定率法の場合の翌期以降においては，期末帳簿価額に償却超過額を加えた金額を，税務上の帳簿価額とみなして減価償却費を計算する（令62）。

　具体的には，定額法の場合には，取得価額を対象とするため毎期の償却限度額には変化がない。しかし，定率法の場合には，帳簿価額を対象に減価償却を計算するため期首帳簿価額に繰越償却超過額を加えた金額を税務上の帳簿価額とし，償却限度額は変化するのである。そこで，償却超過のある場合の翌期以降の償却限度額の計算は，次の算式により行う。

〈前期に繰越償却超過があるときの償却限度計算〉

（期首帳簿価額＋繰越償却超過額）×新定率法の償却率＝新定率法による償却限度額

取得価額×新定額法の償却率＝新定額法による償却限度額

　償却不足額は，損金経理をした減価償却費が償却限度額に満たない場合である。損金経理が行われていない償却不足の金額は，損金とはならない。定率法においては，翌期の減価償却の計算はこの償却不足を考えずに，帳簿価額を対

象として減価償却費の計算を行う。ただし，繰越償却超過額があり，しかも当期に償却不足の場合には，定額法と定率法どちらも繰越償却超過額が生じた後の事業年度において，当期において償却費として損金経理した金額に含まれるため，当期の償却不足額の範囲内で，繰越償却超過額は法人計算上の損金として認容される。また，繰越償却超過額が当期の償却不足額を超える場合は，その超える金額が次期に繰り越されることになる。ただし，普通償却の不足額は，このような繰越しはできない。

〈図表6－9〉繰越償却超過額と減価償却不足額との関係

〈繰越償却超過額が償却不足額より多いケース〉

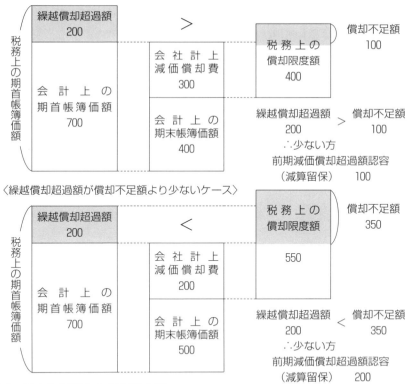

〈繰越償却超過額が償却不足額より少ないケース〉

(3) 期中取得資産の償却限度額

　減価償却資産を事業年度の中途において取得し，事業の用に供したときは，

月数按分によって償却限度額を計算する。算式は，下記のとおりである（令59①）。

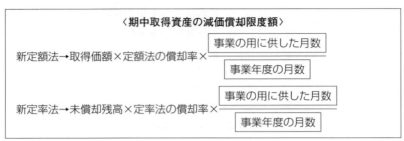

（注）　月数の1か月未満の端数は1か月とする。

期中の取得資産については，従来の2分の1の簡便償却があったが，OA化の進んだ現在では事務処理は複雑でないことや年末に取得した資産にも2分の1償却を認めることは問題となり，平成10年4月1日以後に開始する事業年度から廃止された。

(4) 事業年度が1年未満の場合

①　平成19年3月31日以前事業供用分

事業年度が1年未満である場合には，平成19年3月31日以前事業供用分は以下の算式により計算した償却率，耐用年数で償却限度額を計算する（耐令4②）。

　①　旧定額法

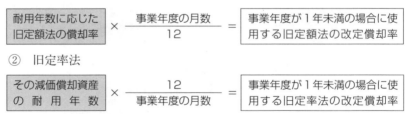

　②　旧定率法

②　平成19年4月1日以後事業供用分

事業年度が1年未満である場合には，以下の算式により計算した改定償却率で償却限度額を計算する（耐令5②）。

第6章 資産と償却費 355

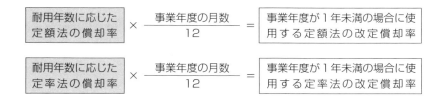

《計算Point》

〈図表6−10〉減価償却限度額の計算

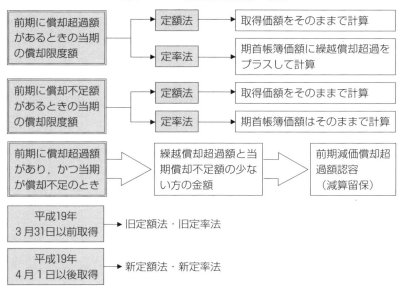

① 減価償却資産の償却率，改定償却率及び保証率

耐用年数	平成19年4月1日から平成24年3月31日までの取得				耐用年数	平成19年3月31日以前取得	
	新定額法 償却率	新定率法(250%)				旧定額法 償却率	旧定率法 償却率
		償却率	改定償却率	保証率			
2	0.500	1.000	—	—	2	0.500	0.684
3	0.334	0.833	1.000	0.02789	3	0.333	0.536
4	0.250	0.625	1.000	0.05274	4	0.250	0.438
5	0.200	0.500	1.000	0.06249	5	0.200	0.369
6	0.167	0.417	0.500	0.05776	6	0.166	0.319
7	0.143	0.357	0.500	0.05496	7	0.142	0.280
8	0.125	0.313	0.334	0.05111	8	0.125	0.250
9	0.112	0.278	0.334	0.04731	9	0.111	0.226
10	0.100	0.250	0.334	0.04448	10	0.100	0.206
11	0.091	0.227	0.250	0.04123	11	0.090	0.189
12	0.084	0.208	0.250	0.03870	12	0.083	0.175
13	0.077	0.192	0.200	0.03633	13	0.076	0.162
14	0.072	0.179	0.200	0.03389	14	0.071	0.152
15	0.067	0.167	0.200	0.03217	15	0.066	0.142
16	0.063	0.156	0.167	0.03063	16	0.062	0.134
17	0.059	0.147	0.167	0.02905	17	0.058	0.127
18	0.056	0.139	0.143	0.02757	18	0.055	0.120
19	0.053	0.132	0.143	0.02616	19	0.052	0.114
20	0.050	0.125	0.143	0.02517	20	0.050	0.109
21	0.048	0.119	0.125	0.02408	21	0.048	0.104
22	0.046	0.114	0.125	0.02296	22	0.046	0.099
23	0.044	0.109	0.112	0.02226	23	0.044	0.095
24	0.042	0.104	0.112	0.02157	24	0.042	0.092
25	0.040	0.100	0.112	0.02058	25	0.040	0.088
26	0.039	0.096	0.100	0.01989	26	0.039	0.085
27	0.038	0.093	0.100	0.01902	27	0.037	0.082
28	0.036	0.089	0.091	0.01866	28	0.036	0.079
29	0.035	0.086	0.091	0.01803	29	0.035	0.076
30	0.034	0.083	0.084	0.01766	30	0.034	0.074
31	0.033	0.081	0.084	0.01688	31	0.033	0.072
32	0.032	0.078	0.084	0.01655	32	0.032	0.069
33	0.031	0.076	0.077	0.01585	33	0.031	0.067
34	0.030	0.074	0.077	0.01532	34	0.030	0.066
35	0.029	0.071	0.072	0.01532	35	0.029	0.064
36	0.028	0.069	0.072	0.01494	36	0.028	0.062
37	0.028	0.068	0.072	0.01425	37	0.027	0.060
38	0.027	0.066	0.067	0.01393	38	0.027	0.059
39	0.026	0.064	0.067	0.01370	39	0.026	0.057
40	0.025	0.063	0.067	0.01317	40	0.025	0.056
41	0.025	0.061	0.063	0.01306	41	0.025	0.055
42	0.024	0.060	0.063	0.01261	42	0.024	0.053
43	0.024	0.058	0.059	0.01248	43	0.024	0.052
44	0.023	0.057	0.059	0.01210	44	0.023	0.051
45	0.023	0.056	0.059	0.01175	45	0.023	0.050

46	0.022	0.054	0.056	0.01175	46	0.022	0.049
47	0.022	0.053	0.056	0.01153	47	0.022	0.048
48	0.021	0.052	0.053	0.01126	48	0.021	0.047
49	0.021	0.051	0.053	0.01102	49	0.021	0.046
50	0.020	0.050	0.053	0.01072	50	0.020	0.045

（注）　耐用年数省令別表第九及び別表第十には，耐用年数100年までの計数が規定されている。

② 減価償却資産の償却率，改定償却率及び保証率（平成24年4月1日以後取得の場合）

耐用年数	新定額法	新定率法(200%)			耐用年数	新定額法	新定率法(200%)			耐用年数	新定額法	新定率法(200%)		
		償却率	改定償却率	保証率			償却率	改定償却率	保証率			償却率	改定償却率	保証率
2	0.500	1.000	—	—	19	0.053	0.105	0.112	0.03693	36	0.028	0.056	0.059	0.01974
3	0.334	0.667	1.000	0.11089	20	0.050	0.100	0.112	0.03486	37	0.028	0.054	0.056	0.01950
4	0.250	0.500	1.000	0.12499	21	0.048	0.095	0.100	0.03335	38	0.027	0.053	0.056	0.01882
5	0.200	0.400	0.500	0.10800	22	0.046	0.091	0.100	0.03182	39	0.026	0.051	0.053	0.01860
6	0.167	0.333	0.334	0.09911	23	0.044	0.087	0.091	0.03052	40	0.025	0.050	0.053	0.01791
7	0.143	0.286	0.334	0.08680	24	0.042	0.083	0.084	0.02969	41	0.025	0.049	0.050	0.01741
8	0.125	0.250	0.334	0.07909	25	0.040	0.080	0.084	0.02841	42	0.024	0.048	0.050	0.01694
9	0.112	0.222	0.250	0.07126	26	0.039	0.077	0.084	0.02716	43	0.024	0.047	0.048	0.01664
10	0.100	0.200	0.250	0.06552	27	0.038	0.074	0.077	0.02624	44	0.023	0.045	0.046	0.01664
11	0.091	0.182	0.200	0.05992	28	0.036	0.071	0.072	0.02568	45	0.023	0.044	0.046	0.01634
12	0.084	0.167	0.200	0.05566	29	0.035	0.069	0.072	0.02463	46	0.022	0.043	0.044	0.01601
13	0.077	0.154	0.167	0.05180	30	0.034	0.067	0.072	0.02366	47	0.022	0.043	0.044	0.01532
14	0.072	0.143	0.167	0.04854	31	0.033	0.065	0.067	0.02286	48	0.021	0.042	0.044	0.01499
15	0.067	0.133	0.143	0.04565	32	0.032	0.063	0.067	0.02216	49	0.021	0.041	0.042	0.01475
16	0.063	0.125	0.143	0.04294	33	0.031	0.061	0.063	0.02161	50	0.020	0.040	0.042	0.01440
17	0.059	0.118	0.125	0.04038	34	0.030	0.059	0.063	0.02097					
18	0.056	0.111	0.112	0.03884	35	0.029	0.057	0.059	0.02051					

《計算Pattern》

《定額法》

〈前期償却超過等と税法上の減価償却限度額の計算〉

Ⅰ 〈平成19年3月31日以前取得資産で旧定額法適用のケース〉

〈前期に償却超過がないとき〉

(1)　会社計上額

(2)　償却限度額　　取得価額×0.9×償却率

(3)　償却超過額　　会社計上償却費－(2)の償却限度額＝減価償却超過額(加算留保)

358

Ⅱ〈平成19年4月1日以後取得資産で新定額法適用のケース〉

〈前期に償却超過がないとき〉

(1)　会社計上額

(2)　償却限度額　　取得価額×新定額法償却率

(3)　償却超過額　　(1)−(2)

Ⅲ〈定額法で前期に償却超過あり，当期償却不足でないとき〉（取得日に関係なし）

(1)　会社計上額

(2)　償却限度額　　上のⅠ(2)又はⅡ(2)と同じ

(3)　償却超過額　　会社計上償却費−(2)の償却限度額＝減価償却超過額（加算留保）

Ⅳ〈定額法で前期に償却超過あり，当期に償却不足のとき〉（取得日に関係なし）

(1)　会社計上額

(2)　償却限度額　　上のⅠ(2)又はⅡ(2)と同じ

(3)　償 却 不 足　　(2)−会社計上償却費

(4)　前期繰越償却超過額と当期償却不足額の少ない方

　　　　　→前期減価償却超過額認容（減算，留保）

《定率法》

〈平成19年3月31日以前取得資産で旧定率法適用のケース〉

Ⅴ〈前期に償却超過がないとき〉

(1)　会社計上額

(2)　償却限度額　　期首帳簿価額×償却率

(3)　償却超過額　　会社計上償却費−(2)の償却限度額＝減価償却超過額（加算留保）

Ⅵ〈平成19年4月1日以後取得資産で新定率法適用のケース〉250％定率法又は200％定率法

（償却額≧保証額のとき）

(1)　会社計上額

(2) 判定

① 償却額（年間償却限度月割なし）

期首税務上簿価×新定率法償却率

② 保証額　取得価額×保証率

③ 償却額と保証額の比較

償却額① ≧ 保証額②

∴　通常の減価償却

(3) 償却限度額

期首税務上簿価×新定率法償却率

(4) 償却超過額　(1)－(3)

（償却額＜保証額のとき）

(1) 会社計上額

(2) 判定

① 償却額（年間償却限度で月割なし）

期首税務上簿価×新定率法償却率

② 保証額

取得価額×保証率

③ 償却額① ＜ 保証額②

∴　改定取得価額，改定償却率で減価償却

(3) 償却限度額

改定取得価額×改定償却率

(4) 償却超過額

(1)－(3)

Ⅶ〈新定率法で前期に償却超過あり，当期に償却不足でないとき〉（取得日に関係なし）250％定率法又は200％定率法

(1) 会社計上額

(2) 判定

① 償却額（年間償却限度月割なし）

期首税務上簿価×新定率法償却率

② 保証額　取得価額×保証率

③ 償却額と保証額の比較

償却額① ≧ 保証額②

∴通常の減価償却

(3) 償却限度額　　　　　　期首税務上簿価

(期首帳簿価額＋繰越償却超過額)×償却率

(4) 償却超過額　　会社計上償却費−(3)の償却限度額＝減価償却超過額（加算留保）

Ⅷ〈新定率法で前期に償却超過あり，当期に償却不足のとき〉（取得日に関係なし）250％定率法又は200％定率法

(1) 会社計上額

(2) 判定

① 償却額（年間償却限度月割なし）

期首税務上簿価×新定率法償却率

② 保証額　取得価額×保証率

③ 償却額と保証額の比較

償却額① ≧ 保証額②

∴通常の減価償却

(3) 償却限度額　　上のⅦ(3)と同じ

(4) 償 却 不 足　　(3)−会社計上償却費

(5) 前期繰越償却超過額と当期償却不足額の少ない方

→前期減価償却超過額認容（減算，留保）

第 6 章　資産と償却費　361

《別表四の記載》

	区　　分	金　額	留　保
加算	減価償却超過額	×××	××
減算	前期減価償却超過額認容	×××	××

〈減価償却計算の総まとめ計算Pattern〉

	平成19年 4 月 1 日以後 取得資産ケース	平成19年 3 月31日以前 取得資産ケース
定額法	（新定額法） (1)　会社計上額 (2)　償却限度額 　　　取得価額×新定額法償却率 (3)　償却超過額 　　(1)－(2)	（旧定額法） (1)　会社計上額 (2)　償却限度額 　　　取得価額×0.9×旧定額法償却率 (3)　償却超過額 　　(1)－(2)
定率法	（新定率法250%定率法又は200% 定率法） (1)　会社計上額 (2)　判定 　①　償却額（年間償却限度で月割 　　なし） 　　　　税務上の期首簿価×新定 　　率法償却率 　②　保証額 　　　取得価額×保証率 　③　償却額①≧保証額② 　　　∴　通常の減価償却 (3)　償却限度額（期中取得月割あ 　り） 　　　期首税務上簿価×新定率法 　　償却率 (4)　償却超過額　(1)－(3)	（旧定率法） (1)　会社計上額 (2)　償却限度額 　　　税務上の期首簿価×旧定率法償 　　却率＝償却限度額 (3)　償却超過額　(1)－(2) (注)　税務上の期首簿価とは期首帳簿 　　価額＋繰越償却超過額である。又は 　　期末帳簿価額＋会社計上償却費＋ 　　繰越償却超過額である。
	(1)　会社計上額 (2)　判定 　①　償却額（年間償却限度で月割 　　なし）	

	税務上の期首簿価×新定率 法償却率 ② 保証額 取得価額×保証率 ③ 償却額①＜保証額② (3) 償却限度額 改定取得価額×改定償却率 (4) 償却超過額 (1)-(3)	

減価償却累計額が95％に近いとき（定額法，定率法とも）		(1) 会社計上額
		(2) 償却限度額
		 ① 従来の償却限度額
		 ② 税務上の期首帳簿価額－取得価額×5％
		 ③
		 (ア) ②＞0円のケース
		  （95％に償却累計未達）
		   ∴ ①と② 少ない方
		 (イ) ②≦0円のケース
		  （95％に償却累計到達）
		  ⅰ 税務上期首帳簿価額－1円
		  ⅱ （取得価額×5％－1円）× $\dfrac{その事業年度月数}{60}$
		  ⅲ ⅰとⅱの少ない方
		(3) 償却超過額
		  (1)-(2)

[注]
1) 酒井克彦『裁判例からみる法人税』大蔵財務協会，2012，pp.321－324

第6章　資産と償却費　363

《計算例題１》　減価償却の計算の基礎（新定率法，新定額法，旧定率法，旧定額法）

　福大株式会社の第３期（自平成30年10月１日　至平成31年９月30日）事業年度における減価償却費の計算に必要な資料は，下記のとおりである。税務上，最も有利になるように減価償却限度額を計算し金額欄に記入しなさい。なお，当社では，償却方法として有形減価償却資産については定率法を選択して届け出ている。平成24年４月１日以後取得した定率法適用資産は，原則の200％定率法を適用する。

種類細目	事業の用に供した年　月　日	取得価額円	期首簿価円	耐用年数	償却率 定額法	償却率 定率法	
建　物 A	平成31年８月１日	15,000,000	——	50年	新 0.020	新 0.040	
建　物 B	平成18年10月１日	70,000,000	53,200,000	50年	旧 0.020	旧 0.045	繰越償却超過額が400,000円ある
機械装置	平成28年10月１日	8,000,000	4,425,000	8年	新 0.125	新 0.250	繰越償却超過額が75,000円ある 保証率は0.07909である
車　輌 運搬具A	平成28年10月１日	4,000,000	1,552,360	5年	新 0.200	新 0.400	繰越償却不足額が112,360円ある 保証率は0.10800である
車　輌 運搬具B	平成31年７月１日	4,000,000	——	6年	新 0.167	新 0.333	保証率は0.09911である
特　許　権	平成28年１月１日	2,000,000	1,800,000	8年	旧 0.125	——	——

　さらに，第３期に下記の一括償却資産を取得した。

資産名称	数　量	単　価	金　額
パソコン	2台	150,000	300,000
プリンタ	3台	120,000	360,000
コピー機	1台	180,000	180,000
電子黒板	1台	150,000	150,000
合　計			990,000

364

《解答欄》

種類細目	計　算　過　程	金　額
建　物　A		円
建　物　B		円
機 械 装 置		円
車 輌 運 搬 具		円
器 具 備 品		円
特　許　権		円
一括償却資産		円

《解　答》

種類細目	計　算　過　程	金　額
建　物　A	$15,000,000 \times 0.020 \times \dfrac{2}{12} = 50,000$円　新定額法	50,000円
建　物　B	$70,000,000 \times 0.9 \times 0.020 = 1,260,000$円　旧定額法	1,260,000円
機 械 装 置	①　判　定 　(ア)　年間償却額（月割しない） 　　$(4,425,000 + 75,000) \times 0.250 = 1,125,000$円 　(イ)　保証額 　　$8,000,000 \times 0.07909 = 632,720$円 　(ウ)　(ア)＞(イ)　　∴　通常の償却 ②　償却限度額 　　$(4,425,000 + 75,000) \times 0.250 = 1,125,000$円 　　　　　　　　　　　　　　　　　新定率法	1,125,000円
車輌運搬具A	①　判　定 　(ア)　年間償却額（月割しない） 　　$1,552,360 \times 0.400 = 620,944$円 　(イ)　保証額 　　$4,000,000 \times 0.10800 = 432,000$円 　(ウ)　(ア)＞(イ)　　∴　通常の償却 ②　償却限度額 　　$1,552,360 \times 0.400 = 620,944$円 　　　　　　　　　　　　　新定率法	620,944円

第6章　資産と償却費　365

車輌運搬具B (200%定率法)	①　判　定 　(ア)　年間償却額（月割しない） 　　　$4,000,000 \times 0.333 = 1,332,000$円 　(イ)　保証額 　　　$4,000,000 \times 0.09911 = 396,440$円 　(ウ)　(ア)＞(イ)　　∴　通常の償却 ②　償却限度額 　　　$4,000,000 \times 0.333 \times \dfrac{3}{12} = 333,000$円	333,000円
特　許　権	$2,000,000 \times 0.125 = 250,000$　旧定額法	250,000円
一括償却資産	$990,000 \times \dfrac{12}{36} = 330,000$円 　(1)　全ての取得価額が30万円未満 　(2)　少額減価償却資産の合計額が300万円未満	330,000円

（注）　特許権は無形固定資産なので定額法で償却し残存価額はない。
　　　　建物は定額法で計算する。

《計算例題2》 一括償却資産と新定率法，新定額法，旧定率法，旧定額法

　福大株式会社の第○期（自平成31年4月1日　至令和2年3月31日）事業年度における減価償却の計算に必要な資料は，下記のとおりである。税務上最も有利になるように減価償却限度額を計算過程を示して計算し，金額欄に記入しなさい。福大株式会社の資本金は，2億円である。中小企業ではない。

　なお，当社では，減価償却の方法として有形減価償却資産については定率法を選定して届け出ている。平成24年4月1日以後取得する定率法適用資産は，原則の200％定率法を適用する。

　また，工具B及びCについては，一括償却を選定するものとする。

種類細目	事業の用に供した 年　月　日	取得価額 円	期首簿価 円	耐用 年数	償却率 定額法	償却率 定率法	
建　物 （本社）	令和2年1月31日	160,000,000	160,000,000	45年	新 0.023	新 0.044	——
建　物 （工場）	平成18年4月20日	70,000,000	39,059,000	26年	旧 0.039	旧 0.085	償却不足額が 1,000,000円ある
機械装置	平成29年4月20日	28,000,000	15,150,000	8年	新 0.125	新 0.250	繰越償却超過額が 600,000円ある 保証率は0.07909 である
車　輌 運搬具	平成29年4月1日	4,000,000	1,940,000	5年	新 0.200	新 0.400	償却不足額が 500,000円ある 保証率は0.10800 である
工具A	令和元年10月15日	6,800,000	6,800,000	6年	新 0.167	新 0.333	保証率は0.09911 である
器　具 備　品	令和2年1月1日	90,000	——	6年	新 0.167	新 0.333	——
工具B	令和元年5月5日	190,000	——	4年	新 0.250	新 0.500	——
工具C	令和2年1月2日	170,000	——	4年	新 0.250	新 0.500	——

第6章　資産と償却費　367

《解答欄》

種類細目	計　算　過　程	金　　額
建物（本社）		円
建物（工場）		円
機械装置		円
車輌運搬具		円
工　具　A		円
器具備品		円
工具B，C		円

《解　答》

種類細目	計　算　過　程	金　　額
建物（本社）	$160,000,000 \times 0.023 \times \dfrac{3}{12} = 920,000$ 円　新定額法	920,000円
建物（工場）	$70,000,000 \times 0.9 \times 0.039 = 2,457,000$　旧定額法	2,457,000円
機械装置	①　判　定 　㋐　年間償却額（月割しない） 　　$(15,150,000 + 600,000) \times 0.250 = 3,937,500$ 円 　㋑　保証額 　　$28,000,000 \times 0.07909 = 2,214,520$ 円 　㋒　㋐＞㋑　　∴　通常の償却 ②　償却限度額 　　$(15,150,000 + 600,000) \times 0.250 = 3,937,500$ 円 　　　　　　　　　　　新定率法	3,937,500円
車輌運搬具	①　判　定 　㋐　年間償却額（月割しない） 　　$1,940,000 \times 0.400 = 776,000$ 円 　㋑　保証額 　　$4,000,000 \times 0.10800 = 432,000$ 円 　㋒　㋐＞㋑　　∴　通常の償却 ②　償却限度額 　　$1,940,000 \times 0.400 = 776,000$ 円 　　　　　　　　　　　新定率法	776,000円

工　具　A	①　判　定 　（ア）　年間償却額（月割しない） 　　　6,800,000×0.333＝2,264,400円 　（イ）　保証額 　　　6,800,000×0.09911＝673,948円 　（ウ）　（ア）＞（イ）　　∴　通常の償却 ②　償却限度額 　　6,800,000×0.333×$\frac{6}{12}$＝1,132,200円 　　　　　　　　　　　　　新定率法	1,132,200円
器具備品	取得価額10万円未満	90,000円
工具B，C	（190,000＋170,000）×$\frac{12}{36}$＝120,000円　一括償却資産	120,000円

《計算例題3》　前期減価償却超過額があるケース（新定率法，新定額法，旧
　　　　　　　定率法，旧定額法）

　慶応株式会社の当期（自平成31年4月1日　至令和2年3月31日）の減価償却
に関し，以下の資料により税務調整（必ず法人が有利になるように調整を行う
こと）を行いなさい。

〈資　料〉

(1)　減価償却資産の内訳等は，次のとおりである。

種　類	取得価額	償却額	期末簿価	耐用年数	備　　　　考
機　械	3,000,000円	400,000円	2,100,000円	10年	償却超過額が300千円ある。平成29年4月1日に事業の用に供した
建物A	60,000,000円	800,000円	35,000,000円	30年	償却超過額が700千円ある
建物B	20,000,000円	500,000円	19,500,000円	30年	当期11月10日に事業の用に供した
工　具	5,000,000円	200,000円	4,800,000円	5年	当期9月5日に事業の用に供した
車　輌	4,000,000円	650,000円	3,350,000円	8年	当期1月8日に事業の用に供した

　　　　（注）建物Aは平成19年3月31日以前取得である。

(2)　減価償却方法は，建物については定額法，その他については定率法を
　　採用している。平成29年4月1日以後取得した定率法適用資産には，原
　　則の200％定率法を適用する。

第6章 資産と償却費 369

耐 用 年 数	5年	8年	10年	30年	40年
定額法による償却率	0.200	0.125	0.100	0.034	0.025
定率法による償却率	0.369	0.250	0.206	0.074	0.056
新定額法による償却率	0.200	0.125	0.100	0.034	0.025
新定率法による償却率 （200％定率法）	0.400	0.250	0.200	0.067	0.050
保　証　率 （200％定率法）	0.10800	0.07909	0.06552	0.02366	0.01791

《解答欄》

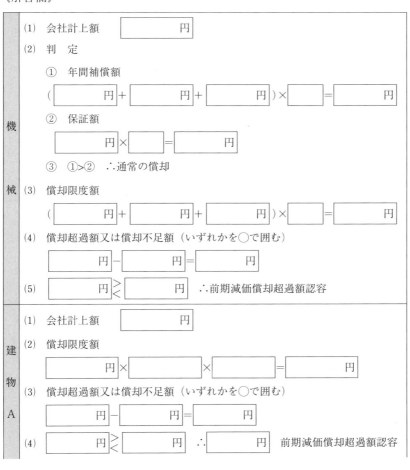

370

<table>
<tr><td rowspan="3">建物B</td><td colspan="2">(1) 会社計上額 ☐ 円</td></tr>
<tr><td colspan="2">(2) 償却限度額
☐ 円 × ☐ × ☐ × ─ = ☐ 円</td></tr>
<tr><td colspan="2">(3) 償却超過額又は償却不足額（いずれかを○で囲む）
☐ 円 － ☐ 円 = ☐ 円</td></tr>
<tr><td rowspan="5">工具</td><td colspan="2">(1) 会社計上額 ☐ 円</td></tr>
<tr><td colspan="2">(2) 判 定
① 年間償却額
☐ 円 × ☐ = ☐ 円
② 保証額
☐ 円 × ☐ = ☐ 円
③ ①＞② ∴ 通常の償却</td></tr>
<tr><td colspan="2">(3) 償却限度額
☐ 円 × ☐ × ─ = ☐ 円</td></tr>
<tr><td colspan="2">(4) 償却超過額又は償却不足額（いずれかを○で囲む）　　　　（切捨て）
☐ 円 － ☐ 円 = ☐ 円 →税務調整の金額 ☐ 円</td></tr>
<tr><td></td><td></td></tr>
<tr><td rowspan="4">車輌</td><td colspan="2">(1) 会社計上額 ☐ 円</td></tr>
<tr><td colspan="2">(2) 判 定
① 年間償却額
☐ 円 × ☐ = ☐ 円
② 保証額
☐ 円 × ☐ = ☐ 円
③ ①＞② ∴ 通常の償却</td></tr>
<tr><td colspan="2">(3) 償却限度額
☐ 円 × ☐ × ─ = ☐ 円</td></tr>
<tr><td colspan="2">(4) 償却超過額又は償却不足額（いずれかを○で囲む）
☐ 円 － ☐ 円 = ☐ 円</td></tr>
</table>

第6章　資産と償却費　371

《解　答》

機械

(1)　会社計上額　　400,000 円

(2)　判　定

　　①　年間償却額

　　（ 2,100,000 円 ＋ 400,000 円 ＋ 300,000 円 ）× 0.200 ＝ 560,000 円

　　②　保証額

　　　　3,000,000 円 × 0.06552 ＝ 196,560 円

　　③　①＞②　∴通常の償却

(3)　償却限度額

　　（ 2,100,000 円 ＋ 400,000 円 ＋ 300,000 円 ）× 0.200 ＝ 560,000 円

(4)　償却超過額又は⟨償却不足額⟩（いずれかを◯で囲む）

　　400,000 円 － 560,000 円 ＝ 160,000 円

(5)　160,000 円 ＜ 300,000 円　∴前期減価償却超過額認容（減・留）

建物A

(1)　会社計上額　　800,000 円　　　　　（旧定額法）

(2)　償却限度額
　　（取得価額）

　　60,000,000 円 × 0.9 × 0.034 ＝ 1,836,000 円

(3)　償却超過額又は⟨償却不足額⟩（いずれかを◯で囲む）

　　1,836,000 円 － 800,000 円 ＝ 1,036,000 円

(4)　1,036,000 円 ＞ 700,000 円　∴　700,000 円　前期減価償却超過額認容

建物B

(1)　会社計上額　　500,000 円　　　　　（新定額法）

(2)　償却限度額
　　（取得価額）

　　20,000,000 円 × 0.034 × $\dfrac{5}{12}$ ＝ 283,333 円

(3)　⟨償却超過額⟩又は償却不足額（いずれかを◯で囲む）

　　500,000 円 － 283,333 円 ＝ 216,667 円

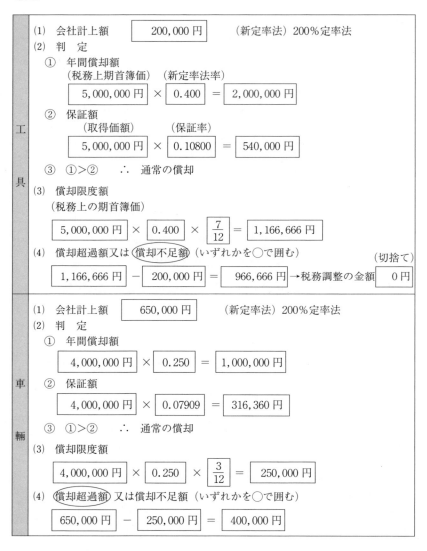

《**計算例題4**》 少額減価償却資産，一括償却資産と新定率法

慶応株式会社（資本金1億2,000万円）は当期（自平成31年4月1日 至令和2年3月31日）においての期中取得資産の状況は，以下のとおりである。当期の期中取得資産の減価償却費の損金算入償却限度額を計算しなさい。

区分	取得価額	取得・業務供用日	耐用年数及び新定率法償却率	損金経理した当期償却額	保証率
器具A	180,000円	当期5月6日	6年（0.333）	70,000円	0.09911
備品B	2,200,000円	当期2月3日	5年（0.400）	200,000円	0.10800
工具C	80,000円	当期10月5日	6年（0.333）	80,000円	0.09911

また，一括償却できるのは一括償却を選定するものとする。

なお，平成29年4月1日以後に取得した定率法適用資産は，原則の200％定率法を適用する。

《解答欄》

1　器具A

（1）会計計上額　　□ 円

（2）償却限度額

（3）償却超過額

374

2　備品B

(1)　会計計上額　　□　　　　　円

(2)　判　定

　①　年間償却額

　　　□　円　×　□　=　□　円

　②　保証額

　　　□　円　×　□　=　□　円

　③　①＞②　　∴　通常の償却

(3)　償却限度額

　　　□　円　×　□　×　□／□　=　□　円

(4)　償却超過額

　　　□　円　−　□　円　=　□　円

3　工具C

(1)　会社計上額　　□　　　　　円

(2)　償却限度額

　　　□　円　×　□　×　□／□　=　□　円

(3)　償却超過額

　　　□　円　−　□　円　=　□　円

第6章　資産と償却費　375

《解　答》

1　器具A

(1)　会社計上額　　$\boxed{\text{70,000円}}$

(2)　償却限度額

$$\boxed{\text{180,000円}} \times \frac{\boxed{12}}{\boxed{36}} = \boxed{\text{60,000円}}$$

(3)　償却超過額

$$\underset{\text{(1)}}{\boxed{\text{70,000円}}} - \underset{\text{(2)}}{\boxed{\text{60,000円}}} = \boxed{\text{10,000円}}$$

取得価額が20万円未満なので一括償却が適用できる

2　備品B

(1)　会社計上額　　$\boxed{\text{200,000円}}$

(2)　判　定

①　年間償却額

$$\boxed{\text{2,200,000円}} \times \boxed{0.400} = \boxed{\text{880,000円}}$$

②　保証額

$$\boxed{\text{2,200,000円}} \times \boxed{0.10800} = \boxed{\text{237,600円}}$$

③　①＞②　　∴　通常の償却

新定率法

(3)　償却限度額

$$\boxed{\text{2,200,000円}} \times \boxed{0.400} \times \frac{\boxed{2}}{\boxed{12}} = \boxed{\text{146,666円}}$$

(4)　償却超過額

$$\underset{\text{(1)}}{\boxed{\text{200,000円}}} - \underset{\text{(3)}}{\boxed{\text{146,666円}}} = \boxed{\text{53,334円}}$$

取得価額が20万円超であるので通常の償却

3 　工具C

　　(1)　会計計上額　　80,000円

　　(2)　償却限度額

　　(3)　償却超過額

　　　　80,000円 － 80,000円 ＝ 0円

　　取得価額が10万円未満の少額減価償却資産なので，業務供用時に損金算入できる。

《実務上のPoint》

(1)　機械装置，工具，車両運搬具等を期中で取得した場合には，月数按分によって償却限度額を計算する。
(2)　使用可能期間が1年未満，又は取得価額が10万円未満の減価償却資産は，損金経理により損金に算入される。
(3)　建物等の固定資産の購入に要した付随費用のうちには，借入金の利子，不動産取得税等のように取得価額に算入せず，支払時に損金にできるものがある。

7　通算（グルーピング）

　減価償却の計算は，資産の種類，耐用年数，償却方法の異なるごとに計算する。資産の種類，耐用年数，償却方法の全てが同じならば一括して（通算して），減価償却超過額を計算する。

　異なる場合は，別々に原価償却超過額を計算する。

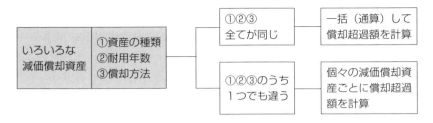

《計算Pattern》（ＡＢは資産の種類，耐用年数，償却方法同じで通算）

定額法

(1) 償却限度額

　① Ａ資産の償却限度額　　取得価額×償却率

　② Ｂ資産の償却限度額　　取得価額×償却率

　③ ①＋②

(2) 償却超過額

　（Ａ資産の会計計上減価償却費＋Ｂ資産の会計計上減価償却費）－(1)③

定率法

(1) 判　定

　① Ａ資産

　　(ア) 償却額（年間償却額）

　　(イ) 保証額　　取得価額×保証率

　　(ウ) (ア)＞(イ)のとき　　通常の減価償却

　② Ｂ資産

　　(ア) 償却額（年間償却額）

　　(イ) 保証額　　取得価額×保証率

　　(ウ) (ア)＞(イ)のとき　　通常の減価償却

(2) 償却限度額

　① Ａ資産　　取得価額×償却率

　② Ｂ資産　　取得価額×償却率

　③ ①＋②

378

(3) 償却超過額

（A資産の会計計上減価償却費＋B資産の会計計上減価償却費）－(2)③

《計算Pattern》（ＡＢは資産の種類，耐用年数，償却方法同じで通算）

　不足で認容のケース

定額法

(1) 償却限度額

　① A資産の償却限度額　　取得価額×償却率

　② B資産の償却限度額　　取得価額×償却率

　③ ①＋②

(2) 償却不足額

　（A資産の会計計上減価償却費＋B資産の会計計上減価償却費）－(1)③＝△償却不足

(3) 認容額

　償却不足額(2) ≧ 繰越償却超過額　∴少ない方　減価償却超過額認容（減・留）

定率法

(1) 判　定

　① A資産

　　(ア) 償却額（年間償却額）

　　(イ) 保証額　　取得価額×保証率

　　(ウ) (ア)＞(イ)のとき　　通常の減価償却

　② B資産

　　(ア) 償却額（年間償却額）

　　(イ) 保証額　　取得価額×保証率

　　(ウ) (ア)＞(イ)のとき　　通常の減価償却

(2) 償却限度額

　① A資産　　取得価額×償却率

　② B資産　　取得価額×償却率

③　①＋②

(3)　償却不足額

（A資産の会計計上減価償却費＋B資産の会計計上減価償却費）－(2)③＝△償却不足

(4)　認容額

償却不足額(3)　≧　繰越償却超過額　∴少ない方　減価償却超過額認容（減・留）

8　資本的支出

⑴　資本的支出の金額

　事業に固定資産を使用し続けるためには，固定資産の修理，改良が必要である。そのために支出した費用の中で，固定資産の通常の維持管理のために支出した費用は，**修繕費**（repairing cost）として損金に算入される。しかし，固定資産使用可能期間を延長させたり，固定資産の価値を増加させたりした金額は，その支出が改良の性格を要し，**資本的支出**（capital expenditure）として資産となる。

　なお，法人税では，資本的支出について以下のように規定している。

　法人が，修理，改良その他いずれの名義をもってするかを問わず，その有する固定資産について支出する金額で，次に掲げる使用可能期間延長額，価値の増加額に該当するものは，その法人のその支出する日の属する事業年度の所得の計算上，損金の額に算入しない（令132①）。使用可能期間の延長額と価値の増加額のいずれにも該当する場合にはいずれか多い金額が，資本的支出額となる（実質基準）。

①　使用可能期間の延長額

　その支出する金額のうち，その支出により，その資産の取得の時においてその資産につき通常の管理又は修理をするものとした場合に予測されるその資産の使用可能期間を延長させる部分に対応する金額。

380

これを算式で示すと，次のようになる。

$$
支出金額 \times \frac{支出後に予測される使用可能期間 - 支出前に予測される使用可能期間}{支出後に予測される使用可能期間} = 資本的支出の金額
$$

② 価値の増加額

　支出した金額のうち，その支出により，その資産の取得の時においてその資産につき通常の管理又は修理をするものとした場合に予測されるその支出の時におけるその資産の価額を増加させる部分に対応する金額。

　これを算式で示すと，次のようになる。

$$
支出直後のその資産の価額（時価） - 取得後通常の管理又は修理をしている場合に予測される支出直前の価額（時価） = 資本的支出の金額
$$

　上記の①又は②により，資本的支出に該当することとなった金額は，その固定資産の価額を増加させる部分に対応する金額のため，その金額はその資産の取得価額に加算することとなる。

　したがって，固定資産が減価償却資産である場合には，その減価償却資産について支出する金額のうち，資本的支出に該当する金額は，その資産の取得価額に加算しなければならない（令55）。

⑵ 資本的支出と修繕費の区分

　資本的支出について大切なのは，修繕費との区分である。実際にはその判定が困難な場合もあるので，法人税法上は，資本的支出と修繕費の区分について以下のように規定している。

① 資本的支出の例示

　固定資産の修理，改良等のために支出した金額のうち，当該**固定資産の価値を高め，又は耐久性を増す**こととなると認められる部分の金額が資本的支出となるのであるから，例えば，次に掲げるような金額は，原則として**資本的支出に該当する**（基7―8―1）。

第6章　資産と償却費　381

資本的支出	(イ)　建物の避難階段の取付費用等物理的に付加されたことが明らかな部分に対応する金額 (ロ)　用途変更のための模様替え，取替え等に直接要した金額 (ハ)　機械の部分品を特に高品質又は高性能のものに取り替えた場合に要した費用のうち，通常の取替えに要すると認められる費用を超える部分の金額。ただし，建物の増築，構築物の拡張，延長等は建物等の取得に当たる。

② **修繕費の例示**

　固定資産の修理，改良等のために支出した金額のうち当該固定資産の**通常の維持管理のため**，又は災害等によりき損した固定資産につきその**原状を回復**するために要したと認められる部分の金額が修繕費となるのであるから，次に掲げるような金額は，**修繕費**に該当する（基7―8―2）。

修繕費	(イ)　建物の移えい又は解体移築をした場合（移えい又は解体移築を予定して取得した建物についてした場合を除く）のその移えい又は移築に要した費用（解体移築にあっては，旧資材の70％がその性質上再使用できる場合で，その旧資材をそのまま利用して従前の建物と同一の規模・構造の建物を再建築するものに限る） (ロ)　機械装置の移設に要した費用 (ハ)　地盤沈下した土地を沈下前の状態に回復するための地盛り費用 (ニ)　建物，機械装置等が地盤沈下により海水等の浸害を受けることとなったために行う床上げ，地上げ又は移設に要した費用。ただし，床面の構造，材質等の改良工事等と認められる場合のその改良部分の金額を除く。 (ホ)　現に使用している土地の水はけを良くする等のために行う砂利，採石等の敷設に要した費用及び砂利道又は砂利路面に砂利，採石等を補充するために要した費用

③　**少額又は周期の短い費用の損金算入**

　次のような少額の修理・改良等が次のいずれかに該当する場合には，その使用した費用が前記①（資本的支出の例示）に該当する場合であっても，修繕費として損金経理をすることができる（基7―8―3）。

382

修繕費	(イ) その修理，改良等に要した費用が**20万円未満**の場合
	(ロ) その修理，改良等がおおむね**3年以内の期間を周期**として行われることが既往の実績その他の事情からみて明らかである場合

④ **形式基準による修繕費の判定**

修理，改良等に要した費用で資本的支出か修繕費かの区分が明らかでない場合において，その費用が次のいずれかに該当するときは，修繕費として損金経理をすることができる（基7―8―4）。

修繕費	(イ) その額が**60万円未満**の場合
	(ロ) その額がその修理，改良等に係る固定資産の**前期末の取得価額のおおむね10％以下**である場合

⑶ **資本的支出と修繕費の区分の特例**

① **簡　便　法**

1つの修理，改良等に要した費用で資本的支出か修繕費かの区分が明らかでない場合において，法人が継続して**その金額の30％相当額**と，その修理，改良等をした固定資産の**前期末の取得価額の10％相当額**とのいずれか少ない金額を修繕費とし，残額を資本的支出とする経理をしているときは認められる（基7―8―5）。

② **災害等の場合の区分の特例**

災害等によりき損した固定資産について支出した費用のうちで，資本的支出か修繕費かの区分が明らかでないものがある場合において，その金額の30％相当額を修繕費とし，残額の70％相当額を資本的支出とする経理をしているときは，認められる（基7―8―6）。

③ **積上げ工事**

地盤沈下による防潮堤，防波堤，防水堤等の積上げ工事を行った場合において，数年内に再び積上げ工事を行わなければならないと認められるときは，その積上げ工事費を一の減価償却資産として償却することができる（基7―8―8）。

第6章 資産と償却費 383

〈図表6-11〉資本的支出と修繕費との区分

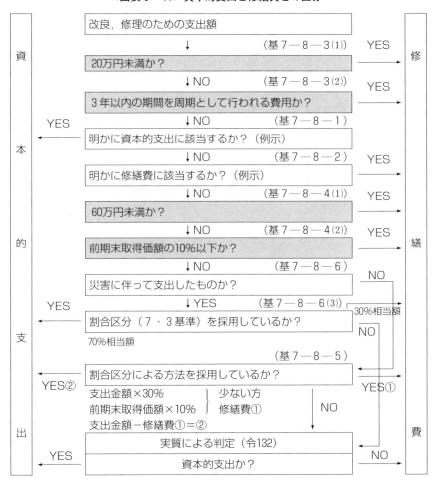

(4) 資本的支出があった場合の減価償却
① 原　則
　　原則として平成19年4月1日以後に支出された**資本的支出の金額**については，損金の額に算入されなかった金額がある場合には，その金額を新規の追加償却資産の取得価額として，従前の減価償却資産と種類及び耐用年

数を同じくする資産を**新たに取得**したものとして減価償却を行う（令55①）。ただし，旧減価償却資産と資本的支出（追加減価償却資産）の償却方法が同一の場合には，グルーピングを行って償却超過額又は不足額を計算する。

〈原則（資本的支出金額を新たに取得した（追加減価償却資産）ものとみなすケース）と定率法，定額法〉

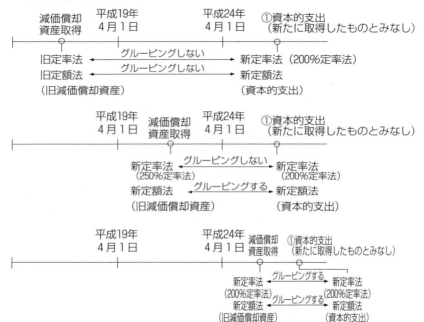

第6章 資産と償却費 385

〈資本的支出がある場合の償却超過額の計算の総括〉

従前減価償却資産	資本的支出	減価償却限度超過額の計算
旧減価償却資産 （定額法）	資本的支出 原則（新たに取得した資産） （定額法）	グルーピング 旧減価償却資産と資本的支出は資産の種類の区分，償却方法，耐用年数の異なるごとに計算するが，旧減価償却資産と資本的支出は同じなので**一緒に**旧減価償却資産と資本的支出の超過額を計算
旧減価償却資産 （250％定率法）	資本的支出 原則（新たに取得した資産） （200％定率法）	償却方法が旧減価償却資産と資本的支出は異なるので，旧減価償却資産と資本的支出は**別々に**超過額を計算
旧減価償却資産 （旧定額法，旧定率法）	資本的支出 原則（新たに取得した資産） （定額法，200％定率法）	償却方法が旧減価償却資産と資本的支出は異なるので，旧減価償却資産と資本的支出は**別々に**超過額を計算
旧減価償却資産 （200％定率法）	資本的支出 原則（新たに取得した資産） （200％定率法）	償却方法が旧減価償却資産と資本的支出は同じなので，旧減価償却資産と**一緒に**グルーピングして資本的支出の超過額を計算
旧減価償却資産 （旧定額法，旧定率法）	資本的支出 特例，取得価額に加算 （旧定額法，旧定率法）	(1) 会社計上償却費 　　償却費＋資本的支出額 (2) 償却限度額 　① 旧減価償却資産 　② 資本的支出 　③ ①＋② (3) 償却超過額 　(1)－(2)

② 旧定額法，旧定率法等により償却している資産の特例

　特例として，**平成19年３月31日以前に取得された従前の減価償却資産（旧減価償却方法適用資産）**に平成19年４月１日以後に資本的支出を行った場合には，資本的支出を行った事業年度において，㋐その資本的支出の金額を従前の減価償却資産の価額に加算して減価償却を行うことができる。

　平成23年度改正で，平成24年度の４月１日以後に取得される減価償却資

産の定率法の償却率は，定額法の償却率を2.5倍にした250％定率法から，定額法の償却率を2倍にした償却率200％定率法に引き下げられた。これにより，平成19年4月1日から平成24年3月31日までに取得された減価償却資産（旧減価償却資産）は250％定率法を，平成24年4月1日以後に行った資本的支出は200％定率法により償却を行う（令55②）。

〈平成19年3月31日以前に取得された旧減価償却資産に19年4月1日以後に資本的支出を行ったケース〉

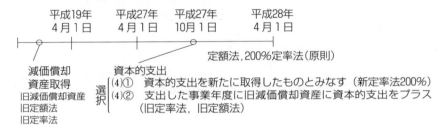

第6章 資産と償却費 387

〈平成19年3月31日以前に取得された旧減価償却資産に資本的支出を行ったケース〉

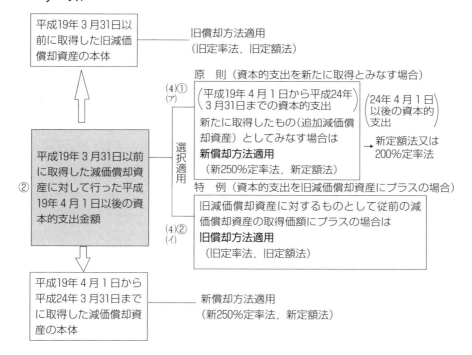

③ 翌事業年度の取得価額の特例1（旧減価償却資産と追加償却資産の合計）（令55④）

平成19年4月1日以後に取得された減価償却資産には，2つの特例がある（令55④⑤）。

前事業年度において，その有する減価償却資産（旧減価償却資産）と資本的支出により資産を新たに取得したものとみなす適用を受けた減価償却資産（追加減価償却資産）に対して200％定率法を採用しているときは，その事業年度の開始の日（前事業年度からみて翌事業年度開始の日）において，これらの旧減価償却資産の期首帳簿価額と追加償却資産の帳簿価額との合計額を取得価額とする1つの減価償却資産を，新たに取得したものとすること

ができる（令55④）。

④ 翌事業年度の取得価額の特例２（**複数の追加償却資産の合計**）（令55⑤）

　前事業年度において、複数回支出した資本的支出がある部分において新たに取得したものとみなす追加償却資産について200％定率法を採用しており、かつ、まだ上記（令55④）の適用を受けていないときは、その事業年度開始の日（前事業年度からみて翌事業年度開始の日）において前事業年度で新たに取得したとみなされた追加減価償却資産のうち種類及び耐用年数を同じくするものの期首帳簿価額の合計額を取得価額とする一の減価償却資産を翌事業年度開始の日に新たに取得したものとすることができる（令55⑤）。

　（注）　翌事業年度の開始日において、新たに取得したものとされる一の減価償却資産についての償却限度額計算は、旧減価償却資産に現に適用している耐用年数を使用する。

〈翌事業年度の取得価額の特例１　旧減価償却資産と追加減価償却資産の合計〉

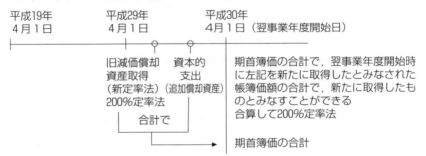

第6章　資産と償却費　389

〈翌事業年度の取得価額の特例2　複数の追加減価償却資産の合計〉

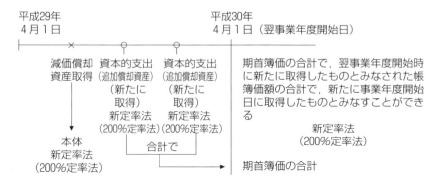

〈平成19年4月1日以後平成24年3月31日までの間に取得された旧減価償却資産に19年4月1日以後平成24年3月31日までの間に資本的支出を行ったケース（平23.12改正令附則3⑤）〉

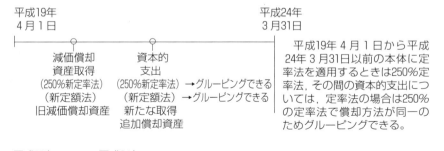

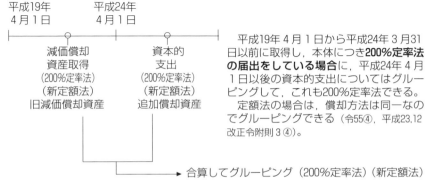

(12月決算法人)

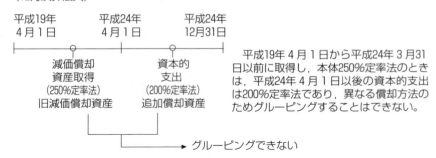

平成19年4月1日から平成24年3月31日以前に取得し、本体250％定率法のときは、平成24年4月1日以後の資本的支出は200％定率法であり、異なる償却方法のためグルーピングすることはできない。

〈平成19年4月1日以後平成24年3月31日までの間に取得された減価償却資産に平成24年4月1日以後に資本的支出を行ったケース（令55④，平23.12改正令附則3④）〉

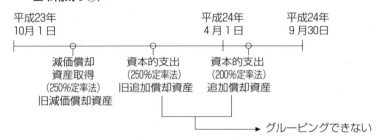

〈平成24年4月1日以後に取得された旧減価償却資産に資本的支出を行ったケース〉

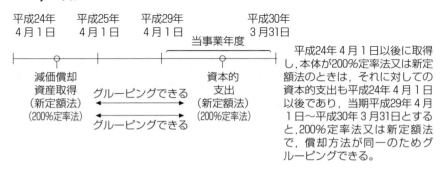

平成24年4月1日以後に取得し、本体が200％定率法又は新定額法のときは、それに対しての資本的支出も平成24年4月1日以後であり、当期平成29年4月1日〜平成30年3月31日とすると、200％定率法又は新定額法で、償却方法が同一のためグルーピングできる。

第6章　資産と償却費　391

《計算Pattern》資本的支出金額の減価償却費計算

　　原則　〈旧減価償却資産（平成19年3月31日以前取得）に対する資本的支出を新たに取得したものとみなすケース〉（p.386）

　　従前の減価償却資産と資本的支出は別計算

《定額法》

(1)　旧減価償却資産（平成19年3月31日以前取得）（定額法）

　　①　会社計上償却費

　　②　償却限度額

　　③　償却超過額

　　　　①－②

(2)　資本的部分（新たに取得したものとみなす部分）

　　①　資本的支出金額（損金経理額）

　　②　償却限度額（新定額法）←資本的支出を新たに取得したとみなすから新定額法

　　③　償却超過額

　　　　(2)①－(2)②

《定率法》

(1)　旧減価償却資産（平成19年3月31日以前取得）（定率法）

　　①　会社計上償却費

　　②　償却限度額

　　③　償却超過額

　　　　①－②

(2)　資本的部分（新たに取得したものとみなす部分）

　　①　資本的支出金額（損金経理額）

　　②　判　定

　　　　(ｱ)　年間償却額

　　　　(ｲ)　保証額

　　　　(ｳ)　(ｱ)>(ｲ)　∴通常の償却

　　③　償却限度額（新定率法）←新たに取得したとみなすから新定率法

④ 償却超過額

　　(2)①－(2)②

特例 〈旧減価償却資産(平成19年3月31日以前に取得)に対する支出として取得価額に加算するケース〉旧減価償却資産と資本的支出は合算して計算

（p.387）

(1) 会社計上償却費（当期償却費＋資本的支出の損金経理額）
(2) 償却限度額（グルーピング計算）
　① 旧減価償却資産部分（旧定率法，旧定額法）
　② 資本的支出金額（旧定率法，旧定額法）←資本的支出を本体の取得価額に加算する場合には，本体とともに旧定率法，旧定額法
　③ ①＋②
(3) 償却超過額
　　(1)－(2)③

〈資本的支出を従前の減価償却資産（平成19年3月31日以前に取得）に対する支出として取得価額に加算する場合で資本的支出の計算もあるケース〉

(1) 資本的支出の金額
　① 使用可能期間延長額

　② 価値増加額

　　　| 支出直後の価値　円 | － | 支出直前の通常の価値　円 |

　③ ①と②のうちいずれか多い金額

　　　|　　　円　　　|

(2) 会社計上額

　　| 当期償却費 | ＋ | (1)③ 資本的支出 | ＝ | 　　円　　 |

(3) 減価償却限度額（グルーピング計算）

第6章　資産と償却費　393

① 旧の部分（旧定率法，旧定額法）

② 資本的支出分で損金経理→資本的支出を本来の取得価額に加算する場合には，本体とともに旧定率法，旧定額法

③ ①＋②＝ ⬚ 円

(4) 減価償却超過額

会社計上額(2) － 償却限度額(3)③ ＝ ⬚ 円

減価償却超過額（加算，留保）

《資本的支出をした翌事業年度の取得価額特例》（p.388）

旧減価償却資産と追加償却資産の合計(資本的支出をした翌事業年度の特例１)のケース

(1) 会社計上償却費（旧減価償却資産の当期償却費＋資本的支出の損金経理額）

(2) 償却限度額

① （旧減価償却資産の期首帳簿価額＋資本的支出の期首帳簿価額）×償却率

② （旧減価償却資産の期首帳簿価額＋資本的支出の期首帳簿価額）×保証率

③ ①≧② ∴通常の減価償却②の金額

(3) 償却超過額

(1)－(2)③

複数の追加償却資産の合計（資本的支出をした翌事業年度の特例２）のケース

（p.389）

(1) 会社計上償却費（旧減価償却資産の当期償却費＋資本的支出の損金経理額）

(2) 償却限度額（グルーピング計算）

① 旧減価償却資産の償却限度額

② 資本的支出の償却限度額

(ア) 複数の資本的支出期首帳簿価額の合計額×償却率

(イ) 複数の資本的支出期首帳簿価額の合計額×保証率

(ウ) (ア)≧(イ) 通常の減価償却 ①の金額

③ ①＋②(ウ)

(3) 償却超過額

(1)－(2)

《平成19年4月1日以後平成24年3月31日までの間に取得された減価償却資産に資本的支出を行ったケース》定額法 （p.389）

① 旧減価償却資産と資本的支出は原則，別計算だが，どちらも定額法の場合で償却方法が同じであり，グルーピングできるケース

(1) 会社計上償却費 （当期償却費＋資本的支出の損金経理額）

(2) 償却限度額

① 旧減価償却資産 （定額法）　┐
② 資本的支出部分 （定額法）　┘── グルーピングできる

③ ①＋②

(3) 償却超過額

(1)－(2)③

② 旧減価償却資産と資本的支出は原則別計算であり，しかも従前の減価償却資産 （250％定率法），資本的支出 （200％定率法）で償却方法も違うため，グルーピングできないケース （定率法）

(1) 旧減価償却資産 （250％定率法）　┐

① 会社計上償却費

② 判 定

(ア) 年間償却額

(イ) 保証額　　　　　　　　　　　グルーピングできない
　　　　　　　　　　　　　　　　ケース
(ウ) (ア)≧(イ) ∴通常の償却

③ 償却限度額

④ 償却超過額 ①－③

(2) 資本的支出部分 （200％定率法）　┘

① 資本的支出額の損金経理額

第6章　資産と償却費　395

② 判　定

　㋐ 年間償却額

　㋑ 保証額

　㋒ (ア)≧(イ)　∴通常の償却

③ 償却限度額

④ 償却超過額　①－③

《平成24年4月1日以後に取得された減価償却資産に資本的支出を行った
　ケース》(p.390)

(定額法)

(1) 会社計上償却費（当期償却費＋資本的支出額の損金経理額）

(2) 償却限度額

　① 旧減価償却資産（定額法）　┐
　　　　　　　　　　　　　　　├── グルーピングできる
　② 資本的支出部分（定額法）　┘

　③ ①＋②

(3) 償却超過額

　(1)－(2)③

(定率法)

(1) 会社計上償却費（当期償却費＋資本的支出の損金経理額）

(2) 判　定

　① 旧減価償却資産

　　㋐ 年間償却額

　　㋑ 保証額

　　㋒ (ア)≧(イ)　∴通常の償却

　② 資本的支出部分

　　㋐ 年間償却額

　　㋑ 保証額

　　㋒ (ア)≧(イ)　∴通常の償却

(3) 償却限度額

① 旧減価償却資産 ┐
② 資本的支出部分 ┘ ── グルーピングできる

③ ①＋②

(4) 償却超過額

(1)－(3)③

《計算例題１》　資本的支出金額の計算と取得価額に加算するケース

第１問　以下の資料により，福大株式会社の当期（自平成31年４月１日　至令和２年３月31日）における減価償却超過額を計算しなさい。

　　当期の11月１日に修理改良を行い，支出金額を修繕費として損金経理している。なお，この支出のうち900,000円は，資本的支出に該当するものである。

　　資本的支出については，機械装置を新たに取得したものとして償却限度額を計算するものとする。なお，資本的支出部分の償却方法は，新定率法（200％定率法）によるものとし，耐用年数15年の新定率法償却率は0.133，保証率は0.04565である。

種類	取得価額	期首帳簿価額	当期償却費	耐用年数	償却方法	償却率
機械装置	5,000,000円	2,500,000円	700,000円	15年	旧定率法	0.142

第２問　また，上記の資本的支出を減価償却資産の取得価額に加算する場合の減価償却超過額を計算しなさい。

第３問　そして，資本的支出を新たに取得したものとするケースと取得価額に加算するケースでは，本問の場合はどちらが有利ですか。

《解答欄》

第１問　資本的支出を新たに取得したものとみなすケース

(1) 旧減価償却資産

第6章　資産と償却費　397

　①　会社計上償却費　□　円

　②　償却限度額　□　円 × 0.142 ＝ □　円

　③　償却超過額　□　円 － □　円 ＝ □　円

(2)　資本的支出部分

　①　資本的支出金額　□　円

　②　判　定

　　㈠　年間償却額　□　円 × 0.133 ＝ □　円

　　㈡　保証額　□　円 × 0.04565 ＝ □　円

　　㈢　㈠≧㈡　∴通常の償却

　③　償却限度額

$$\boxed{}\ \text{円} \times 0.133 \times \frac{\boxed{}}{\boxed{}} = \boxed{}\ \text{円}$$

　④　償却超過額　□　円 － □　円 ＝ □　円

(3)　(1)＋(2)＝ □　円 ＋ □　円 ＝ □　円

第2問　資本的支出を減価償却資産の取得価額に加算するケース

(1)　会社計上償却費　□　円 ＋ □　円 ＝ □　円

(2)　償却限度額

　①　旧減価償却資産　□　円 × 0.142 ＝ □　円

　②　資本的支出部分　$\boxed{}\ \text{円} \times 0.142 \times \dfrac{\boxed{}}{\boxed{}} = \boxed{}\ \text{円}$

　③　①＋②＝ □　円 ＋ □　円 ＝ □　円

(3)　償却超過額　□　円 － □　円 ＝ □　円

第3問

本問では □ の方が有利

《解　答》

第1問　資本的支出を新たに取得したものとみなすケース

(1)　旧減価償却資産

① 会計計上償却費　700,000 円
　　② 償却限度額　2,500,000 円 × 0.142 ＝ 355,000 円（旧定率法）
　　③ 償却超過額　700,000 円 － 355,000 円 ＝ 345,000 円
(2) 資本的支出部分
　　① 資本的支出金額　900,000 円
　　② 判　定
　　　(ア) 年間償却額　900,000 円 × 0.133 ＝ 119,700 円
　　　(イ) 保証額　900,000 円 × 0.04565 ＝ 41,085 円
　　　(ウ) (ア)≧(イ)　∴通常の償却
　　③ 償却限度額

$$900{,}000 \text{ 円} \times 0.133 \times \frac{5}{12} = 49{,}875 \text{ 円（新定率法）}$$

　　④ 償却超過額　900,000 円 － 49,875 円 ＝ 850,125 円
(3) (1)+(2)＝ 345,000 円 ＋ 850,125 円 ＝ 1,195,125 円
　　　　　　　　　　　　　　　　　　　　　　（加・留）

第2問 資本的支出を減価償却資産の取得価額に加算するケース
　　　　　　　　　当期償却費　　　資本的支出
(1) 会社計上償却費　700,000 円 ＋ 900,000 円 ＝ 1,600,000 円
(2) 償却限度額
　　① 旧減価償却資産　2,500,000 円 × 0.142 ＝ 355,000 円（旧定率法）
　　② 資本的支出部分　900,000 円 × 0.142 × $\frac{5}{12}$ ＝ 53,250 円（旧定率法）
　　③ ①+②＝ 355,000 円 ＋ 53,250 円 ＝ 408,250 円
(3) 償却超過額　1,600,000 円 － 408,250 円 ＝ 1,191,750 円
　　　　　　　　　　　　　　　　　　　　　　（加・留）

第3問

本問では 第2問 の方が有利（第2問の減価償却超過額の方が少ないため）

(注)　**資本的支出を新たに取得とみなすときは新定率法により償却，本体の取得価額に加算するときは本体と同じ償却方法である旧定率法**（p.386）

第6章　資産と償却費　399

《計算例題2》　資本的支出金額の計算と取得価額に加算するケース（平成19年3月31日以前の取得減価償却資産）

　内国法人である慶応株式会社は，当期（自平成31年4月1日　至令和2年3月31日）の7月に事務所として使用している建物の一部の修理を行い3,000,000円を支出し，同額を損金経理した。なお，この建物は平成19年3月31日以前に取得している。

　以下の資料により，同社の当期における減価償却超過額を計算しなさい。なお，修理を行った建物は，当期の8月より事務所として使用している。

　資本的支出については，減価償却資産の取得価額に加算し，一の資産として減価償却限度を計算する方法を採用する。

〈資　料〉

1　建物に関する事項

　(1)　取得価額　　　　　　　12,500,000円

　(2)　償却方法　　　　　　　　　定額法

　(3)　耐用年数等　　　　　　　　50年（旧定額法償却率　0.020）

　(4)　当期償却費　　　　　　250,000円

　(5)　期末帳簿価額　　　　　5,840,000円

2　修理に関する事項

　(1)　修理前の実際残存使用可能期間　　25年

　(2)　修理前の通常の管理又は修理をした場合に予想される残存使用可能期間　　28年

　(3)　修理後の残存使用可能期間　　35年

　(4)　修理前における実際の建物の価額（時価）　5,990,000円

　(5)　修理前における通常の管理又は修理をした場合に予想される建物の価額（時価）　6,140,000円

　(6)　修理後の建物の価額（時価）　6,890,000円

《解答欄》
1 資本的支出の金額
  (1) 使用可能期間延長額

  (2) 価値増加額

   ☐ 円 － ☐ 円 ＝ ☐ 円

  (3) (1)と(2)のうちいずれか ☐ い額 ∴ ☐ 円

2 会社計上額

   ☐ 円 － ☐ 円 ＝ ☐ 円

3 減価償却限度額
  (1) 旧の部分（旧減価償却資産部分）

   ☐ 円 ×0.9× ☐ 0. ＝ ☐ 円

  (2) 資本的支出分

   ☐ 円 ×0.9× ☐ 0. × ─── ＝ ☐ 円
                          12

  (3) (1)+(2)＝ ☐ 円

4 減価償却超過額

   ☐ 円 － ☐ 円 ＝ ☐ 円

第6章 資産と償却費 401

《解 答》

1 資本的支出の金額

(1) 使用可能期間延長額

$$3,000,000 \ 円 \times \frac{35 \ 年 - 28 \ 年}{35 \ 年} = 600,000 \ 円$$

(2) 価値増加額

$$6,890,000 \ 円 - 6,140,000 \ 円 = 750,000 \ 円$$

(3) (1)と(2)のうちいずれか 多 い額 ∴ 750,000 円

2 会社計上額

　　　　会社償却費　　　　　(注) 1(3)資本的支出額

$$250,000 \ 円 + 750,000 \ 円 = 1,000,000 \ 円$$

(注) 修繕費3,000,000円のうち750,000円は資本的支出であるが，損金経理されているため会社計上額に算入している。8,000,000円のうち2,250,000円はそのまま修繕費でよく，償却限度計算には関係はしない。

　　資本的支出を本体の取得価額に加算するときは，本体と同じ償却である旧定額法。（p.386）

3 減価償却限度額

(1) 旧の部分（旧減価償却資産部分）（旧定額法）

$$12,500,000 \ 円 \times 0.9 \times 0.020 = 225,000 \ 円$$

(2) 資本的支出分（旧定額法）

$$750,000 \ 円 \times 0.9 \times 0.020 \times \frac{8}{12} = 9,000 \ 円$$

(3) (1)+(2)= 234,000 円

4 減価償却超過額

$$1,000,000 \ 円 - 234,000 \ 円 = 766,000 \ 円$$

402

《計算例題 3 》 資本的支出金額を新たに資産を取得したとみなすケース

福大株式会社は当期(自平成31年4月1日 至令和2年3月31日)の10月に以下の建物について3,000,000円支出し,同額を損金経理した。なお,この支出金額は,資本的支出の規定(令132)により損金の額に算入されない金額である。同社の当期における減価償却超過額を計算しなさい。

〈資料〉

1 建物に関する資料

(1) 取得価額 100,000,000円

(2) 期首帳簿価額 89,805,000円

(3) 当期償却費 3,200,000円

(4) 法定耐用年数 40年

(5) 償却方法の届出はしていない。

2 その他の資料

資本的支出額は,従前の建物と種類及び耐用年数を同じくする建物を新たに取得したものとみなす方法で償却限度額を計算するものとする。なお,この建物は,平成19年3月31日以前に取得している。

旧定額法償却率	旧定率法償却率	新定額法償却率	新定率法償却率
0.025	0.056	0.025	0.063

《解答欄》

(1) 建物(旧減価償却資産)

① 会社計上償却費 [ ] 円

② 償却限度額 [ ] 円 × 0.9 × [ ] = [ ] 円

③ 償却超過額 [ ] 円 − [ ] = [ ] 円

(2) 資本的支出部分(新たに取得したものとみなす部分)

① 資本的支出金額(損金経理) [ ] 円

② 償却限度額

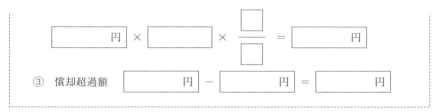

③ 償却超過額 □円 − □円 = □円

《解答》

(1) 建物（旧減価償却資産）旧定額法

① 会社計上償却費　3,200,000円

② 償却限度額　100,000,000円 × 0.9 × 0.025 = 2,250,000円

③ 償却超過額　3,200,000円 − 2,250,000円 = 950,000円
　　　　　　　　　　　　　　　　　　　　建物減価償却超過額
　　　　　　　　　　　　　　　　　　　　（加算・留保）

(2) 資本的支出部分（新たに取得したものとみなす部分）新定額法
　　　　　　　資本的支出を新たに取得したとみなすときは新定額法

① 資本的支出金額　3,000,000円

② 償却限度額

　3,000,000円 × 0.025 × $\frac{6}{12}$ = 37,500円

③ 償却超過額

　3,000,000円 − 37,500円 = 2,962,500円
　　　　　　　　　　　　　　建物資本的支出部分
　　　　　　　　　　　　　　減価償却超過額
　　　　　　　　　　　　　　（加算・留保）

《計算例題４》　資本的支出をした翌事業年度の取得価額の特例

　福大株式会社（当期：自平成31年４月１日　至令和２年３月31日）は，機械装置を平成30年４月１日に取得し，事業供用した。この機械装置について平成31年２月20日に資本的支出2,000,000円を支出したが，全額を費用計上したため，当期においてこの資本支出に対しては繰越償却超過額が1,820,000円ある。

　資本的支出を新たな資産の取得として支出事業年度の取得価額及び償却限度額を計算しているが，支出事業年度の翌事業年度においては，減価償却資産の帳簿価額と資本的支出の帳簿価額との合計額を取得価額とする一の減価償却資産を取得したもの（旧減価償却資産と追加償却資産の合計したもの）として，償却限度額を計算しなさい。減価償却方法は200％定率法である。

区分	取得価額	当期償却費	期末帳簿価額	耐用年数
機械装置	10,000,000円	2,500,000円	4,300,000円	８年

（平成24年４月１日以後取得）

耐用年数	償却方法	償却率	改定償却率	保証率
８年	200％定率法	0.250	0.334	0.07909

《解答欄》

(1)　会社計上償却費　[　　　　　]円＋[　　　　　]円＝[　　　　　]円

(2)　償却限度額

　①　年間償却額

　　（[　　　　　]円＋[　　　　　]円＋[　　　　　]円）×0.250＝[　　　　　]円

　②　保証額

　　（[　　　　　]円＋[　　　　　]円＋[　　　　　]円）×0.07909＝[　　　　　]円

　③　①≧②　∴[　　　　　]円

第6章　資産と償却費　405

(3)　償却超過額認容

$$\boxed{} \text{円} - \boxed{} \text{円} = \boxed{\triangle } \text{円} < \boxed{} \text{円}$$

∴ $\boxed{}$ 円（減算・留保）

《解　答》

(1)　会社計上償却費　$\boxed{2,500,000 \text{円}}$ ＋ $\boxed{ \text{円}}$ ＝ $\boxed{2,500,000 \text{円}}$

(2)　償却限度額

　①　年間償却額

（当期償却）　　　（期末帳簿）　　　$\binom{資本的支出の}{繰越償却超過}$

$(\boxed{2,500,000 \text{円}} + \boxed{4,300,000 \text{円}} + \boxed{1,820,000 \text{円}}) \times 0.250 = \boxed{2,155,000 \text{円}}$

　②　保証額

$(\boxed{2,500,000 \text{円}} + \boxed{4,300,000 \text{円}} + \boxed{1,820,000 \text{円}}) \times 0.07909 = \boxed{681,755 \text{円}}$

　③　①≧②　∴ $\boxed{2,155,000 \text{円}}$

(3)　償却超過額認容

（償却不足）　　　$\binom{資本的支出の}{繰越償却超過}$

$\boxed{2,500,000 \text{円}} - \boxed{2,155,000 \text{円}} = \boxed{\triangle 345,000 \text{円}} < \boxed{1,820,000 \text{円}}$

∴ $\boxed{345,000 \text{円}}$（減算・留保）

《計算例題5》　減価償却総合問題（資本的支出，減価償却累計95％等を含む）

　福大株式会社の当期（自平成31年4月1日　至令和2年3月31日）事業年度の資料は，以下のとおりである。税務上，最も有利になるように税務調整を行いなさい。減価償却方法の届出は行っていない。

406

	事業供用日	取得価額 円	会社償却額 円	期末簿価 円	耐用年数
建物A	平成11年3月5日	5,000,000	100,000	4,050,000	50年
建物B	平成19年5月9日	4,000,000	90,000	3,640,000	50年
建物C	令和元年4月5日	7,500,000	130,000	7,360,000	50年
車両D	平成30年9月30日	1,000,000	120,000	730,000	7年
車両E	令和元年8月1日	2,000,000	800,000	1,200,000	7年

(1) 建物Aには，繰越償却超過額が97,000円ある。平成10年3月31日以前の取得で旧定率法を採用している

(2) 建物Bには，平成31年4月2日に修繕を行い，修繕費500,000円を費用処理したが，これは全て資本的支出に該当する。この資本的支出は，資産を新たに取得したものとみなす方法を選択する。

(3) 建物Cには，平成31年4月に支出した購入手数料2,500,000円があり，費用に計上している。

(4) 車両Dには，繰越償却超過額が7,000円ある。

法定耐用年数	6年	7年	10年	50年
旧定額法の償却率	0.166	0.142	0.100	0.020
旧定率法の償却率	0.319	0.280	0.206	0.045
新定額法の償却率	0.167	0.143	0.100	0.020
新定率法の償却率（200%）	0.333	0.286	0.200	0.040
改定償却率	0.334	0.334	0.250	0.042
保証率	0.09911	0.08680	0.06552	0.01440

《解答欄》

(1) 建物A

① 会社計上額  円

② 償却限度額

第6章　資産と償却費　407

③　償却不足額

　　□ 円 － □ 円 ＝ □ 円

④　認容　□ 円 ＞ □ 円　∴　□ 円

(2)　建物B

　①　旧の建物

　　(ア)　会社計上額　□ 円

　　(イ)　償却限度額

　　　□ 円 × □ × □ ＝ □ 円

　　(ウ)　償却超過額

　　　□ 円 － □ 円 ＝ □ 円

　②　資本的支出部分

　　(ア)　資本的支出額

　　　□ 円

　　(イ)　償却限度額

　　　□ 円 × □ 円 × $\dfrac{\boxed{}}{12}$ ＝ □ 円

　　(ウ)　償却超過額

　　　□ 円 － □ 円 ＝ □ 円

　③　①＋②　＝　□ 円

(3)　建物C

　①　会社計上額　□ 円

　②　償却限度額

　　（□ 円 ＋ □ 円）× □ × $\dfrac{\boxed{}}{12}$

　　　　　　　　＝ □ 円

　③　償却超過額

　　□ 円 － □ 円 ＝ □ 円

408

(4) 車両 D

① 会社計上額 　[　　　　　]　円

② 判　定

　(ア) 年間償却額額（月割計算なし）

　　　(　[　　　　円] ＋ [　　　　円] ＋ [　　　　円]) × [　　　]

　　　＝ [　　　　円]

　(イ) 保証額

　　　[　　　円] × [　　　] ＝ [　　　　円]

　(ウ) (ア)＞(イ) ∴通常の償却

③ 償却限度額

　　(　[　　　　円] ＋ [　　　　円]) × [　　　] ＝ [　　　　円]

④ 償却超過額又は償却不足額

　　[　　　円] － [　　　円]

⑤ [　　　円] ≧/≦ [　　　円] 前期減価償却超過額認容（減・留）

(5) 車両 E

① 会社計上額 　[　　　　円]

② 判　定

　(ア) 年間償却額（月割計算なし）

　　　[　　　円] × [　　　] ＝ [　　　円]

　(イ) 保証額

　　　[　　　円] × [　　　] ＝ [　　　円]

　(ウ) (ア)＞(イ) ∴ 通常の償却

③ 償却限度額

　　[　　　円] × [　　　] × $\dfrac{[\quad]}{12}$ ＝ [　　　円]

第6章　資産と償却費　409

④　償却超過額

$$\boxed{}\ 円\ -\ \boxed{}\ 円\ =\ \boxed{}\ 円$$

《解　答》

(1)　建物A（平成10年3月31日以前取得の建物で，当時の法定償却方法は旧定率法）

① 　会社計上額　　$\boxed{100,000円}$

② 　償却限度額

（ $\boxed{4,050,000円}$ ＋ $\boxed{100,000円}$ ＋ $\boxed{97,000円}$ ）× $\boxed{0.045}$

＝ $\boxed{191,115円}$

③ 　償却不足額

$\boxed{191,115円}$ － $\boxed{100,000円}$ ＝ $\boxed{91,115円}$

④ 　認　容

（繰越償却超過）　　（償却不足）

$\boxed{97,000円}$ ＞ $\boxed{91,115円}$ 　　∴　$\boxed{91,115円}$

(2)　建物B

① 　旧の建物（平成19年3月31日以前取得，旧定額法）

㈠　会社計上額　　$\boxed{90,000円}$

㈡　償却限度額　　$\boxed{4,000,000円}$ × $\boxed{0.9}$ × $\boxed{0.020}$

＝ $\boxed{72,000円}$

㈢　償却超過額　　$\boxed{90,000円}$ － $\boxed{72,000円}$ ＝ $\boxed{18,000円}$

② 　資本的支出部分（新たに資産を取得したものとみなす，新定額法）

㈠　資本的支出額　　$\boxed{500,000円}$

㈡　償却限度額　　$\boxed{500,000円}$ × $\boxed{0.020}$ × $\dfrac{\boxed{12}}{12}$ ＝ $\boxed{10,000円}$

㈢　償却超過額　　$\boxed{500,000円}$ － $\boxed{10,000円}$ ＝ $\boxed{490,000円}$

③ 　①＋② ＝ $\boxed{508,000円}$

410

(3) 建物C （平成19年4月1日以後取得，新定額法）

① 会社計上額　　2,500,000円　＋　130,000円　＝　2,630,000円

② 償却限度額

（　7,500,000円　＋　2,500,000円　）×　0.020　×　$\dfrac{12}{12}$　＝　200,000円

③ 償却超過額

2,630,000円　－　200,000円　＝　2,430,000円

(4) 車両D

① 会社計上額　　120,000円

② 判　定

(ア) 年間償却額額

（期末帳簿）　　（当期償却）　　（繰越償却超過）

（　730,000円　＋　120,000円　＋　7,000円　）×　0.286

＝　245,102円

(イ) 保証額

（取得価額）　　（保証率）

1,000,000円　×　0.08680　＝　86,800円

(ウ) (ア)＞(イ)　∴通常の償却

③ 償却限度額

（　730,000円　＋　120,000円　＋　7,000円　）×　0.286

＝　245,102円

④ 償却超過額又は償却不足額

245,102円　－　120,000円　＝　125,102円

⑤ （償却不足）　　（減価償却超過）

125,102円　≧　7,000円　前期減価償却超過額認容（減・留）

(5) 車両E （平成19年4月1日以後取得，新定率法，保証額あり）

① 会社計上額　　800,000円

② 判　定

　(ア) 年間償却額

　　2,000,000円 × 0.286 ＝ 572,000円

　(イ) 保証額

　　　　　　　　　　保証率
　　2,000,000円 × 0.08680 ＝ 173,600円

　(ウ) (ア)＞(イ)　∴ 通常の償却　572,000円

③ 償却限度額

　2,000,000円 × 0.286 × $\frac{8か月}{12か月}$ ＝ 381,333円

④ 償却超過額

　800,000円 － 381,333円 ＝ 418,667円

《実務上のPoint》

(1) 資本的支出と修繕費の区分は判定が，実務上難しいため法人税法では形式基準が設けられている。以下の場合は，修繕費として認められる。

　① **20万円未満の少額の修繕費**

　② **3年以内を周期とする修繕費**

　③ 金額が**60万円に満たない**場合

　④ その金額が，修理・改良等に係る固定資産の前期末における**取得価額の10％以下**である場合

(2) 修理・改良等のために要した費用のうち，資本的支出であるか，修繕費であるか不明確な場合は法人が継続して，その金額の30％相当額とその修理・改良等をした固定資産の前期末における取得価額の10％相当額とのいずれか少ない金額を修繕費として，それ以外の残額を資本的支出として経理しているときは認められる。

412

第2節 特別償却と特別控除

【Point 21】

(1) 特別償却は，産業政策の手段として，設備投資を促進するため租税特別措置法で規定されている。

(2) 広義の特別償却には，初年度一時償却（狭義の特別償却）と割増償却がある。

(3) 本章第2節で学ぶ特別償却は，中小企業者等が機械等を取得した場合の特別償却（措法42の6），障害者を雇用する場合の機械等の割増償却（措法46）である。

(4) 特別償却の償却不足額の繰越しが1年間認められている。

(5) 特別償却には，特別控除との選択適用が認められている場合がある。
特別控除は，特別償却の適用を受けない時に，法人税額から特別に控除するものである。

(6) 特別償却は政策税制であるため，政策の変更により，改正される部分が多いので，適用を受ける時には注意を要する。

1 趣　旨

特別償却は，戦後，産業政策手段の1つとして設備投資を促進させ，産業の成長をはかるために1952年に重要産業合理化機械特別償却を筆頭にして，登場した。その後，研究開発促進のための特別償却，公害防止設備等の特別償却，エネルギー基盤高度化設備の特別償却等が現れ，現在に至っている。

広義の特別償却には，**狭義の特別償却**と**割増償却**とがある。

狭義の特別償却は，普通の減価償却限度額に加えて，取得価額に一定の割合

を乗じた金額の特別償却限度額まで減価償却できる制度である。

　一方，**割増償却**とは，普通の減価償却限度額に加えて，普通の償却限度額に一定の割合を乗じた金額の割増償却限度額まで減価償却できる制度である。

　広義の特別償却は，早めに多くの減価償却をすることにより，課税を繰り延べるものであり，無利息貸付と同様に考えられている。特別控除は，課税の減免制度であるのに対して，特別償却は課税の繰延である。しかし，戦後，特別償却の特定の産業成長に果たした役割は見逃せない（山内進，税務経理協会，『租税特例措置と産業成長』）。

2 中小企業投資促進税制である中小企業者等が機械等を取得した場合の特別償却又は特別控除（措法42の6）資産取得の特別控除1

(1) 内　　容

中小企業者等の設備投資を促進するため，青色申告書を提出する中小企業者が，平成10年6月1日から令和3年3月31日までの期間に，特定機械装置等を取得し，事業の用に供した場合は，**取得価額の30％**の**特別償却**（初年度一時償却）と，**取得価額の7％の法人税額の特別控除**（当期の法人税の20％を限度，控除限度超過額は1年間のみ繰り越し）の選択適用を行うことができる（措法42の6）。

しかし，**資本金が3,000万円を超える法人**については，取得価額の30％の特別償却だけが適用できる。改正により，中小企業者等の範囲が縮小された。

〈図表6−12〉本条の適用対象の中小企業者等と特定中小企業者等

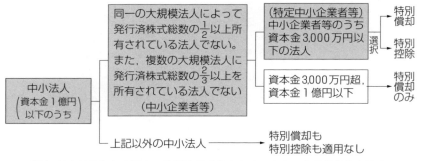

（注）判定対象となる法人の発行済株式等からその有する自己株式等を除く

大規模法人	①　資本金の額が1億円超の法人 ②　大法人（資本金の額又は出資金の額が5億円以上）との間にその大法人による完全支配関係がある普通法人 ③　完全支配関係がある複数の大法人に発行済株式等の全部を保有されている普通法人

なお，以下の要件を満たす中小企業者等は，この制度の適用除外となる。

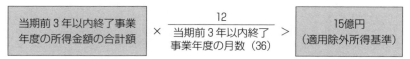

〈図表6－13〉対象となる特定機械装置等の種類と取得価額

機械及び装置	1台又は1基の取得価額が160万円以上
器具及び備品	1台又は1基の取得価額が120万円以上
ソフトウェア	取得価額が70万円以上
貨物運送用車両及び運搬具	貨物の運送の用に供される車両総重量3.5トン以上の普通自動車
海上運送船舶	内航海運業の用に供されるもの

(2) **特別償却を選んだケース**

〈減価償却費の償却超過額の計算〉

① 判定（定率法のときのみ）

(イ) 償却額

(ロ) 保証額

(ハ) (イ)＞(ロ)　∴通常の償却

② 償却限度額

(イ) 普通償却限度　取得価額×償却率×$\dfrac{\text{か月}}{12}$

(ロ) 特別償却限度　基準取得価額×30％
（注）

（注）船舶は取得価額×75％＝基準取得価額

(ハ) 償却限度額

　　普通償却限度(イ)＋特別償却限度(ロ)

③ 償却超過額

　会社計上償却費－②(ハ)

(3) **特別控除を選んだケース**

〈減価償却費の償却限度額の計算〉

① 判定（定率法のときのみ）

(イ) 償却額

(ロ) 保証額

(ハ) (イ)＞(ロ)　∴通常の償却

② 償却限度額

普通償却限度　取得価額×償却率×$\dfrac{か月}{12}$

③ 償却超過額

会社計上償却費－②

〈特別控除の計算〉

① 取得価額基準

　基準取得価額 ×7％

② 税額基準

　その事業年度の所得に対する法人税額 ×20％

③ ①と②の少ない金額

図表6－14　資産取得の特別控除等

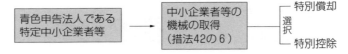

3　障害者を雇用する場合の機械等の割増償却（措法46）

(1) **内　　容**

　青色申告法人が障害者を雇用し，下記の一定の要件を満たすときは，その事業年度の終了の日において有する機械装置のうち，その事業年度又はその事業年度開始前5年以内に取得したものは，機械装置等に割増償却が認められる。割増償却とは，普通償却限度額に一定の割合を乗じた限度額と普通償却限度額の合計額まで減価償却できる。

(2) **適 用 要 件**

① 青色申告法人であること。

② 障害者の雇用割合が50％以上（雇用障害者数が20人以上のときは25％以上）

$$\text{障害者雇用割合} = \frac{\text{雇用障害者数}}{\text{常時雇用する従業員総数}} \geq 50\%$$

③ ②又は次の要件を全て満たしていること。

ア 基準雇用障害者数が20人以上であって，**重度障害者割合が55%以上**であること。

イ その事業年度終了の日における**雇用障害者数が法定雇用障害者数以上**であること。

その事業年度終了の日において有する機械及び装置並びに工場用の建物及びその付属設備で，障害者が労働に従事する事業所にあるものであることにつきその法人の事業所の所在地を管轄する公共職業安定所の長の証明を受けたものが対象となる。

(3) **対象資産**

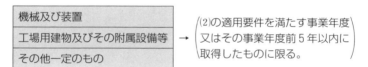

(4) **償却限度額**

① 普通償却限度　取得価額×償却率×$\dfrac{\text{か月}}{12}$

② 特別償却限度（割増償却）

　　　　①
　普通償却限度×32%（工場用建物及び附属設備は32%，それ以外の資産は24%）

③ 償却限度額　　①＋②

4 特別償却の不足額の繰越

(1) 内　　容

　特別償却は、産業政策の一手段として設備投資を促進させるために設けられた制度である。もし、**特別償却の不足額**が発生した場合には、その投資促進という目的を達成させるために、その不足額を**1年間だけ繰り越し**、減価償却費として認めるものが、**特別償却の不足額の繰越し**である（措法52の2）。

　特別償却の適用を受けた減価償却資産について、その事業年度開始の日前1年以内に開始した事業年度（前期特別償却不足額の発生事業年度）において生じた特別償却の不足額がある場合には、その事業年度（当期特別償却不足額の繰越事業年度）の償却限度額は、**普通償却限度額**にその**特別償却不足額**を加算した金額とする。

〈図表6－15〉償却不足額の扱い

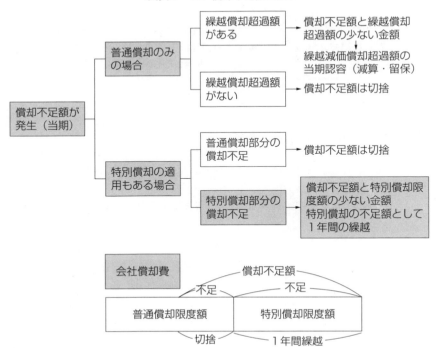

第6章 資産と償却費　419

　定率法の場合は，繰り越されてきた特別償却不足額は償却済のものとして，普通償却限度額を計算する（措令30②一），**定額法の場合**は，通常通り普通償却限度額を計算する（措令30②二）。

(2) **特別償却の不足額の発生年度の計算〈定率法の場合〉**
　① 判　定
　　　㋑　償却額（普通償却のみ1年分）
　　　㋺　保証額
　　　㋩　①≧②　∴通常の減価償却
　② 償却限度額
　　　㋑　普通償却限度
　　　㋺　特別償却限度
　　　㋩　㋑＋㋺
　③ 償却超過額
　　　　　　　　　　　　②㋩
　　　　会社計上償却費－償却限度額＝△償却不足額
　④ 繰越特別償却不足額
　　　　　　③　　　　　②㋺
　　　　償却不足額と特別償却限度額の少ない金額（繰越）
　　　　　　　　　　（繰越特別償却不足額として計算）

(3) **繰越事業年度の計算**

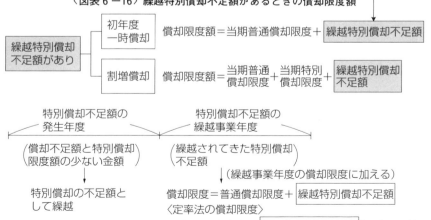

〈図表6－16〉繰越特別償却不足額があるときの償却限度額

〈図表6−17〉繰越特別償却不足額があるときの繰越事業年度の普通償却限度額

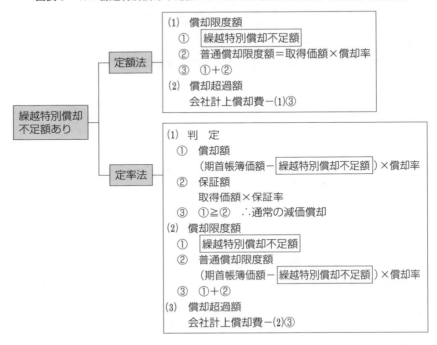

第6章　資産と償却費　421

《**計算Pattern**》**特別償却と特別控除の計算パターン**（取得し，事業に供した年度）

	中小企業者等の特定機械装置等（措法42の6）
特別償却を選んだケース	〈減価償却〉定率法 (1)　判　定 　　①　償却額　取得価額×償却率 　　②　保証額　取得価額×保証率 　　③　①≧②　∴通常の減価償却 (2)　償却限度額 　　①　普通償却　取得価額×償却率×$\dfrac{\square}{12}$ 　　②　特別償却　基準取得価額×30％ 　　③　①＋② (3)　償却超過額 　　会社計上償却費－(2)③ 　　　　　　↑ 〈特別控除適用なし〉
特別控除を選んだケース	〈減価償却〉 (1)　判　定 　　①　償却額　取得価額×償却率 　　②　保証額　取得価額×保証率 　　③　①≧②　∴通常の減価償却 (2)　償却限度額 　　普通償却　取得価額×償却率×$\dfrac{\square}{12}$ (3)　償却超過額 　　会社計上償却費－(2) 〈特別控除〉 (1)　取得価額基準　取得価額×7％ (2)　税額基準　法人税額②×20％ (3)　(1)と(2)の少ない金額

（注）　〈減価償却〉定額法の場合は各減価償却の計算が，(1)判定の部分がなくなること，
　　　償却率が定額法の償却率となるという違いがあるので注意を要する。

《計算Pattern》初年度一時償却の特別償却不足額と不足額の繰越

	特別償却不足額の発生事業年度2期	特別償却不足額の繰越事業年度3期
定率法	(1) 判　定　定率法 　① 償却額　取得価額×償却率 　② 保証額　取得価額×保証率 　③ ①≧②　∴通常の減価償却 (2) 償却限度額 　① 普通償却限度 　　取得価額×償却率×$\dfrac{\Box}{12}$ 　② 特別償却限度 　　取得価額×□ % 　③ ①+② (3) 償却超過額 　会社計上償却費−(2)③ 　＝△償却不足 (4) 特別償却不足額の繰越額 　償却不足額と特別償却限度との 　(3)　　　　　(2)② 　少ない金額 　　　　　　　　∴繰越A	(1) 判　定　定率法 　① 償却額 　$\left(\text{期首帳簿価額}-\boxed{\text{繰越特別償却不足額A}}\right)$ 　　×償却率 　② 保証額　取得価額×保証率 　③ ①≧②　∴通常の減価償却 (2) 償却限度額 　① $\boxed{\text{繰越特別償却不足額A}}$ 　② 普通償却限度 　$\left(\text{期首帳簿価額}-\boxed{\text{繰越特別償却不足額}}\right)$ 　　×償却率 　③ ①+② (3) 償却超過額 　会社計上償却費−(2)③
定額法	(1) 償却限度額 　① 普通償却限度 　　取得価額×償却率×$\dfrac{\Box}{12}$ 　② 特別償却限度 　　取得価額×□ % 　③ ①+② (2) 償却超過額 　会社計上償却費−(1)③ 　＝△償却不足 (3) 特別償却不足額の繰越額 　(2)　　　　　(1)② 　償却不足額と特別償却限度との 　少ない金額 　　　　　　　　∴繰越A	(1) 償却限度額 　① $\boxed{\text{繰越特別償却不足額A}}$ 　② 普通償却限度 　　取得価額×償却率 　③ ①+② (2) 償却超過額 　会社計上償却費−(1)③

第6章　資産と償却費　423

《別表四の記載》

	区　　　分	価　額	留　保	社外流出
加算	建物減価償却超過額	×××	××	
	器具備品減価償却超過額	×××	××	
減算				

《別表一の記載》

区　　　分	税　率	金　額
所　得　金　額		×××
法　人　税　法		×××
中小企業者等が機械を取得した場合の特別控除		×××
差　引　法　人　税　額		×××

424

《計算例題１》 中小企業者等が特定機械装置等を取得した場合の特別償却
又は特別控除（定率法）

　以下の資料により，福大株式会社の当期（自平成31年４月１日　至令和２年
３月31日）における税務上調整すべき金額を計算しなさい。

種　類	取得価額	当期償却費	耐用年数	事業供用日	償却率 (200%定率法)	保証率
機械装置	20,000,000円	13,000,000円	５年	令和元年９月８日	0.400	0.10800
器具備品	5,000,000円	1,000,000円	10年	令和元年10月５日	0.200	0.06552

(1)　機械装置は中小企業者等が機械等を取得した場合の特別償却又は法人
　税額の特別控除（措法42の６①）の適用を受けるもので，特別償却の適用
　を受ける。

　　一方，器具備品は機械装置と同様，措置法は42条の６第１項の適用を
　受けるが特別控除の適用を受けるものとする。

(2)　福大株式会社の期末資本金は3,000万円であり，株主は全て個人株主
　である。中小企業者で，しかも資本金3,000万円以下なので，特定中小
　企業者等である。

(3)　福大株式会社の届け出た減価償却の方法は定率法であり，当期の法人
　税額（別表一㈠②）は23,000,000円である。

《解答欄》

《特別償却を選んだケース》

〈減価償却〉

(1)　機械装置

　①　判　定

　　(イ)　償却額

　　　　　　　　　　円　×　　　　　　　　　＝　　　　　　　　　円

　　(ロ)　保証額

　　　　　　　　　　円　×　　　　　　　　　＝　　　　　　　　　円

　　(ハ)　(イ)≧(ロ)　∴通常の減価償却

第6章　資産と償却費　425

② 償却限度額

(イ)　普通償却

$$\boxed{\qquad 円} \times \boxed{\qquad} \times \frac{\boxed{\qquad}}{\boxed{\qquad}} = \boxed{\qquad 円}$$

(ロ)　特別償却

$$\boxed{\qquad 円} \times \boxed{\qquad \%} = \boxed{\qquad 円}$$

(ハ)　(イ)＋(ロ) ＝ $\boxed{\qquad 円}$

③ 償却超過額

$$\boxed{\qquad 円} - \boxed{\qquad 円} = \boxed{\qquad 円}$$

《特別控除を選んだケース》

〈減価償却〉

(2)　器具備品

① 判　定

(イ)　償却額

$$\boxed{\qquad 円} \times \boxed{\qquad} = \boxed{\qquad 円}$$

(ロ)　保証額

$$\boxed{\qquad 円} \times \boxed{\qquad} = \boxed{\qquad 円}$$

(ハ)　(イ)≧(ロ)　∴通常の減価償却

② 償却限度額

$$\boxed{\qquad 円} \times \boxed{\qquad} \times \frac{\boxed{\qquad}}{\boxed{\qquad}} = \boxed{\qquad 円}$$

③ 償却限度額

$$\boxed{\qquad 円} - \boxed{\qquad 円} = \boxed{\qquad 円}$$

〈中小企業者等の機械の特別控除〉

(1)　取得価額基準

$$\boxed{\qquad 円} \times \boxed{\qquad \%} = \boxed{\qquad 円}$$

(2) 税額基準

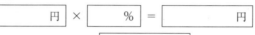

(3) (1)と(2)少ない金額　∴　□円

《解　答》
《特別償却を選んだケース》
〈減価償却〉

(1) 機械装置

① 判　定

(イ) 償却額

20,000,000円 × 0.400 = 8,000,000円

(ロ) 保証額

20,000,000円 × 0.10800 = 2,160,000円

(ハ) (イ)≧(ロ)　∴通常の減価償却

② 償却限度額

(イ) 普通償却

$$20,000,000円 \times 0.400 \times \frac{9}{12} = 6,000,000円$$

(ロ) 特別償却

20,000,000円 × 30% = 6,000,000円

(ハ) (イ)+(ロ)= 12,000,000円

③ 償却超過額

13,000,000円 － 12,000,000円 = 1,000,000円
　　　　　　　　　　　　　　　　機械装置減価償却超過額
　　　　　　　　　　　　　　　　　（加算・留保）

第6章　資産と償却費　427

《特別控除を選んだケース》

〈減価償却〉

(2)　器具備品

　① 判　定

　　(イ) 償却額

$$5,000,000円 \times 0.200 = 1,000,000円$$

　　(ロ) 保証額

$$5,000,000円 \times 0.06552 = 327,600円$$

　　(ハ) (イ)≧(ロ)　∴通常の減価償却

　② 償却限度額

$$5,000,000円 \times 0.200 \times \frac{6}{12} = 500,000円$$

　③ 償却超過額

$$1,000,000円 - 500,000円 = 500,000円$$

器具備品減価償却超過額
（加算・留保）

〈中小企業者等の機械の特別控除〉

(1)　取得価額基準

$$5,000,000円 \times 7\% = 350,000円$$

(2)　税額基準

$$23,000,000円 \times 20\% = 4,600,000円$$

(3)　(1)と(2)少ない金額　∴　350,000円

　中小企業者等のうち資本金3,000万円以下の特定中小企業者等は，特別償却か法人税額の特別控除を選択できる。

　特定中小企業者等以外の中小企業者は，特別償却しか適用できない。

《計算例題２》 中小企業者等が特定機械装置等を取得した場合の特別償却又は特別控除（定額法）

以下の資料により，福大株式会社（資本金の額は2,000万円）の当期（自平成31年４月１日　至令和２年３月31日）における税務上調整すべき金額を計算しなさい。

種　類	取得価額	当期償却費	耐用年数	事業供用日	償却率
器具備品	4,000,000円	2,400,000円	５年	平成28年10月３日	0.200
機械装置	9,000,000円	4,200,000円	４年	平成28年12月10日	0.250

(1) 機械装置は中小企業者等が機械等を取得した場合の特別償却又は法人税額の特別控除（措法42の６①）の適用を受けるもので，特別償却の適用を受ける。

　　一方，器具備品は機械装置と同様，措置法42条の６第１項の適用を受けるが特別控除の適用を受けるものとする。

(2) 福大株式会社の期末資本金は2,000万円であり，株主は全て個人株主である。中小企業者で，しかも資本金3,000万円以下なので，特定中小企業者等である。

(3) 福大株式会社の届け出た減価償却の方法は定額法であり，当期の法人税額（別表一㈠②）は15,000,000円である。

《解答欄》

《特別償却を選んだケース》

〈減価償却〉

(1) 機械装置

　① 償却限度額

　　(イ) 普通償却

第6章　資産と償却費　429

　　(ロ)　特別償却

$$\boxed{\qquad 円} \times \boxed{\qquad \%} = \boxed{\qquad\qquad 円}$$

　　(ハ)　(イ)+(ロ)= $\boxed{\qquad\qquad 円}$

　②　償却超過額

$$\boxed{\qquad 円} - \boxed{\qquad 円} = \boxed{\qquad\qquad 円}$$

《特別控除を選んだケース》

〈減価償却〉

(2)　器具備品

　①　償却限度額

$$\boxed{\qquad\qquad 円} \times \boxed{\qquad} \times \dfrac{\boxed{\qquad}}{\boxed{\qquad}} = \boxed{\qquad\qquad 円}$$

　②　償却超過額

$$\boxed{\qquad 円} - \boxed{\qquad 円} = \boxed{\qquad\qquad 円}$$

〈中小企業者等の機械の特別控除〉

(1)　取得価額基準

$$\boxed{\qquad 円} \times \boxed{\qquad \%} = \boxed{\qquad\qquad 円}$$

(2)　税額基準

$$\boxed{\qquad 円} \times \boxed{\qquad \%} = \boxed{\qquad\qquad 円}$$

(3)　(1)と(2)少ない金額　∴　$\boxed{\qquad\qquad 円}$

《解　答》

《特別償却を選んだケース》

〈減価償却〉

(1)　機械装置

　①　償却限度額

　　(イ)　普通償却

430

$$\boxed{9,000,000円} \times \boxed{0.250} \times \frac{\boxed{4}}{\boxed{12}} = \boxed{750,000円}$$

(ロ) 特別償却

$$\boxed{9,000,000円} \times \boxed{30\%} = \boxed{2,700,000円}$$

(ハ) (イ)+(ロ)= $\boxed{3,450,000円}$

② 償却超過額

$$\boxed{4,200,000円} - \boxed{3,450,000円} = \boxed{750,000円}$$

機械装置減価償却超過額
(加算・留保)

《特別控除を選んだケース》

〈減価償却〉

(2) 器具備品

① 償却限度額

$$\boxed{4,000,000円} \times \boxed{0.200} \times \frac{\boxed{6}}{\boxed{12}} = \boxed{400,000円}$$

② 償却超過額

$$\boxed{2,400,000円} - \boxed{400,000円} = \boxed{2,000,000円}$$

器具備品減価償却超過額
(加算・留保)

〈中小企業者等の機械の特別控除〉

(1) 取得価額基準

$$\boxed{4,000,000円} \times \boxed{7\%} = \boxed{280,000円}$$

(2) 税額基準

$$\boxed{15,000,000円} \times \boxed{20\%} = \boxed{3,000,000円}$$

(3) (1)と(2)少ない金額 ∴ $\boxed{280,000円}$

　中小企業者等のうち資本金3,000万円以下の特定中小企業者等は，特別償却か法人税額の特別控除を選択できる。

第6章 資産と償却費　431

特定中小企業者等以外の中小企業者は，特別償却しか適用できない。

《計算例題3》　障害者を雇用する場合の機械等の割増償却（定率法）

以下の資料により，福大株式会社の当期（自平成31年4月1日　至令和2年3月31日）における税務上調整すべき金額を計算しなさい。

種類	取得価額	当期償却費	耐用年数	事業供用日	償却率 (200%定率法)	保証率
機械	8,000,000円	3,500,000円	5年	令和2年1月2日	0.400	0.10800

(1) 機械装置は障害者を雇用する場合の機械等の割増償却（措法46）の適用を受けるものである。
(2) 福大株式会社の期末資本金は3,000万円であり，青色申告法人である。
(3) 福大株式会社の届け出た減価償却の方法は定率法であり，当期の法人税額（別表一㈠②）は25,000,000円である。
(4) 福大株式会社の障害者雇用割合は60％である。雇用者数は18人である。

《解答欄》

《障害者を雇用する場合の機械等の割増償却》

障害者雇用割合　□　％　≧　50％（雇用者数20人未満）

∴割増償却適用あり

(1) 機械装置

① 判　定

(イ) 償却額

(ロ) 保証額

(ハ) (イ)≧(ロ)　∴通常の減価償却

② 償却限度額

(イ) 普通償却

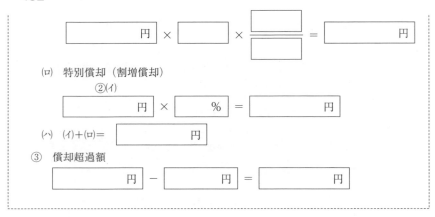

(ロ) 特別償却（割増償却）

②(イ)

　　　　円 × 　　％ ＝ 　　　　円

(ハ) (イ)+(ロ)= 　　　　円

③ 償却超過額

　　　　円 － 　　　　円 ＝ 　　　　円

《解　答》

《障害者を雇用する場合の機械等の割増償却》

障害者雇用割合　60%　≧　50%（雇用者数20人未満）

∴割増償却32%の適用あり

(1) 機械装置

① 判　定

(イ) 償却額

8,000,000円 × 0.400 ＝ 3,200,000円

(ロ) 保証額

8,000,000円 × 0.10800 ＝ 864,000円

(ハ) (イ)≧(ロ)　∴通常の減価償却

② 償却限度額

(イ) 普通償却

$8,000,000円 \times 0.400 \times \dfrac{3}{12} = 800,000円$

(ロ) 特別償却（割増償却）

②(イ)

800,000円 × 32% ＝ 256,000円

第6章　資産と償却費　433

(ハ)　(イ)+(ロ)=　| 1,056,000円 |

③　償却超過額

| 3,500,000円 | － | 1,056,000円 | = | 2,444,000円 |

機械装置減価償却超過額
（加算・留保）

《計算例題4》　障害者を雇用する場合の機械等の割増償却（定率法）

　以下の資料により，福大株式会社の当期（自平成31年4月1日　至令和2年3月31日）における税務上調整すべき金額を計算しなさい。

種　　類	取得価額	当期償却費	耐用年数	事業供用日	定額法償却率
工場用建物D	9,500,000円	980,000円	24年	令和元年7月10日	0.042
工場用建物E	10,000,000円	1,200,000円	24年	平成25年8月5日	0.042

(1)　工場用建物は，障害者を雇用する場合の割増償却（措法46）の適用を受けるものである。

(2)　福大株式会社の期末資本金は3,000万円であり，株主は全て個人株主である。17人の障害者を雇用している。租税特別措置法第46条第1項に規定する障害者雇用割合は53％である。したがって，割増償却の適用はあるものとする。ただし，5年以内に取得したものに限る。

(3)　福大株式会社は減価償却の方法の届出をしておらず，当期の法人税額（別表一㈠②）は47,000,000円である。

(4)　工場用建物Eの期首帳簿価額は7,000,000円である。耐用年数24年の定額法の償却率は0.042である。

《解答欄》

《障害者を雇用する場合の機械等の割増償却》

(1)　工場用建物D

　①　償却限度額

　　(イ)　普通償却限度額

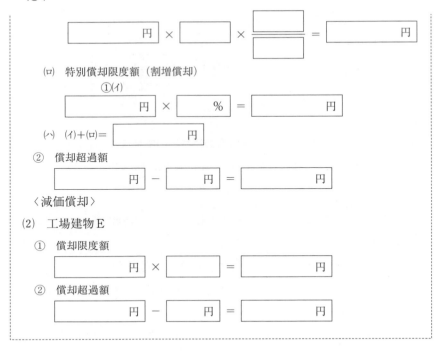

《解　答》

《障害者を雇用する場合の機械等の割増償却》

(1) 工場用建物D

① 償却限度額

(イ) 普通償却限度額

9,500,000円 × 0.042 × 9/12 = 299,250円

(ロ) 特別償却限度額（割増償却）

①(イ)
299,250円 × 32％ = 95,760円

(ハ) (イ)+(ロ)= 395,010円

② 償却超過額

第 6 章　資産と償却費　435

$$\boxed{980,000円} - \boxed{395,010円} = \boxed{584,990円}$$

建物 D 減価償却超過額
（加算・留保）

(2)　工場用建物 E

①　償却限度額

$$\boxed{10,000,000円} \times \boxed{0.042} = \boxed{420,000円}$$

②　償却超過額

(2)①

$$\boxed{1,200,000円} - \boxed{420,000円} = \boxed{780,000円}$$

建物 E 減価償却超過額
（加算・留保）

（注）　障害者を雇用する場合の機械等の割増償却は，その事業年度又はその事業年度開始前 5 年以内に取得した工場用建物，機械装置である。工場用建物 D はこれに該当するが，工場用建物 E はこれに該当しない。

《計算例題 5 》　中小企業者等が特定機械装置等を取得した場合の特別償却

（繰越特別償却不足）

　以下の資料により，福大株式会社の当期（自平成31年 4 月 1 日　至令和 2 年 3 月31日）における税務上調整すべき金額を計算しなさい。

種　類	取得価額	当期償却費	耐用年数	事業供用日	償却率	保証率	期首帳簿価額
器具備品	5,000,000円	2,100,000円	10年	平成26年10月20日	0.250	0.04448	4,200,000

(1)　器具備品は中小企業者等が機械等を取得した場合の特別償却又は法人税額の特別控除（措法42の 6 ①）の適用を受けるもので，福大株式会社は前期において特別償却を選択し，前期においては，特別償却不足額が1,325,000円であった。

(2)　福大株式会社の期末資本金は3,000万円であり，株主は全て個人株主である。中小企業者で，しかも資本金3,000万円以下なので，特定中小企業者等である。

436

(3) 福大株式会社の届け出た減価償却の方法は定率法であり，当期の法人
税額（別表一㈠②）は21,000,000円である。

《解答欄》

《特別償却を選んだケース》

〈減価償却〉

(1) 器具備品

　① 判 定

　　(イ) 償却額

$$(\boxed{\qquad 円} - \overset{\text{（繰越特別償却不足）}}{\boxed{\qquad 円}}) \times \boxed{\qquad}$$

$$= \boxed{\qquad 円}$$

　　(ロ) 保証額

$$\boxed{\qquad 円} \times \boxed{\qquad} = \boxed{\qquad 円}$$

　　(ハ) (イ)≧(ロ) ∴通常の減価償却

　② 償却限度額

　　(イ) 繰越特別償却不足額

$$\boxed{\qquad 円}$$

　　(ロ) 普通償却

$$(\boxed{\qquad 円} - \overset{\text{繰越特別償却不足}}{\boxed{\qquad 円}}) \times \boxed{\qquad}$$

$$= \boxed{\qquad 円}$$

　　(ハ) (イ)+(ロ)= $\boxed{\qquad 円}$

　③ 償却超過額

$$\boxed{\qquad 円} - \boxed{\qquad 円} = \boxed{\qquad 円}$$

第6章　資産と償却費　437

《解　答》

《特別償却を選んだケース》

〈減価償却〉

(1)　器具備品

① 判　定

(イ)　償却額

　　　　　　　　　　　　　　　　　（繰越特別償却不足）

（　4,200,000円　－　1,325,000円　）　×　0.250

　＝　718,750円

(ロ)　保証額

　　　（取得価額）

　5,000,000円　×　0.04448　＝　222,400円

(ハ)　(イ)≧(ロ)　∴　通常の減価償却

② 償却限度額

(イ)　繰越特別償却不足　1,325,000円

(ロ)　普通償却

　　　　　　　　　　　　　　　　　②イ

（　4,200,000円　－　1,325,000円　）　×　0.250

　＝　718,750円

(ハ)　(イ)＋(ロ)＝　2,043,750円

③ 償却超過額

2,100,000円　－　2,043,750円　＝　56,250円

　　　　　　　　　　　　　　　　器具備品減価償却超過額
　　　　　　　　　　　　　　　　（加算・留保）

438

第3節　特別償却準備金

【Point 22】

---

(1) 税法では，特別償却の金額を特別償却準備金として積み立てることが
　　できる。

(2) 特別償却準備金の積立不足額は1年間だけ繰越しができる。

(3) 特別償却準備金は7年間で取り崩し，益金の額に算入する。

1　趣　　旨

　特別償却とは，産業政策の一手段として，設備投資を促進させるため，通常
の減価償却よりも会計上，この特別償却を販売費等に含めて計算すると，減価
償却の目的である費用配分や，適正なる期間損益計算が不可能となる。

　会社法上も，減価償却費を「**相当の償却**」として，普通償却は認めている。
しかし，政策税制である特別償却は，**相当の償却**には該当しない。このように
会計も会社法も特別償却は好ましいものではない。

　そこで，税法では減価償却の計算は普通償却とし，特別償却部分を**特別償却
準備金**として積み立てることを認めているのである。

2　特別償却準備金の積立

　法人で特別償却の適用を受けるものが，適用を受けようとする事業年度にお
いて，特別償却の適用を受けることに代えて，各特別償却対象資産別に，**特別
償却限度額以下の金額**を，損金経理又は確定した決算で剰余金の処分の方法で
経理した時は，その積立額は，その事業年度の損金の額に算入される（措法52
の3①）。

3 特別償却準備金の積立不足額の繰越し

特別償却準備金の積立額が特別償却限度額に満たないとき（積立不足額があるとき）は，特別償却不足額の繰越しと同様に，**特別償却準備金の積立不足額を1年間繰り越すことができる**（措法52の3②）。

つまり，特別償却準備金の積立額の不足額が発生した場合には，その事業年度の翌事業年度において，積立不足額以下の金額を損金経理により特別償却準備金として積み立てたとき（剰余金処分による積立含む）は，その積み立てた金額は損金の額に算入する。

〈図表6—18〉積立限度額

種　　類	特別償却限度額相当額
中小企業の機械等（措法42の6）	基準取得価額×30%
特定経営力向上設備等（措法42の12の4）	取得価額－普通償却限度額

〈図表6—19〉特別償却準備金の積立てと税額調整

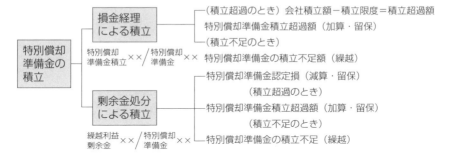

4 特別償却準備金の取崩（戻入）

特別償却準備金は，積立事業年度別及び特別償却対象資産ごとに区分し，それぞれ積み立てた事業年度から**7年間**（特別償却対象資産の耐用年数が10年未満である場合には，5年とその耐用年数のいずれか短い年数）で以下の金額を**取り崩し**（均等戻入），その事業年度の益金の額に算入する（措法52の3⑤）。

$$各事業年度ごと、特別償却対象資産ごとの特別償却準備金の積立損金算入額 \times \frac{当事者年度の月数}{84^{(注)}} = \begin{matrix}(要取崩額)\\ 益金算入額\end{matrix}$$

（注）耐用年数が10年以上のときは84か月

耐用年数が10年未満のときは $60 \leqq$ 耐用年数×12　∴少ない方

〈図表6－20〉特別償却準備金の取崩し（戻入）

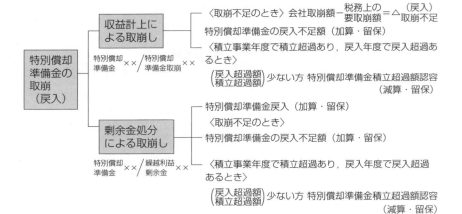

〈図表6－21〉特別償却準備金の積立不足の取扱い

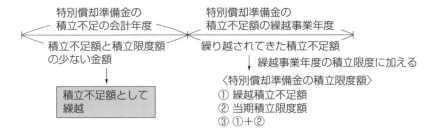

第6章　資産と償却費　441

《計算Point》特別償却準備金の経理方法と税務調整

	特別償却準備金の積立て	特別償却準備金の取崩し（戻入）
積立て・取崩しは損金経理・益金経理上	〈積立超過のとき〉 特別償却準備金積立超過額 　　（加算・留保） 〈積立不足のとき〉 特別償却準備金積立不足 　　（翌期へ繰越）	〈取崩し不足のとき〉 特別償却準備金の戻入不足額 　　（加算・留保） 〈積立事業年度で積立超過あり，戻入年度で戻入超過のとき〉 （戻入超過額／積立超過額）少ない方 特別償却準備金積立超過額認容 　　（減算・留保） 〈積立事業年度では積立超過はないが，戻入年度で戻入超過のとき〉 　　調整不要
剰余金処分経理	特別償却準備金認定損 　　（減算・留保） 〈積立超過のとき〉 特別償却準備金の積立超過額 　　（加算・留保） 〈積立不足のとき〉 特別償却準備金積立不足 　　（翌期へ繰越）	特別償却準備金戻入 　　（加算・留保） 〈取崩し不足のとき〉 特別償却準備金の戻入不足額 　　（加算・留保） 〈積立事業年度で積立超過あり，戻入年度で戻入超過のとき〉 （戻入超過額／積立超過額）少ない方 特別償却準備金積立超過額認容 　　（減算・留保） 〈積立事業年度では積立超過はないが，戻入年度で戻入超過のとき〉 　　調整不要

〈図表6－22〉特別償却と特別償却準備金

	特別償却	特別償却準備金
減価償却費の計算	普通償却 特別償却	普通償却
経理方法	損金経理	損金経理と剰余金処分
不足額の繰越	特別償却の不足額は，1年間のみ繰越（青色申告）	積立額の不足額は，1年間のみ繰越（青色申告）
通算	A機械　特別償却 B機械　特別償却 　　　通算できない 特別償却を適用した資産は他の資産とは通算できない	A機械　特別償却準備金 B機械　特別償却準備金 　　　通算できる

《計算Pattern》特別償却準備金の積立と戻入（積立不足，積立超過）

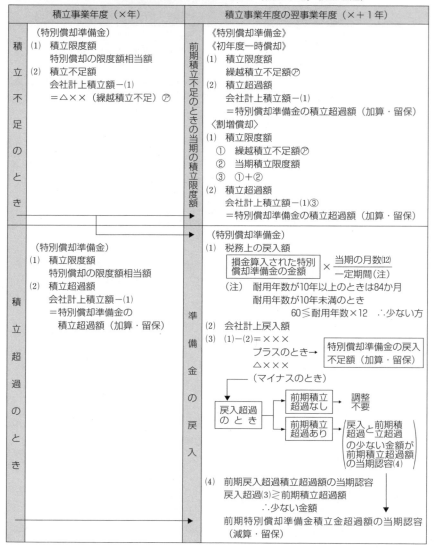

第6章 資産と償却費 443

《別表四の記載》

	区　　　分	総　額	留　保
加算	特別償却準備金戻入	×××	××
	特別償却準備金戻入不足	×××	××
	特別償却準備金積立超過額	×××	××
	機械装置減価償却超過	×××	××
減算	特別償却準備金認定額（剰余金処理）	×××	××
	特別償却準備金積立超過額認容	×××	××

《計算例題１》 特別償却準備金の積立超過

福大株式会社は，青色申告である中小企業者等である。福大株式会社の当期（自平成31年４月１日　至令和２年３月31日）において，税務調整すべき金額を計算しなさい。

種　類	取得価額	当期償却費	耐用年数	事業供用日	200%定率法償却率	保証率
機械装置A	3,000,000円	1,800,000円	12年	平成31年２月５日	0.167	0.05566

1　この機械装置Ａは，中小企業者等が機械等を取得した場合の特別償却（措法42の６）の適用対象となるものである。
2　福大株式会社は，機械装置Ａについて，剰余金処分経理により1,200,000円を特別償却準備金として積み立てた。
3　福大株式会社の資本金は3,000万円で株主は，全て個人である。

《解答欄》

機械装置Ａ

（減価償却費）定率法

(1)　判　定

①　償却額

□円 × □ = □円

②　保証額

□円 × □ = □円

③　①≧②　∴通常の減価償却

(2)　償却限度額

(3)　償却超過額

第6章　資産と償却費　445

（特別償却準備金）

(1)　積立限度額

$$\boxed{\qquad 円} \times \boxed{\qquad \%} = \boxed{\qquad 円}$$

(2)　積立超過額

$$\boxed{\qquad 円} - \boxed{\qquad 円} = \boxed{\qquad 円}$$

《解　答》

機械装置Ａ

（減価償却費）定率法

(1)　判　定

①　償却額

$$\boxed{3,000,000円} \times \boxed{0.167} = \boxed{501,000円}$$

②　保証額

$$\boxed{3,000,000円} \times \boxed{0.05566} = \boxed{166,980円}$$

③　①≧②　∴通常の減価償却

(2)　償却限度額

$$\boxed{3,000,000円} \times \boxed{0.167} \times \boxed{\dfrac{2}{12}} = \boxed{83,500円}$$

(3)　償却超過額

$$\boxed{1,800,000円} - \boxed{83,500円} = \boxed{1,716,500円}$$

機械装置Ａ減価償却超過額
（加算・留保）

（特別償却準備金）

(1)　積立限度額

$$\boxed{3,000,000円} \times \boxed{30\%} = \boxed{900,000円}$$

446

(2) 積立超過額

$$\boxed{1,200,000円} - \boxed{900,000円} = \boxed{300,000円}$$

特別償却準備金の積立超過額
（加算・留保）

$$\boxed{1,200,000円}$$

特別償却準備金の認定損
（減算・留保）

《計算例題２》 特別償却準備金の戻入不足

福大株式会社は期末資本金１億円で株主は全て個人の青色申告法人である。以下の資料により，当期（自平成31年４月１日　至令和２年３月31日）において，税務上調整すべき金額を計算しなさい。

種類	取得価額	当期償却費	期末帳簿価額	耐用年数	200%定率法償却率	改訂償却率	保証率
機械装置Ｂ	30,000,000円	11,000,000円	18,300,000円	7年	0.286	0.334	0.08680

1　この器具備品Ｂは，中小企業者等が機械を取得した場合等の特別償却又は法人税額の特別控除（措法42の６）に規定するものであり，これについては準備金方式による特別償却（措法52の３）の適用を受けている。

　　この機械装置は，前期の平成30年４月１日に取得したもので，前期末において剰余金処分経理により9,000,000円（税務上の適正額）の特別償却準備金として積み立てた。

2　当期末において特別償却準備金1,600,000円を剰余金処分経理により取り崩している。

《解答欄》

（減価償却）

(1)　判　定

① 償却額

([　　　　　円] + [　　　　　円]) × [　　　　　]

= [　　　　　円]

② 保証額

[　　　　　円] × [　　　　　] = [　　　　　円]

③　①≧②　∴通常の減価償却

448

(2) 償却限度額

([円] + [円]) × [   ]

= [円]

(3) 償却超過額

[円] − [円] = [円]

（特別償却準備金）

(1) 税務上の戻入

$$[\text{　　　円}] \times \dfrac{[\text{　　　}]}{[\text{　　　}]}_{(注)} = [\text{　　　円}]$$

(注) [   ] < [   ] × [   ] = [   ]

∴ [   ]

(2) 会社計上戻入額

[円]

(3) 戻入不足

[円] − [円] = [円]

《解　答》

（減価償却）

(1) 判　定

① 償却額

([18,300,000円] + [11,000,000円]) × [0.286]

= [8,379,800円]

② 保証額

（取得価額）

[30,000,000円] × [0.08680] = [2,604,000円]

③ ①≧② ∴通常の減価償却

第6章　資産と償却費　449

(2)　償却限度額

($\boxed{18,300,000円}$ + $\boxed{11,000,000円}$) × $\boxed{0.286}$

= $\boxed{8,379,800円}$

(3)　償却超過額

$\boxed{11,000,000円}$ - $\boxed{8,379,800円}$ = $\boxed{2,620,200円}$

器具備品減価償却超過額
（加算・留保）

（特別償却準備金）

(1)　税務上の戻入

$\boxed{9,000,000円}$ × $\dfrac{\boxed{12}}{\boxed{60}}$ (注) = $\boxed{1,800,000円}$

　　（注）　耐用年数が10年未満のとき　60か月 ＜ 7年 × 12か月 ＝ 84

∴ 60

(2)　会社計上戻入額

$\boxed{1,600,000円}$

(3)　戻入不足

$\boxed{1,800,000円}$ - $\boxed{1,600,000円}$ = $\boxed{200,000円}$

特別償却準備金戻入不足
（加算・留保）

特別償却準備金取崩　1,600,000円
（加算・留保）

第4節 特定中小企業者等が経営改善設備を取得した場合の特別償却（商業・サービス業・農林水産業等活性化税制）（措法42の12の3）

1 趣　　旨

　地域の経済を支える中小企業を活性化させるために，卸売業，小売業，サービス業等を営む**特定中小企業者等**が，商工会議所や認定経営革新等支援機関，商工会，商店街振興組合連合会等から経営改善の指導等を受け，店舗等の改修等に伴い器具備品及び建物附属設備の**経営改善設備を取得した場合**は，取得価額に対して**30％の特別償却**又は7％の税額控除が適用できる。7％の税額控除の適用は，資本金3,000万以下の法人に限られる。

2 適 用 要 件

適用対象法人	適 　用 　要 　件	対 　象 　資 　産
青色申告法人	①　青色申告書を提出する**中小企業者等**が経営改善に関する助言及び指導（商工会議所，認定経営革新等支援機関等による）を受けた旨を明らかにする書類の交付を受けた特定中小企業が，器具備品及び建物附属設備を取得した場合	①　器具備品　1台又は1基の取得価額が30万円以上のもの②　建物附属設備　一の取得価額が60万円以上のもの。喫煙専用室に係る器具備品及び建物附属設備も対象資産となる
特定中小企業者等	②　令和元年度の税制改正では，平成31年4月1日以後に取得等をする経営改善設備については経営改善設備の投資計画の実施を含む経営改善により売上高又は営業利益の伸び率が年2％以上となる見込であることについて認定経営革新等支援機関等の確認を受けることが適用要件にプラスされた。	

〈**本条の対象となる特定中小企業等**〉

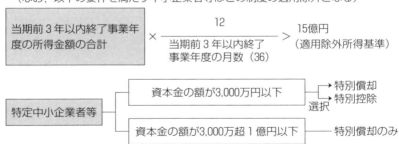

大規模法人	① 資本金の額が1億円超の法人 ② 大法人（資本金の額又は出資金額が5億円以上）との間に，大法人による完全支配関係がある普通法人 ③ 完全支配関係がある複数の大法人に発行済株式等の全部を保有されている普通法人
中小企業者等	(1) 資本金の額が1億円以下（中小法人）のうち 　① 同一の大規模法人によって，発行済株式数の$\frac{1}{2}$以上所有されている法人（みなし大企業）でない法人 　また 　② 複数の大規模法人に，発行済株式数の$\frac{2}{3}$以上所有されている法人（みなし大企業）でない法人 (2) 資本又は出資を有しない法人のうち常時使用する従業員数が1,000人以下の法人

（注）判定の基礎となる法人の発行済株式等から，その有する自己株式等を除く

中小企業者等で，認定経営事業所等支援機関等による経営改善指導及び助言を受けた旨を明らかにする書類の交付を受けた**特定中小企業者等**

（なお，以下の要件を満たす中小企業者等はこの制度の適用除外となる）

当期前3年以内終了事業年度の所得金額の合計 × $\dfrac{12}{\text{当期前3年以内終了事業年度の月数（36）}}$ > 15億円（適用除外所得基準）

特定中小企業者等 ─┬─ 資本金の額が3,000万円以下 ──選択── 特別償却／特別控除
　　　　　　　　 └─ 資本金の額が3,000万超1億円以下 ── 特別償却のみ

《計算Pattern》

《特別償却を選んだケース》

① 判定（定率法のときのみ）

　㋐ 償却額

　㋺ 保証額

452

　　㋩　㋑＞㋺　　∴通常の償却

②　償却限度額

　　㋑　普通償却限度額

　　㋺　特別償却限度額

　　　　取得価額×30％

　　㋩　償却限度額　①＋②

《特別控除を選んだケース》

〈税額控除
　商業・サービス業中小企業者の特別控除〉

①　取得価額基準

　　　取得価額×7％

②　税額基準

　　　調整前法人税額×20％

③　①と②少ない方

〈減価償却〉

①　判定（定率法のときのみ）

　　㋑　償却額

　　㋺　保証額

　　㋩　㋑＞㋺　　∴通常の償却

②　償却限度額

　　　普通償却限度額

③　償却超過額

第6章　資産と償却費　453

第5節　中小企業者等が特定経営力向上設備等を取得した場合の特別償却又は特別控除（中小企業者等経営強化税制）（措法42の12の4）

1　趣　　旨

　サービス業の生産性の向上の促進，サービス産業も含めた中小企業者等が生産性向上につながる設備投資に対しては，即時償却又は特別控除の措置が取られる。

2　適用要件

①適用法人	青色申告書を提出する中小企業者等のうち，**中小企業等経営強化法の認定を受けたもの（中小企業者等）**
②対象資産	新品の特定経営力向上設備等
③適用要件	指定事業の用に供したこと

（注）**特定経営力向上設備等**とは

　以下に掲げる資産のうち，経営の向上に著しく資するものとして一定の要件を満たすものをいう。

イ　機械装置　ロ　工具　ハ　器具備品　ニ　建物附属設備　ホ　ソフトウェア

令和元年度の税制改正により，以下のように範囲が具体的に明確化された。

	（Ａ類型）生産性向上設備	（Ｂ類型）収益力強化設備
適用要件	① 経営強化法の認定を受けたもの ② **生産性**が旧モデル比年平均１％以上改善する設備である	① 経営強化の認定を受けたもの ② **投資収益率**が年平均５％以上の投資計画に係る設備であること
対象資産	イ 機械・装置（160万円以上） ロ 測定工具及び検査工具（30万円以上） ハ 器具・備品（30万円以上） 　（試験・測定機器，冷凍陳列棚など） ニ 建物付属設備（60万円以上） 　（ボイラー，ＬＥＤ証明，空調など） ホ ソフトウェア（70万円以上） 　（情報を収集・分析・支持する機能）	イ 機械・装置（160万円以上） ロ 工具（30万円以上） ハ 器具備品（30万円以上） ニ 建物付属設備（60万円以上） ホ ソフトウェア（70万円以上）
確認書ないしは証明書の発行	工業会等	所轄の経済産業局

中小企業投資促進税制の対象事業及び商業・サービス業・農林水産業活性化税制の対象事業

《計算Pattern》

《特別償却限度額を選んだケース》即時償却

取得価額－普通償却限度額

《特別控除を選んだケース》

〈中小企業者等のうち資本金額3,000万円以下の法人〉

① 取得価額×10％

② 調整前法人税額×20％ (注)

③ ①と②少ない方

〈上記以外の中小企業者等〉

① 取得価額×7％
② 調整前法人税額×20％ (注)
③ ①と②少ない方

(注) 特定機械装置等の特別控除，経営改善設備等の特別控除の適用がある場合は，これらの特別控除額を控除した残額となる。本特別控除を含め，これらの3つの特別控除の合計額で法人税額×20％が限度となる。

〈本条の対象となる中小企業等〉

大規模法人	① 資本金の額が1億円超の法人 ② 大法人（資本金の額又は出資金額が5億円以上）との間に，大法人による完全支配関係がある普通法人 ③ 完全支配関係がある複数の大法人に発行済株式等の全部を保有されている普通法人
中小企業者等	(1) 資本金の額が1億円以下（中小法人）のうち 　① 同一の**大規模法人**によって，発行済株式数の$\frac{1}{2}$以上所有されている法人（みなし大企業）でない法人 　また 　② 複数の**大規模法人**に，発行済株式数の$\frac{2}{3}$以上所有されている法人（みなし大企業）でない法人 (2) 資本又は出資を有しない法人のうち常時使用する従業員数が1,000人以下の法人

(注) 判定の基礎となる法人の発行済株式等から，その有する自己株式等を除く

→ 中小企業者等（特定経営力向上設備等の特別償却又は特別控除の対象者）

⇩

（なお，以下の要件を満たす中小企業者等はこの制度の適用除外となる）

当期前3年以内終了事業年度の所得金額の合計 × $\dfrac{12}{\text{当期前3年以内終了事業年度の月数（36）}}$ > 15億円（適用除外所得基準）

第6節 特定事業継続力強化設備等を取得した場合の特別償却（措法44の2①）

1 趣　旨

令和元年度の税制改正によると，**事業継続力強化計画（仮称）の認定を受けた中小企業・小規模事業者**が事前対策を強化するために必要な**防災・減災設備**を取得して，事業の用に供した場合には，その取得価額の20％の特別償却ができる。

中小企業等経営強化税制の改正法の施行の日から令和3年3月31日までの間に取得等をして，事業の用に供された資産が対象となる。

2 適用要件

適用要件	対象資産
青色申告書を提出する中小企業者（適用除外事業者に該当するものを除く）のうち同法の事業継続力強化計画又は連携事業継続力強化計画（仮称）の認定を受けたものが，同法の改正法の施行の日から令和3年3月31日までの間に，その認定に係る事業継続力強化計画又は連携事業継続力強化計画に係る特定事業継続力強化設備等の取得等をして，その事業の用に供した場合	事前対策を強化するために必要な防災・減災設備 　機械装置（100万円以上）（自家発電機，排水ポンプ等） 　器具備品（30万円以上）（制震・免震ラック，衛星電話等） 　建物付属設備（60万円以上）（止水板，防犯シャッター，排煙設備等）

〈本条の対象となる特定中小企業等〉

大規模法人	① 資本金の額が1億円超の法人 ② 大法人（資本金の額又は出資金額が5億円以上）との間に，大法人による完全支配関係がある普通法人 ③ 完全支配関係がある複数の大法人に発行済株式等の全部を保有されている普通法人
中小企業者等	(1) 資本金の額が1億円以下（中小法人）のうち 　① 同一の大規模法人によって，発行済株式数の $\frac{1}{2}$ 以上所有されている法人（みなし大企業）でない法人 　また 　② 複数の大規模法人に，発行済株式数の $\frac{2}{3}$ 以上所有されている法人（みなし大企業）でない法人

（注）判定の基礎となる法人の発行済株式等から，その有する自己株式等を除く

→ 中小企業者等（特定事業継続力強化設備等の特別償却の対象者）

（なお，以下の要件を満たす中小企業者等はこの制度の適用除外となる）

当期前3年以内終了事業年度の所得金額の合計 $\times \dfrac{12}{\text{当期前3年以内終了事業年度の月数（36）}} >$ 15億円（適用除外所得基準）

458

第7節 給与等の引上げ及び設備投資を行った場合等の特別税額控除制度（措法42の12の5）

【Point 23】

---

(1) 設備投資や人材投資を増加させた企業に対して，税額控除を認める制度である。

(2) しかも教育訓練費を増加させた場合は，税額控除割合も増加が認められる。

---

1 趣　　　旨

我が国企業の生産性向上のための国内への設備投資や人材投資を促進させるための税制として，所得拡大促進税制について見直しが行われた。また，教育訓練費を増加させた場合は，税額控除割合も増加する。

なお，この所得拡大促進税制の見直しにより，人材投資の強化を行う企業の実質的な税負担を約25%まで引き下げた。

(1) 原　　　則

青色申告書を提出する法人が，平成30年4月1日から平成33年3月31日までの間に開始する各事業年度において国内雇用者に対して給与等を支給す場合において，その事業年度において次の①及び②の要件を満たすとき（その法人の雇用者給与等支給額が比較雇用者給与等支給額以下である場合を除く）は，雇用者給与等支給額から比較雇用者給与等支給額を控除した金額の15%（その事業年度において以下の③の要件を満たす場合には，20%）相当額の特別税額控除（その事業年度の所得に対する法人税の額の20%相当額を限度とする）ができる（措法42の12の5①③一）。

第6章　資産と償却費　459

適 用 要 件
①　**継続雇用者給与等支給額**から**継続雇用者比較給与等支給額**を控除した金額のその継続雇用者比較給与等支給額に対する割合が3％以上であること ②　国内設備投資額が**当期償却費総額**の90％以上であること ③　その事業年度において損金の額に算入される教育訓練費の額（その教育訓練費に充てるため他の者から支払を受ける金額がある場合には，その金額を控除した金額）から比較教育訓練費の額を控除した金額のその比較教育訓練費の額に対する割合が20％以上であること

（注1）　**継続雇用者給与等支給額**とは，継続雇用者（法人の各事業年度（以下「適用年度」という）及びその前事業年度の期間内の各月においてその法人の給与等の支給を受けた国内雇用者として一定のものをいう）に対するその適用年度の給与等の支給額として一定の金額

（注2）　**継続雇用者比較給与等支給額**とは，継続雇用者に対する適用年度の前事業年度の給与等の支給額として一定の金額

（注3）　**国内設備投資額**とは，法人が適用年度において取得等をした国内にあるその法人の事業の用に供する機械装置その他一定の減価償却資産となる資産で適用年度終了の日において有するものの取得価額の合計額

（注4）　**当期償却費総額**とは，法人が有する減価償却資産につき適用年度においてその償却費として損金経理をした金額の合計額

（注5）　**教育訓練費**とは，国内雇用者の職務に必要な技術又は知識を習得させ，又は向上させるための費用で以下のもの

　　　①　その法人が教育訓練等（教育，訓練，研修，講習その他これらに類するものをいう）を自ら行う場合の外部講師謝金，外部施設等使用料等の費用

　　　②　他の者に委託して教育訓練等を行わせる場合のその委託費

　　　③　他の者が行う教育訓練等に参加させる場合のその参加に要する費用

（注6）　**比較教育訓練費の額**とは，法人の適用年度開始の日前2年以内に開始した各事業年度の損金の額に算入される教育訓練費の額（その各事業年度の月数と適用年度の月数が異なる場合には，教育訓練費の額に適用年度の月数を乗じてこれを各事業年度の月数で除して計算した金額）の合計額をその2年以内に開始した各事業年度の数で除して計算した金額。（適用年度の前事業年度損金算入教育訓練費＋前々事業年度損金算入教育訓練費）÷2

(2)　**中小企業者等の特例**

　中小企業者等（中小企業者のうち**適用除外事業者**に該当するものを除く）が，平成30年4月1日から令和3年3月31日までの間に開始する各事業年度において国内雇用者に対して給与等を支給する場合において，その事業年度においてその

460

中小企業者等の**継続雇用者給与等支給額**から**継続雇用者比較給与等支給額**を控除した金額のその継続雇用者比較給与等支給額に対する割合が**1.5%以上**であるとき（その中小企業者等の雇用者給与等支給額が比較雇用者給与等支給額以下である場合を除く）は，雇用者給与等支給額から比較雇用者給与等支給額を控除した金額の**15%**（その事業年度において次に掲げる要件を満たす場合には，**25%**）相当額の特別税額控除（その事業年度の所得に対する法人税の額の**20%相当額**を限度とする）ができる（措法42の12の5②）。

① 継続雇用者給与等支給額から継続雇用者比較給与等支給額を控除した金額のその継続雇用者比較給与等支給額に対する割合が**2.5%以上**であること

② 以下の要件のいずれかを満たすこと

適　用　要　件
i　その事業年度の損金の額に算入される教育訓練費の額から**中小企業比較教育訓練費の額**を控除した金額のその中小企業比較教育訓練費の額に対する割合が10%以上であること
ii　その中小企業者等がその事業年度終了の日までに**中小企業等経営強化法に規定する経営力向上計画の認定**を受けたものであり，その経営力向上計画に記載された同法に規定する経営力向上が確実に行われたものとして**一定の証明**がされたこと

（注1）　**適用除外事業者**とは，その事業年度開始の日前3年以内に終了した各事業年度の所得の金額の合計額を各事業年度の月数の合計額で除し，これに12を乗じて計算した金額（設立後3年を経過していないこと等の事由がある場合には，一定の調整を加えた金額）が15億円を超える法人

$$\boxed{\text{当期前3年以内終了事業年度の所得金額の合計}} \times \frac{12}{\text{当期前3年以内終了事業年度の月数（36）}} > \frac{\text{15億円}}{\text{（適用除外所得基準）}}$$

（注2）　**中小企業比較教育訓練費**の額とは，中小企業者等の適用年度開始の日前1年以内に開始した各事業年度の損金の額に算入される教育訓練費の額

第6章　資産と償却費　461

《計算Pattern》

給与等の引上げ及び設備投資を行った場合等の特別税額控除

《中小企業者等以外の法人》

(1)　判　定

① $\dfrac{\text{適用年度継続雇用者給与等の支給額}-\text{継続雇用者比較（前事業年度）給与等支給額}}{\text{継続雇用者比較（前事業年度）給与等支給額}} \geqq 3\,\%$

② 適用年度雇用者給与等支給額＞比較（前事業年度）雇用者給与等支給額

③ 国内設備投資額≧当期償却費総額×90%　　　　　　　　　　　　　　　　∴適用

(2)　税額控除限度額

① $\dfrac{\text{教育訓練費}-\text{比較（前事業年度と前々事業年度の平均）教育訓練費}}{\text{比較（前事業年度と前々事業年度の平均）教育訓練費}}$ $\begin{cases} <20\% \rightarrow ②15\%へ \\[4pt] \geqq 20\% \rightarrow ②20\%へ \end{cases}$

② （適用年度雇用者給与等支給額－比較（前事業年度）雇用者給与等支給額）×15%又は20%

(3)　税額基準額

調整前法人税額×20%

(4)　特別控除額

(2)と(3)のうち少ない方

《中小企業者等》

(1)　判　定

① $\dfrac{\text{適用年度継続雇用者給与等の支給額}-\text{継続雇用者比較（前事業年度）給与等支給額}}{\text{継続雇用者比較（前事業年度）給与等支給額}} \geqq 1.5\%$

② 適用年度雇用者給与等支給額＞比較（前事業年度）雇用者給与等支給額　　∴適用

(2)　税額控除限度額

① (1)①の割合 $\begin{cases} <2.5\% \rightarrow ③15\%へ \\[4pt] \geqq 2.5\% \rightarrow ②へ \end{cases}$

② イ　中小企業等経営強化法の認定 $\begin{cases} \text{を受けている等} \rightarrow ③25\%へ \\[4pt] \text{を受けていない} \rightarrow \text{ロへ} \end{cases}$

ロ $\dfrac{\text{適用年度教育訓練費}-\text{中小企業比較（前事業年度）教育訓練費}}{\text{中小企業比較（前事業年度）教育訓練費}}$ $\begin{cases} <10\% \rightarrow ③15\%へ \\[4pt] \geqq 10\% \rightarrow ③25\%へ \end{cases}$

③ (適用年度雇用者給与等支給額－比較(前事業年度)雇用者給与等支給額)×15%又は25%

(3) 税額基準額

調整前法人税額×20%

(4) 特別控除額

(2)と(3)のうち少ない方

《計算例題》 給与等の引上げ及び設備投資を行った場合等の法人税額の特別控除

福大株式会社は青色申告書を提出する期末資本金の額が１億円の法人（中小企業者等）であり，当期（平成31年４月１日から令和２年３月31日）において租税特別措置法42条の12の５《給与等の引上げ及び設備投資を行った場合等の法人税額の特別控除》の規定の適用を受ける予定である。福大株式会社の当期の特別控除額を計算しなさい。なお，福大株式会社は中小企業等経営強化法の認定を受けていない。

継続雇用者に対する給与等支給額は，前期が400,000,000円で当期は420,000,000円であった。

雇用者に対する給与等支給額は，前期が480,000,000円で当期は500,000,000円であった。また，教育訓練費は，前期が20,000,000円で当期は24,000,000円であった。なお，当期の調整前法人税額は60,000,000円である。

《解答欄》

(1) 判　定

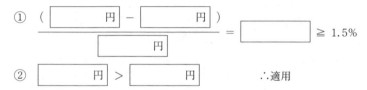

第6章 資産と償却費 463

(2) 税額控除限度額

① □ ≧ 2.5%

② (□円 − □円) / □円 = □ ≧ 10%

③ (□円 − □円) × □% = □円

(3) 税額基準

□円 × □% = □円

(4) 特別控除額

(2)(3)のうち少ない金額 ∴ □円

《解答》

(1) 判定

① (420,000,000円 − 400,000,000円) / 400,000,000円 = 0.050 ≧ 1.5%

② 500,000,000円 > 480,000,000円

(2) 税額控除限度額

① 0.050 ≧ 2.5%

② (24,000,000円 − 20,000,000円) / 20,000,000円 = 0.2 ≧ 10%

③ (500,000,000円 − 480,000,000円) × 25% = 5,000,000円

(3) 税額基準額

60,000,000円 × 20% = 12,000,000円

(4) 特別控除額

(2)(3)のうち少ない金額 ∴ 5,000,000円

第8節 情報連携投資等の促進税制
（革新的情報産業活用設備を取得した場合の特別償却）
（措法42の12の6）

1 趣　旨

政府が平成29年6月に掲げた「未来投資戦略2017」は，IoT，ビッグデータ，人工知能（AI）等の先端技術をあらゆる産業や社会生活に取り入れることで，社会経済発展と社会的課題を解決する社会の実現（「Society5.0」の実現）を試みている。

そのため，IoT投資（ソフトウエア，センサー，ロボット等を連携させる投資）に対して，特別償却又は税額控除を選択適用できる制度（コネクテッド・インダストリーズ税制）が創設された。

なお，大企業について，所得が増加しているにもかかわらず賃上げ等を行っていない場合には，本制度を適用できない。

2 内　容

この制度の適用を受けるためには，生産性特別措置法の革新的データ産業活用計画を作成し，主務大臣の計画認定 （注） を受ける必要がある。同法施行日から令和3年3月31日までに取得等をしたものについて適用される。

また，認定を受けた法人は令和3年3月31日までの間に，その認定革新的データ産業活用計画に基づいて総額5,000万円以上のソフトウエア（そのソフトウエアとともに取得又は製作をした機械装置又は器具備品がある場合には，これらの取得価額の合計額を含む）を新設又は増設し，革新的情報産業活用設備の取得等をして，その事業の用に供した場合に，以下の特別償却又は税額控除が選択適用できる。

第6章　資産と償却費　465

資産の種類	特別償却	税額控除	
ソフトウエア 器 具 備 品 機 械 装 置	取得価額 ×30%	賃上げ率 3％未満	取得価額×3％ （法人税額の15％限度）
		賃上げ率 3％以上	取得価額×5％ （法人税額の20％限度）

　平均給与等支給額の対前年度増加率（賃上げ率）が3％以上の場合には，税額控除率が3％から5％への引き上げられるとともに，控除限度額が法人税額の15％から20％へ引き上げられる。

（注）
1）「革新的データ産業活用計画の認定」とは，以下の計画要件を満たすものとされる。
　①　データ連携・利活用の内容
　・社外データやこれまで取得したことのないデータと連携すること
　・企業間の競争力における重要データをグループ企業間や事業所間で連携すること
　②　セキュリティ面
　　必要なセキュリティ対策が講じられていることをセキュリティの専門家（登録セキスペ等）が担保していること
　③　生産性向上の面
　　投資年度から一定期間において，以下のいずれも達成見込みがあること
　㈎　労働生産性：年平均伸率2％以上
　㈏　投資利益率：年平均15％以上
2）革新的情報産業活用設備の例
　　データ収集機器（センサー等），データ分析により自動化するロボット・工作機械，データ連携・分析に必要なシステム（サーバ，AI，ソフトウエア等），サイバーセキュリティ対策製品等

第9節　地方拠点強化税制

(1) 地方拠点建物等の特定建物等を取得した場合の特別償却又は税額控除（オフィス減税）（措法42の11の3①②）

1　趣　　旨

　青色申告書を提出する法人が，改正地域再生法の施行日（平成27年8月10日）から令和2年3月31日までの間に，地方の活力向上のため地方において**本社機能を拡充**（拡充型）又は東京23区から地方に**本社機能を移転**（移転型）し，その地方で建物等を取得して事業の用に供した場合は，特別償却又は税額控除の適用が受けられる制度である（措法42の11の3①②）。**オフィス減税**などと呼ばれている。

2　適 用 要 件

　この地方は，**地方活力向上地域**に限定され，首都圏，中部圏，近畿圏中心部の大都市等が対象外となる。しかし，移転型事業の対象地域に，地方活力向上地域（近畿圏及び中部圏の中心部）が加えられた。

　また，本制度の適用を受けるためには，**拡充・移転先**となる都道府県知事に対し，「**地方活力向上地域特定業務施設整備計画**」を申請し，認定を受けることが必要となる。

3　特別償却と特別控除額

　特別償却額は，取得価額の15%（東京23区等からの移転等の移転型計画は25%）である。

　税額控除額は，取得価額の4%（東京23区等からの移転等の移転型計画である場合は7%）である。税額控除額は，当期の法人税額の20%が上限とされる。

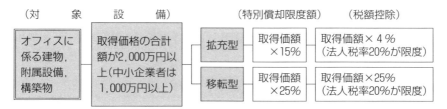

　青色申告法人が**地方活力向上地域等特定業務施設整備計画**の認定を受け，その認定日から2年以内に，計画に記載された**地域再生法の特定業務施設**に該当する建物等及び構築物で一定規模以上のものを取得・供用した場合には，特別償却又は税額控除を受けることができる。

　その地方拠点強化実施計画に記載された建物及びその附属設備並びに構築物で，一定の規模以上（取得価額の合計額が2,000万円以上，中小企業者にあっては1,000万円以上）のものをいう。

(2) 地方活力向上地域等において雇用者の数が増加した場合の税額控除制度（措法42の12②）

イ　地方事業所基準雇用者数に係る措置（拡充型，移転型共通）

1 趣　　旨

　青色申告書を提出する法人で，地域再生法の認定事業者である者が地方活力向上地域等特定業務施設整備計画の認定を受け，その認定日から2年以内の日を含む事業年度において，平成27年8月10日から平成32年3月31日までの間に，地方活力向上のため地方において**本社機能を拡充**（拡充型）又は東京23区から**地方に本社機能を移転**（移転型）し，その本社機能において**従業員数を一定以上増加**させた場合は，**増加雇用者数**に対して税額控除が認められる（措法42の12②）。

2 適用要件

　(1)と同じように，地方は，**地方活力向上地域**に限定され，適用を受けるためには，拡充・移転先となる都道府県知事に対し，「**地方活力向上地域特定業務

「施設整備計画」を申請し，認定を受けることが必要である。

このように拡充型又は移転型事務所で，さらに以下の一定の雇用者を増加させた場合に適用される。

適 用 要 件
① 前期及び当期に**事業主都合**による**離職者**がいないこと
② 地方事業所**基準雇用者数**（当期末雇用者数－前期末雇用者数）のうち，有期雇用又はパートタイムである**新規雇用者（非正規者）**を除いた数が２人以上であること
③ 給与等支給額が比較給与等支給額（**前期給与等支給額（ａ）**＋（ａ×**基準雇用者割合**×20％）以上であること 基準雇用者割合は雇用者増加割合のことで，$\dfrac{基準雇用者数}{前期末雇用者数}$ で表す。
④ 雇用保険法に規定する適用事業を行っていること
⑤ ハローワークに**雇用促進計画**を提出し，その達成状況の確認を受けていること

3 税額控除額

税額控除額は，以下の１と２の合計額（法人税額の20％を限度）である。

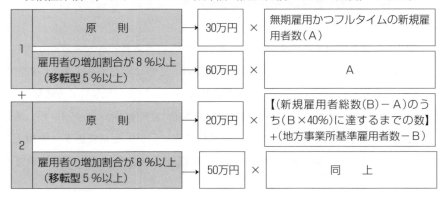

(注) 基準雇用者数(増加雇用者数)＝当期末雇用者数－前期末雇用者数

$$雇用者増加割合(基準雇用者割合)＝\frac{基準雇用者数}{前期末雇用者数}$$

ロ 地方事業所特別基準雇用者数に係る措置（移転型）

1 趣　旨

東京23区等からの移転等一定の場合には，イの措置にプラスして，以下の税額控除額となる。

なお，以前は，**地方活力向上地域**に限定されていたが，**準地方活力向上地域**（近畿圏及び中部圏の中心部）も対象地域に追加された。

2 税額控除額

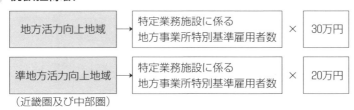

上記の税額控除額は，**法人税額の20％**が限度となる。ただし，(1)**特定建物等**を取得した場合の税額控除又は(2)イ**地方事業所基準雇用者数**に係る措置の税額控除の**適用**がある場合には，20％からその金額を控除した残額が限度となる。

3 適用関係

(2)イ**地方事業所基準雇用者数**に係る措置（拡充型，移転型共通）は，(1)**特定建物等**を取得した場合の**特別償却**（オフィス減税）又は**税額控除**との**選択適用**になりますので，どちらか一方しか適用できない。

一方，(2)ロ**地方事業所特別基準雇用者数**に係る措置（移転型）は，(1)**特定建物等**を取得した場合の**特別償却又は税額控除を選択しても適用**できる（ただし，(2)イ地方事業所基準雇用者数に係る措置の要件を満たす場合に限る）。

所得税についても，同様の措置が講じられる（措法10の４の２，10の５）。地方

税についても，同様の措置が講じられる（地方附則8）。

第6章　資産と償却費　471

第10節 高度省エネルギー増進設備等を取得した場合の特別償却又は法人税額の特別控除制度（創設）

1 趣　　旨

　中長期的な視点から，経済産業省が2030年度（令和22年度）のエネルギー需給構造の見通しを策定した長期エネルギー需給見通し（エネルギーミックスという）がある。

　このエネルギーミックスの実現のためには，省エネルギー投資の促進によるエネルギー効率の改善及び再生可能エネルギーの更なる導入の拡大を進めることが重要である。再生可能エネルギー・省エネルギーを促進する観点から，特定設備等の特別償却制度に，再生可能エネルギー発電設備等に係る措置が創設された。

2 概　　要

　青色申告書を提出する法人が，平成30年4月1日（次の②及び③に該当する法人にあっては，エネルギーの使用の合理化等に関する法律の一部を改正する法律から令和2年3月31日までの間に，その法人の次の区分に応じそれぞれ次の減価償却資産（高度省エネルギー増進設備等）の取得等をして，これを国内にあるその法人の事業の用に供した場合には，その事業の用に供した日を含む事業年度において，その**高度省エネルギー増進設備等**の取得価額の**30％相当額の特別償却**ができる（措法42の5①）。

　中小企業者等については，その特別償却限度額の**特別償却**とその**高度省エネルギー増進設備等**の取得価額の**7％相当額**（税額控除限度額）の税額控除との選択適用ができる（措法42の5①②）。税額控除の適用を受ける場合における税額控除限度額は，当期の調整前法人税額の20％相当額を上限とする（措法42の5②後段）。

3 対象設備及び適用対象法人

<table>
<tr><td rowspan="3">対象設備</td><td>① エネルギーの使用の合理化等に関する法律（省エネ法）の特定事業者又は特定連鎖化事業者（特定加盟者を含む）……主務大臣に提出された計画において設置するものとして記載されたエネルギーの使用の合理化のための機械その他の減価償却資産でエネルギーの使用の合理化に特に効果の高い一定のもの</td></tr>
<tr><td>② 省エネ法の認定を受けた工場等を設置している者……その認定に係る連携省エネルギー計画に記載された連携省エネルギー措置の実施により取得等をされる機械その他の減価償却資産でエネルギーの使用の合理化に資する一定のもの</td></tr>
<tr><td>③ 省エネ法の認定を受けた荷主……その認定に係る荷主連携省エネルギー計画に記載された荷主連携省エネルギー措置の実施により取得等をされる機械その他の減価償却資産でエネルギーの使用の合理化に資する一定のもの</td></tr>
</table>

適用対象となる法人は，青色申告書を提出する法人で，次の①から③までのいずれかに該当する（措法42の5①）。

<table>
<tr><td rowspan="3">適用対象法人</td><td>① 省エネ法7条3項ただし書に規定する特定事業者（特定事業者）又は省エネ法18条2項ただし書に規定する特定連鎖化事業者（特定連鎖化事業者）</td></tr>
<tr><td>② 省エネ法46条1項の認定を受けた同項の工場等を設置している者
　すなわち，工場等を設置している者のうち，他の工場等を設置している者と連携して工場等におけるエネルギーの使用の合理化を推進するもので，その連携して行うエネルギーの使用の合理化のための措置（連携省エネルギー措置）に関する計画「連携省エネルギー計画」を作成し，これを経済産業大臣に提出し，その連携省エネルギー計画が適当である旨の認定を受けたもの</td></tr>
<tr><td>③ 省エネ法117条1項の認定を受けた同項の荷主
　すなわち，荷主のうち，他の荷主と連携して貨物輸送事業者に行わせる貨物の輸送に係るエネルギーの使用の合理化を推進するもので，共同で，その連携して行うエネルギーの使用の合理化のための措置（荷主連携省エネルギー措置）に関する計画（荷主連携省エネルギー計画）を作成し，これを経済産業大臣に提出して，その荷主連携省エネルギー計画が適当である旨の認定を受けたもの</td></tr>
</table>

4 適用対象となる高度省エネルギー設備等

適用対象となる資産は，適用対象法人の次の①から③までの区分に応じ，それぞれ次の減価償却資産（**高度省エネルギー増進施設等**）とされている（措法42の5①）。

第6章　資産と償却費　473

① 　対象法人の①に該当する法人……機械その他の減価償却資産で次の要件を満たすことにつき経済産業局長又は沖縄総合事務局長（経済産業局長等）が確認した旨を証する書類（確認書）及びその確認書に係る申請書の写しを保存することにより証明がされたもの（措法42の5①一，措令27の5①，措規20の2）

② 　対象法人②に該当する法人……機械その他の減価償却資産で工場等におけるエネルギーの使用の合理化に資するものとして経済産業大臣が財務大臣と協議して指定するもののうち，同項の認定に係る連携省エネルギー計画に記載された連携省エネルギー措置の実施により取得等をされるものとしてその連携省エネルギー計画に記載されたものであることその他工場等におけるエネルギーの使用の合理化に資するものであることにつき証明がされたもの（措法42の5①二，措令27の5②）

③ 　対象法人③に該当する法人……機械その他の減価償却資産で貨物の輸送に係るエネルギーの使用の合理化に資するものとして経済産業大臣が財務大臣と協議して指定するもののうち，同項の認定に係る荷主連携省エネルギー計画に記載された荷主連携省エネルギー措置の実施により取得等をされるものとしてその荷主連携省エネルギー計画に記載されたものであることその他貨物の輸送に係るエネルギーの使用の合理化に資するものであることにつき証明がされたもの（措法42の5①三，措令27の5②）

　適用期間は，平成30年4月1日（適用対象法人の②及び③に該当する法人にあっては，エネルギーの使用の合理化に関する法律の一部を改正する法律の施行の日）から令和2年3月31日までの期間である（措法42の5①②）。

　適用対象となる事業年度は，適用対象法人が，適用期間内に，**高度省エネルギー増進設備等でその製作もしくは建設の後事業の用に供されたことのないもの**を取得し，又は**高度省エネルギー増進設備等を作製し，もしくは建設して，これを国内にあるその適用対象法人の事業の用に供した場合**におけるその事業の用に供した日を含む事業年度とされる（措法42の5①②）。

　この共用年度において，**高度省エネルギー増進設備等**について，**特別償却の**

適用ができる（措法42の5①）。

なお，適用対象法人が**中小企業者等**である場合には，**特別償却と税額控除との選択適用**ができる（措法42の5①②）。

〈本条の対象となる特定中小企業者等〉

大規模法人	① 資本金の額が1億円超の法人 ② 大法人（資本金の額又は出資金額が5億円以上）との間に，大法人による完全支配関係がある普通法人 ③ 完全支配関係がある複数の大法人に発行済株式等の全部を保有されている普通法人
中小企業者等	(1) 資本金の額が1億円以下（中小法人）のうち 　① 同一の**大規模法人**によって，発行済株式数の $\frac{1}{2}$ 以上所有されている法人（みなし大企業）でない法人 　また 　② 複数の**大規模法人**に，発行済株式数の $\frac{2}{3}$ 以上所有されている法人（みなし大企業）でない法人 (2) 資本又は出資を有しない法人のうち常時使用する従業員数が1,000人以下の法人

（注）判定の基礎となる法人の発行済株式等から，その有する自己株式等を除く

→ 中小企業者等（特定経営力向上設備等の特別控除の対象者）

⇩

（なお，以下の要件を満たす中小企業者等は適用除外となる）

当期前3年以内終了事業年度の所得金額の合計 × $\dfrac{12}{\text{当期前3年以内終了事業年度の月数（36）}}$ > 15億円（適用除外所得基準）

　　　　　　　　　　　　　　　　　　　　　↓
　　　　　　　　　　　　　　（特別控除）税額控除の適用停止
　　　　　　　　　　　　　　特別償却は適用可能

第6章 資産と償却費 475

第11節 繰延資産と繰延資産の償却費

【Point 24】

⑴ 法人税法上の繰延資産とは，法人が支出する費用のうち支出の効果が
その支出の日以後1年以上に及ぶもので，会計上の繰延資産5項目のほ
か，税法が特に定めている税法固有の繰延資産を含む。
⑵ 法人税法では，**会計上の繰延資産**は原則として任意償却方式をとり，
税法固有の繰延資産については償却限度方式により，支出の効果の及ぶ
期間の月数によって償却すべきものを規定している。
⑶ 税法固有の繰延資産には，償却期間の適切な見積りが困難なものが含
まれている。そこで典型的なものについては，おおむね画一的基準とし
て償却期間が通達で定められている。

---

1 制度の趣旨

企業が，ある支出によって役務の提供を受けたにもかかわらず，その支出の
効果が翌期以降にもわたる場合には，費用配分の関係からは，その支出額を支
出年度だけで負担するのは不適当である。

そこで，**繰延資産**（deferred assets）は，期間損益計算の適正化のため，支出
効果が長期に及ぶ場合には，支出年度にのみ費用とするのでなく，資産に計上
し，その支出効果の及ぶ年数にわたり償却により費用化していくものである。

2 繰延資産の範囲

旧商法においては，創立費，開業費，研究費及び開発費，新株発行費，社債
発行費，社債発行差金を繰延資産と定めていた（旧商規35～41）。

新会社法関係の法令には，繰延資産の定義規定はない。そこで，一般に公正

妥当と認められる会計慣行によって判断される。平成18年5月施行の会社計算規則（会社法）により，社債は，償却原価で計上することとなった。そのため，社債発行差金は計上されないこととなった。さらに，企業会計においては，繰延資産実務対応報告により，繰延資産の範囲が，創立費，開業費，開発費，株式交付費，社債等発行費と限定され，税法もその範囲が改正された（令14）。なお，平成19年4月1日前に支出した試験研究費，開発費，新株発行費，社債発行費については，以前の規定により，任意償却の繰延資産となる。

これに対し，税法では，会計上5項目のほか，公共的施設等の負担金，資産の貸借に係る権利金等の「税法固有のその他の繰延資産」からなっている（令14）。

〈図表6－23〉税法上の繰延資産（法2二十四，令14）

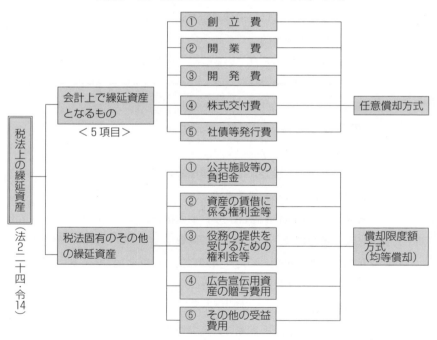

次に，償却期間については，会計上の繰延資産は，早期償却を前提として規定されている。そこで，税法上，会計上の繰延資産については，その償却期間

第6章　資産と償却費　477

は原則として任意償却を認めることとし，その他の税法固有の繰延資産については，支出の効果の及ぶ期間に応じ所定の償却期間に基づいて適正に期間配分すべきであると定めている（令64）。

法人税法においては，繰延資産とは，法人が支出する費用のうち支出の効果がその支出する日以後1年以上に及ぶもので，次に掲げるものをいう（法2二十四）。

次の(1)から(5)までは，会計上の繰延資産であり，(6)は**税法固有のその他の繰延資産**である（令14）。

(1)　**創　立　費**（organization expenses）

発起人に支払う報酬，設立登記のために支出する登録免許税その他法人の設立のために支出する費用で，その法人の負担に帰すべきもの（令14①一）。

(2)　**開　業　費**（initial cost of business）

法人の設立後営業を開始するまでの間に開業準備のために特別に支出する費用（令14①三）。

(3)　**開　発　費**（development expenses）

新たな技術の採用，新たな経営組織の採用，資源の開発，市場の開拓又は新たな事業の開始のために特別に支出する費用（令14①五）。

(4)　**株式交付費**（stock issue cost）

株券等の印刷費，資本又は出資の増加の登録についての登録免許税その他新株等の発行のために支出する費用（令14①六）。

(5)　**社債等発行費**（bond issue cost）

社債券等の印刷費，社債の登記についての登録免許税その他債券の発行のために支出する費用（社債発行差金を除く）（令14①七）。

(6)　**その他の費用（税法固有のその他の繰延資産）**

(1)から(5)までに掲げるもののほか，次に掲げる費用で支出の効果がその支出の日以後1年以上に及ぶもの（令14①九）。

①　自己が便益を受ける公共的施設又は共同的施設の設置又は改良のために支出する費用

② 資産を賃借し又は使用するために支出する権利金，立退料その他の費用

③ 役務の提供を受けるために支出する権利金その他の費用

④ 製品等の広告宣伝の用に供する資産を贈与したことにより生ずる費用

⑤ ①から④までに掲げる費用のほか，自己が便益を受けるために支出する費用

次に掲げる費用は，法人税法施行令14条１項９号ホ（その他自己が便益を受けるための費用），すなわち上記(6)⑤に規定する繰延資産に該当する。

㋑ スキー場のゲレンデ整備費用

積雪地帯におけるスキー場（その土地が主として他の者の所有に係るものに限る）においてリフト，ロープウェイ等の索道事業を営む法人が当該スキー場に係る土地をゲレンデとして整理するために立木の除去，地ならし，沢の埋立て，芝付け等の工事を行った場合の工事に要した費用の額（基８―１―９）。

㋺ 出版権の設定の対価

著作権法79条１項（出版権の設定）に規定する出版権の設定の対価として支出した金額（基８―１―10）。

㋩ 同業者団体等の加入金

法人が同業者団体等（社交団体を除く）に対して支出した加入金（その構成員としての地位を他に譲渡することができることとなっている場合における加入金及び出資の性質を有する加入金を除く）（基８―１―11）。

㊁ 職業運動選手等の契約金等

法人が職業運動選手等との専属契約をするために支出する契約金等（基８―１―12）。

3 繰延資産の償却限度額の計算

繰延資産の償却費として損金の額に算入する金額は，法人がその事業年度に償却費として損金経理した金額のうち，その繰延資産の支出の効果の及ぶ期間を基礎として計算した金額（償却限度額）に達するまでの金額である（法32①）。繰延資産について，償却するかどうかは法人の任意とされており，確定決算の

原則の適用のもとに，損金経理が償却費の損金算入の要件とされている。

(1) 会計上の繰延資産の償却限度額

税法では，会計上の繰延資産は，課税所得の計算上，支出年度においては，その支出額の範囲内で任意に償却できる。それ以降の年度においても，いまだ損金の額に算入されていない支出額（未償却残高）の範囲内で任意に償却することができる。

税法は，会計上の繰延資産はその繰延資産の額（すでに償却した金額を控除した金額）をもって償却限度額としている。

繰延資産の額－既償却額＝償却限度額

(2) 税法固有のその他の繰延資産の償却限度額

税務上の原則的な繰延資産である**税法固有のその他の繰延資産**の償却限度額については，その費用の支出の効果の及ぶ期間の月数で除して，これにその事業年度の月数を乗じて計算する。この場合，支出の日の属する事業年度については，その事業年度の月数は支出の日からその事業年度終了の日までの期間の月数とする。なお，月数は暦に従って計算し，1か月に満たない端数が生じたときは1か月として計算する（法32，令64）。償却限度額は，次のように計算される（令64①二）。

$$繰延資産の額 \times \frac{当期の月数}{支出の効果の及ぶ期間の月数} = 償却限度額$$

〈図表 6 −24〉 税法固有の繰延資産

	種　　類	細　　　目	償却期間
(1) 公共的施設等の負担金	① 公共的施設の負担金（店舗前の道路等）	(イ) 負担者にもっぱら使用されるもの	施設の耐用年数の $\frac{7}{10}$
		(ロ) (イ)以外のもの	施設の耐用年数の $\frac{4}{10}$
	② 共同的施設の負担金（会館建設費用負担金，アーケード等）	(イ) 負担者の共同の用に供されるもの（共同の展示会場等）	（Ⅰ）施設の建設又は改良に充てられる部分：その施設の耐用年数の $\frac{7}{10}$
			（Ⅱ）土地の取得に充てられた負担金：45年
		(ロ) 協会等の本来の用に供されるもの（会館建設負担金）	耐用年数の $\frac{7}{10}$（その年数が10年を超えるときは，10年）（基8−2−4）
		(ハ) 共同のアーケード，日よけ，アーチ等負担者の共同の用と一般公衆の用とに供されるもの	5年（その施設の耐用年数が5年未満のとき，その耐用年数）
(2) 資産の賃借に係る権利金等	① 建物の賃借権利金等（借家権利金）	(イ) 建物の新築に際して支払った権利金等がその建物の賃借部分の建築費の大部分に相当し，かつ実際上その建物の存続期間中賃借できると認められるもの	その建物の耐用年数の $\frac{7}{10}$
		(ロ) 建物の賃借に際して支払った(イ)以外の権利金等で，契約慣習等により借家権として転売できるもの	その建物の賃借後の見積残存耐用年数の $\frac{7}{10}$
		(ハ) (イ)及び(ロ)以外の権利金等	5年（契約による賃借期間が5年未満で，契約の更新時に再び権利金等の支払を要することが明らかであるときは，その賃借期間）

			償却期間
	② 電子計算機等の賃借に伴って支出する引取運賃等の費用		その電子計算機等の耐用年数の$\frac{7}{10}$（その年数が賃借期間を超えるときは，その賃借期間）
(3) 役務の提供を受ける権利金等	ノウハウの設定契約に係る頭金等		5年（契約の有効期間が5年未満で契約の更新時に再び頭金等の支払を要することが明らかであるときは，その有効期間の年数）
(4) 広告宣伝資産の贈与費用	看板，ネオンサイン，緞帳等の贈与費用		その資産の耐用年数の$\frac{7}{10}$（その年数が5年を超えるときは，5年）
(5) その他自己が便益を受けるための費用	① スキー場のゲレンデ整備費用		12年
	② 出版権の設定の対価		設定契約に定める存続期間（存続期間の定めのないときは，3年）
	③ 同業者団体等の加入金		5年
	④ 職業運動選手等の契約金等		契約期間（契約期間の定めがないとき，3年）

（注）　償却期間に1年未満の端数があるときは，その端数を切り捨てる。

(3) 少額な繰延資産の損金算入

　法人が均等償却を行う繰延資産に関する費用を支出する場合に，その支出が20万円未満であるものについては支出する事業年度において損金経理した場合は，その年度の損金に算入することが認められている（令134）。

(4) 簡易な施設の設置のための負担金の損金算入

　国等が行う街路の簡易舗装，街灯等で，主として一般公衆の便益に供されるものの負担金は全額，支出事業年度に損金算入できる（基8—1—13）。

《計算Point》

〈図表6－25〉繰延資産の償却限度額

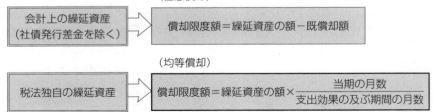

《計算Pattern》

(1) 償却期間
(2) 償却限度額
(3) 償却超過額　会社計上額－(2)

繰延資産の償却超過額（加算，留保）

《別表四の記載》

区　分	金　額	留　保
加算　繰延資産償却超過額	×××	××

《計算例》

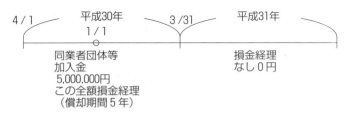

（平成30年度）

(1) 償却期間 5年
(2) 償却限度額　$5,000,000円 \times \dfrac{3か月}{5年 \times 12か月} = 250,000$

第 6 章　資産と償却費　483

(3)　償却超過額　5,000,000円 － (2) ＝ 4,750,000　繰延資産償却超過額（加・留）

（平成31年度）

(1)　償却期間　5 年

(2)　償却限度額　$5,000,000円 \times \dfrac{12か月}{5年 \times 12か月} = 1,000,000$

(3)　償却不足　$0 - 1,000,000 = 1,000,000円$

(4)　認容　$1,000,000 < 4,750,000$　∴1,000,000円　前期繰延資産償却超過額認容（減・留）

《計算例題》 繰延資産

次の資料により，福大株式会社の当期（自平成31年4月1日　至令和2年3月31日）の繰延資産の償却限度額及び償却超過額を計算しなさい。

(1) 公共的施設負担金

店舗の前の道路が完成し，その公道舗装負担金として平成26年6月5日にその全額360,000円を支出し，損金に計上している。なお，舗装路面の耐用年数は12年である。

(2) 開発費

平成28年10月5日に開発費1,800,000円を支出し，当期にそのうち600,000円を損金に計上した。

(3) 電子計算機の据付費

令和元年12月5日に電子計算機の賃借に伴い，その据付費130,000円を損金に計上した。

(4) ノーハウの頭金等

ノーハウの供与を受ける契約を平成27年1月に契約し権利金500,000円を支払い，損金に計上した。契約期間は10年である。

(税理士試験問題)

《解答欄》

(1) 公共的施設負担金

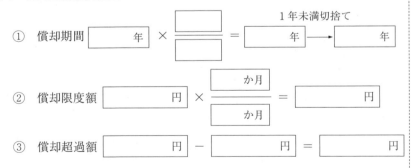

(2) 開発費
　① 償却期間 □ 年

　② 償却限度額 □ 円 × □ か月 / □ か月 = □ 円

　③ 償却超過額 □ 円 − □ 円 = □ 円

(3) 電子計算機の据付費
　① 償却期間 □ 年

　② 償却限度額 □ 円 × □ か月 / □ か月 = □ 円

　③ 償却超過額 □ 円 − □ 円 = □ 円

(4) ノーハウの頭金等
　① 償却期間 □ 年

　② 償却限度額 □ 円 × □ か月 / □ か月 = □ 円

　③ 償却超過額 □ 円 − □ 円 = □ 円

《解　答》

(1) 公共的施設負担金

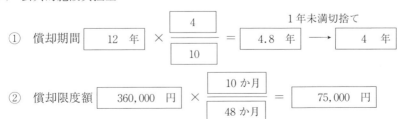

486

③　償却超過額 | 360,000 円 | － | 75,000 円 | ＝ | 285,000 円 |

(2)　開発費

①　償却期間 | 　年 |

②　償却限度額 | 　円 | × | か月 / か月 | ＝ | 　円 |

③　償却超過額 | 　円 | － | 　円 | ＝ | 　円 |

開発費は任意償却なので償却超過はない

(3)　電子計算機の据付費

①　償却期間 | 　年 |

②　償却限度額 | 　円 | × | か月 / か月 | ＝ | 　円 |

③　償却超過額 | 　円 | － | 　円 | ＝ | 　円 |

150,000円＜200,000円

∴少額繰延資産に該当するので償却超過はない

(4)　ノーハウの頭金等

①　償却期間 | 5　年 |

②　償却限度額 | 500,000 円 | × | 3 か月 / 60 か月 | ＝ | 25,000 円 |

③　償却超過額 | 500,000 円 | － | 25,000 円 | ＝ | 475,000 円 |

第6章　資産と償却費　487

《実務上のPoint》

(1)　会計上に規定する繰延資産（社債発行差金を除く）は，税法上任意に償却することができる。

(2)　税法独自の**少額繰延資産**（20万円未満）の場合には，支出年度で損金経理することを条件に損金算入ができる。

(3)　会計上の繰延資産は，原則として任意償却となっており，償却不足は生じない。

(4)　償却限度額は，費目の異なるごとに，かつ償却期間の異なるごとに計算する。

(5)　繰延資産となるべき費用を支出した場合は，税法上の繰延資産については支出内容により償却期間が異なるので，支出の内容と償却期間に注意を要する。

第12節 リース取引

【Point 25】

> (1) リース取引であっても，売買取引として扱う場合，金融取引として扱う場合，それ以外の場合がある。
> (2) 売買取引として扱う場合は，リース料合計額を基礎として減価償却の計算を行う。
> (3) 金融取引として扱う場合は，売買はなかったものとする。金銭の貸借があったものとする。
> (4) それ以外の場合（オペレーティング・リース）は，リース料のうち，支払期日到来分について，その期日の属する事業年度の損金の額に算入する。

1 制度の趣旨

　リース取引には，**ファイナンス・リース**と**オペレーティング・リース**がある。オペレーティング・リースとは，ファイナンスリース以外のリースを指し，契約期間中の解約が認められている。ファイナンスリースとは，賃貸人（リース会社）が賃借人に，中途で解除できないという契約等で，設備を貸し付けるものである。しかし，形式上は賃貸借であるが，その実体から判断すると，賃借人がリース対象設備を，賃借人から融資を受けて購入したことと同じであり**金融取引とみなされるもの**や，中途解除できないため**売買取引とみなされるもの**もある。売買取引とみなされるもののなかには，**所有権移転ファイナンス・リース**と**所有権移転外ファイナンス・リース**がある。

　賃借人はリース期間が，リース対象物件の耐用年数よりも短いときに，課税の繰延べのために利用される危険がある。そこで，ファイナンスリースを形式でなく，実体に則して税務上，売買取引と取り扱ったり，金融取引として取り

扱う処理がなされている。売買取引として扱う場合は，リース料合計額を取得価額とし，これを基礎に減価償却を行う。一方**金融取引として扱う場合**は，売買はなかったものとし，金銭の貸借があったものとして処理する。

それ以外のオペレーティング・リース取引の場合は，賃借人はリース料の額のうち支払期日到来分について，その期日の属する事業年度の損金の額に算入する。賃貸人は，リース料を益金の額に算入し，物件を減価償却する。

<**図表6－25**> リース取引の種類と税務上の扱い

			税法条文	税務上の処理（借手側）
会計で定義するリース取引	税法で定義するリース取引（法64の2③）	金融取引 売買でも，実質的には金銭の貸借	金融処理（法64の2②)に準ずる	売買はないが，金銭の貸借はあったと考え，譲渡資産の取得価額や帳簿価額により，減価償却限度を計算
		売買取引	所有権移転ファイナンス・リース(注1)	売買処理（法64の2③)	売買と考え，リース料合計額を取得価額とみなし，減価償却限度を計算する。企業が選定している償却方法によること（平成20年4月1日以後契約)
			所有権移転外ファイナンス・リース(注2)	売買処理（令48の2⑤五）	売買と考え，支払リース料合計額のうち取得価額分はリース期間定額法で償却限度を計算，支払利息分は利息法又は定額法で計算（平成20年4月1日以後契約)
	オペレーティング・リース（税法上でのリース取引以外）		賃貸借処理に準ずる	リース料のうち，支払期日到来分のみ，事業年度の損金

(注1) 税法上の**所有権移転ファイナンス・リース**とは，リース資産の所有権が，賃借人側にあるのと同じで，賃借人はリース会社に返還を要しないものである。

(注2) **所有権移転外ファイナンス・リース**とは，リース資産の所有権は賃借人側になく，リース会社に返還を要するものである。詳しくは本章 **5** 。

2 税法上のリース取引の定義

まず，**税法上リース取引**とは，資産の賃貸借で，次の要件を満たすものをいう（法64の2③）。これは，賃貸人が賃借人の必要とする設備投資のための資金

490

を融資するのに代わって，設備を貸付けるファイナンス・リース取引である。

　法人が次の**要件を満たす**ファイナンス・リースに該当するリース取引をした場合は，後述する金融取引とみなされるものを除いて，賃貸人から賃借人へリース資産の売買があったものとみなされる。

①　当該賃貸借に係る契約が，賃貸借期間の中途においてその**解除すること**ができないもの又はこれに**準ずるものであること**（ノンキャンセラブル）。

②　当該賃貸借に係る**賃借人**が当該賃貸借に係る資産からもたらされる**経済的利益を実質的に享受**することができ，かつ，当該資産の使用に伴って生ずる費用を**実質的に負担**すべきこととされるものであること（フルペイアウト）。

　上記①②のような要件が充たされたファイナンス・リースは，実質的所有者は賃借人であるといえる。したがって，賃貸人から賃借人に**売買**があったものとみなされるのである。

　法人税法64条の２第３項１号《リース取引の定義》に規定する**解除をすること**ができないものであること又は「これに準ずるもの」とは，例えば，次に掲げるものをいう。

⑴　資産の賃貸借に係る契約に解約禁止条項がない場合であって，**賃借人が契約違反**をした場合又は**解約**をする場合において，賃借人が，当該賃貸借に係る賃貸借期間のうちの未経過期間に対応するリース料の額の合計額のおおむね全部（原則として100分の90以上）を支払うこととされているもの

⑵　資産の賃貸借に係る契約において，当該賃貸借期間中に**解約**をする場合の条項として，次のような条件が付されているもの。

イ　賃貸借資産（当該賃貸借の目的となる資産をいう。）を更新するための解約で，その解約に伴いより性能の高い機種又はおおむね同一の機種を**同一の賃貸人**から賃貸を受ける場合は，解約金の支払を要しないこと。

ロ　イ以外の場合には，未経過期間に対するリース料の額の合計額（賃貸借資産を処分することができたときは，その処分価額の全部又は一部を控除した額）を解約金とすること（基通12の５―１―１）。

第6章　資産と償却費　491

⑴　所有権移転リース取引と所有権移転外リース取引の定義

　改正により税法上**所有権移転外リース取引**とは，上記の法人税法64条の2第3項の税法上のリース取引のうち売買取引をされるもののなかで，次のいずれかに該当するもの（これらに準ずるものを含む）以外のものをいうこととされた（令48の2⑤五）。つまり，以下の(イ)(ロ)(ハ)(ニ)のいずれかに該当すれば**所有権移転リース取引**となる。(イ)(ロ)(ハ)(ニ)のいずれにも該当しなければ，**所有権移転外リース取引**となる。

　(イ)　リース期間終了の時又はリース期間の中途において，そのリース取引に係る契約において定められているそのリース取引の目的とされている資産（以下「目的資産」という）が無償又は名目的な対価の額でそのリース取引に係る賃借人に譲渡されるものであること（**無償等での所有権譲渡付リース**）。

　(ロ)　そのリース取引に係る賃借人に対し，リース期間終了の時又はリース期間の中途において目的資産を著しく有利な価額で買い取る権利が与えられているものであること（**割安購入権付リース**）。

　(ハ)　目的資産の種類，用途，設置の状況等に照らし，その目的資産がその使用可能期間中そのリース取引に係る賃借人によってのみ使用されると見込まれるものであること（**借手のみ専用利用**）又はその目的資産の識別が困難であると認められるものであること（**リース資産識別困難**）。

　(ニ)　リース期間が目的資産の耐用年数に比して相当短いもの（そのリース取引に係る賃借人の法人税の負担を著しく軽減することになると認められるものに限る）であること（**リース期間が短い**）。

　(ニ)でいうリース期間が耐用年数に比して相当短いとは，リース期間がリース資産の耐用年数の100分の70（耐用年数が10年以上のリース資産の場合には100分の60）に相当する年数（1年未満は切捨て）を下回る期間であるものをいう（基通7─6の2─7）。

　ここでいう上記②（490頁）の（フルペイアウト）の「資産の使用に伴って生ずる費用を**実質的**に**負担**すべきこととされるものであること」とは，資産の賃貸借につき，その解約不能の賃貸借期間（ノンキャンセラブルに限る）において賃

492

借人が支払う賃借料の金額の合計額がその資産の取得のために通常要する価額のおおむね100分の90に相当する金額を超える場合が該当すると法令上明確化された（令131の2②）。

　法人税法施行令131条の2第2項に規定する「おおむね100分の90」の判定にあたっては，次のとおり取り扱うことに留意する。

(1)　資産の賃貸借に係る契約等において，賃借人が賃貸借資産を購入する権利を有し，当該権利の行使が確実であると認められる場合には，当該権利の行使により購入するときの購入価額をリース料の額に加算する。この場合，その契約書等に当該購入価額についての定めがないときは，残価に相当する金額を購入価額とする。

(注)　残価とは，賃貸人におけるリース料の額の算定にあたって賃貸借資産の取得価額及びその取引に係る付随費用（賃貸借資産の取得に要する資金の利子，固定資産税，保険料等その取引に関連して賃貸人が支出する費用をいう）の額の合計額からリース料として回収することとしている金額の合計額を控除した残額をいう（以下この章において同じ）。

(2)　資産の賃貸借に係る契約等において，中途解約に伴い賃貸借資産を賃貸人が処分し，未経過期間に対応するリース料の額からその処分価額の全部又は一部を控除した額を賃借人が支払うこととしている場合には，当該全部又は一部に相当する金額を賃借人が支払うこととなる金額に加算する。基通12の5－1－1に定める「おおむね全部」の判定にあたっても，同様とする（基12の5－1－2）。

　なお，土地の賃貸借の場合については，法人税法施行令138条（借地権の設定等により地価が著しく低下する場合の土地等の帳簿価額の一部の損金算入）の規定の適用のあるもの及び次に掲げる要件（これらに準ずるものを含む）のいずれにも該当しないもの（所有権の移転しない土地の賃貸借等）は，リース取引から除外される（令131の2①）。

①　その土地の賃貸借に係る契約において定められている賃貸借期間の終了の時又はその賃貸借期間の中途において，その土地が無償又は名目的な対

価の額でその賃貸借に係る賃借人に譲渡されるものであること（**所有権譲渡**）。

② その土地の賃貸借に係る賃借人に対し，賃貸借期間の終了の時又は賃貸借期間の中途においてその土地を著しく有利な価額で買い取る権利が与えられているものであること（**割安購入権**）。

法人税法施行令131条の２第１項《リース取引の範囲》に規定する「**これらに準ずるもの**」に該当する**土地の賃貸借**とは，例えば，次に掲げるものをいう。

(1) 賃貸借期間の終了後，無償と変わらない名目的な賃料によって更新することが賃貸借契約において定められている賃貸借（契約書上そのことが明示されていない賃貸借であって，事実上，当事者間においてそのことが予定されていると認められるものを含む）。

(2) 賃貸人に対してその賃貸借に係る土地の取得資金の全部又は一部を貸し付けている金融機関等が，賃借人から資金を受け入れ，当該資金をして当該賃借人の賃借料等の債務のうち当該賃貸人の借入金の元利に対応する部分の引受けをする構造になっている賃貸借（基通12の５−１−３）。

3 **リース取引のうち，売買取引とする所得権移転ファイナンス・リース取引と所有権移転外ファイナンス・リース取引**（法64の２①）

平成19年度の税制改正により，法人が**所有権移転ファイナンス・リース取引**をした場合には，賃貸人側はそのリース資産を賃借人へ引き渡した時にそのリース資産の**売買**があったものとみなされる（法64の２①）。よって，そのリース資産は賃借人が買ったものとみなされ，リース料合計額と事業供用費用の合計額を取得価額とみなして減価償却額が計算される。その賃貸人又は賃借人である法人の各事業年度の所得の金額を計算する所有権の有無を問わず対象となっている（令136の３①）。

税制改正では，平成20年４月１日以後契約の**所有権移転外ファイナンス・リース取引**も，売買取引とされることになった。これは「リース取引会計基準」の改正で，所有権移転外リース取引が，賃貸借取引に準じた会計処理から，売

買取引に準じた会計処理に改正されたことに伴うものである。賃借人は資産を取得したのと同じであり，賃借人が賃貸人に支払うリース料は購入代金の分割支払分に該当し，リース料総額は取得価額となる。

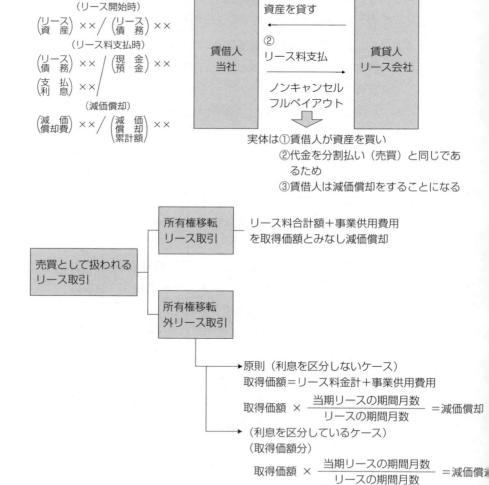

4 所有権移転ファイナンス・リース取引の税務処理

平成20年4月1日以後に契約された売買取引とされたリース資産のうち**所有権移転リース取引**（ 7 に定義されている）は，リース料総額を取得価額とみなし，減価償却方法は企業が選定している償却方法（**定額法，定率法等**）である。事業供用費用は取得価額に含めるとともに，償却費として損金経理した金額となる。また，賃借人が賃借料（リース料）として損金経理した金額は償却費として取り扱う（令131の2）。

《計算Point》所有権移転リース取引で売買取引として扱う場合

《計算Pattern》所有権移転リース取引で売買取引として扱う場合（賃借人）
〈平成19年3月31日以前に取得のケース〉

（定率法）
(1) **償却限度額**

（リース期間中のリース料合計額＋事業供用費用）×償却率

(2) **償却超過額**

〈企業が売買処理したケース〉

（会社計上償却費＋事業供用費用）－償却限度額 (1)

〈企業が賃貸借処理したケース〉

（損金処理した支払リース料＋事業供用費用）－(1)
　　　　　↓　　　　　　　　　　↓
　　　　償却費として損金経理した金額

〈平成19年4月1日以後に取得のケース〉

（定率法）

(1) **判　定**

　　① **償却額**

　　　　（リース期間中のリース料合計額＋事業供用費用)×償却率

　　② **保証額**

　　　　（リース期間中のリース料合計額＋事業供用費用)×保証率

　　③　①≧②のとき　∴通常の減価償却

(2) **償却限度額**

　　　（リース期間中のリース料合計額＋事業供用費用)×償却率

(3) **償却超過額**

　　〈企業が賃貸借処理したケース〉

　　（損金経理した支払リース料＋事業供用費用)−(2)

　　〈企業が売買処理したケース〉

　　（会社計上償却費＋事業供用費用)−(2)

〈平成19年3月31日以前に取得のケース〉

（定額法）

(1) **償却限度額**

　　　（リース期間中のリース料合計額＋事業供用費用)×0.9×償却率

(2) **償却超過額**

　　〈企業が売買処理したケース〉

　　（会社計上償却費＋事業供用費用)−償却限度額$^{(1)}$

　　〈企業が賃貸借したケース〉

　　（損金経理した支払リース料＋事業供用費用)−償却限度額$^{(1)}$

　　　　　　　　↓　　　　　　↓

　　　　償却費として損金経理した金額

〈平成19年4月1日以後取得のケース〉

（定額法）

(1) **償却限度額**

（リース期間中のリース料合計額＋事業供用費用）×償却率

(2) **償却超過額**

〈企業が売買処理したケース〉

（会社計上償却費＋事業供用費用）－(1)

〈企業が賃貸借したケース〉

（損金経理したリース料＋事業供用費用）－(1)

《別表四の記載》

区　　　　分	金　額	留　保
加算　減価償却超過額	×××	××

5　所有権移転外ファイナンス・リース取引の税務処理（令48の2⑤五）

　平成19年度の税制改正で**所有権移転外ファイナンス・リース取引**は，原則として売買取引とみなされることとなり，平成20年4月1日以後に締結するリース契約から所有権移転外ファイナンス・リースに関する税法上の取扱いが以下のように改正された。

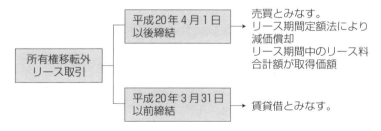

(1) **賃借人（レッシー renter）の収益及び費用の計上方法**

　所有権移転外リース取引は賃借人は，契約時に**売買**があったものと取り扱

498

う。そのため以下のように減価償却をする。リース期間中のリース料合計額を**取得価額**とし，この取得価額には事業供用費用も含む。リース料の処理は，減価償却適用部分と支払利息分に分け，**リース資産の減価償却分はリース期間定額法**（リース期間を償却期間とする定額法）により減価償却の計算をする。リース期間定額法による償却限度額は結果的に，1か月当たりのリース料に，その事業年度中に支払う月数を乗じたものとなり，その事業年度に支払う金額となる。残存価額は0とする。**支払利息分は利息法又は定額法**で計算する。

　賃借人が賃貸借処理をしリース料を賃借料として損金経理をした場合は，償却費として損金経理した金額と取り扱う。会社が売買処理した場合は，賃借人の償却費を償却費として損金経理した金額と取り扱う。

〈平成20年4月1日以後に締結する所有権移転外ファイナンス・リース〉

（賃借人側）
契約時に購入したものとする

原則　（残価保証額がない場合）

支払リース料　→取得価額＝リース料合計＋事業供用費用

（リース期間定額法で減価償却）→取得価額 × $\dfrac{\text{当期のリース期間月数}}{\text{リース期間月数}}$

利息を区分していない場合

（残価保証額がある場合）

$$\left(\text{リース資産の取得価額} - \text{残価保証額}\right) \times \dfrac{\text{その事業年度におけるリース資産のリース期間の月数}}{\text{リース資産の契約リース期間の月数}}$$

リース料合計 − 支払利息分
↑

支払リース料

取得価額分　（残存価額0）→取得価額＝購入価格＋事業供用費用

（リース期間定額法で減価償却）──→取得価額 × $\dfrac{\text{当期のリース期間月数}}{\text{リース期間月数}}$

支払利息分　→当期対応分で損金に算入

利息を区分している場合

（利息法又はリース期間にわたり定額法）

(2) **所有権移転外ファイナンスリース取引のリース資産を売買したとされる貸付側（レッサー lessor）の税務処理**

一方，賃貸人は，リース利益額（リース料総額から原価を差し引いた金額）の20%相当額を受取利息とみなし，利息法で収益の額に計上する。また，**元本相当額**（リース対価の額から受取利息相当額を控除した金額）を，リース期間にわたり均等割で収益計上するとともに，リース原価の額をリース期間にわたり費用に計上できる。

売買があったとみなされるリース資産の譲渡は，長期割賦販売等に含まれることとなった（法63⑥）。そして上記のような方法で，収益の額，費用の額を計上する方法が延払基準の方法として追加された（令124①二）。

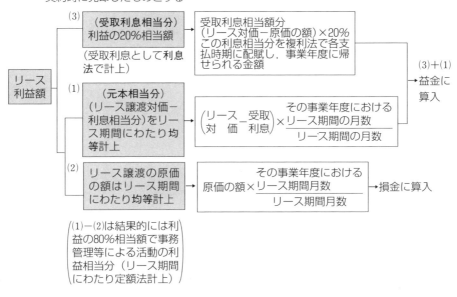

(3) **賃借人の減価償却方法（リース期間定額法）**

平成20年4月1日以後締結する所有権移転外リース取引の契約により，賃借人である法人が取得したとされるリース資産は，以下のリース期間定額法によ

り償却限度額を計算する（令48の2①六）。

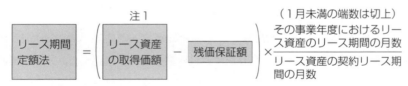

(注) 1　リース資産の取得価額は，残価保証額がない場合，リース料総額となる。しかし，その一部を利息相当額として区分した場合には，その区分した利息相当額を控除した金額となる（令48の2⑤六）。
　　 2　残価保証額とは，リース期間終了の時に，リース資産の処分価額が所有権移転外リース取引に係る契約において定められている保証額に満たない場合に，その満たない部分の金額を当該取引に係る賃借人が，賃貸人に支払うこととされている場合の，その保証額をいう。取得価額から，保証額は控除される。
　　 3　賃借人が賃借料として損金経理したとしても，その金額は償却費として損金経理をした金額に含まれるものとする（令131の2③）。

《計算Pattern》所有権移転外リース取引（賃借人）リース期間定額法

(1) 償却限度額

（リース期間中のリース料合計額＋事業供用費用）× (その事業年度におけるリース期間の月数) / (リース期間の月数)

(2) 償却超過額

〈企業が賃貸借処理したケース〉

（損金経理した支払リース料＋事業供用費用）−償却限度額(1)
　　　　↓
償却費として損金経理した金額

〈企業が売買処理したケース〉

（会社計上償却費＋事業供用費用）−償却限度額(1)

〈参考〉

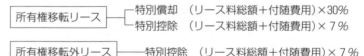

第6章　資産と償却費　501

6 リース取引のうち，金融取引とするもの（セール・アンド・リースバック取引）の税務処理 (法64の2②)

譲受人から譲渡人に対する賃貸（ファイナンス・リース取引に該当するものに限る）を条件に資産の売買取引を行った場合において，当該資産の種類，当該売買及び賃貸に至るまでの事情その他の状況に照らし，これら一連の取引が実質的に**金銭の貸借**であると認められるときには，当該資産の売買はなかったものとし，かつ，当該譲受人から当該譲渡人に対する**金銭の貸付け**があったものとして，その内国法人の所得の金額を計算する。

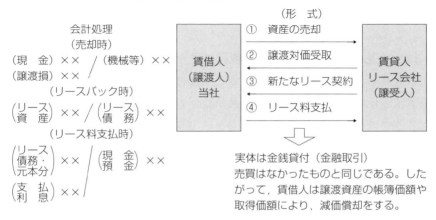

法64条の2第2項《**金銭の貸借とされるリース取引**》に規定する「**一連の取引**」が同項に規定する「**実質的に金銭の貸借であると認められるとき**」に該当するかどうかは，取引当事者の意図，その資産の内容等から，その資産を担保とする金融取引を行うことを目的とするものであるかどうかにより判定する。したがって，例えば，次に掲げるようなものは，金銭の貸借とされるリース取引には該当しないものとする。

(1) 譲渡人が資産を購入し，当該資産をリース契約（法64条の2第3項《リース取引に係る所得の金額の計算》に規定するリース取引に係る契約をいう。以下，基12の5－2－2において同じ）により賃借するために譲受人に譲渡する場合において，譲渡人が譲受人に代わり資産を購入することに次に掲げるよう

502

な相当な理由があり，かつ，当該資産につき，立替金，仮払金等の仮勘定で経理し，譲渡人の購入価額により譲受人に譲渡するもの

イ　多種類の資産を導入する必要があるため，譲渡人において当該資産を購入した方が事務の効率化が図られること

ロ　輸入機器のように通関事務等に専門的知識が必要とされること

ハ　既往の取引状況に照らし，譲渡人が資産を購入した方が安く購入できること

(2)　法人が事業の用に供している資産について，当該資産の管理事務の省力化等のために行われるもの（基12の5－2－1）

7　金融取引とされる場合の税務処理

①売買でなく金融取引とされるので，**資産の譲渡はなかったものとみなし**，譲渡人（賃借人）が計上した**譲渡損益**は益金又は損金に算入しない。したがって，資産譲渡益益金不算入（減算・留保），資産譲渡損の損金不算入（加算・留保）とされる。②譲渡対価は借入金として処理する。③リース料は元本返済分と利息相当分に区分し，元本相当分が，償却費として損金処理した金額として扱う。④利息相当分は各事業年度の損金として処理される。また，資産の譲渡がなかったものとされるため，賃借人は，減価償却限度額の計算を**定率法の場合には譲渡資産の帳簿価額に定率法の償却率を乗じて計算し，定額法の場合に**は譲渡資産の取得価額に定額法の償却率を乗じて計算する。

《計算Point》金融取引として扱う場合

売買でなく金融取引とみなす。譲渡はなかったものとみなす。

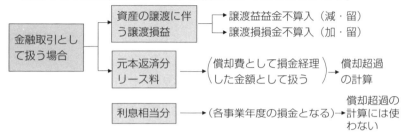

《計算Pattern》金融取引として扱う場合

(1) **償却限度額**

（新定額法・旧定額法） 譲渡資産の取得価額×償却率（新定額法）

（旧定額法のときは取得価額×0.9×償却率）

（新定率法・旧定率法） 譲渡資産の帳簿価額×償却率

(2) **償却超過額**

（償却費として損金経理扱い）
↑
|リース料のうち元本返済分|－償却限度額
                    (1)

《別表四の記載》

区 分		金 額	留 保
加算	減価償却超過額	×××	××
	譲渡損損金不算入	×××	××
減算	譲渡益益金不算入	×××	××

《計算例題１》 所有権移転リース取引（売買取引のケース）（平成19年３月31日前に契約）

次の資料により，福大株式会社の当期（自平成31年４月１日　至令和２年３月31日）において税務調整すべき金額を計算しなさい。

(1) リース契約締結日は平成18年12月10日（平成24年３月31日以前取得適用），リース物件は工場（耐用年数25年，旧定額法償却率0.040)である。
(2) リース期間20年，基本リース料月額60,000円，引取運賃等の付随費用200,000円である。
(3) リース物件はリース期間経過後に無償で福大株式会社が譲渡を受けるものであり，売買取引として取り扱う。平成19年３月31日以前取得で，選定している償却方法は旧定額法である。
(4) リース料は960,000円を損金経理している。
(5) 当期は１年間事業用に供している。

《解答欄》

1　償却限度額

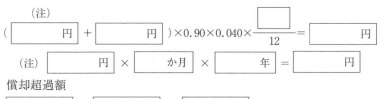

2　償却超過額

　　　□円 － □円 ＝ □円

《解　答》

1　償却限度額

2 償却超過額

  960,000円 － 525,600円 ＝ 434,400円

《計算例題2》 所有権移転リース取引（売買取引のケース）（平成19年4月1日以後に契約）

次の資料により，福大株式会社の当期（自平成31年4月1日 至令和2年3月31日）において税務調整すべき金額を計算しなさい。

(1) リース契約締結日は令和元年10月1日，リース物件は機械（耐用年数5年），新定額法償却率（0.200）である。
(2) リース期間4年，基本リース料月割50,000円である。
(3) リース物件は所有権移転ファイナンス・リース取引で売買取引として取り扱う。企業が選定している償却方法は新定額法である。
(4) リース料500,000円が損金経理されている。
(5) 当期10月1日より事業の用に供している。

《解答欄》

1 償却限度額

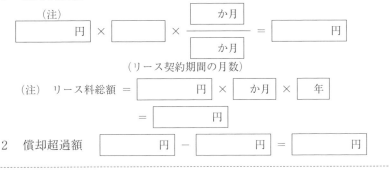

2 償却超過額 □円 － □円 ＝ □円

506

《解　答》

1　償却限度額　（当該事業年度のリース契約期間）

$$\boxed{\text{(注)}\ 2,400,000円} \times \boxed{0.200} \times \frac{\boxed{6\,か月}}{\boxed{12か月}} = \boxed{240,000円}$$

（注）　リース料総額 ＝ $\boxed{50,000円} \times \boxed{12か月} \times \boxed{4\,年}$

　　　　　　　　　　＝ $\boxed{2,400,000円}$

2　償却超過額　$\boxed{500,000円} - \boxed{240,000円} = \boxed{260,000円}$

減価償却超過額
（加・留）

《計算例題3》　所有権移転リース取引（売買取引のケース）（平成19年4月1
　　　　　　　　日以後に契約）

　以下の資料により，福大株式会社の当期（平成31年4月1日　至令和2年
3月31日）において税務調整すべき金額を計算しなさい。

(1)　リース契約締結日は令和元年12月20日であり，リース物件は備品であ
　り，法定耐用年数は6年，定率法による償却率0.333，保証率は0.09911
　である。

(2)　基本リース期間は5年であり，基本リース料は月額30,000円である。
　引取運賃等は200,000円である。福大株式会社は売買処理をしている。
　当期の減価償却費400,000円，引取運賃等200,000円は損金経理してい
　る。

(3)　リース物件は契約と同様に令和元年12月20日から事業の用に供してい
　る。リース期間終了後に無償で賃借人である福大株式会社が譲渡を受け
　ることになっているため，所有権移転リース取引に該当する。

《解答欄》　平成19年4月1日以後取得のケース

(1)　判定（定率法）

第6章 資産と償却費 507

① 償却額

　　　　（注）
（　　　円　＋　　　円　）×　　　　＝　　　円

（注）　　円　×　か月　×　年　＝　　　円

② 保証額

（　　　円　＋　　　円　）×　　　　＝　　　円

③ ①≧②のとき　∴通常の減価償却

(2) 償却限度額

（　　　円　＋　　　円　）×　　　×　□／□

＝　　　円

(3) 償却超過額　会社が売買処理したケース

　　　　　　　　　　　　　　　　　　　(2)
（　　　円　＋　　　円　）－　　　円　＝　　　円

《解　答》　平成19年4月1日以後取得のケース

(1) 判定（定率法）

① 償却額

　　　　（注）
（ 1,800,000円 ＋ 200,000円 ）× 0.333 ＝ 666,000円

（注）　30,000円 × 12か月 × 5年 ＝ 1,800,000円

② 保証額

（ 1,800,000円 ＋ 200,000円 ）× 0.09911 ＝ 198,220円

③ ①≧②のとき　∴通常の減価償却

(2) 償却限度額

（ 1,800,000円 ＋ 200,000円 ）× 0.333 × 4／12

508

$=$ ┃ 222,000円 ┃

(3) 償却超過額　会社が売買処理したケース

(2)

(┃ 400,000円 ┃ $+$ ┃ 200,000円 ┃) $-$ ┃ 222,000円 ┃ $=$ ┃ 378,000円 ┃

減価償却超過額
（加算・留保）

《計算例題4》　リース取引（所有権移転外ファイナンス・リース取引）

　次の資料により慶応株式会社の当期（平成31年4月1日　至令和2年3月31日）において税務調整すべき金額を計算しなさい。

(1)　リース契約締結日は平成31年4月1日で，4月から事業の用に供している。リース物件は機械（耐用年数8年），借手の減価償却方法はリース期間定額法，残価保証額は0千円

(2)　リース期間5年，基本リース料月額2,000千円，支払は毎月末とする。リース料総額は120,000千円で引取運賃は20,000千円である。

(3)　リース取引はファイナンス・リース取引であるが，当取引には所有権移転条項，割安購入選択権，リース物件も特別仕様ではないため，所有権移転外ファイナンス・リース取引として計算しなさい。

(4)　慶応株式会社は賃貸借処理をし，支払リース料12,000千円を損金経理している。引取運賃20,000千円も損金経理している。

《解答欄》

(1)　償却限度額

（注）

(┃ 千円 ┃ $+$ ┃ 千円 ┃) $\times \dfrac{\boxed{}\text{か月}}{\boxed{}\text{か月} \times \boxed{}\text{年}}$

$=$ ┃ 千円 ┃

（注）┃ 千円 ┃ $\times$ ┃ か月 ┃ $\times$ ┃ 年 ┃ $=$ ┃ 千円 ┃

(2) 償却超過額

(□ 千円 + □ 千円) − □ 千円 (1)

= □ 千円

《解　答》

(1) 償却限度額

(120,000千円 (注) + 20,000千円) × 12か月 / (12か月 × 5年) （リース期間）

= 28,000千円

（注）　2,000千円 × 12か月 × 5年 = 120,000千円

(2) 償却超過額

(12,000千円 + 20,000千円) − 28,000千円 (1)

= 4,000千円
　減価償却超過額
　（加算・留保）

《計算例題5》　リース取引（金融取引・セール・アンド・リースバックのケース）

　次の資料により，福大株式会社の当期（自平成31年4月1日　至令和2年3月31日）において税務調整すべき金額を計算しなさい。

　福大株式会社は期首平成31年4月1日に機械装置をリース会社に譲渡した。そして，この機械装置についてリース契約を締結した。いわゆるセール・アンド・リースバック取引である。

(1) 機械装置の譲渡直前の帳簿価額は10,000,000円であった。譲渡対価は8,000,000円であり，差額の2,000,000円は譲渡損として費用に処理した。

(2) リース物件である機械装置のもともとの取得価額（譲渡資産の取得価

510

額）は20,000,000円であり，耐用年数 5 年（定額法償却率0.200）である。

(3) このリース取引は実質的に金融取引と認められる。

(4) 福大株式会社は当期リース料として4,500,000円（元本返済分4,250,000円，利息相当分250,000円）を費用計上している。

《解答欄》

(1) 償却限度額

$$\boxed{円} \times 0.200 = \boxed{円}$$

(2) 償却超過額

$$\underset{\text{（元本分）}}{\boxed{円}} - \overset{(1)}{\boxed{円}} = \underset{\text{減価償却超過額（加・留）}}{\boxed{円}}$$

機械装置譲渡損損金不算入額（加・留） $\boxed{円}$

《解 答》

現 金	8,000,000	/	機械	10,000,000
譲渡損	2,000,000			
リース料	4,500,000	/	現金	4,500,000

$$\begin{pmatrix} \text{元本返済分} & 4,250,000 \\ \text{支払利息分} & 250,000 \end{pmatrix}$$

(1) 償却限度額

$$\boxed{20,000,000円} \times 0.200 = \boxed{4,000,000円}$$

(2) 償却超過額

$$\underset{\text{元本分}}{\boxed{4,250,000円}} - \overset{(1)}{\boxed{4,000,000円}} = \underset{\text{減価償却超過額（加・留）}}{\boxed{250,000円}}$$

機械装置譲渡損損金不算入額（加・留） $\boxed{2,000,000円}$

第6章　資産と償却費　511

第13節　資産の評価損

【Point 26】

---

(1)　資産の評価損については，取得原価主義の立場により，原則として認められていない。特別な場合のみ資産の評価換えが認められている。

(2)　ただし，資産の種類に応じて，特定の事実が生じた場合には，評価損の計上が認められている。

1　制度の趣旨と資産の評価損の損金不算入

　税法においては，取得原価主義がとられ，原則として，評価損の損金算入が認められていない。

　したがって，資産の評価損（valuation loss）は，原則として，所得の金額の計算上損金の額に算入されない（法33①）。

　評価損が否認された場合には，その後の所得金額の計算上，その資産の帳簿価額の減額がされなかったものとみなされる（法33③）。

　企業再生関係税制の拡充のため，評価損の対象として，債権も追加されることとなった。

2　評価損が認められる場合

⑴　金　銭　債　権

　預金，貯金，貸付金，売掛金その他の債権については，原則として評価損の計上は認められない（法33②）。特に預貯金は評価の必要はない。貸付金，売掛金等は，貸倒損失の見込を貸倒引当金として設定し繰り入れる（法52）。しかし，民事再生法による再生計画認可の決定により，資産の評定があったときは，**金銭債権**につき評価損を計上できる（法33④，令68の2③）。

512

次に掲げる資産につき，次のような特別な事実が生じたことにより，資産の時価がその帳簿価額を下回ることとなった場合には，損金経理により時価まで評価損を計上することが認められる（令68の2）。

〈物損等による場合〉

災害による著しい損傷で，資産価額が帳簿価額を下回る等の事実が生じたときは，損金経理により帳簿価額を減額した金額のうち，評価換え直前の帳簿価額と，事業年度終了の時の価額に達するまでの金額は，その事業年度の損金の額に算入する。

(2)　**棚 卸 資 産**

① 　災害により著しく損傷したこと

② 　著しく陳腐化したこと

③ 　①から②までに準ずる特別の事実が生じたこと

②の「著しく陳腐化したこと」とは，棚卸資産そのものには物質的な欠陥がないが経済的な環境の変化に伴ってその価値が著しく減少し，その価額が今後回復しないと認められる状態にあることをいう。例えば，季節商品で売残りや画期的な新製品の発売による旧製品の陳腐化により，通常の価額では販売することができないことが既往の実績その他の事情からみて明らかなものをいう（基9—1—4）。

③の「①から②までに準ずる特別の事実」とは，破損，型くずれ，たなざらし，品質変化等により通常の方法によって販売することができないようになったこと，及び民事再生法の規定による再生手続の開始決定があったことにより，棚卸資産につき評価換えをする必要が生じたことをいう（基9—1—5）。

ただし，物価変動，過剰生産，建値の変更等によって単に時価が低下しただけでは，棚卸資産の評価損の計上ができることにはならない（基9—1—6）。

建値とは，清算取引で標準となる値段，為替相場で銀行が標準として公表する値段，製造者が設定する各流通段階の製品の価格をいう。

(3)　**有 価 証 券**

① 　上場有価証券等については，価額が著しく低下したこと。期末時価が期

末帳簿価額のおおむね50%相当額を下回ることとなり，かつ，近い将来その時価の回復が見込まれないことをいう（基9―1―7）。なお，上場有価証券等とは，取引所売買有価証券，店頭売買有価証券等である。法人の特殊関係性等がその法人の発行済株式等の20％以上の株式等（企業支配株式等）を有する損金。その企業支配株式等は除く。

② **①以外の有価証券**（企業支配株式等で公表価格のあるもの及びそれ以外の有価証券で公表価格のないものをさす）については，その有価証券の発行法人の資産状態が著しく悪化したため，その価額（時価）が著しく低下したこと（基9―1―9，9―1―11）

「発行法人の資産状態が著しく悪化」とは，期末における発行法人の1株又は1口当たりの純資産価額が，その有価証券の取得時の発行法人の1株又は1口当たりの純資産価額のおおむね50％相当額を下回ることとなったこと等をいう（基9―1―9）。

「時価が著しく低下した」とは，期末時価が帳簿価額の50％を下回り，しかも近い将来，その時価が回復しないと見込まれるかどうかにより判定する（基9―1―11）。

③ ②に準ずる特別の事実

(4) **固 定 資 産**

① **災害により著しく損傷したこと**

② **1年以上にわたり遊休状態にあること**

③ 本来の用途に使用することができないため，**他の用途に使用されたこと**

④ **所在する場所の状況が著しく変化したこと**

⑤ ①から④までに準ずる特別の事実

「①から④までに準ずる特別の事実」とは，やむを得ない事情により，取得の日から1年以上事業の用に供されないこと，及び民事再生法の規定による再生手続開始決定の評価換えをいう。

(5) **繰 延 資 産**

他の者が有する固定資産を利用するための繰延資産（令14①九イ・ロ）。

514

① その繰延資産となる費用支出の対象となった固定資産につき，前記(4)の
　①から④までの事実が生じたこと

② ①に準ずる特別の事実

《会社更生法等及び民事再生法等による場合》

(1) **会社更生法等による更生計画認可**

法人が有する資産につき会社更生法又は金融機関等の更生手続の特例等に関
する法律による更生計画認可の決定があったことにより，評価換えをする必要
が生じ，評価損を計上した場合は，損金の額に算入される（法33③）。

この更生計画認可の決定は，評価損が計上できる資産に対して適用できる。

(2) **民事再生法等による再生計画認可等**

① 法人について，民事再生法の規定による再生計画認可の決定，資産の評
　定があったときは，その資産の評価損は，損金の額に算入される（法33③，
　令68の2）。

② 法人について，再生計画認可の決定に準ずるものとして，債権者による
　公正かつ適正な手続きにより計画的に債務者の債務処理を行うもののうち
　一定の要件に該当し資産の評定があったときは，その資産の評価損は，損
　金の額に算入される（法33④，令68の2③）。

3 期 末 時 価

損金として認められる評価損の額は，その資産の評価換え直前の帳簿価額と
評価換えをした事業年度末の時価との差額に達するまでの金額である（法33
②）。

評価損益の基準となる期末時価は，その資産が使用収益されるものとして期
末に譲渡される場合に通常付せられるべき価額による（基9—1—3）。つまり，
通常の譲渡価額である。

従来，**棚卸評価方法の低価法**の基準となる時価は，棚卸資産の取得のために
通常要する価額（再調達価額）であった。しかし，棚卸資産の時価は，その事業
年度終了の時における価額（**正味売却価額**）に変更された。また，評価換えの基

準となる時価は，例えば，災害により著しく損傷した資産が，その損傷後の状態のままで使用収益される場合の通常の譲渡価額である。また，上場有価証券の時価は，期末日又は期末真近における証券取引所の公表最終価額である。

(1) **株式の時価**

　上場株式等の時価は，公表された市場価格によればよいからそれほど問題はない。問題は，上場株式等以外の株式の時価であり，その時価は以下による（基9—1—13）。

　(i)　売買実例のある株式………その事業年度末前6月間において売買が行われた株式の売買価額のうち適正と認められる価額

　(ii)　公開途上にある株式で，その上場に際して公募又は売出しが行われるもの………証券取引所の内規によって行われる入札により決定される入札後の公募等の価格を参酌して通常取引されると認められる価額

　(iii)　売買実例のない株式でその株式を発行する法人と事業の種類，規模，収益の状況等が類似する他の法人の株式の価額があるもの………その価額に比準して推定した価額

　(iv)　(i)から(iii)まで以外の株式………その事業年度末又は直近の事業年度末におけるその株式の発行法人の1株当たりの純資産価額等を参酌して通常取引されると認められる価額

　　　ただし，上記(iii)，(iv)の価額の算定は困難であることが多いので，相続税財産評価基本通達の例により算定した価額を時価としてよい（基9—1—14）。

(2) **減価償却資産の時価**

　減価償却資産の時価は，その資産の個別の事情に応じて合理的に算定するのが原則。しかし，その算定は事実上困難であることが多い。そこで，その減価償却資産の再取得価額を基礎として取得時からその事業年度末まで旧定率法（又は定率法）により償却したものとした場合の未償却残額を時価としてよい（基9—1—19）。

《計算Point》

〈図表6－26〉評価損の取扱い

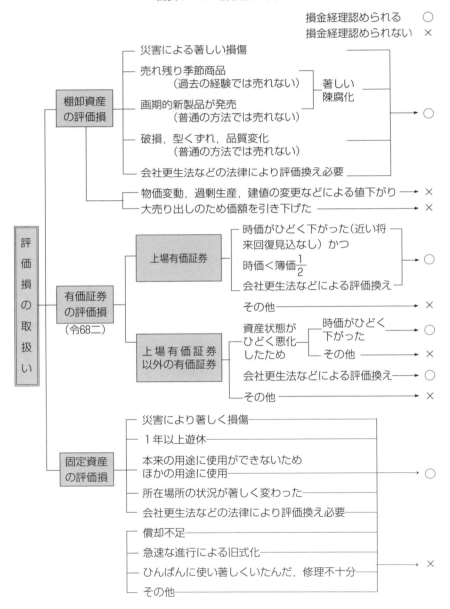

第6章 資産と償却費 517

　平成12年4月1日以後に開始する事業年度から，有価証券のうち売買目的有価証券については，資産の評価益，資産の評価損の規定にかかわらず，時価法により評価ができ，有価証券評価損，評価益が計算されることとなった。

　ただし，上記の図の法人税法施行令68条2号の有価証券評価損の損金算入は，上の種類ごとに評価損が認められ，売買目的と非売買目的の区分にかかわらず適用される（令68二）。

4 減 損 損 失

　会社計算上所有する資産の収益性が低下し，投資額の回収が困難となった時に，帳簿価額を減額し減損損失を計上する会計を減損会計という。しかし，税法においては，原則として減損損失額は損金に算入しない。

《計算Pattern》資産の評価損

〈物損等の場合〉

(1) 判定（評価損計上の判定）

　　評価損の計上が認められる特別の事実に該当するか。

(2) 損金算入限度額

　　　評価換え直前の簿価－期末時価

(3) 損金不算入

　　　会社計上評価損－(2)＝評価損損金不算入額
　　　　　　　　　　　　　　　　（加・留）

〈会社更生法等，民事再生法等の場合〉

(1) 判　定

　　　会社更生法等による更生計画の認可決定に伴う評価換え

　　　民事再生法の規定による再生計画の認可決定に伴う評価換え

(2) 損金算入限度額

　　　| 評価換え直前の簿価 | － | 評価した時価 |

518

(3)　損金不算入

$\boxed{会社計上評価損} - (2) = 評価損損金不算入額$
　　　　　　　　　　　　（加・留）

《別表四の記載》

	区　　　分	金　額	留　保
加算	資産評価損損金不算入	×××	××

第6章　資産と償却費　519

《計算例題1》　棚卸資産の評価損

　福大株式会社が，棚卸資産について，原価法を採用している場合においても，一定の事実が生じた場合には，損金経理を要件として評価換え直前の帳簿価額と期末時価との差額までの金額を損金の額に算入することができることとされているが，次の資料により下記の設問に答えなさい。

〈資　料〉

区分	評価換え直前簿価	期末時価	備　　　考
A商品	5,000,000円	4,000,000円	過剰生産したことにより時価が低下した。
B商品	2,000,000円	1,800,000円	建値の変更等の事情によって時価が低下した。
C商品	2,000,000円	1,300,000円	長期間倉庫内に保存したため品質が低下し，通常の方法で販売ができない。
D商品	4,000,000円	1,800,000円	地震により著しく損傷した。
E商品	600,000円	500,000円	季節商品の売れ残り分であり，通常の方法で販売できない。
F商品	3,000,000円	1,800,000円	性能が著しく異なる新製品が発売されたので，通常の方法で販売ができない。
G商品	1,200,000円	1,200,000円	大売出しをするため800,000円で販売したものである。

（設問1）

　損金の額に算入できる商品には○印を，できない商品には×印を付しなさい。

A商品	B商品	C商品	D商品	E商品	F商品	G商品

（設問2）

　損金の額に算入できる金額を計算しなさい（算入できない場合には，金額欄に──を付しなさい）。

520

区　分	計　　　算　　　式	評価損の金額
A商品		円
B商品		円
C商品		円
D商品		円
E商品		円
F商品		円
G商品		円
合　計	（A商品～G商品までの評価損の合計金額）	円

《解　答》

（設問1）

A商品	B商品	C商品	D商品	E商品	F商品	G商品
×	×	○	○	○	○	×

（設問2）

区　分	計　　　算　　　式	評価損の金額
A商品		－　円
B商品		－　円
C商品	2,000,000円－1,300,000円＝700,000円	700,000円
D商品	4,000,000円－1,800,000円＝2,200,000円	2,200,000円
E商品	600,000円－500,000円＝100,000円	100,000円
F商品	3,000,000円－1,800,000円＝1,200,000円	1,200,000円
G商品		－　円
合　計	（A商品～G商品までの評価損の合計金額）	4,200,000円

第6章　資産と償却費　521

《計算例題2》　固定資産の評価損

　慶応株式会社の以下の資料により，下記の設問に答えなさい。

〈資　料〉

区　分	評価換え直前簿価	期末時価	備　　　　　考
A 機 械	5,000,000円	3,200,000円	災害により著しく損傷した。
B 機 械	1,800,000円	1,000,000円	1年以上遊休状態にある。
C 構造物	4,200,000円	2,100,000円	修理不十分で著しく損傷した。
D 工 場	7,000,000円	2,800,000円	所在場所で工場反対の運動があり，事業供用が著しく遅延している。
E 機 械	6,500,000円	4,500,000円	技術進歩により旧式化してしまった。
F 機 械	2,600,000円	1,700,000円	F機械本来の用途に使用できず，他の用途に使用している。
G 機 械	3,100,000円	1,500,000円	連続して使い著しく損傷した。

（設問1）

　評価損が計上できるものは○印をつけなさい。できないものは×印をつけなさい。

A 機 械	B 機 械	C構造物	D 工 場	E 機 械	F 機 械	G 機 械

（設問2）

　損金の額に算入できる評価損の金額を計算しなさい。

区　分	計　　算　　式	評価損の金額
A 機 械		
B 機 械		
C構造物		
D 工 場		
E 機 械		
F 機 械		
G 機 械		

《**解 答**》

（設問 1 ）

A 機 械	B 機 械	C構造物	D 工 場	E 機 械	F 機 械	G 機 械
○	○	×	○	×	○	×

（設問 2 ）

区 分	計　　算　　式	評価損の金額
A 機 械	5,000,000円－3,200,000円＝1,800,000円	1,800,000円
B 機 械	1,800,000円－1,000,000円＝800,000円	800,000円
C構造物		－ 円
D 工 場	7,000,000円－2,800,000円＝4,200,000円	4,200,000円
E 機 械		－ 円
F 機 械	2,600,000円－1,700,000円＝900,000円	900,000円
G 機 械		－ 円

《**計算例題 3 **》 **有価証券の評価損**

福大株式会社の以下の資料により，税務上の評価損を計算しなさい。ただし，すべての株は売買目的有価証券ではないとする。

区 分	期末時価	評価損計上額	評価換後簿価	備　　考
A 上 場 株 式 （市場価格あり）	1,500,000円	2,000,000円	1,400,000円	債務超過であり，回復の見込みなし。
B 上 場 株 式 （市場価格あり）	2,000,000円	300,000円	2,000,000円	一時的な時価の下落
C 非上場株式	1,700,000円	1,400,000円	1,600,000円	会社更生法による評価換え
D 上 場 株 式	2,100,000円	1,900,000円	2,500,000円	時価下落があるが，資産状態は良好
E 非上場株式 （市場価格なし）	1,000,000円	1,500,000円	500,000円	業績悪化による時価の下落であり，回復の見込不明
F 非上場株式 （市場価格なし）	600,000円	1,800,000円	500,000円	資産状態が悪化したため，時価がひどく下がった。

第6章　資産と償却費　523

《解答欄》

区　分	計　　算　　式	評価損の金額
A 上 場 株 式 （市場価格あり）		
B 上 場 株 式 （市場価格あり）		
C 非 上 場 株 式		
D 上 場 株 式		
E 非 上 場 株 式 （市場価格なし）		
F 非 上 場 株 式 （市場価格なし）		

《解　答》

区　分	計　　算　　式	評価損の金額
A 上 場 株 式 （市場価格あり）	$(1,400,000円+2,000,000円)-1,500,000円$ $=1,900,000円$	1,900,000円
B 上 場 株 式 （市場価格あり）	評価損は認められない	—　円
C 非 上 場 株 式	$(1,600,000円+1,400,000円)-1,700,000円$ $=1,300,000円$	1,300,000円
D 上 場 株 式	評価損は認められない	—　円
E 非 上 場 株 式 （市場価格なし）	評価損は認められない	—　円
F 非 上 場 株 式 （市場価格なし）	$(500,000円+1,800,000円)-600,000円$ $=1,700,000円$	1,700,000円

　　DもEも資産状態の悪化でないため，評価損は認められない。

第14節 圧縮記帳制度

【Point 27】

1 圧縮記帳の意義

圧縮記帳は，租税政策的に受贈益や譲渡益等に対する課税を延期するために特定の資産の取得価額を減額して損金に算入することである。

2 圧縮記帳の経理

原則的方法は，圧縮限度額以下の金額を損金経理により対象資産の帳簿価額を直接減額する方法である。その他にも確定した決算において積立金として積み立てる方法や確定決算日までに剰余金処分により積立金として積み立てる方法もある。

3 圧縮記帳制度の種類

法人税法では，国庫補助金等・工事負担金・保険金等で取得した固定資産，交換により取得した資産などがあり，租税特別措置法では，収用等の代替資産，買換えの場合の買換資産の圧縮記帳などの規定がある。

1 圧縮記帳制度の趣旨

資本的支出に充てるための国庫補助金や保険差益，交換差益も資本等取引以外によって生じたものとして益金であり，原則として課税所得を構成し課税される。

しかし，原則によって課税が行われる場合には，多くの障害が発生する。

例えば，国庫補助金，工事負担金，保険差益等については，税法はこれらを益金であるとして課税の対象となり課税がなされると，国庫補助金，工事負担金，保険金等を取得した本来の目的である対象資産の取得が難しい。そのため，これらの益金算入額に相当する金額を，取得資産の取得価額より減額し圧

縮損として損金の額に算入し相殺することによって課税を将来に繰り延べる制度が圧縮記帳制度である。

圧縮損として減額した金額は，後に減価償却ないし譲渡により取り戻され課税されるため，**圧縮記帳制度は課税繰延制度**である。したがって，免税制度ではない。

2　圧縮記帳の経理方法

圧縮記帳の経理方法には，　以下の3方式がある（法42①，令80，措法64①等）。

① 取得価額を圧縮限度額の範囲内で損金経理により直接減額する方法〈**直接減額方式**〉

② 圧縮限度額以下の金額を確定した決算において積立金として積み立てる方法〈**積立金方式**〉

③ 圧縮限度額以下の金額を確定決算日までに剰余金処分により積立金として積み立てる方法〈**剰余金処分積立金方式**〉

直接減額方式は，資産の取得価額を圧縮する原則的な方法であり，従来から，商法・企業計算原則の取得原価主義との適合性に問題があった。しかし，企業会計原則では，注解24で国庫補助金等で取得した資産につき，この方法で処理することを認めている。

積立金方式は，当初，引当金方式によって処理できない土地等の非減価償却資産に限って適用するものであった。しかし，商法改正により引当金方式が商法上の引当金とみなされなくなった。そこで，1982（昭和57）年度の税制改正により，積立金方式は減価償却資産にも適用できることとなったものである。

法人税法上，直接減額方式は，すべての圧縮記帳に適用できる。しかし，積立金方式は，一部の圧縮記帳に適用することはできない。例えば，交換及び特定現物出資による資産の圧縮記帳は，譲渡益と計上が同年であるため積立金方式がないといえる。

なお，圧縮記帳の結果，帳簿価額が1円未満になる場合は，固定資産の存在を示す意味において，備忘価額として1円を付するものとされる（令93）。

〈図表 6 −27〉 圧縮制度と経理方法

圧　縮　記　帳　制　度	損金経理		剰余金処分
	直接減額方式	積立金方　式	積立金方　式
(1)　国庫補助金等で取得した固定資産等の圧縮記帳 　　（法42①，令79）	○	○	○
(2)　工事負担金で取得した固定資産等の圧縮記帳 　　（法45①，令83）	○	○	○
(3)　保険金等で取得した固定資産等の圧縮記帳 　　（法47①，令84，85）	○	○	○
(4)　交換により取得した固定資産等の圧縮記帳 　　（法50①）	○	×	×
(5)　収用等の場合の代替資産の圧縮記帳 　　（措法64①）	○	○	○
(6)　特定資産の買換えの場合の買換資産の圧縮記帳 　　（措法65の 7 ①）	○	○	○

3　特別勘定の処理

　年度末までに国庫補助金等の返還不要が確定しない場合や代替資産等の取得ができない場合において，圧縮限度額以下の金額を確定決算において特別勘定として経理したときは，その金額の損金算入が認められる（法43①，48①，措法64の 2 ①等）。

　このとき，受贈益や譲渡益等の益金の額と特別勘定への繰入額の損金の額が相殺され，課税の繰延べとなる。ただし，交換及び特定現物出資などに係る資産の圧縮記帳については，譲渡益等と圧縮損の計上年度が同年であるため，特別勘定に関する規定がないといえる。

第6章　資産と償却費　527

第15節　国庫補助金等で取得した固定資産の圧縮記帳

【Point 28】

1　圧縮限度額

　国庫補助金等の交付を受けた事業年度に目的資産を取得し，国庫補助金等の返還を要しないことが事業年度末までに確定した場合の圧縮限度額は，以下の金額である。

> その取得等に充てた国庫補助金等の額＝圧縮限度額

2　特別勘定の経理

　国庫補助金等の交付を受けた事業年度末までにその返還を要しないことが確定していない場合には，その国庫補助金等相当額を特別勘定に経理することができる。

3　特別勘定を設けた場合の圧縮記帳等

　特別勘定を有する法人が，その国庫補助金等で対象資産の取得等をし，かつ，取得等をした事業年度以後の事業年度において，その国庫補助金等の全部又は一部の返還を要しないことが確定した場合には，対象資産について圧縮記帳をすることができる。

1　制度の趣旨

　国庫補助金等に課税すれば，それによって予定していた資産の取得が困難となる。そこで，国庫補助金等の範囲内で損金経理による圧縮記帳によって国庫補助金の益金と圧縮損が相殺され課税を将来に繰り延べ，予定していた資産取得を可能にしようとするものである。

2 補助金交付年度で返還不要が確定している場合の圧縮記帳

国庫補助金等を受け，その補助金をもって交付目的に適合した固定資産の取得又は改良を行い，国庫補助金等の返還を要しないことが事業年度末までに確定したときは，その取得に充てた国庫補助金等に相当する金額（圧縮限度額）の範囲内でその固定資産の帳簿価額を減額し，又は所定の経理をしたときは，損金の額に算入される（法42①）。

上記において「圧縮限度額」は「取得，改良に充てた国庫補助金に相当する金額」であるから，通常は，次の算式によって計算される。

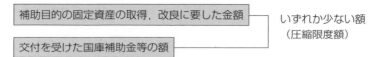

圧縮記帳の経理は，次の３つの方式がある。利益処分による積立金方式の場合は，申告調整で減算される。

① 損金経理により直接減額する方法〈**直接減額方式**〉
② 確定した決算において積立金として積み立てる方法〈**積立金方式**〉
③ 決算確定日までに剰余金処分により積立金として積み立てる方法〈**剰余金処分積立金方式**〉

圧縮記帳は，国庫補助金等の交付を受けた事業年度において目的資産を取得することが原則である。しかし，補助金等を受けた事業年度末までに返還不要が確定したが，目的資産の取得がその後の事業年度となったときは，交付事業年度では未決算勘定（仮勘定）で経理し，その後，目的資産取得事業年度で圧縮記帳を行うことができる。

〈図表６−28〉国庫補助金の圧縮方式の仕組み

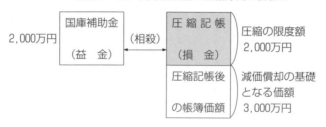

3 補助金交付年度で返還不要が確定していない場合の特別勘定経理

　圧縮記帳ができるのは，返還を要しない国庫補助金等であり，国庫補助金等の交付を受けた事業年度末までに返還不要が確定しないときは，返還の要否が確定するまで受けた国庫補助金等に相当する金額以下の金額を確定した決算で特別勘定として経理し，その事業年度の損金の額に算入される（法43①）。そして，返還不要の確定時に特別勘定を取り崩すと同時に，圧縮記帳が認められている（法43，44）。

4 特別勘定経理後に返還不要が確定した場合の圧縮記帳

　特別勘定経理後の事業年度で，国庫補助金等の全部又は一部の返還不要が確定した場合は，次の算式によって計算した金額を限度として圧縮記帳できる（法44①，令82）。

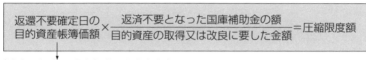

（改良の場合は改良部分の帳簿価額）

　なお，この場合には，返還を要しないこととなった補助金等の額に相当する特別勘定は取り崩して益金の額に算入する（法43②，令81）。

〈図表6－29〉国庫補助金の経理

《計算Pattern》

国庫補助金の圧縮記帳

〔土地の場合〕

(1) 圧縮限度額

$$\left.\begin{array}{l}\boxed{国庫補助金}\\\boxed{取\;得\;価\;額}\end{array}\right\} \text{いずれか少ない額} \quad \therefore \boxed{\qquad\qquad 円}$$

(2) 圧縮超過額

$$\boxed{会社圧縮額} - \boxed{圧縮限度額(1)}$$

〔減価償却資産の場合〕

(1) 圧縮限度額

$$\left.\begin{array}{l}\boxed{国庫補助金}\\\boxed{取\;得\;価\;額}\end{array}\right\} \text{いずれか少ない額} \quad \therefore \boxed{\qquad\qquad 円}$$

(2) 圧縮超過額

$$\boxed{会社圧縮額} - \boxed{圧縮限度額(1)}$$

(3) 償却限度額

$$\overset{※}{(本来の取得価額-圧縮限度額)} \times 償却率$$
$$※圧縮不足のときは会社圧縮額$$

(4) 償却超過額

$$(会社償却費+\overset{(2)}{圧縮超過額})-償却限度額$$

《別表四の記載》

〔土地の場合〕

	区　　　分	金　額	留　保
加算	土地圧縮超過額	×××	××
減算			

〔減価償却資産の場合〕

	区　　　分	金　額	留　保
加算	○○減価償却超過額	×××	××
減算			

《計算例題1》 国庫補助金

慶応株式会社は、当期（自平成31年1月1日 至令和元年12月31日）の期首に国庫補助金7,000,000円の交付を受け、令和元年9月20日に自己資金3,000,000円を加えた10,000,000円でその交付の目的に適合した機械を取得し、直ちに事業の用に供した。以上の資料により、この機械の圧縮限度額及び減価償却限度額（定額法選定、耐用年数10年、償却率0.100）の計算をしなさい。なお、この補助金については、当期末までに返還不要が確定している。

《解答欄》

1　圧縮限度額の計算

2　減価償却限度額の計算

《解　答》

1　圧縮限度額の計算

| 7,000,000円 |
| 10,000,000円 |

いずれか 多い／(少ない) 額　∴　7,000,000円 (A)

いずれかを○で囲みなさい。

2　減価償却限度額の計算

(10,000,000円 − (A) 7,000,000円) × 0.100 × $\dfrac{4}{12}$

　　　　　　　　　　　　　　＝ 100,000円

《計算例題2》 国庫補助金

福大株式会社における当期(自平成31年4月1日 至令和2年3月31日)の税務調整すべき金額を計算しなさい。

(1) 令和元年10月1日に国庫補助金15,000,000円の交付を受け、平成25年12月25日に交付目的に合った建物を取得し、同日より事業の用に供した。建物の取得価額は20,000,000円であった。
(2) 当期に国庫補助金の返還不要が確定し損金経理により、建物圧縮損16,000,000円を計上した。さらに、減価償却費も1,350,000円を計上している。建物の耐用年数は40年で、償却率は0.025である。

《解答欄》

(1) 圧縮限度額

(2) 圧縮超過額

(3) 償却限度額

(4) 償却超過額

《解　答》

(1) 圧縮限度額

　20,000,000円　>　15,000,000円　　少ない額∴　15,000,000円

第6章　資産と償却費　533

(2)　圧縮超過額

$\boxed{16,000,000円} - \boxed{15,000,000円} = \boxed{1,000,000円}$

(3)　償却限度額

$(\boxed{20,000,000円} - \overset{(1)}{\boxed{15,000,000円}}) \times 0.025 \times \dfrac{\boxed{4\,か月}}{12}$

$= \boxed{41,666円}$

(4)　償却超過額

$(\boxed{1,350,000円} + \overset{(2)}{\boxed{1,000,000円}}) - \overset{(3)}{\boxed{41,666円}}$

$= \boxed{2,308,334円}$

534

第16節 保険金で取得した固定資産の圧縮記帳

【Point 29】

1 圧縮限度額

固定資産が火災等により減失又は損壊して保険金等を取得した場合において代替資産を取得し，又は損壊した固定資産を改良した場合の圧縮限度額は，次の算式により計算する。

$$
\text{保険差益金の額} \times \frac{\text{代替資産の取得等に充てた保険金等の額（分母の金額を限度）}}{\text{保険金等の額－減失等により支出する経費の額}} = \text{圧縮限度額}
$$

（注）　$\text{保険差益金の額} = \left(\begin{array}{c} \text{保険金} \\ \text{等の額} \end{array} - \begin{array}{c} \text{減失等により支} \\ \text{出する経費の額} \end{array} \right) - \begin{array}{c} \text{減失等をした固定資産の被害直前} \\ \text{の帳簿価額のうち被害部分相当額} \end{array}$

2 特別勘定の経理

保険金等の支払を受けた事業年度に代替資産の取得等ができない場合でも，一定の指定期間内に代替資産の取得等をしようとするときは，特別勘定に経理することができる。

3 特別勘定を設けた場合の圧縮記帳等

特別勘定を有する法人が，その後，指定期間内に代替資産の取得等をした場合には，圧縮記帳をすることが認められる。そのとき，圧縮限度額に相当する特別勘定を取り崩して益金の額に算入する。

1 制度の趣旨

法人の有する固定資産が火災等により，減失又は損壊して，保険金を受け取った場合，火災等にあった古い固定資産は帳簿価額であり，保険金は時価で受けるため，保険差益が生ずることになる。

しかし，これに課税されると，固定資産の取得に支障をきたすため，保険金等をもって代替資産を取得した場合には，代替資産の帳簿価額を損金経理により減額し，課税を繰り延べようとするものである。

2 代替資産を取得した場合の圧縮記帳

(1) 保険金等で代替資産を取得した場合

　法人が，その有する固定資産の滅失又は損壊により保険金等の支払を受け，その支払を受けた事業年度においてその保険金等をもって代替資産の取得をし，又は損壊をした固定資産もしくは代替資産となるべき固定資産を改良した場合において，これらの固定資産につき，次の算式により計算した圧縮限度額の範囲内で圧縮記帳をしたときは，その圧縮額を，その事業年度の所得の金額の計算上，損金の額に算入する（法47①，令85）。

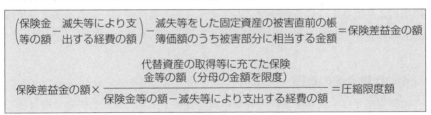

〈図表6－30〉保険差益の圧縮限度額

(1) 実質受取保険金が代替資産の取得価額以下のケース

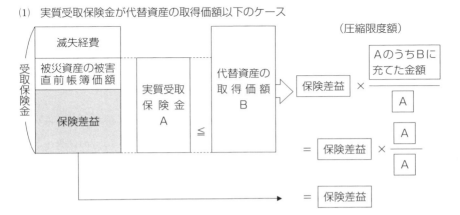

(2) 実質受取保険金が代替資産の取得価額を超えているケース

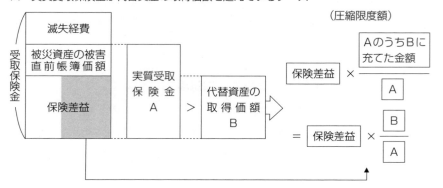

3　保険金等の範囲

　この特例が適用される保険金等とは、法人がその有する固定資産の滅失又は損壊により支払を受ける保険金、共済金又は損害賠償金で、その滅失又は損壊のあった日から3年以内に支払の確定したものとされている（法47①，令84）。

4　代替資産の範囲

　代替資産とは、代替する同一種類の固定資産であり、構造、用途、細目等の同一性は要求しない。また、代替資産は取得だけが要件ではなく、資本的支出に該当する改良も含まれる。

　ただし、機械装置は、設備の種類が同一であるか又は類似するものでなければならない（基10―5―3）。

5　滅失経費の額

　圧縮限度額計算における固定資産の滅失等により支出する経費とは、その滅失等に直接関連して支出される経費に限られ、直接関連しないものは含まれないから、次のように整理できる（基10―5―5）。

〈図表6－31〉滅失経費

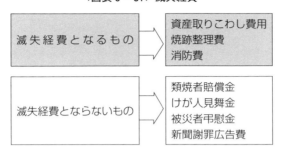

なお,滅失経費が2以上の種類の資産の滅失等に共通して支出される場合には,保険金の額の比その他合理的な基準によって配賦する。保険金の比によるときは,次の算式を適用する(基10―5―6)。

$$滅失経費の額 \times \frac{建物部分の保険金}{被害部分の保険金合計額} = 建物に係る滅失経費の額$$

6 経理要件

保険差益の圧縮記帳は,次の3つの経理方法がある。
① 損金経理により代替資産等を直接減額する方法〈**直接減額方式**〉
② 確定した決算において積立金として積み立てる方法〈**積立金方式**〉
③ 決算確定日までに剰余金処分により積立金として積み立てる方法〈**剰余金処分積立金方式**〉

なお,剰余金処分による積立金方式で経理した金額は,申告調整によって減算される。

7 支払事業年度で代替資産の取得ができない場合の特別勘定経理

保険金等の支払を受ける法人が,その支払を受ける事業年度に代替資産の取得等ができない場合においても,指定期間内に,その保険金等をもって代替資産の取得等をしようとするときは,その事業年度の確定した決算において次の算式により計算した繰入限度額以下の金額を特別勘定に経理することにより,

その経理した金額相当額を損金の額に算入することができる（法48①，令89）。

$$
保険差益金の額 \times \frac{代替資産の取得等に充てようとする保険金等の額（分母の金額を限度）}{保険金等の額 - 滅失等により支出する経費の額} = 繰入限度額
$$

　この場合の指定期間とは，保険金等の支払を受ける事業年度の翌事業年度開始の日から2年を経過した日の前日（災害その他やむを得ない事由により同日までに代替資産を取得することが困難である場合には，所定の延長申請に基づき所轄税務署長が指定した日）までの期間をいう（法48①，令88）。

8　特別勘定経理後に代替資産を取得した場合

　特別勘定を有する法人が，指定期間内に代替資産の取得等をした場合には，その取得等に係る固定資産につき，その取得等をした日の属する事業年度において，同日における特別勘定の金額のうち次の算式により計算した圧縮限度額の範囲内で圧縮記帳をすることが認められる（法49①，令91）。

$$
保険差益金の額 \times \frac{代替資産の取得等に充てた保険金等の額（分母の金額を限度）}{保険金等の額 - 滅失等により支出する経費の額}
$$

　なお，この場合には，特別勘定を設けた場合の保険金等で取得した固定資産の圧縮限度額に相当する特別勘定は取り崩して益金の額に算入する（法48②，令90）。

《計算Pattern》
保険差益金の圧縮記帳
〔土地の場合〕
　(1)　経費按分
　(2)　差引保険金の額　　│ 保険金 │ － │ 経費 │

第6章　資産と償却費　539

(3)　保険差益金　$\boxed{(2)}$ － $\boxed{\text{被害資産の被害直前の簿価}}$

(4)　圧縮限度額　$(3)\times\dfrac{(2)と取得資産の少ない方}{(2)}$

(5)　圧縮超過額　会社圧縮額－(4)

〔減価償却資産の場合〕

(1)　経費按分

(2)　差引保険金の額　$\boxed{\text{保険金}}$ － $\boxed{\text{経費}}$

(3)　保険差益金　$\boxed{(2)}$ － $\boxed{\text{被害資産の被害直前の簿価}}$

(4)　圧縮限度額　$(3)\times\dfrac{(2)と取得資産の少ない方}{(2)}$

(5)　圧縮超過額　会社圧縮額－(4)

(6)　償却限度額　（本来の取得価額－圧縮限度額$\overset{(4)}{）}$×償却率

(7)　償却超過額　（会社償却費＋圧縮超過額$\overset{(5)}{）}$－償却限度額

《**別表四の記載**》

〔土地の場合〕

	区　　分	金　額	留　保
加算	土地圧縮超過額	×××	××
減算			

〔減価償却資産の場合〕

	区　　分	金　額	留　保
加算	○○減価償却超過額	×××	××
減算			

《計算例題1》 保険差益　ケース1

慶応株式会社は，当期（自平成31年4月1日　至令和2年3月31日）中に建物を火災により焼失した。この建物は全焼したが以前より火災保険が付されていたため，慶応株式会社は受け取った保険金で焼失前と用途を同じくする建物を建設し，当期中に事業の用に供している。よって，次の資料により，建設した建物に係る圧縮限度額を計算しなさい。

〈資　料〉
(1)　焼失した建物の焼失直前の帳簿価額　　　4,700,000円
(2)　受け取った保険金の額　　　　　　　　　18,300,000円
(3)　焼跡整理のために支出した費用の額　　　　 300,000円
(4)　当期に建設した建物の取得価額　　　　　17,100,000円

《解答欄》
(1) 経費按分

　　　　[　　　　　円　　　　]

(2) 差引保険金の額

　　　　[　　　円] － [　　　円] ＝ [　　　円]

(3) 保険差益金

　　　　[　　　円] － [　　　円] ＝ [　　　円]

(4) 圧縮限度額

　　　　[　　　円] ×  ＝ [　　　円]

※　(2)と取得資産の価額の少ない方

《解　答》
(1) 経費按分

　　　　[　300,000円　]

(2) 差引保険金の額

18,300,000円 － 300,000円 ＝ 18,000,000円

(3) 保険差益金

18,000,000円 － 4,700,000円 ＝ 13,300,000円

(4) 圧縮限度額

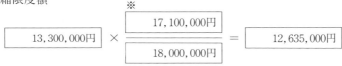

18,000,000円＞17,100,000円

※17,100,000円

《計算例題２》 保険差益 ケース２

福大株式会社は，当期（自平成31年4月1日 至令和2年3月31日）中において火災により建物を全焼した。この建物には，保険が付されていたので，保険会社から受け取った保険金で焼失前と同じ目的に使用する代替の建物を取得し，令和2年1月10日に直ちに事業の用に供した。よって，次の資料に基づき，取得した建物にかかる税務上調整すべき金額を計算しなさい。

〈資　料〉

1　焼失した工場の焼失直前の帳簿価額　　　　12,000,000円
　　（この工場の3分の2が焼失した）
2　受取保険金の額　　　　　　　　　　　　　20,000,000円
3　焼跡整理のための費用　　　　　　　　　　　　200,000円
4　焼失資産の取りこわし費　　　　　　　　　　　600,000円
5　類焼者への賠償金　　　　　　　　　　　　　1,000,000円
6　けが人見舞金　　　　　　　　　　　　　　　　500,000円
7　代替資産の取得価額　　　　　　　　　　　18,000,000円
　　（耐用年数47年，定額法償却率0.022）

建物については，圧縮損11,000,000円を損金経理している。また，減価償却費は250,000円を損金経理している。

542

《解答欄》

(1) 経費按分

$$\boxed{\qquad 円} + \boxed{\qquad 円} = \boxed{\qquad 円}$$

(2) 差引保険金の額

$$\boxed{\qquad 円} - \boxed{\qquad 円} = \boxed{\qquad 円}$$

(3) 保険差益金

$$\boxed{\qquad 円} - \boxed{\qquad 円} \times \dfrac{\boxed{\qquad}}{\boxed{\qquad}} = \boxed{\qquad 円}$$

(4) 圧縮限度額

$$\boxed{\qquad 円} \times \dfrac{\boxed{\qquad 円}^{※}}{\boxed{\qquad 円}} = \boxed{\qquad 円}$$

※　(2)と取得資産の価額の少ない方

(5) 圧縮超過額

$$\boxed{\qquad 円} - \boxed{\qquad 円} = \boxed{\qquad 円}$$

(6) 償却限度額

$$\left(\boxed{\qquad 円} - \boxed{\qquad 円}\right) \times \boxed{\qquad} \times \dfrac{\boxed{\qquad か月}}{12か月}$$

$$= \boxed{\qquad 円}$$

(7) 償却超過額

$$\left(\boxed{\qquad 円} + \boxed{\qquad 円}\right) - \boxed{\qquad 円}$$

$$= \boxed{\qquad 円}$$

《解　答》

(1) 経費按分

$$\boxed{200,000円} + \boxed{600,000円} = \boxed{800,000円}$$

第6章　資産と償却費　543

(2)　差引保険金の額

$$\boxed{20,000,000円} - \boxed{800,000円} = \boxed{19,200,000円}$$

(3)　保険差益金

$$\boxed{19,200,000円} - \boxed{12,000,000円} \times \frac{\boxed{2}}{\boxed{3}} = \boxed{11,200,000円}$$

(4)　圧縮限度額

$$\overset{(3)}{\boxed{11,200,000円}} \times \frac{\boxed{18,000,000円}}{\underset{(2)}{\boxed{19,200,000円}}} = \boxed{10,500,000円}$$

(5)　圧縮超過額

$$\boxed{11,000,000円} - \overset{(4)}{\boxed{10,500,000円}} = \boxed{500,000円}$$

(6)　償却限度額

$$(\ \boxed{18,000,000円} - \overset{(4)}{\boxed{10,500,000円}}\ ) \times \boxed{0.022} \times \frac{\boxed{3か月}}{12か月}$$

$$= \boxed{41,250円}$$

(7)　償却超過額

$$(\ \overset{(5)}{\boxed{500,000円}} + \boxed{250,000円}\ ) - \overset{(6)}{\boxed{41,250円}}$$

$$= \boxed{708,750円}$$

544

第17節 交換で取得した固定資産の圧縮記帳

【Point 30】

1 適用要件

交換の場合の圧縮記帳の適用には，交換の当事者双方が１年以上所有していた特定の固定資産であること及び交換の相手方が交換のために取得したものでないこと，取得資産を譲渡資産の譲渡直前の用途と同一の用途に供すること，**交換差金等が20％以下**という厳しい要件がある。

2 圧縮限度額

圧縮限度額の計算は，交換差金の授受があった場合と，授受がない場合と別々に定められている。

1 制度の趣旨

法人税法上，交換も譲渡の一形態であり，原則的にはその譲渡益として益金に算入され課税の対象となる。しかし，同一種類の固定資産の交換は，同一資産をそのまま継続して所有しているのと同じような状態である。

ところが，交換における交換差益に課税が行われるならば，交換の対象資産の取得を困難とする。そこで，交換がスムーズにいくように，圧縮記帳により課税を繰り延べるものである。

2 適 用 要 件

法人（清算中のものを除く。以下同じ）が，１年以上有していた固定資産を他の者が１年以上有していた同種の固定資産と交換して，その交換により取得した資産を交換により譲渡した資産の譲渡直前の用途と同一の用途に供した場合に

は，その取得資産につき，交換により生じた差益金の範囲内で圧縮記帳をすることができる（法50①）。

なお，この特例は，以下の要件のすべてを満たしている場合に限り，適用される（法50②）。

(1) **譲渡資産**

譲渡資産は，**法人が1年以上所有していた固定資産**で，次に掲げるものである。

① 土地（建物又は構築物の所有を目的とする地上権及び賃借権並びに農地上の耕作権を含む。また，借地権割合が50％以上の場合の借地権の設定は土地の譲渡に含まれる）

② 建物（これに付属する設備及び構築物を含む）

③ 機械及び装置

④ 船舶

⑤ 鉱業権（租鉱権及び採石権その他土石を採掘し又は採取する権利を含む）

(2) **取得資産**

① 取得資産は，**他の者が1年以上有していた固定資産**で(1)の譲渡資産と同一種類のものであり，かつ，交換の相手方が交換のために取得したと認められないものであること

② 取得資産を交換のあった事業年度の確定申告期限までに譲渡資産の**譲渡直前の用途と同一の用途に供すること**（又はその用途に供するための改造等に着手すること）

(3) **交換差金**

交換の時における**取得資産の時価と譲渡資産の時価との差額**が，これらの時価のうち多い方の価額の20％相当額以下であること。この場合，当事者が等価交換として合意した交換については，交換の事情に照らし正常な取引条件に従って行われたものであれば，原則として時価の差はないものとされる（基10—6—5の2）。

3 圧縮限度額

圧縮記帳により損金の額に算入される金額は，以下の区分より計算した金額（交換による差益金相当額）の範囲内の金額である（法50①，令92）。

① 交換差金等の授受がない場合

取得資産の取得の時における時価 －（譲渡資産の譲渡直前の帳簿価額＋譲渡経費の額）＝圧縮限度額

② 取得資産とともに交換差益金等を取得した場合

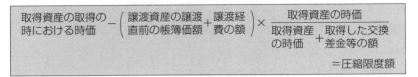

③ 譲渡資産とともに交換差益金等を交付して取得資産を取得した場合

取得資産の取得の時における時価 －{（譲渡資産の譲渡直前の帳簿価額＋譲渡経費の額）＋交換差金等の額}＝圧縮限度額

〈図表6－32〉交換差益の圧縮限度額

(1) 等価交換ケース

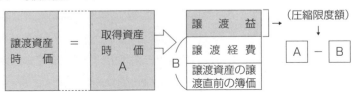

(2) 交換差金を取得のケース

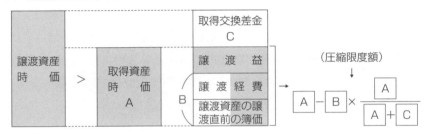

(3) 交換差金を交付のケース

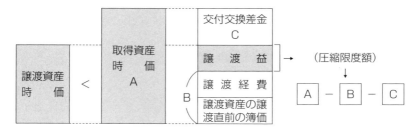

　上記の算式における譲渡経費には，仲介手数料，取りはずし費，荷役費，運送保険料のほか，建物取りこわしによる損失の額，借家人の立退料等が含まれる（基10－6－9）。

　なお，2以上の資産に共通した譲渡経費がある場合には，譲渡資産の時価の比によってあん分する。

4　圧縮記帳の経理方法

　交換の場合の圧縮記帳の経理方法は，取得資産の帳簿価額を損金経理により直接減額する方法のみに限られている。したがって，積立金（剰余金処分による積立金を含む）経理は認められていない（法50①）。ただし，法人が取得資産について，その帳簿価額を損金経理により減額しないで，譲渡資産の譲渡直前の帳簿価額とその取得資産の取得のために要した経費の額との合計額に相当する金額を下らない金額をその取得価額として付したときは，これを認めることとしている（基10－6－10）。

《計算Pattern》

交換差益金の圧縮記帳

〔土地の場合〕

(1) 交換適用の判定

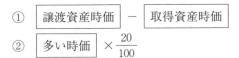

③ ①≦② ∴適用

(2) 譲渡経費

(3) 圧縮限度額

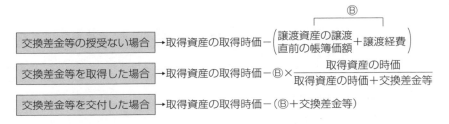

(4) 圧縮超過額

　　　会社圧縮損－圧縮限度額＝圧縮超過額（加・留）

〔減価償却資産の場合〕

(1) 交換適用の判定

① 時価－時価（取得資産の時価と譲渡資産の時価との差額）

② 多い時価 $\times \dfrac{20}{100}$

③ ①≦② ∴適用

(2) 譲渡経費

(3) 圧縮限度額（土地の場合の式と同じ）

(4) 圧縮超過額

　　　会社圧縮損－圧縮限度額＝圧縮超過額（加・留）

第6章 資産と償却費 549

(5) 償却限度額 （建物の場合）

（本来の取得価額−圧縮による損金算入額）×償却率

(6) 償却超過額

（当期会社計上償却費＋ 圧縮超過額(4) ）−償却限度額

＝建物減価償却超過額（加・留）

《**別表四の記載**》

〔土地の場合〕

	区　　　分	金　　額	留　保
加算	土地圧縮超過額	×××	××
減算			

〔減価償却資産の場合〕

	区　　　分	金　　額	留　保
加算	○○減価償却超過額	×××	××
減算			

《計算例題１》 交換のケース

　慶応株式会社は，早稲田株式会社との間で次に掲げる土地の交換をした。よって，慶応株式会社が取得した土地について，交換による圧縮記帳をする場合の圧縮限度額を計算しなさい。

〈資　料〉
1　慶応株式会社が早稲田株式会社から取得した土地
　　時価　　50,000,000円（早稲田株式会社の帳簿価額　14,000,000円）
2　早稲田株式会社が慶応株式会社から取得した土地
　　時価　　60,000,000円（慶応株式会社の帳簿価額　20,000,000円）
3　慶応株式会社はこの取引にあたり，譲渡経費1,000,000円を支出し，また，早稲田株式会社から交換差金10,000,000円を受け取った。
4　この交換は，圧縮記帳の要件をすべて満たしている。

《解答欄》
(1) 交換適用の判定

①　[　　　円　] － [　　　円　] = [　　　円　]

②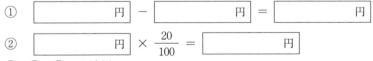

③　①≦②　∴適用

(2) 譲渡経費　[　　　円　]

(3) 圧縮限度額

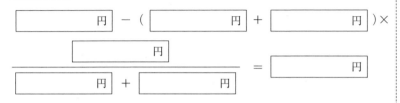

第6章　資産と償却費　551

《解　答》

(1)　交換適用の判定

①　| 60,000,000円 | － | 50,000,000円 | ＝ | 10,000,000円 |

②　| 60,000,000円 | × $\frac{20}{100}$ ＝ | 12,000,000円 |

③　①≦②　∴適用

(2)　譲渡経費　| 1,000,000円 |

(3)　圧縮限度額

| 50,000,000円 | － (| 20,000,000円 | ＋ | 1,000,000円 |) ×

$$\frac{\boxed{50,000,000円}}{\boxed{50,000,000円} ＋ \boxed{10,000,000円}} ＝ \boxed{32,500,000円}$$

《計算例題2》　交換のケース

　福大株式会社は当期(自平成31年4月1日　至令和2年3月31日)の5月5日に以前から所有していた建物と土地を，他社の所有していた建物と土地に交換した。そして翌月から事業の用に供した。

	交換取得資産の時価	交換譲渡資産の時価	交換譲渡資産の帳簿価額
建物	10,000,000円	12,000,000円	9,000,000円
土地	12,500,000円	10,000,000円	4,000,000円

(1)　交換にあたり，交換取得資産と交換譲渡資産の差額として500,000円を現金で支払った。譲渡経費は500,000円である。交換譲渡資産の帳簿価額と譲渡経費は損金経理されている。

(2)　交換取得資産は，建物圧縮損4,000,000円，土地圧縮損6,000,000円を損金経理した。建物の減価償却費は1,200,000円であった。

(3)　建物の償却方法は定額法で，耐用年数50年，償却率0.020である。

《解答欄》

建　物

(1) 判　定

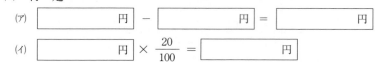

(ア) ［　　円］ － ［　　円］ ＝ ［　　円］

(イ) ［　　円］ × $\frac{20}{100}$ ＝ ［　　円］

(ウ) (ア)≦(イ) ∴適用する

(2) 譲渡経費

［　　円］ × $\dfrac{［　　円］}{［　　円］}$ ＝ ［　　円］

(3) 圧縮限度額

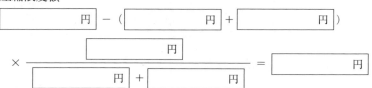

［　　円］ － (［　　円］ ＋ ［　　円］)

× $\dfrac{［　　円］}{［　　円］＋［　　円］}$ ＝ ［　　円］

(4) 圧縮超過額

［　　円］ － ［　　円］ ＝ ［　　円］

(5) 償却限度額

(［　　円］ － ［　　円］) × 0.020 × $\dfrac{［　　か月］}{12}$

＝ ［　　円］

(6) 償却超過額

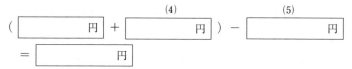

(［　　円］ ＋ ［　　円(4)］) － ［　　円(5)］

＝ ［　　円］

土　地
(1) 判　定
　(ア) □ 円 − □ 円 = □ 円
　(イ) □ 円 × $\frac{20}{100}$ = □ 円
　(ウ) (ア)≦(イ) ∴適用する
(2) 譲渡経費

□ 円 × $\frac{\boxed{}円}{\boxed{}円}$ = □ 円

(3) 圧縮限度額

□ 円 − (□ 円 + □ 円

　＋ □ 円) = □ 円

(4) 圧縮超過額

□ 円 − □ 円 = □ 円

《解　答》

建　物

(1) 判　定
　(ア) 12,000,000円 − 10,000,000円 = 2,000,000円
　(イ) 12,000,000円 × $\frac{20}{100}$ = 2,400,000円
　(ウ) (ア)≦(イ) ∴適用する

(2) 譲渡経費

500,000円 × $\frac{12,000,000円}{22,000,000円}$ = 272,727円

(3) 圧縮限度額（交換差金を取得のケース）

$$10,000,000円 - (9,000,000円 + 272,727円)$$

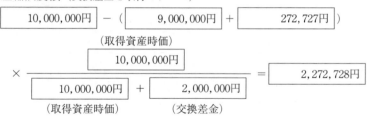

(4) 圧縮超過額

$$4,000,000円 - \underset{(3)}{2,272,728円} = 1,727,272円$$

(5) 償却限度額

$$(10,000,000円 - \underset{(3)}{2,272,728円}) \times 0.020 \times \frac{10か月}{12}$$
$$= 128,787円$$

(6) 償却超過額

$$(1,200,000円 + \underset{(4)}{1,727,272円}) - \underset{(5)}{128,787円}$$
$$= 2,798,485円$$

土　地

(1) 判　定

(ア) $12,500,000円 - 10,000,000円 = 2,500,000円$

(イ) $12,500,000円 \times \frac{20}{100} = 2,500,000円$

(ウ) (ア)≦(イ)　∴適用する

(2) 譲渡経費

$$500,000円 \times \frac{10,000,000円}{22,000,000円} = 227,272円$$

第6章　資産と償却費　555

(3)　圧縮限度額（交換差金を支払うケース）

$$12,500,000円 - (\boxed{4,000,000円} + \overset{(2)}{\boxed{227,272円}}$$

$$+ \overset{交換差金}{\boxed{2,500,000円}}) = \boxed{5,772,728円}$$

(4)　圧縮超過額

$$6,000,000円 - \overset{(3)}{\boxed{5,772,728円}} = \boxed{227,272円}$$

第18節 特定資産の買換えの圧縮記帳

【Point 31】

法人が，特定の資産を譲渡し，一定期間内に特定の資産を取得して事業の用に供する場合に圧縮記帳が認められる。以下の場合等がある。
① 既成市街地等内にある所有期間10年超の建物，敷地を譲渡し，既成市街地等以外にある土地・建物等の買換資産を取得した場合
② 国内にある所有期間が10年を超える土地，建物等を譲渡し，国内にある土地，建物等を取得した場合

1 制度の趣旨

法人が特定の資産を譲渡し，一定期間内に買換資産を取得し，事業の用に供した場合は，一定の要件をもとに圧縮記帳ができる。

これは，土地の有効利用等のため，国の産業政策手段としての買換えをスムーズに促進するためである。

2 適 用 要 件

(1) 適 用 資 産

事業の用に供している特定の資産（棚卸資産を除く）を譲渡し，一定の期間内に特定買換資産を取得し1年以内に事業の用に供したときは，圧縮記帳を行い圧縮限度額の範囲内の金額を損金に算入することができる。

この特例の対象となる特定の譲渡資産及び特定の買換資産のなかで，特に重要なものは次のとおりである（措法65の7①）。

第6章 資産と償却費 557

	譲 渡 資 産	買 換 資 産
1号	既成市街地等内にある事務所等の建物又はその敷地用土地等で所有期間10年超であるもの	既成市街地等以外にある土地等，建物，構築物，機械及び装置
4号	誘致区域以外にある土地等，建物，構築物	誘致区域内にある土地等，建物，構築物，機械装置
6号	既成市街地等及びこれに類する区域内にある土地等，建物又は構築物（注）	左の区域内にある土地等，建物，構築物又は機械装置で，土地の計画的かつ効率的な利用に資する施策の実施に伴って取得されるもの
9号	国内にある土地等，建物又は建築物で，当該法人による所有期間が10年超であるもの	国内にある土地等（事務所，事業所等の敷地用のもの又は所定の駐車場用のもので，その面積が300㎡以上のものに限る），建物，構築物，機械装置又は国内にある鉄道事業の用に供される車両運搬具のうち機関車（入換機関車を除く）及びコンテナ用の貨車

（注） 既成市街地等とは，市街地を形成する大都市をさす。

適用要件は，次のとおりである。

① 棚卸資産を除く資産を，平成26年3月31日までに譲渡したこと

② ①に対する買換資産を，譲渡事業年度で取得すること

③ ②の資産を，取得の日から1年以内に事業の用に供し，又は供する見込みであること

④ 買換資産を圧縮限度額の範囲内で帳簿価額を減額し，又は所定の経理をすること

⑤ 申告書に損金算入に関する記載があり，かつ，損金算入額の明細書その他所定の書類を添付していること

(2) 買換土地の面積制限

買換資産の土地等の面積が，譲渡した土地等の面積の5倍を超えるときは，買換資産の土地等のうち5倍を超える部分の面積は，買換資産に該当しない（措法65の7②，措令39の7⑲）。

（注） 平成24年度改正で，9号の買換資産となる国内にある土地等とは，事務所，事務所等の施設（特定施設という）の敷地の用に供されるもの又は一定の駐車場の用に供されるもので，300㎡以上のものとされている。

3 圧縮限度額

(1) **圧縮限度額**

特定資産の買換えの圧縮記帳の圧縮限度額は，次の算式で計算した金額である（措法65の7①，⑮三・四）。

$$\boxed{買換資産の圧縮基礎取得価額} \times \boxed{差益割合} \times 80\% = \boxed{圧縮限度額}$$

(2) **差益割合**

$$\boxed{差益割合} = \frac{譲渡対価－(譲渡資産の帳簿価額＋譲渡経費)}{譲渡対価}$$

（注）「差益割合」は，小数点以下切捨

(3) **譲渡経費**

① 譲渡に要したあっ旋手数料，謝礼
② 土地を譲渡するために，土地の上にある建物を取壊した場合の損失額
③ 譲渡資産が建物であるとき，譲渡のために借家人に支払った立退料

(4) **圧縮基礎取得価額**

譲渡対価と買換資産の取得価額のうち小さい金額が圧縮基礎取得価額である。ただし， 2 (2)で述べたように買換資産の土地面積は，譲渡した土地面積の5倍を超えることはできない。以下の算式で計算した金額と譲渡対価の小さい金額が圧縮基礎取得価額となる。

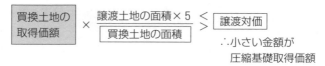

4 圧縮記帳の経理方法

特定資産の買換えの場合の圧縮記帳には，次の3つの経理方法がある。
① 帳簿価額を直接減額する方法
② 確定した決算において積立金として積み立てる方法
③ 決算確定日までに剰余金処分により積立金として積み立てる方法

5 先行取得の場合の圧縮記帳

譲渡事業年度に買換資産を取得できないときは，譲渡事業年度の翌事業年度中に取得してもよい。

また，譲渡事業年度の前事業年度に購入してある資産を買換資産とすることができる。これが先行取得である。買換資産を先行取得する場合には，その取得した事業年度終了の日から2月以内に，先行の規定の適用を受ける旨等の一定の事項を記載した届出書を税務署長に提出しなければならない。

(1) **適 用 要 件**
① 前期に特定の買換資産を取得していること
② 当期に特定の譲渡資産を譲渡すること

(2) **圧縮限度額の計算**

① 土地の場合

　　圧縮基礎取得価額×差益割合×80％

② 減価償却資産の場合

　(イ) 圧縮基礎取得価額×差益割合×80％＝ A

(3) **償却限度額の計算**

① 定額法の場合

② 定率法の場合

{買換資産の期首簿価－ 当期の圧縮損金算入額 }×償却率

6 特別勘定の取扱い

原則として譲渡資産を譲渡した事業年度内に買換資産を取得しなければならない。ただし，原則として翌期首から1年間以内に取得する見込みがあれば，次の算式で計算した金額を特別勘定として経理し損金算入ができる（措法65の8①）。

買換資産の取得見込価額 × 差益割合 × $\frac{80}{100}$ = 特別勘定繰入限度額

特別勘定の経理は，損金経理のほか剰余金処分による積立金経理することもできる。

特別勘定を設定したときは，翌期以降の買換資産を取得した年度で買換資産の圧縮記帳を行うとともに，特別勘定の金額を取り崩して益金に算入する（措法65の8⑨）。

(1) **適 用 要 件**
   ① 当期に特定の**譲渡資産を譲渡**すること
   ② 取得指定期間内（翌期）に特定の**買換資産を取得**する**見込み**であること
   ③ 買換資産の取得日から1年以内に事業の用に供する見込みであること

(2) **経 理 方 法**
   ① 損金経理
   ② 剰余金処分経理（圧縮特別勘定積立金認定損）（減・留）

(3) **繰入限度額の計算**

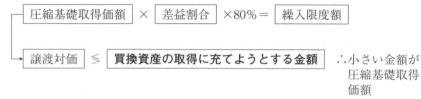

(注) 買換資産の取得見込み額がない場合は，譲渡対価がそのまま圧縮基礎取得価額となる。

《計算Point》

1. 差益割合の計算は，原則として個々の資産ごとに計算する。例外として全体で一括して計算するときもある。
2. 買換資産が複数ある場合に，圧縮基礎取得価額の計算は，個々の資産ごとに計算する。譲渡対価の充当順位は，第1順位が土地等の非減価償却資産で第2順位が減価償却資産（耐用年数の長いものを優先）である。
3.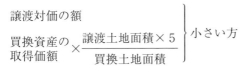

《計算Pattern》

特定資産の買換えの圧縮記帳

(1) 経　　費（譲渡に要したあっ旋手数料，立退料，取壊した建物等の税務上の帳簿価額）

(2) 差益割合

$$\frac{譲渡対価の額 - (譲渡資産の譲渡直前の簿価 + 繰越超過 + 譲渡経費)}{譲渡対価の額}$$

(3) 圧縮基礎取得価額

　　譲渡対価の額　　　　　　｝小さい方
　　買換資産の取得価額

〈面積制限あるとき〉

　　譲渡対価の額
　　買換資産の取得価額 × $\frac{譲渡土地面積 \times 5}{買換土地面積}$　｝小さい方

(4) 圧縮限度額

　　圧縮基礎価額×差益割合×80％

(5) 圧縮超過額

　　① 土地のケース

会社計上圧縮損－圧縮限度額＝土地圧縮超過額（加・留）

② 減価償却資産のケース（建物の場合）

会社計上圧縮損－圧縮限度額＝建物圧縮超過額→会社償却費にプラスして調整

(6) 償却限度額

建物（本来の取得価額－圧縮による損金算入額）×定額法償却率

建物以外の減価償却資産（買換資産の期首簿価－当期の圧縮による損金算入額）×定率法償却率

(7) 償却超過額

$$（当期会社計上償却費＋\boxed{\overset{(5)②}{圧縮超過額}}）－償却限度額$$

＝建物減価償却超過額（加・留）

《別表四の記載》

区　　　分		金額	留保
加算	土地圧縮超過額	×××	××
	建物減価償却超過額	×××	××
減算	建物繰越償却超過額認容	×××	××

《計算例題》　買　換　え

次の資料により，福大株式会社の当期（自平成31年4月1日　至令和2年3月31日）における税務調整すべき金額を計算しなさい。

(1) 当期10月5日に既成市街地等内にある工場用土地を譲渡した。
　① 譲渡対価　130,000,000円
　② 譲渡直前の帳簿価額　30,520,000円
　③ 取得年月日　平成3年8月3日
　④ この土地の上に存していた工場用建物の取壊直前の帳簿価額及び取壊しに要した費用の合計額11,366,000円，この工場用建物の繰越償却超過額364,000円である。

(2) 福大株式会社は当期11月10日に既成市街地等以外の地域内にある土地，建物を取得し，直に事業の用に供した。
　（取得資産）　土地　120,000,000円，建物　70,000,000円

(3) この買換えに伴い，土地については圧縮損80,000,000円を損金経理により計上した。工場用建物については圧縮損として10,000,000円を損金経理により計上し，減価償却費は6,500,000円を損金経理により計上した。工場用の建物の耐用年数38年（償却率0.027）である。定額法の届出をしている。

《解答欄》

(1) 経　　費

　　□円 ＋ □円 ＝ □円

(2) 差　益　割　合

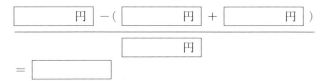

564

(3) 圧縮基礎取得価額

① 土　　　地

　　　　　　　円　＞　　　　　　　円　　　　　　　∴　　　　　　　　円

② 建　　　物

　　　　　　　円　－　　　　　　円　＝　　　　　　円　＜　　　　　　円

　　∴　　　　　　　円

(4) 圧縮限度額

① 土　　　地

　　　　　　　円　×　　　　　　　　×　　　　　　％　＝　　　　　　　円

② 建　　　物

　　　　　　　円　×　　　　　　　　×　　　　　　％　＝　　　　　　　円

(5) 圧縮超過額

① 土　　　地

　　　　　　　円　－　　　　　　円　＝　　　　　　　円

② 建　　　物

　　　　　　　円　－　　　　　　円　＝　　　　　　　円

(6) 償却限度額

$$\left(\quad\quad 円 - \quad\quad 円\right) \times 0.027 \times \dfrac{\boxed{\quad}}{12}$$

　　＝　　　　　　　円

(7) 償却超過額

$$\left(\quad\quad 円 - \overset{(5)②}{\quad\quad 円}\right) - \quad\quad 円 = \quad\quad 円$$

第6章　資産と償却費　565

《解　答》

(1)　経　　費

$\boxed{11,366,000円}$ ＋ $\boxed{364,000円}$ ＝ $\boxed{11,730,000円}$

(2)　差　益　割　合

$$\frac{\boxed{130,000,000円} - (\boxed{30,520,000円} + \overset{(1)}{\boxed{11,730,000円}})}{\boxed{130,000,000円}}$$

＝ $\boxed{0.675}$

(3)　圧縮基礎取得価額

①　土　　　地

$\boxed{130,000,000円}$ ＞ $\boxed{120,000,000円}$ 　　　∴ $\boxed{120,000,000円}$

②　建　　　物

$\boxed{130,000,000円}$ － $\boxed{120,000,000円}$

＝ $\boxed{10,000,000円}$ ＜ $\boxed{70,000,000円}$ 　　　∴ $\boxed{10,000,000円}$

(4)　圧縮限度額

①　土　　　地

$\overset{(3)①}{\boxed{120,000,000円}}$ × $\overset{(2)}{\boxed{0.675}}$ × $\boxed{80\%}$ ＝ $\boxed{64,800,000円}$

②　建　　　物

$\overset{(3)③}{\boxed{10,000,000円}}$ × $\overset{(2)}{\boxed{0.675}}$ × $\boxed{80\%}$ ＝ $\boxed{5,400,000円}$

(5)　圧縮超過額

①　土　　　地

$\boxed{80,000,000円}$ － $\overset{(4)①}{\boxed{64,800,000円}}$

＝ $\boxed{15,200,000円}$ 　土地圧縮超過額
　　　　　　　　　　　（加・留）

566

② 建　　物

$$\boxed{10,000,000円} - \boxed{5,400,000円}^{(4)②} = \boxed{4,600,000円}$$

(6)　償却限度額

$$(\boxed{70,000,000円} - \boxed{5,400,000円}^{(4)②}) \times 0.027 \times \frac{\boxed{5}}{12}$$

$$= \boxed{726,750円}$$

(7)　償却超過額

$$(\boxed{6,500,000円} + \boxed{4,600,000円}^{(5)②}) - \boxed{726,750円}^{(6)} = \boxed{10,373,250円}$$

（建物圧縮超過）　　　　建物減価償却超過額（加・留）

第6章 資産と償却費 567

第19節 収用で取得した固定資産

【Point 32】

法人の有する資産について，土地収用法等により収用等された場合は，次の特例が認められている。

(1) 収用等により資産を譲渡し，対価として取得した補償金等で代替資産を取得した場合は，代替資産につき，圧縮記帳ができる。

(2) 収用等により資産を譲渡した場合は，譲渡益の額のうち5,000万円までの金額を損金の額に算入することができる。

1 制度の趣旨

土地収用法により法人の有する資産が収用された場合は，この譲渡益について課税することは公共事業の推進を抑制することになる。しかも，土地の収用は，本来，本人の意思に反するものであり，これに課税することは望ましいものではない。

そこで，収用等の課税特例として，5,000万円の所得の特別控除（措法65の2）と代替資産の圧縮記帳（措法64，65）の規定が設けられており，会社は選択適用することができる。

2 収用の圧縮記帳

次の(1)(2)に該当するものは，圧縮記帳が適用できる（措法64〜65）。

(1) 当期に土地収用等により法人の有する資産が収用等され，補償金等を取得すること

(2) 当期に収用等により譲渡した資産に対して，代替資産を取得すること

568

3 収用の圧縮記帳の経理方法

収用の圧縮記帳には，次の３つの経理方法がある。

① 圧縮限度の範囲で損金経理により圧縮記帳を行う直接減額法

② 確定した決算において積立金として積み立てる方法

③ 決算確定日までに剰余金処分により積立金として積み立てる方法

4 圧縮限度額

代替資産につき，次の圧縮限度額の範囲内で圧縮記帳ができる。

(1) **差引対価補償金**

$$\boxed{\text{対価補償金}} - \boxed{\text{譲渡経費}}^{(注1)} = \boxed{\text{差引対価補償金}} \text{(A)}$$

(2) **譲 渡 経 費**

$$\boxed{\text{譲渡経費}}^{(注1)} = \text{実際に要した譲渡経費} - \text{経費補償金}$$

(3) **差 益 割 合**

$$\boxed{\text{差益割合}} = \frac{\text{(A)} - \boxed{\begin{array}{c}\text{譲 渡 資 産 の}\\\text{譲渡直前の簿価}\end{array}} \text{(税務上)}}{\text{(A)}}$$

(4) **圧縮限度額**

$$\boxed{\text{圧縮限度額}} = \boxed{\text{取得価額}}^{(注2)} \times \text{差益割合}$$

(注２)　代替資産の取得価額 }
　　　　差引対価補償金(A) } のうち少ない方

　　　　（既に代替資産の取得に充てたものを除く）

※譲渡経費の例示

①	譲渡に要した斡旋手数料，謝礼
②	譲渡資産の借地人等に対して支払った立退料
③	資産の取壊し又は除去の費用

第6章　資産と償却費　569

④	資産の譲渡に伴って，支出した費用
	(イ)　建物等の移転費用
	(ロ)　仮住居の使用に要する費用

5　特別勘定の設定（措法64の2①）

(1)　適 用 要 件

① 　法人の有する資産が，土地収用法等の規定により収用等され補償金を取得したが，その補償金の全部又は一部につき代替資産の取得等ができない場合に，

② 　指定期間内に代替資産を取得する見込みであることを要件に，収用事業年度に特別勘定として経理することで損金算入が認められる。

　　(注)　指定期間とは，原則として収用等のあった日以後2年を経過する日までの期間

(2)　経 理 方 法

収益事業年度に特別勘定として損金経理する方法や圧縮特別勘定積立金を剰余金処分経理する方法が認められている。

$$\boxed{剰余金処分経理} \longrightarrow 圧縮特別勘定積立金認定損（減・留）$$

(3)　特別勘定繰入限度額

$$\boxed{\begin{array}{c}差引対価補償金のうち，代替\\資産の取得に充てようとする\\金額（圧縮基礎取得価額）\end{array}} \times 差益割合 = \boxed{特別勘定繰入限度額}$$

$$\left(\begin{array}{c}既に代替資産の取得に充て\\た金額を除く\end{array}\right)$$

6　収用等の特別控除

(1)　適 用 要 件

収用等によって法人の有する資産が補償金等を取得した場合において，次の要件のすべてを満たしている場合には，5,000万円と譲渡益の額（対価補償金等

の額−譲渡資産の帳簿価額−譲渡経費の額)とを比較し，いずれか少ない金額を損金の額に算入することができる（措法65の２）。

① その譲渡を行った事業年度のうち同一年に属する期間中に，収用等により譲渡したすべての資産について圧縮記帳等をしていないこと

② 収用等による譲渡が買取り等の申出があった日から６か月以内に行われたこと（圧縮記帳は要件ではない）

③ 補償金等の額が譲渡資産の譲渡直前の帳簿価額と譲渡経費の合計額を超えること

④ 最初に買取りの申出を受けた法人が，その資産を譲渡し補償金を取得したこと

(2) 特別控除額の計算

① 譲 渡 益

(イ) 譲渡経費 　$\boxed{譲渡経費}$ − $\boxed{経費補償金}$

(ロ) 譲 渡 益 　$\boxed{対価補償金}$ −（譲渡資産の譲渡直前の帳簿価額＋①(イ)譲渡経費）

② 控 除 限 度

5,000万円−その年に既に控除された特別控除額

③ 特別控除額

①と②の小さい方の金額（収用等の特別控除額（減算・社外流出※)

《計算Point》

1 譲渡資産が複数の場合には，差益割合は原則として個々に計算するが，一括して計算する場合もある。

2 圧縮基礎取得価額を計算する場合，個々の資産ごとに計算する。ただし，補償金の充当順序は第１順位は土地等の非減価償却資産で，第２順位は建物等の減価償却資産（耐用年数の長い資産を優先）。

3 譲渡資産に繰越償却超過額がある場合において，差益割合の計算上，（譲

渡資産の譲渡直前の帳簿価額＋繰越償却超過額）とする。

《計算Pattern》収用等の圧縮記帳

(1)　譲渡の経費

　　　譲渡経費－経費補償金

(2)　差引対価補償金

　　　対価補償金－譲渡経費
　　　　　　　　　(1)

(3)　差 益 割 合

　　　差引対価補償金－（譲渡資産の譲渡直前の帳簿価額＋繰越償却超過額）
　　　　　　(2)
　　　────────────────────────────────
　　　　　　　　　　　　差引対価補償金
　　　　　　　　　　　　　　(2)

(4)　圧縮基礎取得価額

　　　差引対価補償金
　　　　　　　　　　　 }小さい金額
　　　代替資産の取得価額

(5)　圧縮限度額

　　　圧縮基礎取得価額×差益割合＝圧縮限度額
　　　　　(4)　　　　　　(3)

(6)　圧縮超過額

　〈損金経理直接減額法〉

　（土地のケース）

　　　会社計上圧縮損－(5)

　　　　　土地圧縮超過額（加・留）

　（建物等のケース）

　　　会社計上圧縮損－(5)

　　　建物等圧縮超過額は減価償却にプラスして調整する。

(7)　償却限度額（建物等の減価償却資産のケース）

　　　（本来の取得価額－圧縮損金算入額）×償却率

(8) 償却超過額

(会社計上償却費＋ ［圧縮超過額(6)］)－(7)

《別表四の記載》

	区　　　分	金額	留保
加算	土地圧縮超過額	×××	××
	建物減価償却超過額	×××	××
減算	建物繰越償却超過額認容	×××	××

《計算問題》　収　用　等

　次の資料により，福大株式会社の当期（自平成31年4月1日　至令和2年3月31日）において，税務調整すべき金額を計算しなさい。

(1)　下記の資産が，土地収用法により当期5月5日に収用された。

　　①　土地　　譲渡直前の帳簿価額　6,000,000円

　　②　建物　　譲渡直前の帳簿価額　17,600,000円

　　　　　　　　繰越償却超過額　　　3,175,000円

　　土地及び建物について交付を受けた対価補償金は80,000,000円で，交付を受けた経費補償金は1,500,000円である。実際に支出した譲渡経費の総額は5,000,000円である。

(2)　福大株式会社は交付された対価補償金と経費補償金を収益に計上している。また，譲渡資産の譲渡直前の帳簿価額と譲渡経費は当期費用として計上している。さらに，代替資産として取得したのは次の資産である。

　　①　土地　　取得額　60,000,000円，圧縮損　41,000,000円，

　　　　　　　　取得年月日（平成23年12月5日）

　　②　建物　　取得価額　30,000,000円，圧縮損　12,000,000円，

　　　　　　　　減価償却費　500,000円，取得年月日（令和元年12月30日）

　　建物の耐用年数は50年で定額法（償却率0.020）とする。上記の取得価

額は圧縮損控除前であり，圧縮損及び減価償却費は損金経理により計上されている。

《解答欄》

(1) 譲 渡 経 費

　　☐円 －　☐円 ＝　☐円

(2) 差引対価補償金

　　☐円 －　☐円 ＝　☐円

(3) 差 益 割 合

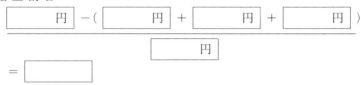

＝ ☐

(4) 圧縮基礎取得価額

① 土　地

　　☐円 ＞　☐円　∴　☐円

② 建　物

　　☐円 －　☐円 ＝　☐円 ＜　☐円

　　　　　　　　　　　∴　☐円

(5) 圧縮限度額

① 土　地

　　☐円 ×　☐ ＝　☐円

② 建　物

　　☐円 ×　☐ ＝　☐円

(6) 圧縮超過額

① 土　地

　　☐円 －　☐円 ＝　☐円

574

② 建　物

$$\boxed{}円 - \boxed{}円 = \boxed{}円$$

(7) 償却限度額

$$\left(\boxed{}円 - \boxed{}円\right) \times 0.0020 \times \dfrac{\boxed{}}{12}$$

$$= \boxed{}円$$

(8) 償却超過額

$$\left(\boxed{}円 + \boxed{}円\right) - \boxed{}円 = \boxed{}円$$

《解　答》

(1) 譲渡経費　$\boxed{5,000,000円} - \boxed{1,500,000円} = \boxed{3,500,000円}$

(2) 差引対価補償金　$\boxed{80,000,000円} - \boxed{3,500,000円} = \boxed{76,500,000円}$

(3) 差益割合

$$\dfrac{\boxed{76,500,000円} - \left(\boxed{6,000,000円} + \boxed{17,600,000円} + \boxed{3,175,000円}\right)}{\boxed{76,500,000円}}$$

$$= \boxed{0.65}$$

(4) 圧縮基礎取得価額

① 土　地　　$\underset{(2)}{\boxed{76,500,000円}} > \underset{\text{土地代替取得価額}}{\boxed{60,000,000円}} \quad \therefore \boxed{60,000,000円}$

② 建　物　　$\boxed{76,500,000円} - \boxed{60,000,000円} = \boxed{16,500,000円}$

$\quad\quad\quad\quad\underset{\text{建物代替取得価額}}{} $
$\quad\quad\quad\quad < \boxed{30,000,000円} \quad\quad\quad\quad \therefore \boxed{16,500,000円}$

(5) 圧縮限度額

① 土　地

$$\boxed{60,000,000円} \times 0.65 = \boxed{39,000,000円}$$

② 建　物

$$16,500,000円 \times 0.65 = 10,725,000円$$

(6)　圧縮超過額

① 土　地

$$41,000,000円 - \underset{(5)①}{39,000,000円} = 2,000,000円$$

土地圧縮超過額（加・留）

② 建　物

$$12,000,000円 - \underset{(5)②}{10,725,000円} = 1,275,000円$$

(8)へ

(7)　償却限度額

$$建　物　（30,000,000円 - 10,725,000円）\times 0.020$$

$$\times \frac{4}{12} = 128,500円$$

(8)　償却超過額

$$（\underset{}{500,000円} + \underset{(6)②}{1,275,000円}）- \underset{(7)}{128,500円} = 1,646,500円$$

建物減価償却超過額（加・留）

《圧縮記帳の総まとめPattern》

<table>
<tr>
<th colspan="2">交換で取得した固定資産の圧縮記帳
（法50①②）</th>
<th>特定資産の買換えの圧縮記帳
（措法65の7）</th>
</tr>
<tr>
<td rowspan="6">適

用

要

件</td>
<td>① 法人（清算中のものを除く。以下同じ）が，1年以上有していた固定資産を他の者が1年以上有していた同種の固定資産と交換して，その交換により取得した資産を交換により譲渡した資産の譲渡直前の用途と同一の用途に供した場合
② 譲渡資産は，法人が1年以上所有していた固定資産で，次に掲げるものである。
　㋑ 土地（建物又は構築物の所有を目的とする地上権及び賃借権並びに農地上の耕作権を含む。また，借地権割合が50%以上の場合の借地権の設定は土地の譲渡に含まれる）
　㋺ 建物（これに付属する設備及び構築物を含む）
　㋩ 機械及び装置等
③ 取得資産は，他の者が1年以上有していた固定資産で②の譲渡資産と同一種類のものであり，かつ，交換の相手方が交換のために取得したと認められないものであること
④ 取得資産を交換のあった事業年度の確定申告期限までに譲渡資産の譲渡直前の用途と同一の用途に供すること（又はその用途に供するための改造等に着手すること）
⑤ 交換の時における取得資産の時価と譲渡資産の時価との差額が，これらの時価のうち多い方の価額の20%相当額以下であること</td>
<td>① この特例の対象となる特定の譲渡資産及び特定の買換資産

<table><tr><th></th><th>譲渡資産</th><th>買換資産</th></tr><tr><td>1号</td><td>既成市街地等内にある事務所等の建物又はその敷地用土地等で所有期間10年超であるもの</td><td>既成市街地等以外にある土地等，建物，構築物，機械及び装置</td></tr><tr><td>7号</td><td>誘致区域以外にある土地等，建物，構築物</td><td>誘致区域内にある土地等，建物，構築物，機械装置</td></tr><tr><td>9号</td><td>国内にある土地等，建物又は建築物で，当該法人による所有期間が10年超であるもの</td><td>国内にある土地等，建物，構築物又は機械及び装置</td></tr></table>
②㋑ 棚卸資産を除く資産を，昭和45年4月1日から平成23年3月31日までに譲渡したこと
　㋺ ㋑に対する買換資産を，譲渡事業年度で取得すること
　㋩ ㋺の資産を，取得の日から1年以内に事業の用に供し，又は供する見込みであること
　㋥ 買換資産を圧縮限度額の範囲内で帳簿価額を減額し，又は所定の経理をすること
　㋭ 申告書に損金算入に関する記録があり，かつ，損金算入額の明細書その他所定の書類を添付していること
③ 買換土地の面積制限
　買換資産の土地等の面積が，譲渡した土地等の面積の5倍を超えるときは，買換資産の土地等のうち5倍を超える部分の面積は，買換資産に該当しない。</td>
</tr>
<tr>
<td>《計算Pattern》
交換差益金の圧縮記帳
〔土地の場合〕
(1) 交換適用の判定</td>
<td>《計算Pattern》
特定資産の買換えの圧縮記帳
(1) 経　　費（譲渡に要したあっ旋手数料，立退料，取壊した建物等の税務上の帳簿価</td>
</tr>
</table>

① $\boxed{譲渡資産時価} - \boxed{取得資産時価}$

② $\boxed{多い時価} \times \dfrac{20}{100}$

③ ①≦② ∴適用

(2) 譲渡経費

(3) 圧縮限度額

$\boxed{交換差金等の授受ない場合}$ →

$$取得資産の\atop 取\ 得\ 時\ 価 - \overset{⑬}{\left(譲渡資産の譲渡\atop 直前の帳簿価額 + 譲渡経費\right)}$$

$\boxed{交換差金等を取得した場合}$ →

$$取得資産の\atop 取\ 得\ 時\ 価 - ⑬ \times \dfrac{取得資産の時価}{取得資産の時価 + 交換差金等}$$

$\boxed{交換差金等を交付した場合}$ →

取得資産の取得時価 − (⑬ + 交換差金等)

(4) 圧縮超過額

会社圧縮損 − 圧縮限度額 = 圧縮超過額
（加・留）

〔減価償却資産の場合〕

(1) 交換適用の判定

① 時価 − 時価 (取得資産の時価と譲渡資産の時価との差額)

② 多い時価 $\times \dfrac{20}{100}$

③ ①≦② ∴適用

(2) 譲渡経費

(3) 圧縮限度額 (土地の場合の式と同じ)

(4) 圧縮超過額

会社圧縮損 − 圧縮限度額 = 圧縮超過額
（加・留）

(5) 償却限度額

建物の場合

(本来の取得価額 − 圧縮による損金算入額) × 償却率

(6) 償却超過額

$$(当期会計上償却費 + \overset{(4)}{\boxed{圧縮超過額}})$$
$$- 償却限度額 = 建物減価償却超過額（加・留）$$

額）

(2) 差益割合

$$\dfrac{譲渡対\atop 価の額 - \left(譲渡資産の譲渡直前の簿価 +\atop 繰越超過 + 譲渡経費\right)}{譲渡対価の額}$$

(3) 圧縮基礎取得価額

$\left.\begin{array}{l}譲渡対価の額 \\ 買換資産の取得価額\end{array}\right\}$小さい方

〈面積制限あるとき〉

$\left.\begin{array}{l}譲渡対価の額 \\ 買換資産の \atop 取得価額 \times \dfrac{譲渡土地面積 \times 5}{買換土地面積}\end{array}\right\}$小さい方

(4) 圧縮限度額

圧縮基礎価額 × 差益割合 × 80％

(5) 圧縮超過額

① 土地のケース

会社計上圧縮損 − 圧縮限度額
= 土地取得超過額（加・留）

② 減価償却資産のケース（建物の場合）

会社計上圧縮損 − 圧縮限度額

$= \dfrac{建物圧縮}{超過額} \longrightarrow \dfrac{会社償却費にプラス}{して調整}$

(6) 償却限度額

建物 (本来の取得価額 − 圧縮による損金算入額) × 定額法償却率

建物以外の減価償却資産 (買換資産の期首簿価 − 当期の圧縮による損金算入額) × 定率法償却率

(7) 償却超過額

$$\left(当期会計\atop 上償却費 + \overset{(5)②}{\boxed{圧縮超過額}}\right) - 償却限\atop 度額$$
$$= 建物減価償却超過額（加・留）$$

	収用で取得した固定資産の圧縮記帳 （措法64①⑦）	保険金で取得した固定資産の圧縮記帳 （法47，48）
適 用 要 件	収用等の課税特例として，5,000万円の所得の特別控除（措法65の2）と代替資産の圧縮記帳（措法64，65）の規定が設けられており，会社は選択適用することができる。 〈収用の圧縮記帳〉 次の(1)(2)に該当するものは圧縮記帳が適用できる（措法64〜65）。 (1) 当期に土地収用等により法人の有する資産が収用等され，補償金等を取得すること。 (2) 当期に収用等により譲渡した資産に対して，代替資産を取得すること。 〈収用等の特別控除〉 (1) 適用要件 収用等によって法人の有する資産が補償金等を取得した場合において，次の要件のすべてを満たしている場合には，5,000万円と譲渡益の額（対価補償金等の額−譲渡資産の帳簿価額−譲渡経費の額）とを比較し，いずれか少ない金額を損金の額に算入することができる。 ① その譲渡を行った事業年度のうち同一年に属する期間中に，収用等により譲渡したすべての資産について圧縮記帳等をしていないこと ② 収用等による譲渡が買取り等の申出があった日から6か月以内に行われたこと（圧縮記帳は要件ではない） ③ 補償金等の額が譲渡資産の譲渡直前の帳簿価額と譲渡経費の合計額を超えること ④ 最初に買取りの申出を受けた法人が，その資産を譲渡し補償金を取得したこと	① この特例が適用される保険金等とは，法人がその有する固定資産の滅失又は損壊により支払を受ける保険金，共済金又は損害賠償金で，その滅失又は損壊のあった日から3年以内に支払の確定したものとされている（法47①，令84）。 ② 代替資産とは代替する同一種類の固定資産であり，構造，用途，細目等の同一性は要求しない。また，代替資産は取得だけが要件ではなく，資本的支出に該当する改良も含まれる。 ただし，機械装置は設備の種類が同一であるか又は類似するものでなければならない。
	《計算Pattern》《収用等の圧縮記帳》 (1) 譲渡の経費 　　譲渡経費−経費補償金 (2) 差引対価補償金 　　　　　　　　(1) 　　対価補償金−譲渡経費 (3) 差益割合 　　　　　　　　(2) 　差引対価−（譲渡資産の譲渡直前の帳 　補償金　（簿価額＋繰越償却超過額） 　──────────────── 　　　差引対価補償金 　　　　　(2)	《計算Pattern》 保険差益金の圧縮記帳 〔土地の場合〕 (1) 経費按分 (2) 差引保険金の額　保険金 − 経費 (3) 保険差益金　 (2) − 被害資産の被 　　　　　　　　　　　　害直前の簿価 (4) 圧縮限度額 　　　　　　(2)と取得資産の少ない方 　　(3)×──────────── 　　　　　　　　　(2)

第6章　資産と償却費　579

<table>
<tr><td rowspan="30">計算パターン</td><td>

(4)　圧縮基礎取得価額

　　差引対価補償金　　　┐
　　　　　　　　　　　　├ 小さい金額
　　代替資産の取得価額　┘

(5)　圧縮限度額

　　圧縮基礎取得価額×差益割合＝圧縮限度額
　　　　　　(4)　　　　　　(3)

(6)　圧縮超過額

〈損金経理直接減額法〉

（土地のケース）

　　会社計上圧縮損－(5)
　　土地圧縮超過額（加・留）

（建物等のケース）

　　会社計上圧縮損－(5)
　　建物等圧縮超過額は減価償却にプラス
　　して調整する。

(7)　償却限度額（建物等の減価償却資産の
　　ケース）

$$\left(\begin{matrix}本\ 来\ の\\取得価額\end{matrix}-\begin{matrix}圧縮損金\\算\ 入\ 額\end{matrix}\right)×償却率$$

(8)　償却超過額

$$\left(会社計上償却費＋\boxed{\underset{(6)}{圧縮超過額}}\right)-(7)$$

《特別控除額の計算》

①　譲　渡　益

　(イ)　譲渡経費　　譲渡経費－経費補償金

　(ロ)　譲渡益

$$\begin{matrix}対\ \ 価\\補償金\end{matrix}-\left(\begin{matrix}譲渡資産の譲渡直前の\\帳簿価額＋譲渡経費\end{matrix}\underset{①(イ)}{}\right)$$

②　控　除　限　度

　　5,000万円－その年に既に控除された
　　特別控除額

③　特　別　控　除　額

　　①と②の小さい方の金額（収用等の特
　　別控除額（減算・社外流出）

</td><td>

(5)　圧縮超過額　　会社圧縮額－(4)

〔減価償却資産の場合〕

(1)　経費按分

(2)　差引保険金の額　　$\boxed{保険金}-\boxed{経費}$

(3)　保険差益金　　$\boxed{(2)}-\boxed{\begin{matrix}被害資産の被\\害直前の簿価\end{matrix}}$

(4)　圧縮限度額

$$(3)×\frac{(2)と取得資産の少ない方}{(2)}$$

(5)　圧縮超過額　　会社圧縮額－(4)

(6)　償却限度額

$$\left(\begin{matrix}本\ 来\ の\\取得価額\end{matrix}-圧縮限度額\right)×償却率$$

(7)　償却超過額

$$\left(\begin{matrix}会\ 社\\償却費\end{matrix}+\underset{(5)}{\begin{matrix}圧\ 縮\\超過額\end{matrix}}\right)-償却限度額$$

</td></tr>
</table>

	国庫補助金等で取得した固定資産の圧縮記帳（法42）
適用要件	① 国庫補助金等を受け，その補助金をもって交付目的に適合した固定資産の取得又は改良を行い，国庫補助金等の返還を要しないことが事業年度末までに確定したときは，その取得に充てた国庫補助金等に相当する金額（圧縮限度額）の範囲内でその固定資産の帳簿価額を減額し，又は所定の経理をしたときは，損金の額に算入される。 ② 圧縮記帳は，国庫補助金等の交付を受けた事業年度において目的資産を取得することが原則である。しかし，補助金等を受けた事業年度末までに返還不要が確定したが，目的資産の取得がその後の事業年度となったときは，交付事業年度では未決算勘定（仮勘定）で経理しその後，目的資産取得事業年度で圧縮記帳を行うことができる。

《計算Pattern》

国庫補助金の圧縮記帳

〔土地の場合〕

(1) 圧縮限度額

$\left.\begin{array}{l}\boxed{国庫補助金}\\ \boxed{取得価額}\end{array}\right\}$ いずれか少ない額

(2) 圧縮超過額

$\boxed{会社圧縮額} - \boxed{圧縮限度額(1)}$

〔減価償却資産の場合〕

(1) 圧縮限度額

$\left.\begin{array}{l}\boxed{国庫補助金}\\ \boxed{取得価額}\end{array}\right\}$ いずれか少ない額

(2) 圧縮超過額

$\boxed{会社圧縮額} - \boxed{圧縮限度額(1)}$

(3) 償却限度額

（本来の取得価額－圧縮限度額）×償却率 ※

※圧縮不足のときは会社圧縮額

(4) 償却超過額

（会社償却費＋圧縮超過額(2)）－償却限度額

第7章 有価証券

第1節 有価証券の譲渡損益

【Point 33】

1 有価証券の範囲
 法人税法に規定する有価証券とは，証券取引法2条1項に規定する有価証券その他これに準ずるもので政令で定めるものである。

2 有価証券の譲渡損益
 有価証券の取引ごとに，譲渡対価の額から譲渡原価の額を控除して譲渡損益を計算し，譲渡契約をした日の属する事業年度の益金の額又は損金の額に計上する。
 譲渡原価の額は，移動平均法又は総平均法により算出した1単位当たりの帳簿価額に譲渡した有価証券の数を乗じて計算する。

3 1単位当たりの帳簿価額
 1単位当たりの帳簿価額の算出の方法の選定は，有価証券の区分ごと，かつ種類ごとに選定する。

1 制度の趣旨

現在会計で実施されている有価証券の譲渡損益の額の計算処理が，譲渡の取

引ごとに行われていること。しかも，正味の譲渡損益を計算して，その合計額が損益計算書に計上されていた。しかし，法人税法の改正前では，譲渡損益が総額で計算されるという相違があった。

このため，平成12年度の法人税法改正で，有価証券の期末評価に時価評価が導入（法61の3）されることを機会に，期中に生ずる有価証券の譲渡損益の額を取引ごとに正味の金額で計算する規定が設けられた（法61の2）。

また，企業会計において有価証券の譲渡損益について，約定時に計上することとされたことから，法人税法においても，有価証券の譲渡損益は売却等の約定日の属する事業年度に計上することとなった。

なお，税法が問題とするのは，小切手や受取手形のような価値が元本に記載されているものではなく，株券，社債，国債等のように証券に記載されている金額と，別の取引金額が発生し，譲渡損益が発生している有価証券である（法2二十一，令11）。

2 有価証券の範囲

法人税法に規定する有価証券とは，金融商品取引法2条1項に規定する有価証券その他これに準ずるもので，政令で定める以下の有価証券をいう（法2二十一，令11）。ただし，自己の株式や出資を除く。

イ　金融商品取引法2条1項に規定する有価証券

ロ　金融商品取引法2条1項1号から15号までに掲げる有価証券及び同項17号に掲げる有価証券（同項16号に掲げる有価証券の性質を有するものを除く）に表示されるべき権利（これらの有価証券が発行されていないものに限る）

ハ　譲渡性預金の預金証書をもって表示される金銭債権のうち一定のもの

ニ　合名会社，合資会社又は合同会社の社員の持分，協同組合等の組合員又は会員の持分その他法人の出資者の持分

ホ　株主又は投資主となる権利，優先出資者となる権利，特定社員又は優先出資社員となる権利その他法人の出資者となる権利

さらに，抵当証券で一定の学校債が有価証券の範囲に追加された。また，銀

第7章 有価証券 583

行等の貸付債権を信託する信託の受益権又はこれに類する権利を表示するもの
のうち一定のもの（証券が発行されていないものに限る）及びデリバティブ取引に
係るものは削除された。

3 有価証券の取得価額

有価証券の譲渡原価の額は，有価証券の1単位当たりの帳簿価額に譲渡をし
た有価証券の数を乗じた額となる。この有価証券の1単位当たりの帳簿価額
は，有価証券の取得価額を平均化（移動平均法又は総平均法）して算出すること
になる。この有価証券の取得価額は，その取得の方法により，それぞれ次のと
おりとされている（令119①）。

① **購入した有価証券**

その購入の代価（取得のために要した購入手数料等の費用がある場合には，この購
入費用を加算した金額）

② **金銭の払込み又は資産の給付により取得した有価証券（③に該当するものを除く）**

その払い込んだ金額及び給付資産の価額の合計額（取得のために要した費用があ
る場合には，取得費用を加算した金額）

③ **株式等無償交付により取得した株式（④を除く）**

原則として，取得価額は零（0）となる。

④ **新株など有利な発行価額により払込等で取得した有価証券**

取得時における有価証券の取得のために通常要する価額，収入期日の価額で
あり取得価額となる。

⑤ **①～④以外の方法で取得した有価証券**

取得時におけるその取得のために通常要する価額，すなわち時価が取得価額
となる。

4 評価換え等があった場合の取得価額の特例

法人がその有する有価証券について移動平均法により1単位当たりの帳簿価
額を算出している場合において，次の図に掲げる評価換え等があったときは，

次に掲げる区分に応じそれぞれ次に掲げる方法により、その有価証券の1単位当たりの帳簿価額を計算する（令119の3）。

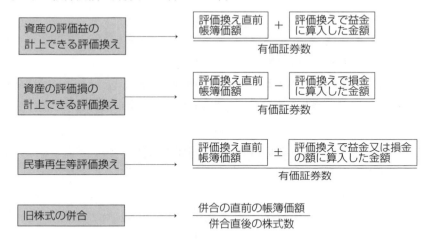

法人がその有する有価証券について総平均法により1単位当たりの帳簿価額を算出している場合において、前記の図に掲げる評価換え等があったときは、事業年度開始の時からその評価換え等の直前の時までの期間及びその評価換え等があった時からその事業年度終了の時までの期間をそれぞれ1事業年度とみなして、総平均法により1単位当たりの帳簿価額を計算する（令119の4）。

5　1単位当たりの帳簿価額の算出方法

1単位当たりの帳簿価額の算出の方法（移動平均法又は総平均法）の選定は、**売買目的有価証券、満期保有目的有価証券、その他の有価証券**という有価証券の区分ごとに、かつ、有価証券の種類ごとに選定しなければならない（令119の5①）。この1単位当たりの帳簿価額に譲渡した有価証券の数を乗じて、有価証券の譲渡原価が計算される。

1単位当たりの帳簿価額の算出の方法の選定の手続きは、新しい区分又は新しい種類の有価証券を取得した場合に、その取得した事業年度の確定申告書（仮決算による中間申告書を提出するときは中間申告書）の提出期限までに届け出なけれ

ばならない (令119の5②)。有価証券の譲渡原価の額を計算する場合における1単位当たりの帳簿価額の算出方法は，移動平均法又は総平均法とする。

1単位当たりの帳簿価額の算出の評価方法を選定しなかった場合又は選定した方法により算出しなかった場合には，**移動平均法**による。移動平均法が**法定算出方法**である。ただし，法人のよっている評価方法が適当と認められる場合には，その評価方法によることができる（令119の7①）。

評価方法の変更の手続等は，棚卸資産の評価方法の変更と同じである（令119の6）。

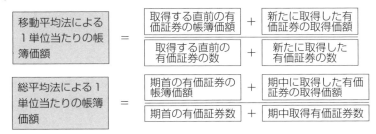

移動平均法とは，種類を同じくする有価証券に対して，再取得するつどに，平均単価をもって1単位当たりの帳簿価額を計算する方法である。**総平均法**とは，種類を同じくする有価証券に対して，総平均単位を用いる方法である。棚卸資産で認められていた先入先出法や後入先出法等の評価方法は認められていない。その理由は，株式等の有価証券は，投機的理由等のさまざまな要因により移動することが多いため，先入先出法や後入先出法の評価はしにくいからである。

〈図表7-1〉有価証券の1単位当たりの帳簿価額算出方法

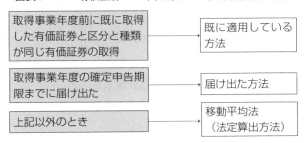

6　有価証券の譲渡損益の額の計算等

　有価証券の譲渡損益の額については，譲渡対価の額から譲渡原価の額を控除して計算し，譲渡契約をした日の属する事業年度の益金の額又は損金の額に計上する（法61の2）。このように，期中に生ずる有価証券の譲渡損益の額を正味の金額で計算することとなったと同時に，譲渡損益の計上時期を，売却等の約定日の属する事業年度に計上すべきこととされた。

　この場合の譲渡原価の額は，移動平均法又は総平均法により算出した1単位当たりの帳簿価額に譲渡をした有価証券の数を乗じて計算する。

　この1単位当たりの帳簿価額の算出は，有価証券の取得価額を基に，有価証券を売買目的有価証券，満期保有目的等有価証券又はその他有価証券に区分した後のそれぞれの銘柄ごとに行う（令119の2②）。

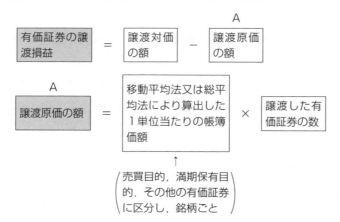

《計算Pattern》期末帳簿価額銘柄ごとに計算する

(1)　会計上簿価

　　　　単価×期末有価証券数

第7章　有価証券　587

(2)　税務上簿価

　　　単価×期末有価証券数

(3)　評価損益

　　　(1)−(2)＝プラス　有価証券認定損（減・留）

　　　(1)−(2)＝マイナス　有価証券計上洩（加・留）

《別表四の記載》

	区　分	金額	留保
加算	有価証券計上洩	×××	××
減算	有価証券認定損	×××	××

《計算例題》　有価証券の譲渡損益

　福大株式会社が所有する株式A（売買目的有価証券）について，以下の資料により，譲渡損益及び評価損益を計算しなさい。なお，1単位当たりの帳簿価額は，移動平均法により算出する。

日　　付	区　分	単　価	数　量	約定金額又は評価額
平成31年　4/1	前期繰越	600円	10,000株	6,000,000円
平成31年　6/20	購　入	300円	5,000株	1,500,000円
令和元年　10/25	売　却	800円	7,000株	5,600,000円
令和元年　12/10	購　入	540円	2,000株	1,080,000円

　期末時点の一単位当たりの時価は500円であった。

《解答欄》

		計　算　式	金　額
6／20	購入後の一単位当たりの単価	☐ ＋ ☐ ─────── ☐ ＋ ☐ ＝ ☐ 円	☐ 円

		計　算　式	金　額
10／25	売却に伴う譲渡損益	① 譲渡対価 $\boxed{\quad 円 \quad} \times \boxed{\qquad 株 \qquad}$ $= \boxed{\qquad 円}$ ② 譲渡原価 $\boxed{\quad 円 \quad} \times \boxed{\qquad 株 \qquad}$ $= \boxed{\qquad 円}$ ③ 譲渡益 $\boxed{\qquad 円} - \boxed{\qquad 円}$ $= \boxed{\qquad 円}$	$\boxed{\qquad 円}$
12／10	購入後の一単位当たりの単価	① 10／25　売却後の帳簿価額 $\boxed{\quad 円 \quad} \times \boxed{\qquad 株 \qquad}$ $= \boxed{\qquad 円}$ ② 12／10　購入後の一単位当たり単価 $\dfrac{\boxed{\quad 円 \quad} + \boxed{\qquad 円}}{\boxed{\quad 株 \quad} + \boxed{\qquad 株}}$ $= \boxed{\qquad 円}$	$\boxed{\qquad 円}$
3／31	期末評価	期末帳簿価額 $\boxed{\quad 円 \quad} \times \boxed{\qquad 株 \qquad}$ $= \boxed{\qquad 円}$	$\boxed{\qquad 円}$
		期末時価 $\boxed{\quad 円 \quad} \times \boxed{\qquad 株 \qquad}$ $= \boxed{\qquad 円}$	$\boxed{\qquad 円}$
	調整	$\boxed{\quad 円 \quad} - \boxed{\qquad 円}$ $= \boxed{\qquad 円}$	$\boxed{\qquad 円}$

第7章　有価証券　589

《解　答》

		計　算　式	金　額
6／20	購入後の一単位当たりの単価	$\dfrac{6,000,000円 + 1,500,000円}{10,000株 + 5,000株}$ ＝ 500円	500円
10／25	売却に伴う譲渡損益	①　譲渡対価 800円 × 7,000株 ＝ 5,600,000円 ②　譲渡原価 500円 × 7,000株 ＝ 3,500,000円 ③　譲渡益 5,600,000円 － 3,500,000円 ＝ 2,100,000円	2,100,000円
12／10	購入後の一単位当たりの単価	①　10／25　売却後の帳簿価額 500円 × 8,000株 ＝ 4,000,000円 ②　12／10　購入後の一単位当たり単価 $\dfrac{4,000,000円 + 1,080,000円}{8,000株 + 2,000株}$ ＝ 508円	508円

		計 算 式	金 額
3／31	期末評価	期末帳簿価額 　508円　×　10,000株 　　　=　5,080,000円	① 5,080,000円
		期末時価 　500円　×　10,000株 　　　=　5,000,000円	② 5,000,000円
	調整	①　　　　　② 5,080,000円　−　5,000,000円 　　　=　80,000円 A株式認定損 （別表四　減算・留保）	80,000円

第7章 有価証券　591

第2節　期末有価証券の評価

【Point 34】

1　有価証券の区分

　有価証券は，取得する目的により，売買目的有価証券，満期保有目的等有価証券とその他の有価証券に区分する。

2　有価証券の評価

　売買目的有価証券については，時価法を適用し，売買目的以外の有価証券については，原価法により評価した金額とする。

3　有価証券の評価損益

　売買目的有価証券に係る評価益又は評価損は，当該事業年度の所得の金額の計算上，益金の額又は損金の額に算入する。

1　制度の趣旨

　企業会計において，平成11年1月，企業会計審議会から「金融商品に係る会計基準の設定に関する意見書」が公表され，有価証券やデリバティブなどの金融商品に対して時価会計が導入された。

　これと，並行して法人税法においても，平成12年4月1日以後に開始する事業年度から，有価証券の評価に対して時価評価が導入された。

　短期売買目的で有価証券の売買を行っている場合，有価証券の価格の変動によって生じた評価益又は評価損についても，有価証券の売買によって生じた譲渡利益又は譲渡損失と同様に，利益又は損失が発生したものと考えられること，及び，企業会計で，売買目的有価証券について時価評価の対象とされたため，法人税法においても，売買目的有価証券について，時価法の適用対象として評価益又は評価損を計上することとした。

2　有価証券の評価

　内国法人が，事業年度の終了の時において有する有価証券の期末評価額は，**売買目的有価証券**については，**時価法**により評価した金額とし，**売買目的外有価証券**については，**原価法**により評価した金額とする。

　なお，売買目的外有価証券のうち，償還期限及び償還金額の定めのあるもの（**償還有価証券**）については，上記の原価法により評価した金額は，帳簿価額と償還金額との差額のうち各事業年度に配分すべき金額を加算し又は減算した金額とする（償却原価法といわれるもので，アキュムレーション又はアモチゼーションともいわれる）（法61の3①）。償還有価証券でない売買目的外有価証券に含まれる**関係法人株式**は原価法となる。関係法人株式とは，株式会社の特殊関係株主等によって，25％以上の株式が所有されているものをいう。この場合の特殊関係株主等とは，その会社の株主及びその株主と同族関係にあるものをいう。企業支配を目的として，長期保有されており，固定資産に準ずる性格を持つため，原価法を適用している。

　売買目的有価証券は，短期的な株価の変動を利用してもうけるものであり，会社内にトレーダーのような有価証券売買を行う部を設定し売買している有価証券である。そのため，金融機関等では適用されるが，一般会社では少ないと思われる。

〈図表7－2〉有価証券の期末評価方法

有価証券の種類		譲渡原価計算方法	期末評価方法
売買目的有価証券		移動平均法又は総平均法	時価法（期末時の最終価額である終値）
売買目的外有価証券	償還有価証券		帳簿価額と償還金額との差額を帳簿価額に加減（償却原価法）
	上記以外		原価法（移動平均法又は総平均法）

　具体的に売買目的有価証券の時価評価金額については，取引所売買有価証券，店頭売買有価証券，その他価格公表有価証券及びそれ以外の有価証券の区分に

応じた次の算定方法が定められている（法令119の13）。

① 取引所売買有価証券（その売買が主として証券取引所において行われている有価証券）――証券取引所において公表された事業年度終了の日の最終の売買の価格

② 店頭売買有価証券（証券取引法76条１項（登録等に関する規則）の店頭売買有価証券）――証券取引法79条の３（売買高及び価格の通知・公表）の規定により公表された事業年度終了の日の最終の売買の価格

③ その他価格公表有価証券（①及び②の有価証券以外の有価証券のうち，価格公表者によって公表された売買の価格又は気配相場の価格があるもの）――価格公表者によって公表された事業年度終了の日の最終の売買の価格

3 有価証券の評価損益

事業年度終了の時において売買目的有価証券を有する場合には，当該売買目的有価証券に係る評価益又は評価損は，当該事業年度の所得の金額の計算上，益金の額又は損金の額に算入する（法61の３②）。

なお，当該事業年度の益金の額又は損金の額に算入した売買目的有価証券に係る評価益又は評価損に相当する金額は，翌事業年度の損金の額又は益金の額に算入するものとし，洗替え処理を行う（令119の15）。

《計算Point》

〈図表7-3〉売買目的有価証券の時価評価と課税対象による分類

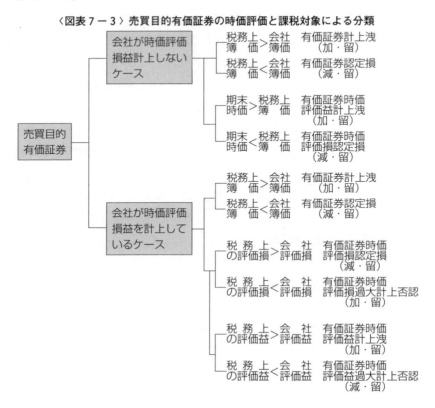

《計算Pattern》期末評価の計算（売買目的有価証券）

〈会社が，時価評価損益を計上しないケース〉

(1) 帳簿価額

① 税務上簿価　　期末税務上の簿価×株数

② 会社帳簿価額　　期末会計上の簿価×株数

③ ①-②　プラスのとき　　有価証券計上洩（加・留）

　　　　　　マイナスのとき　有価証券認定損（減・留）

第7章　有価証券　595

(2)　時価評価

期末時価−税務上の帳簿価額(1)①

　　　　プラスのとき　　　有価証券時価評価益計上洩（加算・留保）

　　　　マイナスのとき　　有価証券時価評価損認定損（減算・留保）

〈会社が，時価評価損益を計上しているケース〉

(1)　帳簿価額

①　税務上簿価

②　会社帳簿価額

③　①−②　プラスのとき　　　有価証券計上洩（加算・留保）

　　　　　　マイナスのとき　　有価証券認定損（減算・留保）

(2)　時価評価

①　税務上の時価評価損益

　(イ)　期末時価×株数

　(ロ)　税務上の評価損益　(2)①(イ)−(1)①　（益の場合は時価−税務上簿価）

　　　　　　　　　　　　　　　　　　　　　　（損の場合は税務上簿価−時価）

②　会社時価評価損益

③　①−②

　（評価損のケース）

　　　　　　プラスのとき　　　有価証券時価評価損認定損（減・留）

　　　　　　マイナスのとき　　有価証券時価評価損過大計上否認（加・留）

　（評価益のケース）

　　　　　　プラスのとき　　　有価証券時価評価益計上洩（加・留）

　　　　　　マイナスのとき　　有価証券時価評価益過大計上否認（減・留）

《別表四の記載》

区　　分	金　　額	留　　保
加算 有価証券計上洩	×××	××
有価証券時価評価益計上洩	×××	××
有価証券時価評価損過大計上否認	×××	××
減算 有価証券認定損	×××	××
有価証券時価評価損認定損	×××	××
有価証券時価評価益過大計上否認	×××	××

第7章　有価証券　597

《計算例題1》　売買目的有価証券の評価

　当期における期末の有価証券に関する資料は以下のとおりである。これにより，税務調整すべき金額を計算しなさい。ただし，会社が時価評価損益の計上を行っていないこととする。帳簿価額は税務上の帳簿価額とする。

区　　分	帳簿価額	当期末の時価	備　　考
A株式	900,000円	1,200,000円	企業支配目的で所有
B株式	1,000,000円	800,000円	売買目的で所有
C株式	1,000,000円	1,200,000円	売買目的で所有
D株式	700,000円	1,100,000円	非売買目的で所有

《解答欄》

区　　分	計算式	調整金額
A株式		
B株式		
C株式		
D株式		

《解　答》

区　　分	計算式	調整金額
A株式	企業支配目的なので，税務調整なし	0円
B株式	1,000,000円－800,000円＝200,000円	B株式時価評価損認定損 200,000円（別表四，減算・留保）
C株式	1,200,000円－1,000,000円＝200,000円	C株式時価評価益計上もれ 200,000円（別表四，加算・留保）
D株式	非売買目的なので，税務調整なし	

598

《計算例題2》 売買目的有価証券の評価（会社が時価評価益の計上を行っているケース）

　福大株式会社（自平成31年4月1日　至令和2年3月31日）の所有する慶応株式の異動状況は以下のとおりである。これにより，税務調整すべき金額を計算しなさい。

	取得株式数	譲渡株式数	単　価	金　　額
平成30年11月20日	30,000株	——	240円	7,200,000円
平成31年3月15日	10,000株	——	300円	3,000,000円
令和元年5月25日	——	20,000株	400円	8,000,000円
令和元年10月5日	20,000株	——	236円	4,720,000円
令和2年1月10日	——	10,000株	200円	2,000,000円

(1) 当期末における帳簿価額（時価評価前）は7,200,000円である。
(2) 慶応株式は売買目的有価証券であり，当期末の時価は1株当たり230円である。当期末に時価評価損として400,000円費用計上している。
(3) 慶応株式の発行会社である慶応株式会社の配当等の計算期間は1月1日から12月31日である。
(4) 福大株式会社は，有価証券1単位当たりの帳簿価額の算定方法の届出を行っていないとする。
(5) 前期において「慶応株式時価評価益計上洩れ」として加算された金額は50,000円あった。

《解答欄》
(1) 帳簿価額
　① 税務上の帳簿価額
　　(イ) 単　価
　　　㋑ 平成31年3月15日取得時

　　　㋺ 令和元年10月5日取得時

第7章 有価証券 599

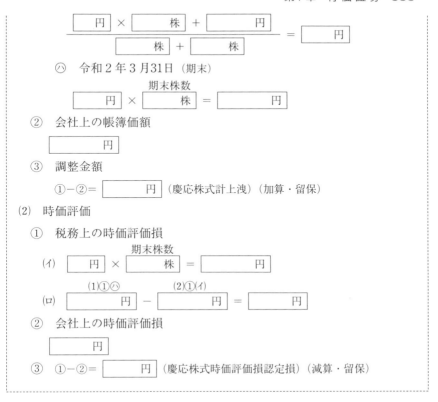

$$\frac{\boxed{}円 \times \boxed{}株 + \boxed{}円}{\boxed{}株 + \boxed{}株} = \boxed{}円$$

　　(ハ) 令和2年3月31日（期末）

　　　　　　　　　　期末株数
$$\boxed{}円 \times \boxed{}株 = \boxed{}円$$

　② 会社上の帳簿価額

　　$\boxed{}$円

　③ 調整金額

　　①－②＝$\boxed{}$円（慶応株式計上洩）（加算・留保）

(2) 時価評価

　① 税務上の時価評価損

　　　　　　　　　期末株数
　(イ) $\boxed{}$円 × $\boxed{}$株 ＝ $\boxed{}$円

　　　　(1)①(ハ)　　　(2)①(イ)
　(ロ) $\boxed{}$円 － $\boxed{}$円 ＝ $\boxed{}$円

　② 会社上の時価評価損

　　$\boxed{}$円

　③ ①－②＝$\boxed{}$円（慶応株式時価評価損認定損）（減算・留保）

《解　答》

(1) 帳簿価額

　① 税務上の帳簿価額

　　(イ) 単　価

　　　㋑ 平成31年3月15日取得時

$$\frac{\boxed{7,200,000円} + \boxed{3,000,000円}}{\boxed{30,000株} + \boxed{10,000株}} = \boxed{255円}$$

　　　㋺ 令和元年10月5日取得時

$$\frac{\boxed{255円} \times \boxed{20,000株} + \boxed{4,720,000円}}{\boxed{20,000株} + \boxed{20,000株}} = \boxed{245.5円}$$

600

       （ハ）　令和２年３月31日

期末株数

$\boxed{245.5円} \times \boxed{30,000株} = \boxed{7,365,000円}$

②　会社上の帳簿価額

$\boxed{7,200,000円}$

③　調整金額

①－②＝ $\boxed{165,000円}$ （慶応株式計上洩）（加算・留保）

(2)　時価評価

①　税務上の時価評価損

（イ）　$\boxed{230円} \times \boxed{30,000株}$ 期末株数 $= \boxed{6,900,000円}$

（ロ）　$\boxed{7,365,000円}$ (1)①（ハ） $-$ $\boxed{6,900,000円}$ (2)①（イ） $= \boxed{465,000円}$

②　会社上の時価評価損

$\boxed{400,000円}$

③　①－②＝ $\boxed{65,000円}$ （慶応株式時価評価損認定損）（減算・留保）

第7章 有価証券 601

第3節 仮想通貨の課税

1 制度の趣旨

　仮想通貨の会計上の処理が時価評価となり，それを受けて令和元年度税制改正では，以下のように法人税法上の取扱いが定められた。平成31年4月1日以後に終了する事業年度分の法人税に対して適用される。

2 期末評価

　法人が事業年度末に保有する仮想通貨について，以下の区分に応じたそれぞれの方法により評価した金額を事業年度末における評価額とし，①については，評価損益を計上することとなる。

①	活発な市場が存在する仮想通貨	時価法
②	活発な市場が存在しない仮想通貨	原価法

3 譲渡損益の計上時期

　仮想通貨の譲渡をした場合の譲渡損益は，その譲渡に係る契約をした日の属する事業年度に計上する（約定日基準）。

4 1単位当たりの帳簿価額の算出方法

　仮想通貨の譲渡原価の額を計上する場合における1単位当たりの帳簿価額の算出方法は，移動平均法又は総平均法とする。

　法定算出方法は，移動平均法による原価法である。

602

5 信用取引等について

法人が事業年度末に有する未決済の仮想通貨の信用取引等は，事業年度末に決済したものとみなして計算した損益相当額を計上する。

第8章

借 地 権

【Point 35】

(1) 大都市では，借地権の設定にあたり，権利金授受の慣行があるので，権利金の収受をせずに借地権を設定した時は，適正額の権利益の収受があったものと認定し原則として認定課税が行われる。

(2) 借地権の設定により，権利金を取得し，土地の時価が著しく下落したときは，土地の部分的譲渡があったものとみなし，損金の額に算入する。

(3) 借地権の設定等にあたり，権利金を収受していなくても，相当の地代を収受しているときは，権利金の認定課税はない。

　また，土地の無償返還を約する等の場合も，権利金の認定課税は行われない。

(4) 借地権の設定等にあたり，地主側と借地人側の取扱いを理解する必要がある。

1 趣　　旨

　大都市圏では，土地を賃貸借する時に，権利金を受け取る慣行がある。これは借地人の権利が強くなり，**借地権**が財産権として認められるようになったためである。

法人税法では，法人が借地権を設定し他人に土地を使用させた場合に取扱いが規定されている。

法人（地主）が借地権設定により土地を使用させ，**権利金を収受した時**には収受した権利金の額は益金となる。それにより**著しく時価が下落した時**には，土地の一部（借地権部分）を譲渡したと考えるので，損金に算入される。

借地人が借地権の契約更新に際して**更新料を支払った場合**にも，支払った更新料は借地権の帳簿価額にプラスされるが，更新直前の借地権の帳簿価額のうち，減価した部分に対応する金額は損金に算入される。また，借地権の設定により，他人に土地を使用させた時に**権利金を収受せず**，相当の地代収入も得ていない時は，土地を無償で譲渡したとする**権利金の認定課税**が行われる。

2 権利金の収受に対する課税

法人が借地権を設定して他人に土地を使用させた場合に，その使用対価としての**権利金を収受したとき**は，その権利金の額は益金の額に算入する（法22②）。

地主が権利金を収受したことは，土地の**上地部分を譲渡**したと考える。

借主である借地人は権利金を支払い借地権（上地権）を取得したと考え，資産に計上する（法22）。

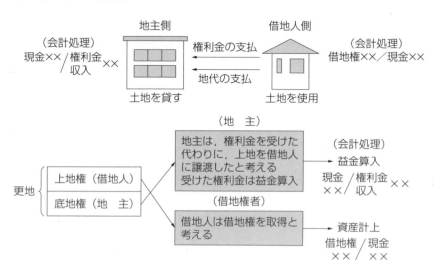

第8章 借地権 605

3 権利金の認定課税

① 権利金を収受する取引上の慣行がある場合，借地権の設定があったにもかかわらず権利金の授受がなされていないときは，通常収受すべき権利金は法人（地主）が，借地人からいったん収受したとみなし益金の額に算入する。そして，地主からその借地人に権利金相当額の贈与（寄付）があったものと考える（基13—1—3）。

② また，通常収受すべき権利金を実際に収受した権利金が満たしていないときは，通常収受すべき権利金と実際に収受した権利金との差額を借地人から地主がいったん収受したとみなし益金の額に算入する。そして，その差額を地主から借地人に贈与（寄付）があったものと考える。

これらが権利金の認定課税である。

(3) 相当地代の収受

権利金を収受する取引上の慣行がある場合において，借地権の設定があったにもかかわらず，権利金の収受に代えて，相当の地代を収受しているときは，その取引は正常なものとする（法令137）。つまり，このときは権利金の認定課税を行わない。

相当の地代の年額は，更地価額のおおむね6％とされている（基13—1—2）。

借地権の設定により，土地を使用させた場合，実際に収受する地代が相当の地代の年額を満たさないときは，以下のように権利金の認定を行う（基13—1—3）。

$$\text{土地の更地時価} \times \left(1 - \frac{\text{実際に収受している地代年額}}{\text{相続税評価額等} \times 6\%}\right) = \boxed{\text{権利金認定額}}$$

↓
（底地割合と仮定）

（注） この権利金認定額が通常収受すべき権利金の額を超えるときは，認定課税はその権利金が限度となる（基13—1—3（注2））。

606

4 無償返還の届出

権利金を収受せずに，借地権を設定し，しかも地代が相当の地代に満たない場合であっても，以下の2つの要件をいずれも満たす場合には，権利金の認定課税は行われない（基13―1―7）。

ア　借地権の設定契約で，将来借地人に，その**土地を無償で返還**することが定められているとき

イ　無償で返還する旨を，借地人との連名により「**土地の無償返還に関する届出書**」で，土地所有者の納税地の所轄税務署長に届け出たとき

この無償返還の届出があれば，権利金の認定課税はされないのであるが，**相当の地代**から**実際に収受している地代**を控除した金額が，地主から借地人に贈与したものとされる（基13―1―7）。この相当の地代は，おおむね3年以下の期間ごとに見直しを行う（基13―1―7（注））。

第8章 借地権 607

〈図表8−1〉権利金の課税関係

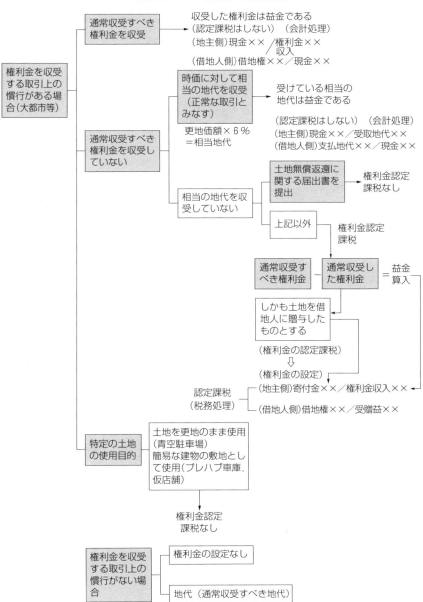

5　地主の税務上の取扱い（土地の帳簿価額の一部損金算入）

　地主が借地権を設定し，権利金を収受し，著しく時価が下落したとき（借地権設定前の更地価額に対する設定後の底地価額の低下割合が2分の1以上のとき）は，以下の金額を損金に算入できる（令138①）。

① 著しい時価下落の判定

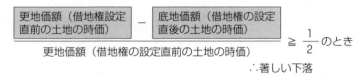

② 損金算入額

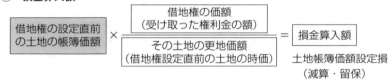

　これは，借地権が設定され，地主が権利金を受け取り**土地の時価が下落した**ということは，地主が借地権部分の**土地を一部譲渡**したと考えられるので，借地権設定直前の土地の帳簿価額のうち，算式で計算された一定額を譲渡された原価として損金算入額が計算される。

〈図表8－2〉借地権を設定し権利金を受けている時

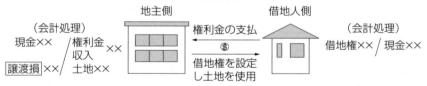

6 借地権者の税務上の取扱い・更新料を支払った場合の損金算入額

借地人が，借地権の存続期間満了により**更新料を支払った**場合には，以下の算式により計算した金額は損金に算入される。このとき，支払った更新料は借地権の帳簿価額に加算しなければならない（令139）。

借地権について，減損が生じていたと仮定し，更新直前の借地権の帳簿価額のうち計算式で計算した部分を更新時の借地権時価のうち，更新直前の帳簿価額のうち減価した部分は更新料でうめたとし，損金算入額とする。

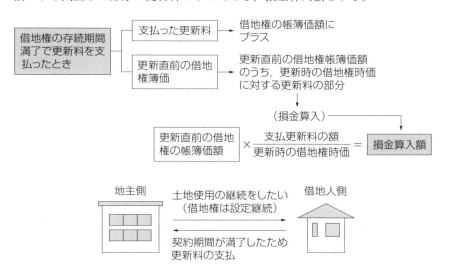

《計算Pattern》

《地主の場合・権利金を取得したら時価が著しく下落したケース（土地帳簿価額設定損の計算）》

(1) 判　定

$$\frac{\boxed{借地権設定直前の土地時価} - \boxed{借地権設定直後土地時価}}{\boxed{設定直前の土地時価}} \geqq \frac{1}{2}$$

∴　著しい下落あり

(2) 損金算入額

$$\boxed{\begin{array}{c}借地権設定直前の\\土地の帳簿価額\end{array}} \times \frac{借地権の時価}{借地権設定直前の土地の時価} = \boxed{損金算入額}$$

土地帳簿価額認定損
（減・留）

《借地権者が（借地権の計算）更新料を支払ったケース》

(1)　会社計上簿価

(2)　損金算入額

$$\boxed{更新直前の借地権の帳簿価額} \times \frac{更新料}{\boxed{更新時の借地権の時価}} = \begin{array}{c}損金算入額\\A\end{array}$$

(3)　税務上の更新後の借地権の帳簿価額

$$\boxed{更新直前の税務上の借地権の帳簿価額} - A（損金算入額）+ \boxed{更新料の額}$$

(4)　(1)−(3)　マイナスのとき　借地権計上洩
　　　　　　　　　　　　　　（加・留）

　　　　　　プラスのとき　　借地権設定損
　　　　　　　　　　　　　　（減・留）

《別表四の記載》

	区　分	金額	留保
加算	借地権計上洩	×××	××
減算	借地権認定損	×××	××

《計算例題１》 借地権を設定し，地主が権利金を収受した場合

　福大株式会社はＡ土地（帳簿価額5,000,000円）について慶応株式会社と建物の所有を目的とした借地権を設定している。以上の資料に基づいて福大株式会社の当期（自平成31年４月１日　至令和２年３月31日）の税務調整すべき金額を計算しなさい

　なお，Ａ土地の更地時価は30,000,000円である。借地権の価額は19,500,000円であり，19,500,000円の権利金を福大株式会社は収受した。

　貸付けたＡ土地の底地時価は10,500,000円である。

　Ａ土地の帳簿価額については，福大株式会社は何も処理していない。

《解答欄》　土地帳簿価額の認定損の計算

(1) 判　　定

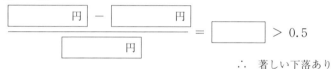

∴ 著しい下落あり

(2) 損金算入額

《解　答》　土地帳簿価額の認定損の計算

(1) 判定

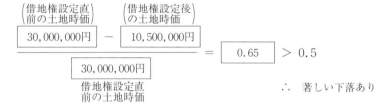

∴ 著しい下落あり

(2) 損金算入額

《計算例題2》 借地権者が更新料を支払ったケース

　福大株式会社は当期（自平成31年4月1日　至令和2年3月31日）において，借地契約の期間が満了し，更新にあたり更新料を4,000,000円支払った。以下の資料により税務調整すべき金額を計算しなさい。

(1) 福大株式会社は4,000,000円の更新料は借地権として資産に計上した。
(2) 更新直前の借地権の帳簿価額1,000,000円は当期に費用に計上した。
(3) 更新時の借地権の時価は16,000,000円である。

《解答欄》
(1) 会社計上更新後借地権帳簿価額

　　□ 円 － □ 円 ＋ □ 円
　　＝ □ 円

(2) 損金算入額

(3) 税務上更新後借地権帳簿価額

(4) (1)−(3)＝ □ 円

《解 答》

(1) 会社計上更新後借地権帳簿価額

(2) 損金算入額

(3) 税務上更新後借地権帳簿価額

(4) (1)－(3) ＝ △750,000円
　　　　　　借地権計上洩
　　　　　　（加算・留保）

第9章

引当金と繰入限度額

第1節 貸倒損失

【Point 36】

(1) **貸金等の切捨てをした場合**

　法人の有する金銭債権等について，会社更生法による更生計画の認可決定，会社法の特別清算による協定の認可等の一定の整理手続等により債権の全部又は一部の切捨てが行われた場合に，その切り捨てられることとなった金額は，貸倒れとして損金の額に算入する。

(2) **回収不能の場合**

　法人の有する金銭債権について，その債務者の資産状況，支払能力等からみてその全額が回収できないことが明らかとなった場合には，貸倒れとして損金経理することができる。

(3) **一定期間取引停止後弁済がない場合等**

　債務者との取引を停止した時以後1年以上経過した場合等には，その債務者に対して有する売掛債権から備忘価額を控除した金額を貸倒れとして損金経理することができる。

1 貸倒損失制度の趣旨

貸倒れに関して，企業会計上は保守主義の見地から早期計上により財政状態を適正に表示しようとする。しかし，税務上は一定の制限のもとに認めることとして取扱いの統一が図られている。なぜならば，貸倒れは租税の負担の軽減となるためである。

法人税法22条3項では，損金については第3章で既述したように3種類の態様が明示されている。まず，法22条3項1号では当該事業年度の収益に係る売上原価…その他これらに準ずる原価，2号では販売費，一般管理費その他の費用，3号では当該事業年度の損失の額で資本等取引以外の取引に係るものと規定される。しかし，貸倒損失に関する明文規定がない。したがって，この法22条3項3号により貸倒損失は損金が導入される。これでは，貸倒損失の損金算入要件が不明確である。

そこで，貸倒れになったかどうかの事実認定については，実務上むずかしいので，法人税基本通達において以下のように貸倒れの判定基準を明らかにしている。

2 貸倒損失 (bad debts)

(1) 貸金等の切捨てをした場合 (法律上の貸倒れ)

法人の有する金銭債権について次の事実が発生した場合には，その金銭債権の額のうち次に掲げる金額は，その事実の発生した日の属する事業年度において貸倒れとして損金の額に算入する (基9—6—1)。

つまり，以下の事実関係により金銭債権が消滅した場合には，法人が貸倒れとして損金経理したか否かにかかわらず，税務上は損金の額に算入される。貸倒損失認定損 (減・留)。法律上の貸倒れには，以下の①②③のような法的整理で切り捨てる場合と，④の債務免除の場合がある。

① **会社更生法の規定による更生計画の認可の決定**又は民事再生法の規定による再生計画の認可決定があった場合において，その決定により切り捨てられることとなった部分の金額

② **会社法の規定による特別清算に係る協定の認可の決定**があった場合において，これらの決定により切り捨てられることとなった部分の金額

③ 法令の規定による整理手続によらない関係者の協議決定で，次により切り捨てられることとなった部分の金額

(イ) **債権者集会の協議決定**で合理的な基準により債務者の負債整理を定めているもの

(ロ) 行政機関又は金融機関その他の第三者のあっせんによる**当事者間の協議**により締結された契約でその内容が(イ)に準ずるもの

④ 債務者の債務超過の状態が相当期間継続し，その金銭債権の弁済を受けることができないと認められる場合において，その債務者に対し書面により明らかにされた債務免除額

更生計画の認可決定等 債権者集会での協議決定	── 損金経理なし（貸倒損失認定損・減算・留保）
	── 損金経理あり（調整しない）
上記事実なし	── 損金経理していた（貸倒損失否認・加算・留保）

(2) 回収不能の場合（事実上の貸倒れ・経済上の貸倒れ）

貸金等について，その**債務者の資産状況，支払能力等からみてその全額が回収できないことが明らか**になった場合には，その明らかになった事業年度で貸倒れとして損金経理できる。

なお，担保物がある場合には，その担保物を処分した後でなければ貸倒れとして損金経理できない。保証債務は，現実に履行した後でなければ貸倒れの対象にすることはできない（基9―6―2）。

すなわち，法律的には金銭債権は消滅していないけれども，実質的に債権回収が全額不可能であるという事実関係がある場合においては，その全額を貸倒れとして損金経理することを要件として損金算入が認められている。

このように金銭債権を貸倒損失とするには，その金銭債権が全額回収不能であることが必要である（通説・判例）。

618

《貸倒損失の判例研究》 ☕ちょっと考えるコーヒーブレイク

　貸倒損失を損金算入する判断基準として，**興銀事件最高裁判決**（平成16年12月24日）の判断基準がある。この事案は，日本興業銀行が「子会社に対する貸付債権を政府の住専処理スキームが成立せず，しかも住専の営業譲渡及び解散登記が行われないということを解除条件（解散登記が行われないときは，放棄しない）として債権放棄を行い，債権を損金算入したものである。しかし，解散登記をまたずに債権放棄をした。それに対して課税庁は，この損金算入を認めず更正処分を行った。

　最高裁は，本事案に対して「貸倒損失を損金算入するためには，当該金銭債権の全額が回収不能であることが客観的に明らかでなければならないとし，そのことは，債務者の資産状況，支払能力などの債務者側の事情のみならず，債権回収への労力，債権額と取立費用との比較衡量，債権回収を強行することによって生ずる他の債権者とのあつれき等による経営的損失等の債権者側の事情，③経済的環境等も踏まえて社会通念に従って総合的に判断されるべき」と判示した。

　興銀事件は，最高裁が債権者側の事情や経済的崩壊等をも判断基準に加えた画期的で判示あった。この判決後，国税庁はホームページで「平成16年12月24日最高裁判決を踏まえた金銭債権の貸倒損失の損金算入に係る事前照会について」を掲載した。これにより，貸倒損失の個別具体的な照会に対応することとなった。

⑶　一定期間取引停止後弁済がない場合等

　債務者について次の事実が発生した場合には，その債務者に対して有する売掛債権（売掛金，未収請負金その他これらに準ずる債権をいい，貸付金その他これに準ずる債権を含まない）について，法人が当該売掛債権の額から備忘価額を控除した残額を貸倒れとして損金経理したときは，これを認めることされている（基9－6－3）。

① 債務者との取引を停止した時（最後の弁済期又は最後の弁済の時がその停止をした時以後である場合には，これらのうち最も遅い時）以後1年以上経過した場合

② 同一地域の債務者について有する売掛債権の総額が，その取立てのために要する旅費その他の費用に満たない場合において，その債務者に対し支払を督促したにもかかわらず弁済がないとき

上記の一定の事実関係がある場合に，備忘価額を残して損金経理することを要件として損金算入が認められている。

〈図表9－1〉貸倒損失

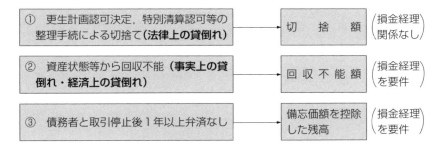

〈図表9－2〉貸倒損失と貸倒引当金の違い

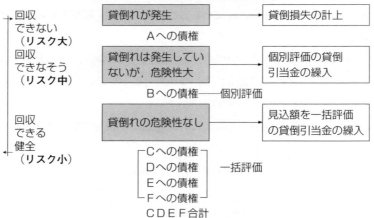

第9章 引当金と繰入限度額 621

第2節 引当金及び準備金

【Point 37】

---

(1) 税法は債務確定主義をとるため引当金を認めないのが原則である。しかし，企業会計において慣行化している引当金を一切認めないのでは現実的でないため，2つの引当金に限り認めている。

(2) 準備金は産業政策上の目的から認められているもので，利益留保の性格があるものを特別に認めている。したがって，青色申告法人にしか認めないとか，清算中の法人は認められないなどの制約がある。

---

1 制度の趣旨

　法人の各事業年度の所得金額の計算上，損金の額に算入される金額は，償却費を除いて，原則としてその事業年度終了の日までに債務の確定したものに限られている（法22③）。したがって，費用又は損失の見越計上や引当計上は，別段の定めにより認められているものを除いては，損金の額に算入されないこととされている。この限りでは引当金の損金算入余地はないといえる。

　しかし，債務確定基準を貫くと，企業会計の慣行に逆うことになる。しかも課税の公平も確保しなければならない。そこで，税法における引当金は，事業年度末までに発生していない費用等であっても，将来において発生が相当確実であり，しかも，その発生原因となる事実がその事業年度に属する2つの引当金に限っては一定の限度額まで繰入れを認めている。引当金は恒久的なものとして，法人税法の本法に定められている。課税ベースの拡大にともない引当金は廃止，ないし縮少の方向に向っている。したがって，多い時で6つの引当金が認められていたが，現在は2つの引当金が存続しているにすぎない。

　一方，準備金は，利益留保の性格を有するものと考えられており，産業の振

興等の特定の政策目的から認められている制度である。このように準備金は臨時的な性格であるため，租税特別措置法に定められている。

2 引当金制度

法人税法において認められている引当金は，以下の引当金である。

① 貸倒引当金

② 返品調整引当金（出版業，医薬品製造業等）

令和３年４月１日以降開始事業年度から新会計基準が，商品の販売時点で，商品の返品が見込まれる場合には，返品されないと見込まれる部分だけを収益とする。返品の可能性のある金額を収益から減額するため，返品調整引当金の計上が認められなくなる。これを受け，法人税法も，返品調整引当金の廃止の改正が行われる。

平成30年４月１日（施工日）前に対象事業を営む法人の，施工日以後に終了する事業年度（令和12年３月31日以前開始事業年度まで）は，返品調整引当金の繰入を行うことができる。

しかし，繰入限度額は令和３年４月１日から令和４年３月31日までの間に開始する事業年度は，その10分の９相当額とし，以後毎期10分の１ずつ減少することとなる。

これらの引当金制度の適用上の共通点は，以下のとおりである。

(1) **適用対象法人**

青色申告書を提出する法人に限らず，いわゆる白色申告法人についても適用される。

(2) **適用事業年度**

通常の各事業年度は勿論，解散した事業年度及び清算中の各事業年度においても繰入れが認められる。

(3) **繰入額の経理**

引当金勘定への繰入れは，損金経理が要件である。

⑷　**損金算入額**

　繰入れをした事業年度における損金算入額は，法人が損金経理した繰入額のうち繰入限度額に達するまでの金額である。したがって，その繰入限度額を超える部分の金額は，繰入限度超過額として損金の額に算入されない。

⑸　**取崩しの経理**

　貸倒引当金，返品調整引当金の各勘定の金額は，その全額を翌事業年度の所得金額の計算上，益金の額に算入する。つまり，毎期洗い替えることとされているので引当金の設定目的の事実に基因する損失が生じても，そのつど取り崩す必要はない。

⑹　**申告書記載要件**

　確定申告書に繰入額の損金算入に関する明細の記載がある場合に限り適用される。ただし，その記載がなかったことについて税務署長がやむを得ない事情があると認めるときは，その損金算入が認められるという，ゆうじょ規定がある。

3　準備金制度

　準備金は，租税特別措置法に定められており，以下の準備金が認められている。

　①海外投資等損失準備金，②金属鉱業等鉱害防止準備金，③特定災害防止準備金，④原子力発電施設解体準備金，⑤探鉱準備金，⑥保険会社等の異常危険準備金，⑦農業経営基盤強化準備金，⑧特定船舶に係る特別修繕準備金等

　これらの準備金制度の適用上の共通点は，以下のとおりである。

⑴　**適用対象法人**

　青色申告書を提出する法人に限って認められる。

⑵　**適用事業年度**

　各事業年度において適用できるが，しかし，解散（合併による解散を除く）の日を含む事業年度及び清算中の各事業年度においては適用されない。

⑶ **積立額の経理**

準備金は，損金経理によるほか，確定した決算において剰余金の処分によって積み立てることも認められている。

⑷ **損金算入額**

積立てをした事業年度における損金算入額は，法人が⑶の経理をした積立額のうち積立限度額に達するまでの金額である。その積立限度額を超える部分の金額は，積立限度超過額として損金の額に算入されない。

⑸ **取崩しの経理**

翌事業年度(又は一定期間据置後)から4〜5年間で均等額を取り崩して益金の額に算入する。

上記以外の場合には，固有の益金算入の規定に該当することとなったとき又は特定の事実に該当することとなった事業年度において，所定の金額を取り崩して益金の額に算入する。

⑹ **申告書記載要件**

確定申告書等（仮決算をした場合の中間申告書及び確定申告書をいう（措法2②二十七））に積立額の損金算入に関する申告の記載があり，かつ，その確定申告書等に積立額の計算に関する明細書等の添付がある場合に限り適用される。

第9章　引当金と繰入限度額　625

〈図表9－3〉引当金と準備金の違い

	項　　目	引　　当　　金	準　　備　　金
1	根拠法令	法人税法	租税特別措置法
2	適用対象法人	全ての法人に適用	青色申告法人に適用
3	適用事業年度	各事業年度，解散した事業年度，清算中の各事業年度	各事業年度に限られる。解散した事業年度及び清算中の事業年度は除かれる。
4	繰入・積立の経理	損金経理	損金経理の方法ないしは剰余金の処分による方法
5	損金算入額	繰入限度額まで	積立限度額まで
6	取崩しの経理	洗替え方式により翌期全額取り崩す。	翌事業年度から一定期間で均等額を戻入。その他は特定の事由が生じたときに一定の金額を取り崩す。
7	申告書記載要件	損金算入に関する明細の記載がある場合に限られる。ゆうじょ規定がある。	損金算入に関する記載があり，かつ，明細書等の添付がある場合に限られる。ゆうじょ規定はない。
8	性　　格	企業会計の尊重（費用的性格）	産業政策的（利益留保的）

第3節 貸倒引当金

【Point 37】

(1) 貸金について将来発生することが予想される貸倒れの損失見込額として，貸倒引当金繰入額のうち一定の金額を損金算入することが認められている。適用対象法人は銀行，保険会社，中小法人等に限定された。

(2) 2つ以上の業種を兼ねている法人は，主な業種の繰入率を採用する。繰入率には，法定繰入率と実績繰入率とがある。貸倒引当金の設定対象となる貸金の範囲に含まれるもの，含まれないものには注意を要する。

　大法人（銀行，保険会社等）は**実績繰入率**を適用する。それまでは経過措置の法定繰入率が適用される。ただし，中小法人は存置される。

(3) 貸倒引当金の繰入限度額は**個別に評価する金銭債権に対する貸倒引当金の繰入限度額**と**一括して評価する金銭債権に対する貸倒引当金の繰入限度額**の合計額により計算する。

1 制度の趣旨

　法人が，その有する売掛金・貸付金その他これらに準ずる債権（一括評価する金銭債権）のうち，特定の債権を除いたもの（差引一括評価する金銭債権）の貸倒れによる損失の見込額として，損金経理により**貸倒引当金**（**allowance for bad debts**）勘定に繰り入れた金額については，期末の一括評価金銭債権の額を基礎として計算した繰入限度額までの金額を課税所得の計算上，損金の額に算入することが認められる（法52①）。金銭債権を所有する法人には貸倒れの危険がある。そこで，税法は貸倒引当金を設けることを認めているのである。しかし，貸倒れの金額を見積もることがむずかしいため，税法では課税の公平を守るために一定の基準を設けている。

第9章　引当金と繰入限度額　627

2 貸倒引当金繰入額の損金算入

　貸倒引当金制度は，適用法人を銀行，保険会社，リース取引に係る金銭債権を有する内国法人その他これらに類する法人及び資本金の額が1億円以下の中小法人等に限定する。ただし，中小法人のうち以下の普通法人を除く。

① 大法人（資本金5億円以上である法人）による完全支配関係がある普通法人
② 完全支配関係のある複数の大法人に発行済株式等の全部を保有されている普通法人

　金銭債権の貸倒れ等による損失の見込額として，損金経理により貸倒引当金勘定に繰り入れた金額については，その金額のうち繰入限度額に達するまでの金額は，損金に算入する。

　繰入限度額の計算は，期末金銭債権を個別に評価する金銭債権（貸倒れの危険性が高い債権）とその他の一括して評価する金銭債権（一般売掛債権等で貸倒れの危険性が低い債権）とに区分し，次のイとロの合計額が繰入限度額となる（法52①）。このように個別評価分と一括評価分に区分して貸倒引当金を損金経理する。

イ 個別評価する金銭債権……従来の債権償却特別勘定の繰入基準に相当する基準で回収不能見込額を計算した金額

ロ 一括評価する金銭債権（一般売掛債権等）……一般売掛債権等の帳簿価額の合計額を過去3年間の実績率を乗じて計算した金額

〈図表9−4〉貸倒引当金の繰入額

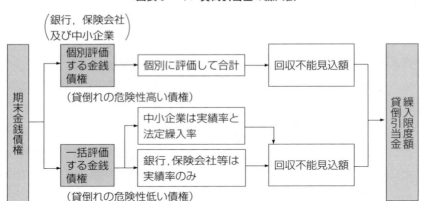

　平成10年4月1日前に開始する事業年度では，個別に評価する金銭債権については債権償却特別勘定の繰入れが行われていたが，これには認定申請による事務負担に問題があった等の理由により，個別に評価する貸倒引当金の繰入れとして処理されることとなった。

3　個別評価する金銭債権に係る貸倒引当金の繰入限度額

　その全部又は一部につき回収の見込みがないと認められる債権（個別評価する金銭債権）に係る繰入限度額は，次の金額の合計額となる（令96①）。

① その金銭債権が次に掲げる事由に基づいてその弁済を猶予され，又は賦払により弁済される場合における当該金銭債権の額のうち，当該事由が生じた事業年度終了の日の翌日から5年を経過する日までに弁済されることとなっている金額以外の金額（担保権の実行その他によりその取立て又は弁済「取立て等」の見込みがあると認められる部分の金額を除く）

　　イ　会社更生法又は金融機関の更生手続の特例等に関する法律の規定による更生計画認可の決定

　　ロ　民事再生法の規定による再生計画認可の決定又は破産法の規定による強制和議の認可の決定

　　ハ　会社法の規定による特別清算に係る協定の認可の決定

ニ　法令の規定による整理手続によらない関係者の協議決定で次に掲げるもの

　　a　債権者集会の協議決定で合理的な基準により債権者の負債整理を定めているもの

　　b　行政機関，金融機関その他第三者のあっせんによる当事者間の協議により締結された契約でその内容が①に準ずるもの

②　その金銭債権（①の適用があるものを除く）に係る債務者につき，

　　イ　債務超過の状態が相当期間継続しその営む事業に好転の見通しがないこと

　　ロ　災害，経済事情の急変等により多大な損害が生じたこと

　　ハ　その他の事由が生じていること

　により，その金銭債権の一部の金額につきその取立て等の見込みがないと認められるときにおけるその一部の金額に相当する金額

③　その金銭債権（①の適用があるもの及び②の適用を受けるものを除く）に係る債務者につき次に掲げる事由が生じている場合におけるその金銭債権の額（その金銭債権のうち，その債務者から受け入れた金額があるため実質的に債権とみられない部分の金額及び担保権の実行，金融機関又は保証機関による保証債務の履行その他により取立て等の見込みがあると認められる部分の金額を除く）の100分の50に相当する金額

　　イ　会社更生法又は金融機関の更生手続の特例等に関する法律の規定による**更生手続開始の申立て**

　　ロ　民事再生法の規定による**再生手続開始の申立て**

　　ハ　破産法の規定による**破産の申立て**

　　ニ　会社法の規定による特別清算開始申立て

　　ホ　当期末までに債務者の振り出した手形が不渡りとなり，かつ，確定申告書の提出期限までに**手形交換所**（手形交換所のない地域にあっては当該地域において手形交換業務を行う銀行団を含む）による**取引停止処分**があったこと

④　外国の政府，中央銀行又は地方公共団体に対する金銭債権のうち，これら

の者の長期にわたる債務の履行遅滞によりその経済的な価値が著しく減少し，かつ，その弁済を受けることが著しく困難であると認められる事由が生じている金銭債権の額（その金銭債権の額のうち，これらの者から受け入れた金額があるため実質的に債権とみられない部分の金額及び保証債務の履行その他により取立て等の見込みがあると認められる部分の金額を除く。ただし，個別評価の計算上，支払手形の額は実質的に債権とみられない部分の金額には含まれない）の100分の50に相当する金額

〈図表9－5〉個別評価する債権に係る貸倒引当金の繰入限度額

以下の事由により弁済を猶予され又は賦払により弁済される金銭債権の額のうち，以下の事由が生じた事業年度終了の日の翌日から5年を経過するまでに弁済されない金額（担保権の実行等により取立て等の見込みがあるものを除く）つまり，5年経過後に弁済される金額

① 更生法等の規定による更生計画の認可の決定 ② 民事再生法による再生計画認可の決定 ③ 会社法による特別清算に係る協定の認可の決定 ④ 債権者集会の協議決定 ⑤ 行政機関，金融機関その他第三者のあっせんによる協議により締結された契約で内容が①に準ずる	① 債務超過が連続し好転の見通しなし ② 災害・経済事情の急変等により多大の損害 上記事由により金銭債権の一部につき回収不能	① 更生手続開始申立て ② 再生手続開始申立て ③ 破産申立て ④ 特別清算申立て ⑤ 手形交換所の取引停止処分 ⑥ 一定の電子債権記録機関による取引停止処分 ⑦ 外国の政府等による金銭債権のうち長期にわたり債務の履行遅滞で経済的価値の減少しかも弁済が著しく困難
A	B	C
全額を貸倒引当金の繰入限度額 （金銭債権－決算事業年度の翌期首から5年以内弁減金額＝担保金額）	取立て等の見込みがないと認められる一部金額	（当該金銭債権－実質的に債権と認められないもの－担保実行や保証債務の履行により取立て等の見込みがある金額）×$\frac{50}{100}$

個別評価債権に係る貸倒引当金の繰入限度額　A＋B＋C

第9章　引当金と繰入限度額　631

《計算Pattern》

〈個別に評価する金銭債権に対する貸倒引当金の繰入限度額〉

⑴　一定の事由により弁済を猶予され又は賦払により弁済される金銭債権（弁済猶予等があった場合で5年経過後に弁済等がされる金額がある場合）

　一定の事由とは，更生法等による更生計画認可決定や会社法による特別清算に係る協定の認可や債権者集会の協議決定等

| 一定の事由により弁済を猶予され賦払により弁済される額のうち，事由の生じた事業年度の終了の日の翌日から5年経過しても弁済されない金額 | － | 担保権の実行等により取立て等の見込みがある金額 |

⑵　債務超過が継続し好転の見込みなし，災害等による多大な損害があった場合の金銭債権（取立て等の見込みがない場合）

| 債務超過，災害等により取立て等の見込みがないとき | → | 取立等の見込みがないと認められる一部の金額 |

⑶　更生手続開始申立て，再生手続開始申立て，破産申立て，又は会社法の規定による特別清算開始申立て，手形交換所の取引停止処分等があった場合の金銭債権（50％基準による場合）

$$\left(\boxed{当該金銭債権} - \boxed{実質的に債権と認められないもの} - \boxed{担保実行や保証債務の履行により取立て等の見込みがある金額} \right) \times \frac{50}{100}$$

⑷　繰入限度額

　　⑴＋⑵＋⑶＋⑷

⑸　個別評価の貸倒引当金の繰入超過額　会社計上額－⑷

《計算例題》　個別に評価する金銭債権の貸倒引当金のケース

　下記の資料により，中小企業福大株式会社の当期（自平成31年4月1日至令和2年3月31日）における個別に評価する金銭債権の貸倒引当金繰入の是非を答え，設定できるものについては限度額を計算しなさい。

1　平成30年10月5日東京三田の得意先慶応が，数日前から不渡手形を出

632

したため，手形交換所の取引の停止処分を受けた。なお，同社に対して売掛金3,000,000円（担保なし）ある。同社に対する買掛金は1,000,000円である。

2　得意先早稲田も当期中に手形の不渡りを出した。しかし，確定申告期限までに手形の交換所の取引停止処分を受けていない。同社に対する売掛金は8,000,000円であり，また，同社に対する買掛金は2,000,000円である。

3　得意先西南は，当期中において会社更生法の規定による更生手続の開始申立てを行った。同社に対する売掛金は9,000,000円であり，また同社から担保として時価5,000,000円の土地の提供を受けている。担保実行の見込みはある。

《解答欄》

1　得意先　慶応 $\left\{ \begin{array}{l} \text{繰入できる} \\ \text{繰入できない} \end{array} \right\}$ 左のいずれかを○で囲みなさい。

（□□□□円 － □□□□円 ）× □/100 ＝ □□□□円

2　得意先　早稲田 $\left\{ \begin{array}{l} \text{繰入できる} \\ \text{繰入できない} \end{array} \right\}$ 左のいずれかを○で囲みなさい。

（□□□□円 － □□□□円 ）× □/100 ＝ □□□□円

3　得意先　西南 $\left\{ \begin{array}{l} \text{繰入できる} \\ \text{繰入できない} \end{array} \right\}$ 左のいずれかを○で囲みなさい。

（□□□□円 － □□□□円 ）× □/100 ＝ □□□□円

第9章　引当金と繰入限度額　633

《解　答》

1　得意先　慶応　〔繰入できる／繰入できない〕左のいずれかを○で囲みなさい。

（　3,000,000円　－　1,000,000円　）× $\dfrac{50}{100}$ ＝　1,000,000円

2　得意先　早稲田　〔繰入できる／繰入できない〕左のいずれかを○で囲みなさい。

（　　円　－　　円　）× $\dfrac{}{100}$ ＝　　円

3　得意先　西南　〔繰入できる／繰入できない〕左のいずれかを○で囲みなさい。

（　9,000,000円　－　5,000,000円　）× $\dfrac{50}{100}$ ＝　2,000,000円

634

4 一括評価する金銭債権に係る貸倒引当金の繰入限度額

一括評価する金銭債権に係る貸倒引当金の繰入限度額は，次の算式により計算する（令96②）。貸倒引当金の繰入限度額の計算において，実績繰入率を適用するときは，一括評価金銭債権の合計額に実績率をかけて計算する。大企業（銀行，保険会社等）は実績率を適用しなければならない。一方，中小企業では法定繰入率と実績繰入率の選択適用ができる。

| 当該事業年度終了時の一括評価金銭債権の帳簿価額の合計額 | × | 貸倒実績繰入率 | = | 一括評価金銭債権に係る貸倒引当金の繰入限度額 |

(1) 一括評価金銭債権 (期末債権)

一括評価金銭債権等とは，売掛金，貸付金その他これらに準ずる金銭債権である。

下の図表のように，この一括評価金銭債権の範囲に含めるものと，含めないものがある。また，個別評価債権に係る貸倒引当金の繰入限度額計算の対象となった金銭債権は一括評価金銭債権から除外される。

〈図表9－6〉一括評価金銭債権の範囲

含めるもの	含めないもの
① 売掛金，受取手形，貸付金，裏書手形，割引手形 ② 未収の譲渡代金，未収の役務提供対価，未収地代家賃，貸付金の未収利子 ③ 立替金（将来清算される旅費等の仮払い，立替えは除かれる） ④ 未収の損害賠償金で益金算入されたもの ⑤ 保証債務を履行した場合の求償権等	① 預貯金とその未収利子，公社債の未収利子，未収配当金 ② 保証金，敷金，預け金 ③ 手付金，前渡金等資産の取得の代価に充てられるもの ④ 仕入割戻しの未収金 ⑤ 前払給料，概算払旅費

（注） 個別評価金銭債権に係る貸倒引当金の繰入額計算の対象となった金銭債権は一般売掛債権から除く。

〈割引手形と裏書手形と貸倒引当金の貸借対照表の表示と一括評価金銭債権の計算〉

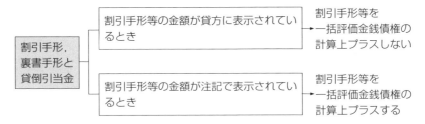

(2) **貸倒実績繰入率**

貸倒実績繰入率の計算は以下の算式による。

（小数点4位未満切上げ）

従来，大企業は実績率と法定率の高い率の繰入れを認容していたが，企業によっては相当過大な繰入れが行われ，実際に貸倒れがほとんど発生しない企業にも繰入れが認められる問題があった。そのため大企業は法定繰入率が廃止され実績率のみとなった。現在は**大企業は銀行，保険会社等**に限定されている。

(注) 1　月数は，暦に従って計算し，1月に満たない端数は1月とする。

　　 2　個別評価分の引当金繰入額とは，その各事業年度で損金の額に算入された貸倒引当金勘定の金額のうち，個別評価による繰入限度額（売掛債権等に係る金額に限る）に達するまでの金額をいう。

　　 3　個別評価分の引当金戻入額とは，その各事業年度で益金の額に算入された貸倒引当金勘定の金額のうち，その前事業年度の個別評価による繰入限度額（その各事業年度において，貸倒損失の額が生じた売掛債権等又は個別評価の対象とされた売掛債権等に係るものに限る）に達するまでの金額をいう。

〈図表9-7〉 貸倒実績繰入率計算の分母と分子

実績年度	平成11年4月1日以後に開始する事業年度
貸倒れによる損失の額等（分子）	（令96②二） 一括評価債権等に係る貸倒損失の額＋個別評価分の引当金繰入額－個別評価分の引当金戻入額
債権残高（分母）	（令96②一） 一括評価金銭債権等の額

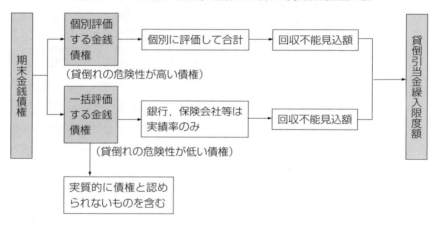

〈図表9-8〉 大企業（銀行，保険会社等）の貸倒引当金繰入額

5 中小法人等の貸倒引当金繰入限度額計算の特例

(1) **中小法人等の貸倒引当金繰入限度額**（法廷繰入率の適用）

中小法人等の貸倒引当金の特例制度の対象法人については，一括評価する債権に係る繰入限度額の計算は，実績繰入率の他に**法定繰入率**によって行うこともできる。

中小法人等の貸倒引当金繰入の特例の対象法人は，法人税法上の中小法人等

第9章　引当金と繰入限度額　637

で資本金１億円以下の普通法人に適用される。ただし，以下の法人に該当する
ものを除く。①大法人（資本金の額又は出資金額が５億円以上）との間に，大法人
による完全支配関係がある普通法人，②完全支配関係がある複数の大法人に発
行済株式等の全部を保有されている普通法人。また，開始事業年度における前
３年間の年間平均所得金額が15億円超の法人は中小法人等の特例（法定繰入率）
の適用除外となる。

〈図表９－９〉法定繰入率の適用対象者となる中小法人等

適用対象 中小法人等	資本金の額が１億円以下の普通法人に適用される。ただし，以下の法人に該当するものを除く。 ①　大法人（資本金の額又は出資金額が５億円以上）との間に，大法人による完全支配関係がある普通法人 ②　完全支配関係がある複数の大法人に発行済株式等の全部を保有されている普通法人

なお，以下の要件を満たす中小企業者等は，法定繰入率の適用除外となる。

$$\text{当期前３年以内終了事業年度の所得金額の合計額} \times \frac{12}{\text{当期前３年以内終了事業年度の月数（36）}} > \text{15億円（適用除外所得基準）}$$

　法定繰入率は，中小法人等の営む主たる事業の区分に応じて以下のように定
められている（措令33の８④）。複数の事業を兼ねている場合，主たる事業の割
合で計算する。

　中小法人等は，事業規模が小さいため，大企業より貸倒れが平均的に発生し
ないこと。また，過去の貸倒れ実績がなければ，計上できない。そこで中小法
人等への政策的配慮から，法定繰入率の適用が認められている。

〈図表9－10〉 中小法人等の法定繰入率

主　た　る　事　業	繰入率
① 卸売及び小売業（飲食店業及び料理店業を営む。割賦小売業は除く）	1000の10
② 製造業（電気業，ガス業，熱供給業，水道業，修理業を含む）	1000の8
③ 金融及び保険業	1000の3
④ 割賦販売小売業及び割賦購入あっせん業	1000の13
⑤ その他の事業	1000の6

(2) 実質的に債権とみられないものの額

　法定繰入率による場合の貸倒引当金の一括評価に係る繰入限度額の計算の基礎となる一括評価金銭債権の額は，売掛金，貸付金その他これらに準ずる金銭債権の帳簿価額とされているが，これらの債権のうちその債権に係る債務者から受け入れた金額があるためその全部又は一部が実質的に債権とみられない金銭債権がある場合には，その債権とみられない部分の金額に相当する金額は，その一括評価金銭から控除した差引一括評価金銭を計算する。しかし，**実績率**を適用するときは，一括評価金銭債権の合計額に実績率をかけるため実質的債権とみられないものの金額は，その一括評価金銭債権から控除しない。

　「**実質的に債権とみられないもの**」とは，債務者から受け入れた金額が，①その債権者に対し有する債権と相殺適状にあるもの，②その債権と相殺的な性格を持つもの，③その債務者と相互に融資しているもの等である場合のその債務者から受け入れた金額に相当する債権をいう。

　この実質的に債権と認められない額の計算は，個々の債権ごとに計算する**原則法**と過去の実績を基にした**簡便法**がある。原則法で計算した金額と簡便法で計算した金額があるときは，いずれか少ない方の金額を実質的に債権と認められない金額とする。実質的に債権とみられないものの額には，個別評価の設定対象となった債権の額は含めない。

① 原　則　法

　具体的には，次に掲げるようなものがこれに該当する。

㈠　同一人に対する売掛金又は受取手形と買掛金又は支払手形がある場合の
その売掛金又は受取手形の金額のうち買掛金又は支払手形の金額に相当す
る金額

㈣　同一人に対する売掛金又は受取手形と買掛金がある場合において，その
買掛金の支払のために他から取得した受取手形を裏書譲渡した場合のその
売掛金又は受取手形の金額のうちその裏書譲渡した手形（支払期日の到来し
ていないものに限る）の金額に相当する金額

㈥　同一人に対する売掛金とその者から受け入れた営業に係る保証金がある
場合のその売掛金の額のうち保証金の額に相当する金額

㈡　同一人に対する売掛金とその者から受け入れた借入金がある場合のその
売掛金の額のうち借入金の額に相当する金額

　実質的に債権とみられないものの額は，得意先等ごとに上記のような債権と
債務を個別に対応させ相殺計算することが原則である。**支払手形**は，個別評価
の貸倒引当金の計算では，実質的に債権と認められない金額とはならない。し
かし，一括評価の貸倒引当金の計算では，実質的に債権と認められない金額と
なる。

② **簡　便　法**

　しかし，特例として基準年度の期末における実質的に債権とみられないもの
の額が一括評価金銭債権の合計額に占める割合による以下の簡便計算によるこ
とができる（措令33の8③）。

| 当該事業年度末の実質的に債権とみられないものの額 | = | 当該事業年度末の一括評価金銭債権の額 | × | 基準年度末の原則法による実質的に債権とみられないものの額の合計額 / 基準年度末の一括評価金銭債権の額の合計額 ↓ |

（小数点3位未満切捨て）

（基準年度）

| 平成29年4月1日以後に開始する事業年度のとき | → | （平成27年4月1日から平成29年3月31日に開始した事業年度） |

(注) この基準年度とは，平成27年4月1日から平成29年3月31日までの間に開始した各事業年度とされ，この簡便計算の適用は，平成27年4月1日に存在していた法人（同日後に合併をした法人については，その合併に係る合併法人及び被合併法人のすべてが同日に存在していたもの）に限られる。

　この場合の上記算式の分母の一括評価金銭債権の額は，売掛金，貸付金その他これらに準ずる金銭債権の額とされる。

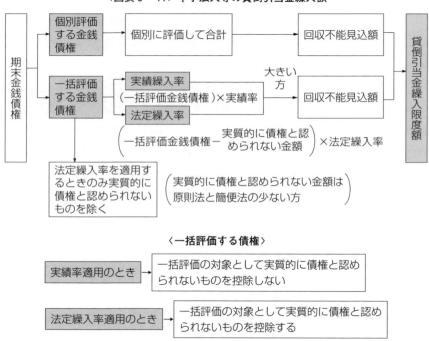

〈図表9－11〉中小法人等の貸倒引当金繰入額

6　貸倒引当金の洗替えの翌期益金算入

　貸倒引当金の繰入額は，その繰入事業年度の翌事業年度に洗替えにより取り崩して益金の額に算入する（法52⑨）。

　前期に貸倒引当金の繰入超過で加算したものを，翌期に戻し入れたのでは二重課税となる。それを防ぐために，戻し入れたときに前期の貸倒引当金の繰入

超過額の認容により減算する。

7 貸倒引当金の差額法（基通11−1−1）

会社が当期の貸倒引当金の繰入額と前期の貸倒引当金の当期戻入額との差額を貸倒引当金に繰り入れた場合の考え方は，前期末の貸倒引当金残高は全額戻入れし，当期末残高は新たに繰り入れたものとする

前期末の貸倒引当金　80（繰入超過額5）

当期末の貸倒引当金　100（繰入限度90）

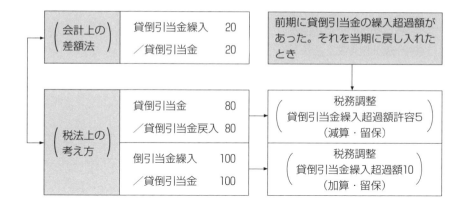

8 申告書記載要件

貸倒引当金の損金算入には，確定申告書に損金算入に関する明細書の記載のある場合に限り適用される。記載のない確定申告書の提出があった場合でも，税務署長がやむを得ない事情があると認められるときは適用される。

《計算Point》

(1) まず，一括評価する金銭債権に該当しない前渡金，前払金等を控除し，差引一括評価金銭債権の額を計算する。

(2) 次に，実質的に債権とみられないものの額の計算をする。この計算には，原則法と簡便法とがあり，いずれか有利な方を選択できる。

(3) 繰入率に関して，卸小売，製造業等の適用率に注意すること，法定繰入率と実績繰入率による方法のいずれか有利な方法の選択，中小企業法人の特例の有無などに留意する。

《計算Pattern》

(1) 個別評価する金銭債権に対する貸倒引当金（個々の債務者に対して個別的に計算）

　① Ａ　社

　　(イ) 繰入限度額

　　(ロ) 繰入超過額

　② Ｂ　社

　　(イ) 繰入限度額

　　(ロ) 繰入超過額

　③ 個別評価繰入超過額　①＋②

(2) 一括評価する金銭債権に対する貸倒引当金

　① 一括評価金銭債権の額

〈債権となるもの〉	〈債権とならないもの〉
売掛金，受取手形，裏書手形 割引手形（取引が決済されるまで） 貸 付 金（従業員へは含む） 　　　　　（友人へは含まず） 未 収 金（資産の譲渡対価の未収金） 　　　　　（役務提供対価の未収金） 　　　　　（貸付金の未収利子） 　　　　　（未収の損害賠償金）	預貯金や公社債の未収利子 未収配当金，仕入割戻しの未収金 保証金，敷金，預け金 手付金，前渡金，前払給料 仮払旅費，概算払旅費 　（前払的，仮払的なものは除く） （個別に評価する貸金に対する貸倒引当 　金の設定対象となった金銭債権は除く）

第9章 引当金と繰入限度額　643

② 実質的に債権とみられないものの額
　㈎ 原則法
　　同一人に対する債権と債務少ない方

一括評価金銭債権から実質的に債権とみられないものの額は中小企業のみ法定繰入率を適用するときのみ適用

　㈏ 簡便法
　　一括評価債権×一定割合（小数点以下3位未満切捨）
　㈐ ㈎㈏少ない方
③ 差引一括評価金銭債権　(2)①－(2)②
④ 繰入限度額
　〈資本金1億円以下中小法人等のケース〉

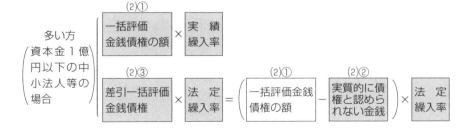

〈銀行,保険会社のケース〉

(2)①×実績繰入率

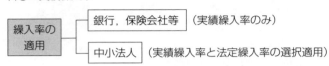

　　　　中小法人でも,資本金5億円以上の法人に完全支配されている中小法人に対しては,法定繰入率の適用はない。

⑤　一括評価繰入超過額　　会社繰入額−(2)④

(3)　繰入限度超過額

　　　　(1)③+(2)⑤

貸倒引当金の繰入限度超過額(加算,留保)

《別表四の記載》

区　分		金額	留保
加算	貸倒引当金繰入超過額 (個別評価繰入超過額) (一括評価繰入超過額)	××× (×××) (×××)	×× (××) (××)
減算	貸倒引当金繰入超過額認容	×××	××

《計算例題１》 貸倒引当金の計算 ケース１（中小企業）

福大株式会社の第〇期（自平成31年４月１日 至令和２年３月31日）における次の資料により，貸倒引当金の繰入限度超過額を計算しなさい。本年貸倒引当金繰入額は9,660,000円である。うち個別評価分は4,000,000円である。なお，福大株式会社は，資本金５億以上の法人には支配されていない。

〈資　料〉

1　期末現在資本金額　　　　55,000,000円
2　業　　　種　　　　　　　製造業
3　期末の売掛金等の額
　(1)　受取手形　47,000,000円（このうちA社から受領した手形8,000,000円は，同社が手形交換所取引停止処分を受けたことにより満期不渡りとなっている）
　(2)　割引手形　30,000,000円（脚注表示なので上記の受取手形には割引手形が含まれていない）
　(3)　売　掛　金　96,000,000円（このうちB社に対する売掛金2,400,000円があるが，同社に対しては買掛金3,200,000円がある）

《解答欄》

1　個別評価する金銭債権に対する貸倒引当金繰入限度額
　　(イ)　繰入限度額

　　(ロ)　個別評価繰入超過額

　　　□ 円 － □ 円 ＝ □ 円

2　一括評価する金銭債権に対する貸倒引当金の繰入限度額
　　　　（法定繰入率・中小法人の特例による）
　(1)　一括評価金銭債権の額

　　　　□円 + □円 + □円
　　　　－ □円 = □円

(2) 実質的に債権とみられないものの額
　　　　□円

(3) 差引一括評価金銭債権の額
　　　　□円 － □円 = □円

(4) 繰入限度額
　　　　□円 × □/1000 = □円

(5) 一括評価繰入超過額
　　　　□円 － □円 = □円

3　繰入超過額
　　　　□円 + □円 = □円

《解　答》

1　個別評価する金銭債権に対する貸倒引当金繰入限度額

(イ)　繰入限度額

(ロ)　個別評価繰入超過額

4,000,000円 － 4,000,000円 ＝ 0円

2　一括評価する金銭債権に対する貸倒引当金の繰入限度額
　　　（法定繰入率・中小法人の特例による）

第9章　引当金と繰入限度額　647

(1)　一括評価金銭債権の額

| 47,000,000円 | + | 30,000,000円 | + | 96,000,000円 |

(イ)

| − | 8,000,000円 | = | 165,000,000円 |

(2)　実質的に債権とみられないものの額

| 2,400,000円 |

(3)　差引一括評価金銭債権の額

(1)　　　　　　　　　　(2)

| 165,000,000円 | − | 2,400,000円 | = | 162,600,000円 |

(4)　繰入限度額

$$162,600,000円 \times \frac{8}{1000} = 1,300,800円$$

(5)　一括評価繰入超過額

(4)

| 5,660,000円 | − | 1,300,800円 | = | 4,359,200円 |

3　繰入超過額

| 0円 | + | 4,359,200円 | = | 4,359,200円 |

《計算例題2》　貸倒引当金の計算　ケース2

（実績繰入率のみ・大企業（銀行，保険会社等））

　慶応株式会社は，金融業を営む資本金1億2,000万円の内国法人である。よって次の資料により，貸倒引当金繰入限度額を計算しなさい。当事業年度は自平成31年4月1日至令和2年3月31日である。

〈資　料〉

(1)　期末債権等は次のとおりである。

　　①　売　掛　金　40,000,000円　　　②　受取手形　80,000,000円

③ 割引手形　36,000,000円　　④ 貸付金　25,000,000円

⑤ 前渡金　5,000,000円（材料仕入代金の前払）

(注) 1　③は②の受取手形には含まれておらず，既存債権について取得したものである。

2　得意先明治株式会社が振り出した手形が，手形交換所の取引停止処分を受けている。当社の上記の売掛金の中に1,000,000円，受取手形の中に5,000,000円の債権が含まれている。

(2) (1)のうち（注）2以外の実質的に債権とみられない額の合計額（原則法）
　　　　　　　　　　　　　　　　　　　　　　　　　　　16,000,000円

(3) 実質的に債権とみられない額の簡便法による簡便率　　0.090

(4) 最近における税務上の貸金の帳簿価額等は，次のとおりである。

事業年度	各事業年度末の一括評価金銭債権の額	各事業年度の貸倒損失の額
平成27年4月1日〜平成28年3月31日	180,000,000円	2,000,000円
平成28年4月1日〜平成29年3月31日	190,000,000円	1,900,000円
平成29年4月1年〜平成30年3月31日	200,000,000円	2,500,000円

《解答欄》

1　個別評価する債権に対する貸倒引当金繰入限度額

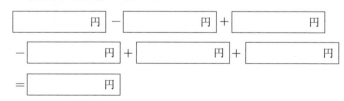

2　一括評価する金銭債権に対する貸倒引当金繰入限度額

(1)　一括評価金銭債権の額

　　□ 円 － □ 円 ＋ □ 円

　　－ □ 円 ＋ □ 円 ＋ □ 円

　　＝ □ 円

(2)　繰入率

　　　実績繰入率

第9章 引当金と繰入限度額　649

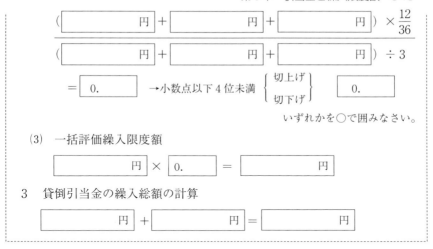

(3) 一括評価繰入限度額

　　□ 円 × 0.□ = □ 円

3　貸倒引当金の繰入総額の計算

　　□ 円 + □ 円 = □ 円

《解　答》

1　個別評価する金銭債権に対する貸倒引当金繰入限度額

（①1,000,000円 + ②5,000,000円）× $\frac{50}{100}$ = 3,000,000円

2　一括評価する金銭債権に対する貸倒引当金繰入限度額

(1) 一括評価する金銭債権の額

　実質的に債権とみられないものの額は，平成15年4月1日以後に開始する事業年度からは，実績率適用のみの大法人については，一括評価する金銭債権からは引かなくなった。

40,000,000円 − ①1,000,000円 + 80,000,000円
− ②5,000,000円 + 36,000,000円 + 25,000,000円
= 175,000,000円

(2) 繰　入　率

　実績繰入率

650

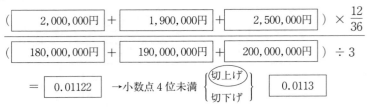

(3) 一括評価繰入限度額

$$\boxed{175,000,000円} \times \boxed{0.0113} = \boxed{1,977,500円}$$
(1)

3　貸倒引当金の繰入総額の計算

$$\boxed{3,000,000円} + \boxed{1,977,500円} = \boxed{4,977,500円}$$
　　　1　　　　　　　　2

《計算例題3》　貸倒引当金の計算　ケース3（中小企業）

　卸売業を営む福大株式会社（期末資本金額6,500万円）の次の資料を基礎として，第〇期（自平成31年4月1日　至令和2年3月31日）における貸倒引当金の繰入限度額を計算しなさい。なお福大株式会社は，資本金5億円以上の会社には支配されていない。

〈資　料〉

1　期末貸金の内訳

　(1)　受 取 手 形　45,000,000円（このほか，裏書手形の未決済高13,000,000円がある）

　(2)　売 掛 金　48,000,000円（このうちには，有限会社山内商店に対する売掛金1,800,000円が含まれているが，同社に対しては，支払手形2,200,000円がある）

　(3)　貸 付 金　　　5,000,000円

　(4)　差入保証金　　20,000,000円

2　個別に評価する貸倒引当金繰入限度額　2,400,000円（上記期末貸金の

第9章 引当金と繰入限度額　651

　　受取手形のうち対象となった個別評価債権4,800,000円）

《解答欄》

1　個別評価する債権に対する貸倒引当金の繰入限度額

　　　□□□□円

2　一括評価する金銭債権に対する貸倒引当金の繰入限度額

　(1)　一括評価金銭債権の額

　（□□□円 + □□□円）+（□□□円 − □□□円）

　+ □□□円 − □□□円 = □□□円

　(2)　繰入限度額

　　□□□円 × □□/□□ = □□□円

3　貸倒引当金の繰入総額の計算

　　□□□円 + □□□円 = □□□円

《解　答》

1　個別評価する金銭債権に対する貸倒引当金の繰入限度額

　　2,400,000円

2　一括評価する金銭債権に対する貸倒引当金の繰入限度額

　(1)　一括評価金銭債権の額

　　　　　　　　　　　　　　　　　　　　　実質的に債権と
　　　　　　　　　　　　　　　　　　　　　みられないもの

　（ 45,000,000円 + 13,000,000円 ）+（ 48,000,000円 − 1,800,000円 ）

　　　　　　　　　　個別評価繰入の基礎
　+ 5,000,000円 − 4,800,000円 = 104,400,000円

　(2)　繰入限度額

　　104,400,000円 × $\dfrac{10}{1,000}$ = 1,044,000円

652

3 貸倒引当金の繰入総額の計算

$$\boxed{\begin{array}{c} 1 \\ 2,400,000円 \end{array}} + \boxed{\begin{array}{c} 2 \\ 1,044,000円 \end{array}} = \boxed{3,444,000円}$$

《計算例題4》 貸倒引当金の計算 ケース4
（実質的に債権とみられないものあり・中小企業）

　次の資料により，慶応株式会社（資本金5,000万円）の当期の貸倒引当金の繰入限度額を計算しなさい。なお，当社は製造業を営んでいる。当期は平成31年4月1日から令和2年3月31日までである。なお，慶応株式会社は，資本金5億円以上の会社には支配されていない。

〈資　料〉

1　当社の期末債権は次のとおりである。

　　売　掛　金　75,000,000円

　　受　取　手　形　32,000,000円

　　貸　付　金　13,000,000円

　　仮　払　金　5,000,000円

2　1に示した期末債権につき次の事実が発生した。

　①　株式会社早稲田に対して売掛金2,000,000円と貸付金1,000,000円を有しているが，早稲田は当期中に和議法による和議申立てがあった。また，早稲田に対しては買掛金が500,000円あるが，この他には早稲田に対する債権債務はない。

　②　得意先東大は当期に第1回目の手形不渡があり，当期に会社更生法に基づく更生手続開始申立てを行っている。当社は東大に対して3,000,000円の売掛金と6,000,000円の受取手形を有する。また，東大からは営業保証金1,800,000円を預っている。

　③　仮払金は出張社員に対する概算払旅費である。

3　2以外の債権のうち実質的に債権とみられないものの資料は次のとおりである。

① 明治に対して売掛金4,000,000円と受取手形1,500,000円あるが支払手形が1,600,000円である。
② その他実質的に債権とみられないものの実績は3,800,000円である。なお，過去の実績は以下のとおりである。

事業年度	一括評価金銭債権総額	実質的に債権とみられないものの額
平成27年4月1日～平成28年3月31日	98,000,000円	12,300,000円
平成28年4月1日～平成29年3月31日	102,000,000円	8,500,000円
合　　　計	200,000,000円	20,800,000円

4　当社の過去の一括評価する金銭債権の合計額及びその一括評価する金銭債権の貸倒損失の合計額は以下のとおりである。

事業年度	一括評価金銭債権	貸倒損失の額
平成28年4月1日～29年3月31日	65,100,000円	1,100,000円
平成29年4月1日～30年3月31日	67,800,000円	1,200,000円
平成30年4月1日～31年3月31日	70,000,000円	1,500,000円
合　　　計	202,900,000円	3,800,000円

5　当期において費用計上した一括評価金銭債権に対する貸倒引当金繰入額は8,000,000円であり，前期繰入額は当期に取り崩し収益に計上している。前期には繰入超過額が600,000円あった。また，個別評価金銭債権に対する貸倒引当金繰入額は4,950,000円であった。

《解答欄》

1　個別に評価する金銭債権に対する貸倒引当金
　(1)　繰入限度額

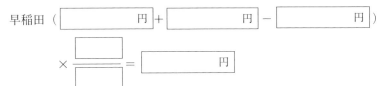

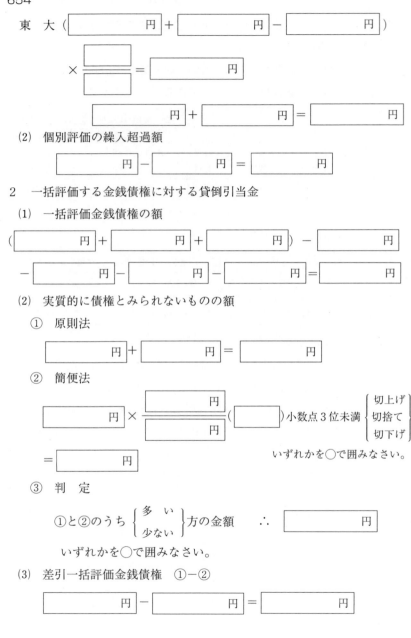

第9章　引当金と繰入限度額　655

(4)　繰入率

①　法定繰入率　□

②　実績繰入率

□円 × □／□

─────── ＝ □

□円 × □

小数点4位未満 ｛切上げ／切下げ｝

いずれかを○で囲みなさい。

(5)　繰入限度額

（一括評価金銭債権）　（法定繰入率）

①　□円 × □ ＝ □円

（差引一括評価金銭債権）（実績繰入率）

②　□円 × □ ＝ □円

①と②のうち多い方　∴　□円

(6)　一括評価繰入超過額

□円 － □円 ＝ □円

3　貸倒引当金繰入限度超過額

1(ロ)　　　　　　2(5)

□円 ＋ □円 ＝ □円

《解　答》

1　個別に評価する金銭債権に対する貸倒引当金

(1)　繰入限度額

早稲田 (㋑ 2,000,000円 + ㋺ 1,000,000円 − 500,000円)

× 50/100 = 1,250,000円

東　大 (㋩ 3,000,000円 + ㊁ 6,000,000円 − 1,800,000円)

× 50/100 = 3,600,000円

1,250,000円 + 3,600,000円 = 4,850,000円

(2) 個別評価の繰入超過額

4,950,000円 − 4,850,000円 = 100,000円

2　一括評価する金銭債権に対する貸倒引当金

(1) 一括評価金銭債権の額

(75,000,000円 + 32,000,000円 + 13,000,000円) − ㋑ 2,000,000円
− ㋺ 1,000,000円 − ㋩ 3,000,000円 − ㊁ 6,000,000円 = 108,000,000円

(2) 実質的に債権とみられないものの額

① 原則法

　　　明治　　　その他
　　1,600,000円 + 3,800,000円 = 5,400,000円

② 簡便法

108,000,000円 × 20,800,000円/200,000,000円 (0.104) 小数点3位未満 {切上げ/切捨て/切下げ}

= 11,232,000円

いずれかを○で囲みなさい。

（切捨てに○）

③ 判　定

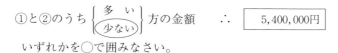

いずれかを○で囲みなさい。

(3) 差引一括評価金銭債権　①－②

　　108,000,000円 － 5,400,000円 ＝ 102,600,000円

(4) 繰入率

① 法定繰入率　$\dfrac{8}{1000}=0.008$

② 実績繰入率

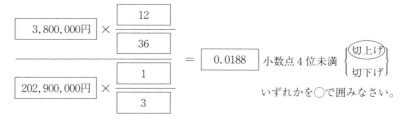

いずれかを○で囲みなさい。

(5) 繰入限度額

　　（差引一括評価金銭債権）（法定繰入率）
① 102,600,000円 × 0.008 ＝ 820,800円

　　（一括評価金銭債権）（実績繰入率）
② 108,000,000円 × 0.0188 ＝ 2,030,400円

　　　①と②のうち多い方　　2,030,400円

(6) 一括評価の繰入超過額

　　8,000,000円 － 2,030,400円 ＝ 5,969,600円

3　貸倒引当金繰入限度超過額

　　100,000円 ＋ 5,969,600円 ＝ 6,069,600円

個別評価の貸倒引当金の繰入超過額 ┃ 100,000円 ┃ （加算・留保）

一括評価の貸倒引当金の繰入超過額 ┃ 5,969,600円 ┃ （加算・留保）

貸倒引当金の繰入超過額認容 ┃ 600,000円 ┃ （減算・留保）

《実務上のPoint》

(1) 貸倒引当金の繰入限度額を計算する場合に重要な計算は，債権が一括評価金銭債権に含まれるかどうかの判断と，実質的に債権とみられないものの額の計算である。

　後者の実質的に債権とみられない額の計算が複雑な法人は，過去の実績に基づく簡便計算が認められているので活用するとよい。

(2) 貸倒引当金の繰入額の損金算入は，確定申告書に，貸倒引当金の繰入額に関する明細の記載（法人税申告書別表十一㈠）があった場合に認められる。

(3) 過去において多額の貸倒れがある場合には，中小企業では法定繰入率との選択で実績割合により繰り入れる方が有利となる。

(4) 中小法人等が同一会社で数種の事業を行っている場合には，主たる事業を判定し，その業種に応じた法定繰入率を適用する。

外貨換算

【Point 39】

1　外貨換算
　会計や税法の計算では，外貨建取引や期末の外貨建資産，外貨建負債を円に換算しなければならない。
2　為替・差額の処理
　税法では，円換算方法と為替差損益の取扱いについて規定が定められている。

1　外貨換算の趣旨

　法人は，**外貨建**（外国通貨で取引が行われること）で取引をした場合，その取引は外貨である。

　また，外貨建で取引をした結果として，資産や負債が外貨建で発生し，期末に存在する。

　わが国の会計や税法の計算は円建（円単位）によって行われているため，税法では，法人がした外貨建取引や獲得した外貨建資産や外貨建負債を円建に評価替えする必要がある。

660

2 外貨建取引と外貨建資産，外貨建負債の内容

(1) 外貨建取引

外貨建取引とは，外国通貨で支払が行われる次の取引をいう（法61の8①）。

〈図表10-1〉外貨建取引

外貨建取引とは外国通貨で支払われる右の取引をいう	①	資産の販売及び購入
	②	役務の提供
	③	金銭の貸付け及び借入
	④	剰余金の配当その他の取引

(2) 外貨建資産，外貨建負債（外貨建資産等）

外貨建資産等とは，法人が有する次に掲げる外貨建の資産及び負債をいう（法61の9①）。

〈図表10-2〉外貨建資産等

外貨建資産等とは右の資産及び負債をいう	①	外貨建債権及び外貨建負債（外国通貨で支払を受けたり，支払をすることとされているもの）
	②	外貨建有価証券（分配や償還が外国通貨で行われる）
	③	外国預金
	④	外国通貨

3 円への換算

(1) 外貨建取引の取引金額の換算

法人が外貨建取引を行ったときには，その取引金額は，その**取引時点**における**外国為替の売買相場**（取引日の為替レート）により円に換算する（法61の8①）。

(2) 外貨建資産等の期末換算

外貨建資産等の期末換算は，以下のように外貨建資産等を**長期，短期**かどうか，売買目的や満期保有目的かどうか等により区分して，円への換算方法が決められている（法61の9①）。

発生時換算法とは，期末に有する外貨建資産等について，取得時又は発生時の為替レート（取引日レート）により期末換算を行う方法である。

第10章　外貨換算　661

期末時換算法とは，期末に有する外貨建資産等について，期末の為替レート（期末日レート）により期末換算を行う方法である。

〈図表10-3〉外貨建資産，負債と換算方法

外国通貨 外貨建売買目的有価証券	期末時換算法 （期末時レート）
外貨預金 外貨建債権債務 外貨建償還有価証券	発生時換算法（取引日レート）又は期末時換算法（期末時レート）
売買目的有価証券でも償還有価証券でもない外貨建有価証券	発生時換算法 （取引日レート）

4　期末換算方法の選定と届出

　法人は，外貨建資産等について，外貨通貨の種類ごとに，かつ外貨建資産等の区分ごとにその期末の評価方法を選定しなければならない。選定できる期末換算方法が2つあるときは，1つの方法を選定して税務署長に対して書面で届出なければならない（令122の4，122の5）。

　法人がその選定をしなかった場合又は選定した方法により換算しなかった場合には，以下による法定換算方法により円換算を行う（令122の7）。

〈図表10-4〉法定換算方法

外貨預金 外貨建債権債務	短期外貨預金 短期外貨建債権債務	期末時換算法
	長期外貨預金 長期外貨建債権債務	発生時換算法
外貨建償還有価証券		発生時換算法

（注）　短期外貨預金及び短期外貨建債権債務とは，当期末の翌日から1年を経過した日の前日までに，決済日が到来するものである。

5 換算差額の処理

期末の外貨建資産等について，期末換算法により円換算を行って生じた為替換算損益は，当期の益金の額又は損金の額に算入する（法61の9②）。

洗替え方式により，翌期の損益に振り戻される（令122の8①）。したがって，外貨建資産等の翌期首の帳簿価額は，常に発生時レートによる円換算額となる（令122の8③）。

《計算Pattern》外貨換算差額の処理

(1)　会社計上簿価

(2)　税務上換算簿価

(3)　(1)－(2)

　　　　（資産のケース）

　　　　　　プラスのとき　　外貨換算認定損（減・留）

　　　　　　マイナスのとき　外貨換算計上洩（加・留）

　　　　（負債のケース）

　　　　　　プラスのとき　　外貨換算過大計上否認（加・留）

　　　　　　マイナスのとき　外貨換算計上洩認定損（減・留）

《別表四の記載》

	区　分	金額	留保
加　算	外貨換算計上洩	×××	××
	外貨換算過大計上否認	×××	××
減　算	外貨換算認定損	×××	××
	外貨換算計上洩認定損	×××	××

6 先物外国為替契約による場合（為替予約した場合）

先物外国為替契約とは，外貨建取引の結果として取得する又は発生する資産又は負債の円換算額を予め確定させる契約をいう。

外貨建資産等について為替予約により，円換算額が確定しているため，期末

日に予約レート（先物レート）で円換算したことによる為替予約差額は以下のように扱う。**事後予約**と**事前予約**により取扱いが異なる。

〈図表10－5〉 為替予約差額の取扱い

事後予約	取引後に為替予約を結ぶ場合	ア 直直差額	取引日の直物レートと予約日の直物レートとの差額	予約日の属する事業年度に一括計上
		イ 直先差額	予約日の直物レートと決済日の先物レートとの差額	予約日から決済日まで期間配分で計上
事前予約	取引前に為替予約を結ぶ場合（予約後に取引）	ウ 直先差額	取引日の直物レートと決済日の先物レートとの差額	取引日（取得日）から決済日まで，期間配分で計上

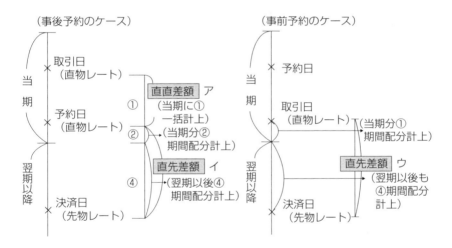

ただし，次の**短期の先物外国為替契約に係る外貨建資産等の予約差額**については，その予約日を含む事業年度に，予約差額を一括して当期の益金又は損金処理することができる（法61の10③）。

〈図表10－6〉為替予約の差額処理

	先物外国為替契約に係る外貨建資産，負債が長期のとき	予約差額を期間配分で計上する
為替予約の差額処理		原則は，予約差額を期間配分 例外として，予約時に予約差額を一括計上
	先物外国為替契約に係る外貨建資産，負債が短期のとき	$\left(\begin{array}{l}\text{税務上有利なのは為替差損の}\\\text{ときは一括計上し，為替差益}\\\text{のときは期間対応である}\end{array}\right)$

《計算Pattern 1 》為替予約差額（事後予約のケース）

(1) 会社計上為替予約差額　為替差益又は為替差損を企業が収益計上又は費用計上（会社が全額収益又は全額費用に計上していることが前提）

(2) 税務上の為替予約差額益金算入額

① 直直差額　| 取引日直物レート | － | 予約日直物レート |

② 直先差額

(ア) | 予約日直物レート | － | 決済日先物レート | ＝直先差額

(イ) 直先差額 × $\dfrac{\text{予約日から当期末日まで月数（1 月未満は 1 月）}}{\text{予約日から決済日まで月数}}$

③ ①＋②

(3) (1)－(2)＝為替予約差額が為替差益のとき→前受収益計上洩 (減・留)

 為替予約差額が為替差損のとき→前払費用計上洩 (加・留)

第10章　外貨換算　665

《計算Pattern 2 》為替予約（事前予約のケース）

(1) 会社計上為替予約差額　　為替差益又は為替差損を企業が収益計上又は費用計上（会社が全額収益又は全額費用に計上していることが前提）

(2) 税務上の為替予約差額益金算入額

① 直先差額　$\boxed{取引日直物レート}$ － $\boxed{決済日先物レート}$ ＝直先差額

② 直先差額× $\dfrac{取引日から当期末日まで月数（1月未満は1月）}{取引日から決済日まで月数}$

(3) $\overset{(1)}{(1)}$ － (2) ＝為替予約差額が為替差益のとき→前受収益計上洩（減・留）

$\overset{(1)}{　}$　為替予約差額が為替差損のとき→前払費用計上洩（加・留）

《別表四の記載》

	区　分	金額	留保
加　算	前払費用計上洩	×××	××
減　算	前受収益計上洩	×××	××

《**計算例題**》 **外貨換算のケース**

　福大株式会社の当期(自平成31年4月1日　至令和2年3月31日)における税務上調整すべき金額を計算しなさい。

(1)　貸借対照表に記載されている債権等の金額は以下のとおりである。

　　①　現金預金　20,000,000円　現金預金のうち，7,000,000円は，令和2年5月31日満期を迎える外貨預金55,000ドルに対する円換算額である。

　　②　売掛金　10,000,000円　売掛金のうち，2,000,000円は,平成30年11月にアメリカへ売却した売上代金21,000ドルに対する円換算額である。

　　③　貸付金　30,000,000円　貸付金のうち，22,000,000円は，平成30年12月1日に外国法人に貸し付けた貸付金で外貨建の金額は190,000ドルである。

　　　　　　　　　　　　　　　　この外貨建貸付は，令和元年10月30日に先物外国為替契約を締結している。予約価額は120円である。これにより，当社は為替差損1,700,000円を計上している。**取得時**の為替レートは，1ドル124円であった。

　　　　　　　　　　　　　　　　この貸付金の返済日は，令和2年12月1日である。

　　④　借入金　400,000ドル　この借入金は当期6月5日より，アメリカの会社から借り入れたものである。当期の10月5日に先物外貨建為替契約を締結し，取得日レート130円，契約日(締結日)レート128円,予約為替レート110円である。当社は為替差益5,000,000円を当

期の収益に計上している。なお，借入金の支払は令和3年6月1日である。
(2) 外貨建債権債務，外貨預金の換算方法は，期末時換算法を選定し届け出ている。当期末の為替レートは1ドル115円である。

《解答欄》

(1) 外貨預金
   ① 会社計上簿価　□円
   ② 税務上換算簿価
      □円 × □ドル = □円
   ③ ①−②= □円

(2) 売掛金
   ① 会社計上簿価　□円
   ② 税務上換算簿価
      □円 × □ドル = □円
   ③ ①−②= □円

(3) 貸付金（事前予約のケース）
   ① 会社計上為替予約差額　□円
   ② 税務上の為替予約差額
      ㋐　直先差額　□円 − □円 = □円
      ㋑　㋐× □か月／□か月 = □円
   ③ ①−②= □円

(4) 借入金（事後予約のケース）
   ① 会社計上為替予約差額　□円
   ② 税務上の為替予約差額

668

   ⑦　直直差額　　$\boxed{円}$ － $\boxed{円}$ ＝ $\boxed{円}$

   ⑦　直先差額　(i)　$\boxed{円}$ － $\boxed{円}$ ＝ $\boxed{円}$

        (ii)　$\boxed{円}$ × $\dfrac{\boxed{か月}}{\boxed{か月}}$ ＝ $\boxed{円}$

   ⑦　⑦＋⑦＝ $\boxed{円}$

  ③　①－②＝ $\boxed{円}$

《解　答》

(1)　外貨預金

  ①　会社計上簿価　$\boxed{7,000,000円}$

  ②　税務上換算簿価

    $\boxed{115円}$ × $\boxed{55,000ドル}$ ＝ $\boxed{6,325,000円}$

  ③　①－②＝ $\boxed{675,000円}$　　外貨預金認定損（減・留）

(2)　売掛金

  ①　会社計上簿価　$\boxed{2,000,000円}$

  ②　税務上換算簿価

    $\boxed{115円}$ × $\boxed{21,000ドル}$ ＝ $\boxed{2,415,000円}$

  ③　①－②＝ △$\boxed{415,000円}$　　売掛金計上洩（加・留）

(3)　貸付金（事前予約のケース）

  ①　会社計上為替予約差額　$\boxed{1,700,000円}$　　為替差損

  ②　税務上の為替予約差額

   ⑦　直先差額

    取引日直物レート　決済日先物レート

    $\boxed{23,560,000円}$ － $\boxed{22,800,000円}$ ＝ $\boxed{760,000円}$

    124×190,000ドル　120円×190,000ドル

第10章 外貨換算 669

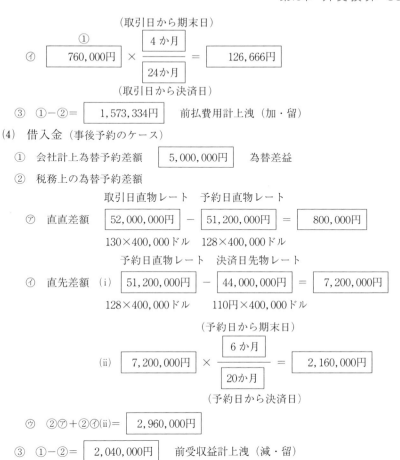

支払保険料

【Point 40】

1 法人が保険料を支払った場合
　法人が払った保険料の種類により，異なった課税上の取扱いがある。
2 保険の種類
　養老保険，定期保険，定期付養老保険，損害保険等により，支払った保険料の課税上の違いがある。

1 趣　　旨

保険料を支払った場合は，その保険の種類や受取人の違い等により，課税上異なる取扱いがなされる。掛け捨ての保険料は損金に，満期保険金がある積立保険料は資産に計上するのが基本である。

2 養老保険に係る保険料を支払った場合

養老保険は，被保険者の**死亡**や**生存**（保険期間終了）に対して保険金（**死亡保険金**又は**満期保険金**）を取得するものである。以下の課税上の取扱いがなされる（基9―3―4）。

〈図表11−1〉養老保険の保険料の支払（掛け捨てではなく満期保険金あり）

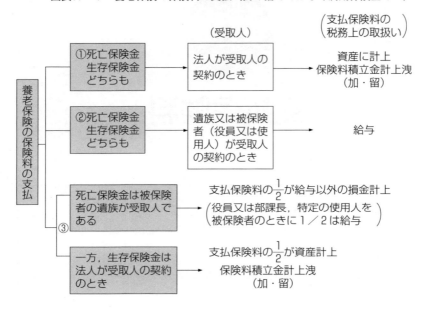

3 **定期保険に係る保険料を支払った場合**（掛け捨てなので満期保険金がない）

定期保険とは，掛捨てのもので定められた一定の期間内における被保険者の死亡に対して保険金を取得するものである。以下の課税上の取扱いがなされる（基9−3−5）。

〈図表11−2〉定期保険の保険料の支払

4 定期付養老保険に係る保険料を支払った場合

定期付養老保険とは，養老保険に定期保険が加わったものである。以下の課税上の取扱いがなされる（基9－3－6）。

〈図表11－3〉定期付養老保険の保険料支払

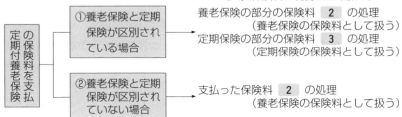

5 長期の損害保険に係る保険料を支払った場合

長期の損害保険とは，保険期間が3年以上で，しかも満期返戻金を支払う定めのあるもの（基9－3－9，9－3－10，9－3－11）。

〈図表11－4〉長期の損害保険の保険料の支払

674

《計算例題》

(1) 福大株式会社は，当期（平成31年4月1日　至令和2年3月31日）に，当社を保険金受取人，役員福大太郎を被保険者とする養老保険に加入した。令和元年10月5日に1年分の保険料3,000,000円を支払い，費用処理した。

(2) 養老保険は，保険金の受取人を被保険者又はその遺族，被保険者は役員福大太郎と福大進とするものである。その保険料は，令和元年12月21日から1年分1,800,000円支払い，費用処理した。以上から税務上調整すべき金額を計算しなさい。

《解答欄》

(1) ┌─────────────┐ 円
(2) ┌─────────────┐ 円

《解　答》

(1) 養老保険で受取人が法人のケース

保険料積立金計上洩　3,000,000円

（加・留）

(2) 養老保険で受取人が遺族又は被保険者のケース

役員給与　1,800,000円

欠損金の繰越しと繰戻し

【Point 41】

1　青色申告書を提出した事業年度の欠損金の繰越控除

　法人の各事業年度開始の日前9年以内に開始した事業年度において生じた欠損金額で，青色申告書を提出した事業年度のものは，もっとも古い事業年度に生じた欠損金額から順次，法人の当該事業年度の所得の金額の計算上，損金の額に算入される。平成30年4月1日以後に開始する事業年度で生じた欠損金額は，繰越は10年が適用される。

2　災害損失金の繰越控除

　青色申告書を提出しなかった事業年度の欠損金額であっても，確定申告書を提出する法人の各事業年度開始の日前9年以内に開始した事業年度において生じた欠損金額のうち，災害により資産について生じた損失金額は，当該事業年度の所得の計算上，損金の額に算入される。平成30年4月1日以後に開始する事業年度で生じた欠損金額は，繰越は10年が適用される。

3　会社更生等による債務免除等があった場合の欠損金の損金算入

　法人について会社法の規定による特別清算開始の命令があったこと等の一定の事実が生じた場合において，その法人の役員もしくは株主等である者もしくはこれらであった者から金銭その他の資産の贈与を受け，又はその法人の債権者から債務の免除を受けるときは，その受ける日の属する事

業年度（適用年度）前の事業年度において生じた欠損金額で適用年度に繰り越されたもののうち，贈与を受けた金額と債務免除を受けた金額の合計額に達するまでの金額は，その適用年度の所得の金額の計算上，損金の額に算入される。

1 欠損金の繰越し

(1) 青色申告書を提出した事業年度の欠損金の繰越控除（法57）

　法人税は，各事業年度の所得に課税するという**事業単位課税**である。しかし，会計年度とは**人為的に区切られた**ものであり，継続企業（ゴーイングコンサーン）を前提として考えるならば，企業の資本維持のために欠損金額の繰越しを認めることとなった。

　平成29年4月1日以後に開始する事業年度において確定申告書を提出する法人の**各事業年度開始の日前9年以内**に開始した事業年度で，かつ，**青色申告書を提出した事業年度**において生じた欠損金額がある場合に，その欠損金額に相当する金額は，その各事業年度の所得の金額の計算上，損金の額に算入される。なお，平成30年4月1日以後に開始する事業年度で生じた欠損金額については，繰越は10年が適用される（図表12-2の下）。ただし，**中小法人等以外の法人の**損金の額に算入される金額は，この規定を適用する前（欠損金の損金算入前）における各事業年度の所得の金額の100分の50に相当する金額を限度とする（法57①）。

　中小法人等^(注)については，100分の100が損金の額に算入される。

　この場合には，法人が欠損事業年度に**青色申告書**である確定申告書を提出し，かつ，その後において**連続して確定申告書を提出している**ことの2つの適用要件が必要である（法57⑩）。既に欠損金の繰越控除及び繰戻し還付の適用となった欠損金額は除く。

　なお，欠損金額とは，各事業年度の所得の金額の計算上，当該事業年度の損金の額が当該事業年度の益金の額をこえる場合におけるそのこえる金額をい

う。事業年度の開始の日前10年以内に開始した事業年度で青色申告を提出した事業年度に生じた欠損金のうち古いものから繰越控除する（基12―1―1）。つまり，平成30年4月1日以後に開始する事業年度において生じた欠損金については，繰越は10年間となる。

〈図表12―1〉 中小法人等以外の法人の繰越控除適用年度と控除限度

繰越控除適用年度	控除限度
平成28年4月1日から平成29年3月31日までに開始する事業年度	所得の金額×60%
平成29年4月1日から平成30年3月31日までに開始する事業年度	所得の金額×55%
平成30年4月1日以後に開始する事業年度	所得の金額×50%

〈図表12―2〉 欠損金発生年度と控除適用年度

〈図表12－3〉平成30年4月1日以後に終了した事業年度に生じた欠損金の繰越控除

〈中小法人等の欠損金の繰越控除〉

① 繰越欠損金　800＋500＝1,300

② 差引計×100％＝1,000

③ ①② 少ない金額

　　欠損金の繰越控除　1,000

〈中小法人等以外の法人の欠損金の繰越控除〉

① 繰越欠損金　800＋500＝1,300

② 差引計×50％＝1,000×50％＝500

③ ①② 少ない金額

　　欠損金の繰越控除　500

(注)　中小法人等とは，各事業年度終了の時において次の法人に該当するものをいう（法57⑪，令14の10⑥，188①十六）。

(1) 普通法人のうち，資本金の額若しくは出資金の額が1億円以下であるもの又は資本若しくは出資を有しないもの。ただし，次に掲げる法人に該当するものは除く。

　イ　次の一の大法人による完全支配関係がある法人

　　(イ)　資本金の額又は出資金の額が5億円以上である法人

　　(ロ)　保険業法に規定する相互会社及び外国相互会社

　　(ハ)　受託法人

　ロ　完全支配関係がある複数の大法人に発行済株式等の全部を保有されている法人

(2)　公益法人等又は協同組合等

(3)　人格のない社団等

(2) **災害損失金の繰越控除**（法58）

確定申告書を提出する法人の各事業年度開始の日前9年以内（平成30年4月1日以後に開始する年度で生じた欠損金額については繰越は10年が適用される）に開始した

青色申告書を提出しなかった事業年度において生じた欠損金額であっても，そのうち，棚卸資産，固定資産又は固定資産に準ずる繰延資産について**震災，風水害，火災等の災害により生じた損失**に係るものがあるときは，その災害損失に係る欠損金額に相当する金額は，その各事業年度の所得の金額の計算上，損金の額に算入される。ただし，損金の額に算入される金額は，この規定を適用する前における各事業年度の所得の金額を限度とする（法58①，令114）。ただし，平成30年4月1日以後に開始する事業年度において**中小法人等**以外の法人は各事業年度の所得金額の100分の50に相当する金額が限度となる。中小法人等とは
1 (1)（注）と同じ。

〈図表12－4〉中小法人等以外の法人の繰越控除適用年度と控除限度

繰越控除適用年度	控除限度
平成28年4月1日から平成29年3月31日までに開始する事業年度	所得の金額×60%
平成29年4月1日から平成30年3月31日までに開始する事業年度	所得の金額×55%
平成30年4月1日以後に開始する事業年度	所得の金額×50%

この規定の適用を受けるための条件としては，災害損失金の計算に関する明細を記載した**確定申告書を提出**し，かつ，その後においても**連続して確定申告書を提出**している場合であって災害損失欠損金額の生じた事業年度に係る帳簿書類を保存している場合に限り適用する（法58⑤）。

なお，災害損失金は繰戻還付を請求することはできない。

〈図表12－5〉**青色欠損金と災害損失金に係る欠損金の発生年度と繰越控除期間**

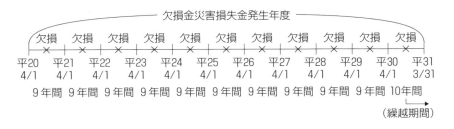

《平成30年 4 月 1 日以後に終了した事業年度に生じた災害損失金の繰越控除》

〈中小法人の災害損失金の繰越控除〉

① その災害事業年度の欠損金

② 災害損失金 － 保険金等 （正味の災害損失金）

③ ①と②のうち少ない方

④ 差引計×100%

⑤ ③と④のうち少ない方

〈中小法人等以外の法人の災害損失金の繰越控除〉

① その災害事業年度の欠損金

② 災害損失金－保険金等

③ ①と②のうち少ない方

④ 差引計×50%

⑤ ③と④のうち少ない方

(3) **更生手続開始の決定があった場合の欠損金の損金算入** （法59①②）

更生手続の開始決定があった場合や民事再生等に伴う債務免除等があった場合で資産の評価があったときに，役員・株主から金銭その他資産の贈与等を受けたりした場合は，これらの金額は益金に算入される。

このとき 9 年経過後の期限切れ青色申告制度の欠損金等が損金に算入されず，私財提供益や債務免除益が課税されると，**企業再建の目的達成が困難**となる。そこで法59条 1 項， 2 項が設けられている。

更生手続の開始の決定があり，その内国法人が役員・株主より金銭その他の資産の贈与を受け，債権者から債務の免除がされ，会社更生法等の規定により評価換えをしたことにより（評価益－評価損）に益金の額に算入される金額がある場合は，債務免除等に該当することとなった日の属する事業年度（適用年度）の前の各事業年度において生じた欠損金額で所定の額に達するまでの金額は，適用年度の所得金額の計算上，損金の額に算入される（法59①）。確定申告書に欠損金額の損金算入に関する明細の記載及び一定書類の添付が必要である。

第12章　欠損金の繰越しと繰戻し　681

① **対象となる金額**

イ	債務免除を受けた金額
ロ	役員等から私財提供を受けた金銭の額及び金銭以外の資産の価額
ハ	民事再生法等による評価換えによる評価益から評価損を差し引いた金額

② **損金算入額**

　適用年度に損金の額に算入される金額は，適用年度前の事業年度以前から繰り越された欠損金額の合計額のうち，上記①の対象となる金額の合計額に達するまでの金額である。この規定は**期限切れの欠損金額から優先**して損金の額に算入される。

　〈会社更生法による更生手続開始の決定があった場合の欠損金の損金算入〉

(1)　更生等欠損金の損金算入　(法59①)

　　①　債務免除益＋私財提供益（受贈益）＋$\left(\dfrac{当社の資産}{評価益}-\dfrac{当社の資産}{評価損}\right)$

　　②　繰越欠損金（前期以前から繰り越された欠損金額の合計額）

　　③　①と②の少ない金額

(2)　繰越欠損金の当期控除　(法57)

　　①　法59①更生等により，青色欠損金で損金算入され，重ねて控除しないように法57上ないものとされる青色欠損金

　　　　(1)③－$\left(\dfrac{期限切れ欠損金と前}{9年内の繰越欠損金}-\dfrac{前9年内の}{青色欠損金}\right)$

　　②　青色欠損金－(2)①

　　③　（差引計－(1)③による損金算入額）×50％（中小法人以外）

　　　　　　　　　　　　　　　　　100％（中小法人）

　　④　②と③の少ない金額

(3)　欠損金等の当期控除

　　　　(1)③＋(2)④（差引計の下）

③　ないものとされる前9年間の繰越欠損金

$$\left.\begin{array}{c}\text{法59①の更生等の}\\\text{欠損金の損金算入}\\\text{が認められた適用}\\\text{年度の損金算入額}\end{array}\right. - \left.\begin{array}{c}\text{適用年度終了時}\\\text{の期限切れ欠損}\\\text{金と前9年内の}\\\text{繰越欠損金}\end{array}\right. - \left.\begin{array}{c}\text{前9年内の青}\\\text{色繰越欠損金}\end{array}\right.$$

$$\left(\begin{array}{c}\text{法59①更生等により損金算入された前9年内に生じた青色繰越欠損金}\\\text{で法57でも重ねて控除しないようにないものとされるもの}\end{array}\right)$$

⑷　民事再生法等による評定を行った場合の欠損金の損金算入　(法59②三)

　民事再生法等による再生手続開始の決定があり，その内国法人が役員・株主より金銭その他の資産の贈与を受け，債権者から債務の免除がされ，民事再生法等の規定により，その法人が資産の評価換えをしたことにより（評価益－評価損）益金の額に算入される金額がある場合には，債務免除等に該当することとなった日の属する事業年度（適用年度）の前の各事業年度において生じた欠損金額で所定の額に達するまでの金額は損金の額に算入される（法59②三）。確定申告書に欠損金額の損金算入に関する明細の記載及び一定書類の添付が必要である。これらがなかったことについてやむを得ない事情があると認められるときは，その適用を受けることができる（法59③）。

①　対象となる金額

イ　債務免除を受けた金額
ロ　役員等から私財提供を受けた金銭の額及び金銭以外の資産の価額
ハ　民事再生法等による評価換えによる評価益から評価損を差し引いた金額

②　損金算入額

　適用年度に損金の額に算入される金額は，適用年度前の事業年度以前から繰り越された欠損金額の合計額のうち，上記①の対象となる金額の合計額に達するまでの金額である。なお，この規定は**期限切れの欠損金額**から**優先的**に損金の額に算入される。

〈民事再生等に伴う債務免除等があった場合で，評定がある場合の欠損金の損金算入〉

(1) 再生等欠損金の損金算入（法59②三）

① 債務免除益＋私財提供益（受贈益）＋$\left(\begin{array}{c}\text{当社の資産} \\ \text{評価益}\end{array} - \begin{array}{c}\text{当社の資産} \\ \text{評価損}\end{array}\right)$

② 繰越欠損金（前期以前から繰り越された欠損金額の合計額）

③ 差引計（青色欠損金[注]や災害損失控除前）

④ ①・②・③の少ない金額

(2) 繰越欠損金の当期控除（法57）

① 法59②再生等により，前9年内の青色欠損金で損金算入され，重ねて控除しないように法57上ないものとされる青色欠損金

$(1)④ - \left(\begin{array}{c}\text{期限切れ欠損金と前} \\ \text{9年内の繰越欠損金}\end{array} - \begin{array}{c}\text{前9年内の} \\ \text{青色欠損金}\end{array}\right)$

② 青色欠損金－(2)①

③ （差引計－(1)④による損金算入額）×50％（中小法人以外）

100％（中小法人）

④ ②・③の少ない金額

(3) 欠損金等の当期控除

(1)④＋(2)④

（注） 評価換えがあるときは，青色欠損金の繰越控除又は災害損失金の繰越控除の適用前に再生等の欠損金の損金算入を適用。

③ ないものとされる前9年間の繰越欠損金

期限切れ欠損金

$\boxed{\begin{array}{l}\text{法59②の民事再生等の評} \\ \text{定によって欠損金の損金} \\ \text{算入が認められた適用年} \\ \text{度の損金算入額}\end{array}} - \left(\begin{array}{c}\text{適用年度終了時} \\ \text{の期限切れ欠損} \\ \text{金と前9年内の} \\ \text{繰越欠損金}\end{array} - \begin{array}{c}\text{前9年内の青} \\ \text{色繰越欠損金}\end{array}\right)$

$\left(\begin{array}{l}\text{法59②の再生等により損金算入された前9年内に生じた青色繰越欠損金} \\ \text{で法57でも重ねて控除しないようにないものとされるもの}\end{array}\right)$

（注）　この算式で法59②三の民事再生の規定で損金算入されたもののうち，期限切れではない前9年内の欠損金で損金算入されたものかわかる。この金額を法57の繰越欠損金の当期控除では，二重控除しないように差し引くのである。

⑸　**民事再生法等による評定を行っていない場合の欠損金の損金算入**（法59②一，二）

　民事再生法等により開始の決定等の事実があり，その内国法人が役員・株主より金銭その他の資産の贈与を受け，債権者から債務の免除がされた場合には，債務免除等に該当することとなった日の属する事業年度前の各事業年度において生じた欠損金額で所定の額に達するまでの金額は損金の額に算入される。

①　**対象となる金額**

イ　債務免除を受けた金額
ロ　役員から私財提供を受けた金銭の額及び金銭以外の資産の価額

　（注）　評定を行っていないため評価益はない。

②　**損金算入額**

　適用年度に損金の額に算入される金額は，適用年度前の事業年度以前から繰り越された欠損金額の合計額(注)から，前9年内の繰越欠損金の損金算入の規定により損金算入された金額を控除した金額のうち，上記①の対象となる金額に達するまでの金額である。

　更生手続の開始決定（法59①）や再生手続開始決定があり評定を行った場合（法59②三）のような期限切れ欠損金の損金算入はなされない。

　（注）　再生法等で評定を行った場合は，前9年内の繰越欠損金の損金算入額は控除されない。

〈**民事再生等に伴う債務免除等があった場合で，評定がない場合の欠損金の損金算入**〉

⑴　繰越欠損金の当期控除

①　青色欠損金

② 差引計×50％（中小法人以外）
   　　　　　　100％（中小法人）
③ ①・②の少ない金額
(2) 再生等欠損金の損金算入（法59②一，二）
① 債務免除益＋私財提供益
② 欠損金額

③ 差引計
   　差引計（青色欠損金，災害損失金の控除前）
④ ①・②・③の少ない金額
(3) 欠損金等の当期控除
   　(1)③＋(2)④
   （注）評定がないときは，青色欠損金，災害損失金の繰越控除後に再生等の欠損金の損金算入を適用する。

2　欠損金の繰戻し

(1) 欠損金の繰戻し制度と適用要件

　法人が青色申告書である確定申告書を提出する事業年度に欠損金額が生じた場合（欠損事業年度），欠損事業年度開始の日前1年以内に開始したいずれかの事業年度（還付所得事業年度）の法人税額について，還付を受けることができる。還付金額の算式は，次のとおりである（法80①）。

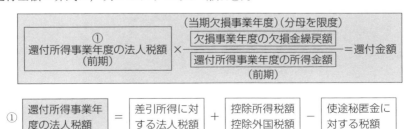

平成4年4月1日から令和2年3月31日までの間は，その制度の適用が停止されている（措法66の13）。

ただし，以下の一定の中小法人等については，この制度が適用できる。

中小法人等の範囲	普通法人のうち，欠損事業年度終了の時における資本金の額又は出資金の額が1億円以下であるもの。ただし，次に掲げる法人に該当するものを除く。 ① 大法人（資本金の額又は出資金の額が5億円以上である法人）による完全支配関係がある法人 ② 完全支配関係がある複数の大法人に発行済株式等の全部を保有されている法人

欠損金の繰戻しによる還付を受けるためには，次の要件が必要である（法80③⑤）。

(1) 還付所得事業年度から欠損事業年度まで連続して**青色申告書を提出して**いること
(2) 欠損事業年度の青色確定申告書を**申告期限内に提出して**いること
(3) 所定の事項を記載した**還付請求書を提出**すること

〈図表12－6〉欠損金の繰戻しと繰越し

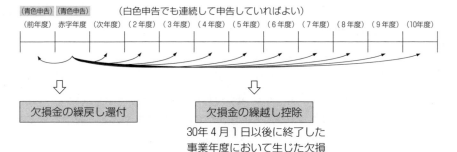

〈図表12-7〉欠損金の繰戻し還付の仕組み

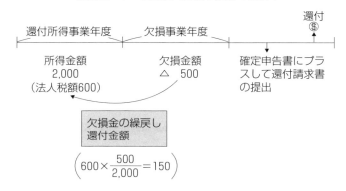

(2) **解散等の場合の特例**

　解散（適格合併による解散を除く），**営業の全部譲渡**，会社更生法又は金融機関等の更生手続の特例等に関する法律の規定による**更生手続の開始**，**営業の全部の相当期間の休止又は重要部分の譲渡**で，これらの事実が生じたことにより欠損金額の繰越控除の規定の適用を受けることが困難となると認められるもの並びに民事再生法の規定による再生手続開始の決定及び商法の規定による整理開始の命令があった場合には，これらの事実が生じた日前1年以内に終了した事業年度及びその日を含む事業年度の欠損金額については，その日以後1年内に**還付請求**をすることが認められる（法80④⑤，令154の3）。

(3) **欠損金の繰戻し制度の停止と中小法人等への適用**

　なお，平成4年4月1日から平成32年3月31日までの間に終了する事業年度については，解散等の場合を除き，**2**(1)の欠損金の繰戻しによる還付制度は適用できないこととされている（措法66の14）。

　ただし，この不適用措置は期末資本金の額又は出資金額の額が1億円以下の普通法人（期末において資本金額が5億円以上の法人により完全支配されているものを除く）並びに公益法人等，協同組合等及び人格のない社団等一定のものには不適用となった（措法66の13）。つまり，**中小法人等**は，平成21年2月1日以後に終了する事業年度において生じた欠損金額については，**欠損金の繰戻しによ**

る還付ができることとなった。一方，大法人は適用されない。中小企業が，景気や金融に影響を強く受けるため，その保護として欠損金の繰戻し制度が適用されることとなった。

　しかし，中小法人でも資本金５億円以上の法人に完全支配（発行済株式等の100％所有）されている中小法人には，欠損金の繰戻還付の不適用措置の適用除外からははずされる。欠損金の繰戻し還付は適用されない。

〈図表12－8〉欠損金の繰戻し還付制度の適用

| 期末資本金の額が１億円以下の普通法人（期末において資本金額が５億円以上の法人により完全支配されているものを除く） |
| 公益法人等，協同組合等及び人格のない社団等一定のもの |

→ 欠損金の繰戻し還付制度の適用あり

（平成21年２月１日以後に終了する各事業年度に生じた欠損金額から対象となる）

《別表四の記載》

区　　　分	金額	社外
差　引　計		
欠損金又は災害損失金の当期控除額	△××××	△××

《別表四の記載》

	区　　　分	金額	留保	社外流出
加算				
減算	欠損金の繰戻し還付金額	×××		××

第12章 欠損金の繰越しと繰戻し　689

《計算例題1》　中小法人等の欠損金の繰戻し還付

　福大株式会社の当期に，還付される法人税額を計算しなさい。

　なお，福大株式会社は，青色申告書の提出法人であり，期末資本金の額が1億円以下の中小法人である。

〈資　料〉

　　1　当年欠損金額　　　3,000,000円

　　2　前期の所得金額　　8,000,000円

　　3　前期の法人税額　　2,400,000円

《解答欄》　還付される法人税法

$$\boxed{円} \times \frac{\boxed{円}}{\boxed{円}} = \boxed{円}$$

《解　答》　還付される法人税額

$$\boxed{2,400,000円} \times \frac{\boxed{3,000,000円}}{\boxed{8,000,000円}} = \boxed{900,000円}$$

《計算例題２》 欠損金の繰越控除

慶応株式会社の以下の資料により，当期８期の所得の金額の計算上，損金の額に算入できる繰越欠損金の金額を計算しなさい。なお，慶応株式会社は，青色申告書の提出法人であり中小法人である。

事業年度	所得金額
第８期（当期）	6,100,000円
第７期	△ 700,000
第６期	△ 500,000
第５期	△ 850,000
第４期	△ 950,000
第３期	△ 1,200,000
第２期	△ 2,500,000

《解答欄》

当期に損金算入できる繰越欠損金

| 円 | ＋ | 円 | ＋ | 円 | ＋ | 円 | ＋ | 円 |

＋ | 円 | ＝ | 円 |

《解　答》

当期に損金算入できる繰越欠損金（欠損金の当期控除額）

3期分		4期分		5期分		6期分		7期分
1,200,000円	＋	950,000円	＋	850,000円	＋	500,000円	＋	100,000円

2期分　　　　　当期所得

＋ | 2,500,000円 | ＝ | 6,100,000円 |

翌期に繰り越される欠損金は

7期分　　　　　7期分

| 700,000円 | － | 100,000円 | ＝ | 600,000円 | である。

損金算入　　　　繰越分

第12章　欠損金の繰越しと繰戻し　691

《計算例題 3 》　災害損失金の繰越控除

　福大株式会社の当期の災害損失金の繰越控除の金額の計算をしなさい。

　福大株式会社の資本金は 2 億5,000万円である。欠損金の繰戻還付については考慮する必要はない。

事業年度	所得金額
第10期（当期）白色	8,200,000円
第 9 期　　　白色	△ 7,000,000
第 8 期　　　青色	3,200,000
第 7 期　　　青色	1,800,000
第 6 期　　　青色	2,900,000

(1)　第 9 期の欠損金は，全て災害により生じた欠損金である。

(2)　所得金額も，全て繰越控除前の金額である。

《解答欄》

(1)　災害事業年度の欠損金　　[　　　　　]円

(2)　災害損失

　　　　　　　　　　保険金

　　[　　　　]円 － [　　　　]円 = [　　　　]円

(3)　(1)(2)少ない方　[　　　　]円

　　　差引計

(4)　[　　　　]円 × [　　]% = [　　　　]円

(5)　(3)(4)少ない方　[　　　　]円　欠損金等の当期控除

《解　答》

(1) 災害事業年度の欠損金　7,000,000円

(2) 災害損失

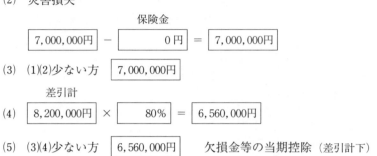

$\boxed{7,000,000円} - \underset{保険金}{\boxed{0円}} = \boxed{7,000,000円}$

(3) (1)(2)少ない方　7,000,000円

(4) $\underset{差引計}{\boxed{8,200,000円}} \times \boxed{80\%} = \boxed{6,560,000円}$

(5) (3)(4)少ない方　6,560,000円　　欠損金等の当期控除（差引計下）

《計算例題4》　会社更生等により債務免除等があった場合の欠損金の損金算入

　慶応株式会社の以下の資料により，欠損金等の当期控除額（欠損金の損金算入額）を計算しなさい。慶応株式会社は青色申告法人である。当期末資本金は3億円である。慶応株式会社は，当該事業年度において，会社更生法による更生手続開始の決定を受けた。

(1) 当期の繰越欠損金控除前の所得金額は10,000,000円，前期からの繰越欠損金は11,000,000円である。このうち当期に控除できる青色欠損金は9,000,000円である。

(2) 債権者から4,000,000円が債務免除され収益に計上した。

(3) 役員からの私財提供益が3,000,000円あり収益に計上した。

(4) 資産の評価換えを行い，評価益1,500,000円を収益，評価損500,000円を費用に計上した。

第12章　欠損金の繰越しと繰戻し　693

《解答欄》

(1)　更生等欠損金の損金算入（法59①）

① 　債務免除益 ＋ 私財提供益（受贈益） ＋（ 当社の資産評価益 － 当社の資産評価損 ）

$$□ 円 ＋ □ 円 ＋（ □ 円 － □ 円 ）= □ 円$$

② 　繰越欠損金（前期以前から繰り越された欠損金額の合計額）

□ 円

③ 　①②少ない金額　□ 円

(2)　繰越欠損金の当期控除（法57）

① 　法59①更生等により，青色欠損金で損金算入され，重ねて控除しないように法57上ないものとされる青色欠損金

(1)③ ー（ 期限切れ欠損金と前9年内の繰越欠損金 ー 前9年内の青色欠損金 ）＝

□ 円 －（ □ 円 － □ 円 ）＝ □ 円

② 　青色欠損金 － (2)①

□ 円 － □ 円 ＝ □ 円

③ 　（ 差引計 － (1)③による損金算入額 ）×50％ ＝

（ □ 円 － □ 円 ）×50％ ＝ □ 円

④ 　②③少ない金額　□ 円

(3)　欠損金等の当期控除

(1)③ ＋ (2)④ ＝ □ 円 ＋ □ 円 ＝ □ 円

《解　答》

(1) 更生等欠損金の損金算入（法59①）

①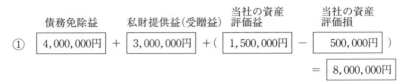

② 繰越欠損金（前期以前から繰り越された欠損金額の合計額）
11,000,000円

③ ①②少ない金額　8,000,000円

(2) 繰越欠損金の当期控除（法57）

① 法59①更生等により，青色欠損金で損金算入され，重ねて控除しないように法57上ないものとされる青色欠損金

　　　　　(1)③　　　　期限切れ欠損金と前9年内の繰越欠損金　　前9年内の青色欠損金
　　　　8,000,000円 － (11,000,000円 － 9,000,000円) = 6,000,000円

　　　　青色欠損金　　(2)①
② 　9,000,000円 － 6,000,000円 = 3,000,000円

　　　　差引計　　　　(1)③による損金算入額
③ (10,000,000円 － 8,000,000円) ×50％ = 1,000,000円

④ ②③少ない金額　1,000,000円

(3) 欠損金等の当期控除
　　(1)③ + (2)④ = 8,000,000円 + 1,000,000円 = 9,000,000円

第12章 欠損金の繰越しと繰戻し　695

《計算例題5》　民事再生法等により評定を行った場合の欠損金の損金算入

福大株式会社の以下の資料により，欠損金等の当期控除額（欠損金の損金算入額）を計算しなさい。福大株式会社は青色申告法人である。当期末資本金の額は2億円である。福大株式会社は，当該事業年度において，民事再生法による再生手続開始の決定を受けた。

(1) 当期の繰越欠損金控除前の所得金額（差引計）は8,000,000円，前期からの繰越欠損金は9,000,000円である。このうち当期に控除できる青色欠損金は6,000,000円である。

| 債権者から1,800,000円が債務免除され収益に計上した。 |
| 役員からの私財提供益が1,200,000円あり収益に計上した。 |
| 資産の評価換えを行い，評価益800,000円を収益，評価損300,000円を費用に計上した。 |

《解答欄》

(1) 民事再生等欠損金の損金算入（法59②）

② 繰越欠損金（前期以前から繰り越された欠損金額の合計額）

　　　　　円

③ 差引計　　　　　円

④ ①②少ない金額

　　　　　円

(2) 繰越欠損金の当期控除（法57）

　① 法59②民事再生等により，青色欠損金で損金算入され，重ねて控除しないように法57上ないものとされる青色欠損金

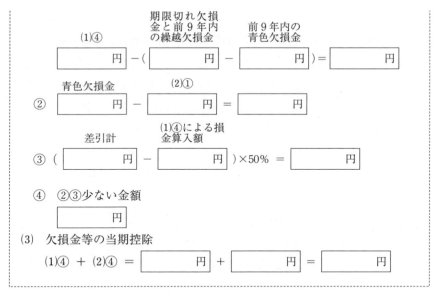

《解 答》

(1) 民事再生等欠損金の損金算入（法59②）

① 債務免除益 1,800,000円 + 私財提供益(受贈益) 1,200,000円 +（当社の資産評価益 800,000円 − 当社の資産評価損 300,000円）
= 3,500,000円

② 繰越欠損金（前期以前から繰り越された欠損金額の合計額）
9,000,000円

③ 差引計 8,000,000円

④ ①②少ない金額
3,500,000円

(2) 繰越欠損金の当期控除（法57）

① 法59②民事再生等により，青色欠損金で損金算入され，重ねて控除しないように法57上ないものとされる青色欠損金

第12章　欠損金の繰越しと繰戻し　697

　　　　　　　　　期限切れ欠損
　　　　　　　　　金と前9年内　　前9年内の
　　(1)④　　　　の繰越欠損金　　青色欠損金

　$\boxed{3,500,000円} - (\boxed{9,000,000円} - \boxed{6,000,000円}) = \boxed{500,000円}$

　　　　青色欠損金　　　　(2)①

② 　$\boxed{6,000,000円} - \boxed{500,000円} = \boxed{5,500,000円}$

　　　　差引計　　　　(1)④による損
　　　　　　　　　　　金算入額

③ 　$(\boxed{8,000,000円} - \boxed{3,500,000円}) \times 50\% = \boxed{2,250,000円}$

④ 　②③少ない金額

　　$\boxed{2,250,000円}$

(3)　欠損金等の当期控除

　　(1)④ ＋ (2)④ ＝ $\boxed{3,500,000円} + \boxed{2,250,000円} = \boxed{5,750,000円}$

《実務上のPoint》

(1)　青色欠損金の繰越控除は申告記載要件（明細を記載）はないが，災害損失金
　　の繰越控除は申告記載要件がある。

(2)　当期に赤字決算になりそうなとき，税務上とるべき処理として，欠損金の
　　繰越控除か欠損金の繰戻しの方法がある。いずれを選択してもよい。

(3)　災害損失金については，損失金の繰越控除は適用できるが，繰戻還付請求
　　はできない。

税額計算

第1節 税額計算

【Point 42】

税額計算には,以下の計算順序がある。
(1) 各事業年度の所得の**所得金額**に税率をかけて**法人税額**を計算する。
(2) 次に,法人税額から**法人税額の特別控除等**を差し引き,差引法人税額を計算する。
(3) 差引法人税額に**土地譲渡の特別税額**と**同族会社の留保金課税**に対する**特別税額**を加算し,**法人税額計**を計算する。
(4) 法人税額計から**所得税額及び外国税額の控除額**を差し引き,**差引所得に対する法人税額**(100円未満切捨て)を計算する。
(5) 最後に,差引所得に対する法人税額から**中間申告分の法人税額**を差し引き,**納付すべき法人税額**を計算する。

1 税額計算の仕組み

税額計算は,一定の順序により計算を行う。税額計算は,まず基本となる法人税額の計算を行う。これは課税標準となる所得金額に税率(tax rate)をかけて**法人税額**を計算する。さらに,**試験研究等の特別控除等**の特別控除がある場

合には，その法人税額から控除する。次に，この基本となる法人税に，**特定同族会社については留保金課税に対する特別税額**と土地を譲渡した場合には，**土地の譲渡利益について特別税額**が加算される。

最後に，**所得税額控除等の税額控除**と**中間申告分の法人税額**を差し引くと確定申告として法人が**納付すべき法人税額**が算出される。以上の税額計算の仕組みを示すと，以下の図のようになる。

〈図表13−1〉 税額計算の流れ

```
┌──────────────────────────────────────────────────────────┐
│  ┌──────────────────────┐                                │
│  │ 課税標準となる所得金額 │ （1,000円未満端数切捨て）     │
│  └──────────────────────┘                                │
│  ┌──────────────────────┐                                │
│  │ 所得金額×（税率）      │                                │
│  └──────────────────────┘                                │
│  ┌──────────────────────┐                                │
│  │ 法  人  税  額         │                                │
│  └──────────────────────┘                                │
│              特別控除額        ┌──────────────────┐        │
│  （減算）   ◄─────────────────│ 法人税額の特別控除 │        │
│                                └──────────────────┘        │
│                                （試験研究費等の特別控除）   │
│                                （中小企業者等の機械の特別控除等）│
│  ┌──────────────────────┐                                │
│  │ 差 引 法 人 税 額      │                                │
│  └──────────────────────┘                                │
│                                ┌──────────────────┐        │
│                          ◄─────│ 土地譲渡の特別税額 │        │
│  （加算）   特別税額           └──────────────────┘        │
│                          ◄─────┌──────────────────┐        │
│                                │ 特定同族会社の特別税額│     │
│                                └──────────────────┘        │
│  ┌──────────────────────┐                                │
│  │ 法  人  税  額  計     │                                │
│  └──────────────────────┘                                │
│                                ┌──────────────────┐        │
│                          ◄─────│ 仮装経理による過大申告の│  │
│                                │ 控除法人税額      │        │
│  （減算）                      └──────────────────┘        │
│                          ◄─────┌──────────────────┐        │
│                                │ 所得税額等の控除   │        │
│                                └──────────────────┘        │
│             控除税額           ┌──────────────────┐        │
│                          ◄─────│ 外国税額の控除     │        │
│                                └──────────────────┘        │
│  ┌──────────────────────┐                                │
│  │ 差引所得に対する法人税額│ （100円未満端数切捨て）       │
│  └──────────────────────┘                                │
│                                ┌──────────────────┐        │
│  （減算）               ◄─────│ 中間申告分の法人税額│       │
│                                └──────────────────┘        │
│  ┌──────────────────────┐                                │
│  │ 差引確定申告で納付すべき法人税額│                        │
│  └──────────────────────┘                                │
└──────────────────────────────────────────────────────────┘
```

第13章　税額計算　701

別表一㈠法人税の納付税額を計算する申告書

区　　分	税率	金　額	計算過程
所　得　金　額		×××××	（千円未満切捨） 中小法人の場合
法人税額計算　(1)　年800万円以下 　　　　　8,000,000円 　　　（千円未満切捨）	15%	×××	(1)　年800万円以下 　8,000,000円×$\frac{12}{12}$ 　=8,000,000円
○　○　○円 　　　（千円未満切捨）	23.2%	×××	(2)　年800万円超 　×××××円
法　　人　　税　　額		×××	−8,000,000円 　=○○○円
試　験　研　究　費　の　特　別　控　除　額		××	
中小企業者等の機械の特別控除額		×××	
差　　引　　法　　人　　税　　額			
課　　税　　留　　保　　金　　額		×××	
同　　上　　に　　対　　す　　る　　税　　額		×××	
使　途　秘　匿　金　に　対　す　る　税　額		×××	
法　　人　　税　　額　　計		×××	
控　　　　除　　　　税　　　　額 （控　除　所　得　税　＋　控　除　外　国　税）		×××	
差　引　所　得　に　対　す　る　法　人　税　額			
中　間　申　告　分　の　法　人　税　額		×××	（百円未満切捨）
納　付　す　べ　き　法　人　税　額		×××	

2　各事業年度の所得に対する法人税額

　法人の各事業年度の所得に対する法人税額は，各事業年度の所得金額に以下のように定められている所得の税率を乗じて算出する。

〈図表13－2〉所得と税率

区　　分			事業年度の所得	
			年800万円以下	年800万円超
内国法人（法2三）	普通法人（法2九）	期末資本（出資）金額が1億円を超える法人（中小法人等以外）	(23.2%) (法66①)	
		期末資本（出資）金額が1億円以下の法人（中小法人）若しくはび資本（出資）金額を有しない法人（中小法人等）	15%（措置法） （適用除外事業者 19%法人税法）	23.2% (法66①)
	人格のない社団等 （法2八）		15%	23.2% (法66①)
	公益法人等 （法2六）	公益社団法人及び公益財団法人等	15%	23.2%
		一定の公益法人	15%	23.2%
		その他	15%	19%
	協同組合(単体)等 （法2七）		15%	19%
	一般社団法人等 (注1)		15%	23.2%

15％軽減税率の対象となる中小法人等（措法42の3の2）

　法人税の軽減税率の特例（措法42の3の2）は，普通法人のうち各事業年度終了の時において**資本金の額若しくは出資金の額が1億円以下**であるもの又は資本若しくは出資を有しないもの(中小法人)について適用される。

　ただし，各事業年度終了の時において以下の法人に該当するものを除く（法66，借法42の3の2，令139の6の2）。

① 相互会社

② 以下のイロハに掲げる**大法人**との間に，その大法人による**完全支配関係**がある法人

  イ　資本金の額又は出資金の額が5億円以上である法人

  ロ　相互会社(外国相互会社を含む)

  ハ　受託法人(法人税法4条の7)

③ **完全支配関係**がある**複数の大法人**に発行済株式等の全部を保有される法人

④ 投資法人

⑤ 特定目的会社

⑥ 受託法人

第13章　税額計算　703

（なお，以下の要件を満たす措置法上の中小法人等は適用除外）

$$
\boxed{\text{当期前3年以内終了事業}\atop\text{年度の所得金額の合計}} \times \dfrac{12}{\text{当期前3年以内終了}\atop\text{事業年度の月数（36）}} > 15億円（適用除外所得基準）
$$

↓

年800万以下
の所得金額（税率19%）
法人税法適用
（令和3年4月1日以後）

（注）　一般社団法人等とは，非営利型法人に該当する一般社団法人及び一般財団法人。
　　　　一定の公益法人等とは，認可地縁団体，管理組合法人及び団地管理組合法人等
　　　をいう。

　税率は原則として23.2%である。ただし，普通法人で資本金額が1億円以下
の法人（中小法人）（medium and small company）と人格のない社団等については，
年800万円以下の所得分については税率が15%という低い税率となっている。
中小法人の15%軽減税率の規定は，中小法人でも，資本金5億円以上の法人に
完全支配（発行済株式等の100%所有）されている中小法人には適用されない。
　事業年度の期間が1年未満のものについては，「年800万円」の金額は，800
万円 $\times \dfrac{\text{その事業年度の月数}}{12}$ として計算する。この場合には，1か月未満の端数
は切り上げて1か月とする（法66④⑤）。これは中小法人の担税力を考慮したもの
である。また，協同組合等は，いずれも19%と低い税率である。
　このように，所得税法が応能負担の原則から超過累進税率を採用しているの
に対して，法人税法では比例税率（所得に対して一定の税率を用いる）を採用して
いる。
　中小法人に対して適用される各事業年度の所得に対する法人税の税率は，年
800万円以下とそれを超える金額とに分ける段階税率である。しかし，この段
階税率は中小企業の税負担軽減を意図とした制度であり，原則的には法人税率
は比例税率であるといえる。

3 復興特別所得税

平成25年1月1日から令和19年12月31日までの各年においては,以下の復興特別所得税が課される。

$$\boxed{基準所得税額} \times 2.1\% = \boxed{復興特別所得税額}$$

（利子及び配当等に対する所得税額）

4 中小法人向け特例措置の大法人の100％子会社に対する適用

（法52①イ，法57⑪，法58⑥，法66⑥，法67，措法57の9，措法61の4，措法66の13）

(1) 概 要

資本金の額が1億円以下の法人（中小法人）については,財政基盤強化を目的として法人税法上,以下の優遇措置「中小法人の優遇措置」が設けられている。

中小法人の優遇措置	① 法人税の軽減税率（年800万円以下15％）
	② 留保金課税（特定同族会社の特別税率）の適用除外
	③ 交際費等の損金不算入の定額控除限度額（年800万円）
	④ 欠損金の繰戻還付の不適用の適用除外
	⑤ 欠損金の繰越控除
	⑥ 貸倒引当金の損金算入

しかし,資本金の額が1億円以下の法人であっても以下の場合には,中小法人の優遇措置は適用されない。

(2) 中小法人の優遇措置が適用されない場合

① **資本金の額が5億円以上の法人**（以下「**大法人**」という）による完全支配関係がある場合

中小法人の期末資本金の額が1億円以下であっても,大法人による完全支配関係があるため,中小法人の優遇措置の適用がされない。

② **完全支配関係がある複数の大法人**に発行済株式等の**全部**を保有されている場合

完全支配関係がある複数の大法人に発行済株式等の全部を保有されているため,中小法人の優遇措置の適用がされない。

第13章　税額計算　705

《計算Point》

1　各事業年度の所得の金額に対する法人税率

(1)　資本金額1億円超の法人（大法人）		25.5%
(2)　資本金額1億円以下の法人（中小法人）	年800万円相当額まで	15%
	年800万円超の部分	23.2%

2　確定申告により納付すべき法人税額

(1) 法人税額計 － 控除所得税額 ＝ 差引所得に対する法人税額

（100円未満切捨て）

(2) 差引所得に対する法人税額 － 中間申告法人税額 ＝ 確定申告納付法人税額

《計算Pattern》中小法人の場合

(1)　課税所得金額

加　　　　　算

会計上の当期利益 ＋（ 益金算入額 ＋ 損金不算入額 ）

減　　　　　算　　　　　　(1)

－（ 損金算入額 ＋ 益金不算入額 ）＝ 法人税法上の課税所得金額

(2)　年800万以下の所得金額に対する税額

$$8,000,000円 \times \frac{か月}{12} \times 15\% = \boxed{(2)\quad 円}$$

(3)　年800万を超える所得金額に対する税額

$$\boxed{(1)\quad 円} - 8,000,000円 \times \frac{か月}{12} \times 23.2\% = \boxed{(3)\quad 円}$$

(4)　納付すべき法人税額

(2) 円 ＋ (3) 円 － 控除所得税額 － 中間申告分法人税額

＝ 納付法人税額

《計算例題１》 納付すべき法人税額の計算　ケース１

　慶応株式会社の当期（１年決算自平成31年４月１日　至令和２年３月31日）における次の資料により，納付すべき法人税を算出しなさい。復興特別法人税の計算はしない。

　　１　期末資本金額　　80,000,000円
　　２　当期利益金額　　17,000,000円
　　３　損金不算入額　　15,000,000円
　　　　　　　　　　　（中間申告法人税額6,000,000円が含まれている）
　　４　益金算入額　　　800,000円
　　５　益金不算入額　　900,000円（このなかには受取配当等はない）
　　６　当期支払配当　　ない

《解答欄》

(1) 課税所得金額

　　　　□ 円 ＋ (□ 円 ＋ □ 円)
　　　－ □ 円 ＝ □ 円

(2) 年800万円以下の所得金額に対する税額

(3) 年800万円を超える所得金額に対する税額

　　(□ 円 － □ 円 × □/12) × □ ％ ＝ □ 円

(4) 納付すべき税額

　　□ 円 ＋ □ 円 － □ 円 ＝ □ 円

第13章　税額計算　707

《解　答》

(1)　課税所得金額

　　　$\boxed{17,000,000円}$ ＋ ($\boxed{15,000,000円}$ ＋ $\boxed{800,000円}$)

　　　－ $\boxed{900,000円}$ ＝ $\boxed{31,900,000円}$

(2)　年800万円以下の所得金額に対する税額

　　　$\boxed{8,000,000円}$ × $\dfrac{\boxed{12}}{12}$ × $\boxed{15\%}$ ＝ $\boxed{1,200,000円}$

(3)　年800万円を超える所得金額に対する税額

　　　($\boxed{31,900,000円}$ － $\boxed{8,000,000円}$ × $\dfrac{\boxed{12}}{12}$) × $\boxed{23.2\%}$ ＝ $\boxed{5,544,800円}$

(4)　納付すべき税額

　　　$\boxed{1,200,000円}$ ＋ $\boxed{5,544,800円}$ － $\boxed{6,000,000円}$ ＝ $\boxed{744,800円}$

《計算例題 2》　納付すべき法人税額の計算　ケース 2

　次の資料に基づき，福大株式会社の第61期（自平成31年 4 月 1 日　至令和 2 年 3 月31日）事業年度の確定申告により納付するべき法人税額を計算しなさい。復興特別法人税の計算はしない。

1　期末現在資本金額　　50,000,000円

2　当期利益の額　　16,000,000円

3　所得金額計算上の税務調整に関する事項

(1)　損金の額に算入した中間納付の法人税額及び地方税額

　　法人税額　3,300,000円，県民税額　200,000円，市民税額　500,000円

(2)　損金の額に算入した納税充当金　3,500,000円

(3)　納税充当金から支出した前期分事業税額　800,000円

(4)　交際費等の損金不算入額　950,000円

(5)　前期減価償却超過額の当期認容額　650,000円

(6)　法人税額から控除される所得税額　330,000円

(7) 当期，受取配当及び支払配当等はない。

《解答欄》

Ⅰ　所得金額の計算

摘　　　　要		金　　額
当　期　利　益		円
加		
算	小　　　　計	
減		
算	小　　　　計	
仮　　　　計		
合　　　　計		
所　得　金　額		

Ⅱ　納付すべき法人税額の計算

(1) 年800万円以下の所得金額に対する税額

$$\boxed{\qquad 円} \times \frac{\boxed{\quad}}{12} \times \boxed{\quad}\% = \boxed{\qquad 円}$$

(2) 年800万円を超える所得金額に対する税額

$$(\boxed{\qquad 円} - \boxed{\qquad 円} \times \frac{\boxed{\quad}}{12}) \times \boxed{\quad}\% = \boxed{\qquad 円}$$

(3) 納付すべき税額

$$(\boxed{\qquad 円} + \boxed{\qquad 円}) - \boxed{\qquad 円} = \boxed{\qquad 円}$$

（100円未満切捨て）

$$\boxed{\qquad 円} - \boxed{\qquad 円} = \boxed{\qquad 円}$$

第13章 税額計算 709

《解 答》

I 所得金額の計算

	摘　　　　　要	金　　額
	当　期　利　益	16,000,000円
加算	損金計上中間納付の法人税額	3,300,000円
	損金計上中間納付の県民税及び市民税額	700,000円
	損金計上納税充当金	3,500,000円
	交際費等の損金不算入額	950,000円
	小　　　　　計	8,450,000円
減算	納税充当金から支出した事業税等の額	800,000円
	前期減価償却超過額の当期認容額	650,000円
	小　　　　　計	1,450,000円
	仮　　　　　計	23,000,000円
	法人税額から控除された所得税額	330,000円
	合　　　　　計	23,330,000円
	所　得　金　額	23,330,000円

(1,000円未満切捨て)

II 納付すべき法人税の計算

(1) 年800万円以下の所得金額に対する税額

$$8,000,000円 \times \frac{12}{12} \times 15\% = 1,200,000円$$

(2) 年800万円を超える所得金額に対する税額

$$(23,330,000円 - 8,000,000円 \times \frac{12}{12}) \times 23.2\% = 3,556,560円$$

(3) 納付すべき税額

(100円未満切捨て)

$$(1,200,000円 + 3,556,560円) - 330,000円 = 4,426,560円$$

$$4,426,560円 - 3,300,000円 = 1,126,560円$$

《**実務上のPoint**》

　資本金額が1億円以下の中小法人の所得金額のうち，年800万円以下の金額に対しては税率が軽減されている。しかし，資本金1億円超の会社に対しては，この特典は利用できない。また，中小法人でも，資本金5億円以上の法人に完全支配されている中小法人には軽減税率の適用はない。

第13章　税額計算　711

第2節　特定同族会社の留保金課税

【Point 43】

> ### 1　特定同族会社の留保金課税
> 　特定同族会社では課税留保金額がある場合は，留保所得に対する所定の税率により，法人税が課税される。
> ### 2　特定同族会社の範囲
> 　留保所得に対する法人税が課税される同族会社は，特定の同族会社のみである。特定同族会社とは1つの株主グループで所有割合が50％超支配されている同族会社である。
> ### 3　課税留保金額
> 　課税留保金額とは，留保金額から留保控除額を控除した金額である。

1　制度の趣旨

　同族会社（family corporation）とは，3人以下の株主グループが，その会社の発行済株式の50％超を所有している会社のことである。すなわち，少数の株主で支配されている会社である。

　同族会社の場合には，少数の株主がその会社を実質的に支配している。それゆえ，利益処分の配当，賞与なども同族株主の間で自由に決定することが可能であり，同族株主の配当賞与に対する高率の所得税の課税を避けるために，相当の配当を抑え，利益を社内に過大に留保することが行われやすい。そこで，こうしたことを規制するために，不当に大きな社内留保に対して，特別の課税を行おうとするのが留保金課税（特別税率）の制度である。

　同族株主に賞与や配当が行われれば，個人から所得税が徴収されるが，賞与や配当をせずに，会社内部に留保した場合は，過大留保による個人所得税の課

712

税延期分の利子に相当する留保金課税を行おうとするものである。

2 留保金課税が行われる特定同族会社の範囲

同族会社のうち，①１つの株主グループで判定した場合に所有割合が50％超となる会社（被支配会社）[注1]で，被支配会社でない法人を除いて１つの株主グループで判定しても被支配会社となる会社を**特定同族会社**[注2]という。②１つの株主グループで判定した場合に被支配会社となるが，被支配会社でない法人を除いて１つの株主グループを判定した場合には被支配会社とならない会社を**特定同族会社でない同族会社**という。

同族会社の留保金課税が適用されるのは特定同族会社である。

〈図表13－3〉同族会社の分類と留保金課税

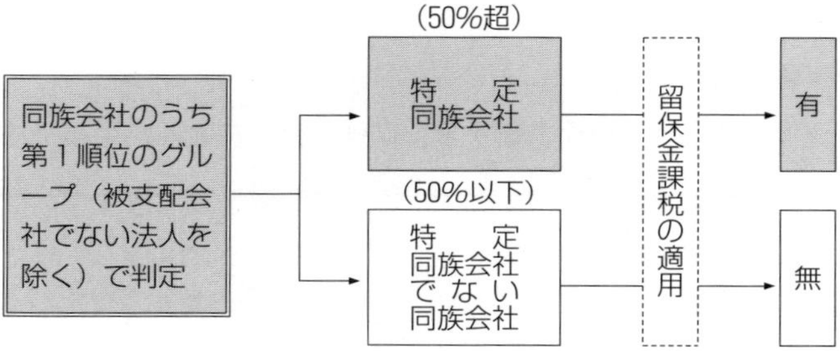

（注）1 **被支配会社**とは，会社の株主等（その会社が自己の株式又は出資を有する場合のその会社を除く）の１人並びにこれと特殊関係にある個人及び法人が以下の場合におけるその会社をいう。

① その会社の発行済株式又は出資（その会社が有する自己株式又は出資を除く）の総数又は総額の50％超を有する場合

② その会社の議決権につき，その総数の50％超を有する場合

③ その会社の社員の総数の半数超を占める場合

2 **特定同族会社**とは，留保金課税の対象となる法人で，被支配会社の判定の基礎となった株主等のうちに被支配会社でない法人がある場合に，その被支配会社でない法人を判定の基礎となる株主等から除いても，被支配会社となるものをいう。

3 同族会社の留保金課税の計算

　同族会社の留保金課税は，まず当期の所得金額から当期の法人税，住民税と社外流出額を差し引いた当期留保金額を計算し，次にその**当期留保金額**から**留保控除額**を控除した**課税留保金額**に所定の**同族会社**の**特別税率**を掛けて計算される。しかし，平成19年４月１日から特定同族会社の留保金課税の適用対象から資本金の額又は出資金の額が１億円以下である**中小法人**を除外する。この**中小法人の適用除外**は，中小法人でも，資本金５億円以上の大法人に完全支配されている中小法人等や完全支配関係がある複数の大法人に発行株式等の全部を保有されている中小法人等には適用されない。

(1) 当期留保金額

　当期留保金額とは，当期の所得金額から配当，賞与などの社外流出分を差し引いた**留保所得金額**から法人税，道府県民税，市町村民税のような所得から支出すべき税金を控除したものである。

　課税対象となる当期留保金額は，次により計算される。

　なお，この**留保所得金額**は，申告書の「別表四　所得の金額の計算に関する明細書」の留保欄において計算されたものである。この**留保所得金額**は，別表四の**所得金額**から**剰余金処分による社外流出項目**（株主配当金，債務確定の役員賞与，使用人賞与）と**申告加算社外流出項目**（過大役員給与の損金不算入，使用人給与の損金不算入，寄付金・交際費の損金不算入，使途不明金否認，外国子会社配当等に係る外国源泉税等の損金不算入，損金計上附帯税，損金計上罰金，控除所得税・外国税額）を差し引き，**申告減算社外流出項目**（受取配当等の益金不算入，受贈益の益金不算入，所得税額等の還付金等の益金不算入（法人税・住民税に係る部分を除く），**各種特別**

控除（収用等の特別控除等），欠損金当期控除額）を加えて計算する。

　受取配当等の益金不算入項目等の申告減算社外流出項目は，会社から配当金を受け取り，留保できるのでプラスしている。逆に，交際費等の損金不算入項目等の申告加算社外流出項目は交際費等を実際に支払い，留保金が減っているためマイナスする。欠損金の当期控除額は，計算上の所得金額を減少させたが，実際は留保を減少させているわけではなくプラスする。株主配当等の社外流出項目は，留保を減らすのでマイナスする。**住民税，道府県民税及び市町村民税**については，法人税額の16.3％として計算されることになる。留保所得金額から控除される**法人税額**からは所得税控除額は差し引かれるが，道府県民税及び市町村民税（住民税）の計算の基礎となる法人税からは所得税控除額は差し引かない。**法人税**や**住民税**は将来支払わなければならないため，留保所得金額から差し引かれる。

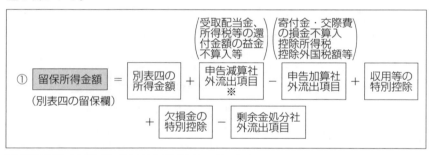

第13章　税額計算　715

（注1）　当期所得に対する法人税額を計算するときに，控除する特別控除には試験研究費の特別控除がある。

（注2）　法人税の16.3％の住民税額を計算するときに，控除する特別控除は，資産取得の特別控除がある。

（注3）　控除する配当は，**当期末配当**は当期から控除する。当期に配当等の計算の基準日があり，支払についての**決議日**が定時株主総会の決議日（決算の確定日）までにある当期末配当は当期に控除する。

(2)　留保控除額

留保控除額は次の金額のうち**最も多い金額**であり（法67③），いずれも適正な留保部分を判定するために設けられたものである。特定同族会社は，以下のイロハの金額のうち最も多い金額である。

〈留保控除額の計算〉

イ　期末資本金額 $\times \dfrac{25}{100}$ －期末利益積立金額＝積立金基準額

$\qquad\qquad\qquad\qquad\downarrow$

$\qquad\qquad\qquad$期首利益積立金額－前期末配当

ロ　所得等の金額 $\times \dfrac{40}{100}$ ＝所得基準額

ハ　年2,000万円＝定額基準額

（注）1　「所得等の金額」とは，その事業年度の所得金額と課税外収入である受取配当金の益金不算入額，所得税額等の還付金の益金不算入額（法人税等を除く），外国子会社配当等の益金不算入額，受贈益の益金不算入額，繰越欠損金等の当期控除額，租税特別措置法による所得の特別控除額の合計である。

2　事業年度が1年未満の場合，年2,000万円の金額は，

$$\left\lceil 2,000万円 \times \dfrac{当期の月数}{12} \right\rfloor$$

の式により月数按分される。この場合，1か月未満の端数は切り上げる。

3　課税標準となる課税留保金額は1,000円未満の場合は全額切捨て，1,000円未満の端数があればその端数は切り捨てた金額とする。

4　期末利益積立金額が欠損金であるときは，その欠損金の額に資本又は出資の金額の100分の25に相当する金額を加算した金額が積立金基準額である（基16―1―7）。

716

(3) 課税留保金額

課税標準となる課税留保金額は，当期留保金額が留保控除額を超える場合のその超える部分の金額である（法67①）。

$$\boxed{課税留保金額} = \boxed{当期留保金額} - \boxed{留保控除金額}$$

(4) 留保金額に対する法人税額

留保金額に対する法人税額は，課税留保金額を次に掲げる金額に区分し，その区分した金額にそれぞれ税率を適用して計算した金額の合計額である（法67①）。

（課税留保金額）	（税率）
年3,000万円以下の金額	×10%
年3,000万円を超え年1億円以下の金額	×15%
年1億円を超える金額	×20%

(注) 年3,000万円及び1億円は，1年につき3,000万円及び1億円ということであるから，事業年度の期間が1年に満たない場合には，それぞれ次の算式により年3,000万円及び年1億円の金額を算出する（法67④，⑤）。

$$3,000万円（又は1億円）× \frac{その事業年度の月数（1月未満の端数は1月とする）}{12}$$

《計算Pattern》

1 当期留保金額

（前期に控除されるべき）（当期に控除されるべき）

$\boxed{留保所得金額} + \boxed{前期末配当等} - \boxed{当期末配当等}$

（別表四の留保欄）

当期所得に対する法人税

$- (\boxed{法人税額} - \boxed{試験研究特別控除額} + \boxed{使途秘匿金特別税額}$

別表一㈠② （所得税額控除後）

$- \boxed{控除所得税} - \boxed{控除外国税})$

住民税

$- (\boxed{算出法人税額} + \boxed{使途秘匿金} - \boxed{控除外国税額}) ×16.3\% = \boxed{当期留保金額}$

別表一㈠②

第13章 税額計算 717

2 留保控除額

① 積立金基準 $\boxed{\text{期末資本金額}}$ ×25％ － $\boxed{\text{期末利益積立金額}}$ ＝ $\boxed{}$ 円

② 所得基準 （ $\boxed{\text{所得等の金額}}$ ）×40％ ＝ $\boxed{}$ 円

（別表四減算社外※受取配当等の益金不算入を含む）

③ 定額基準 $20,000,000$ 円× $\dfrac{\text{当期の月数}}{12}$ ＝ $\boxed{}$ 円

④ 留保控除額 ①，②，③のうちもっとも多い金額 $\boxed{}$ 円

3 課税留保金額

$\boxed{\text{1の当期留保金額}}$ － $\boxed{\text{2の留保控除額}}$ ＝ $\boxed{\text{3の課税所得金額 円}}$

（1,000円未満切捨て）

4 留保金額に対する特別法人税額

（課税留保金額） （税率）

① 年3,000万円以下の金額×10％ ＝ $\boxed{}$ 円

② 年3,000万円超年1億円以下の金額×15％ ＝ $\boxed{}$ 円

③ 年1億円超の金額×20％ ＝ $\boxed{}$ 円

④ 留保金額に対する税額①＋②＋③＝ $\boxed{}$ 円

《別表一の記載》

差 引 法 人 税 額		××××
リース特別控除取戻税額		×××
土地譲渡利益金	課税土地譲渡利益金額	×××
	同上に対する税額	×××
留保金	課 税 留 保 金 額	×××
	同上に対する税額	×××
法 人 税 額 計		×××

《計算例題１》 特定同族会社の留保金課税１

特定同族会社である慶応株式会社（資本金１億6,000万円）の平成31年４月１日から令和２年３月31日までの事業年度の所得金額等は，次のとおりである。これらの資料に基づき，同事業年度の留保金額に対して課される法人税額を計算しなさい。

所得金額　　170,000,000円（うち留保した所得金額160,000,000円）

受取配当の益金不算入額　　3,000,000円

算出法人税額　別表一㈠②　　55,000,000円

法人税額から控除する所得税額　　1,225,200円（所得税額1,200,000円）

期末現在の利益積立金額　　51,000,000円

《解答欄》

1　当期留保金額

　　　　　　　円 －（　　　　円 －　　　　円 ）

　－（　　　　円 ×16.3％）＝　　　　円

※復興特別法人税

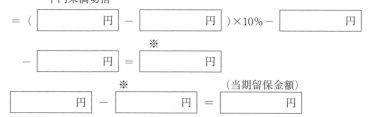

2　留保控除額

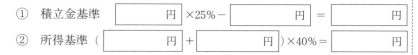

第13章 税額計算 719

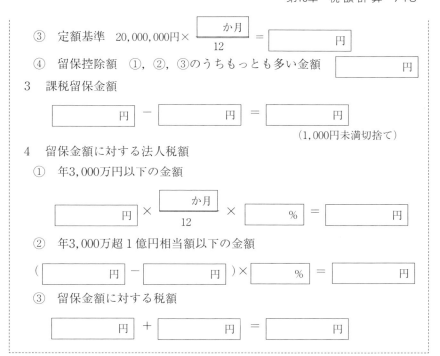

③ 定額基準 20,000,000円× か月/12 ＝ □円

④ 留保控除額 ①, ②, ③のうちもっとも多い金額 □円

3 課税留保金額

□円 － □円 ＝ □円
（1,000円未満切捨て）

4 留保金額に対する法人税額

① 年3,000万円以下の金額

□円 × か月/12 × □％ ＝ □円

② 年3,000万超1億円相当額以下の金額

(□円 － □円) × □％ ＝ □円

③ 留保金額に対する税額

□円 ＋ □円 ＝ □円

《解 答》

1 当期留保金額

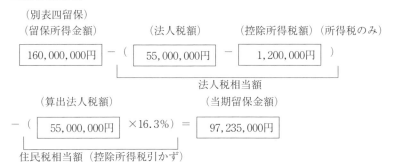

（別表四留保）
（留保所得金額）　　（法人税額）　　（控除所得税額）（所得税のみ）
160,000,000円 －（ 55,000,000円 － 1,200,000円 ）
　　　　　　　　　　　　　法人税相当額

　　　　　　（算出法人税額）　　　　（当期留保金額）
－（ 55,000,000円 ×16.3％）＝ 97,235,000円
　　住民税相当額（控除所得税引かず）

720

2 留保控除額の計算

① 積立金基準額

（期末資本金額）　　　　　　　（期末利益積立金額）　　　　　（積立基準額）

$\boxed{160,000,000円} \times 25\% - \boxed{51,000,000円} = \boxed{0円}$

② 所得基準額

（所得金額）（受取配当等の益金不算入額）　　　　　（所得基準額）

$(\boxed{170,000,000円} + \boxed{3,000,000円}) \times 40\% = \boxed{69,200,000円}$

③ 定額基準額

（当事業年度の月数）（定額基準額）

$20,000,000円 \times \dfrac{\boxed{6か月}}{12} = \boxed{10,000,000円}$

④ ①，②，③のうちもっとも多い金額　$\boxed{69,200,000円}$

3 課税留保金額の計算

（留保金額）　　　　　　（留保控除額）　　　　　　（端数切捨て）　　　　　　（課税留保金額）

$\boxed{97,235,000円} - \boxed{69,200,000円} = \boxed{28,035,000円} \rightarrow \boxed{28,035,000円}$

（1,000円未満切捨て）

4 留保金額に対する税額の計算

① 年3,000万円相当額以下の部分の金額に対する税額

（当事業年度の月数）　　（税率）

$\boxed{28,035,000円} \times \dfrac{\boxed{12か月}}{12} \times \boxed{10\%} = \boxed{2,803,500円}$

② 年3,000万円相当額を超え年1億円相当額以下の部分の金額に対する税額（半年間では1,500万円相当額を超え5,000万円相当額以下の部分の金額に対する税額）

（課税留保金額）（年3,000万円以下相当額）　　（税率）

$(\boxed{\quad 円} - \boxed{\quad 円}) \times \boxed{\quad \%} = \boxed{0円}$

③ 留保金額に対する税額

$\boxed{2,803,500円} + \boxed{0円} = \boxed{2,803,500円}$

《計算例題 2》 特定同族会社の留保金課税 2

　福大株式会社(資本金12,000万円)の平成31年4月1日から令和2年3月31日における事業年度の所得金額等は，次のとおりである。これらの資料に基づき，同事業年度の留保金額に対する法人税額を計算しなさい。
　なお，福大株式会社は特定同族会社に該当する。経営革新計画の承認を受けた中小企業者ではない。

(1) 所得金額　60,000,000円
(2) 算出法人税額　19,800,000円
(3) 福大株式会社の前期末総資産額　300,000,000円
　　前期末自己資本額　76,000,000円
(4) 当期末における所得金額　60,000,000円
　　利益積立金額　10,000,000円（当期の所得等の金額に係る部分を除く）
(5) 所得金額計算上の調整項目として以下のものがあった。
　① 受取配当等の益金不算入額　900,000円
　② 寄付金の損金不算入額　1,000,000円
　③ 控除所得税額　306,300円（所得税額300,000円）
　④ 控除外国税額　400,000円

《解答欄》

1　当期留保金額
　① 留保所得金額

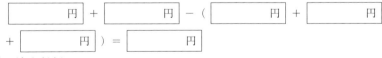

　② 法人税額

　　[　　　円] － [　　　円] － [　　　円] ＝ [　　　円]

　③ 住民税額

　　([　　　円] － [　　　円]) ×16.3％＝ [　　　円]

④ 当期留保金額　①−②−③ ＝ [　　　　　] 円

2　留保控除額

① 積立金基準

[　　　　　] 円 ×25％− [　　　　　] 円 ＝ [　　　　　] 円

② 所得基準

（ [　　　　　] 円 ＋ [　　　　　] 円 ） ×40％＝ [　　　　　] 円

③ 定額基準

$20,000,000円 \times \dfrac{[\qquad] か月}{12} ＝$ [　　　　　] 円

④ ①から③のうちもっとも多い金額 [　　　　　] 円

3　課税留保金額

[　　　　　] 円 − [　　　　　] 円 ＝ [　　　　　] 円 （1,000円未満切捨）

4　留保金額に対する法人税額

[　　　　　] 円 $\leqq 30,000,000円\times\dfrac{12}{12}$

∴ [　　　　　] 円 ×10％＝ [　　　　　] 円

《解　答》

1　当期留保金額

① 留保所得金額

（別表四所得金額）　（受取配当金）　（寄付金の損金不算入）　（控除所得税）

60,000,000円 ＋ 900,000円 −(1,000,000円 ＋ 300,000円

（控除外国法人税）

＋ 400,000円) ＝ 59,200,000円

② 法人税額

（算出法人税）　（控除所得税）　（控除外国法人税）

19,800,000円 − 300,000円 − 400,000円 ＝ 19,100,000円

第13章　税額計算　723

③　住民税額

（算出法人税）　　　（控除外国法人税）

（ $\boxed{19,800,000\text{円}}$ － $\boxed{400,000\text{円}}$ ）×16.3％＝ $\boxed{3,162,200\text{円}}$

④　当期留保金額　①－②－③＝ $\boxed{36,937,800\text{円}}$

2　留保控除額

①　積立金基準

（期末資本金額）　　　　（利益積立金）

$\boxed{120,000,000\text{円}}$ ×25％－ $\boxed{10,000,000\text{円}}$ ＝ $\boxed{20,000,000\text{円}}$

②　所得基準

（所得金額）　　　　（受取配当）

（ $\boxed{60,000,000\text{円}}$ ＋ $\boxed{900,000\text{円}}$ ）×40％＝ $\boxed{24,360,000\text{円}}$

③　定額基準

$20,000,000\text{円} \times \dfrac{\boxed{12\text{か月}}}{12} = \boxed{20,000,000\text{円}}$

④　①から③のうちもっとも多い金額　$\boxed{24,360,000\text{円}}$

3　課税留保金額

1 － 2 ＝ $\boxed{12,577,800\text{円}}$ （1,000円未満切捨）

4　留保金額に対する法人税額

$\boxed{12,577,800\text{円}} \leqq 30,000,000\text{円} \times \dfrac{12}{12}$

$\boxed{12,577,800\text{円}} \times 10\% = \boxed{1,257,800\text{円}}$

《実務上のPoint》

　特定同族会社に対しては，留保金課税という特別規定の存在がある。

　特定同族会社が，株主構成を修正し，特定同族会社から特定同族会社以外の法人に転換した場合には，この留保金課税の適用をなくすることができる。

第3節　土地譲渡等がある場合の土地重課

【Point 44】

1　土地の譲渡等をした場合の課税

法人が，適用対象とされる土地の譲渡等をした場合には，通常の法人税のほかにその譲渡利益金額に対して特別課税（土地重課）がされる。

2　譲渡利益金額

譲渡利益金額は，譲渡等による収益の額からその譲渡原価の額及びその譲渡等のために直接又は間接に要した経費の額（負債利子，販売費・一般管理費）を控除した金額である。

譲渡等のために直接又は間接に要した経費の額の計算方法には，土地等の帳簿価額とその保有期間に基づき計算する概算法と実際の額により計算する実績法とがある。

3　土地重課の適用除外

棚卸資産に該当する土地等の譲渡，及び公共用地の確保や優良な宅地又は住宅の供給促進の観点から国等に対する譲渡などの適用要件に該当する土地等の譲渡については，この土地重課の適用は除外される。

1　制度の趣旨

法人による土地を投機取引の対象とされないように設けられた制度が，**土地譲渡益重課制度**である。つまり，この制度により投資を目的とした土地ころがしを防ぎ，地価の安定を図ろうとするものである。それは，通常の法人税に加えて，**短期所有土地譲渡益**（所有期間2年超5年以下）に10％，**短期所有以外の土地譲渡益**（所有期間5年超）に5％の特別税率を適用し，重課するものである（措法62の3，63）。

第13章　税額計算　725

　所有期間は取得した日から譲渡の日までの計算で判定するのではなく，取得した日から譲渡した日の属する年の1月1日までの期間で判定する。

| 特別税額 | ＝ | 譲渡利益金額の合計額 | × | 特別税率 |

　なお，この土地譲渡益重課制度は現在，平成10年1月1日から令和2年12月31日までの間にした譲渡には適用されない。

2　土地譲渡等

　土地譲渡益重課の対象となる土地の譲渡等には，以下のものがある。

(1)　土地又は土地の上に存する権利の譲渡（適正報酬を超える仲介行為を含む）

(2)　その有する資産が主として土地等である法人の発行株式の譲渡

(3)　法人の組織変更に伴う土地等の資産の評価増

(4)　合併法人が，被合併用法人の土地等を合併直前の帳簿価額を超えて受け入れる行為

(5)　清算法人の残余財産に土地等がある場合における残余財産の確定（措法62の3，措令38の4）

3　譲渡利益金額の計算

　土地譲渡利益金額は，**譲渡収益**から譲渡原価及び直接・間接経費を控除して計算する（措法62の3，措令38の4）。つまり，**譲渡収益**から**譲渡原価**，**負債利子**，**販売費・一般管理費**を差し引いて計算する。なお，負債利子と販売費・一般管理費の計算には概算による方法と実績による方法がある。

　概算による方法は，その土地等への投下資本（保有期間の各期末の帳簿価格の累計額）に対して，負債利子は年率6％，販売費及び一般管理費は年率4％による計算であり，これが原則である。さらに，合理的に計算された実績値による計算も認められている。しかし，**実績による計算**は譲渡前10年間分に限る。

〈図表13－4〉 譲渡利益金額の計算

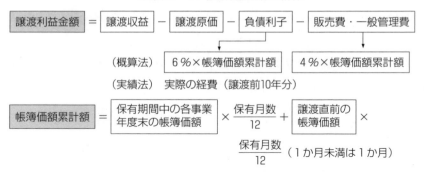

4 土地重課税額の計算

土地重課には，所有期間によって3種類の特別税率が定められている（措法62の3，63）。

① 短期所有土地以外の一般（所有期間5年超）　　→　譲渡利益金額5％
　　の土地譲渡益

② 短期所有（所有期間2年超5年以下）　　→　譲渡利益金額の10％
　　の土地譲渡益

土地譲渡益重課制度は，短期譲渡においては下記の公的な譲渡等は適用除外である。また，短期以外の譲渡では棚卸資産としての譲渡を適用除外としている。一般土地の譲渡益重課制度は平成10年1月1日から令和2年12月31日までの間の土地譲渡等については適用しないこととされる（措法62の3⑬）。

短期所有土地の譲渡益重課制度も平成10年1月1日から令和2年12月31日までの間の短期所有に係る土地の譲渡等については適用されない（措法63⑦）。これは最近の地価の下落傾向が影響し，土地重課制度の適用が停止されている。

〈図表13－5〉 土地重課の廃止

《計算Point》

〈図表13-6〉土地重課の適用除外

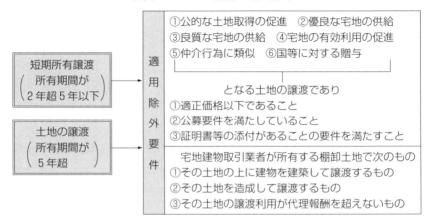

《計算Pattern》

(1) 収益の額　譲渡の対価の額

(2) 譲渡原価の額　譲渡直前の帳簿価額

(3) 直接又は間接に要した経費の額

　① 概算経費

　　(イ) 帳簿価額累計額

　　(ロ) 負債利子額

　　　　①(イ)× 6 %

　　(ハ) 販売費・一般管理費

　　　　①(イ)× 4 %

　　(ニ) (ロ)+(ハ)

　② 実績経費

③ ①と②のうち多い金額
(4) 課税土地譲渡利益金額（1,000円未満切捨て）　(1)－(2)－(3)
(5) 同上に対する税額

《計算例題1》　土地重課　ケース1

　慶応株式会社は，平成31年2月5日に取得し，造成した土地を令和3年2月10日に譲渡した。次の資料により，当期（自令和2年4月1日　至令和3年3月31日）の課税土地譲渡利益金額を計算しなさい。

　なお，譲渡利益金額の計算にあたって土地の譲渡に係る経費の額の計算は概算法によるものとし，本来は土地重課廃止期間だが，学習上適用除外の要件には該当しないものと仮定して計算しなさい。

〈資　料〉

慶応の資本金	5,000万円
慶応の当期の所得	3,200万円
譲渡した土地　取得費	9,000万円
譲渡対価	17,000万円
譲渡した土地の造成費	3,000万円（令2.4.7に支出）

《解答欄》

(1) 収益の額　[　　　　]円

(2) 譲渡原価の額　[　　　　]円　＋　[　　　　]円　＝　[　　　　]円

(3) 直接又は間接に要した経費の額

概算経費

　(イ) 帳簿価額累計額

(ロ)　負債利子額

　　　□ 円 × 6 ％ ＝ □ 円

　　(ハ)　販売費・一般管理費

　　　□ 円 × 4 ％ ＝ □ 円

　　(ニ)　(ロ)＋(ハ)＝ □ 円

(4)　課税土地譲渡利益金額（1,000円未満切捨て）

　　□ 円 － □ 円 － □ 円 ＝ □ 円

《解　答》

(1)　収益の額　170,000,000円

(2)　譲渡原価の額　90,000,000円 ＋ 30,000,000円 ＝ 120,000,000円

(3)　直接又は間接に要した経費の額

　　概算経費

　　(イ)　帳簿価額累計額

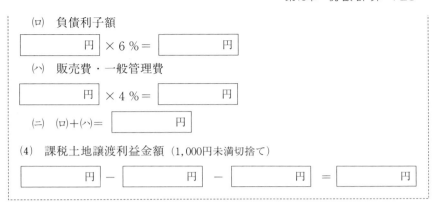

　　＝ 215,000,000円

　　(ロ)　負債利子額

　　　215,000,000円 × 6 ％ ＝ 12,900,000円

　　(ハ)　販売費・一般管理費

　　　215,000,000円 × 4 ％ ＝ 8,600,000円

　　(ニ)　(ロ)＋(ハ)＝ 21,500,000円

730

(4) 課税土地譲渡利益金額（1,000円未満切捨て）

| 170,000,000円 | − | 120,000,000円 | − | 21,500,000円 | = | 28,500,000円 |

《計算例題2》　土地重課　ケース2（土地重課を仮定して計算）

　福大株式会社は，資本金10億円であり，令和2年4月1日から令和3年3月31日までの事業年度に土地を譲渡した。この場合の土地の譲渡益重課税額を含む法人税額を求めなさい。本来は土地重課廃止期間だが，学習上土地重課が仮にされたと仮定して計算しなさい。

1　土地A

　　取得価額　　　20,000万円（平成28年10月5日取得）

　　造成費用　　　10,000万円（令和元年7月10日造成）（平成31年5月から令和元年）

　　譲渡価額　　　50,000万円（令和2年11月3日譲渡）

2　土地B

　　取得価額　　　30,000万円（平成30年8月15日取得）

　　造成費用　　　15,000万円（平成31年3月7日造成）

　　譲渡価額　　　60,000万円（令和3年5月18日譲渡）

3　なお，譲渡利益金額の計算にあたっては，土地の譲渡に係る経費の額の計算は概算法により計算する。適用除外の要件には該当しないものとする。また，造成費用を支出した以外には帳簿価額の異動はなかった。当期の所得金額は30,000万円であった。

《解答欄》

1　土地譲渡利益金額の計算

　(1)　収益の額　　　　　　　　万円

　(2)　譲渡原価　　　　　　　万円　＋　　　　　　万円　＝　　　　　　　万円

　(3)　直接又は間接に要した経費の額

概算経費
　(イ) 帳簿価額累計額

$$\boxed{}\text{万円} \times \frac{\boxed{}}{12} + \boxed{}\text{万円} \times \frac{\boxed{}}{12} + \boxed{}\text{万円} \times \frac{\boxed{}}{12}$$

$$+ \boxed{}\text{万円} \times \frac{\boxed{}}{12} + \boxed{}\text{万円} \times \frac{\boxed{}}{12} = \boxed{}\text{万円}$$

　(ロ) 負債利子額

$$\boxed{}\text{万円} \times 6\% = \boxed{}\text{万円}$$

　(ハ) 販売費・一般管理費

$$\boxed{}\text{万円} \times 4\% = \boxed{}\text{万円}$$

　(ニ) (ロ)+(ハ)= $\boxed{}$ 万円

(4) 課税土地譲渡利益金額（1,000円未満切捨て）

$$\boxed{}\text{万円} - \boxed{}\text{万円} - \boxed{}\text{万円} = \boxed{}\text{万円}$$

土地 $\boxed{}$ は令和 $\boxed{}$ 年 $\boxed{}$ 月 の譲渡であり， $\boxed{}$ で翌期の土地の譲渡であるので当期は土地譲渡益重課制度の適用はない。

2　法人税額の計算

　(1) 通常の法人税額

$$\boxed{}\text{万円} \times \boxed{30\%} = \boxed{}\text{万円}$$
　　　　　　　　　　　平成25年度税率

　(2) 土地譲渡に係る特別税額

譲渡利益金額
$$\boxed{}\text{万円} \times \boxed{}\% = \boxed{}\text{万円}$$

　(3) 土地譲渡重課税額を含む法人税額

$$\boxed{}\text{万円} + \boxed{}\text{万円} = \boxed{}\text{万円}$$

《解 答》

1 土地譲渡利益金額の計算(土地A)

(1) 収益の額　譲渡価額 50,000万円

(2) 譲渡原価　取得価額 20,000万円 ＋ 造成費用 10,000万円 ＝ 30,000万円

(3) 直接又は間接に要した経費の額

概算経費

(イ) 帳簿価額累計額

事業年度末の帳簿
20,000万円 × 6/12 ＋ 20,000万円 × 12/12 ＋ 20,000万円 × 12/12
平成28.10.5〜　　　　平成29.4.1〜　　　　　平成30.4.1〜
平成29.3.31　　　　　平成30.3.31　　　　　 平成31.3.31
＋ 30,000万円 × 12/12 ＋ 30,000万円 × 8/12 ＝ 100,000万円
平成31.4.1〜　　　　　令和2.4.1〜
令和2.3.31　　　　　　令和2.11.3

(ロ) 負債利子額

(イ) 100,000万円 × 6％ ＝ 6,000万円

(ハ) 販売費・一般管理費

(イ) 100,000万円 × 4％ ＝ 4,000万円

(ニ) (ロ)＋(ハ)＝ 10,000万円

(4) 課税土地譲渡利益金額(1,000円未満切捨て)

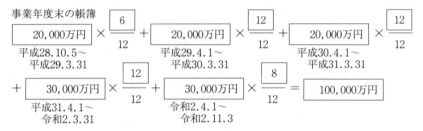

1(1) 50,000万円 － 1(2) 30,000万円 － (3)(ニ) 10,000万円 ＝ 10,000万円

土地 B は令和 2 年 5 月 の譲渡であり，一般土地譲渡益重課制度適用

で翌期の土地の譲渡であるので当期は土地譲渡益重課制度の適用はない。

第13章　税額計算　733

2　法人税額の計算

(1)　通常の法人税額

$$\boxed{30,000万円} \times \boxed{25.5\%} = \boxed{7,650万円}$$

平成25年度税率

(2)　土地譲渡に係る特別税額

譲渡利益金額

$$\boxed{10,000万円} \times \boxed{10\%} = \boxed{1,000万円}$$

　学習上，土地重課がされると仮定すると土地Aは，平成28年10月5日から譲渡日の属する年の1月1日である令和2年1月1日までで3年と3か月の所有期間であり，短期所有の土地譲渡益重課制度の適用であり，10%の追加課税となる。

(3)　土地譲渡重課税額を含む法人税額

$$\boxed{7,650万円} + \boxed{1,000万円} = \boxed{8,650万円}$$

《実務上のPoint》

(1)　土地の譲渡等に係る譲渡利益金額に対しては，その保有期間に応じて（譲渡した日の属する年の1月1日で判断）税金が重課される。保有期間を5年を超えて処分した方が，それ以前で処分するよりは税負担が軽減される。

　　法人税法には所得税法のように居住用不動産の3,000万円の特別控除の制度は，設けられてはいない。しかし固定資産の等価交換，特定資産の買換えの特典はある。

(2)　土地重課における譲渡利益金額の計算上，譲渡経費の計算には，概算法と実績法とがある。いずれか有利な方法を選択できる。

(3)　法人税法は所得税法とは異なり，譲渡所得という計算がないため，土地や建物の譲渡損益は会計上の雑収入(固定資産売却損益)に含まれている。そこで，当期純利益がその分増加している。したがって通常の法人税率が適用されている。但し，土地重課があるときは，その分，土地譲渡に係る特別税額がプラスされる。

第4節 使途秘匿金課税

【Point 45】

1 使途秘匿金の範囲

法人が支出した金銭支出のうち，支出の相手方の氏名等を帳簿書類に記載していないもので，しかも記載していないことに相当の理由がなく，取引の対価としても相当でないものが，使途秘匿金である。

2 追加課税

法人が使途秘匿金を支出した場合には，各事業年度の所得に対する法人税額は，通常の法人税額に，その使途秘匿金の40％の金額を加算する。

3 使途不明金の取扱い

法人が交際費，機密費等の名義でもって支出した金銭で使途が明らかでないものは損金の額に算入しない。

1 使途秘匿金課税制度の趣旨

法人が，相当の理由なく，相手方の氏名等を秘匿（かくす）する支出は，違法又は不当な支出（使途秘匿金）に結びつき，公正な取引の対価として支払われたとはいいがたく，取引の公平性を害しているといえる。そこで，法人税法上は，この社会的不公正な支出を抑える目的のため，企業取引における公正なる意識を高めるため重い追加課税を実施している。

2 使途秘匿金の意義

法人がした金銭の支出（贈与，供与その他これらに類する金銭以外の資産の引渡しを含む）のうち，相当の理由がなく，相手方の氏名又は名称及び住所又は所在地並びにその事由をその法人の帳簿書類に記載していないものである（措法62

②)。

3 使途秘匿金の適用除外

税務署長は法人がした金銭の支出のうち,その相手方の氏名等をその法人の帳簿書類に記載していないものがある場合においても,その記載をしていないことが相手方の氏名等を秘匿するためでないと認めるときは,その金銭支出を使途秘匿金の支出に含めないことができる(措法62③)。

また,資産の譲受けその他の取引の対価の支払として支出されたことが明らかなもので,適正な価額によるものは,たとえ相手方の氏名等の記載がない場合であっても,使途秘匿金に含まれない(措令38④)。

〈図表13-7〉

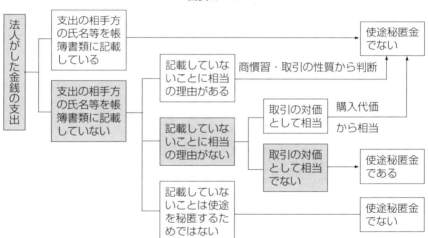

4 判定時期

使途秘匿金に該当するか否かの判定は,その事業年度終了の日の現況による(措令38①)。たとえ,相手方の氏名等が帳簿書類に記載されている場合であっても,それが単なるトンネルであり,その金銭の支出等がそれ以外の者にされたと認められるときは,相手方の氏名等が帳簿書類に記載されていないことに

736

なる（措令38③）。

5 追加課税

　法人が，使途秘匿金を支出した場合には，各事業年度の所得に対する法人税額は，通常の法人税額に，その使途秘匿金の支出額に40％を乗じて計算した金額を加算して計算する（措法62①）。

$$
\boxed{\begin{array}{c}\text{使途秘匿金の支出額}\\(\text{千円未満切捨})\end{array}} \times 40\% = \boxed{\begin{array}{c}\text{使途秘匿金の特別税額}\\(\text{百円未満切捨})\end{array}}
$$

6 使途不明金の損金不算入

　法人が交際費，機密費，接待費等の名義をもって支出した金銭でその**使途が明らかでないもの**は，損金の額に算入されない（基9―7―20）。

7 使途秘匿金の取扱い

　　　法人が支出した金銭→支出の相手方が不明→使途不明金
　　　　　　　　　　　　　　　　　　　　　　　否認
　　　　　　　　　　　　　　　　　　　　　（加算・社外流出）

《別表四の記載》

区　　　分	金額	社外流出
加算　使途不明金否認	×××	××

《別表一の記載》

区　　分	金　額	計　算　過　程
法　人　税　額		
		〈使途秘匿金の特別税額〉
差引法人税額	①×××	課税使途秘匿金額（千円未満切捨）
課税留保金額 同上に対する税額 使途秘匿金に対する税額	②××× ③×××	× 40％ ＝　③（百円未満切捨） ← （使途秘匿金の特別税額）
法人税額計	④＝①＋②	← （ここでは③はプラスしない）
控除税額 差引所得に対する法人税額	⑤××× ⑥＝④－⑤＋③	

第13章 税額計算　737

第5節　税額控除（**tax credit**）

【Point 46】

1　所得税額の範囲

　法人が支払を受ける利子，配当，給付補てん金，利息，利益，差益，利益の分配，報酬・料金，賞金又は償還差益に対して課された源泉所得税は，その事業年度の所得に対する法人税額から控除をすることができる。

2　利子，配当等に係る所得税の控除額

　利子，配当等に対して課された源泉所得税のうち**法人税額から控除される金額**は，公社債の利子，利益の配当等，証券投資信託の収益の分配及び償還差益については，その元本を所有していた期間に対応する部分の金額である。その計算方法には，**個別法又は簡便法**がある。

3　外国税額控除額

　日本の法人税法では，海外の支店，工場等で支払った外国法人税額のうち一定額について法人税額から控除される。

　法人税額は，所得金額に税率をかけて算出した税額から，さらに税額控除を差し引いて算出する。税額控除には，所得税額控除，外国税額控除，仮装経理に基づく過大申告の場合の更正に伴う法人税額の控除など法人税法上のものと，政策的に租税特別措置法で定められた試験研究を行った場合の法人税額の特別控除，高度省エネルギー増進設備等を取得した場合の法人税額の特別控除等がある。

〈図表13－8〉税額控除

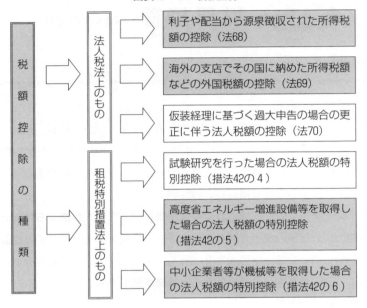

　これらの税額控除の順序は，①試験研究を行った場合の法人税額の特別控除（措法42の4），高度省エネルギー増進設備等を取得した場合の法人税額の特別控除（措法42の5），中小企業者等が機械等を取得した場合の法人税額の特別控除（措法42の6），②仮装経理に基づく過大申告の場合の更正に伴う法人税額の控除（法70），③所得税額控除（法68），外国税額控除（法69）の①②③順により控除を行うこととされている（法70の2，措法42の4⑰，42の5⑨，42の7⑪，42の11⑰，68の2）。①の試験研究費の特別控除や高度省エネルギー増進設備の特別控除等の記載は順不同である。

第13章 税額計算 739

第6節 所得税額控除（credit for income tax）

【Point 47】

> (1) 法人が受け取った利子や配当には，源泉所得税がすでに徴収されている。この金額は法人税額から控除される。
> (2) 控除される部分の計算には，個別法と簡便法とがある。

1 制度の趣旨

法人は本来，法人税のみ課税されるべきであり，法人が株式に対する配当，預金及び公社債の利子を受けたときに徴収される源泉徴収所得税は**法人税の前払**に相当するので，法人税額からその源泉所得税額を控除する（法68）。これが**所得税額控除**である。

2 控除の対象

各事業年度の所得に対する**法人税額から控除される所得税**（所得税額控除）は，法人が支払を受ける以下に掲げるものに課される所得税額である（法68①，措法41の12④）。

① 公社債及び預貯金の利子，合同運用信託及び公社債投資信託の収益の分配

② 法人から受ける剰余金の配当，利益の配当又は出資に係る剰余金の分配，保険業法64条1項に規定する基金利息，公募公社債等運用投資信託の収益の分配，公社債投資信託以外の証券投資信託の収益の分配及び特定受益証券発行信託の収益の分配

③ 定期積金等の給付補てん金

④ 抵当証券の利息

⑤　金・貴金属等の売戻し条件付売買の利益

⑥　外貨建預貯金で為替予約のあるもののいわゆる為替差益

⑦　一時払養老保険及び一時払損害保険の差益（保険期間等が５年以下のもの及び保険期間等が５年を超えるものを５年以内に解約したものの差益）

⑧　匿名組合契約及びこれに準ずるもの（所令288）に基づく利益の分配

⑨　みなし配当

⑩　馬主が受ける競馬の賞金で金銭で支払われるもの

⑪　割引債（措法41の12⑨，措令26の16，措規19の４）に係る償還差益（措法41の12⑨）

3　法人税額から控除される所得税額（所得税額控除）

　法人税額から控除（控除しきれない場合には還付）される所得税額（所得税額控除）は，所得の種類に応じ次に掲げる金額である（令140の２①，措令26の11①）。

　株式・出資のグループ，受益権のグループ，その他のグループに分けて計算される。

　株式・出資グループと受益権グループは，所有していた期間に対応する所得税額を控除対象とされているので期間按分を要するが，原則法と簡便法のいずれか大きい方の金額を控除される所得税とする。

第13章　税額計算　741

〈図表13－9〉法人税額から控除される所得税額

株式・出資グループ	・法人から受ける剰余金の配当，利益の配当又は剰余金の分配（中間配当を含み，みなし配当を除く） ・償還差益 ・出資分量配当金	所得税額のうち元本を所有していた期間に対応する部分の金額が控除される。
受益権グループ	・公社債投資信託以外の証券投資信託の収益の分配 ・特定株式投資信託の収益の分配 ・特定外貨建等証券投資信託の収益の分配	
その他グループ	①に掲げるもの以外のもの ・預金の利子，みなし配当等 ・公社債の利子 ・公社債投資信託の収益の分配 ・新株予約権付社債の利子	所得税額の全額が控除される

→ 期間按分を要する
原則法と簡便法のうち大きい方の金額

→ 期間按分を要しない

　預金利子は預金期間により支払れるもので，みなし配当も支払法人側の事由により分配されるとするもので，どちらも，配当の計算期間とは関係なく，そのため按分はしない。公社債の利子，公社債投資信託の収益分配金に係る源泉所得税は期間按分を要しない。

4　元本の所有期間に対応する部分の金額の計算

　(3)の①の元本を所有していた期間に対応する部分の金額は，次に掲げる**個別法（原則法）**又は**簡便法**によって計算した金額である。原則法又は簡便法の選択は，①**株式・出資グループ**（中間配当，期末配当，剰余金分配），②**受益権グループ**（証券投資信託の収益の分配）のグループごとに統一して選択する。

(1) 個 別 法（原則法）

　個別法は，株式については１株ごとに，証券投資信託については１口ごとに，次の算式により所得税額のうち元本を所有していた期間に対応する部分の金額を計算する方法である（令140の２②④）。

$$
\boxed{\text{配当等に対する源泉徴収所得税額,復興特別所得税}} \times \frac{\text{分母の月数のうちその元本を所有していた期間の月数（１月未満の端数は１月とする）}}{\text{その利子又は配当等の計算の基礎となった月数（１月未満の端数は１月とする）}} \text{の割合}\left(\begin{array}{c}\text{小数点３位}\\\text{未満切上げ}\end{array}\right)
$$

(2) 簡 便 法

　簡便法は，利子又は配当等の元本を，**①株式・出資グループ**（中間配当，期末配当，剰余金分配），**②受益権グループ**（証券投資信託の収益の分配）の２グループに区分し，さらにそれぞれをその利子配当等の計算の基礎となった期間が１年を超えるものと１年以下のものとに区分し，その区分に属するもののすべてについて，その銘柄の異なるものごとに，次の算式により所得税額のうち元本を所有していた期間に対応する部分の金額を計算する方法である（令140の２③）。

　(イ)　利子又は配当等の計算の基礎となった期間の終了の時において法人が所有している元本の数（その元本が公社債の場合には，額面金額。以下同じ）がその計算期間の開始の時において所有していた元本の数を超える場合

（開始時元本数 ＜ 終了時元本数のとき）

$$
\boxed{\text{配当等に対する源泉徴収所得税額,復興特別所得税}} \times \frac{\boxed{\text{計算期間開始時における元本の数}} + \left(\boxed{\text{計算期間終了時における元本の数}} - \boxed{\text{計算期間開始時における元本の数}}\right) \times \frac{1}{2}}{\text{計算期間終了時における元本の数}}
$$

割合$\left\{\begin{array}{c}\text{小数点３位}\\\text{未満切上げ}\end{array}\right\}$

第13章　税額計算　743

（開始時元本数 0 ＜ 終了時元本数のとき）

$$\boxed{\begin{array}{l}\text{配当等に対する源泉徴}\\\text{収所得税額，復興特別}\\\text{所得税}\end{array}} \times \dfrac{1}{2}\ (0.500)$$

（開始時元本数 ≧ 終了時元本数のとき）

$$\boxed{\begin{array}{l}\text{配当等に対する源泉徴}\\\text{収所得税額，復興特別}\\\text{所得税}\end{array}} \times \dfrac{\text{終了時元本数}}{\text{終了時元本数}}(1.000)$$

（注）　元本が公社債の場合には，算式中「元本の数」は，その額面金額による。

㈠　利子又は配当等の計算の基礎となった期間の終了の時において法人が所有している元本の数がその計算期間の開始の時において所有していた元本の数以下である場合，つまり分数式が過分数となるときは1となり，所得税額の全額が控除される。

　　なお，個別法又は簡便法のいずれの方法によるかは，事業年度ごとに，元本を公社債，株式及び出資，証券投資信託の受益証券の区分ごとに選択する。また，中間配当の定めがある**中間配当に係る計算期間**は，その事業年度開始の日から中間配当基準日までの期間による。また，**その事業年度の期末配当にかかる計算期間**は，中間配当基準日の翌日からその事業年度終了の日までの期間による（令140の2②），中間配当の定めがあるが中間配当の支払をしなかった場合における**当該事業年度の期末配当にかかる計算期間**は，中間配当をしなかった場合と同じであり，前期期末配当の基準日の翌日から末日までの期間とする（令140の2）。

〈中間配当の定めがある配当の計算期間〉

4月1日	中間配当の 計算期間	中間配当の基準日 9月30日	期末配当の 計算期間	末日 3月31日

〈中間配当の定めがあるが，中間配当しなかった場合〉

4月1日		中間配当の基準日 9月30日		末日 3月31日
		配当しなかった		

中間配当がなかった場合の期末配当の計算期間

平成25年1月1日から令和19年12月31日までの各年には，源泉所得税のうちには，源泉徴収所得税額に2.1％相当額を乗じた復興特別所得税額が含まれる。そこで，所得税とともに源泉徴収される復興特別所得税は，所得税との合計額により期間按分を行い，損金不算入とされる。

$$基準所得税額×2.1％＝復興特別所得税額$$
（利子及び配当等に対する所得税額）

《計算Point》

中間配当，期末配当，剰余金分配などの株式・出資グループ	→	（期間按分を要する源泉所得税） 原則法と簡便法の大きい金額
公社債投資信託以外の証券投資信託，特定株式投資信託などの受益権グループ	→	原則法と簡便法の大きい金額
預金利子，みなし配当などのその他のグループ 公社債利子，公社債投資信託の収益の分配	→	（期間按分を要しない源泉所得税） 全額

《計算Pattern》法人税額から控除される所得税額・控除所得税額

所得税，復興特別所得税

(1) 株式・出資グループ（中間配当，期末配当，剰余金の分配）

① 個別法源泉徴収税額

$$\left(\begin{array}{c}源泉所得税額，\\復興特別所得税\end{array}\right)×\frac{元本所有期間の月数}{利子配当等の計算期間の月数}\quad（小数点3位未満切上げ）$$

② 簡便法源泉徴収税額

$$\left(\begin{array}{c}源泉所得税額，\\復興特別所得税\end{array}\right)×\frac{利子配当等の計算期間開始時の元本数 ⒜＋（⒝－⒜）×\frac{1}{2}}{利子配当等の計算期間終了時の元本数 ⒝}\left(\begin{array}{c}小数点3位\\未満切上げ\end{array}\right)$$

③ ①，②いずれか多い方

(2) 受益権グループ（証券投資信託の収益の分配）

① 個別法

② 簡便法

③ ①，②のいずれか多い方

(3) その他のグループ（みなし配当，預金利子，公社債利子，公社債投資信託の収益の分配など期間按分を要しないもの）

全額控除対象

(4) (1)+(2)+(3) 法人税額から控除される所得税額

(加算・社外流出)

（別表四の仮計後，法人税額から控除される所得税額のところで加算し，別表一に控除税額を記載する）

《計算Pattern》種類の異なる株式等があるとき

源泉所得税，譲渡復興特別所得税

(1) 株式・出資グループ（中間配当，期末配当，剰余金の分配）

　　① 個別法 (イ) Ｃ株式

　　　　　　 (ロ) Ｄ株式（中間配当）

　　　　　　 (ハ) Ｄ株式（期末配当）

　　　　　　 (ニ) (イ)+(ロ)+(ハ)

　　② 簡便法 (イ) Ｃ株式

　　　　　　 (ロ) Ｄ株式（中間配当）

　　　　　　 (ハ) Ｄ株式（期末配当）

　　　　　　 (ニ) (イ)+(ロ)+(ハ)

　　③ ①と②のいずれか多い方

(2) 受益権グループ（証券投資信託の収益の分配）

　　① 個別法 (イ) Ｅ証券投資信託

　　　　　　 (ロ) Ｆ証券投資信託

　　　　　　 (ハ) (イ)+(ロ)

746

② 簡便法 (イ) E証券投資信託

(ロ) F証券投資信託

(ハ) (イ)+(ロ)

③ ①と②のいずれか多い方

(3) その他のグループ（預金利子，みなし配当，公社債の利子，公社債投資信託の収益の分配）　全額控除

(4) (1)+(2)+(3)　別表四，法人税額から控除される所得税額（加・社）

別表一，控除所得税額

《別表四の記載》

	区　　分	金額	留保
加算	損金計上住民税利子割額	5,000	5,000

所得税額と復興
特別所得税額は
合計
15,000+315
=15,315

仮　　　計	金額	社外
法人税額から控除される所得税	15,315	15,315
寄付金の損金不算入額	×××	××

同じ

《別表一(一)の記載》

法 人 税 額 計	××××
控 除 所 得 税 額①	15,315
差引所得に対する法人税額	××××

住民税利子割　5,000
源泉所得税　15,000
復興特別所得税　315
（15,000×2.1%）

預　金 79,685
租税公課 20,315

受取利息 100,000

利子及び配当等から所得税ばかりでなく，住民税利子割額も徴収されているときは，別表四で損金計上**住民税利子割額分**は（加・留）の調整がなされる。

なお，別表四で加算される仮計下の法人税額から控除される所得税（所得税額分＋復興特別所得税額）である。

別表一で控除される控除所得税額も（所得税額分＋復興特別所得税額の分）である。

第13章　税額計算　747

《計算例題１》　控除所得税額・法人税額から控除される所得税額・受取配
　　　　　　　当等の益金不算入額の計算

　下記の資料により株式会社慶応の当期（自平成31年４月１日　至令和２年３
月31日）における税額調整すべき金額を計算しなさい。

　Ａ株式，Ｃ株式とも株式保有割合３分の１超100％未満の関連法人株式等
である。控除負債利子は原則法で30,000円，簡便法で40,000円である。

区　分	取得年月日	配当等の計算期間	受取配当等の額	源泉徴収税額	差引取得額
Ａ株式	平成22. 1. 5 20,000株	平成30. 4. 1～ 平成31. 3.31	2,000,000円	408,400円 （うち8,400円）	1,591,600円
Ｂ社債	平成26. 7.25 10,000口	平成31. 1. 1～ 平成31.12.31	800,000	163,360 （うち3,360円）	636,640
Ｃ株式	平成30. 8.17 30,000株	平成30. 4. 1～ 平成31. 3.31	5,000,000	1,021,000 （うち21,000円）	3,979,000
Ｆ銀行 預金利子	──────		600,000	122,415 （うち2,415円）	477,585

　（注）　１　源泉徴収税額のうち書きは，復興特別所得税である。

　　　　　２　銀行預金利子に係る源泉徴収税額のうち，5,000円は県民税利子割額で
　　　　　　ある。

《解答欄》

《控除所得税額・法人税額から控除される所得税額の計算》

所得税，復興特別所得税

　(1)　株式・出資グループ

　　①　個別法

　　　イ　Ａ株 □□□□□□□ 円

　　　ロ　Ｃ株 □□□□□□ 円 × $\dfrac{\boxed{} \text{か月}}{12\text{か月}}$ （　　　）＝ □□□□□□□ 円

　　　ハ　イ＋ロ＝ □□□□□□□ 円

　　②　簡便法

　　　イ　Ａ株 □□□□□□□ 円

748

ロ　C株 [　　　　円] $\times \dfrac{\text{Ⓐ 株}+(\text{Ⓑ 株}-\text{Ⓐ 株})\times\frac{1}{2}}{\text{Ⓑ 株}}$

ハ　イ＋ロ＝ [　　　　円]

③　①, ②の多い方 [　　　円]

(2)　その他のグループ

[　　　円] ＋ [　　　円] ＝ [　　　円]

《受取配当等の益金不算入額の計算》

(1)　受取配当等の額

関連法人株式等

[　　　円] ＋ [　　　円] ＝ [　　　円]

(2)　控除負債利子

関連法人株式等

①　原則法 [　　　円]

②　簡便法 [　　　円]

③　①, ②の少ない方 [　　　円]

(3)　益金不算入額

([　　　円] － [　　　円]) × 100％ ＝ [　　　円]

《解　答》
《控除所得税額・法人税額から控除される所得税額の計算》

1．所得税, 復興特別所得税

(1)　株式・出資グループ

①　個別法

イ　A株 [　408,400円　]

ロ　C株 [　1,021,000円　] $\times\dfrac{8}{12}$ (0.667) ＝ [　681,007円　]

第13章 税額計算 749

　　ハ　イ+ロ= 1,089,407円
　② 簡便法
　　イ　A株 408,400円

　　ロ　C株 1,021,000円 × $\dfrac{ⓐ\,0株 + (ⓑ\,30,000株 - ⓐ\,0株) \times \frac{1}{2}}{ⓑ\,30,000株}$

　　　　(0.500)= 510,500円

　　ハ　イ+ロ= 918,900円

　③ ①,②の多い方 1,089,407円

(2) その他のグループ

　　117,415円 + 163,360円 = 280,775円

(3) (1)+(2)= 1,089,407円 + 208,775円 = 1,298,182円

《受取配当等の益金不算入額の計算》

(1) 受取配当等の額

　　（関連法人株式等）
　　　2,000,000円 + 2,500,000円 = 4,500,000円

(2) 控除負債利子

　　（関連法人株式等）
　① 原則法 30,000円
　② 簡便法 40,000円
　③ ①と②のうち少ない方 30,000円

(3) 益金不算入額

　(4,500,000円 - 30,000円)× 100% = 4,470,000円

（別解）

(1) 受取配当等の額

（関連法人株式等）

| 2,000,000円 | ＋ | 2,500,000円 | ＝ | 4,500,000円 |

(2) 控除負債利子

関連法人株式等

① 原則法　30,000円

② 簡便法　40,000円

(3) 益金不算入額

（関連法人株式等）

① 原則法　（ 4,500,000円 － 30,000円 ）× 100%

= 4,470,000円

② 簡便法　（ 4,500,000円 － 40,000円 ）× 100%

= 4,460,000円

③ ①＞② ∴大きい金額　4,470,000円

別表四　受取配当等の益金不算入額（減算・社外流出）

別表四　法人税額から控除される所得税　1,298,182円（加算・社外）

別表一　控除所得税　1,298,182円（復興特別所得税分を含む）

別表四　損金計上住民税利子割額　5,000円（加算・留保）

《別表四》

	区　　分	総　額	留　保	社外流出	
加算	損金計上住民税利子割	5,000	5,000		
減算	受取配当等の益金不算入額	4,470,000	—	※	4,470,000
	仮　　計				
	法人税額から控除される所得税	1,298,182	—	その他	1,298,182

第13章　税額計算　751

《別表一》

法 人 税 額 計	××
控 除 所 得 税	1,370,182
差引所得に対する法人税額	××

《計算例題2》　控除所得税額・法人税額から控除される所得税額・受取配当等の益金不算入額の計算

　下記の資料により株式会社福大の当期（自平成31年4月1日　至令和2年3月31日）における税額調整すべき金額を計算しなさい。

区　　分	配当等の計算期間	受取配当等の額	源泉徴収税額
A株式（期末配当）	平成30.10.1　～平成31.3.31	2,000,000円	142,940円 （うち2,940円）
A株式（中間配当）	平成31.4.1～令和元年.9.30	3,000,000	214,410 （うち4,410円）
B特定株式投資信託 　以外の証券投信受 　益権（収益分配）	平成31.1.1～令和元年.12.31	360,000	25,729 （うち529円）
C銀行預金利子	—	1,400,000	284,410 （うち4,410円）

1　A株式の中間配当の基準日は9月30日である。また，期末配当の基準日は3月31日である。A株式は株式保有割合3分の1超100％未満の関連法人株式に該当する。（平成31年5月から令和元年）

2　A株式は平成30年12月5日に40,000株を取得し，令和元年5月3日に10,000株譲渡した。そして，令和元年8月10日に20,000株取得した。

3　B証券投資信託の受益権は平成31年4月5日に取得した。B証券投資信託は公社債投資信託ではない。

4　C銀行預金利子の源泉徴収税額のうち70,000円は住民税利子割額である。

5　受取配当等の額から控除すべき負債利子の金額は780,000円である。

6　源泉徴収税額のうち書きは，復興特別所得税額である。

《解答欄》

《受取配当等の益金不算入額の計算》

(1) 受取配当等の額

　　□ 円 ＋ □ 円 ＝ □ 円

(2) 控除負債利子　　□ 円

(3) 益金不算入額　（□ 円 － □ 円 ）× 100%

　　　　　　　　＝ □ 円

《控除所得税額・法人税額から控除される所得税額の計算》

所得税, 復興特別所得税

(1) 株式・出資グループ

　① 個別法

　　(イ) 期末配当

　　(ロ) 中間配当

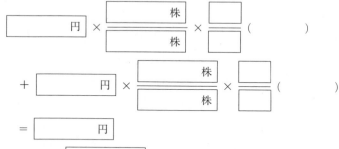

　　(ハ) (イ)＋(ロ)＝ □ 円

　② 簡便法

　　(イ) 期末配当

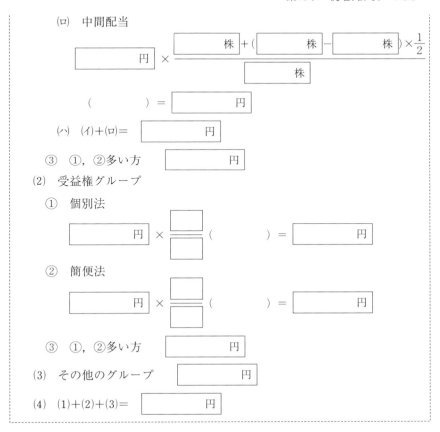

《解 答》

《受取配当等の益金不算入額の計算》

(1) 受取配当等の額

2,000,000円 + 3,000,000円 = 5,000,000円

(2) 控除負債利子　780,000円

(3) 益金不算入額

(5,000,000円 − 780,000円)× 100%

= 4,220,000円

《控除所得税額・法人税額から控除される所得税額の計算》

所得税，復興特別所得税

(1) 株式・出資グループ

① 個別法

(イ) 期末配当

$$\boxed{142,940円} \times \cfrac{\boxed{4}}{\boxed{6}}\ (\ 0.667\ ) = \boxed{95,340円}$$

(ロ) 中間配当

$$= \boxed{157,291円}$$

(ハ) (イ)+(ロ)= $\boxed{252,631円}$

② 簡便法

(イ) 期末配当

$$\boxed{142,940円} \times \cfrac{\boxed{1}}{\boxed{2}}\ (\ 0.500\ ) = \boxed{71,470円}$$

(ロ) 中間配当

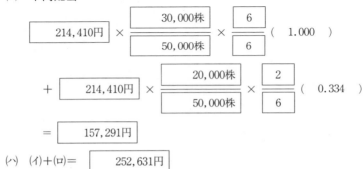

(ハ) (イ)+(ロ)= $\boxed{264,439円}$

③ ①，②多い方 $\boxed{264,439円}$

第13章　税 額 計 算　755

(2)　受益権グループ

① 個別法

$$25,729円 \times \frac{9}{12} (\quad 0.750 \quad) = 19,296円$$

② 簡便法

$$25,729円 \times \frac{1}{2} (\quad 0.500 \quad) = 12,864円$$

③ ①，②多い方　　19,296円

(3)　その他のグループ　　214,410円

(4)　(1)+(2)+(3)＝　　498,145円

(別表四)　損金計上住民税利子割　70,000円（加算・留保）

(別表四)　受取配当等の益金不算入額　4,220,000円（減算・社外流出※）

(別表四)　法人税額から控除される所得税額　498,145円（加算・社外）

(別表一)　控除所得税額　498,145円

　　　　　（復興特別所得税含む）

756

第7節　試験研究費の特別控除

【Point 48】

(1)　企業の研究開発を促進するため**試験研究費の特別控除制度**がある。

(2)　**大法人**には**総額制度**の適用があり，**中小企業者等**には**総額制度と支出額制度**の適用がある。しかし，中小企業者等は支出額制度の適用の方が有利。

(3)　試験研究費割合が高い企業には(2)に上乗せの適用が認められている。

1　制度の趣旨

　国際競争力を強化するには，試験研究を促進する必要がある。そのため法人税法では租税特別措置法により，企業の試験研究を刺激する手段として試験研究費の特別控除による法人税の減免制度を規定している。

2　試験研究費の特別控除

　試験研究費の特別控除の計算には，　5　**特別試験研究費の特別控除**と　3　**総額制度**と　4　**支出額制度**（中小企業者等の特例）がある。総額制度は中小企業者等に関係なく適用があるのに対して，**支出額制度**（中小企業者等の特例）は中小企業者等のみに適用される。したがって，中小企業者等は，総額制度と支出額制度の選択適用となる。結果的には税額控除割合からみると中小企業者等は支出額制度（中小企業等の特例）が有利となる。

###〈図表13-10〉試験研究費の特別控除

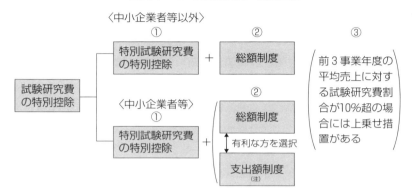

（注）中小企業者等は支出額制度と総額制度が選択適用だが，支出額制度（中小企業者等特例）の方が有利

〈図表13-11〉本条の対象となる中小企業者等

大規模法人	① 資本金の額が1億円超の法人 ② 大法人（資本金の額又は出資金額が5億円以上）との間に，大法人による完全支配関係がある普通法人 ③ 完全支配関係がある複数の大法人に発行済株式等の全部を保有されている普通法人
中小企業者等	(1) 資本金の額が1億円以下のうち 　① 同一の**大規模法人**によって，発行済株式数等の$\frac{1}{2}$以上を所有されている法人（みなし大企業）でない法人 　また 　② 複数の**大規模法人**に，発行済株式総数等の$\frac{2}{3}$以上を所有されている法人（みなし大企業）でない法人 (2) 資本又は出資を有しない法人のうち常時使用する従業員数が1,000人以下の法人

（注）判定の基礎となる法人の発行済株式等から，その有する自己株式等を除く

3 試験研究費の総額に係る特別控除（総額制度による特別控除）

青色申告法人が各事業年度において，損金の額に算入される試験研究費の額（試験研究費に充てるため，他の者から支払を受ける金額は除く）がある場合には，その事業年度の所得に対する法人税額からその試験研究費の額に税額控除割合（①増減試験研究費割合が8％超の場合は9.9％に，その増減試験研究費割合から8％を控除した割合に0.3を乗じて計算した割合を加算した割合（14％を超える場合には14％），②増減試験研究費割合が8％以下の場合は9.9％から，8％からその増減試験研究費割合を減算した割合に0.175を乗じて計算した割合を減算した割合（6％未満の場合は6％））を乗じた金額を控除することが認められる（措法42の4①②）。なお，事業年度においては，その事業年度の法人税額の25％相当額を限度とする。なお，一定のベンチャー企業は，法人税額の40％相当額を限度とする。

一定のベンチャー企業	① 設立の日から同日以後10年を経過する日までの期間内の日に属する事業年度であること。 ② 前期以前において生じた欠損金額で，翌期繰越額があること。 ③ 期末に大法人による完全支配関係がある普通法人，その他一定の普通法人，株式移転完全親法人ないこと。

中小企業者等以外の法人（大企業）が，以下の要件のいずれにも該当しないときは，試験研究費の特別控除の規定は適用されないこととなった（措法42の13）。

このように，(1)所得が増加し（所得要件），(2)賃上げ（賃上げ要件），(3)設備投資（設備投資要件）のいずれにも該当しないときは，試験研究費特別控除の判定は適用しない。

適用要件（中小企業等以外の法人）

(1) 当期の所得全額≦前期の所得金額（所得要件） (2) 継続雇用者給与等支給額＞継続雇用者比較給与等支給額（前年度平均給与） 　　（賃上げ要件） (3) 国内設備投資額＞当期償却費総額×10％ 　　（設備投資要件）

第13章　税額計算　759

《計算Pattern》

総額制度による税額控除額

(1)　増減試験研究費割合

$$\frac{当期試験研究費-比較試験研究費（過去３年間の平均）}{比較試験研究費（過去３年間の平均）^{（注）}}$$

　　（注）比較試験研究費＝$\dfrac{前期の試験研究費＋前々期の試験研究費＋前々々期の試験研究費}{3}$

(2)　税額控除割合

区　　分		税額控除割合
増減試験研究費割合	8％超	0.099＋（増減試験研究費割合）－0.08)×0.3(0.14を上限)
	8％以下	0.099－(0.08－増減試験研究費割合)×0.175(0.06を下限)

　　（注）小数点以下３位未満切捨

(3)　税額控除限度額

　　(試験研究費の額－特別試験研究費の額)×(2)の税額控除割合 $^{（注）}$

(4)　税額基準

　　法人税額(別表一㈠②)×25％(一定のベンチャー企業は40％)
　　(令和元年度の税制改正により，経過制度で研究開発を行う一定のベンチャー企業の税額控除限度額は40％に引き上げられた)

(5)　(3)と(4)の少ない金額

《計算例題》　試験研究費特別控除の適用 (中小企業者等以外の法人の総額制度の適用要件)

(1)　前期の所得金額は190,000,000円，当期の所得金額は230,000,000円であり，当期の調整前法人税額は49,996,000円である。

(2)　当期の継続雇用者給与等支給額は310,000,000円，継続雇用者比較給与等支給額は350,000,000円である。

(3)　当期の国内設備投資額は39,000,000円，当期償却費総額は500,000,000円である。

(4) 当期,前期,前々期,前々々期の４年間の平均売上金額は1,500,000,000円である。

(5) 福大株式会社（期末資本金の額は３億円である）の当期（自平成30年４月１日　至令和２年３月31日）以前の各事業年度における試験研究費の額は以下のとおりである。

130,000,000円（平成28年４月１日～平成29年３月31日）
135,000,000円（平成29年４月１日～平成30年３月31日）
160,000,000円（平成30年４月１日～平成31年３月31日）
190,000,000円（平成31年４月１日～令和２年３月31日）

《解答欄》

(1) 判　定（適用要件）

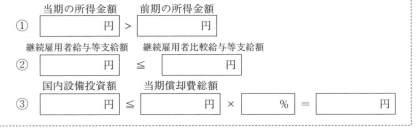

《解　答》

(1) 判　定（適用要件）

∴ 適用なし

第13章　税額計算　761

4　中小企業者等の特例（支出額制度による特別控除）中小企業技術基盤強化税制

　青色申告法人である**中小企業者等**が各事業年度（　3　の総額制度の適用を受ける事業年度を除く）において，損金の額に算入される試験研究費の額がある場合において**増減試験研究費割合が８％以下の場合**には，その事業年度の法人税額からその**試験研究費の額の12％相当額**を控除することが認められる。なお，**増減試験研究費割合が８％を超える場合**は，その試験研究費の額に特例割合（12％に増減試験研究費割合から８％を控除した割合に0.3を乗じて計算した割合を加算した割合（17％を超える場合は17％））を乗じて計算した金額を控除する（措法42の４③④）。

　なお，増減試験研究費割合が８％以下の場合は，その事業年度の法人税額の25％相当額を限度とする。なお，**増減試験研究費割合が８％を超える場合**には，その事業年度の**法人税額の35％相当額**を限度とする。なお，適用除外者に該当する場合は，この特例の適用はない。

＜特別除外者基準＞

当期前３年間の所得金額 $\times \dfrac{12}{36} > 15$ 億円

∴　適用除外事業者に該当するため，特例の適用はない

当期前３年間の所得金額 $\times \dfrac{12}{36} \leqq 15$ 億円

∴　適用除外事業者に該当するため，特例の適用はある

《計算Pattern》

中小企業者等の試験研究費の特別控除（支出額制度）

(1)　判　定

　①　青色申告法人であること

　②　当期試験研究費があること

　③　中小企業者等であり，以下の適外事業者でないこと

762

$$\boxed{\text{当期前 3 年以内終了事業年度の所得金額の合計}} \times \cfrac{12}{\text{当期前 3 年以内終了事業年度の月数 (36)}} \leqq 15億円$$

∴ 15億円以下なので適用除外者でない。中小企業者等特例を選択

(2) 増減試験研究費割合

$$\cfrac{\text{当期試験研究費－比較試験研究費 (過去 3 年間の平均)}}{\text{比較試験研究費 (過去 3 年間の平均)}}$$

$$\text{比較試験研究費} = \cfrac{\text{前期の試験研究費＋前々期の試験研究費＋前々々期の試験研究費}}{3}$$

(3) 税額控除割合

区　　分		税額控除割合
増減試験研究費割合	8 ％超	0.12＋(増減試験研究費割合)－0.08)×0.3(0.17を上限)
	8 ％以下	0.12

(注) 小数点以下 3 位未満切捨

(4) 税額控除限度額

(試験研究費の額－特別試験研究費の額)×(3)の税額控除割合 [注]

(5) 税額基準額

法人税額(別表一㈠②)×25％(増減試験研究費割合(2)が 8 ％超の場合は35％)

(6) (4)と(5)の少ない金額

5　試験研究費割合が10％を超える場合の上乗せ (割り増し) 措置

試験研究費の総額に係る特別控除 (総額制度による特別控除) および中小企業者等の特例 (支出額制度による特別控除) において以下のように，**試験研究費割合が10％を超える場合には試験研究費割合に応じた上乗せ措置 (割り増し措置) が税額控除割合と税額基準額に講じられた** (措置42の 4 ③二)。

《上乗せ措置の適用の判定》

試験研究費割合が10％を超えるかの判定

① 試験研究費割合＝$\dfrac{\text{当期試験研究費}}{(\boxed{\text{当期売上}}+\boxed{\text{前期売上}}+\boxed{\text々期売上}}+\boxed{\text{前々期売上}})\div 4\text{年}}$

(当期以前4年間の平均売上金額)

② 試験研究費割合 ＞ 0.1　上乗せ措置あり

〈図表13−12〉上乗せ措置

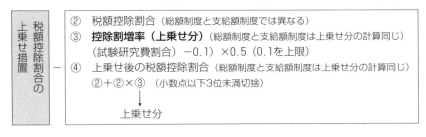

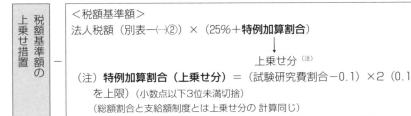

6　特別試験研究費がある場合（中小企業者等及び中小企業者等以外の法人）

青色申告法人が，各事業年度において，損金の額に算入される特別試験研究費がある場合（国の試験研究機関や大学と共同で行う試験研究等）には，その事業年度の法人税額から，総額制度及び支出額制度に加えて，その特別試験研究費の額に一定の税額控除割合（特別試験研究機関等に係る試験研究費は30％，研究開発型ベンチャー企業（新事業開拓事業者等）25％，それ以外の特別研究費は20％）を乗じた

金額を控除することが認められる（措法42の4③）。なお，その事業年度の法人税額の10％相当額額を限度とする。**特別試験研究費の特別控除**は，総額制度による特別控除，中小企業者等の特例（試験研究費支出制度による特別控除）の前に計算する。

〈図表13−13〉特別試験研究費の税額控除割合

	相　手　方	税額控除割合
共同試験研究	特別研究機関等及び大学等	30%
	研究開発型ベンチャー企業（新事業開拓事業者等）	25%
	その他（民間企業及び民間研究所等）	20%
	技術研究組合	20%
委託試験研究	特別研究機関等及び大学等	30%
	研究開発型ベンチャー企業（新事業開拓事業者等）	25%
	一定の中小企業者及び公益法人等	20%
	民間企業等	20%
知的財産権の使用	中小企業者	20%

（注）経済産業省の資料を参考

令和元年度の税制改正では，以下のように税額控除割合が見直された。

《計算Pattern》

特別研究費の特別控除額

(1) 税額控除基準限度額

① 特別試験研究機関等に係る特別試験研究費×30％

② 新規事業開拓事業者等の①以外の特別試験研究費×25％

第13章　税額計算　765

　　③　上記以外の特別試験研究費×20％

　　④　①＋②＋③

(2)　税額基準

　　法人税額(別表一(一)②)×10％

(3)　特別控除額(1)と(2)の少ない金額

(注)　**特別試験研究費の額**とは，国の試験研究機関又は大学と共同して行う試験研究，国の試験研究機関又は大学に委託する試験研究等に係る試験研究費の額をいう(措法42の4⑫三，措令27の4⑧⑨，措規20①〜⑥)。特別研究費の範囲に一定の契約に基づき企業間で実施される共同研究に係る試験研究費等が追加される。

　　(イ)　特別試験研究費の額の対象となる共同研究及び委託研究費に係る相手方が支出する費用で自己が負担する者について，費用の限定(原材料費，人件費，旅費，経費及び外注費)を廃止する。間接経費を含めたこれらの研究に要した費用とする。

　　(ロ)　契約変更前に支出した費用について，その契約に係るものであることが明らかであり，かつ，その支出日と契約変更日が同一の事業年度内にある場合には，その契約変更前に支出した費用についても特別試験研究費の対象となる。

7　試験研究費の範囲

　　法人税額の特別控除の対象となる試験研究費には製品の製造又は技術の改良，考案もしくは発明に係る試験研究のために要する費用である(措法42の4⑫一，措令27の4⑥)。従来のモノ作りの研究開発に加え，IoT，ビッグデータ，人工知能(AI)等を活用した「第4次産業革命型」のサービス開発に係る試験研究のために要する一定の費用が加わる。

　　試験研究に充てるために**他の者から支払を受けた金額**がある場合には，その金額は試験研究費から控除する(措法42の4①，措通42の4(1)―1)。一方，他の者に委託して試験研究を行う法人が，その**委託に対して支払う費用**は試験研究費に含まれる。

〈図表13−14〉試験研究費

試験研究費となるもの（損金の額に算入されたものに限定）	原材料費	試験研究を行うために要する原材料費
	人件費	研究所の専任研究員の人件費，研究所と他の部門の兼任研究員のうち専ら従事する研究費の人件費（措通42の4(1)―3）
	経費	試験研究用資産の減価償却費，圧縮額，特別償却費 通常行われる取替更新による試験研究用資産の除却損，譲渡損（措通42の4(1)―5） その他の試験研究用の経費
	サービス開発に係る費用	従来の製造業のモノ作りの研究費に加え，第4次産業革命型の新たなサービスの開発に係る以下の業務に要する原材料費，労務費等の費用が試験研究費の対象に追加された。 ①　データの収集…大量の情報を自動的に収集する機器等を用いてのデータ収集 ②　データの分析…AI等の情報解析技術を用いてのデータ分析 ③　サービスの設計…データ分析により得られた法則を利用したサービスの設計 ④　サービスの適用…設計されたサービスにかかる法則の蓋然性の確認
	その他	試験研究の委託費用（委託試験研究費）
試験研究費とならないもの又は除かれるもの		研究所の事務職員・運転手・守衛等の人件費 災害等により臨時的，偶発的に発生した試験研究用資産の除却損，譲渡損 特別償却準備金（のちのち普通償却費として計算されるため）
		国等から試験研究用に交付を受けた補助金 他の者から試験研究の委託を受け，受け入れた金額（受託試験研究費）（措法42の4①，措通42の4(1)―1）

第13章 税額計算 767

《計算Point》

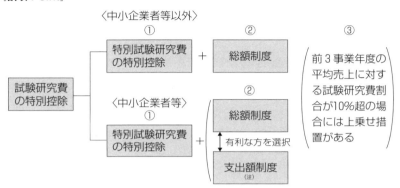

（注）中小企業者等は支出額制度と総額制度が選択適用だが，支出額制度（中小企業者等特例）の方が有利

試験研究費の範囲

試験研究費となるもの	原材料費	試験研究用の原材料費
	人件費	研究所の専任研究員の人件費，研究所と他の部門の兼任研究員のうち専ら従事する研究費の人件費
	経費	試験研究用資産の減価償却費，圧縮額，特別償却費 通常行われる取替更新による試験研究用資産の除却損，譲渡損 その他の試験研究用の経費
	サービス開発に係る費用	従来の製造業のモノ作りの研究費に加え，第4次産業革命型の新たなサービスの開発に係る以下の業務に要する原材料費，労務費等の費用が試験研究費の対象に追加された。 ① データの収集…大量の情報を自動的に収集する機器等を用いてのデータ収集 ② データの分析…AI等の情報解析技術を用いてのデータ分析 ③ サービスの設計…データ分析により得られた法則を利用したサービスの設計 ④ サービスの適用…設計されたサービスにかかる法則の蓋然性の確認
	その他	委託試験研究費
試験研究費とならないもの又は除かれるもの		研究所の事務職員・運転手・守衛等の人件費 災害等により臨時的，偶発的に発生した試験研究用資産の除却損，譲渡損 特別償却準備金
		国等から試験研究用に交付を受けた補助金 受託試験研究費

《計算Pattern》（総額制度）

中小企業者等以外の法人の試験研究費の特別控除

1　判　定（中小企業者等以外の総額基準の適用判定）

(1)　当期の所得金額≦前期の所得金額（所得要件）

(2)　継続雇用者給与等支給額＞継続雇用者比較給与等支給額（賃上げ要件）

(3)　国内設備投資額＞当期償却費総額×10％（設備投資要件）

　　中小企業者等以外の法人が，(1)(2)(3)のいずれかに該当する場合に総額制度

第13章　税額計算　769

の適用あり

2　特別試験研究費の特別控除

(1)　税額控除限度額

①　特別試験研究機関等の特別試験研究費×30％

②　新事業開拓事業者等の特別試験研究費×25％

③　上記以外の特別試験研究費の額×20％

④　①＋②＋③

(2)　税額基準額

法人税額(別表一㈠②)×10％

(3)　(1)と(2)の少ない金額

3　総額制度（試験研究費の総額に係る特別控除）

(1)　増減試験研究費割合

$$\frac{当期試験研究費－比較試験研究費（過去３年間の平均）}{比較試験研究費（過去３年間の平均）}$$

$$比較試験研究費＝\frac{前期の試験研究費＋前々期の試験研究費＋前々々期の試験研究費}{3}$$

区　　分		税額控除割合 (注)
増 額 試 験 研究費割合	8％超	0.099＋(増減試験研究費割合－0.08)×0.3 (0.14を上限)
	8％以下	0.099－(0.08－増減試験研究費割合)×0.175 (0.06を上限)

(注)　小数点以下３位未満切捨

(3)　税額控除限度額

(試験研究費の額－特別試験研究費の額)　×３(2)の税額控除割合

(4)　税額基準額

法人税額(別表一㈠②)×25％　(一定のベンチャー企業40％)

(5)　(3)と(4)の少ない金額

4　2＋3

《計算Pattern》（支出額制度）

中小企業者等の試験研究費の特別控除

中小企業者等なので総額基準の適用判定は不必要，支出額制度が有利

1　特別試験研究費の特別控除

(1)　税額控除限度額

① 特別試験研究機関等の特別試験研究費×30%

② 新事業開拓事業者等の特別試験研究費×25%

③ 上記以外の特別試験研究費の額×20%

④ ①＋②＋③

(2)　税額基準額

法人税額（別表一㈠②）×10%

(3)　(1)と(2)の少ない金額

2　中小企業者等の特別控除（控除率は明らかに総額制度よりも**中小企業者等特例支出額制度の方が有利**）

中小企業者特例の支出額制度を選択

(1)　増減試験研究費割合

$$\frac{当期試験研究費－比較試験研究費（過去3年間の平均）}{比較試験研究費（過去3年間の平均）}$$

$$比較試験研究費＝\frac{前期の試験研究費＋前々期の試験研究費＋前々々期の試験研究費}{3}$$

(2)　税額控除割合

区　分		税額控除割合 (注)
増 額 試 験 研究費割合	8 %超	0.12＋（増減試験研究費割合－0.08）×0.3（0.17を上限）
	8 %以下	0.12

（注）小数点以下3位未満切捨

(3)　税額控除限度額

（試験研究費の額－特別試験研究費の額）× 2(2)の税額控除割合

(4) 税額基準額

調整前法人税額
法人税額(別表一㈠②)×25％(増減試験研究費割合が8％超の場合は35％)

(5) (3)と(4)の少ない金額

《計算Pattern》(総額制度で試験研究費割合10％以下なので税額控除割合と税額基準額

に上乗せがないケース)

1 判定 (中小企業者等以外の総額基準の適用の判定)

(1) 当期の所得金額≦前期の所得金額
(所得要件)

(2) 当期の継続雇用者給与等支給総額＞前期の継続雇用者比較給与等支給総額
(賃上げ要件)

(3) 国内設備投資額＞当期償却費総額×10％
(設備投資要件)

中小企業者等以外の法人が(1)(2)(3)のいずれかに該当する場合に総額制度
の適用あり

2 試験研究費

3 特別試験研究費の特別控除

(1) 税額控除限度額

① 特別試験研究機関等の特別試験研究費×30％

② 新事業開拓事業者等の特別試験研究費×25％

③ 上記以外の特別試験研究費の額×20％

④ ①+②+③

(2) 税額基準額

法人税額(別表一㈠②)×10％

(3) (1)と(2)の少ない金額

4 総額基準（上乗せの判定）

(1) 判定

① $\dfrac{\text{当期試験研究費}}{\text{当期以前4年間の平均売上金額}} = $ 試験研究費割合

② $\dfrac{①}{}$ 試験研究費割合≦0.1（**上乗せない**）

(2) 税額控除限度額

① 増減試験研究費割合

$$\dfrac{\text{当期試験研究費－比較試験研究費（過去3年間の平均）}}{\text{比較試験研究費（過去3年間の平均）}}$$

比較試験研究費＝$\dfrac{\text{前期の試験研究費＋前々期の試験研究費＋前々期の試験研究費}}{3}$

② 税額控除割合

区　　分		税額控除割合 [注]
増額試験 研究費割合	8％超	0.099＋（増減試験研究費割合－0.08）×0.3（0.14を上限）
	8％以下	0.099＋（0.08－増減試験研究費割合）×0.175（0.06を上限）

(注) 小数点以下3位未満切捨

③ 税額控除限度額

（試験研究費の額－特別試験研究費の額）×(2)②の税額控除割合

(3) 税額基準額

法人税額(別表一(一)②)×25％（一定のベンチャー企業40％）

(4) (2)と(3)の少ない金額

5　3＋4

《計算Pattern》（総額制度で試験研究費割合10％超なので税額控除割合と税額基準額に

上乗せがあるケース）

1　判定（中小企業者等以外の総額基準の適用の判定）

(1) 当期の所得金額≦前期の所得金額

（所得要件）

第13章　税額計算　773

(2)　当期の継続雇用者給与等支給総額＞前期の継続雇用者比較給与等支給総額
　　　　（賃上げ要件）

(3)　国内設備投資額＞当期償却費総額×10％
　　　　（設備投資要件）

　中小企業者等以外の法人が(1)(2)(3)のいずれかに該当する場合に総額制度の適用あり

2　試験研究費

3　特別試験研究費の特別控除

(1)　税額控除限度額

　　①　特別試験研究機関等の特別試験研究費×30％

　　②　新事業開拓事業者等の特別試験研究費×25％

　　③　上記以外の特別試験研究費の額×20％

　　④　①＋②＋③

(2)　税額基準額

　法人税額（別表一㈠②）×10％

(3)　(1)と(2)の少ない金額

4　総額基準（上乗せの判定）

(1)　判定

　　①　$\dfrac{当期試験研究費}{当期以前4年間の平均売上金額}=$　試験研究費割合

　　②　試験研究費割合$\overset{①}{>}0.1$（上乗せあり）

(2)　税額控除限度額

　　①　増減試験研究費割合

$$\dfrac{当期試験研究費－比較試験研究費（過去3年間の平均）}{比較試験研究費（過去3年間の平均）}$$

$比較試験研究費=\dfrac{前期の試験研究費＋前々期の試験研究費＋前々々期の試験研究費}{3}$

774

② 税額控除割合

区　　分		税額控除割合[注]
増額試験研究費割合	8％超	0.099＋（増減試験研究費割合－0.08）×0.3（0.14を上限）
	8％以下	0.099＋（0.08－増減試験研究費割合）×0.175（0.06を上限）

（注）小数点以下3位未満切捨

③ 控除割増率（上乗せ分）

（試験研究費割合－0.1）×0.5（0.1を上限）

④ 上乗せ後の税額控除割合

②＋②×③（小数点以下3位未満切捨）

⑤ 税額控除限度額

（試験研究費の額－特別試験研究費の額）×(2)④の税額控除割合

(3) 税額基準額

法人税額（別表一㈠②）×（0.25＋特例加算割合[注]）

（注）　特例加算割合（上乗せ分）＝（試験研究費割合－0.1）×2（0.1を上限）（小数点

以下3位未満切捨）

(4) (2)と(3)の少ない金額

5　3＋4

《計算Pattern》（支出額制度で試験研究費割合10％以下なので税額控除割合と税額基準

額に上乗せがないケース）

1　判定（中小企業者等の適用の判定）

① 青色申告法人であること

② 当期の試験研究費の額があること

③ 中小企業者等であり，かつ，適用除外事業者でないこと

$$\boxed{\text{当期前3年以内終了事業年度の所得金額の合計}} \times \frac{12}{\text{当期前3年以内終了事業年度の月数（36）}} \leqq 15億円 \text{（適用除外所得基準）}$$

∴15億円以下なので適用除外者でない。中小企業者等特例を選択

第13章　税額計算　775

2　試験研究費

3　特別試験研究費の特別控除

(1)　税額控除限度額

①　特別試験研究機関等の特別試験研究費×30％

②　新事業開拓事業者等の特別試験研究費×25％

③　上記以外の特別試験研究費の額×20％

④　①＋②＋③

(2)　税額基準額

法人税額(別表一㈠②)×10％

(3)　(1)と(2)の少ない金額

4　支出額制度（上乗せの判定）

(1)　判定

①　$\dfrac{\text{当期試験研究費}}{\text{当期以前 4 年間の平均売上金額}}＝$ 試験研究費割合

②　$\dfrac{①}{}$ 試験研究費割合≦0.1　**（上乗せない）**

(2)　税額控除限度額

①　増減試験研究費割合

$$\dfrac{\text{当期試験研究費－比較試験研究費（過去 3 年間の平均)}}{\text{比較試験研究費（過去 3 年間の平均)}}$$

比較試験研究費$＝\dfrac{\text{前期の試験研究費＋前々期の試験研究費＋前々々期の試験研究費}}{3}$

②　税額控除割合

区　　分		税額控除割合 [注]
増 額 試 験 研究費割合	8％超	0.12＋(増減試験研究費割合－0.08)×0.3（0.17を上限）
	8％以下	0.12

（注）小数点以下 3 位未満切捨

③ 税額控除限度額

　（試験研究費の額−特別試験研究費の額）×(2)②の税額控除割合

(3) 税額基準額

　法人税額（別表一㈠②）×25％（増減試験研究費割合が８％超の場合は35％）

(4) (2)と(3)の少ない金額

5　3＋4

《計算Pattern》（支出額制度で試験研究費割合10％超なので税額控除割合と税額基準額

に上乗せがあるケース）

1　判定（中小企業者等の適用の判定）

① 青色申告法人であること

② 当期に試験研究費の額があること

③ 中小企業者等であり，かつ，適用除外事業者でないこと

$$\boxed{\text{当期前３年以内終了事業年度の所得金額の合計}} \times \frac{12}{\text{当期前３年以内終了事業年度の月数（36）}} \leqq \text{15億円（適用除外所得基準）}$$

　∴　15億円以下なので適用除外者でない。中小企業者等特例を選択

2　試験研究費

3　特別試験研究費の特別控除

(1) 税額控除限度額

① 特別試験研究機関等の特別試験研究費×30％

② 新事業開拓事業者等の特別試験研究費×25％

③ 上記以外の特別試験研究費の額×20％

④ ①＋②＋③

(2) 税額基準額

　法人税額（別表一㈠②）×10％

(3) (1)と(2)の少ない金額

第13章　税額計算　777

4　支出額制度（上乗せの判定）

(1)　判定

①　$\dfrac{\text{当期試験研究費}}{\text{当期以前 4 年間の平均売上金額}}=$試験研究費割合

②　試験研究費割合>0.1（**上乗せある**）

(2)　税額控除限度額

①　増減試験研究費割合

$$\dfrac{\text{当期試験研究費－比較試験研究費（過去 3 年間の平均）}}{\text{比較試験研究費（過去 3 年間の平均）}}$$

比較試験研究費$=\dfrac{\text{前期の試験研究費＋前々期の試験研究費＋前々々期の試験研究費}}{3}$

②　税額控除割合

区　　分		税額控除割合 ^(注)
増 額 試 験 研究費割合	8 ％超	0.12＋(増減試験研究費割合－0.08)×0.3（0.17を上限）
	8 ％以下	0.12

（注）小数点以下 3 位未満切捨

③　控除割増率（**上乗せ分**）

（試験研究費割合－0.1）×0.5（0.1を上限）

④　上乗せ後の税額控除割合

②＋②×③（小数点以下 3 位未満切捨）

⑤　税額控除限度額

（試験研究費の額－特別試験研究費の額）×(2)④の税額控除割合

(3)　税額基準額

法人税額(別表一㈠②)×(25％＋特例加算割合^(注))

（注）　特例加算割合（上乗せ分）＝（試験研究費割合－0.1）×2（0.1を上限）（小数点以下3位未満切捨）

$$\left(\begin{array}{l}増減試験研究費割合が8％超の場合は法人税額×35％ \\ ただし，試験研究費割合が10％超の場合の特例加算割合と，増減試験研究費 \\ 割合が8％超の場合の35％控除は選択適用\end{array}\right)$$

(4)　(2)と(3)の少ない金額

5　3＋4

《計算例題1》　試験研究費の特別控除（支出額制度，上乗せ判定あり）中小企業者等

　福大株式会社の当期（自平成31年4月1日　至令和2年3月31日）における試験研究費の特別控除額を計算しなさい。福大株式会社は期末資本金1億円の青色申告法人である。資本金2億円の慶大株式会社に発行済株式総数の80％を所有されている。

(1)　当期における試験研究等のために要した費用には以下のものがある。

　①　原材料費　130,000,000円

　②　人　件　費

　　　㋑　研究所の専任研究員の人件費　　　　　20,000,000円

　　　㋺　研究所の事務職員及び守衛者の人件費　15,000,000円

　③　経　　　費　13,200,000円

　この経費なかには，他の法人から委託された試験研究費4,000,000円が含まれている。また，通常行われる取替更新による試験研究用資産の譲渡損500,000円も含まれている。さらに，下記の試験研究用の機械装置の当期減価償却費700,000円も含まれている。

　この機械装置は，取得価額5,000,000円で令和元年10月1日に事業の用に供している。償却方法は，定額法（耐用年数5年，償却率0.200）を選択し届け出済みである。

(2)　過去の事業年度の損金の額に算入した試験研究費と売上金額（税額上の金額）は以下の金額である。

(3) 当期の法人税額（別表一㈠②）は550,000,000円である。

事業年度	平成28.4.1～平成29.3.31	平成29.4.1～平成30.3.31	平成30.4.1～平成31.3.31
試験研究費	150,000,000円	130,000,000円	170,000,000円

事業年度	平成28.4.1～平成29.3.31	平成29.4.1～平成30.3.31	平成30.4.1～平成31.3.31	平成31.4.1～令和2.3.31
売上金額	1,500,000,000円	1,600,000,000円	1,650,000,000円	1,250,000,000円
所得金額	100,000,000円	150,000,000円	110,000,000円	180,000,000円

《解答欄》

〈減価償却〉

1　償却限度額

　　　□円 × 0.200 × $\frac{6}{12}$ = □円

2　償却超過額

　　　□円 － □円 = □円

〈試験研究費の特別控除〉

1　判定

　①　青色申告法人であること　○

　②　当期に試験研究費の額があること　○

　③　中小企業者等であり，適用除外事業者でないこと

　　　　　　　当期前3年間の所得金額合計
　　（□円 ＋ □円 ＋ □円）× $\frac{12}{36}$ ≦ 15億円

　　∴適用除外者でない。中小企業者特例を選択

2　当期試験研究費

3 支出額制度(上乗せ判定)(控除率は明らかに中小企業者等特別控除が有利)
 (1) 判定
  ① 試験研究費割合

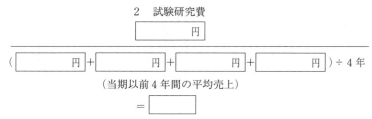

  ② 試験研究費割合>0.1
     (上乗せする)
 (2) 税額控除限度額
  ① 増減試験研究費割合

  ※ 比較試験研究費

  ② 税額控除割合

区　分		税額控除割合 (注)
増額試験研究費割合	8％超	0.12+(増減試験研究費割合-0.08)×0.3 (0.17を上限)
	8％以下	0.12

  (注) 小数点以下3位未満切捨

   (1) 増減試験研究費割合
       ☐ ≦ 5％のとき ☐ ％

第13章　税額計算　781

③　控除割増率（上乗せ分）

試験研究費割合

（□──0.1）×0.5（0.1を上限）

④　②＋②×③（小数点以下３位未満切捨）

⑤　税額控除限度額

当期の特別研究費
以外の試験研究費　　(2)④の控除割合

□円　×　□　＝　□円

⑥　税額基準額

法人税額（別表一（一）②）　　　特例加算割合^{（注）}

□円　×（　25%　＋　□　）＝　□円

試験研究費割合

（注）　特例加算割合（上乗せ分）＝（□──0.1）×2（0.1を上限）（小数点以下３位未満切捨）

　増減試験研究費割合が８％超の場合は法人税額×35%
　ただし，試験研究費割合が10％超の場合の特例加算割合と，増減試験研究費割合が８％超の場合の35％控除は選択適用

⑦　⑤と⑥の少ない金額　□円

《解　答》

〈減価償却〉

1　償却限度額

5,000,000円　×　0.200　×　$\dfrac{6}{12}$　＝　500,000円

2　償却超過額

700,000円　－　500,000円　＝　200,000円

1　判　定

①　青色申告法人であること　　○

②　当期に試験研究費の額があること　　○

③ 中小企業者等であり，適用除外事業者でないこと

当期前3年間の所得金額合計
(100,000,000円 + 150,000,000円 + 110,000,000円) × $\frac{12}{36}$ ≦ 15億円

∴適用除外者でない。中小企業者特例を選択

2　当期試験研究費

130,000,000円 + 20,000,000円 + 13,200,000円

　　　償却超過(2)　　受託試験研究費
－　200,000円　－　4,000,000円　＝　159,000,000円

3　支出額制度（上乗せ判定）（控除率は明らかに中小企業者等特別控除が有利）

(1) 判定

① 試験研究費割合

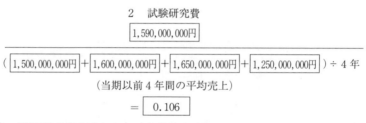

② 試験研究費割合＞0.1（上乗せする）

(2) 税額控除限度額

① 増減試験研究費割合

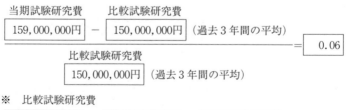

※　比較試験研究費

$\dfrac{150,000,000円 + 130,000,000円 + 170,000,000円}{3}$ ＝ 150,000,000円

② 税額控除割合

区　分		税額控除割合[注]
増額試験研究費割合	8％超	0.12＋(増減試験研究費割合－0.08)×0.3 (0.17を上限)
	8％以下	0.12

(注) 小数点以下3位未満切捨

増減試験研究費割合

$\boxed{6\%}$ ≦ 8％のとき

∴ 0.12（小数点3位未満切捨）

③ 控除割増率（上乗せ分）

試験研究費割合(1)①

($\boxed{0.106}$ －0.1) ×0.5 (0.1を上限) ＝ 0.003

④ ②＋②×③（小数点以下3位未満切捨）

＝ 0.12＋0.12×0.003 ＝ 0.120

⑤ 税額控除限度額

当期の特別研究費以外の試験研究費　　(2)④の控除割合

$\boxed{159,000,000円}$ × $\boxed{0.120}$ ＝ $\boxed{19,080,000円}$

⑥ 税額基準額

法人税額（別表一(一)②）　　特例加算割合[注]

$\boxed{550,000,000円}$ ×（ $\boxed{25\%}$ ＋ $\boxed{0.012}$ ） ＝ $\boxed{144,100,000円}$

試験研究費割合
(注) 特例加算割合（上乗せ分）＝（ $\boxed{0.106}$ －0.1）× 2 (0.1を上限)＝0.012（小数点以下3位未満切捨）

増減試験研究費割合が8％超の場合は法人税額×35％
ただし、試験研究費割合が10％超の場合の特例加算割合と、増減試験研究費割合が8％超の場合の35％控除は選択適用

⑦ ⑤と⑥の少ない金額　　$\boxed{19,080,000円}$

《計算例題２》 試験研究費の特別控除（特別試験研究費の特別控除，総額制度
　　　　　　　上乗せ判定あり）中小企業者以外

　青色申告法人である慶応株式会社の当期（自平成31年４月１日　至令和２年
３月31日）における試験研究費の特別控除額を計算しなさい。慶応株式会社
は，当期末の資本金額は300,000,000円である。中小企業者等ではない。

(1)　当期の試験研究に係る費用の額で損金経理されたものは以下のもので
　　ある。

　①　原材料費　4,000,000円

　②　人　件　費

　　㋑　当社の研究所の研究員分　50,000,000円

　　　　これは当社の研究所と他の部門との兼任職員に対する人件費であ
　　　る。このうち専ら試験研究に従事する者に対する部分は40,000,000
　　　円である。

　　㋺　当社の研究所の事務職員分　28,000,000円

　③　経　　　費

　　㋑　試験研究用設備の除却損　900,000円（このなかには，臨時的，偶発
　　　的に生じたものはない）

　　㋺　特別試験研究費　5,100,000円（うち特別試験研究機関等に係る特別
　　　試験研究費3,000,000円，新事業開拓事業者等に係る特別試験研究費
　　　1,000,000円）

(2)　慶応株式会社の当期に係る法人税額（別表一㈠②）は150,000,000円で
　　ある。

(3)　当期以前の事業年度における試験研究費の額及び売上金額は以下の金
　　額である。

(4)　継続雇用者給与等支給額は65,000,000円であり，継続雇用者比較給与
　　等支給額は62,000,000円である。

第13章 税額計算 785

(5) 国内設備投資額は100,000,000円であり，当期償却費総額は850,000,000円である。

事業年度	平成28.4.1～平成29.3.31	平成29.4.1～平成30.3.31	平成30.4.1～平成31.3.31
試験研究費	27,000,000円	45,000,000円	48,000,000円

事業年度	平成28.4.1～平成29.3.31	平成29.4.1～平成30.3.31	平成30.4.1～平成31.3.31	平成31.4.1～令和2.3.31
売上高	400,000,000円	520,000,000円	480,000,000円	280,000,000円
所得金額	40,000,000円	50,000,000円	42,000,000円	30,000,000円

《解答欄》

1　判定（中小企業者等以外の総額基準の適用の判定）

(1)　当期の所得金額　[　　　円　] ≦ 前期の所得金額　[　　　円　]　（所得要件）

(2)　継続雇用者給与等支給額　[　　　円　] ＞ 継続雇用者比較給与等支給額　[　　　円　]　（賃上げ要件）

(3)　国内設備投資額　[　　　円　] ＞ 当期償却費総額　[　　　円　] × 10％　（設備投資要件）

（中小企業者等以外の法人が(1)(2)(3)のいずれかに該当する場合に総額制度の適用あり）

2　当期試験研究費

3　特別試験研究費の特別控除

① 税額控除限度額

㋑　特別試験研究機関の特別試験研究費

[　　　円　] ×30％＝ [　　　円　]

㋺　新事業開拓事業者等の特別試験研究費

[　　　円　] ×25％＝ [　　　円　]

㉨　上記以外の特別試験研究費

$$\boxed{円} \times 20\% = \boxed{円}$$

㊁　㋑ ＋ ㋺ ＋ ㋩ ＝ $\boxed{円}$

②　税額基準額

　　法人税額

$$\boxed{円} \times\ 10\%\ = \boxed{円}$$

③　①と②少ない金額　∴　$\boxed{円}$

4　総額制度（上乗せの判定）

(1)　判定

①　試験研究費割合

$$\cfrac{\overset{\text{2　試験研究費}}{\boxed{円}}}{\left(\boxed{円}+\boxed{円}+\boxed{円}+\boxed{円}\right)÷4\,年}$$

（当期以前 4 年間の平均売上）

$$=\boxed{}$$

②　試験研究費割合≦0.1→上乗せなし

　　試験研究費割合＞0.1→上乗せある

(2)　税額控除限度額

①　増減試験研究費割合

　　当期試験研究費　　　比較試験研究費

$$\cfrac{\boxed{円}-\boxed{円}}{\underset{\boxed{円}}{\text{比較試験研究費}}}=\boxed{}$$

※　比較試験研究費（過去 3 年間の平均）

$$\cfrac{\boxed{円}+\boxed{円}+\boxed{円}}{3\,年}=\boxed{円}$$

第13章　税額計算　787

② 税額控除割合

区　分		税額控除割合 [注]
増額試験研究費割合	8％超	0.099＋(増減試験研究費割合−0.08)×0.3 (0.14を上限)
	8％以下	0.099−(0.08−増減試験研究費割合)×0.175 (0.06を上限)

(注) 小数点以下3位未満切捨

増減試験研究費割合　8％超

$\boxed{}$ ＋ ($\boxed{}$ − $\boxed{}$) ×0.3 ＝ $\boxed{}$

0.14が上限→ $\boxed{}$

③　控除割増率（上乗せ分）

試験研究費割合

($\boxed{}$ −0.1) ×0.5 (0.1を上限)

④　②＋②×③ (小数点以下3位未満切捨)

⑤　税額控除限度額

　　　　　　　　　　　　　　　　　　税額控除割合(2)④

$\boxed{}$ 円 × $\boxed{}$ ＝ $\boxed{}$ 円

↓

(特別試験研究費は除く)

($\boxed{}$ 円 − $\boxed{}$ 円)

(3)　税額基準額

法人税額　　　　　　　特例加算割合 [注]

$\boxed{}$ 円 × (25％ ＋ $\boxed{}$) ＝ $\boxed{}$ 円

　　　　　　　　　　　　　試験研究費割合

(注)　特例加算割合(上乗せ分)＝($\boxed{}$ −0.1)× 2 (0.1を上限)(小数点以下3位未満切捨)

(4)　(2)⑤と(3)少ない金額　∴　$\boxed{}$ 円

5　　　　3③　　　　　　　4⑤

$\boxed{}$ 円 ＋ $\boxed{}$ 円 ＝ $\boxed{}$ 円

788

《解　答》

〈試験研究費の特別控除〉

1　判定（中小企業者等以外の総額基準の適用の判定）

(1)　当期の所得金額　前期の所得金額

| 30,000,000円 | ≤ | 420,000,000円 | （所得要件）　○ |

(2)　継続雇用者給与等支給額　継続雇用者比較給与等支給額

| 65,000,000円 | ＞ | 62,000,000円 | （賃上げ要件）　○ |

(3)　国内設備投資額　当期償却費総額

| 100,000,000円 | ＞ | 850,000,000円 | × 10%（設備投資要件）　○ |

（中小企業者等以外の法人が(1)(2)(3)のいずれかに該当する場合に総額制度の適用あり）

2　当期試験研究費

| 4,000,000円 | ＋ | 40,000,000円 | ＋ | 900,000円 |

＋ | 5,100,000円 | ＝ | 50,000,000円 |

3　特別試験研究費の特別控除

①　税額控除限度額

　㋑　特別試験研究機関の特別試験研究費

| 3,000,000円 | ×30% ＝ | 900,000円 |

　㋺　新事業開拓事業者等の特別試験研究費

| 1,000,000円 | ×25% ＝ | 250,000円 |

　㋩　上記以外の特別試験研究費

| 1,100,000円 | ×20% ＝ | 220,000円 |

　㊁　㋑ ＋ ㋺ ＋ ㋩ ＝ | 1,370,000円 |

②　税額基準額

　　法人税額

| 150,000,000円 | × 10% ＝ | 15,000,000円 |

③　①と②少ない金額　∴ | 1,370,000円 |

4 総額制度（上乗せの判定）
 (1) 判定
  ① 試験研究費割合

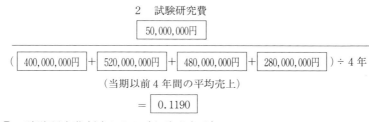

  ② 試験研究費割合＞0.1（上乗せある）
 (2) 税額控除限度額
  ① 増減試験研究費割合

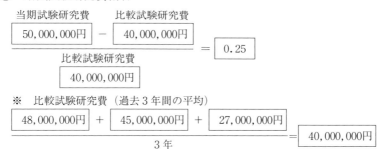

  ② 税額控除割合

区　分		税額控除割合 (注)
増額試験研究費割合	8％超	0.099＋(増減試験研究費割合－0.08)×0.3（0.14を上限）
	8％以下	0.099－(0.08－増減試験研究費割合)×0.175（0.06を上限）

  （注）小数点以下3位未満切捨

増減試験研究費割合　8％超

0.099 ＋ (0.25 － 0.08) ×0.3 ＝ 0.15

0.14が上限→ 0.14

③ 控除割増率（上乗せ分）

試験研究費割合
（ 0.119 −0.1）×0.5（0.1を上限）＝ 0.009

④ ②＋②×③（小数点以下3位未満切捨）

＝ 0.14＋0.14×0.009 ＝ 0.14

⑤ 税額控除限度額

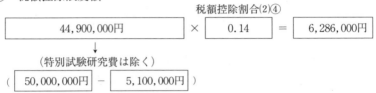

(3) 税額基準額

　　法人税額　　　　特例加算割合(注)
150,000,000円 ×（25％ ＋ 0.038 ）＝ 43,200,000円

　　　　　　　　　　試験研究費割合
（注）　特例加算割合（上乗せ分）＝（ 0.119 −0.1）×2（0.1を上限）＝0.038（小数点以下3位未満切捨）

(4)　(2)⑤と(3)少ない金額　∴　6,286,000円

5　　　　3③　　　　　　4⑤
　　1,370,000円 ＋ 6,286,000円 ＝ 7,656,000円

《計算例題3》　試験研究費の特別控除（支出額制度，上乗せ判定有り）中小企業者等

　青色申告法人である慶応株式会社の当期（自平成31年4月1日　至令和2年3月31日）における試験研究費の特別控除額を計算しなさい。

　なお，慶応株式会社は，期末資本金が1億円であり，株主には大法人は含まれていない。

第13章　税額計算　791

(1) 当期の試験研究等のために要した費用には以下のものがある。

① 原材料費　3,500,000円

② 人　件　費

　㋑　研究所の専任研究員の人件費　2,800,000円

　㋺　研究所の事務職員及び運転手の人件費　2,000,000円

③ 経　　　費　5,600,000円

　この中には，通常行われる取替更新による試験研究用資産の除却損800,000円と，災害により偶発的に発生した試験研究用資産の除却損700,000円が含まれている。

　また，試験研究の委託費用1,000,000円と他の者から委託を受けた試験研究の受託費用200,000円も含まれている。試験研究費の中には，特別試験研究機関に係るものは含まれていない。

(2) 上記のほかに，試験研究の減価償却資産の減価償却費1,100,000円（減価償却超過額100,000円）がある。

(3) 当期の別表一㈠②の法人税額は28,000,000円である。

(4) 過去の各事業年度の損金の額に算入した試験研究費の額と売上高（税額上の金額）は以下の金額である。

事業年度	平成28.4.1 ～平成29.3.31	平成29.4.1 ～平成30.3.31	平成30.4.1 ～平成31.3.31
試験研究費	9,600,000円	10,800,000円	12,300,000円

事業年度	平成28.4.1 ～平成29.3.31	平成29.4.1 ～平成30.3.31	平成30.4.1 ～平成31.3.31	平成31.4.1 ～令和2.3.31
売 上 高	130,000,000円	140,000,000円	165,000,000円	185,000,000円
所得金額	30,000,000円	50,000,000円	60,000,000円	80,000,000円

《解答欄》

1　判定

① 青色申告法人であること

② 当期に試験研究費の額があること

③ 中小企業者等であり，適用除外事業者でないこと

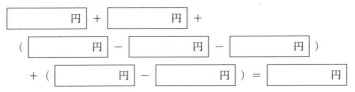

∴適用除外者でない。中小企業者特例を選択

2　当期試験研究費

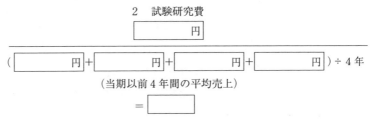

3　支出額制度（上乗せ判定）（控除率は明らかに中小企業者等特別控除が有利）

(1) 判定

① 試験研究費割合

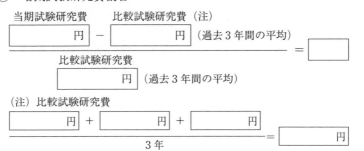

② 試験研究費割合≦0.1（上乗せしない）

(2) 税額控除限度額

① 増減試験研究費割合

当期試験研究費　　比較試験研究費（注）

$$\frac{\boxed{\quad 円\quad} - \boxed{\quad 円\quad}\text{（過去3年間の平均）}}{\underset{\boxed{\quad 円\quad}\text{（過去3年間の平均）}}{比較試験研究費}} = \boxed{\quad}$$

（注）比較試験研究費

$$\frac{\boxed{\quad 円\quad} + \boxed{\quad 円\quad} + \boxed{\quad 円\quad}}{3\text{年}} = \boxed{\quad 円\quad}$$

第13章　税額計算　793

② 税額控除割合（小数点以下３位未満切捨）

区　　分		税額控除割合 (注)
増 額 試 験 研究費割合	8％超	0.12＋（増減試験研究費割合－0.08）×0.3（0.17を上限）
	8％以下	0.12

（注）小数点以下３位未満切捨

増減試験研究費割合　8％超のとき

$$\boxed{} + (\boxed{} - \boxed{}) \times \boxed{} = \boxed{}$$

0.17が上限→ $\boxed{}$

③ 税額控除限度額

試験研究費の額　特別試験研究費の額　税額控除割合②

$$(\boxed{} 円 + \boxed{} 円) \times \boxed{} = \boxed{} 円$$

④ 税額基準

法人税額（別表一㈠②）

$$\boxed{} 円 \times \boxed{} \% = \boxed{} 円$$

（注）増減試験研究費割合が8％超の場合は35％

⑤ ③と④少ない金額　∴ $\boxed{}$ 円

《解　答》

1　判　定

① 青色申告法人であること　○

② 当期に試験研究費の額があること　○

③ 中小企業者等であり，適用除外事業者でないこと　○

当期前３年間の所得金額合計

$$(\boxed{30,000,000円} + \boxed{50,000,000円} + \boxed{60,000,000円}) \times \frac{12}{36} \leqq 15億円$$

∴適用除外者でない。中小企業者特例を選択

2 当期試験研究費

3,500,000円 ＋ 2,800,000円 ＋
(5,600,000円 － 700,000円 － 200,000円)
＋ (1,100,000円 － 100,000円) ＝ 12,000,000円

3 支出額制度（上乗せ判定）（控除率は明らかに中小企業者等特別控除が有利）

(1) 判定

① 試験研究費割合

$$\frac{12,000,000円\ (\text{2 試験研究費})}{(130,000,000円 + 140,000,000円 + 165,000,000円 + 185,000,000円) \div 4\ 年\ (\text{当期以前4年間の平均売上})} = 0.077$$

② 試験研究費割合≦0.1（上乗せしない）

(2) 税額控除限度額

① 増減試験研究費割合

(注) 比較試験研究費

$$\frac{9,600,000円 + 10,800,000円 + 12,300,000円}{3\ 年} = 10,900,000円$$

② 税額控除割合（小数点以下3位未満切捨）

区　分		税額控除割合(注)
増額試験研究費割合	8％超	0.12＋(増減試験研究費割合－0.08)×0.3（0.17を上限）
	8％以下	0.12

(注) 小数点以下3位未満切捨

増減試験研究費割合　8％超のとき

$$\boxed{0.12} + (\boxed{0.1009} - \boxed{0.08}) \times \boxed{0.3} = \boxed{0.126}$$

0.17が上限→ $\boxed{0.126}$

③　税額控除限度額

　　試験研究費の額　　特別試験研究費の額　　税額控除割合②

$$(\boxed{12,000,000円} + \boxed{0円}) \times \boxed{0.126} = \boxed{1,512,000円}$$

④　税額基準

法人税額（別表一㈠②）

（注）

$$\boxed{28,000,000円} \times \boxed{35\%} = \boxed{9,800,000円}$$

（注）増減試験研究費割合が8％超の場合は35％

⑤　③と④少ない金額　∴　$\boxed{1,512,000円}$

組織再編税制

第1節 組織再編税制

本書では，合併と会社分割について概説する。

【Point 49】

(1) 平成13年度の税制改正で組織再編税制が創設された。
(2) 合併，分割，株式交換，株式移転，現物出資等の組織再編に対する取扱いが税法で規定されている。
(3) 産業対策等からみても適格である組織再編には課税の繰延べが認められている。

1 組織再編税制の趣旨

組織再編とは，企業が当事者となり，他企業を吸収したり，企業内の部門を分離するなどの組織の編成を実施することである。わが国の税法に規定する**組織再編成**とは，会社法第5編に掲げられている合併，株式交換，株式移転，会社分割等のほか，現物出資など組織再編的な行為も含んでいる。国際競争力の強化のため，産業の再生のため，組織再編を行う場合に課税されることになると再編を妨げることになる。そこで一定の要件をみたす組織の再編には課税の繰延べが認められている。

組織再編による資産及び負債の移転は，法人税法上，原則として時価による譲渡として処理（非適格）される。しかし，組織再編成の主要な事業の引継ぎ，従業員の引継ぎ，事業規模，事業関連性などの適格要件を満たし実態をみると組織再編前と組織再編後に実質的に変更がないとされるもの（適格）は，課税せず，課税の繰延べが認められる。被合併法人等の資産及び負債の移転があっても帳簿価額で引継ぎ譲渡損益は発生しないものとして課税の繰延べが適用できる。また，被合併法人の株主の旧株の譲渡損益も発生しないものとして同様に課税の繰延べの処理がされる。

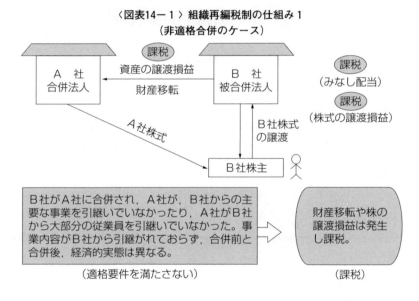

〈図表14－1〉組織再編税制の仕組み1
（非適格合併のケース）

第14章　組織再編税制　799

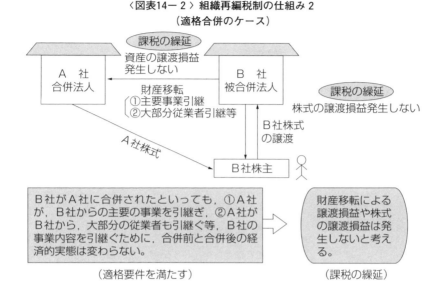

〈図表14－2〉組織再編税制の仕組み2
（適格合併のケース）

2　合　　併

　合併とは，2つ以上の会社が，契約により1つの会社になることをいう。合併は，経営上，販売力や開発力・技術力を強めたり，債務超過会社を救うなど有効な戦略として使われる。合併会社と被合併会社のシナジー効果により，短期で収益の拡大が見込まれる等のメリットがある。**合併の場合，合併法人，被合併法人，被合併法人の株主**という三者の課税関係が生ずる。

　平成29年10月1日前の合併において，合併（株式交換）の対価として現金を交付する時は，原則として対価要件を満たさず，非適格合併となっていた。平成29年10月1日以後の組織再編においては，合併法人が被合併法人の**発行済株式の3分の2以上を有する場合**には，他の株主に対価として現金を交付する場合も，対価要件を満たすこととされた。

　このように，金銭等を対価として交付することで，少数株主を排除して対象株式を100％子会社化（又は吸収合併）することをスクイーズアウトという。

〈図表14－3〉合併の課税関係

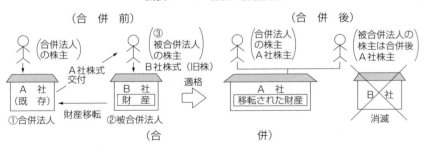

①合併法人 （移転を受ける法人・移転先法人）	適格合併	簿価で引継ぎを受けたとして処理（簿価で受入） 共同事業要件を満たした場合，被合併法人の繰越欠損金を引継げる（令112条7項）
	非適格合併	時価で引継ぎを受けたとして処理（時価で受入）
②被合併法人 （移転をする法人・移転元法人）	適格合併	簿価で譲渡したとして処理（譲渡損益は発生しない，課税の繰延べが認められる）
	非適格合併	時価で譲渡したとして処理（譲渡損益は発生する）
③被合併法人の株主 （移転をする法人の株主）	適格合併	みなし配当の認識はしない
	非適格合併	みなし配当の認識はする

《参考 三角合併》

　三角合併とは，合併法人が被合併法人の株主に対し，合併の対価として，合併法人の親法人の株式を交付するものである。

　三角合併が行われる場合に適格合併として認められるには，株式保有要件又は共同事業要件のほかに，以下の2つの要件のいずれも満たす必要がある（令4の3①）。

適格要件	① 合併法人の親法人が，合併法人の発行済株式等を直接100%保有していること（**直接完全支配関係があること**）
	② 三角合併後においてもその親法人による合併法人との**直接完全支配関係が継続**することが見込まれていること

〈図表14−4〉三角合併の仕組み

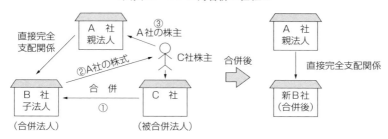

令和元年度税制改正では，**100％孫会社**を**合併法人**とする合併を行う際に，間接保有の親法人株式により合併対価を交付する場合も適格合併の対象になる。今後は，100％孫会社に対する完全支配関係を崩さずに組織再編を行うことが可能となる。

三角合併等に係る適格要件及び被合併法人等の株主における旧株の譲渡損益の計上を**繰り延べる要件**のうち**対価要件**について，**直接**の親法人株式のほか，**間接保有**されている親法人株式を三角合併等の対価として交付する下記の場合についても，適格組織再編として課税の繰延べの対象となる。

〈図表14−5〉間接保有の完全親法人の株主を用いて三角合併

再編前	再編後
・S2社がS3社を吸収合併する対価として，S2社株式を間接的に100％保有するP1社の株式をP2社に対して交付。	・S3社を吸収したS2社が存続会社として残り，一般株主に加え，P2社が新たにP1社の株主となる。

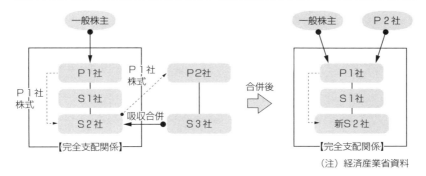

（注）経済産業省資料

3 分割型分割

　会社分割とは，会社の事業に関して有する権利・資格の全部又は一部を切り離し，他の会社に移転させる会社法上の制度である。会社分割は，経営上，優良な事業を活かす再生スキームとして活用できる，成長事業部門を独立させ，より技術力を高めたり，不良の事業部門を他企業に吸収させることにより，再生につなげていくことも可能となる。会社分割には分割型分割と分社型分割がある。

　分割型分割とは，事業等の分割により交付を受ける分割承継法人の株式等の全てを**分割法人の株主等**に交付される分割をいう。**分割型分割の場合は，分割法人，分割承継法人，分割法人の株主等**という三者の課税関係が生じる。

〈図表14−6〉分割型分割の課税関係

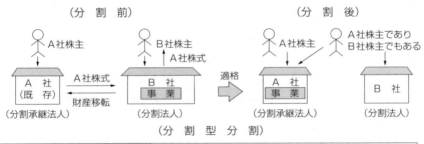

分割承継法人 (移転を受ける法人・移転先法人)	適格分割	簿価で引継ぎを受けたとして処理（簿価で受入）
	非適格分割	時価で引継ぎを受けたとして処理（時価で受入）
分割法人 (移転をする法人・移転元法人)	適格分割	簿価で譲渡したとして処理（譲渡損益は発生しない）
	非適格分割	時価で譲渡したとして処理（譲渡損益は発生する）
分割法人の株主 (移転をする法人の株主)	適格分割	みなし配当の認識はしない
	非適格分割	みなし配当の発生

第14章　組織再編税制　803

　分割型分割で，単独新設分割のうち，分割法人の分割前に行う事業を，新設法人において独立して行う分割を**事業独立の分割**（スピンオフ）という。

　このスピンオフには，①一事業部門の単独新設分割型分割，②子法人株式の現物分配，③一事業部門を新設分社型分割することにより子法人株式を設立し，その子法人株式の現物分配する方法がある。

　平成30年４月１日以後は，吸収分割と株式分配によるスピンオフも適格組織編成として可能となる。

　分割の適格要件（P.807）には，一事業部門の新設分割型分割を記載している。適格要件を満たせば，スピンオフを行う法人の譲渡損益課税や，株主への課税は繰り延べられる。

〈図表14－7〉スピンオフ（一事業部門の単独新設分割型分割）

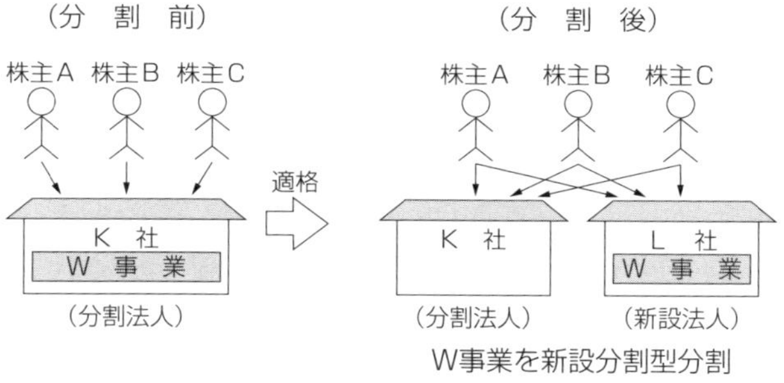

4　**分社型分割**

　分社型分割とは，分割により分割法人が交付を受ける分割承継法人の株式等が**分割法人の株主等に交付されない分割**をいう。つまり，事業所等の分割により，分割法人（事務所等を分割して移転をする法人）が，分割承継法人（事務所等の移転を受ける法人）の株式等を受けとることになる。**分社型分割の場合は，分割承継法人と分割法人に課税関係が生じる。**

〈図表14−8〉分社型分割の課税関係

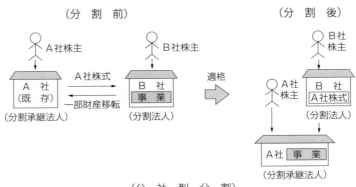

(分社型分割)

分割承継法人 (移転を受ける法人・移転先法人)	適格分割	簿価で引継ぎを受けたものとして処理（簿価で受入）
	非適格分割	時価で引継ぎを受けたものとして処理（時価で受入）
分割法人 (移転をする法人・移転元法人)	適格分割	簿価で譲渡したとして処理（譲渡損益の発生はしない）
	非適格分割	時価で譲渡したとして処理（譲渡損益は発生する）

適格の判定 （要件）

合併の適格要件

<table>
<tr>
<td rowspan="3">合併の対価として，合併法人の株式以外の資産が交付されないこと
（注2）</td>
<td colspan="2">企業グループ内の合併</td>
<td colspan="2"></td>
<td></td>
</tr>
</table>

合併の対価として，合併法人の株式以外の資産が交付されないこと（注2）	企業グループ内の合併	完全支配関係（注1）	被合併法人と合併法人との間に完全支配関係（100％保有）があり，合併後も関係が継続すること		適格
		支配関係	被合併法人と合併法人との保有割合が50％超100％未満の場合，つまり支配関係がある場合	① 主要な事業を引継ぎ（事業継続要件）主要資産・負債の移転 ② 被合併法人の80％以上の従業者の引継ぎ（従業者引継ぎ要件）	適格
	共同事業を営むための合併		被合併法人と合併法人との保有割合が50％以下でも，右の要件を全て満たすときは適格	共同事業を営むための合併で以下の要件を全て満たす。 ① 大部分の従業者の引継ぎ 　被合併法人の従業員のおよそ80％以上が，合併法人の業務に従事すること（従業者引継ぎ要件） ② 主要な事業の引継ぎ（事業継続要件） ③ 被合併法人と合併法人との事業が相互に関連していること ④ 被合併法人と合併法人のそれぞれの売上金額，従業員数，資本金額等の事業規模がおよそ5倍を超えないこと（事業規模要件） ⑤ 合併前の被合併法人の特定役員のいずれかと合併法人の特定役員のいずれかとが，合併法人の特定役員になることが見込まれること（特定役員引継ぎ要件） ⑥ 合併直前の被合併法人の株主で合併により交付される合併法人の全株式を継続保有すると見込まれる者が有する被合併法人の株式の合計が，被合併法人の発行済株式総数の80％以上であること（株式継続保有要件）	適格

（注1） 平成30年4月1日以後に行われる合併，分割等において，組織再編成後に完全支配関係がある法人間で従業者又は事業を移転すると見込まれている場合にも，当初の組織再編成の適用要件のうち**従事者従事要件**及び**事業継続要件**を満たすこととされる。

（注2） ただし，次の金銭その他の資産を除く。

① 被合併法人の株主等に対する剰余金の配当等として交付される金銭その他の資産

② 合併に反対する株主等に対する買取請求の対価として交付される金銭その他の資産

③ 合併直前において合併法人が被合併法人の発行済株式又は出資（その法人が有する自己の株式又は出資を除く）の総数又は総額の3分の2以上に相当する数又は金額の株式又は出資を有する場合におけるその合併法人以外の株主等に交付される金銭その他の資産（平成29年10月1日以後に行われる合併に限る）

（注3） 平成31年度税制改正大綱によれば，株式交換後に，株式交換完全子法人を存続会社とし，完全親法人を消滅会社とする，いわゆる逆さ合併の適格合併の要件の見直しが行われる。

第14章　組織再編税制　807

分割の適格要件

<table>
<tr><td rowspan="2">分割の対価として，分割承継法人の株式以外の資産が交付されないこと</td><td rowspan="2">企業グループ内の分割</td><td>完全支配関係</td><td>分割法人と分割承継法人との間に完全支配関係（100％保有）があり，分割後も関係が継続すること</td><td></td><td>適格</td></tr>
<tr><td>支配関係</td><td>分割法人と分割承継法人との保有割合が50％超100％未満の場合，つまり支配関係がある場合</td><td>① 　主要な事業を引継ぎ
② 　主要資産・負債の移転
③ 　分割事業に係る従業者の80％以上の引継ぎ</td><td>適格</td></tr>
<tr><td rowspan="1"></td><td rowspan="1">共同事業を営むための分割</td><td>分割法人と分割承継法人との保有割合が50％以下でも，右の要件を全て満たすときは適格</td><td>共同事業を営むための分割で以下の要件を全て満たす。
① 　大部分の従業者の引継ぎ
　　分割法人の従業員のおよそ80％以上が，分割承継法人の業務に従事すること（従業者引継ぎ要件）
② 　分割法人の分割事業が，分割後に分割継承法人において引き続き行われることが見込まれていること。主要な事業の引継ぎ（事業継続要件）
③ 　分割法人と分割承継法人との事業が相互に関連していること（事業関連要件）
④ 　分割法人と分割承継法人のそれぞれの売上金額，従業員数，資本金額等の事業規模がおよそ５倍を超えないこと（事業規模要件）
⑤ 　分割前の分割法人の特定役員のいずれかと分割承継法人の特定役員のいずれかとが，分割承継法人の特定役員になることが見込まれること（特定役員引継ぎ要件）
⑥ 　分割法人の主要な資産・負債が分割承継法人に移転すること
⑦(ⅰ)　分割直前の分割法人の株主で分割型分割により交付される分割承継法人の株式又は分割継承親法人株式のいずれか一方の株式のうち支配株主に交付されるものの全部が支配株主により継続して保有されることが見込まれていること（分割型分割の株式継続保有要件）
　(ⅱ)　分割法人が分社型分割により交付を受ける分割承継法人の株式又は分割継承親法人株式のいずれか一方の株式の全部を継続して保有することが見込まれていること（分社型分割の株式継続保有要件）</td><td>適格</td></tr>
</table>

		分割型分割で単独新設分割のうち，分割法人の分割前に行う事業を新設法人において独立して行うための分割つまり**スピンオフ**である。右の要件を全て満たすときは適格	独立して事業を営むための分割（**スピンオフ**）で以下の要件を全て満たす ① **大部分の従業者の引継ぎ** 　分割の直前の分割事業に従事する従業者のおおむね80%以上の者が分割後に分割承継法人の業務に従事することが見込まれていること（**従業者引継ぎ要件**） ② **主要資産・負債の引継ぎ** 　分割によって分割事業に係る主要な資産及び負債が分割承継法人に移転していること（**分割事業の主要資産・負債の引継ぎ要件**） ③ **事業継続** 　分割法人の分割事業が分割後に分割承継法人において引き続き行われることが見込まれていること（**分割事業継続要件**） ④ **特定役員の引継ぎ** 　分割前の分割法人の役員等（分割法人の分割事業に係る業務に従事している重要な使用人を含む）のいずれかが分割後に分割承継法人の特定役員となることが見込まれていること（**特定役員引継ぎ要件**） ⑤ **非支配継続** 　分割直前に分割法人と他の者との間に他の者による支配関係がなく，かつ，分割後に分割承継法人と他の者との間に他の者による支配関係があることとなることが見込まれていないこと（**非支配関係継続要件**）	適格
	事業独立の分割（スピンオフ）			

　以前は，組織再編成の後にグループ内で更なる従業者又は事業の移転が見込まれている場合は，従業者従事要件及び事業継続要件を満たすことができなかった。

　しかし，平成30年4月1日以後に行われる合併，分割，現物出資，株式交換，株式移転に対しては，当初の組織再編成の後に**完全支配関係がある**法人間で従業者又は事業を移転することが見込まれている場合にも，当初の組織再編成の適格要件のうち**従業者従事要件**及び**事業継続要件**を満たすこととされた。

　さらに，適格合併が行われた場合は，特定資本関係発生前の欠損金を引き継ぐためには以下の施行令112条7項の定める**共同事業要件**を満たす必要がある。

　施行令112条7項は，法57条3項の規定による委任を受け，共同で事業を営むための適格合併等は，適格合併等のうち，［1］施行令112条7項1号から4号までに掲げる要件（事業の相互関連性要件，事業規模要件，被合併等事業の事業規模継続要件，合併等事業の事業規模継続要件）又は［2］同項1号及び5号に掲げ

る要件（事業の相互関連性要件，特定役員引継要件）に該当するものとする旨規定されている。

≪組織再編税制の判例研究１≫ ☕ ちょっと考えるコーヒーブレイク

組織再編税制で争われた判例がある。まず，適格合併であり欠損金を引き継いだものの法人税法132条の２（包括的否認規定）の適用について争われた**ヤフー事件**（最高裁判決平成28年２月29日）である。

まず，①ヤフー社長がIDCS社の副社長に就任。②ソフトバンクが所有するIDCSの株式をヤフーに譲渡した。③これによりヤフーはIDCSを100％子会社にした。④ヤフーは100％子会社IDCSとの合併で，しかも合併対価の金銭も交付をしなかったので適格合併となった。しかも当時，IDCSには542億円の未処理金欠損金があった。

特定資本関係発生前のこのIDCSの欠損金を引き継ぐためには，施行令112条７項の定める共同事業要件を満たす必要があった。

施行令112条７項は，法57条３項の規定による委任を受け，共同で事業を営むための適格合併等は，適格合併等のうち，施行令112条７項１号から４号までに掲げる要件（事業の相互関連性要件，事業規模要件，被合併等事業の同規模継続要件，合併等事業の同規模継続要件）又は同項１号及び５号に掲げる要件（事業の相互関連性要件，特定役員引継要件）に該当するものとする旨規定していた。

しかし，ヤフーとIDCSでは事業規模が大きく違うため，前者の１号から４号までの要件は満たされないので後者の要件（事業の相互関連性要件，特定役員引継要件）を充足させるために本件副社長就任行為が行われたのである。

また，本件の主な争点は，本件副社長就任行為が，法132条の２にいう「法人税の負担を**不当に**減少させる結果となると認められるもの」に当たるとして否認できるかであった。

まず，法人税法132条の2の「法人税の負担を不当に減少させる結果となると認められるもの」の意義について，「法人の行為又は計算が組織再編成に関する税制に係る各規定を租税回避の手段として濫用することにより法人税の負担を減少させるものであることをいうと解すべき」と判示した。

その濫用の有無の判断方法については，「当該行為又は計算が，組織再編成を利用して税負担を減少させることを意図したものであって，組織再編税制に係る各規定の本来の趣旨及び目的から逸脱する態様でその適用を受けるもの又は免れるものと認められるか否か」であると明らかにした。

その上で最高裁は，「本件副社長就任は，形式的に要件を充足させたものであり，実態とは乖離して明らかに不自然であり，税負担の減少以外に合理的な理由といえる事業目的があったとはいい難いとし，組織再編税制に係る上記各規定を租税回避の手段として濫用することにより法人税の負担を減少させるものとして，法132条の2にいう「法人税の負担を不当に減少させる結果となると認められるもの」に当たると解するのが相当である。」と判示した。

≪組織再編税制の判例研究2≫ ☕ ちょっと考えるコーヒーブレイク

もう1つ，IDCS事件（最高裁判決平成26年3月18日）がある。

まず，IDCS（分割会社）によって，分社型分割でIDCF（分割承継会社）が創設された。

IDCFは，この分割に係る非適格合併等に対して支払った対価額（IDCSに交付されたIDCFの株式の評価額）115億円とIDCFがこの分割により移転を受けた資産および負債の時価純資産価額15億円との差額100億円を**資産調整勘定**（のれん）として処理した。

その後，IDCFは，この資産調整勘定の一部を損金に算入した。

つまり，IDCF事件は，適格分割の「当事者間の完全支配関係」を株式を売却することによって，形式的に適格分割の適用を外し，IDCSはキャピタルゲインを発生させ，**未処理損失金と相殺し税の軽減**がなされている。一方，この分割承継法人IDCFは，資産調整勘定を発生させ，それを償却させたものである。

第14章　組織再編税制　811

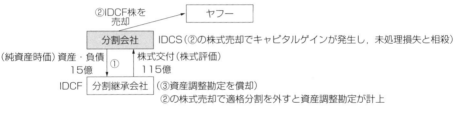

　この事件の争点は，以下の2点であった。
① 法人税法132条の2に規定する「その法人の行為」で，「これを容認した場合には（中略）法人税の負担を不当に減少させる結果となると認められるもの」とは，どのような行為をさすのか。
② 法人税法132条の2の規定に基づき否認することができる行為又は計算は，法人税につき更正又は決定を受ける法人の行為又は計算に限定されるかどうか。

　最高裁は，「施行令4条の2第6項1号の**完全支配関係継続見込み要件**については，当該要件が局所的に見て充足されない場合であっても，それによる課税上の効果が明らかに不当であるという状況が生じる可能性があることを前提に規定されたものであるというべきであるから，組織再編成の組み合わせ方や組織再編成に係る他の**具体的**な**事情を総合考慮**すると，分割前後を通じて「**移転資産に対する支配**」が**継続**しているということができ，同号の趣旨・目的に明らかに反すると認められるときは，法132条の2の規定により，完全支配関係継続見込み要件が充足されない（通用除外）ことの原因となっている行為又は計算を**否認することができる**と解すべきである」と判示した。趣旨解釈に基づく判示である。

　本判決の判断は，結局「公平な税負担」に重きを置いたものであった。

≪組織再編税制の判例研究3≫　☕　ちょっと考えるコーヒーブレイク

　さらに，**IBM事件**（東京地裁平成26年5月9日判決，東京高裁平成27年3月25日判決）がある。
　まず，米国WT社は，①原告である日本法人X社（米国WT社の100％子会社）に日本IBM（日本法人X社の100％子会社）株の購入資金を貸付けるとともに，日

本法人X社に日本IBM株を譲渡した。

②次に，日本IBM株を購入した日本法人X社は，その株を発行元の日本法人IBMに譲渡した。結果として，日本法人IBMは自己株式を取得したことになる。

③譲渡により，譲渡損失が生じた。この譲渡損失により，日本法人X社には欠損金額が発生した。

④平成20年度より，日本法人X社と日本法人IBMなどの完全子会社は連結納税を開始した。その際，その欠損金額を損金に算入したのである。

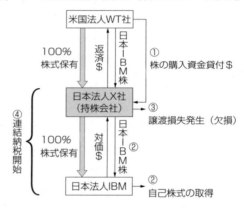

課税庁は，日本法人X社の譲渡損失を否認する更正処理を行った。東京高裁での争点は，譲渡損失により法人税負担を減少したことが，法人税法132条1項の「不当」に法人税を減少させる，不当なものと評価できるか否かにあった。

東京高裁は「不当」かどうかは，専ら経済的，実質的見地において，当該行為又は計算が**純経済人として不合理，不自然**なものと認められるか否かという**客観的，合理的基準**に従って判断すべきものと解される（最高裁昭和53年4月21日）を引用した。なお，この経済的合理性を欠く場合とは，独立当事者間の通常の取引と異なっている場合を含むのが相当としている。そして「各株式譲渡を含む一連の行為について，**全体として経済的合理性を欠く**かどうかを判断することは相当でない。しかも，**各株式譲渡**は，経済的合理性を欠くものとは認められないから，法人税法132条1項の「不当」なものと評価できない。」と判示した。

第14章　組織再編税制　813

第2節　特定事業再編に係る株主課税の特例

1　制度の趣旨

　欧米諸国では，企業買収の対価として**自社株式**が利用されている。日本では，買収に応じた株主は，**買収対象会社の株式**を買収会社に引き渡すことと引き換えに，買収会社の株式を取得するときに，**買収対象会社株式の譲渡損益課税**が発生している。

　そこで，企業買収を円滑にするために，**自社株式を対価とする一定の企業買収**について**株主の譲渡損益課税を繰り延べる制度**が創設された。

2　内　　容

　産業競争力強化法を前提に，同法の特別事業再編計画の認定を受けた事業者の行った特別事業再編により，**買収対象会社の株主である法人**が，**その有する株式を譲渡**し，対価としてその**認定を受けた事業者の株式の交付を受けた場合**には，譲渡損益の計上を繰り延べることとされる。

　特別事業再編計画の認定対象となる事業活動は，以下のようなものが想定される。

　産業競争力強化法改正法の施行日から令和3年3月31日までの間に事業者が特別事業再編計画の認定を受けた場合の，その特別事業再編による株式の譲渡について適用される。

計画認定の対象とすることを想定している事業活動のイメージ

以下の３つのいずれかにより，新需要を相当程度開拓するとともに，著しい生産性向上を達成する取組（大規模な買収原資が必要なものに限る）。

① 新市場開拓事業活動

第４次産業革命により飛躍的成長が見込まれる未来投資戦略２０１７の「戦略５分野」等において，買収によって獲得する革新的な技術等を用いた新事業活動。

想定される例：自動車部品メーカー（自動運転），メガベンチャー　等

（※）　戦略５分野…①移動革命の実現，②サプライチェーンの次世代化，③FinTech，④健康寿命の延伸，⑤快適なインフラ・まちづくり

② 価値創出基盤構築事業活動

買収により獲得した経営資源を活用し，幅広い事業分野の事業者に必要不可欠なものとして利用される商品又は役務を販売・提供する新事業活動。

想定される例：プラットフォーマー　等

③ 中核的事業強化事業活動

買収により事業ポートフォリオの転換（中核的事業の比率の一定以上の向上）を図る新事業活動。

想定される例：多角化している大企業，大規模業界再編を行う企業　等

（出所：経済産業省　平成30年度経済産業関係税制改正について）

第15章

グループ法人税制

【Point 50】

(1) グループ法人税制は,完全支配関係にあるグループ法人間で行われる取引から発生する損益等に対して課税しない制度である。

(2) 完全子会社法人株式等の配当に係る益金不算入,100％グループ内の法人間の資産の譲渡取引,寄附金の損金不算入,100％グループ内の法人の現物分配,100％グループ内法人の株式の発行法人に対する譲渡等の規定がある。

1 趣　旨

　わが国の企業が,企業のグループ形成によって企業グループを一体的に経営している場合が多い。このような場合,A社が完全支配関係にある子会社に建物等を譲渡した場合は,経営を一体的にみればグループ内における経営資源の配分であり,譲渡ではない。そこで,**グループ法人税制**とは,完全支配関係が生じている内国法人間,つまりグループ法人間で行われる一定の取引(グループ内での資産譲渡や寄付や受贈益等)についてグループという**一体性を考慮**し,発生する損益等については,**課税しない**という制度である。

2 完全支配関係の意義 (法2十二の七の六,令4の2)

　完全支配関係とは,①一の者が法人の発行済株式等の全部を保有する関係,

②直接もしくは間接に保有する関係として，一定の関係（以下**当事者間の完全支配の関係**という）又は③一の者との間に当事者間の完全支配の関係がある**法人相互の関係**をいう。

なお，**当事者間の完全支配の関係**とは以下の関係をいう。

(ア) 一の者が法人の発行済株式等(当該法人が有する自己の株式等を除く)の全部を保有する場合における当該一の者と当該法人との関係(**直接完全支配関係**)をいう。

(イ) (ア)の場合において(i)又は(ii)が他の法人の発行済株式会社等の全部を保有するときは，当該一の者は当該他の法人の発行済株式会社等の全部を保有するものとみなす。

　(i) 当該一の者及びこれとの間に直接完全支配関係がある一もしくは二以上の法人

　(ii) 当該一の者との間に直接完全支配関係がある一もしくは二以上の法人

①のケース　一の者が法人の発行済株式等の全部（100％）を直接に保有する関係

②のケース　一の者が乙社の発行済株式等の全部（100％）を直接又は間接に保有する関係

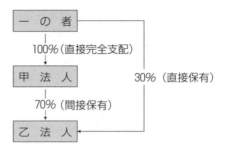

③のケース　一の者との間に当事者間の完全支配の関係がある法人相互の関係

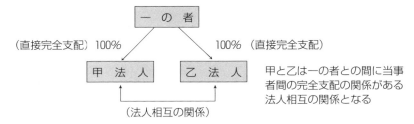

(ｱ)　(i)のケース　みなし直接完全支配関係

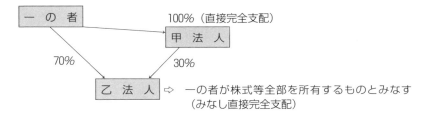

(ｲ)　(ii)のケース　みなし直接完全支配関係

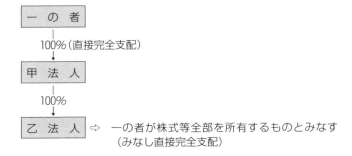

3　100％グループ内の法人間の資産の譲渡取引等

　完全支配関係にある内国法人間にて一定の資産を譲渡した場合は，グループ内の一体性を考慮し，譲渡法人側に課税せずにその**譲渡損益**を**繰り延べる**。その後，譲受法人が譲渡，除却，償却等一定の事由が生じた場合には，繰り延べた譲渡損益を譲渡法人側に再計上する。

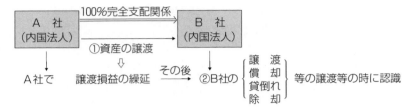

① (資産のグループ内譲渡時)
- 譲渡利益 →譲渡損益調整勘定繰入（減・留）

② (資産の第三者への譲渡時)
　　繰り延べた譲渡利益 →譲渡利益調整勘定戻入（加・留）

① (資産のグループ内譲渡時)
- 譲渡損失 →譲渡損益調整勘定繰入（加・留）

② (資産の第三者への処分時)
　　繰り延べた譲渡損失 →譲渡利益調整勘定戻入（減・留）

〈図表15－1〉対象となる譲渡損益調整勘定資産の範囲

譲渡損益調整資産
固定資産
棚卸資産に該当する土地等
有価証券（売買目的有価証券を除く）
金銭債権
繰延資産

（譲渡直前帳簿価額が1,000万円以上のものに限る）

(1) 繰延対象となる譲渡利益額及び譲渡損失額に対する税務調整

《計算Pattern 1 》

　完全支配関係にある譲渡法人から譲受法人に資産を譲渡した場合の譲渡法人の処理

＜繰入額＞

　譲渡損益調整資産に係る譲渡損益が繰延対象となる

① 譲渡利益額 ＝ 譲渡対価の額（譲渡時の時価）－ 譲渡直前帳簿価額　（譲渡損益調整勘定繰入，減・留）

② 譲渡損失額 ＝ 譲渡直前帳簿価額 － 譲渡対価の額（譲渡時の時価）　（譲渡損益調整勘定繰入，加・留）

譲渡法人であるＡ社からＢ社（譲受法人）へ取得価額2,500万円時価2,800万円で資産を譲渡したケース…①　Ａ社とＢ社とは100％完全支配関係にある

譲受法人であるＢ社においてＡＢ以外の第三者への譲渡等の事由が生じた場合したケース…②

《計算Pattern 2》

完全支配関係にある譲渡法人から譲受法人に譲渡された資産をＡＢ以外の第三者へ譲渡した譲渡法人の処理

＜戻入額＞

① 譲渡損益調整勘定戻入（加・留）《計算Pattern 1》の①のとき
② 譲渡損益調整勘定戻入（減・留）《計算Pattern 1》の②のとき

①の譲渡時

＜繰入額＞

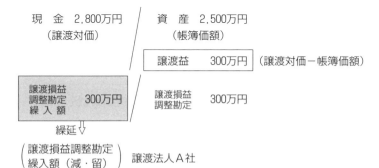

②の譲渡時

＜戻入額＞

譲渡損益調整勘定　300万円　／　譲渡損益調整勘定戻入額　300万円　譲渡法人A社

再計上⇩

(譲渡損益調整勘定戻入額（加・留）)

(2) 譲渡損益調整資産が減価償却資産・繰延資産の場合に対する税務調整

譲渡損益調整資産が譲受法人において減価償却資産・繰延資産に該当するときは，譲渡法人で繰り延べた譲渡損益のうち以下の金額を**譲渡法人**において再計上する。

《計算Pattern 3》

譲受法人が譲渡損益調整資産として減価償却資産を取得した場合の譲渡法人の処理

＜戻入額＞

(1) 原則法

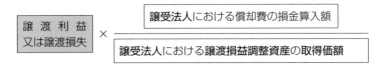

(2) 簡便法

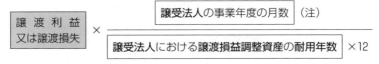

(注) 譲渡事業年度は，譲渡日から期末日までの月数となる。

(3) 選　択（税務調整額）

① 譲渡**益**の場合→(1)と(2)の少ない方　譲渡損益調整勘定戻入額（加・留）

第15章　グループ法人税制　821

②　譲渡損の場合→(1)と(2)の多い方　譲渡損益調整勘定戻入額（減・留）

(3)　通 知 義 務

①　譲渡法人通知義務

　　譲渡した資産が**譲渡損益調整資産**であることを譲受法人に通知しなければならない。

②　譲受法人の通知義務

・譲り受けた機械等に使用する耐用年数を譲渡法人に通知しなければならない。

・譲受法人がその機械等を**減価**したときは譲渡法人に通知（償却した金額）しなければならない。

・譲受法人が他の法人に**売却・除却**したときも譲渡法人に通知しなければならない。

《**基本例題**》　グループ法人税制（資産を譲渡・減価償却）

　　Ａ社は当期(自平成30年4月1日　至31年3月31日)に資産をＢ社に譲渡をした。購入した資産のＢ社での耐用年数4年，償却費250万円であった。

・譲渡法人Ａ社から譲受法人Ｂ社へ帳簿価額2,200万円の資産を当期首に2,500万円で譲渡した（譲渡した場合の税務調整）

・一方，譲受法人Ｂでは資産を減価償却した（減価償却の場合の税務調整）

　　なお，Ｂ社はＡ社の完全支配関係にある。

《解　答》

(譲渡法人での調整処理)

(譲渡した場合)　譲渡損益に対する税務調整

＜繰入額＞

(減価償却した場合)　減価償却に対する税務調整

＜戻入額＞

(注)　購入したB社の減価償却時 (②) における譲渡したA社の再計上額の計算

(1) 原則法　$譲渡益300万円 \times \dfrac{償却費\ 250万円}{2,500万円\ 取得価額} = 30万円$

(2) 簡便法　$譲渡益300万円 \times \dfrac{12月}{4年 \times 12月\ 耐用年数} = 75万円$

(3) (1)＜(2)　∴ 30万円　∴少ない方

第15章　グループ法人税制　823

《計算例題》　グループ法人税制（資産を譲渡した側の処理）

　以下の資料に基づき福大株式会社における税務調整すべき金額を求めなさい。

　福大株式会社は当期（自平成30年4月1日　至平成31年3月31日）の平成31年1月5日に譲渡直前帳簿価額27,000,000円，耐用年数5年の機械及び装置を**完全支配関係**のある慶応株式会社に譲渡対価30,000,000円で譲渡した。

　福大株式会社は，この資産の譲渡について次の仕訳を行った。

（現　　　　金）30,000,000円／（機械及び装置）27,000,000円

　　　　　　　　　　　　　　／（譲　渡　益）3,000,000円

　慶応株式会社は，購入した資産（耐用年数5年）について以下の仕訳を行った。

1/5　（機械及び装置）30,000,000円／（現　　　　金）30,000,000円

3/31　（減価償却費）2,999,997円／（機械及び装置）2,999,997円

《解答欄》

(1)　繰入額

　　　┌─────┐　　┌─────┐　　┌─────┐
　　　│　　　円│ー│　　　円│＝│　　　円│
　　　└─────┘　　└─────┘　　└─────┘

　　　譲渡損益調整勘定戻入額（減・留）

(2)　戻入額

　　① 　原則法

　　　　　　　　　　　　　　　　　　　┌─────┐
　　　　　　　　　　　　　　　　　　　│　　　円│
　　　（┌────┐ー┌────┐）×────────＝┌────┐
　　　　│　　円│　│　　円│　　┌─────┐　│　　円│
　　　　└────┘　└────┘　│　　　円│　└────┘
　　　　　　　　　　　　　　　　　└─────┘

　　② 　簡便法

　　　　　　　　　　　　　　　　　　　┌─────┐
　　　　　　　　　　　　　　　　　　　│　　　月│
　　　（┌────┐ー┌────┐）×────────＝┌────┐
　　　　│　　円│　│　　円│　┌───┐┌───┐　│　　円│
　　　　└────┘　└────┘　│年│×│月│　└────┘
　　　　　　　　　　　　　　　　└───┘└───┘

　　③ 　①＞②少ない方　∴┌──────┐　譲渡損益調整勘定戻入額（加・留）
　　　　　　　　　　　　　│　　　　円│
　　　　　　　　　　　　　└──────┘

《解　答》

(1) 繰入額（譲渡利益に対する税務調整）譲渡法人側

譲渡損益調整勘定繰入額（減・留）

(2) 戻入額（減価償却に対する税務調整）譲渡法人側

① 原則法

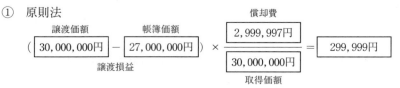

② 簡便法

$$\left(\boxed{30{,}000{,}000円} - \boxed{27{,}000{,}000円}\right) \times \dfrac{\boxed{3月}}{\boxed{5年} \times \boxed{12月}} = \boxed{150{,}000円}$$

③ ①＞②　少ない方　∴　$\boxed{150{,}000円}$　譲渡損益調整勘定戻入額（加・留）

4　100％グループ内の法人間の受取配当等 （法23）

(1) 概　要

完全支配関係がある内国法人から**受取配当等の額**を収受した場合において，当該受取配当等の額はその全額を各事業年度の益金の額に算入しない。

(2) 受取配当等の益金不算入

元本の区分及び益金不算入額

元本の区分	益金不算入額
完全子法人株式等（保有割合100％）	配当等の額
関連法人株式等（保有割合3分の1超100％未満）	配当等の額－控除負債利子
その他の株式等（保有割合5％超3分の1以下）	配当等の額×50％
非支配目的株式等（保有割合5％以下）	配当等の額×20％

｝全額益金不算入

第15章　グループ法人税制　825

《計算Pattern》

100％グループ内法人間の受取配当等の益金不算入額

(1)　受取配当等の額

①　完全子法人株式等（保有割合100%）⇨全額益金不算入

②　関連法人株式等（保有割合3分の1超100%未満）

③　その他の株式等（保有割合5％超3分の1以下）

④　非支配目的株式等（保有割合5％以下）^(注)

(2)　控除負債利子（関連法人株式等のみ）

①　原則法

(ア)　支払利子総額

(イ)　株式等の薄価（税務上の薄価）

前期末+当期末

(ウ)　総資産の薄価（会計上の薄価）

前期末+当期末

(エ)　控除額

$$(ア) \times \frac{(イ)}{(ウ)}$$

②　簡便法

(ア)　支払利子総額

(イ)　控除割合

(ウ)　控除額

$$(ア) \times (イ)$$

③　①≦②　∴小さい方

(3)　益金不算入額

$$\underset{\substack{完全子\\法人株式}}{(1)①} + \underset{\substack{関連\\法人株式}}{((1)② - (2)③)} + \underset{\substack{その他\\株式}}{(1)③ \times 50\%} + \underset{\substack{非支配目的\\株式}}{(1)④ \times 20\%} = \underset{(減 \cdot 社※)}{受取配当等の益金不算入額}$$

(注)　特定株式投資信託に係る収益の分配の額を含む

5 100%グループ内の法人間の寄附金

(1) 譲受法人の受贈益の益金不算入額及び完全支配関係のある内国法人間の寄附金の損金不算入 （法25の2，法37）

法人税法上，寄附金は支出した寄附金の額の合計額のうち損金算入限度額を超える部分の金額は，各事業年度の損金の額に算入せずに課税される。

一方，**完全支配関係**が生じているグループ内の取引については，一体性を考慮し**課税関係を生じさせない**。同様に，法人による完全支配関係があるグループ内の寄附も課税関係を生じない。寄付を受けた側は受贈益の益金不算入，寄付をした側は寄付金の損益不算入処理がなされる。

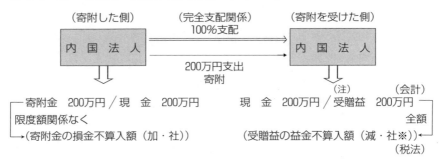

《計算Pattern》

法人による完全支配関係が生じている法人間の寄附金の損金不算入額の計算

(1) 支出寄附金の額

　① 指定寄附金等

　② 特定公益増進法人等に対する寄附金

　③ 一般の寄附金

　④ 完全支配関係がある法人に対する寄附金

　⑤ ①＋②＋③＋④

(2) 損金算入限度額

① 特定公益増進法人の特別損金算入限度額

(資本基準額＋所得基準額)×$\frac{1}{2}$

② 一般寄附金の損金算入限度額

(資本基準額＋所得基準額)×$\frac{1}{4}$

(3) 損金不算入額

① (1)⑤－ (1)④ 完全支配関係がある法人に対する寄附金

② (3)①－指定寄附金等－(注１)の金額－(2)②

＋ (1)④ 完全支配関係がある法人に対する寄附金

(注１) 特定公益増進法人等に対する寄附金 特別損金算入限度額 ∴少ない方

(2) **親法人の所有する子法人株式に対する寄附による修正**（令9，119の3⑥）

法人との間に完全支配関係がある子法人株式等について，以下の事由が生じた場合は，以下の算式で計算した**利益積立金額**及び寄附修正事由発生直前の**子法人株式の帳簿価額**を修正する必要がある。

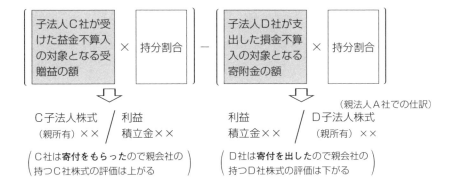

完全支配関係があるグループ法人間の取引については，課税関係を生じない。そのため，グループ法人間の寄附金支出及び受贈益の収受についても課税関係は生じないこととなる。

ところが，これを使い**子法人株式の株式価値を操作できるため**，**子法人株式**を譲渡し**譲渡損**を損金の額に算入する租税回避が容易となった。そこでグループ法人間において**寄附**があった場合には，寄附による**子法人株式の修正**を行わなければならない。

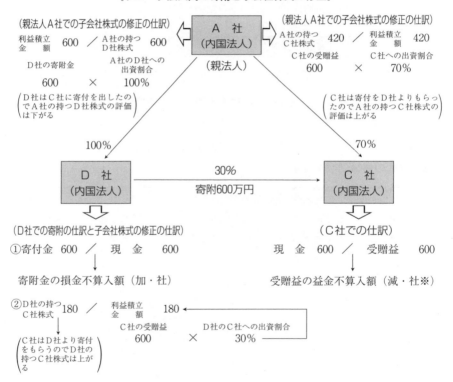

上記の図によれば，**親法人Ａ社はＤ社の100％，Ｃ社の70％，Ｄ社はＣ社の30％を出資している**。そのため，それぞれ持分割合に応じて寄附によるＡ社（親法人）の持つＤ社株式とＣ社株式及びＤ社の持つＣ社株式の修正を行う必要がある。

第15章　グループ法人税制　829

<親法人Ａ社の利益積立金額の増減と別表五(一)Ⅰ>

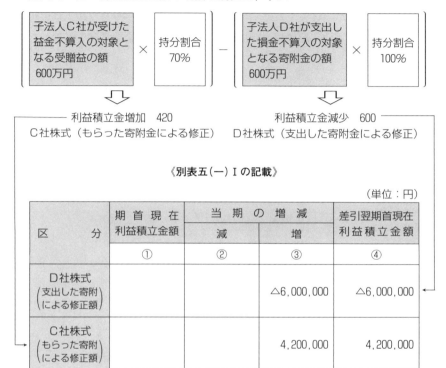

(3) 贈与，低額譲渡，高価買入があった場合の完全支配関係のある内国法人間の寄附金の損金不算入及び譲受法人の受贈益の益金不算入並びに子会社株式の修正等

譲渡損益調整資産を**低額等により譲渡**したときは，100％グループ内の法人間の①譲渡損益調整勘定繰入の仕訳，②寄附に対する仕訳と③寄附による子会社株式の修正の仕訳，④受贈益の益金不算入の仕訳をしなければならない。

(ア) 資産の贈与のケース

> B社はA社の100%子会社であり完全支配関係にある。A社がB社に帳簿価額1,600万円, 時価相当額1,800万円の譲渡損益調整資産を贈与したケース。

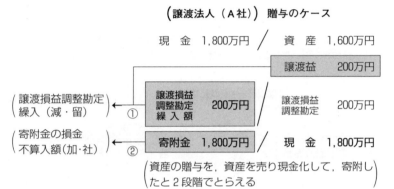

(譲渡法人（A社）) 贈与のケース

現　金　1,800万円 ／ 資　産　1,600万円
　　　　　　　　　　　譲渡益　　200万円

① (譲渡損益調整勘定繰入(減・留)) ← 譲渡損益調整勘定繰入額 200万円 ／ 譲渡損益調整勘定 200万円

② (寄附金の損金不算入額(加・社)) ← 寄附金 1,800万円 ／ 現　金 1,800万円

（資産の贈与を, 資産を売り現金化して, 寄附したと2段階でとらえる）

③　　B社株式　1,800万円 ／ 利益積立金額　1,800万円

(譲受法人（B社）)

④　　資　産　1,800万円 ／ 受贈益　1,800万円
　　　　　　　　　　　　　　　⇩　別表四
　　　　　　　　　　　　　受贈益の益金不算入額
　　　　　　　　　　　　　　　(減・社※)

《別表五(一)Ⅰの記載》
(寄附を受けたB社の株式を持つA社)

(単位：円)

区　　分	期　首	減	増	翌期首
受贈益の益金不算入額			18,000,000	18,000,000
計			18,000,000	18,000,000

第15章　グループ法人税制　831

(イ) 低額譲渡のケース

> B社はA社の100％子会社であり完全支配関係にある。A社がB社に帳簿価額1,500万円,時価相当額1,700万円の譲渡損益調整資産を700万円で低額譲渡した。

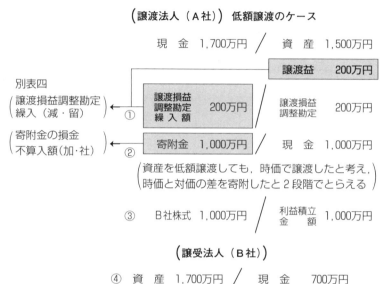

《別表五(一) I の記載》
(寄附を受けたB社の株式を持つA社)

(単位：円)

区　　分	期　首	減	増	翌　期　首
受贈益の益金不算入額			10,000,000	10,000,000
計			10,000,000	10,000,000

㈦ 高価買入のケース

> B社はA社の100%子会社であり完全支配関係にある,。A社がB社から帳簿価額1,500万円,時価相当額1,800万円の譲渡損益調整資産を2,000万円で買い入れた。

《別表五(一) Ⅰ の記載》
(高く売ったB社株式を持つA社)

(単位:円)

区　　分	期　首	減	増	翌　期　首
受贈益の益金不算入額			2,000,000	2,000,000
計			2,000,000	2,000,000

6　100％グループ内の法人間の現物分配（法2，法22，法62の5，令9①，令123の6①）

(1)　適格現物分配

現物分配とは，法人（公益法人等及び人格のない社団等を除く）がその**株主等**に対しその法人の以下に掲げる事由により**金銭以外の資産の交付をすること**をいう（法2十六の六）。

> (1)　剰余金の配当等
> (2)　みなし配当の規定の以下の事由
> ①　資本の払戻し又は解散による残余財産の分配
> ②　自己株式の取得（市場購入による取得等を除く）
> ③　その他一定の事由のときに

（現物分配）

適格現物分配とは，内国法人を現物分配法人とする現物分配のうち，その現物分配により資産の移転を受ける者がその現物分配直前において，その内国法人との間に**完全支配関係がある内国法人**（普通法人又は協同組合等に限る）のみであるものをいう（法2十二の十五）。

つまり，内国法人がその剰余金の配当等により金銭以外の資産を交付するもののうち，資産の移転を受ける者との間に完全支配関係がある内国法人のみであるものを適格現物分配とする。この場合に課税関係を繰り延べる。この現物分配は組織再編成のなかの1つとなっている。

①　現物分配法人側（分配をした方）

適格現物分配は，現物分配法人側では適格現物分配直前の**帳簿価額**による譲渡をしたものとなり，その**譲渡損益は発生させない**。この場合，交付直前の帳簿価額に相当する金額が**利益積立金額の減少額**となる。適格現物分配においては源泉徴収は不要である。

《現物分配法人側》現物分配をした側

（会社上の仕訳）	（利益剰余金）	××	／	（資　　産）	××
（税法上の仕訳）	（利益積立金額）	××	／	（資　　産）	××

《別表四の記載》

（単位：円）

区　　　　　　　分	総　　　額	処　　　分		
		留　保	社　　外	
当　期　純　利　益	××		配　当	××
			その他	

② **被現物分配法人側（分配を受けた方）**

　適格現物分配の被現物分配法人側は，その資産を適格現物分配直前の**帳簿価額**により取得したものとなり，その取得により生ずる収益の額は益金の額に算入しない。**移転直前の資産の帳簿価額**に相当する金額が**利益積立金額の増加額**となる。

《被現物分配法人側》現物分配を受けた側

（会計上の仕訳）	（資　　産）	××	／	（配　当　金）	××
（税法上の仕訳）	（資　　産）	××	／	（配　当　金）（利益積立金額）	××

別表四　　100%
（適格現物分配に係る益金不算入額）
（減・社※）

⑵　**非適格現物分配**

　適格現物分配に該当しない**非適格現物分配**は，法人税法上，無償による資産の譲渡にであり，当該資産の移転による**譲渡損益**はその事業年度の損益の額又は損金の額に算入される。

①　**現物分配法人側（分配をした方）**

　現物分配法人はその資産を**時価により譲渡**をしたものとして，その**譲渡損益**を計上する。

時価140，帳簿110の場合

《現物分配法人側》

（会計上の仕訳）（利益剰余金） 140 ／（資　　産） 110
　　　　　　　　　　　　　　　　　　／（譲　渡　益） 30

（税法上の仕訳）（利益積立金額） 140 ／（資　　産） 110
　　　　　　　　　　　　　　　　　　／（譲　渡　益） 30

《別表四の記載》

（単位：円）

区　　　　　分	総　額	処　分	
		留　保	社　外
当　期　純　利　益	××		配　当　140
			その他

② **被現物分配法人側**（分配を受けた方）

被現物分配法人はその**資産**を**時価**により取得したものとする。そしてその取得により生ずる収益の額は**受取配当等の益金不算入**の規定の適用で**一定額**が益金不算入となる。

《被現物分配法人側》

（会計上の仕訳）（資　　　産） 140 ／（配　当　金） 140
（税法上の仕訳）（資　　　産） 140 ／（配　当　金） 140

《別表四の記載》

（単位：円）

区　　　　　　　　分	総　額	処　分	
		留　保	社　外
減算　受取配当等の益金不算入額	70	※	（注）70

（注）140 × 50％ = 70
　　　（一定額）←株式保有割合が５％超３分の１以下のその他の株式等ならば

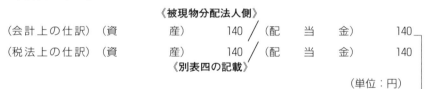

7 100％グループ内法人の株式の発行法人に対して内国法人の株式を譲渡 (法61の2⑯, 令8①十九)

(1) 概　要

法人税法上，完全支配関係がある他の**内国法人の株式**を以下のみなし配当発生事由に基づきその株式発行法人へ**譲渡**した場合その他一定の場合には，当該株式の譲渡損益を認識しない。

```
(1) 非適格合併
(2) 非適格分割型分割
(3) 資本の払戻し又は解散による残余財産の分配    ⇨ (みなし配当発生
(4) 自己株式の取得（市場購入による取得等を除く）     事由（法24）)
(5) その他一定の場合
```

(2) 有価証券の譲渡損益額

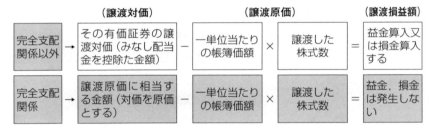

(3) 資本金等の額の増減額

みなし配当発生事由に該当する場合は，以下の算式により計算した金額が，**株主における資本金等の額の増減額**である。

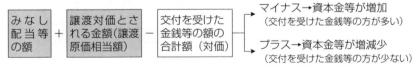

第15章　グループ法人税制　837

《計算Pattern》

完全支配関係がある株式の発行法人に対する内国法人の株式譲渡の場合（譲渡法人の処理）

〔みなし配当金額〕

(1)　取得金銭等の額

(2)　資本金等の額

(3)　(1)－(2)　Ⓐ　みなし配当金計上もれ（加・留）

〔受取配当等の益金不算入額〕

(1)　受取配当等の額

(2)　益金不算入額　Ⓑ　受取配当金等の益金不算入額（減・社※）

〔有価証券の譲渡損益〕

(1)　税法上の譲渡損益

　①　譲渡対価

　　譲渡原価の額　完全支配関係があるとき　(1)①譲渡対価＝(1)②譲渡原価

　②　譲渡原価

　　(イ)　単価

　　(ロ)　②(イ)×譲渡株式数　②

　③　①－②＝0

(2)　会計上の譲渡損益 ｛益の場合　損の場合

(3)　(1)－(2)＝ ｛会計上が譲渡損の場合　Ⓒ株式譲渡損否認（加・留）　0の場合　調整なし　会計上が譲渡益の場合　株式譲渡益否認（減・留）

〔資本金等の額〕

(1)　原価等（　Ⓑみなし配当金額　＋　譲渡損益(1)②(ロ)譲渡原価の額　）

(2)　対　価（交付を受けた金銭等）

$$(3) \quad (1)-(2)= \begin{cases} \text{マイナスのとき……資本金等の額の増加} \\ \text{（交付を受けた金銭等の方が多い）} \\ \text{0 の場合……調整なし} \\ \text{プラスのとき……資本金等の額の減少} \\ \text{（交付を受けた金銭等の方が少ない）} \end{cases}$$

(4) 完全支配関係がある発行法人への株式の譲渡で会計上譲渡損が生ずるケース（譲渡法人の処理）

《計算例題1》 完全支配関係がある発行法人への株式の譲渡（譲渡損のケース）

　親法人A社は，数年前から所有している子法人B社株式を，B社株式の発行法人であるB法人からの買い求めにより相対取引により譲渡対価1,600円で譲渡している。一方，B法人は買い受けた株式を自己株式として所有している。なお，B社株式の譲渡直前帳簿価額は1,700円である。さらに，取得した金銭が資本金等の額のうち交付基因株式等に対応する部分の金額1,000円である。

《解 答》

Ⅰ 〔みなし配当金〕

　(1) 取得金銭等の額　1,600

　(2) 資本金等の額　1,000　Ⓐ

　(3) (1)-(2)＝600　**みなし配当計上もれ**（別表四　加・留）◀

> 金銭（1,600）が資本金等の額のうち交付基因株式等に対応する部分の金額（1,000）を超える金額＝600円

Ⅱ 〔受取配当等の益金不算入額〕

　(1) 受取配当等の額　600

　(2) 益金不算入額　600　**受取配当金等の益金不算入額**（別表四　減・社※）　Ⓑ

Ⅲ 〔有価証券の譲渡損益〕

　(1) 税法上の譲渡損益

　　① 譲渡対価　1,700　（譲渡原価の額）◀

　　② 譲渡原価　1,700　完全支配関係がある

> 完全支配関係があるときの譲渡損益については譲渡対価（1,700）＝譲渡原価（1,700）とする

第15章　グループ法人税制　839

③　①－②＝0

(2)　会計上の譲渡損　△100(譲渡損)　$\overset{\text{譲渡対価　譲渡原価}}{(1,600-1,700)}$

(3)　(1)－(2)＝100　Ⓒ　B社株式譲渡損否認（別表四　加・留）

Ⅳ　〔資本金等の額〕

(1)　原価等　$\overset{\text{Ⅰ(3)}}{600}$(みなし配当金額)＋$\overset{\text{Ⅲ(1)②}}{1,700}$(譲渡原価)＝2,300

(2)　対価　1,600　Ⓓ

(3)　(1)－(2)＝ 700(資本金等の額の減少)　←　資本金等の額の減算項目＝みなし配当金額（600）＋有価証券の譲渡原価（1,700）－交付を受けた金銭等の額（1,600）＝プラス700（交付を受けた金銭等が少ない）

交付を受けた金銭の方が少ない

《別表五(一)Ⅰ・Ⅱの記載》

Ⅰ　利益積立金額の計算に関する明細書

（単位：円）

区　　　分	期首現在利益積立金額	当期の増減		差引翌期首現在利益積立金額
		減	増	
Ⓐみなし配当計上もれ			Ⓐ 600	600
ⒸB社株式譲渡損否認			Ⓒ 100	100

Ⅱ　資本金等の額の計算に関する明細書

区　　　分	期首現在資本金等の額	当期の増減		差引翌期首現在資本金等の額
		減	増	
Ⓓ　B　社　株　式			Ⓓ △700	△700

840

```
┌─(会計上の仕訳) (現        金)  1,600 │ (B 社 株 式)     1,700
│                (譲   渡   損)    100 │
└─(税法上の仕訳) (現        金)   600 │ (み な し 配 当)    600
                 (現        金)  1,700 │ (B 社 株 式)     1,700
                 (資本金等の額)    700 │ (現        金)    700
   (注) (①600(みなし)＋②1,700(譲渡原価))－③1,600(取得金銭)＝700(資本金等
        の額の減少)  交付を受けった金銭の方が少ない
►(仕 訳 修 正) (資本金等の額)    700 │ (み な し 配 当)    600
                                    │ (譲   渡   損)    100
```

(5) 完全支配関係がある発行法人への株式の譲渡で会計上譲渡益が生ずるケース（譲渡法人の処理）

《計算例題2》 完全支配関係がある発行法人への株式の譲渡（譲渡益のケース）

　親法人A社は，数年前から所有していた子法人B社株式をB社株式の発行法人であるB法人からの買い求めにより相対取引により譲渡対価1,300円で譲渡している。

　一方，B法人は買い受けた株式を自己株式として所有している。なお，B社株式の譲渡直前帳簿価額は900円である。さらに，取得した金銭が資本金等の額のうち，交付基因株式等に対応する部分の金額は600円である。

《解　答》

Ⅰ 〔みなし配当金〕

(1) 取得金銭等の額　1,300

(2) 資本金等の額　600　Ⓐ

(3) (1)－(2)＝700　みなし配当計上もれ（別表四　加・留）◄─

> 金銭（1,300）が資本金等の額のうち交付基因株式等に対応する部分の金額（600）を超える金額＝700

Ⅱ 〔受取配当等の益金不算入額〕

(1) 受取配当等の額　700　Ⓐ

第15章　グループ法人税制　841

(2)　益金不算入額　700　受取配当等の益金不算入額（別表四　減・社※）

Ⅲ　〔有価証券の譲渡損益〕

(1)　税法上の譲渡損益

①　譲渡対価　900　（譲渡原価の額）←

②　譲渡原価　900　←完全支配関係がある

> 完全支配関係があるときの譲渡損益については譲渡対価（900）＝譲渡原価（900）とする

③　①－②＝0

譲渡対価　譲渡原価

(2)　会計上の譲渡益　400　（1,300－900）

Ⓒ

(3)　(1)－(2)＝△400　B社株式譲渡益否認（別表四　減・留）

Ⅳ　〔資本金等の額〕

Ⅰ(3)　　　　　　　　Ⅲ(1)②

(1)　原価等　700（みなし配当金額）＋　900（譲渡原価）＝1,600

(2)　対価　1,300

Ⓓ

(3)　(1)－(2)＝　300（資本金等の額の減少）　←

交付を受けた金銭等の方が少ない

> 資本金等の額の減算項目＝みなし配当金額（700）＋有価証券の譲渡原価（900）－交付を受けた金銭等の額（1,300）＝プラス300（交付を受けた金銭等の方が少ない）

《別表五(一)Ⅰ・Ⅱの記載》

Ⅰ　利益積立金額の計算に関する明細書

（単位：円）

区　　分	期首現在利益積立金額	当　期　の　増　減　減	当　期　の　増　減　増	差引翌期首現在利益積立金額
Ⓐみなし配当計上もれ			Ⓐ　700	①　700
ⒸB社株式譲渡益否認			Ⓒ△400	③△400

Ⅱ　資本金等の額の計算に関する明細書

区　　分	期首現在資本金等の額	当　期　の　増　減　減	当　期　の　増　減　増	差引翌期首現在資本金等の額
Ⓓ　B　社　株　式			Ⓓ△300	④△300

```
─┬─（会計上の仕訳）（現        金）  1,300 │（Ｂ 社 株 式）        900
 │                                        │（譲  渡  益）        400
 │
 └─（税法上の仕訳）（現        金）   700 │（みなし配当）        700
                    （現        金）   900 │（Ｂ 社 株 式）        900
                    （資本金等の額）  300 │（現        金）        300
                            (注)
```

(注)　（①700（みなし）＋②900（譲渡原価））－③1,300（取得金銭）＝300（資本金等の額
　　　の減少）　交付を受けた金銭等の方が少ない

```
─→（仕 訳 修 正）（譲  渡  益）  400 │（みなし配当）        700
                  （資本金等の額）  300 │
```

《計算例題 3 》　グループ法人税制（株式を譲渡した側の処理）

　以下の資料に基づき，福大株式会社において税務調整すべき金額を計算しなさい。

　福大株式会社は当期において数年前から所有している甲社株式譲渡直前保有株式10,000株のうち完全支配関係に甲社（甲社株式の発行法人である）からの買い求めに応じて200株を相対取引により譲渡し，譲渡対価4,200,000円（源泉税40,840円）であった。譲渡直前帳簿価額（税務上適正額）との差額を譲渡益として計上している。なお，当該取引の詳細は次のとおりであり，甲社は買い受けた株式を自己株式として所有している。

　なお，甲社の取得直前の資本金等の額は200,000,000円，甲社の取得直前の発行済株式は10,000株である。甲社株式の10,000株の譲渡直前帳簿価額は税務上適正額で16,200,000円である。

《解答欄》

Ⅰ　〔みなし配当金〕

(1)　取得金銭等の額

　　①　[   ]円

(2) 資本金等の額

② □ 円 × □株 / □株 = ③ □ 円

(3) (1)−(2) = □ 円　みなし配当金計上もれ（別表四　加・留）┐

Ⅱ〔受取配当等の益金不算入額〕

(1) 受取配当等の額（みなし配当）◀

□ 円 ④

(2) 益金不算入額

□ 円　④　受取配当等の益金不算入額（別表四　加・社※）

Ⅲ〔有価証券の譲渡損益〕

(1) 税法上の譲渡損益

① 譲渡対価

□ 円（譲渡原価の額）

② 譲渡原価

(イ) 単価

□ 円 / □ 株 = □ 円

(ロ) ②(イ) × □ 株 = □ 円

③ ①−② = □ 円

(2) 会計上の譲渡益

□ 円 − □ 円 = □ 円

(3) (1)−(2)＝ △□ 円　甲社株式譲渡益否認（別表四　減・留）

Ⅳ〔資本金等の額〕

(1) 譲渡原価等

844

(2) 譲渡対価

　　□ 円

(3) (1)−(2) = △ □ 円

Ⅴ 〔法人税額から控除される所得税額〕

□ 円　法人税額から控除される所得税額　仮計の下（加・社）

《解　答》

Ⅰ 〔みなし配当金〕

(1) 取得金銭等の額

① 4,200,000円

(2) 資本金等の額

② 200,000,000円 × 200株 / 10,000株 = ③ 4,000,000円

(3) (1)−(2) = 200,000円　Ⓐ みなし配当金計上もれ（別表四　加・留）

Ⅱ 〔受取配当等の益金不算入額〕

(1) 受取配当等の額（みなし配当）

200,000円　Ⓐ

(2) 益金不算入額

200,000円　Ⓑ 受取配当等の益金不算入額（別表四　加・社※）

Ⅲ 〔有価証券の譲渡損益〕
　(1) 税法上の譲渡損益
　　① 譲渡対価
　　　　324,000円　(譲渡原価の額)　←　完全支配関係にあるときは譲渡対価＝譲渡原価
　　② 譲渡原価
　　　(イ) 単価
　　　　$\dfrac{16,200,000円}{10,000株} = 1,620円$
　　　(ロ) (イ) × 200株 ＝ 324,000円
　　③ ①－② ＝ 0円
　(2) 会計上の譲渡益
　　4,200,000円 － 324,000円 ＝ 3,876,000円
　　　　　　　　　　　Ⓒ
　(3) (1)－(2)＝ △3,876,000円　甲社株式譲渡益否認（別表四　減・留）Ⓑ

Ⅳ 〔資本金等の額〕
　(1) 譲渡原価等
　　　みなし配当Ⅱ(2)　　譲渡原価Ⅲ(1)②(ロ)
　　　200,000円 ＋ 324,000円 ＝ 524,000円
　(2) 譲渡対価
　　　4,200,000円
　　　　　　　Ⓓ
　(3) (1)－(2) ＝ △3,676,000円　マイナスの場合　資本金等の額の加算
　　　　交付を受けた金銭等の方が多い

Ⅴ 〔法人税額から控除される所得税額〕
　　40,840円　法人税額から控除される所得税額　仮計の下（加・社）

《別表五(一)Ⅰ・Ⅱの記載》

Ⅰ 利益積立金額の計算に関する明細書

(単位:円)

区　　分	期首現在 利益積立金額	当期の増減		差引翌期首現在 利益積立金額
		減	増	
みなし配当金計上もれ			Ⓐ　　200,000	200,000
甲社株式譲渡益否認			Ⓒ△3,876,000	△3,876,000

Ⅱ 資本金等の額の計算に関する明細書

区　　分	期首現在 資本金等の額	当期の増減		差引翌期首現在 資本金等の額
		減	増	
甲社株式			Ⓓ　3,676,000	3,676,000

連結納税制度

【Point 51】

> 　連結納税制度は，単体納税のように利益に加算・減算の調整をするのではなく，まず**第一段階**では**各法人の決算**を基礎とし，**各法人別に調整**する。第二段階では**全体に調整**を加えて，グループ全体の所得金額（連結所得金額）を計算する。**第三段階ではまずグループ全体の法人税額**（連結法人税額）を計算する。そして，第四段階でこの連結法人税額を**連結グループの法人に配分**していく。
> 　このように連結納税制度は，まず各法人ごとの個別帰属額を計算する必要がある。地方税には連結納税制度が設けられていないため，個別帰属額を基礎にする。
>
> （ A社所得 － B社欠損 ）＋ 連結所得 × 税率 ＝ 連結法人税額

1　連結納税制度の趣旨

　わが国の法人税法においては，**単体課税**が**原則**となっている。しかし，アメリカ，イギリス等の欧米諸国の影響を受け，わが国でも平成14年の改正で企業グループの選択により，**連結納税制度**を**適用**できるようになった。
　これにより，親会社に所得が発生し，子会社には欠損が発生している場合には，**連結納税制度の適用**でグループ全体としての税金を抑えることができるよ

848

うになった。

　逆に，**単一の法人**であれば事業部門で損益の通算がなされるのに対し，分社化による**組織再編後**は損益の通算ができないこともある。たとえば，株式交換，株式移転で**完全子会社化**した場合には，**単体納税**であれば個々に課税される。しかし，このケースで**連結納税制度**を適用すれば，**子会社の欠損を相殺し**グループの税金を抑えることができる。

2　連結対象法人及び申告納付等

(1)　連結納税の対象法人（法4の2）

①　連結対象法人

　連結納税制度の対象法人は，以下のように規定されている。

　内国法人（普通法人又は共同組合等に限るものとし，清算中の法人等を除く）及びその内国法人との間にその内国法人による**完全支配関係**（連結除外法人及び外国法人が介在しないものに限る）がある他の内国法人（連結除外法人を除く）のすべてがその内国法人を納税義務者として法人税を納めることにつき国税庁長官の承認を受けた場合には，これらの法人は，その内国法人を納税義務者として法人税を納めるものとする。つまり，**連結納税の対象法人は，内国法人である親会社**と，その親会社の**直接・間接の100％子会社である内国法人**である。

②　連結親法人

　連結納税承認を受けて**連結親法人となる法人**は，内国法人である**普通法人又は協同組合等**に限られる。

③　連結子法人

　連結納税の承認を受けて**連結子法人となる法人**は，連結除外法人以外の内国法人である。

　連結除外法人とは，普通法人以外の法人，破産手続き開始の決定を受けた法人等をいう。

　つまり，**連結子法人になる法人は，内国法人である普通法人**に限られる。

第16章　連結納税制度　849

④　完全支配関係

　内国法人が他の内国法人の**発行済株式等の全部**を保有する場合における当該内国法人と当該他の内国法人との関係を**完全支配関係**という。

　連結納税を適用する場合には，**完全支配関係のある子法人すべて**をその**対象**としなければならない。

　他の内国法人による完全支配関係がある内国法人等は，連結親法人にはなれない。

(2)　申告納付期限（法4の3）

　内国法人及びその内国法人による完全支配関係がある他の内国法人は，連結納税の承認を受けようとする場合には，最初の**連結事業年度**としようとする期間の開始の日の**3月前の日**までに，これらの法人のすべての**連名**で，一定の事項を記載した申請書をその**内国法人の納税地の所轄税務署長**を経由して，**国税庁長官に提出**しなければならない。

　連結納税の適用を受けようとする事業年度開始の日の前日までに承認又は却下の処分がなかったときは，連結納税義務者に規定する内国法人及び他の内国法人のすべてにつき，その開始の日においてその承認があったものとみなす。

　他の内国法人が連結法人による完全支配関係を有することになった場合には，その完全支配関係を有することになった日において承認があったものとみなす。

(3)　連結納税の申告と納付

①　連結確定申告

　連結法人は，各連結事業年度終了の日の翌日から**2月以内**に，税務署長に対し，連結確定申告書を提出しなければならない（法81の22）。

②　連結中間申告

　連結親法人（普通法人に限る）は，その**連結事業年度が6月を超える場合**には，その連結事業年度開始の日以後**6月を経過した日から2月以内**に，税務署長に対し，**連結中間申告書**を提出しなければならない（法81の19）。

③ 納付

上記の連結確定申告，連結中間申告の申告書を提出した連結親法人は，申告書に記載した法人税額があるときは，**申告書の提出期限までに**，その金額を国に**納付し**なければならない（法81の26，27）。

④ 連帯納付責任

連結子法人は，連結親法人の各連結事業年度の連結所得に対する法人税について，**連帯納付の責めに任ずる**（法81の28）。

⑤ 提出期限の延長の特例

連結親法人が，決算が確定しないこと等により連結所得金額等の計算を了することができないため，連結確定申告書を提出期限までに提出できない常況にあると認められる場合には，納税地の所轄税務署長は，その**連結親法人の申請に基づき**，各連結事業年度の連結確定申告書の提出期限を**2月延長**することができる（法81の24）。

提出期限の特例

	延長理由	提出期限
国税通則法による場合	災害その他やむを得ない理由	その理由がやんだ日から2月以内
提出期限の延長	災害その他やむを得ない理由により決算が確定しない	税務署長が指定した期日
提出期限の延長の特例	定款等の定め等により連結事業年度終了の日の翌日から2月以内に決算についての定時総会が招集されない常況又は連結子法人が多数に上ること等により連結所得の金額等の計算を了することができない	2月間延長

(4) **連結事業年度及びみなし事業年度**

連結事業年度は，連結親法人事業年度（連結法人に係る連結親法人の事業年度をいう）開始の日からその終了の日までの期間とする（法15の2）。

連結子法人の事業年度と**連結親法人の事業年度**が異なる場合には，その連結子法人は連結親法人の事業年度に合わせ，**みなし事業年度**を設けなければならない（法

14)。

　他の内国法人の事業年度の中途において最初連結親法人事業年度が開始した場合並びに連結子法人の事業年度開始の日及び終了の日がその開始の日の属する連結親法人事業年度開始の日及び終了の日でないケース

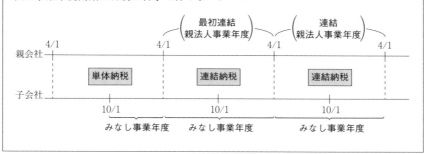

(5) 連結納税の加入手続と連結子法人の事務所の異動手続

　令和元年度の税制改正によれば，連結納税への加入及び加入時期の特例を受けるための手続きについては，連結親法人又は連結親法人となる法人に一元化され，連結親法人が納税地の所轄税務署長に，「完全支配関係を有することとなった旨などを記載した書類及び連結納税への加入時期の特例を適用する旨を記載した書類」を連結子法人となる法人の加入時期の特例がないものとした場合の加入日の前日の属する事業年度に係る確定申告書の提出期限までに提出することになる。

　令和元年度の税制改正によれば，連結子法人の本店又は主たる事務所の所在地に異動があった場合は，連結子法人の異動前の本店等所在地の所轄税務署長に，異動届を提出することになり，連結親法人の納税地の所轄税務署長への提出は要しない。

3 連結所得金額

(1) 連結法人の課税所得の範囲

連結親法人に対しては，各連結事業年度の連結所得について，各連結事業年度の連結所得に対する法人税を課する（法6）。

(2) 連結所得金額（法81〜83の3等）

各連結事業年度の連結所得に対する法人税の課税標準は，その連結親法人の属する連結法人の各連結事業年度の連結所得の金額とする。

各連結事業年度の**連結所得の金額**は，その連結事業年度の**益金の額**からその連結事業年度の**損金の額**を控除した金額とする。

単体納税における，各事業年度の**益金の額**及び**損金の額**は別段の定めがあるものを除き，その連結事業年度の**連結所得の金額**の計算上，益金の額又は損金の額に算入する。

受取配当等，寄付金等一定のものについては，その連結事業年度の**連結所得の金額**の計算上，一定の調整を行う。

（第一段階）	別段の定めのないもの	単体納税の規定により益金の額・損金の額を計算
（第二段階）	別段の定めのあるもの	連結納税独自の規定により益金の額・損金の額を計算

4 連結所得金額の計算

連結納税制度の計算は，まず**第一段階**で，**別段の定めがないもの**は**各法人ごとに個別計算**した金額を合計する。当期純利益，減価償却，貸倒引当金，譲渡損益調整資産の調整などが該当する。さらに，仮計から仮計の間で租税公課関係の項目が計算される。

第二段階では，別段の定めのあるものは，基本的に，**連結グループ全体で計算**する。次に，その計算した金額を各法人に**配分**する。受取配当金の益金不算入額，交際費の損金不算入額，寄付金の損金不算入額，控除所得税，外国税額控除等の計算が，それに該当する。

連結納税(別表4の2)

	区分	連結所得金額 金額	連結親法人 A社 金額	連結子法人 B社 金額	
	(1)当期純利益	1,600 ↑合計	900	700	単体納税の規定(各法人の個別計算の合計)(第一段階)
減価償却 貸倒引当金等 / 加算	(2)減価償却超過額	300	200	100	
	(3)貸倒引当金繰入超過額等	100 ↑合計	80	20	
	小 計				
減算	(2)減価償却超過額認容	50	30	20	
	(3)貸倒引当金繰入超過額認容等	25 ↑合計	10	15	
	小 計				
	仮 計				
租税公課等 / 加算	損金経理法人税	14	9	5	
	損金経理住民税等	10 ↑合計	8	2	
	小 計				
減算	納税充当金支出事業税等	3 ↑合計	2	1	
	小 計				
	仮 計				
別段の定めがあるもの	受取配当金の益金不算入額	△8 配分	△5	△3	連結納税独自の規定(第二段階)
	交際費等の損金不算入額(接待交際費基準は個別定額基準は按分)	9 配分	2	7	
	仮 計				
	寄付金の損金不算入額等	6 配分	4	2	
	所 得 金 額	×××	×××	×××	

別表4の2

別表4の2付表

854

第一段階　（連結グループ内の各法人の個別計算した金額を合計する）

別表4の2の連結納税の当期純利益から仮計までの各法人が個別に計算する減価償却，貸倒引当金，譲渡損益調整資産の調整等の各項目の合計計算

---

(1)　各法人の当期純利益の合計計算

各法人が個々に計算した**当期利益又は当期欠損の額**を転記・合計する。

$$\begin{pmatrix} 連結納税 \\ 当期純利益 \end{pmatrix} \qquad \begin{pmatrix} 連結親法人A社 \\ 当期純利益 \end{pmatrix} \qquad \begin{pmatrix} 連結子法人B社 \\ 当期純利益 \end{pmatrix}$$

　　1,600　　⇦　　　900　　＋　　　700

別表4の2　　合計

---

(2)　各法人の減価償却超過額の合計計算（法81の3）

減価償却は，各法人の損金経理を要件としている。各法人で個別に計算した各法人の**償却超過額を合計**する。**償却超過額の認容**も同じように合計する。

なお，連結法人内部で償却方法を統一する必要はない。

$$\begin{pmatrix} 連結納税 \\ 減価償却超過 \end{pmatrix} \qquad \begin{pmatrix} 連結親法人A社 \\ の減価償却超過 \end{pmatrix} \qquad \begin{pmatrix} 連結子法人B社 \\ の減価償却超過 \end{pmatrix}$$

　　800　　⇦　　　200　　＋　　　100

別表4の2　　合計

---

(3)　各法人の貸倒引当金の繰入超過額の合計計算（法81の3，52①②，令96⑥）

各法人で個別に計算した各法人の**貸倒引当金繰入超過額**を合計する。

なお，**連結子法人**は，**連結親法人が中小企業**である場合に適用される。

$$\begin{pmatrix} 連結納税 \\ 貸倒引当金 \\ 繰入超過額 \end{pmatrix} \qquad \begin{pmatrix} 連結親法人A社 \\ の貸倒引当金 \\ の繰入超過額 \end{pmatrix} \qquad \begin{pmatrix} 連結子法人B社 \\ の貸倒引当金 \\ の繰入超過額 \end{pmatrix}$$

　　25　　⇦　　　10　　＋　　　15

別表4の2　　合計

個別評価金銭債権，**一括評価金銭債権**を計算する場合は，内国法人がその内国法人との間に**連結完全支配関係がある連結法人**に対して有する金銭債権は含めずに貸倒引当金繰入額を計算する。

第16章　連結納税制度　855

（注）**連結完全支配関係**（法２十二の七の七）

　連結完全支配関係とは，連結親法人と連結子法人との間の完全支配関係又は連結親法人との間に**完全支配関係**がある連結子法人相互の関係をいう。

　連結完全支配関係がある連結法人に対して有する金銭債権は，**貸倒実績率の計算**上も，「当期首前３年以内に開始した各事業年度末の一括評価金銭債権の帳簿価額」から除く。

貸倒実績率の計算例（連結親法人）

　連結親法人Ａ社の最近の事業年度の貸倒損失の発生状況は，以下のとおりである。

事　業　年　度	一括評価金銭債権 (注)	貸倒損失の額
平成28年４月１日〜平成29年３月31日	120,000円	1,100円
平成29年４月１日〜平成30年３月31日	130,000円	1,200円
（前期） 平成30年４月１日〜平成31年３月31日	110,000円	700円

（注）　連結子法人Ｂ社に対するものが，平成28年度に10,000円，平成29年度に30,000円，平成30年度に20,000円含まれている。なお，Ａ社とＢ社は平成28年度から連結納税税制度を採用している。

《解答欄》

（Ａ社の貸倒実績率）

$$\frac{(1{,}100円＋1{,}200円＋700円) \times \dfrac{12}{36}}{\{(120{,}000円－10{,}000円)＋(130{,}000円－30{,}000円)＋(110{,}000円－20{,}000円)\} \div 3}$$

$$=\frac{3{,}000円 \times \dfrac{12}{36}}{300{,}000円 \div 3}= 0.01$$

---

(4) 譲渡損益調整資産の調整（法61の3，令122の14）

　連結法人は**完全支配関係**があるため，連結法人間で**譲渡損益調整資産の譲渡**が行われた場合には，譲渡法人側において，**譲受法人で譲渡，償却等を行うまで譲渡損益の繰延べ**を行う。この繰延べは**グループ法人税制と同様**の取扱いである。

　譲渡利益の額は，**譲渡損益調整勘定繰入額**（減算・留保）の調整により損金の額

に算入により譲渡損繰り延べる。

　　一方，**譲渡損失の額は，譲渡損益調整勘定戻入額**（加算・留保）の調整により譲渡損益を繰り延べる。

譲渡損益調整資産には，以下のものがある。

① **固定資産**

② **土地**（土地の上に存する権利を含み，固定資産に該当するものを除く）

③ **有価証券**（売買目的有価証券を除く）

④ **金銭債権**

⑤ **繰延資産**

ただし，以下のものを除く。

① 有価証券のうち譲受法人において売買目的有価証券とされるもの

② 譲渡直前帳簿価額が1,000万円未満のもの

その後，譲受法人において譲渡，償却等の一定の事由が生じたときは，繰り延べた譲渡利益の額は**益金の額に算入**する。繰り延べた譲渡損失の額は**損金の額に算入**する。

譲渡損益調整資産が**譲受法人**において**減価償却資産・繰延資産**に該当する場合には，以下の算式により計算した譲渡損益の一部を**譲渡法人**において**計上**する。

① 原則法

$$\boxed{\substack{\text{譲渡利益} \\ \text{又は} \\ \text{譲渡損失}}} \times \frac{\text{譲受法人における償却費の損金算入額}}{\text{譲受法人における譲渡損益調整資産の取得価額}}$$

② 簡便法

$$\boxed{\substack{\text{譲渡利益} \\ \text{又は} \\ \text{譲渡損失}}} \times \frac{\text{譲渡法人の事業年度の月数}^{\text{(注)}}}{\text{譲受法人における譲渡損益調整資産の耐用年数}\times 12}$$

(注)　（ⅰ）　譲渡事業年度は，譲渡日から期末日までの月数

　　　（ⅱ）　繰延資産の場合には，支出の効果の及ぶ期間の月数

　　　（ⅲ）　簡便法は，譲受法人において事業供用していたか否かを問わない

（譲渡法人の処理）

③ $\boxed{\text{譲渡益の場合}}$ ① 原則法 ② 簡便法 ｝少ない方 ➡ 譲渡損益調整勘定戻入額（加・留）

$\boxed{\text{譲渡損の場合}}$ ① 原則法 ② 簡便法 ｝多い方 ➡ 譲渡損益調整勘定繰入額（減・留）

（租税公課項目）

租税公課

租税公課項目は，各連結法人が個々に計算した損金不算入額及び益金不算入額を合計する。

法人税等の個別帰属額の精算

連結法人税及び地方法人税の個別帰属額の精算（法人税及び住民税26％と仮定）における税務調整は，以下のようである。

(1) 損金算入

内国法人が他の内国法人に法人税の負担額の減少額を支払う場合又は他の内国法人が内国本人に法人税の負担額を支払う場合には，その支払う金額は，内国法人又は他の内国法人の各事業年度の損金の額に算入しない。

(2) 益金不算入

内国法人が他の内国法人から法人税の負担額を受け取る場合又は他の内国法人が内国法人から法人税の負担額の減少を受け取る場合には，その受け取る金額は，内国法人又は他の内国法人の各事業年度の益金の額に算入しない。

③	連結親法人が連結子法人に支払う連結法人税等の減少額	(1) 損金不算入
⑤	連結子法人が連結親法人に支払う連結法人税等の負担額	
②	連結親法人が連結子法人から受け取る連結法人税等の負担額	(2) 益金不算入
④	連結子法人が連結親法人から受け取る連結法人税等の減少額	

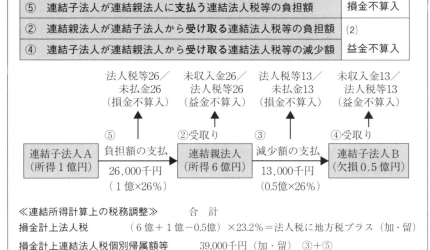

≪連結所得計算上の税務調整≫　　合　計

損金計上法人税　　　　　　　（6億＋1億－0.5億）×23.2％＝法人税に地方税プラス（加・留）

損金計上連結法人税個別帰属額等　　39,000千円（加・留）　③＋⑤

収益計上連結法人税個別帰属額等　　39,000千円（減・留）　②＋④

第二段階（別段の定めのあるものはグループ全体で計算し，各法人に配分）

(1) 受取配当等の益金不算入額（法81の4，令155の11）

　第二段階はまず，受取配当金の連結グループで益金不算入額を計算する。

　関連法人株式等の区分は，連結グループ全体で判定する。また，連結グループ内の保有期間は通算される。控除負債利子の計算は，連結グループで原則法である総資産按分法を使用する。

【計算例題】

	所有割合		関連その他の区分
	連結親法人	連結子法人	
K社株式	65%	35%	完全子法人株式等（65%＋35%＝100%） （保有割合100%）
W社株式	41%	19%	関連法人株式等（41%＋19%＝60%） （保有割合100%未満）
M社株式	3%	2%	非支配目的株式等（3%＋2%＝5%） （保有割合5%以下）

≪受取配当金の益金不算入額の計算Pattern≫

(1) 連結グループ法人全体の受取配当金の益金不算入額の計算

① 完全子法人株式等（保有割合100%）

| 完全子法人株式等に係る配当等の額 | ×100%＝益金不算入額 |

② 関連法人株式等（保有割合3分の1超　100%未満）

$\left(\text{関連法人株式等に係る配当等の額} - \text{関連法人株式等に係る負債利子の額}\right) ×100\%＝益金不算入額$

（原則法と簡便法の少ない方）

③ ①②④以外のその他の株式等（保有割合5%超3分の1以下）

| その他の株式に係る配当等の額 | ×50%＝益金不算入額 |

④ 非支配目的株式等（保有割合5%以下）

| 非支配目的株式等に係る配当等の額 | ×20%＝益金不算入額 |

⑤ 受取配当等の益金不算入額

①＋②＋③＋④

第16章　連結納税制度　859

(2)　控除負債利子の計算

　ア　負債の利子には，他の連結法人に対して支払う際の利子は含めない。

　イ　総資産の帳簿価額から他の連結法人に支払う負債の利子の元本である負債の額は控除する。

(3)　個別帰属額の計算

　各法人の受取配当等の額に応じて以下のように按分し，**各法人の個別帰属額を計算**

　①　完全子法人株式等

　　完全子法人株式等の各法人の配当等の額

　②　関連法人株式等

　　関連法人株式等の益金不算入額 $\times \dfrac{\text{各法人の関連法人株式等の配当等の額}}{\text{関連法人株式等の配当等の合計額}}$

　③　その他株式等

　　その他の株式等の益金不算入額 $\times \dfrac{\text{各法人のその他の株式等に係る配当等の額}}{\text{その他株式等に係る配当等の合計額}}$

　④　非支配目的株式等

　　非支配目的株式等の益金不算入額 $\times \dfrac{\text{各法人の非支配目的株式等に係る配当等の額}}{\text{非支配目的株式等に係る配当等の合計額}}$

---

(2)　交際費の損金不算入額（措法68の66）

　交際費の損金不算入額は，**連結親法人の資本金の額**より以下のように計算する。

≪交際費の損金不算入額の計算Pattern≫

(1)　連結グループ全体の損金不算入額の計算

連結親法人の資本金の額≦1億円（連結親法人が中小法人のケース）

　①　支出交際費額

　②　損金算入限度額

　　(ア)　定額基準　$800万円\times\dfrac{12}{12}$

　　(イ)　接待交際費基準　接待交際費（1人当たり5,000円超）$\times\dfrac{50}{100}$

　　(ウ)　(ア)(イ)の多い方

　③　損金不算入額

　　①−②

連結親法人の資本金の額＞1億円（連結親法人が大法人のケース）

① 支出交際費額

② 損金算入限度額

接待交際費基準（1人当たり5,000円超）$\times \dfrac{50}{100}$

③ 損金不算入額

①－②

(2) 個別帰属額の計算

① 接待交際費基準（接待飲食費×50％）を損金算入するケース

各法人 ごとに損金不算入額（支出交際費等 － 接待飲食費 ×50％）

② 定額基準（年800万円）を損金算入するケース

連結グループ全体の損金不算入額を各法人の支出交際費等の額により以下のように按分する。

連結グループ全体の損金不算入額 $\times \dfrac{\text{各法人の支出交際費等}}{\text{支出交際費等の合計額}}$

(3) 寄付金の損金不算入額（措法81の6）

≪寄付金の損金不算入額の計算Pattern≫

(1) 連結グループ全体の寄付金の損金不算入額の計算

連結グループ全体の寄付金の損金不算入額を計算する。寄付金の損金算入限度額の計算には，連結親法人の資本金等の額と連結所得金額（連結の仮計）を使う。

なお，連結グループ内での法人への寄付金は，完全支配関係がある法人間の寄付にあたり全額損金不算入，さらに収受した法人側では，受贈益は益金不算入額とする。

① 寄付金の損金算入限度額の計算

(ア) 一般寄付金の損金算入限度額

$$\left[\boxed{\text{連結親法人の期末資本金等の額}} \times \frac{12}{12} \times \frac{2.5}{1,000} \right.$$

$$\left. + \left(\boxed{\text{連結所得金額の仮計}} + \boxed{\text{支出寄付金}} \right) \times \frac{2.5}{100} \right] \times \frac{1}{4}$$

(イ) 特定公益増進法人等に対する寄付金の特別損金算入限度額

$$\left[\boxed{\text{連結親法人の期末資本金等の額}} \times \frac{12}{12} \times \frac{3.75}{1,000} \right.$$

$$\left. + \left(\boxed{\text{連結所得金額の仮計}} + \boxed{\text{支出寄付金}} \right) \times \frac{6.25}{100} \right] \times \frac{1}{2}$$

② 寄付金の損金不算入額の計算

　㋐ 完全支配関係がある法人に対する寄付金（全額損金不算入）

　㋑ 　[支出寄付金] － [完全支配に対する寄付金] － [指定寄付金等] －

　　　[特定公益法人への寄付金と限度額との少ない方] － [一般寄付金限度額]

　㋒ ㋐＋㋑

(2)　個別帰属額の計算

　　各法人の支出寄附金に応じて，按分して各法人の個別帰属額を計算する。

①　完全支配関係がある法人に対する寄付金

②　外部に対する寄付金

$$[外部に対する寄付金の損金不算入額] \times \frac{[各法人の外部に対する支出寄付金]^{(注)}}{[外部に対する支出寄付金の合計額]}$$

　（注）　指定寄付金等及び**特定公益増進法人等**に対する寄付金がある場合には，一定の調整が行われる。

---

(4)　所得税額控除（令155の26，令155の44）

≪所得税額控除の計算Pattern≫

　株式が連結グループ内で譲渡された場合は，**所有期間を通算**する。法人税額控除所得税額等の計算は，**個別法，簡便法**の区分により以下のように計算する。

①　個別法

　㋐　控除所得税額等の計算

　　連結グループ内の各法人の源泉徴収所得税額等を基礎として**各法人ごと**に計算

　㋑　個別帰属額

　　㋐で計算した各法人ごとの金額

②　簡便法

　　まず**連結グループ全体**で計算し，各法人に按分し，各法人の個別帰属額を計算する。

　㋐　法人税額控除所得税額等（連結グループ全体）

$$[源泉所得税額の合計額] \times \frac{A＋（B－A）\times \dfrac{1}{2}}{B}$$ 〔小数点３位未満切上〕

　　Aは利子配当等の計算期間開始時に所有していた元本の数合計

　　Bは利子配当等の計算期間終了時に所有していた元本の数合計

(イ) 個別帰属額の計算

$$\boxed{各法人の源泉所得税額} \times \frac{\boxed{法人税額控除所得税額の合計額}}{\boxed{源泉所得税額の合計額}}$$

≪所得税額控除の計算例≫

銘柄	計算期間の月数	連 結 親 法 人		連 結 子 法 人	
		源泉所得税	元本所有期間	源泉所得税	元本所有期間
W社株式	12か月	400円　ア	6か月	500円　イ	9か月
K社株式	12か月	600円　ウ	3か月	300円　エ	2か月

(注) 1　W株式，K株式のどちらも計算期間の中途において取得した。
2　復興特別所得税は考慮しない。

≪控除所得税額等≫
① 個別法（個別帰属額の計算）
(ア) 連結親法人

$$\underset{400円ア}{W株式} \times \frac{6か月}{12か月} \quad (0.500) \quad + \quad \underset{600円ウ}{K株式} \times \frac{3か月}{12か月} \quad (0.250) \quad = 550円$$

(イ) 連結子法人

$$\underset{500円イ}{W株式} \times \frac{9か月}{12か月} \quad (0.750) \quad + \quad \underset{300円エ}{K株式} \times \frac{2か月}{12か月} \quad (0.334) \quad = 425円$$

(ウ) (ア)＋(イ)＝975円
② 簡便法
(ア) 連結グループ全体
（ⅰ) W株式

$$\underset{(400円ア＋500円イ)}{親法人\quad 子法人} \times \frac{1}{2} \quad (0.500) \quad = 450円オ$$

（ⅱ) K株式

$$\underset{(600円ウ＋300円エ)}{親法人\quad 子法人} \times \frac{1}{2} \quad (0.500) \quad = 450円カ$$

第16章　連結納税制度　863

　　　　(iii)　(i)+(ii)=900円
　　(イ)　個別帰属額の計算
　　　(i)　連結親法人

$$400円ア \times \frac{450円オ W株式}{400円ア+500円イ} + 600円ウ \times \frac{450円カ K株式}{600円ウ+300円エ} = 500円$$

　　　(ii)　連結子法人

$$500円イ \times \frac{450円オ W株式}{400円ア+500円イ} + 300円エ \times \frac{450円カ K株式}{600円ウ+300円エ} = 400円$$

③　①個別法<②簡便法　多い方　∴　975円

5　第三段階　連結法人税額の計算（法81の12〜法81の18）

　第三段階で連結法人税額は，グループ全体で計算するとまず連結所得金額の合計額を計算し，これに税率を乗じる。そこから一定の税額控除等を行い，**連結法人税額**を計算する。

　| 連結法人税額 | ＝ | 連結所得金額 | × | 税率 | ± | 税額控除等 |

　連結法人税額について，連結親法人がまとめて申告・納付を行う。連結子法人には，連帯納付の責任がある。

　第四段階で連結法人税額の各法人への**個別帰属額**を計算し，その個別帰属額がプラスの法人は親法人に支払い，マイナスの法人は親法人から還付を受けることになる。

《連結法人税額の計算Pattern》

連結法人税額(別表1の2)

区　　　　分	合　　計 金　　額	連結親法人A社 金　　額	連結子法人B社 金　　額
所　得　金　額	×××	×××	×××
法　人　税　額	全体で計算	按分	
措置法の特別控除 (資産を取得した場合) (試　験　研　究　費)	合計 全体で計算	各法人ごとに計算 按分	
差 引 法 人 税 額	×××	×××	×××
法 人 税 額 計	×××	×××	×××
控除所得税額等	個別法(各法人) 簡便法(全体で按分)		
差引所得に対する 法　人　税　額	×××	×××	×××
中 間 申 告 分 の 法　人　税　額	×××	──	──
差引確定法人税額	×××	×××	×××

連結親法人が国に納付

連結法人税の個別帰属額(親法人分)

連結法人税の個別帰属額(子法人分)

(1) **法人税額の計算**(法81の12,81の18)

税率は,連結親法人の種類により**適用税率**が決定される。

連結親法人が普通法人である場合	23.2%(中小法人軽減税率あり)
連結親法人が協同組合等である場合	20%

① 中小法人以外の場合

連結親法人が普通法人で中小法人以外の場合は,各法人の所得金額又は欠損金額に23.2%の税率を乗ずる。

② 中小法人の場合

連結親法人が普通法人で中小法人の場合は,年800万円以下の金額に対する**15%**(協同組合等は16%)の軽減税率が適用される。まず連結グループ全体で法

人税額を計算する。次にその法人税額を**所得金額又は欠損金額の比**で按分し，**個別帰属額**を決定する。

(2) **租税特別措置法の特別控除** (措法68の9等)

　租税特別措置法上の特別控除の取扱いは，以下のとおりである。

① 試験研究費の特別控除

　グループ全体で計算する（連結親法人が中小企業者である場合には，中小の特別控除の適用がある）。

② 資産を取得した場合の特別控除

　各法人ごとに計算する。

《計算例題》 連結納税の総合問題

　Ａ社は資本金額４億円（資本金等の額４億円）でＢ株式を100％所有している。一方，Ｂ社は資本金額１億円（資本金等の額１億円）でＡ社の100％子会社である。Ａ社とＢ社は連結納税を選択している。連結納税申告書（別表４の２）を作成しなさい。

当期利益又は当期欠損の額

　Ａ社は当期利益が8,000,000円であり，Ｂ社は欠損金額が△2,000,000円である。

(1) 減価償却に関する事項

　　Ａ社は新定額法を採用し，取得価額3,000,000円（新定額法償却率0.200），損金経理償却費は800,000円である。Ｂ社は旧定率法を採用し，期首帳簿価額5,000,000円（旧定率法償却率0.206），損金経理償却費は2,060,000円である。

(2) Ａ社は納税充当金から支出した事業税等が100,000円ある。

(3) 当期におけるＡ社の支出交際費が4,000,000円で，そのうち１人当たり5,000円超の接待飲食費は1,500,000円である。Ｂ社の支出交際費は2,000,000円であり，そのうち１人当たり5,000円超の接待飲食費は500,000

円である。

(4) 受取配当等に関する資料

① A社（親会社）

銘柄等	配当等の額	源泉所得税等	株式の種類
B社株式	300,000円	61,260円	完全子法人株式等
C社株式	150,000円	30,630円	関連法人株式等
D社株式	280,000円	57,166円	その他株式等

② B社（A社の100%子会社）

(注) 計算期間中における株式の元本の変動はないものとする。また，受取配当等

銘柄等	配当等の額	源泉所得税等	株式の種類
C社株式	510,000円	104,142円	関連法人株式等
D社株式	100,000円	20,420円	その他株式等

の益金不算入額の計算上，控除すべき負債利子はないものとする。

(5) 寄付金に関する資料

① A社がした寄付金

支出金額	備考
1,200,000円	100%子会社B社に対して支出
400,000円	その他の寄付金
100,000円	その他の寄付金

② B社がした寄付金

支出金額	備考
300,000円	その他の寄付金

第16章　連結納税制度　867

≪解答≫

(1)　当期純利益の計算

　　8,000,000円（A社の当期純利益）－2,000,000円（B社の欠損金）＝6,000,000円

(2)　減価償却の計算

　　減価償却は各法人で個別に計算する。次に各法人の償却超過額や償却超過額の認容を合計する。

　　　A社　①　会社計上額　800,000円

　　　　　　②　損金算入限度額　3,000,000×0.2＝600,000円

　　　　　　③　償却超過額　①－②＝200,000円（加・留）

　　　B社　①　会社計上額　2,060,000円

　　　　　　②　損金算入限度額　5,000,000円×0.206＝1,030,000円

　　　　　　③　償却超過額　①－②＝1,030,000円（加・留）

(3)　納税充当金から支出した事業税等

　　　A社　100,000円

(4)　受取配当金の益金不算入額の計算

　　まず，連結グループ全体で受取配当金の益金不算入額を計算する。完全子法人株式等に係る配当等の額は，全額益金不算入である。

　　次に，**個別帰属額**は，各法人の受け取る**配当等の額**に応じて按分して計算する。

　　　①　完全子法人株式等（B社株からの配当）

　　　　　300,000円（A社所有）

　　　②　関連法人株式等（C社株からの配当）

　　　　イ　150,000円（A社所有）＋510,000円（B社所有）＝660,000円

　　　　ロ　負債利子　0円

　　　　ハ　（イ－ロ）×100％＝660,000円

　　　③　その他株式等（D社株からの配当）

　　　　イ　280,000円（A社所有）＋100,000円（B社所有）＝380,000円

　　　　ロ　380,000円×50％＝190,000円

④ ①＋②＋③＝1,150,000円（減算・社外流出※）

⑤ 個別帰属額の計算

（A社）$\boxed{300,000円}$（完全子法人株式）＋$\boxed{660,000円}^{②ハ}×\dfrac{150,000円（Aの配当）^{②イA社}}{660,000円（配当合計)_{②イ}}$（関連法人株式）

$+\boxed{190,000円}^{③ロ}×\dfrac{280,000円（Aの配当）^{③イA社}}{380,000円（配当合計)_{③イ}}$（その他株式）＝590,000円

（B社）$\boxed{660,000円}^{②ハ}×\dfrac{510,000円（Bの配当）^{②イB社}}{660,000円（配当合計)_{②イ}}$（関連法人株式）

$+\boxed{190,000円}^{③ロ}×\dfrac{100,000円（Bの配当）^{③イB社}}{380,000円（配当合計)_{③イ}}$（その他株式）＝560,000円

(5) 交際費の損金不算入額の計算

交際費等の損金不算入額の計算は，連結親法人が中小法人か否かによって違う。本問の**連結親法人A社は中小法人でない**。そこで接待飲食基準の接待飲食費の50％が損金算入となる。**個別帰属額は，各法人ごとに計算する。**

① 支出交際費等（A社親が中小法人でない）

  ① 支出交際費額　A4,000,000円＋B2,000,000円＝6,000,000円

  ② 損金算入限度額　（1,500,000円＋500,000円）×50％（接待飲食費基準）

  ＝1,000,000円

  ③ 損金不算入額　①－②＝5,000,000円（加・社外）

② 個別帰属額

  A社　① 支出交際費額　4,000,000円

    ② 損金算入限度額　1,500,000円×50％（接待飲食費基準）

    ③ 損金不算入額　①－②＝3,250,000円

  B社　① 支出交際費額　2,000,000円

    ② 損金算入限度額　500,000円×50％（接待飲食費基準）

    ③ 損金不算入額　①－②＝1,750,000円

第16章　連結納税制度　869

⑹　寄付金の損金不算入額の計算

　　まず，**連結グループ全体**で寄付金の損金不算入額を計算する。損金算入限度額は，連結親法人の資本金等の額と連結の仮計により計算する。

　　完全支配関係がある法人への寄付金や指定寄付金は全額損金不算入である。一方，**受贈法人側**では1,200,000円は受贈益全額益金不算入（加算）である。

　　次に，個別帰属額は，各法人の支出寄付金により按分して計算する。

①　支出寄付金

　　イ　完全支配　1,200,000円（A社）

　　ロ　その他　400,000円（A社）＋100,000円（A社）＋300,000円（B社）＝800,000円

　　ハ　イ＋ロ＝2,000,000円

②　損金算入限度額

$$\left[400,000,000円\times\frac{12}{12}\times\frac{2.5}{1,000}+\overset{仮計}{(9,780,000円}+\overset{①ハ}{2,000,000円)}\right.$$

$$\left.\times\frac{2.5}{100}\right]\times\frac{1}{4}=323,625円$$

③　損金不算入額

　　イ　完全支配　1,200,000円

　　ロ　その他　800,000円－$\overset{②}{323,625円}$　＝476,375円

　　ハ　イ＋ロ＝1,676,375円（加・流）

④　個別帰属額

$$（A社）1,200,000円（完全）+476,875円\times\frac{500,000円（A社の寄付金）}{800,000円（寄付金合計）}（その他）=1,497,734円$$

$$（B社）476,375円\times\frac{300,000円（B社の寄付金）}{800,000円（寄付金合計）}（その他）=178,640円$$

⑺　所得税額控除の計算

　　控除所得税額等の計算は，①個別法の場合は法人ごとに計算する。一方，②簡便法の場合はまずは**連結グループ全体**で計算し，続いて簡便法の場合の

個別帰属額は**各法人**の源泉所得額に応じて按分して計算する。

① 個別法（A社B社と法人ごとに計算）

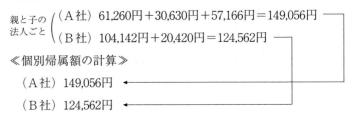

② 簡便法（まずは連結グループ全体で銘柄ごとに計算し，続いて各法人の源泉所得税額により按分する）

第16章　連結納税制度　871

連結納税（別表4の2）

（単位：円）

区　　分	連結所得金額 金　額	連結親法人A社 金　額	連結子法人B社 金　額
当 期 純 利 益	6,000,000	8,000,000	△2,000,000
加算　減価償却超過額	1,230,000	200,000	1,030,000
小　　　計	1,230,000	200,000	1,030,000
減算　受贈益の益金不算入額	1,200,000	──	1,200,000
小　　　計	1,200,000	0	1,200,000
仮　　　計	6,030,000	8,200,000	△2,170,000
加算　小　　　計	0	0	0
減算　納税充当金から支出した事業税等	100,000	100,000	──
小　　　計	100,000	100,000	0
仮　　　計	5,930,000	8,100,000	△2,170,000
受取配当金の益金不算入額	△1,150,000	△590,000	△560,000
交際費等の損金不算入額	5,000,000	3,250,000	1,750,000
仮　　　計	9,780,000	10,760,000	△980,000
寄付金の損金不算入額	1,676,374	1,497,734	178,640
法人税額から控除される所得税額等	273,618	149,056	124,562
合　　　計	11,729,992	12,406,790	△676,798
差　引　計	11,729,992	12,406,790	△676,798
総　　　計	11,729,992	12,406,790	△676,798
所 得 金 額	11,729,992	12,406,790	△676,798

（注）　法人税額の計算

　　連結親法人が普通法人で中小法人以外の場合は税率23.2％である。連結親法人の資本金の額は4億円のため，税率は23.2％となる。

　　11,729,000円×23.2％－273,618円（控除所得税）＝2,447,510円

6 資産の時価評価（法61の11，令122の12）

連結納税では，単体納税と計算を区別するため，**資産の含み損益**は直前の事業年度に認識する。

(1) 資産の時価評価（令122の12）

連結子法人となる内国法人は，最初の連結事業年度開始の日の前日に有する**時価評価資産**の評価益又は評価損を，その**連結直前の事業年度**の所得の金額の計算上，益金の額又は損金の額に算入する。

評価益 ＝ 連結開始（加入）直前事業年度終了時の価額 － 帳簿価額

評価損 ＝ 帳簿価額 － 連結開始（加入）事業年度終了時の価額

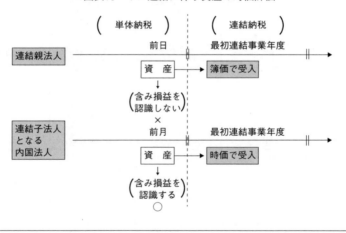
＜図表16－1＞連結に伴う資産の時価評価

第16章　連結納税制度　873

(2)　時価評価資産（令122の12）

時価評価資産は，以下に掲げる資産をいう。

① 　固定資産（前５年以内に法人税法上の一定の圧縮記帳等を受けた減価償却資産を除く）
② 　棚卸資産に該当する**土地等**（土地の上に存する権利を含む。固定資産に該当するものは除く）
③ 　有価証券（売買目的有価証券，償還有価証券を**除く**）
④ 　金銭債権
⑤ 　繰延資産

含み損益が資本金等の額1/2 又は1,000万円とのいずれか少ない金額に満たないもの等を除く。

(3)　時価評価の除外法人（令61の11）

以下の**長期間又は設立より完全支配関係がある子法人**は，親法人と一体であると考え時価評価の規定の適用はされない。

① 　**長期（５年超）に完全支配関係がある子法人**

最初の連結親法人事業年度開始の日の５年前の日からその開始の日まで継続して内国法人と他の内国法人との間にその内国法人による完全支配関係がある場合のその他の内国法人

② 　**５年以内に設立された完全支配関係がある子法人**

内国法人又はその内国法人による**完全支配関係がある内国法人**が最初連結親法人事業年度開始の日の５年前の日からその開始の日までの間にその内国法人との間に完全支配関係がある他の内国法人を設立し，かつ，その設立の日からその開始の日まで継続してその内国法人とその他の内国法人との間にその内国法人による完全支配関係がある場合のその他の内国法人

7 連結欠損金の繰越控除

(1) 連結欠損金額の意義（法2十九の二）

　各連結事業年度の連結所得の金額の計算上，その連結事業年度の損金の額がその連結事業年度の益金の額を超える場合のその超える部分の金額を**連結欠損金額**という（法2十九の二）。

　連結欠損金額は，連結所得の金額の計算上生じたものを指すため，単体納税で生じた欠損金額（青色欠損金及び災害損失金）は連結欠損金額に含まれない。

(2) 連結欠損金の繰越控除

　連結親法人の各連結事業年度開始の日**前10年以内**に開始した連結事業年度において生じた連結欠損金額がある場合には，その連結欠損金額は，その各連結事業年度の損金の額に算入する。

(3) 繰戻還付（措法81の31，措法68の98）

　繰戻還付も規定されている。しかし，現在適用停止である（連結親法人が中小法人又は協同組合等である場合を除く）。

(4) みなし連結欠損金額

　特例として，以下の**単体納税時の欠損金額を連結欠損金額とみなす。**

　① **連結親法人**

　　　最初連結事業年度開始の日前10年以内に開始した**連結親法人**の各事業年度において生じた青色欠損金額又は災害損失欠損金額

　② **特定連結子法人**

　　　最初連結事業年度開始の日前10年以内に開始した**特定連結子法人**の各事業年度において生じた青色欠損金額又は災害損失欠損金額

第16章 連結納税制度 875

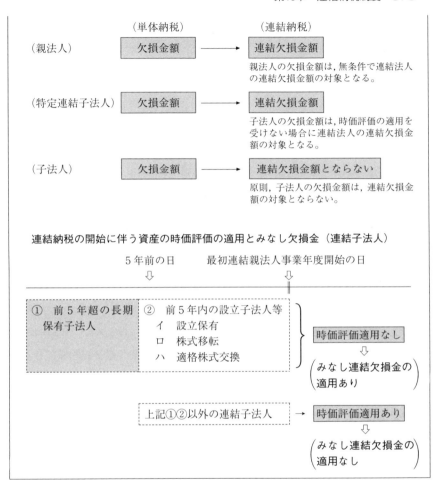

(5) **離脱時の引継ぎ**

① **原　則**（法57⑤）
　　連結欠損金個別帰属額は，各法人の青色欠損金額として引き継がれる。
② **特　例**
　　帳簿の不備等により連結納税の**承認を取り消された**ときは，連結欠損金個別帰属額は引き継がれない。
③ **加入前の欠損金額の切捨て**（法57⑧，58③）
　　連結納税の**取りやめ等**をした場合には，加入前の青色欠損金額及び災害損失欠損金額はないものとする。

≪参考　グループ法人税制と連結納税≫

　グループ法人税制は，完全支配関係のある企業グループ内での取引についてはそのグループとしての一体性を加味し，課税の繰延べ（グループ間での資産譲渡）が行われた場合には課税関係を生じさせない。

　一方，**連結納税制度**は，企業グループを１つの納税主体とみなして課税所得の計算を行う制度である。連結納税グループ内の各企業で損益が相殺できるため，各企業が単体納税を行うより全体での納税額が少なくなる場合がある。

<図表19－2＞グループ法人税制と連結納税

	グループ法人税制	連結納税
適用範囲	完全支配関係のある内国法人	
申告・納税の単位	各企業	連結納税グループ
制度の適用	強制	選択
グループ間での所得通算	されない	される
グループ間での資産譲渡	課税の繰延べあり	繰延の繰延べあり

国際課税

第1節 外国税額控除 (credit for foreign tax)

【Point 52】

(1) 内国法人が，国外で得た所得には外国法人税とともに，わが国の法人税も課税される。この二重課税を排除するために外国税額控除がある。
(2) 外国法人（内国法人の保有割合が25％未満の外国法人）から受け取った配当金に係る外国源泉税も外国税額控除の適用がある。

1　制度の趣旨

　内国法人は，各事業年度において，**国外における所得**に対して外国法人税が課せられるとともに，国外で得たこの所得に対してはわが国の法人税も課せられるため，わが国の法人税と外国の法人税と**国際的に二重課税**が行われることになる。そのため，わが国の法人税のうち所得の源泉が国外にあるものに対応する部分の法人税額に相当する金額について，わが国の法人税額から控除するのが**外国税額控除**（credit for foreign tax）（法69①）である。

　わが国の法人が，海外に支店や工場を持っているときには，海外では，海外の所得に対して外国の税金が課税される。一方日本では，国内所得と，この海外の所得を合計した全世界所得に対して課税することとしている。しかし，こ

れでは，海外の所得は国際的二重課税を受けている。そのため，この二重課税を排除するため，海外で支払った外国法人税については，わが国の法人税額のうち国外所得に対応する一定額の法人税を控除する**外国税額控除**が認められているのである。具体的に，海外支店の所得や内国法人が外国法人（保有割合25％未満）から受ける利子，配当等は所在地国である海外で課税を受け，さらにわが国の法人税も課税されるので二重課税を控除するのである。

2 税額控除の対象となる外国法人税額 （別表四・加算）（法41，28）

控除と対象となる外国法人税の額は，納付した外国法人税の額のうちその所得に対する負担の高率な部分を除いた金額（控除対象外国法人税）である（法69①，令142①）。

控除対象外国法人税は，税額控除できるため，税額控除を選択する場合には課税技術上，二重控除を防ぐため控除対象外国法人税はいったん別表四で仮計の下で，税額控除の対象となる外国法人税額等（加算・社外流出）損金不算入として加算される。

控除対象外国法人税には，海外支店，事業所等の所得に係る実際納付外国法人税や外国法人（保有割合25％未満）から受け取る配当金等にかかる実際に納付した外国源泉税が含まれる。ただし，個々の外国法人税額のうち，外国法人税の課税標準とされる金額の税率が35％相当額を超える部分の所得に対する負担が高率な部分の金額は控除対象外国法人税の額から除かれる（法69①，令142の2）。**高率な部分を除く**のは，税額控除枠を国別でなく一括して計算しているため，高税率国と低税率国との税額控除枠内での運用が発生するので，それを防ぐためである。

第17章 国際課税　879

〈図表17−1〉税額控除の対象となる外国法人税の額等

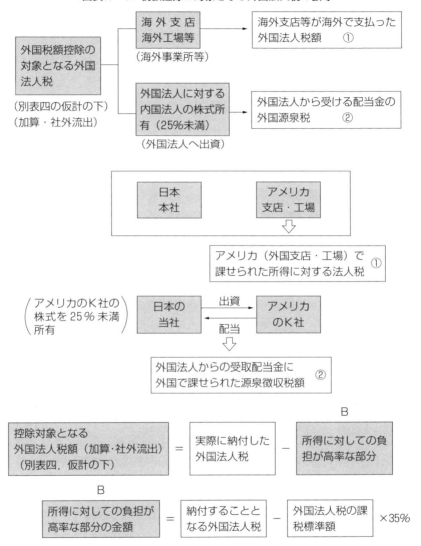

3 控除限度額（別表一）

(1) 直接外国税額控除

内国法人が，海外支店，海外工場等が得た国外等所得に課された外国法人税額や外国法人（株式所有25％未満）から受け取る配当，利子について外国で源泉徴収された所得税等について自らが直接，納税者となり納税した外国法人税額を，日本で納付すべき法人税額から控除することを**外国税額控除制度**という（法69①）。

内国法人が，直接納付した外国法人税に対して控除するため，**直接外国税額控除**という。

(2) みなし外国税額控除

発展途上国が，外資を促進するために，外国法人の課税を免除したり軽減することがある。この**特別措置等**により**免除又は軽減された法人税額**について，本来の課税があったものと納付がなくても，納付したものと仮定して，日本の外国税額控除の対象にするのである。これを**みなし外国税額控除**という。

控除対象外国法人税額で，わが国の各事業年度の所得に対する法人税額のうちその所得に含まれる国外源泉所得金額に対応する部分の金額に達するまでの金額が外国税額控除限度額である。外国税額の控除限度額は，原則として，以下のように計算される（令142①）。

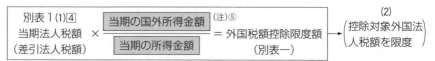

- (注)① 当期の所得金額は，国内及び国外の所得金額であり，**全世界の所得金額**を意味する。欠損金の繰越控除（法57，58）の適用前の金額である。
  ② 外国税額控除の対象となる外国法人税額は，内国法人が，外国の法令に基づき，外国及びその地方公共団体によって法人の所得を課税標準として課される税額である（令141①）。
  ③ 外国法人から受ける配当金の場合，国外所得金額は以下で計算をする。

外国法人から受け取る配当金の手取額 ＋ 配当金に係る外国源泉徴収税額で別表四で加算した金額 ＋ 配当金に係る日本の源泉徴収所得税額で別表四で加算した金額

④ 当期の法人税額（差引法人税額）とは，法人税額の特別控除の適用後，所得税額控除等の適用前の金額である。

⑤ 国外所得金額とは，国外源泉所得に日本の法人税を課す場合の所得金額である。

また，**国外所得金額**がその事業年度の所得金額の90％の金額を超える場合には，国外所得金額を限度とする。

つまり，当期の国外所得金額とは，以下の(イ)(ロ)いずれか少ない金額となる。

(イ) 国外所得金額

(ロ) その事業年度の所得金額×90％

(ハ) 当期の国外所得金額　(イ)と(ロ)の少ない金額

4　申告書の記載

外国税額控除の適用を受ける場合には，確定申告書に控除を受けるべき金額及びその計算に関する明細を記載し（申告書別表一，六（二），六（二の二），六（四），六（五）），かつ，外国法人税を課されたことを証する書類その他所定の書類（規29の2）を添付する必要があり，その記載された金額を限度として法人税額から控除される（法69⑥）。

5　法人税額から控除する外国税額の損金不算入

内国法人が控除対象外国法人税の額につき税額の控除又は還付の規定の適用を受ける場合には，その控除対象外国法人税の額は，その内国法人の各事業年度の所得の金額の計算上，損金の額に算入しない（法41）。外国子会社からの受取配当に対して外国子会社の所在地国で課せられる源泉税は，損金の額に算入しない（法69）。

6　控除限度超過額と控除余裕額の繰越

当期の控除対象外国法人税額が，当期の**外国税額控除限度額**を超え，控除しきれない金額（控除限度超過額）は，翌期以降3年以内の事業年度において，控除限度額に余裕が生じた範囲内で控除できる（法69③）。

反対に，当期の控除対象外国法人税額が当期の控除限度額に満たないために，控除限度額に余裕が生じた余裕額（**控除余裕額**）は，翌期以降3年以内の事業年度において控除限度額として使用できる（法69②）。

≪外国税額控除の判例研究≫ ☕ ちょっと考えるコーヒーブレイク

外国税額控除に関する旧D銀行事件がある（最高裁第二小法廷平成17年12月19日判決）。

当初，A社（クック諸島）からB社（クック諸島）にお金を貸し付けるところを，その貸付けをせずに，A社はD銀行シンガポール支店に預金し，その預金をD銀行シンガポール支店はB社に貸し付ける契約を結んだ。

これはD銀行（日本の本店）が外国税額控除制度の余裕枠を利用するために行われた。その方法はB社からD銀行シンガポール支店が貸付金に対する受取利息を受け取る際，源泉税を控除され支払われていたので，外国税額控除を利用して利益を得ようとしたのであった。シンガポール支店は受取利息を取得し，これに源泉税をプラスしてシンガポール支店がもらう手数料を控除した金額を預金利息としてA社に支払うこととなっていた。シンガポール支店は源泉税を負担しても，外国税額控除を適用し利益が得られると考えていた。

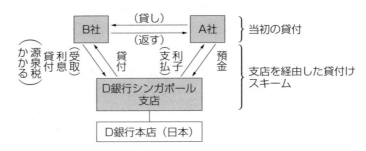

最高裁は，法人税法69条の外国税額控除制度は国際的二重課税を排除し，事業活動に対する税制の中立性を確保するための政策目的の制度である。本来，外国法人B社が負担すべき外国法人税（源泉税）をシンガポール支店が引き受け，その分，外国税額控除の余裕枠で，日本国内での法人税を減らすことは，

外国税額控除制度を濫用するもので，税負担の公平を害するとして外国税額控除を認めない判示をした。

（D銀行シンガポール支店のスキーム）

受取利息 － 支払利子 － （受取利息から引かれた源泉税）
↓
外国税額控除制度
を利用して還付

《計算Pattern》控除外国税額

(1) 〈別表四 控除対象外国法人税額の計算〉

保有割合25％未満の外国法人の受取配当金に係る源泉税と海外支店の外国法人税

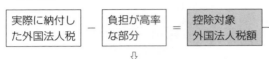

(内国法人が納付する外国法人税－外国法人税の課税標準×35％)

① 納付外国法人税
② 外国法人税の課税標準額×35％ ←
③ ①②少ない方　控除対象外国法人税額 ←

(別表四の仮計下，加算・社外流出)

(2) 〈別表一の外国税額控除額の計算〉

① 外国法人税（上記(1)の控除対象外国法人税額）別表四で加算した金額と同じ
② 控除限度額

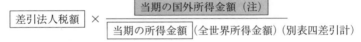

(注) (イ) 国外所得金額
　　 (ロ) 所得金額×90％
　　 (ハ) 当期の国外所得金額は(イ)と(ロ)の少ない金額

③ ①と②のうち少ない金額

《別表四の記載》

仮　　計	総額	留保	社外流出
税額控除の対象とした外国法人税の額等	×××		××

《別表一の記載》

法　人　税　額　計	××
控　除　外　国　税　額①	××
差引所得に対する法人税額	××

《計算Pattern》控除税額

(1) 控除所得税

① 株式・出資グループ

② 受益権グループ（公社債投資信託以外の証券投資信託の収益の分配，特定株式投資信託の収益の分配）

③ その他のグループ（預金利子，公社債利子，公社債投資信託の収益の分配，みなし配当等期間按分を要しないもの）

④ ①＋②＋③（別表四で仮計下で加算）

　　　　　　　法人税額から控除される所得税（加算・社外流出）

(2) 控除外国税額

① 控除対象外国法人税額（別表四で仮計下で加算）

　　税額控除の対象となる外国法人税の額等（加算・社外流出）

　　　　　　　　⇩

（保有割合25％未満の外国法人の受取配当金に係る源泉税と海外支店の外国法人税）

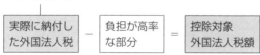

② 控除限度額

$$差引法人税額 \times \frac{当期の国外所得税額（注）}{当期の所得金額（全世界所得金額）}$$

　(注) (イ) 国外所得の金額

　　　 (ロ) 所得金額×90％

　　　 (ハ) 当期の国外所得金額　(イ)，(ロ)のうち少ない金額

③ ①と②のうち少ない金額

(3) (1)＋(2)＝控除税額　別表一（法人税額計の下）

《別表四の記載》

仮　　計	総額	留保	社外流出
法人税額が控除される所得税	×××		××
税額控除の対象とした外国法人税の額等	×××		××

《別表一の記載》

法 人 税 額 計	×××
差 引 法 人 税 額	×××
法 人 税 額 計	×××
─ 控 除 税 額	×××

→控除所得税額と控除外国税額とを合わせたもの

〈外国からの配当金に係る外国源泉税の損金不算入〉

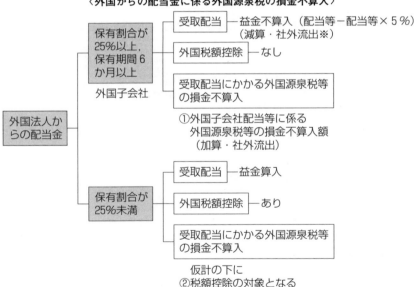

第17章　国際課税　887

《**別表四の記載**》

	当期純利益	合計	留保	社外流出	
加算	①外国子会社配当等に係る外国源泉税等の損金不算入額	×××		××	← 保有割合25%以上
減算	外国子会社配当等の益金不算入額	×××		※×××	
仮　　　計					
②税額控除の対象となる外国法人税の額等		×××		××	← 保有割合25%未満

888

《計算例題１》 外国税額控除の計算（海外支店）

次の当期の資料を参考に，株式会社慶応の外国税額控除額を計算しなさい。

慶応はアメリカに支店を有している。

(1) 外国法人税の額　　　　　　　　　　　　　　　700,000円

(2) 法人税額（別表一（一）| 4 |差引法人税額　　28,400,000円

(3) 所得金額（別表四38の①）　　　　　　　　　　78,400,000円

(4) 海外支店の国外所得金額　　　　　　　　　　　3,600,000円

《解答欄》

控除外国税額の計算

① 控除対象外国法人税の額　| 　　　　　円 |

（国外所得金額）（注）

② 控除限度額 | 　　　　円 | × | 　　　　円 | = | 　　　　円 |
　　　　　　　（差引法人税額）　　（所得金額）

③ ①と②のうち少ない金額　| 　　　　　円 |

(注) (イ) 国外所得金額　| 　　　　　円 |

　　　(ロ) 所得金額×90%　| 　　　円 | × | 　% | × | 　　　円 |

　　　(ハ) (イ)と(ロ)の少ない方　| 　　　　円 |

《**解　答**》

控除外国税額の計算

① 外国法人税　| 700,000円 |

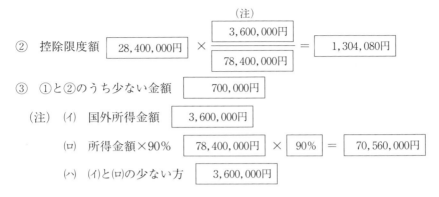

《計算例題２》 外国税額控除の計算（外国子会社（25％未満保有割合）からの配当金）

次の当期の資料により株式会社慶応の税務調整すべき金額を計算しなさい。

株式会社慶応は外国株式会社ハーバード（慶応の持株割合15％）から配当金5,000,000円を受け取った。配当金に係る源泉徴収外国税額500,000円を控除4,500,000円を収益として計上している。

1 当期の所得金額 63,000,000円（外国税額は加算済，欠損金の繰越控除前の金額）
2 前期から繰り越した繰越控除限度額はない。
3 当期差引法人税額 11,530,000円
4 外国株式会社ハーバードはアメリカに本店を有する外国法人である。
   慶応のハーバードに対する株式の保有割合が取得時より25％以上になったことはない。

《解答欄》 控除外国税額の計算
(1) 控除対象外国法人税額

負担が高率な部分の計算

| 円 | < | 円 | × 35％ 高率な部分なし

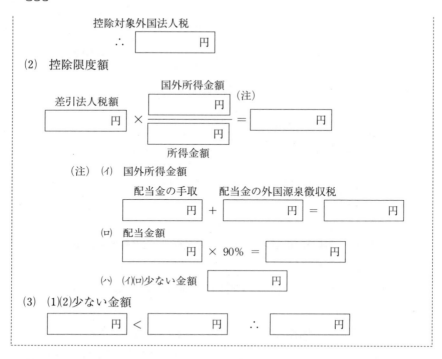

《解　答》　控除外国税額の計算

(1) 控除対象外国法人税額

負担が高率な部分の計算

500,000円 ＜ 5,000,000円 × 35%　高率な部分なし

控除対象外国法人税

∴　500,000円　　仮計の下
税額控除の対象となる外国法人税の額
（加算・社外流出）

(2) 控除限度額

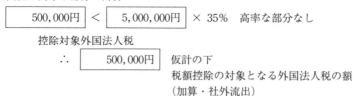

第17章　国際課税　891

(注) (イ) 国外所得金額

(配当金手取) + (配当金に係る外国源泉徴収税額で別表四で加算した金額)

4,500,000円 + 500,000円 = 5,000,000円

(ロ) 所得金額×90%

63,000,000円 × 90% = 56,700,000円

(ハ) (イ)(ロ)少ない金額　5,000,000円

(3) (1)(2)少ない金額

500,000円 < 915,079円　∴　500,000円

《計算例題3》 受取配当等の益金不算入，外国子会社配当等の益金不算入，控除税額

次の資料により，福大株式会社の当期（自平成31年4月1日 至令和2年3月31日）における税務調整すべき金額を計算しなさい。

(1) 福大株式会社が受け取った配当等は以下のとおりである。受け取った配当等の額から，源泉徴収税額を控除した手取金を受取配当金として収益に計上している。復興特別所得税の計算は考慮しないものとする。

区　　分	配当等の計算期間	受取配当等の額（税込）	源泉徴収税額
A株式の配当金 （外国法人株式）	2019年1月1日 ～2019年12月31日	1,500,000円	245,000円
B株式の配当金 （内国法人株式）	平成30年10月1日 ～令和元年9月30日	300,000円	21,000円

① 福大株式会社はイギリスにある外国法人A株式会社の株式を発行済株式総数35％を所有している。なお，源泉徴収税額245,000円のうち，150,000円は外国で課されたもので，残りの95,000円は国内で課された源泉所得税である。

② B株式の発行法人であるB株式会社は日本国内にある内国法人である。その株式全株を当期9月1日に取得している。関連法人株式にも完全子法人株式にも非支配目的株式にも該当しない。

(2) 福大株式会社は，アメリカボストンに海外支店を有しており，その資料は以下のとおりである。

支　店　名	所　得　金　額	外国法人税額
ボストン海外支店	20,000,000円	6,000,000円

上記海外支店の所得金額は日本の法人税に関する規定の別に準じて計算した金額である。

(3) 受取配当等の益金不算入（法23）の適用上，B株式の配当に係る控除

すべき負債利子の額は50,000円である。
(4) 福大株式会社の当期の所得金額は150,000,000円（上記資料は考慮されている），差引法人税額28,250,000円，法人税額計は31,500,000円である。

《解答欄》

I 受取配当等の益金不算入額の計算　別表四に記載

(1) 受取配当等の額

　　　　　円

(2) 益金不算入額

　　　　　円　×　　　％　=　　　　　円

II 外国子会社配当等の益金不算入額の計算

(1) 受取配当等の額

　　　　　円

(2) 控除費用

　　　　　円　×　　　％　=　　　　　円

(3) 益金不算入額

　　　　　円　－　　　　　円　=　　　　　円

III 法人税額から控除される所得税額の計算

B株式 $\left(\dfrac{\quad}{\quad} < \dfrac{1}{2} \quad \therefore 簡便法 \right)$

株式出資

(1) A株式

　　　　　円　－　　　　　円　=　　　　　円

(2) B株式

☐円 × ☐/☐ ( ) = ☐円

(3) (1)+(2)= ☐円

別表一㈠に記載

《控除税額の計算》

(1) 控除所得額

☐円 Ⅲ(3)

(2) 控除外国税額

① 控除対象外国法人税の額　Ⅳ

☐円

② 控除限度額

差引法人税額　　国外所得金額
☐円 × ☐円/☐円 （注） ＝ ☐円
　　　　　　　　所得金額

(注) (イ) ☐円

(ロ) ☐円 × 90％ = ☐円

(ハ) (イ)(ロ)少ない金額 ☐円

③ ①②少ない金額 ☐円

(3) (1)+(2)= ☐円

第17章　国際課税　895

《解　答》

Ⅰ　受取配当等の益金不算入額の計算　別表四に記載

(1)　受取配当等の額

| 300,000円 |

(2)　益金不算入額

| 300,000円 | × | 50% | = | 150,000円 |

Ⅱ　外国子会社配当等の益金不算入額の計算 （所有割合25％超）

外国税額控除の適用はなし
これに係る**外国会社配当等に係る外国源泉税の損金不算入**　150,000円Ⅴ
（加算・社外流出）

(1)　受取配当等の額

| 1,500,000円 |

(2)　控除費用

| 1,500,000円 | × | 5 % | = | 75,000円 |

(3)　益金不算入額

| 1,500,000円 | − | 75,000円 | = | 1,425,000円 |

Ⅲ　法人税額から控除される所得税額

株式出資　　$\dfrac{1}{12} < \dfrac{1}{2}$　∴簡便法

(1)　A株式

　　　源泉税　　　　　外国源泉税Ⅴ　　国内源泉所得税

| 245,000円 | − | 150,000円 | = | 95,000円 |

(2)　B株式

| 21,000円 | × | $\dfrac{1}{2}$ | （　0.500　） | = | 10,500円 |

896

(3) (1)+(2)= 105,500円

別表一㈠に記載

《控除税額の計算》

(1) 控除所得税額

105,500円 Ⅲ(3)

(2) 控除外国税額

① 控除対象外国法人税額 Ⅳ

6,000,000円

② 控除限度額

差引法人税額
$$28,250,000円 \times \frac{20,000,000円 (注)}{150,000,000円} = 3,766,666円$$
所得金額

(注) (イ) 20,000,000円

(ロ) 150,000,000円 × 90% = 135,000,000円

(ハ) (イ)と(ロ)少ない金額 20,000,000円

③ ①②の少ない金額 3,766,666円

(3) (1)+(2)= 3,872,166円

第17章　国際課税　897

《**別表四**》

区　　分		総額	留保	社外流出	
加算	Ⅴ外国子会社配当等に係る外国源泉税等の損金不算入額	150,000	―	その他	150,000
減算	Ⅰ受取配当等の益金不算入額	125,000	―	※	125,000
	Ⅱ外国子会社配当等の益金不算入額	1,425,000	―		1,425,000
仮　　計					
Ⅲ法人税額から控除される所得税額		105,500	―	その他	105,500
Ⅳ税額控除の対象となる外国法人税の額等		6,000,000	―	その他	6,000,000

《**別表一**》

法　人　税　額　計	
控　除　税　額	3,872,166円

第2節 移転価格税制

【Point 53】

---

(1) 海外の会社と取引したり，海外進出するときに，税制を利用して租税回避が行われることがある。これらに対応する国際税制が，移転価格税制，タックス・ヘイブン税制，過少資本税制等である。

(2) 移転価格税制とは，わが国の法人が，海外の関連企業（国外関連者）と取引を行ったときに，その取引価格（移転価格）が，何ら特殊の関係のない第三者との通常の取引価格（独立企業間価格）と異なった場合は，独立企業間価格で取引を行ったとみなして，課税していく制度である。

---

1 趣 旨

わが国の法人が海外の関連企業（国外関連者）と取引を行ったときに，取引価格の操作が行われた場合は，その取引価格が，特殊関係のない独立した第三者との通常の取引価格（独立企業間価格）と異なるとき（低額で輸出したり，高額で輸入したりするとき）には，日本国内で課税されるべき所得が，海外に移転されることになる。したがって，このような移転価格を利用した租税回避を防止しようとする制度である。

2 国外関連者

国外関連者とは，内国法人との間に以下の関係のある外国法人である。

第17章　国際課税　899

国外関連者	①　一方の法人が他の法人の発行済株式等の50％以上を直接又は間接に保有する関係
	②　両方の法人が同一の者によって，それぞれの発行済株式等の50％以上を直接又は間接に保有する関係
	③　一方の法人が，他の法人の事業方針を実質的に決定できる関係
	④　上記①から③による一定の連鎖関係

3　独立企業間価格

　独立企業間価格の算定方法は以下の方法がある。基本的方法①〜③を用いることができない場合にはそれに準ずる方法がある。独立企業間価格は取引の内容，取引の当事者が果たす機能その他諸事情を勘案して，独立の事業者との取引の対価として最も適切な方法により算定される。

棚卸資産の販売又は購入のケース	基本的方法	①独立価格比準法	特殊関係のない第三者間で取引する価格を対価とする方法
		②再販売価格基準法	再販売価格−通常の利潤　を対価とする方法
		③原価基準法	製造等の原価＋通常の利潤　を対価とする方法
	準ずる方法その他上記に	④利益分割法	国外関連者に生じた営業利益を利益の発生に寄付した程度（支出費用，使用した固定資産価額等（寄与度利益分割法））により，分割して対価とする方法
		⑤取引単位営業利益法	取引単位により，比較対象取引との差異を調整した営業利益率を基礎にして対価を計算する方法
	無形資産の移転	⑥DCF法	無形資産の使用から得られる予測キャッシュフロー等の割引現在価値を用いた評価方法
その他の取引	上記棚卸資産売買に適用される①〜⑤に掲げる方法と同等の方法		

※その他の取引とは，有形資産の貸借取引，役務提供取引，金銭の貸借，無形資産の譲渡取引等である。

4 無形資産の移転

　令和元年度の税制改正で，**移転価格税制の対象となる無形資産**とは，法人が有する資産のうち有形資産及び金融資産（現金，預貯金，有価証券等）以外の資産で，独立の事業者の間で通常の取引条件に従って譲渡・貸付け等が行われるとした場合に対価の支払が行われるべきものと明確化された。

　無形資産の移転は，比較対象取引を特定することが困難であるため，ＤＣＦ法（無形資産の使用から得られる予測キャッシュフロー等の割引現在価値を用いた評価方法）が独立企業間価格の算定方法として加えられた。

　評価困難な無形資産に係る取引（特定無形資産取引）に対しては，以下の価格調整措置の導入がされた。

　特定無形資産に係る取引（特定無形資産取引）に係る独立企業間価格の算定の基礎となる**予測**と**結果**が相違した場合には，**税務署長**は，当該**特定無形資産取引**に係る結果及びその相違の原因となった事由の発生の可能性を勘案して，当該特定無形資産取引に係る最適な価格算定方法により算定した金額を独立企業間価格とみなして更正等をすることができることとされた。

　上記の「**特定無形資産**」とは，下記に掲げる要件のすべてを満たす無形資産をいう。

　(イ)　独自性があり重要な価値を有するものであること

　(ロ)　予測収益等の額を基礎として独立企業間価格を算定するものであること

　(ハ)　独立企業間価格の算定の基礎となる予測が不確実であると認められるものであること

　ただし，予測収益等の額と実際収益等の額の乖離が5年を経過するまでの間に20%を超えていないことなどを証する書類を求められた場合に提出等することで価格調整措置の免除を受けることができる。

　上記は，令和2年4月1日以後に開始する事業年度分の法人税について適用される。

5 適用対象取引

内国法人と国外関連者との間で行った資産の販売，購入，役務の提供等の取引	内国法人が行った国外関連者への**低額譲渡**	受取対価＜独立企業間価格
	内国法人が行った国外関連者からの**高価買入**	支払対価＞独立企業間価格

　国外関連者に対する金銭贈与や債務免除等は適用対象取引とはならない，国外関連者への寄付金として取り扱われる。全額が損金不算入とされる。

6 税務処理

　4 の適用対象取引の国外関連先との間の取引での対価の額と独立企業間価格との差額は，以下のような税務処理がされる。

低額譲渡	独立企業間価格－対価の額	移転価格否認 （加算・社外流出）売上少なすぎる
高価買入	対価の額－独立企業間価格 （高価買入期中譲渡）	移転価格否認 （加算・社外流出）仕入多すぎる
	高価買入資産を期末において所有 （商品，減価償却資産）	資産過大計上 （減算・留保）

　　　　　　　　　　　↓
　減価償却資産は減額後の取得価額（取得価額－資産過大計上）に基づいて償却限度額を計算

7 移転価格税制に係る更正期間

　令和2年に開始する事業年度の移転価格税制に係る法人税の更正期間及び更正の請求期間等が7年（現行6年）に延長される。

8　事前確認制度

　移転価格税制により課税がなされた場合には，追徴税の金額が高額となるばかりでなく，更正の期間制限も6年とされているので，その金額及びその更正期間を考えても，移転価格による税金のリスクは大きいものである。そこで，移転価格リスクを事前に回避できるように，納税者と税務当局の間で設けられている事前に確認する制度が**事前確認制度**である。

9　相互協議

　わが国の法人と国外関連者との取引につき，移転価格税制が適用されると，国外関連者も所在地国で取引価格に基づき課税されているので，わが国と相手国との二重課税の問題が発生するため，これを防止するために政府（課税当局）と租税条約相手国との間で調整していく必要がある。この調整する制度が**相互協議**である。つまり，相互協議とは移転価格税制に関して，更正又は決定を受けた納税者が，租税条約に基づき二国間の当局が適正な取引価格につき協議するように申し立てをする制度である。

10　納税の猶予

　納税者が相互協議の申し立てをした場合は，相互協議の合意がでるまでの期間，つまり更正等に係る納期限から相互協議に基づく対応的調整による更正が行われた翌日から1か月を経過する日までに限って，納税は猶予される（措法66の4の2①）。また，猶予期間中の延滞税は免除される。

11　対応的調整

　法人から相互協議の申立が行われ，二国間の当局が相互協議をし，合意に達した場合は，二重課税の排除措置が実施される。これが**対応的調整**である。

　わが国の法人の所得金額から，二重課税対象となっている所得金額が減額される法人が当局間の合意が行われた日の翌日から2か月以内に**更正の請求**を行

い，その請求に基づいて所轄税務署長が減額更正することによりなされる（通法23②，通令6①四）。

12 独立企業間価格に幅があるとき

国外関連取引に係る比較可能な比較対象取引が多数存在しており，しかもその独立企業間価格が一定の幅（レンジ）を形成している場合がある。国外関連取引の取引価格がその幅の中にあるときには，移転価格税制は適用されない（措通66の4(3)—4）。

13 文書化等の義務化

法人が国外関連取引を行った場合には，独立企業間価格を踏まえて法人税の申告を行う必要がある。

そのため，法人に独立企業間価格の算定書類等の作成・取得を義務化することにより，法人が自ら独立企業間価格の正確性を検証し，税務調査の際にも必要な情報が得られるように保存を以下のように義務化する（措法66の4⑥⑦）。

なお，独立企業間価格の算定の書類は，税務当局の要請に基づき，以下の手続きで提出することとなる。

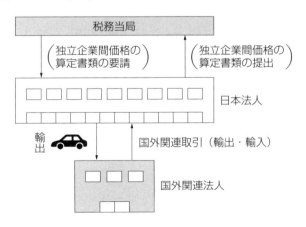

対象法人	その事業年度において国外関連取引を行った法人
提出書類の内容	**独立企業間価格の算定書類等** 国外関連取引の内容 独立企業間価格の算定方法等
提出期限	税務当局の要請から一定の期日
作成等期限	**確定申告書の提出期限**までに**作成**し，又は**取得**し，**保存**する

　ただし，**前事業年度**において行った**国外関連取引**につき，①国外関連取引の合計額が**50億円未満**，②国外関連取引のうち**無形資産取引**（特許権などの無形固定資産の譲渡又は貸付け等）の合計額が**3億円未満**のいずれにも該当する場合は，納税者の事務負担を考慮し，**文書化義務の規定は適用しない。**

　その他，**多国籍企業グループ**は，多くの国に拠点があるため，**収入規模の大きい特定多国籍グループ**には**情報提供を義務化**し，税務当局がその事業活動を把握しやすくするために，国別報告事項，最終親会社等届出事項，事業概況報告事項の報告・届出をする措置が講じられている（措法66の4の4①⑤，66の4の5①）。

第17章 国際課税 905

特定多国籍企業グループの関係

(注1) 企業グループの連結財務諸表に連結して記載される会社を構成会社等という。
(注2) その企業グループの頂点の会社を最終親会社という。最終親会社等の財産及び損益の計算の単位となる期間を最終親会計年度という。

国別報告事項

対象法人	**特定多国籍企業グループの構成会社等**（最終親会社等その他一定のものに限る）
国別報告事項の内容	**国別報告事項** 国別収入金額，国別税引前当期利益，国別事業概況報告，その他
提供期限	**最終親会社の会計年度の終了の日の翌日から1年以内**

最終親会社等届出事項

対象法人	特定多国籍グループの構成会社等
最終親会社等の届出事項の内容	**最終親会社等届出事項** 最終親会社等の名称，本店所在地，代表者の氏名，その他
提供期限	**最終親会社の会計年度の終了の日**

事業概況報告事項

対象法人	特定多国籍グループの構成会社等
事業概況報告事項の内容	**事業概況報告事項** 組織構造，事業の概要，財務状況，その他
提供期限	**最終親会社の会計年度の終了の日の翌日から1年以内**

　なお，最終親会社の会計年度の**連結総収入金額**が1,000億以上でない多国籍企業グループは，上記の提供義務が免除される。

≪移転価格税制の判例研究1≫　☕　ちょっとひといきコーヒーブレイク

　移転価格税制に関する判例として今治造船事件とアドビ事件がある。

　今治造船会社事件（松山地裁平成16年4月14日判決）では，日本法人（船舶の製造事業等）がパナマ共和国の関連者との船舶の請負取引の対価の額が，独立価格比準法により算定された独立企業間価格に満たないとして，移転価格税制が適用され更正処分がなされた。

　原告の船舶製造業者は，船舶の請負は個別性，特異性が大きく影響するから第三者への販売価格をあるべき移転価格とするのは妥当ではないと主張した。

　これに対して裁判所は，船舶建造請負取引にも相場が存在しており，本件請負取引の船価と他の取引を比較することで独立企業間価格を算定することは不合理であるということはできないと判示した。

　さらに裁判所は，課税庁が独立価格比準法を用いるときに，比較対象取引を原告の船舶建造業者と非関連者との取引を対象とする**内部取引比準法**を採用し

ていた。これは，非関連者と非関連者の取引を対象とする**外部取引価格比準法**に比較して，調整すべき項目が少なく，優れていると判示した。

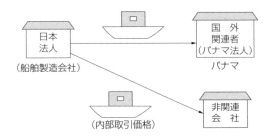

≪移転価格税制の判例研究2≫　☕　ちょっと考えるコーヒーブレイク

　もう1つの**アドビ事件**（東京高裁平成20年10月30日判決）がある。この事件は，納税者が移転価格税制で初めて勝訴した判例である。

　コンピュータのソフトウェア製品の販売促進活動をしているA社が国外関連者B社等（1事業年度はアイルランドにある法人，2事業年度はオランダにある法人）に対して行った販売促進活動のための役務提供取引の対価の額が，課税庁の再販売価格基準法に準ずる方法と同等の方法による算定された独立企業間価格に満たないとして，移転価格税制を適用し更正処分がなされた事例である。

　裁判所は，A社が果たす機能と本件課税庁の比較対象取引において比較対象会社が果たす機能は異なると判示した。

　A社は販売促進のサービスを行うものであり，課税庁の比較対象法人はグラフィックソフトを仕入れて販売するという再販売取引である。A社の販売促進活動は費用の額に等しい報酬の額がもらえるのでリスクがないのに対して，課税庁が使用した比較対象法人は，売上により損益分岐点を下回れば損失があるというリスクがある。したがって，課税庁が適用した独立企業間価格の算定は，違法性があると判示したのである。

《計算Point》

低額譲渡	独立企業間価格－対価		移転価格否認（加・社外）
高価買入	対価－独立企業間価格		移転価格否認（加・社外）
	高価買入資産（商品，減価償却資産）を期末所有		資産過大計上（減・留保）

《計算例題》 移転価格税制

(1) 外国法人ハーバード社は，内国法人である福大株式会社がその発行済株式総数の65％を有する法人である。当社福大株式会社は，ハーバード社に対して商品を9,000,000円で販売した。なお，この取引の独立企業間価格は10,000,000円である。

(2) 当社福大株式会社は，非関連会社西南より4,000,000円で仕入れ，国外関連者である外国法人ケンブリッジに対して4,800,000円で販売した。当社の通常の利潤の額は原価の25％である。

(3) 当社福大株式会社は，国外関連者から8,300,000円で買入れた特許権を，特殊関係のない第三者に対して11,000,000円で譲渡した。この取引に係る独立企業間価格は7,000,000円である。

(4) 当社福大株式会社が国外関連者である外国法人大壕に対し，商品を6,500,000円で売却した。なお，外国法人大壕が非関連会社に販売した対価は8,900,000円，大壕の通常利潤は900,000円である。

(5) 当社福大株式会社は，平成31年10月5日に国外関連者トロントから機械を20,000,000円で購入し，同日より事業の用に供した。この取引の独立企業間価格は13,000,000円である（当期平成31年4月1日～令和2年3月31日）。

この購入価額で取得価額を計上し，減価償却費3,000,000円を当期に計上している。定率法（耐用年数5年，償却率0.400，改定償却率0.500，保証率0.1080）

第17章　国際課税　909

《解答欄》

(1)　低額譲渡

　　□□□円 － □□□円 ＝ □□□円

(2)　低額譲渡

　　①　独立企業間価格（原価基準法）

　　　　□□□円 ×（1 ＋ □□□）＝ □□□円

　　②　□□□円 － □□□円 ＝ □□□円

(3)　高価買入期中譲渡

　　□□□円 － □□□円 ＝ □□□円

(4)　低額譲渡

　　①　独立企業間価格（再販売価格基準法）

　　　　□□□円 － □□□円 ＝ □□□円

　　②　□□□円 － □□□円 ＝ □□□円

(5)　高価買入期中所有

　　①　資産過大計上

　　　　□□□円 － □□□円 ＝ □□□円

　　②　移転価格否認

　　　　①と同じ □□□円

〈減価償却超過額の計算〉

　　①　判定

　　　　(イ)　償却額

　　　　　　□□□円 × □□□ ＝ □□□円

　　　　(ロ)　保証額

　　　　　　□□□円 × □□□ ＝ □□□円

　　　　(ハ)　(イ)＞(ロ)　∴通常の減価償却

② 償却限度額

③ 償却超過額

☐円 − ☐円 = ☐円

《解　答》

(1) 低額譲渡

10,000,000円 − 9,000,000円 = 1,000,000円　移転価格否認（加・社外）

(2) 低額譲渡

① 独立企業間価格（原価基準法）

原価　　　　利潤
4,000,000円 ×（1 ＋0.25）＝ 5,000,000円

② 4,800,000円 − 5,000,000円 = 200,000円　移転価格否認（加・社外）

(3) 高価買入期中譲渡

8,300,000円 − 7,000,000円 = 1,300,000円　移転価格否認（加・社外）

(4) 低額譲渡

① 独立企業間価格（再販売価格基準法）

売却価額　　　通常利潤
8,900,000円 − 900,000円 = 8,000,000円

② 8,000,000円 − 6,500,000円 = 1,500,000円　移転価格否認（加・社外）

(5) 高価買入期中所有

① 資産過大計上

20,000,000円 − 13,000,000円 = 7,000,000円　資産過大計上（減・留保）

② 移転価格否認

第17章　国際課税　911

①と同じ　$\boxed{7,000,000円}$ $\left.\begin{array}{l}\text{移転価格否認}\\\text{（加・社外）}\end{array}\right.$

〈減価償却超過額の計算〉

①　判　定

　㋑　償却額

$$\boxed{13,000,000円} \times \boxed{0.400} = \boxed{5,200,000円}$$

　㋺　保証額

$$\boxed{13,000,000円} \times \boxed{0.1080} = \boxed{1,404,000円}$$

　㋩　㋑＞㋺　　∴通常の減価償却

②　償却限度額

$$\boxed{13,000,000円} \times \boxed{0.400} \times \frac{6}{12} = \boxed{2,600,000円}$$

③　償却超過額

$$\boxed{3,000,000円} - \boxed{2,600,000円} = \boxed{400,000円} \left.\begin{array}{l}\text{償却超過額}\\\text{（加・留保）}\end{array}\right.$$

第3節 タックス・ヘイブン税制

【Point 54】

> (1) タックス・ヘイブン税制（外国子会社合算税制）とは，軽課税国（タックス・ヘイブン）に外国法人を設立し，外国法人との取引を利用して外国法人に利益を留保し，日本の法人税を逃れようとする租税回避行為を防止するための規定である。
> (2) 外国子会社の留保利益を親会社である日本にある内国法人の所得に合算して課税がされる。これがタックス・ヘイブン税制（外国子会社合算税制）である。

1 趣 旨

　法人税がかからない非課税の国又は地域や非常に税金が安い国や地域がある。この国又は地域を**軽課税国（タックス・ヘイブン）**と一般的に言われる。

　わが国の法人が，タックス・ヘイブンに子会社を設立し，親会社に配当しないで利益を留保すれば，海外子会社の利益には法人税が課税されないばかりか，本来，配当を受け日本の法人に課税されるべき法人税も課税されないことになる。

　そこで，このような租税回避を防ぐために設けられた制度が，**外国子会社合算税制（タックス・ヘイブン税制）**である。一定の外国子会社等が稼得した所得の一定部分を，わが国の親会社の所得とみなして合算して課税をする制度である。その後に，海外子会社から受けた配当のうち合算対象とされた課税済みの所得に達するまでの金額は益金に算入しない取扱いがなされる。

　合算課税による二重課税を控除するために内国法人が合算課税の適用を受けた場合や，合算課税の対象となる所得に対して外国関係会社が外国法人税額を

第17章　国際課税　913

納付している場合に，合算対象とされたものに対応する金額は，**外国税額控除**の対象となる。

2　適用対象となる内国法人と益金算入時期

タックス・ヘイブン税制の適用対象となる内国法人は以下の法人である。

適用対象となる内国法人	①　その有する直接及び間接の外国関係会社の株式等の保有割合が10％以上である内国法人（単独企業）
	②　その有する直接及び間接の外国関係会社の株式等の保有割合が10％以上である一の同族株主グループに属する内国法人（グループ企業）

　上記の内国法人が**外国関係会社**を有する場合で，外国関係会社のうち一定の要件に該当する**特定外国関係会社，対象外国関係会社**がある場合には，制度適用免除基準（税負担割合20％以上），経済活動基準等の一定の**適用除外要件**に該当しない限り，その特定外国関係会社等の事業年度の決算利益に対して日本の税法に基づく所得計算に準じて一定の調整を加えた金額（**適用対象金額**）のうち，その内国法人の直接間接の保有株式にかかる配当請求権などの内容及びその外国関係会社等との間の実質支配関係の状況に応じて計算した金額（**課税対象金額又は部分課税対象金額**）を，その内国法人の収益の額とみなし，その特定外国関係会社などの事業年度終了の日の翌日から2か月を経過する日を含むその内国法人の事業年度の益金の額に算入する（措法66の6①）。

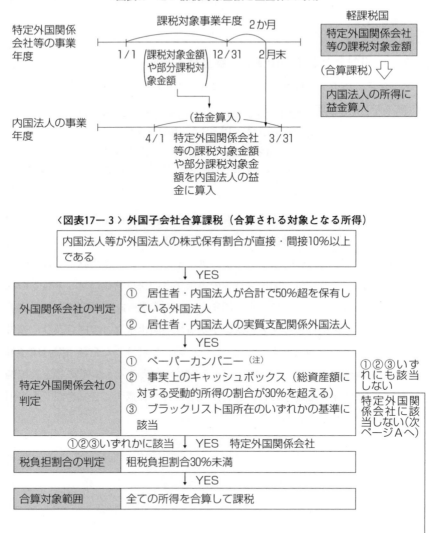

〈図表17−2〉課税対象金額と益金算入時期

〈図表17−3〉外国子会社合算課税（合算される対象となる所得）

第17章　国際課税　915

↓

A　特定外国関係会社に該当しない

↓

対象外国関係会社の判定（経済活動基準）基準を全ては満たさない。いずれかは満たさない	①　事業基準 ②　実体基準 ③　管理支配基準 ④　所在地国基準又は非関連者との取引基準

YES

全ての基準を満たす（下記Bへ）

①②③④いずれか基準を満たさない　　　↓　対象外国関係会社

税負担割合の判定	租税負担割合20％未満

↓ YES

合算対象範囲	全ての所得を合算して課税

↓

B　全ての基準を満たす ←

部分対象外国関係会社	利子・配当等の受動的所得（特定所得）がある

YES ↓（外国金融子会社等以外）

税負担割合の判定	租税負担割合20％未満

YES ↓　　　　　　　　　　　　一定要件をみたす金融機関等である（外国金融子会社）

合算対象範囲	受動的所得を合算して課税する部分合算課税

合算対象範囲	外国金融子会社等に係る部分合算課税（金融所得以外の受動的所得を合算して課税）

（注）　国外でのビジネス実態等を考慮し，現地で行われる実体のある事業の遂行上欠くことのできない機能を果たす下記の外国関係会社を，ペーパー・カンパニーの範囲から除外する。

　　　・持株会社である一定の外国関係会社
　　　・資源開発等プロジェクトに係る一定の外国関係会社
　　　・不動産保有に係る一定の外国関係会社
　　　（※その収入及び資産の大宗がこれらの業務に伴う一定のものである等の要件を満たすもの）

916

3 外国関係会社

以下に掲げる外国法人のうち，その内国法人の**直接・間接**の株式保有割合などが10％以上であるもの，実質支配関係外国法人であるものを**外国関係会社**という（措法66の6の②一）。

① 居住者及び内国法人（これらの者の特殊関係非居住者及び実質支配関係外国法人を含む）による**直接・間接**の株式保有割合などが**50％超**の外国法人

② 外国法人のおおむね全ての残余財産請求権を保有する場合等の居住者又は内国法人の**実質支配関係外国法人**

③ 一定の特定外国金融機関

4 特定外国関係会社

以下に掲げる外国関係会社を**特定外国関係会社**という（措法66の②二）。

① 以下のアイいずれの基準にも該当しない外国関係会社（**ペーパーカンパニー**）^(注1)

ア 主たる事業を行うために必要な事務所，店舗，工場などの固定施設を有していること（**実体基準**）

イ 本店所在地国において自らその事業の管理，支配及び運営を行っていること（**管理支配基準**）

② 総資産額に対する**受動的所得の金額の割合が30％を超えるもの**（B／S上の総資産の額のうち有価証券，貸付金及び無形固定資産等の合計額が50％超を占める外国関係会社に限る）（**事実上のキャッシュボックス**）^(注2)

③ 租税の情報交換等に非協力的な国又は地域（財務大臣が指定）の外国関係会社（**ブラックリスト国所在のもの**）

(注1) 令和元年度の税制改正では，内国法人の平成31年4月1日以後に終了する事業年度の合算課税において，外国子会社合算税制上ペーパー・カンパニーの範囲から下記の外国関係会社が除外される。
　　　・持株会社である一定の外国関係会社
　　　・不動産保有に係る一定の外国関係会社
　　　・資産開発等プロジェクトに係る一定の外国関係会社

(注2) 令和元年度の税制改正では，平成31年4月1日以後に開始する事業年度について外国子会社合算税制上の**事実上のキャッシュ・ボックスの範囲**に，以下のいずれにも該当する外国関係会社が加わる。
　(イ) **非関連者等**からの収入保険料の合計額が収入保険料の合計額に対する割合が10％未満である外国関係会社
　(ロ) 一定の支払再保険料の**非関連者等**からの収入保険料の合計額に対する割合が50％未満である外国関係会社

5　経済活動基準

① 株主もしくは債券の保有，無体財産権の提供又は船舶もしくは航空機の貸付を主たる事業とするもの以外。(**事業基準**) 航空機の貸付けを主たる事業としていても，本店所在地国において，役員等が貸付業務に全て従事している等の要件を満たす時は事業基準を満たす。
② 本店所在地国にその主たる事業を行うのに必要と認められる事務所，店舗，工場等の固定資産を有する。(**事務所等の実体基準**)
③ 本店所在地国でその事業の管理，支配及び運営を自ら行っている。(**管理支配運営基準**)
④ 卸売，銀行，信託，金融商品取引，保険，水道，航空運送，航空貸付等の事業を主として関連者以外の者と行っている。(**非関連者と取引基準**) 又は事業を主として本店所在地国で行っていること。(**本店所在地国基準**) の製造業については，本店所在地国において，製造に重要な業務について主体的に関与している場合を含む。

対象外国関係会社

4つの基準のいずれかを満たさない場合は対象外国関係会社，全ての基準を満たすと適用除外となる。

上記の4つの基準を**経済活動基準**という(措法66の②三)。上記の基準のいずれかを満たさない外国関係会社を**対象外国関係会社**という。

6　課税対象金額の益金算入 (措令39の15①②五)

(1) 基準所得金額の計算

基準所得金額は，以下の**日本の法令による方法**と**本店所在地国の法令による方法**で計算した金額のうち，いずれか少ない金額である。

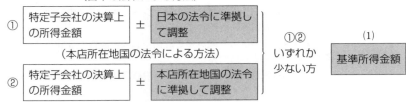

選択した方法は，継続する必要がある。ただし，①の方法から②の方法へ，又は②の方法から①の方法へ変更する場合は，所轄税務署長の承認を受けなければならない。

(2) **適用対象金額**

適用対象金額は，(1)で計算した基準所得金額をもとに，以下の算式で計算する。

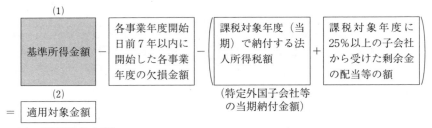

(3) **課税対象金額**

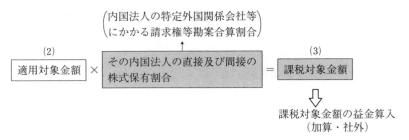

(4) 適 用 除 外

内国法人にかかる**特定外国関係会社**又は**対象外国関係会社**が，以下の場合には，その事業年度にかかる**適用対象金額**については，**課税対象金額の益金算入**は適用されない（措法66の6⑤，措令39の17の2）。

適用除外	① **特定外国関係会社**の各事業年度の**租税負担割合が30％以上**である場合
	② **対象外国関係会社**の各事業年度の**租税負担割合が20％以上**である場合

《計算Pattern》

(1) 対象外国関係会社の判定

  ① 外国関係会社の判定

  ② 特定外国関係会社の判定

  ③ 対象外国関係会社の判定

(2) 基準所得金額

(3) 適用対象金額

(4) 課税対象金額

7　部分課税対象金額の益金算入（受動的所得）

内国法人の外国関係会社のうち**対象外国関係会社**の非該当要件として掲げる**経済活動基準のすべてに該当するもの**を「**部分対象外国関係会社**」という（措法66の6②六）。そのうちの外国金融子会社等に該当しないものの各事業年度において，利子，配当その他の特定所得の金額（受動的所得）すなわち「部分適用

対象金額」がある場合には，その部分適用対象金額のうち当該内国法人の直接・間接の請求権勘案株式保有割合等に応じて計算した「**部分課税対象金額**」は，課税対象金額の益金算入の場合と同様，その特定外国子会社等の事業年度終了の日の翌日から2か月を経過する日を含むその内国法人の事業年度の益金の額に算入される（措法66の6⑥⑦，措令39の17の3）。

特定所得（受動的所得）を有する部分対象関係会社のうち**外国金融子会社等**に対しては，金融子会社等に係る部分合算課税制度がある（措法66の6⑧⑨）。

(1) 特定所得の金額（受動的所得の範囲）

外国金融子会社等以外の**部分対象外国関係会社**について，部分合算課税の対象とされる「**特定所得の金額**」のうち，以下のような例が挙げられる（措法66の6⑥，措令39の17の3②～㉗）。

特定所得（受動的所得）の例	① （配当等）持株割合25％未満の他の法人の**株式等**。持株割合10％未満の外国化石燃料採取法人の株式等に係る**受取配当等**の額の**合計額**から直接要した費用の額等を控除した残額
	② （利子）**受取利子等の額**（通常の事業の過程で生ずる預貯金の利子その他グループファイナンスに係る一定の貸付金利子の額を除く。しかし，個人に対する貸付金利子は特定所得）から直接要した費用の額等を控除した残額
	③ （有形固定資産の貸付対価）本店所在地国以外において使用される固定資産その他一定の固定資産の**貸付けの対価の額**から直接要した費用の額（償却費の額を含む）を控除した残額
	④ （無形資産の使用料）特許権等の無形資産（自己開発無形資産を除く）の**使用料から直接要した費用の額**（償却費の額を含む）を控除した残額
	⑤ （有価証券の譲渡損益）**有価証券の譲渡対価の額**（持株割合25％以上の法人株式等の譲渡対価の額を除く。Ｍ＆Ａ後の資本関係整理に伴ない発生する一定の株式譲渡益は，特定所得から除外する）から直接要した費用の額を控除した残額
	⑥ （デリバティブ取引損益）**デリバティブ取引にかかる損益の額**（ヘッジ目的で行う繰延損益の額その他一定のものを除く）

(2) 部分課税対象金額の益金算入

益金算入される**部分課税対象金額**は，以下の算式で計算する（措法66の6⑥⑦，措令39の17の3①㉘）。

第17章 国際課税 921

部分対象外国関係会社の課税対象年度の特定所得の金額の合計額につき一定の調整を加えた金額	－	前7年以内の欠損金額のうち左の金額に対応する部分の金額	＝	部分適用対象金額

部分適用対象金額	×	その内国法人の当該部分対象外国関係会社に係る請求権等勘案合算割合	＝	部分課税対象金額

(3) 適用除外

内国法人の部分対象外国関係会社であっても，以下の場合には，その事業年度の部分適用対象金額については，部分課税対象金額の益金算入は適用されない（措法66の6⑩）。

適用除外要件	① 各事業年度の租税負担割合が20％以上であること
	② 各事業年度における部分適用対象金額が2,000万円以下であること

その他，令和元年度の税制改正大綱では以下の見直し，取扱いがなされた。

(1) 保険業を行っている外国関係会社についての見直し

　① ペーパー・カンパニーの判定における保険委託者特例の見直し

　② 非関連者基準の判定の見直し

　③ 部分合算課税制度における部分適用対象金額の見直し

(2) 外国関係会社が連結納税やパススルー事業体に関する法令の適用を受けた場合の取扱いの明確化

　① 合算の対象となる適用対象金額

　② 租税負担割合

　③ 合算課税の適用を受けた場合の外国税額控除の対象となる外国法人税額

≪タックス・ヘイブン税制の判例研究1≫ ☕ ちょっと考えるコーヒーブレイク

タックスヘイブン税制に関する**香港木材卸業事件**（最高裁平成4年7月17日判決）がある。原告である木材卸業のA社が，香港に**外国子会社B社**を設立した。A社はタックスヘイブン税制の適用除外として申告した。これに対して課税庁

922

は，適用除外要件の１つである管理支配基準を充たさないとして，Ｂ社の課税
対象保留金額を益金に算入する更正処分をした。

最高裁判決は，「タックスヘイブン税制の適用除外を受ける要件に，外国子
会社等が自らが事業の管理，支配及び運営を行う必要がある。しかし，Ｂ外国
子会社は①Ａ社の重要な意思決定はＡ社の本店所在地で行っていること。②Ｂ
社の役員全員がＡ社の兼務であること。しかもほとんどのものが常勤していな
いこと。③Ｂ社の事務処理方針はＡ社において最終的決定がされていること。
④費用の支出もＡ社の決済を仰ぐこと。したがって，Ｂ外国子会社は独立した
法人として事業を自ら管理，支配及び運営したとは到底いえない。

したがって，Ｂ社は管理支配基準を充たしていない以上，Ｂ社の課税対象留
保金額は，原告Ａ社の所得金額の計算上，益金の額に算入されるべきである
と。」と判示した。

≪タックス・ヘイブン税制の判例研究２≫ ☕ ちょっと考えるコーヒーブレイク

もう１つの外国子会社の欠損金算入事件（最高裁平成19年９月28日判決）があ
る。特定外国子会社の欠損を合算して申告された事件である。課税庁はこれを
否認した。

最高裁は，「外国子会社はパナマ船籍の船舶を所有し，自ら船舶の発注者と
して造船契約を締結しており，原告の会社とは，別法人として独自の活動をし
ていた。したがって，特定外国子会社の欠損金は特定外国子会社に帰属し，原
告の所得金額の計算上，損金の額に算入することはできない。」と判示した。

《計算例題》 タックス・ヘイブン税制，課税対象金額の益金算入額の計算

当社，福大株式会社は平成30年度に内国法人である子会社福大Ｗ社（福
大株式会社が発行済株式総数の85％を保有している）と共同して，税負担の低い
国，Ｉ国に外国法人福大Ｋ社を設立した。外国法人福大Ｋ社の発行済株式
総数のうち，52％を福大株式会社が，20％を子会社福大Ｗ社が所有してい
る。その他28％は福大株式会社とは全く特殊の関係のない現地法人Ｈ社

第17章　国際課税　923

（この税負担の低い国，Ⅰ国に所在する）に所有されている。

(1)　外国法人福大Ｋ社の第３期（2019年１月１日から2019年12月31日まで）の所得金額は1,200,000ドル（Ⅰ国の法令で計算した金額），この所得に対するⅠ国での法人税は180,000ドル（2020年２月15日納付），第３期に納期が到来し，期中に納付した外国法人税は40,000ドルだった。

(2)　外国法人福大Ｋ社は，設立第１期（2017年１月１日から2017年12月31日）において，基準所得金額の計算を現地Ⅰ国の法令による方法を選択した。その後も継続して適用する。

　　外国法人福大Ｋ社の設立第３期の所得金額を日本の法令により準じて計算した金額は1,500,000ドルである。

　　Ⅰ国の法令で計算した所得金額には，以下の金額が損金の額に算入されており，調整が必要である。

①　交際費の損金不算入額　　200,000ドル

②　減価償却の超過額　　　　100,000ドル

(3)　ドルは現地Ｈ国のドル，１ドルは12円として換算する。外国税額控除の計算はしないものとする。

　　以上の資料から内国法人である福大株式会社の当期（平成31年４月１日〜令和２年３月31日）における特定外国子会社等の課税所得金額の益金算入額を計算しなさい。

　　なお，外国法人福大Ｋ会社は特定外国関係会社としての基準であるペーパーカンパニー，事実上のキャッシュボックス，ブラックリスト国所在を満たしていない。

　　さらに，経済活動基準（事業基準，実体基準，管理支配基準，所在地国基準，非関連者基準）のいずれも満たしていない。

《解答欄》

(1)　対象外国関係会社の判定

　①　外国関係会社

$$\boxed{\%} + \boxed{\%} = \boxed{\%} > 50\%$$

∴外国関係会社

② 特定外国関係会社等

　(ア) 税負担割合

$$\frac{\boxed{\qquad\text{ドル}}}{\boxed{\qquad\text{ドル}}} = \boxed{\qquad} \leqq 30\%$$

　(イ) 特定外国関係会社基準（チェック○か×）

　　ペーパーカンパニー　　　　　$\boxed{\qquad}$

　　事実上のキャッシュボックス　$\boxed{\qquad}$

　　ブラックリスト国所得　　　　$\boxed{\qquad}$

　　※いずれにも該当しないので，特定外国関係会社に該当しない。

③ 対象外国関係会社

　(ア) 税負担割合

　　$\boxed{\%} \leqq 20\%$

　(イ) 経済活動基準（チェック○か×）

　　事業基準　　　　　　　　$\boxed{\qquad}$

　　事務所の実体基準　　　　$\boxed{\qquad}$

　　管理支配基準　　　　　　$\boxed{\qquad}$

　　非関連者と取引基準　　　$\boxed{\qquad}$

　　本店所在地基準　　　　　$\boxed{\qquad}$

　　※いずれかの基準を満たさないので，対象外国関係会社。

(2) 適用対象金額

　　現地法令で計算

① $\boxed{\qquad\text{ドル}} + \boxed{\qquad\text{ドル}} + \boxed{\qquad\text{ドル}} = \boxed{\qquad\text{ドル}}$

　　　　　　　（期中納付外国法人税）

② □ドル － □ドル ＝ □ドル

(3) 課税対象金額

① $\underset{((2)②)}{\boxed{}} \times \underset{(当社保有割合)}{\boxed{\%}} = \boxed{}$ ドル

② 換算

□ドル ×12円 ＝ □円
　　　　　　　　課税対象金額の益金算入額
　　　　　　　　（加算・社外流出）

《解　答》

(1) 対象外国関係会社の判定

　① 外国関係会社

　　（福大株式会社）（子会社福大）
　　　52% ＋ 20% ＝ 72% ＞ 50%
　　　　　　　　　　　∴外国関係会社

　② 特定外国関係会社等

　　(ア) 税負担割合

$$\frac{180,000 \text{ドル}}{1,200,000 \text{ドル}} = 15\% \leq 30\%$$

　　(イ) 特定外国関係会社基準（チェック○か×）

ペーパーカンパニー	×
事実上のキャッシュボックス	×
ブラックリスト国所得	×

　　　※特定外国関係会社に該当しない。

　③ 対象外国関係会社

　　(ア) 税負担割合

　　　　15% ≦ 20%

(イ) 経済活動基準（チェック○か×）

事業基準	×
事務所の実体基準	×
管理支配基準	×
非関連者と取引基準	×
本店所在地基準	×

※いずれかの基準は満たさないので，対象外国関係会社。しかも，税負担割合で20％未満全ての所得を合算。

(2) 適用対象金額

現地法令で計算

（所得金額）　　（交際費損金不算入）　　（減価償却超過）　　（基準所得金額）

① $\boxed{1,200,000ドル}$ ＋ $\boxed{200,000ドル}$ ＋ $\boxed{100,000ドル}$ ＝ $\boxed{1,500,000ドル}$

（基準所得金額）　（期中納付外国法人税）

② $\boxed{1,500,000ドル}$ － $\boxed{40,000ドル}$ ＝ $\boxed{1,460,000ドル}$

(3) 課税対象金額

（(2)②）（当社直接・間接保有割合）

① $\boxed{1,460,000ドル}$ × $\boxed{72\%}$ ＝ $\boxed{1,051,200ドル}$

② 換　算

$\boxed{1,051,200ドル}$ × 12円 ＝ $\boxed{12,614,400円}$

課税対象金額の益金算入額
（加算・社外流出）

第17章　国際課税　927

8　外国関係会社の課税対象金額の益金算入に伴う外国税額控除

(1)　趣　　旨

　内国法人が，タックス・ヘイブン（軽課税国）にある外国関係会社等の課税対象金額，部分課税対象金額又は金融子会社等部分課税対象金額（課税対象金額等）について益金算入により**合算課税の適用**を受けるときに，この課税対象金額等の部分は外国関係会社が既に外国法人税を納付しているので，外国関係会社の所在する**現地国**と**わが国**との間に**二重課税**が生じる。

　そのため現地国にある外国関係会社等が納付する外国法人税額のうち，課税対象金額等に対応するものとして計算した金額は，その内国法人が納付する控除対象外国法人税額とみなして，通常の控除対象外国法人税のように，**外国税額控除が適用できる**（措法66の7①～③，措令39の18①～③）。

　合算課税による益金算入額は，原則として外国税額控除に係る控除限度額の計算の基礎となる**国外所得金額**（令142③）に**含まれる**。しかし，その外国関係会社が**外国法人税を課さない国又は地域**に本店又は主たる事務所を有するものである場合には，その益金算入額のうちにその外国関係会社の本店所在地国以外の国又は地域において外国法人税が課された所得があるときを除き，その益金算入額は**国外所得金額に含めない**（措令39の18⑪）。

(2)　控除対象外国法人税額

　内国法人が**外国関係会社等の課税対象金額の益金算入**の適用を受けるときに，外国関係会社等の課税対象年度の所得に対して課せられる外国法人税額のうち，以下の算式で計算した適用対象金額に対する課税対象金額に対応する金額を，その内国法人が納付する**控除対象外国法人税額**とみなす。

①　外国関係会社等の課税対象年度の所得に対して課される外国法人税額 $\times \dfrac{課税対象金額}{適用対象金額}$

②　課税対象金額

③　①②少ない方→税額控除の対象とした外国法人税→内国法人が納付したものとみなす
　　　　（加算・社外流出）
　　　　別表四仮計の下

《計算Pattern》

(1) 控除対象外国法人税額（別表四）

①

② 課税対象金額

③ ①②少ない方→控除対象外国法人税→内国法人が納付したものとみなす
（加算・社外流出）
別表四仮計の下

(2) 控除外国税額

① 控除対象外国法人税額←（別表四の仮計下から転記）

② 控除限度

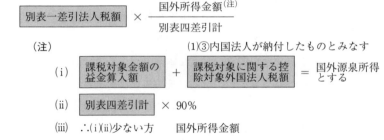

(注)　　　　　　　　　　　　　　(1)③内国法人が納付したものとみなす
(i) 課税対象金額の益金算入額 ＋ 課税対象に関する控除対象外国法人税額 ＝ 国外源泉所得とする
(ii) 別表四差引計 × 90%
(iii) ∴(i)(ii)少ない方　国外所得金額

③ ①と②少ない方　控除外国税額（法人税額計の下）別表一

《計算例題》　タックス・ヘイブン税制，控除外国税額の計算

　当社，福大株式会社は平成30年度に内国法人である子会社福大W社（福大株式会社が発行済株式総数の85％を保有している）と共同して，税負担の低い国，Ⅰ国に外国法人福大K社を設立した。**外国法人福大K社**の発行済株式総数のうち，52％を福大株式会社が，20％を子会社福大W社が所有されている。その他28％は福大株式会社とは全く特殊の関係のない現地法人H社（この税負担の低い国，Ⅰ国に所在する）に所有されている。

(1) 外国法人福大K社の第3期（2019年1月1日から2019年12月31日まで）の所得金額は1,200,000ドル（Ⅰ国の法令で計算した金額），この所得に対す

るⅠ国での法人税は180,000ドル（2020年2月15日納付）。
(2) 福大株式会社は，外国法人福大K社の**課税対象金額の益金算入額**9,110,400円，**適用対象金額**は1,460,000ドル×12円＝17,520,000円である。1ドルは12円で計算する。
(3) 福大株式会社の平成31年度（平成31年4月1日から令和2年3月31日まで）の所得金額（別表四差引計）は420,000,000円，差引法人税額117,600,000円であった。
以上の資料から控除外国税額の計算をしなさい。

《解答欄》
(1) 控除対象外国法人税額　別表四

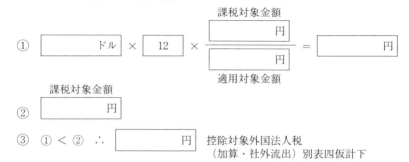

(2) 控除外国税額

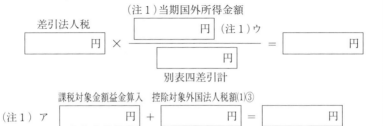

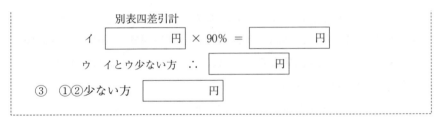

《解　答》

(1) 控除対象外国法人税額　別表四

① $180,000\text{ドル} \times 12\text{円} \times \dfrac{9,110,400\text{円（課税対象金額）}}{17,520,000\text{円（適用対象金額）}} = 1,123,200\text{円}$

② 課税対象金額　$9,110,400$ 円

③ ①＜②　∴　$1,123,200$ 円　内国法人が納付したとみなす控除対象外国法人税（加算・社外流出）別表四仮計下

(2) 控除外国税額　別表一

① 控除対象外国法人税

　　$1,123,200$ 円　（別表四の仮計下から）

② 控除限度

$$117,600,000\text{円（差引法人税）} \times \dfrac{10,233,600\text{円（注1）当期国外所得金額　ウ}}{420,000,000\text{円（別表四差引計）}} = 2,865,408\text{円}$$

(注1) ア　$9,110,400$ 円（課税対象金額益金算入）＋ $1,123,200$ 円（控除対象外国法人税額(1)③）＝ $10,233,600$ 円

イ　$420,000,000$ 円（別表四差引計）× 90% ＝ $378,000,000$ 円

ウ　アとイの少ない方　∴　$10,233,600$ 円　国外所得金額

第17章　国際課税　931

③　①②少ない方　∴　1,123,200円　控除外国税額（法人税額計の下）
別表一

第4節 過少資本税制（国外支配株主等に係る負債利子等の課税特例）

1 過少資本税制の趣旨

外国企業が日本に子会社や支店を設立し，日本でビジネスを行う場合に，日本にある外資系の子会社ないしは支店が，**外国企業から借入**をする場合と，資本金として調達する場合がある。

通常，**借入金として資金**を調達した場合には**支払利息**を払うが，支払利息は**損金に算入**される。資本金として資金を調達した場合には，配当金を払うが，配当金は損金に算入されない。

そこで，多くの資金を借入し、資本金としての資金調達が少なくなる（過少資本）可能性がある。この不当な過少資本を防止するために**過少資本税制**が設けられた。

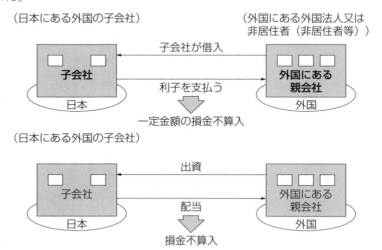

2 適用対象となる非居住者又は外国法人（国外支配株主等）

非居住者又は外国法人（非居住者等）で，対象法人である内国法人の発行済株式又は出資の50％以上を直接又は間接に保有するもの，その他の関係を有するもの（法66の5⑤一，措令39の13⑫）。

資本関係	① 対象法人の発行済株式等の50％以上の株式等を直接又は間接に保有する関係（**親子関係**） ② 対象法人と外国法人が同一の者（その者が個人である場合には，その個人及び親族等）によって，それぞれその発行済株式等の50％以上の株式等を直接又は間接に保有される場合における対象法人と外国法人の関係（**兄弟会社関係**）
実質的支配関係	③ 以下のような事実関係があるため非居住者等が対象法人の事業の方針の全部又は一部につき実質的に決定できる関係 イ 対象法人がその取引の相当部分をその**非居住者等**との取引に依存して行っている（**取引支配関係**） ロ 対象法人がその事業活動に必要とされる資金の相当部分をその非居住者等からの借入れにより，もしくはその非居住者等の保証を受けて調達している（**金銭的関係**） ハ 対象法人の役員の2分の1以上又は代表する役員が，外国法人の役員もしくは使用人を兼務している場合又は外国法人の役員もしくは使用人であった場合（**人的支配関係**）

3 適用要件（措法66の5①）

(1) 適用対象法人

国外支配株主等又は資金供与者等に**負債の利子等**を支払う内国法人である。

(2) 適用要件

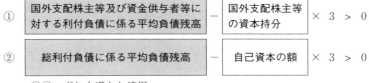

①②いずれも満たし適用

4 自己資本の額 （措法66の5⑤七，措令39の13㉓）

① 当社の総資産の帳簿価額の平均残高 － 当社の総負債の帳簿価額の平均残高

② 当社の期末資本金等の額

③ ①と②のいずれか多い方

5 国外支配株主等の資本持分 （措法66の5⑤六，措令39の13⑳）

国外支配株主等の資本持分 ＝ 自己資本の額 × 国外支配株主等の直接及び間接の保有割合

6 損金不算入額 （措法66の5①，措令39の13①②）

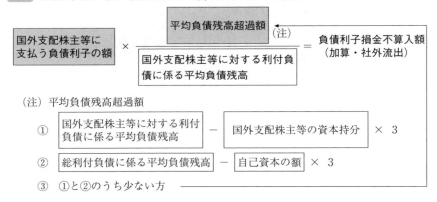

（注）平均負債残高超過額

① 国外支配株主等に対する利付負債に係る平均負債残高 － 国外支配株主等の資本持分 × 3

② 総利付負債に係る平均負債残高 － 自己資本の額 × 3

③ ①と②のうち少ない方

《計算Pattern》 国外支配株主に係る負債利子の損金不算入

(1) 判定（適用要件）

② $\boxed{\text{総利付負債に係る平均負債残高}}$ − $\boxed{\text{自己資本の額}}$ × 3 > 0
　　　（当社の負債残高）　　　　　（当社の自己資本）
　　　　　　　　　　　　　　　　　∴①②いずれも満たし適用あり

(2) 平均負債残高超過額
　　(1)①と(1)②の少ない方

(3) 損金不算入額

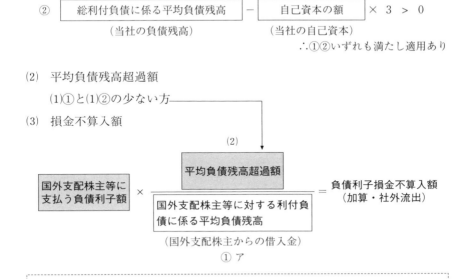

《計算例題》 過少資本税制

(1) 当社慶応株式会社は，発行済株式総数の70％を外国法人であるオックスフォード社に所有されている。なお，外国法人であるオックスフォード社に対する利付負債に係る平均負債残高は200,000,000円であり，この外国法人オックスフォード社に対する借入金の支払利子8,000,000円は当期の費用に計上している。

(2) 当社の自己資本の額は300,000,000円，総利付負債に係る平均負債残高は1,000,000,000円，自己資本の額は80,000,000円である。

《解答欄》
(1) 適用要件の判定

936

(2) 平均負債残高超過額

$$\boxed{} 円 < \boxed{} 円 \quad \therefore \quad \boxed{} 円$$

(3) 損金不算入額

$$\boxed{} 円 \times \cfrac{\boxed{} 円}{\boxed{} 円} = \boxed{} 円 \left(\begin{array}{l}負債利子損金不算入額\\(加算・社外流出)\end{array}\right)$$

《解　答》

(1) 適用要件の判定

① $\boxed{200,000,000円} - \boxed{80,000,000円} \times \boxed{70\%} \times 3 =$

$\boxed{32,000,000円} > 0$

② $\boxed{1,000,000,000円} - \boxed{80,000,000円} \times 3 = \boxed{760,000,000円} > 0$

∴ 適用

(2) 平均負債残高超過額

　　　(1)①　　　　　　(1)②

$\boxed{32,000,000円} < \boxed{760,000,000円} \quad \therefore \quad \boxed{32,000,000円}$

(3) 損金不算入額

$$\boxed{8,000,000円} \times \cfrac{\boxed{32,000,000円}}{\boxed{200,000,000円}} = \boxed{1,280,000円} \left(\begin{array}{l}負債利子損金不算入額\\(加算・社外流出)\end{array}\right)$$

第17章　国際課税　937

第 5 節 **過大支払利子税制（関連者等に
係る純支払利子等の課税特例）**

1　趣　　旨

　過大な支払利子に対する税制として，まず**資本に比べ過大な負債**に対して課
税する「**過少資本税制**」，過大な価格ないしは過小な価格に対して課税する「**移
転価格税制**」がある。平成24年度の税制改正で，所得金額に対して**過大な支払
利子**に対する税制として「**過大支払利子税制**」が創設された。関連者等の間で，
所得金額に対して過大な利子を支払うことによる租税回避を防ぐための制度で
ある。

2　概　　要

　平成25年 4 月 1 日以後に開始する各事業年度に法人に**関連者支払利子等の額**
がある場合において，その法人の当該事業年度における**関連者支払利子等の額**
の合計額から当該事業年度の**控除対象受取利子等合計額**を控除した残額（以下
「**関連者純支払利子等の額**」という）が調整所得金額の50％（令和 2 年 4 月 1 日以後
に開始する事業年度より20％）相当額を超えるときは，その超える部分の金額は，
当該事業年度の所得の金額の計算上，損金の額に算入しないこととされた（措
法66の 5 の 2 ①）。令和元年度の税制改正によれば，令和 2 年 4 月 1 日以後に開
始する事業年度から，関連者純支払利子は**純支配利子等**（第三者を含む）に改正
される。

　この損金の額に算入されなかった金額については，翌事業年度以後，7年間
繰り越して一定の限度額まで損金の額に算入することができる（措法66の 5 の 3
①）。

(1)　対象となる純支払利子等の額

　その事業年度における**対象支払利子等の額**（支払利子等の額から対象外支払利子

等の額を控除した残額）の合計額からこれに対応するものとして計算した**受取利子等の額の合計額**（控除対象受取利子等合計額）**を控除した残額**（対象純支払利子等の額）が本制度の対象とされる。

(2) 対象外支払利子等の額

上記(1)の「**対象外支払利子等の額**」とは，次に掲げる支払利子等の区分に応じ，それぞれ**次に定める金額**（一定の関連者が他の者を通じて当該法人に資金を供与したと認められる場合その他の場合における当該他の者に対する支払利子等の額を除く）をいう。

① **②に掲げる支払利子等以外の支払利子等**とは，以下に掲げる金額である。

(イ) 支払利子等を受ける者において我が国の課税所得に含まれる支払利子等の額

(ロ) 一定の公共法人に対する支払利子等の額

(ハ) 借入れと貸付けの対応関係が明らかな債券現先取引等に係る支払利子等の額（(イ)及び(ロ)に掲げる金額を除く）

② **特定債権利子等**（当該法人が発行した債券（その取得をした者が実質的に多数でないものを除く）に係る支払利子等で非関連者に対するものをいう）とは，債券ごとに以下のいずれかの金額をいう。

(イ) その支払の時に源泉徴収が行われ，又はその特定債券利子等を受ける者において我が国の課税所得に含まれる特定債券利子等の額及び一定の公共法人に対する特定債券利子等の額

(ロ) 以下に掲げる債券の区分に応じ，各々以下に定める金額

ⓐ **国内**で発行された債券は，特定債券利子等の額の95%に相当する金額

ⓑ **国外**で発行された債券は，特定債券利子等の額の25%に相当する金額

3 関連者等の範囲

(1) 法人との間にいずれか一方の法人が他方の法人の発行済株式又は出資の総

数又は総額の50％以上の数又は金額の株式又は出資を直接又は間接に保有する関係その他の一定の特殊の関係のあるもの（措法66の5の2②一，措令39の13の2⑧⑨）

(2) 個人がその法人の発行済株式又は出資の総数又は総額の50％以上の数又は金額の株式又は出資を直接又は間接に保有する関係その他の一定の特殊の関係のあるもの（措法66の5の2②一，措令39の13の2⑩⑪⑫）

(3) 上記①又は②に掲げる者（関連者）が第三者を通じて法人に対して資金を供与したと認められる場合におけるその第三者等，法人に資金を供与する一定の者及びその資金の供与に関係のある一定の者（措法66の5の2②二，措令39の13の2⑬）

4 関連者純支払利子（改正後は純支配利子等）の額

関連者純支払利子の額とは，その事業年度の関連者支払利子等の合計額からその事業年度の控除対象受取利子等合計額を控除した残額で，以下の算式により計算した金額をいう。令和元年度の税制改正によれば，令和2年4月1日以後に開始する事業年度から，関連者純支払利子は純支配利子等（第三者を含む）に改正される。

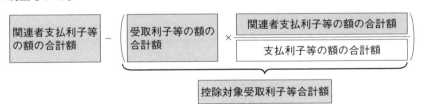

5 調整所得金額と損金不算入額

(1) 調整所得金額

青色欠損金の繰越控除等の規定を適用せず，かつ，寄附金の全額を損金の額に算入して計算した所得金額に，関連者純支払利子等の額と，減価償却費の損金算入額と，受取配当等の益金不算入額，貸倒損失の損金算入額を加えた金額（令和元年度の税制改正によれば，国内外の受取配当等の益金本算入額は加算しない。

控除所得税額等も減算しない）

(2) 関連者支払利子の損金不算入額 （措法66の5の2①）

$$\boxed{関連者純支払利子等の額} - \boxed{調整所得金額} \times 50\% = 関連者支払利子損金不算入額$$

令和元年度の税制改正によれば，令和2年4月1日以後開始する事業年度より20%（加算・社外流出）

6 適 用 除 外

以下のいずれかに該当する場合には，関連者支払利子の損金不算入の規定は適用しない。

① $\boxed{関連者純支払利子等の額} \leqq 1,000万円$

② $\boxed{関連者支払利子等の額の合計額} \leqq \boxed{一定の支払利子等の額の合計額} \times 50\%$

令和元年度の税制改正によれば，通用除外基準は令和2年4月1日以後に開始する事業年度から以下のようになる。

① $\boxed{純支払利子等の額} \leqq 2,000万円$

② $\boxed{\begin{array}{l}国内企業グループ（持株割合50\%超）の\\合算純支払利子等の額\end{array}} \leqq \boxed{合計額調整所得金額}^{(注)} \times 20\%$

(注) 内国法人及び当該内国法人との間に発行済株式等の50%超を保有する等の関係のある他の内国法人の調整所得金額の合計額から調整損失金額（調整所得金額の計算において零を下回る金額が算出される場合のその零を下回る金額）の合計額を控除した残額

第17章　国際課税　941

《計算Pattern》関連者支払利子の損金不算入額

(1)　関連者純支払利子等の額（改正後は純支配利子等の額）

$$\boxed{\begin{array}{c}\text{関連者支払利子等}\\\text{の額の合計額}\end{array}} - \left(\boxed{\begin{array}{c}\text{受取利子等の額の}\\\text{合計額}\end{array}} \times \cfrac{\boxed{\text{関連者支払利子等の額の合計額}}}{\boxed{\text{支払利子等の額の合計額}}}\right)$$

(2)　調整所得金額

$$\boxed{\text{一定の所得金額}} + \boxed{\text{減価償却費の損金算入額}} + \boxed{\text{貸倒損失の損金算入額}} + (1)$$

(3)　損金不算入額

(1)－(2)×50％＝**関連者支払利子損金不算入額**（加算・社外流出）──┐

（令和2年4月1日以降に開始する事業年度より，50％は20％）

区　　分	総　額	留保	社外流出
当期純利益	××円	××円	××円
加算			
減算			
仮　　　計			
関連者支払利子損金不算入額	×××		×××
超過利子額の損金算入額	△×××		△×××
寄附金の損金不算入額			

《計算例題》　過大支払利子税制

(1)　当社福大株式会社は，その発行済株式総数の70％を外国法人ケンブ
　リッジ社に所有されている。なお，福大株式会社の当期の支払利子額の
　合計は30,000,000円で，そのうちケンブリッジ社に対する借入金の利子は
　12,000,000円であり，当期の費用に計上している。当期の受取利子額の
　合計は4,000,000円である。

(2)　当社の当期の調整所得金額の計算上の所得金額は8,000,000円である。
　また，調整所得金額に加算される減価償却費の金額は1,700,000円，貸倒

942

損失の金額200,000円である。

(3) ケンブリッジ社は日本において事業を行っていないことから国内源泉所得はない。また，福大株式会社は過少資本税制は適用されていない。福大株式会社は過大支払利子税制の適用を受ける法人に該当する。

《解答欄》

(1) 関連者純支払利子等の額

$$\boxed{\qquad 円} - \boxed{\qquad 円} \times \frac{\boxed{\qquad 円}}{\boxed{\qquad 円}} = \boxed{\qquad 円}$$

(2) 調整所得金額

$$\boxed{\qquad 円} + \boxed{\qquad 円} + \boxed{\qquad 円} + \boxed{\qquad 円}$$
$$= \boxed{\qquad 円}$$

(3) 損金不算入額（関連者支払利子損金不算入額）

$$\boxed{\qquad 円} - \boxed{\qquad 円} \times 50\% = \boxed{\qquad 円}$$

《解 答》

(1) 関連者純支払利子等の額

$$\boxed{12,000,000円} - \boxed{4,000,000円} \times \frac{\boxed{12,000,000円}}{\boxed{30,000,000円}} = \boxed{10,400,000円}$$

(2) 調整所得金額

所得金額 　減価償却費 　貸倒損失 　　(1)

$$\boxed{8,000,000円} + \boxed{1,700,000円} + \boxed{200,000円} + \boxed{10,400,000円}$$
$$= \boxed{20,300,000円}$$

(3) 損金不算入額

(1) 　　　　(2)

$$\boxed{10,400,000円} - \boxed{20,300,000円} \times 50\% = \boxed{250,000円}$$ 関連者支払利子損金不算入額（加算・社外流出）

第17章 国際課税 943

7 超過利子の損金算入（措法66の5の3①）

　各事業年度開始の日前7年以内に開始した事業年度において，**関連者支払利子の損金不算入とされた超過利子**がある場合は，その年度以後，**調整所得金額の50%**（令和2年4月1日以後に開始する事業年度より20%）相当額から**関連者純支払利子等の額**を控除した残額を限度として，その事業年度の損金の額に算入される。

《計算Pattern》超過利子の損金算入額（関連者支払利子の損金不算入額）

(1)　当期開始前7年内開始の事業年度の超過利子額

(2)　関連者純支払利子等の額

　①　関連者支払利子等の額の合計額

　②　控除対象受取利子等合計額

　③　①－②

(3)　調整所得金額

(4)　損金算入額

　　　(3)×50%－(2)③　⎱
　　　　　　　　　　　⎰ 少ない方
　　　(1)

過大支払利子の損金算入額（減算・社外流出）

　所得金額と支払利子の関係は，短期的な市況による事業状態により影響を受けるため，ある年度で関連支払利子の損金不算入をし，その年度以後の一定の期間（7年間）において過大支払利子がないならば，損金の額に算入することとされる。

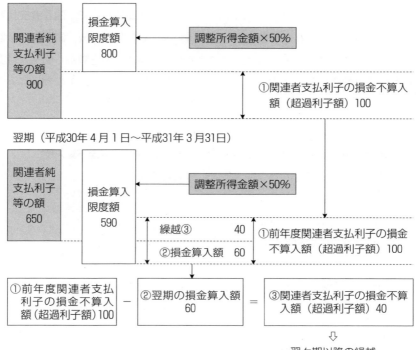

第18章 申告手続き

第1節 申告手続き

【Point 55】

1　確定申告書の提出期限

　法人は，各事業年度終了の日の翌日から2月以内に，確定した決算に基づく確定申告書を提出しなければならない。

2　確定申告書の提出期限の延長

　災害その他やむを得ない理由又は会計監査人の監査を受けなければならないことその他これに類する理由により決算が確定しないため，その提出期限までに確定申告書を提出することができないと認められる場合には，法人の申請に基づき，確定申告書の提出期限の延長をすることができる。

3　中間申告書の提出期限

　事業年度の期間が6月を超える普通法人は，その事業年度開始の日以後6月を経過した日から2月以内に中間申告書を提出しなければならない。

4　中間申告の種類

　中間申告には，前事業年度の実績に基づく中間申告と仮決算に基づく中間申告という2方法がある。

1 確定申告

(1) 期限と税額

法人は，各事業年度終了日の翌日から2か月以内に，税務署長に対し，確定した決算に基づき，各事業年度の所得に対する**法人税額の確定申告書**（tax return）を提出しなければならない。確定申告書には，その年度の貸借対照表，損益計算書，株主資本等変動計算書もしくは社員資本等変動計算書，勘定科目内訳明細書，事業等の概況に関する書類等を添付しなければならない（法74，規35）。

確定申告により納付すべき法人税額は，確定申告における所得に対する法人税額から，中間申告の法人税額を控除したものである。

(2) 申告期限の延長

確定申告書の**申告期限**（due date of the tax return）の延長には，次のものがある。

① 国税通則法による申告期限の延長

災害等やむを得ない理由によって申告，納付等が期限までに行うことができないと認められるときは，国税庁長官，国税局長又は税務署長は，その理由のやんだ日から2か月に限って，その期限を延長することができる（通法11）。

② 法人税法による申告期限の延長

(イ) 災害等によって決算が確定しない場合の期限延長

確定申告を提出すべき法人が，災害その他やむを得ない理由によって決算が確定しないため，本来の提出期限までに提出することができない場合には，納税地の所轄税務署長は，その法人の申請に基づき，期日を指定してその提出期限を延長することができる（法75①）。

(ロ) 会計監査等の関係で決算が確定しない場合の期限延長

資本金が5億円以上又は負債合計が200億円以上の株式会社は，監査役監査のほか，会計監査人（公認会計士又は監査法人）の監査を受けなければならず，決算の確定に通常2か月以上を要する（商法特例法1，2）。そこで，法人が，会計監査人の監査を受けなければならないこと等の理由により決

第18章　申告手続き　947

算が確定しないため，当期以後の各事業年度の確定申告書を本来の提出期限（期末の翌日から2か月以内）に提出することができない状況にあると認められる場合には，納税地の所轄税務署長は，その法人の申請に基づいて，各事業年度の申告書の提出期限を，原則として**1か月延長**することができる（法75の2①）。

2　中間申告

普通法人は，その事業年度が6か月を超える場合には，その**事業年度開始以後6か月を経過した日から2か月以内**に中間申告書を提出し，税額を納付しなければならない。

(1) 前事業年度の実績に基づく中間申告

中間仮決算の手間をはぶき，前期の実績を基にして今期6か月分の予定納税額を計算する。中間申告書に記載する税額の計算は，次のとおりである（法71，76）。

$$
\boxed{\begin{array}{c}\text{前事業年度確定申}\\\text{告に係る法人税額}\end{array}} \times \frac{6}{\text{前事業年度の月数}} = \text{中間申告納税額}
$$

前期実績による中間納付額が10万円以下の場合は，中間申告書の提出を必要としない。

(2) 仮決算に基づく中間申告

普通法人は，前期実績基準による中間申告に代えて，その事業年度の開始日以後6か月の期間を1事業年度とみなして，その期間に係る課税標準である所得金額又は欠損金額を計算し，それに対する法人税額を算出して中間申告を行うことができる（法72①）。中間申告書には，貸借対照表，損益計算書，株主資本等変動計算書又は社員資本等変動計算書，勘定科目内訳明細書等を添付しなければならない（法72②）。

当期の経営成績が悪く，前期実績の半分を納めると期末に決算が確定した時，税金が納めすぎになるという場合は，中間の仮決算を行い，当期6か月間の実績数値を基にした申告納税をすることもできる。

948

平成23年4月1日以後開始する事業年度より仮決算をした場合の中間申告書は，次に該当する場合には提出できないこととされた（平23.6改正法附則10）。

① 仮決算をした場合の中間申告書に記載すべき法人税の額が前年度実績による予定申告の上記の算式により計算した額を超える場合

② 前年度実績による予定申告の上記の算式により計算した額が10万円以下又は納付すべき税額がない場合

(3) みなし中間申告

中間申告書を提出すべき法人が中間申告書を提出しない場合には，その提出期限において，前事業年度の実績による中間申告書の提出があったものとみなされる（法73）。

3 納付の期限

(1) 中間申告による納付

中間申告書を提出した法人は，中間申告により納付すべき法人税額をその中間申告書の提出期限までに納付しなければならない（法76）。

(2) 確定申告による納付

確定申告書を提出した法人は，確定申告により納付すべき法人税額をその確定申告書の提出期限までに納付しなければならない（法77）。

期限後申告又は修正申告により納付すべき法人税額の納期限は，これらの申告書を提出した日である（通法35②一）。また，申告期限の延長があった場合のその申告により納付すべき法人税額の納期限は，その延長された申告期限（その延長された提出期限前に確定申告書を提出した場合には，その提出があった日がその提出期限）となる（法75⑥）。

《計算Point》

〈図表18-1〉申告期限

〔法人の税務申告〕〔1年決算法人を前提〕

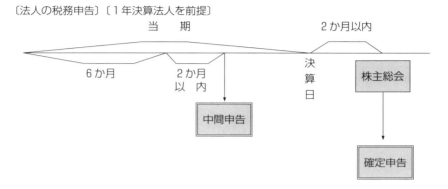

〈図表18-2〉確定申告期限と納付税額

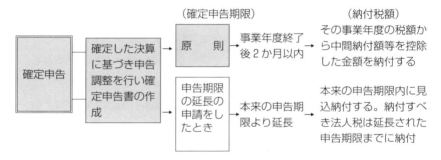

〈図表18-3〉中間申告期限と納付税額

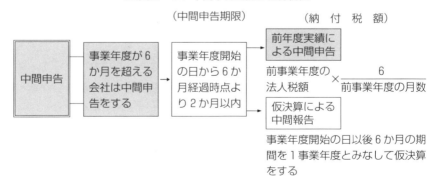

第2節 更正請求，更正，修正申告，決定及び不服申立て等

【Point 56】

---

1 更 正

　法人が提出した申告書に係る所得金額又は法人税額等が税務署長の調査したところと異なるときは，法人税額等が更正される。

2 決 定

　法人がその申告書を提出しなかった場合は，税務署長の調査したところにより法人税額等が決定される。

3 修正申告

　法人が提出した申告書に係る所得金額又は法人税額等に不足額があったりした場合には修正申告書を提出して正当な額に修正することができる。

4 加 算 税

　期限後申告，修正申告又は更正決定があった場合には，その態様に応じて過少申告加算税，無申告加算税又は重加算税が賦課される。

---

1 決 定

⑴ **決定処分**

　申告書を提出すべき法人が**その申告書を提出しなかった場合**において，税務署長の調査により納付すべき法人税額又は還付金額が生ずると認められるときは，その申告書に係る所得金額及び法人税額等が決定される（通法25）。

⑵ **決定による還付**

　決定により生じた中間納付額の控除不足額は還付される（法134）。

第18章　申告手続き　951

⑶　決定の期間制限

　決定（決定の後にする更正を含む）は，その法定申告期限から5年（偽りその他不正の行為がある場合には7年）を経過した日以後においてはすることができないこととされている（通法70③⑤）。

2　更　正　請　求

　国税に関する法律規定に従っていなかったこと又は会社の計算した課税標準や税額に法令の適用誤りや計算違いがあって，税額が過大，純損失の金額が過少，還付金が過少になっている場合で税金を納めすぎたときは，申告書の提出期限から5年以内（純損失等の金額が過少である場合で平成30年4月1日以後に開始する事業年度において生ずる純損失等の金額については10年）に，税額を少なくするため更正の請求をすることができる。また，これらの理由により，平成30年3月31日以前に開始する事業年度において生ずる純損失等の金額については申告書に記載した純損失が過少であるとき，又はその申告書に純損失を記載しなかった場合のうち法人税に係る場合は9年以内に更正の請求をすることができる（通法23①）。

3　更　　　　　正

　法人が申告書を提出した場合において，その申告書に記載された所得金額又は法人税額等が法人税に関する法律の規定に従っていなかったこと等のため，その所得金額又は法人税額等が税務署長の調査したところと異なるときは，その調査したところによりその申告書にかかる所得金額又は法人税額等が更正される（通法24）。更正を受けた場合に追加で支払う税金の納付期限は，更正通知書発送の翌日から起算して，1か月以内とされる（通法35②）。

　青色申告書につき更正する場合には，平成25年以降は更正理由を付記しなければならない（法130②）。また，推計による更正ができない（法131）。

　更正の理由附記の趣旨は，更正処分庁の判断の慎重・合理性を担保にその恣意を抑制するとともに，処分の理由をその相手方である納税者に知らせて不服

申立てに便宜を与えるためである。

　原則として，法人税の**法定申告期限**から5年を経過した日以後は更正することができない。ただし，**偽りその他不正の行為**により税額を免れ，又は税額の還付を受けたものについての**更正**については，**法定申告期限後7年**を経過する日までできる。

　また，純損失等の金額もしくは還付金額を増加させ，又は純損失等の金額を減少させる**更正**については，法定申告期限後9年を経過する日までできる。平成29年4月1日以後の開始年度では**10年**（通法70①②④）を経過する日までできる。

　更正と修正申告の相違は，前者が税務官庁による金額の変更に対し，後者は納税者の自発的な申告による増額変更である（通法17～19）。

〈図表18－4〉更正請求と修正と更正と決定

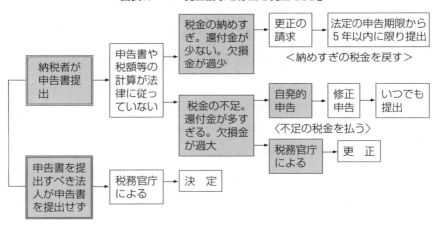

4　不服の申立て

　平成26年度の改正により，不服審査請求における異議申立前置主義が廃止され，納税者は，直接，国税不服審判所長に対して審査請求をすることができるようになった（通法75①二ロ）。

第18章　申告手続き　953

(1)　**審査請求ができる場合等**

　審査請求をすることができるのは、①再調査の請求に対して決定がなされた場合、②国税局長による処分、青色申告書類に係る更正などで、**直接審査請求をする方法を選択した場合**、③**再調査の請求をしてから3月を経過しても決定がないときに限られている**（通法75③〜⑤）。

　なお、改正法施行後は、原処分庁に対する再調査の請求に代えて、処分があったことを知った日の翌日から3か月以内に国税不服審判所長に対して**直接審査請求**をすることもできる。

　審査請求の審理を担当するのは、国税不服審判所である。

①　**再調査に対して決定がなされた場合の審査請求**

　再調査の請求（再調査請求期間経過後にされたものその他請求が適法にされていないものを除く）**についての決定があった場合で、その再調査の請求をした者がその決定を経た後の処分になお不服があるときは、その者は、国税不服審判所に対して審査請求をすることができる**（通法75③）。

②　**再調査の請求をして決定がない場合の審査請求**

　再調査の請求をしている者は、次のいずれかに該当する場合には、**再調査の請求に係る処分について、決定を経ないで、国税不服審判所長へ審査請求をすることができる**（通法75④）。

　　イ　その他再調査の請求についての決定を経ないことにつき**正当な理由があるとき**

　　ロ　再調査の請求をした日の翌日から起算して3月を経過してもその再調査の請求についての決定がないとき（通法75⑤）

③　**直接審査請求を選択**

　国税に関する法律に基づく処分で以下に掲げるものに不服がある者は、それらに定める審査請求をすることができる（通法75①）。

　　イ　税務署長、国税局長又は税関長がした処分　　国税不服審判所長に対する審査請求

　　ロ　国税長官がした処分　　国税長官に対する審査請求

ハ　国税庁，国税局，税務署及び税関以外の行政機関の長又はその職員がした処分　　国税不服審判所長に対する審査請求

(2)　**審査請求期間**

　国税に関する法律に基づく処分についての審査請求は，原則として処分があったことを知った日の翌日から3か月以内又は再調査申告書謄本の送達があった日の翌日から1か月以内に国税不服審判所長に対して行うこととされている（通法77③④）。

(3)　**標準審理期間**

　国税庁長官，国税不服審判所長，国税局長，税務署長又は税関長は，不服申立てがその事務所に到達してからその不服申立てについての決定又は採決をするまでに通常要すべき標準的な期間を定めるよう努めるとともに，これを定めたときは，その事務所における備付けその他の適当な方法により公にしておかなければならない（通法77の2）。

(4)　**審査請求先**

　審査請求は，国税不服審判所長又は国税庁長官に対してしなければならない（通法75①）。

(5)　**審理関係人による物件の閲覧及び謄写（コピー）等**

　審理関係人は，審理手続が終結するまでの間，担当審判官に対し，証拠書類の提出又は審理のための質問，検査等の規定により提出された書類その他の閲覧（電磁的記録にあっては，記録された事項を財務省令で定めるところにより表示したものの閲覧）又はその書類の写しもしくはその電磁的記録に記録された事項を記載した書面の交付を求めることができる。

　担当審判官は，閲覧をさせ，又は交付をしようとするときは，その閲覧又は交付に係る書類その他の物件の提出人の意見を聴かなければならない。ただし，担当審判官がその必要がないと認めるときは，この限りでない（通法97の3）。

　また，担当審判官は，閲覧について，日時及び場所を指定することができる。

(6)　**審査手続の計画的遂行**

　担当審判官は，審査請求に係る事件について，審理すべき事項が多数であり

又は錯綜しているなど事件が複雑であることその他の事情により，迅速かつ公正な審理を行うため，口頭意見陳述等に定める**審理手続を計画的に遂行する必要**があると認める場合には，期日及び場所を指定して，審理関係人を招集し，あらかじめ，これらの審理手続の申立てに関する意見の聴取を行うことができる（通法97の２①〜③）。

　担当審判官は，審理関係人が遠隔の地に居住している場合その他相当と認める場合には，政令で定めるところにより，担当裁判官及び審理関係人が音声の送受信により通話をすることができる方法によって，意見の聴取を行うことができる。

　また，担当審判官は，上記の意見の聴取を行ったときは，遅滞なく，**審理手続の期日及び場所**並びに**審理手続の終結**の規定による**審理手続の終結の予定時期**を決定し，これらを審理関係人に通知するものとする。その予定時期を変更したときも，同様とする。

(7)　裁　　　決

　審理請求が法定の期間経過後にされたものであるときその他不適法であるときは，**国税不服審判所長**は，裁決でその審査請求を却下する（通法92）。

　国税不服審判所長は，所定の審理を行ったうえ，担当審判官及び参加審判官の議決に基づき，審査請求の理由がないときは，**裁決**でその審査請求を棄却し，審査請求の理由があるときは，**裁決**でその審査請求に係る処分の全部もしくは一部を解消し，又はこれを変更する。ただし，審査請求人の不利益にその処分を変更することはできない（通法92，98）。

　なお，裁決は，関係行政庁を拘束し，申請もしくは請求に基づいてした処分が裁決で取り消され，又は申請もしくは請求を却下もしくは棄却した処分が裁決で取り消されたときは，税務署長等は，裁決の趣旨に従い，あらためて申請又は請求に対する処分をしなければならない（通法102）。

　国税不服審判所長は，国税庁長官が発した通達に示されている法令の解釈により裁決をするとき，又は他の国税に係る処分を行う際における法令の解釈の重要な先例となると認められる裁決をするときは，あらかじめその意見を国税

庁長官に通知しなければならない(通法99)。

国税庁長官は，上記の通知があった場合において，国税不服審判所長の意見が審査請求人の主張を容認するものであり，かつ，国税庁長官がその意見を相当と認める場合を除き，国税不服審判所長と共同してその意見について国税審議会に諮問しなければならない。

国税不服審判所長は，国税庁長官と共同して国税審議会に諮問した場合には，その国税審議会の議決に基づいて裁決をしなければならない。

(8) 訴　　　訟

審査請求についての裁決があった場合において，その国税不服審判所長の裁決になお不服があるときは，その者はその裁決があったことを知った翌日から起算して6か月以内に地方裁判所に取消訴訟を提起して，その裁決に係る更正等の是正を求めることができる(行政事件訴訟法14)。

〈図表18－5〉改正前の不服申立ての手順

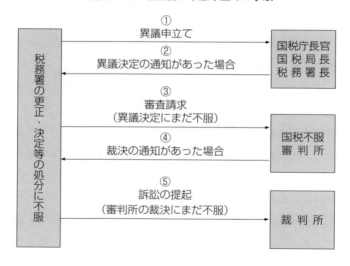

〈図表18－6〉不服申立ての手順の改正（新国税通則法）

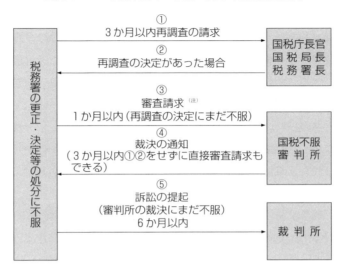

(注) 審査関係人（審査請求人，参加人及び処分庁）は，証拠物件の閲覧及び謄写を求めることができる。
　　また，審査請求人の処分庁（税務署長等）に対する質問，審理手続の計画的遂行，例えば審査請求を受け裁決までの標準的審理期間を定めるなどの計画的審理手続の遂行の整備がなされる。

5　修正申告

納付申告書を提出した後，その申告についての更正があるまでは課税標準や税額が増額する場合で，申告した税額に不足額があったり，また，欠損金額の申告が多すぎたり，還付金額が多すぎる場合には，修正申告書を提出して正当な額に修正することができる（通法19①）。

6　還　　付

(1) 所得税額等の還付

確定申告書の提出があった場合において，各事業年度の確定申告における法人税額から控除されるべき所得税額又は外国法人税額で，その法人税額から控

除しきれなかった金額は，控除不足額として，確定申告書に記載することにより還付される。

この**還付**（refund）については，その確定申告書の提出期限の翌日から還付の支払決定日までの期間に応じて，**年7.3%**の割合で計算した**還付加算金**が加算される（法79，通法58）。

(2) **中間納付税額の還付**

確定申告書の提出があった場合において，確定申告における法人税額から控除しきれなかった**中間申告納付税額**は，還付される。また，中間納付税額について納付された延滞税又は利子税のうち，還付すべき中間納付税額に対応する金額も，あわせて還付される（法80①②）。

中間納付税額が還付される場合には，その中間納付額の納付の日（中間納付期限前に納付された場合にはその期限）の翌日からその還付金の支払決定の日までの期間の日数に応じて，**年7.3%**の割合で計算した還付加算金が加算される（法80③）。

7 納付と利子税

申告書の提出期限までに，申告書で計算された税金（税額控除後）を納めなければならない。確定申告の時は中間申告で納めた分があれば，それを差し引いて納付する（法76，77）。

また，災害の場合や，会計監査等により決算が確定しない場合の確定申告書の**提出期限の延長の特例の適用を受けた場合**は，事業年度終了の日の翌日以後２月を経過した日から延長後の提出期限までの期間については，**年7.3%**の利子税が課せられる。

平成26年１月１日以後の期間に対応する利子税は，特例基準割合が7.3%に満たない場合は，年^(注)7.3%の利子税は特例基準割合で計算される。特例基準割合とは，国内銀行の短期貸付け約定平均金利の前々年10月〜前年９月までに財務大臣が告示する平均金利に年１%を加算した割合をいう。

8 延滞税

　法定納期限までに納税しなかった税額又は期限後申告や修正申告，更正決定により納付することとなる税額については，法定納期限の翌日から完納日までの期間に応じ，納期限の翌日から2か月を経過する日までの未納税額に対しては**年7.3%**，その後の期間は**年14.6%**の延滞税がかかる（通法60）。

〈図表18-7〉延滞税と利子税の本則

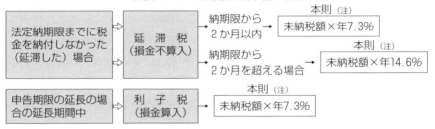

（注）　特例として，低金利状況のなかで7.3%は高すぎるので，平成26年1月1日以後の期間に対する延滞税，利子税の税率は以下のように改正された。

　　　図表18-7の7.3%は7.3%と図表18-8のように特例基準割合＋1%といずれか低い割合を適用

　　　図表18-7の延滞税14.6%の税率は図表18-8のように改正された。

　　　14.6%と特例標準割合＋7.3%といずれか低い割合を適用

　　　特定基準割合とは国内銀行の短期貸付け約定平均金利の**前々年**10月～前年9月の平均利率に1%加算した割合をいう。平成31年分の特定基準割合は前年同様の1.6%である。

〈図表18-8〉延滞税と利子税等の特例

		（本則）	平成26年1月1日以後の特例	平成31年度
延滞税	納期限から2か月以内	7.3%	特例基準割合＋1.0%	2.6%
	納期限から2か月を越える場合	14.6%	特例基準割合＋7.3%	8.9%
利子税	申告期限の延長の期間中	7.3%	特例基準割合	1.6%
還付加算金	国から納税者への還付金等に付される利息	7.3%	特例基準割合	1.6%

9 加　算　税

税金を申告しなかったり，少なく申告したような場合は，本税の他に行政的な制裁の罰則とし以下の加算税が課せられる。

(1) **過少申告加算税**……期限内申告書の税額が修正申告や更正で増えた場合は，増えた税額の10％の加算税（修正申告又は更正による納付税額が，期限内申告税額又は50万円のいずれか多い金額を超える場合は，その超える部分の5％相当額が加算され15％の割合となる）がかかる（通法65）。ただし，正当な理由に基づく修正申告又は調査前の自発的修正申告の場合は免除される。

(2) **無申告加算税**……期限後申告又は無申告（決定）の場合は，申告，修正申告，更正，決定による税額の15％の加算税がかかる（通法66①）。ただし，納付すべき税額が50万円を超えるときは，その超える部分については5％が加算され20％の割合となる（通法66②）。

(3) **不納付加算税**……源泉徴収等による国税が法定納期限までに納付されなかった場合は，その納付税額の10％の重加算税がかかる（通法67①）。

(4) **重加算税**…(イ)　過少申告加算税が賦課される(1)の場合で税額計算の基になる事実を隠したり偽ったりした場合は，過少申告加算税に代え35％（通法68①）の重加算税がかかる。なお，過去5年以内に無申告加算税等が課されたことがある場合は，10％がさらに加算される。

(ロ)　無申告加算税が賦課される(2)の場合で税額計算の基になる事実を隠したり偽ったりした場合は，無申告加算税に代え40％（通法68②）の重加算税がかかる。なお，過去5年以内に無申告加算税等が課されたことがある場合は，10％がさらに加算される。

(ハ)　不納付加算税が賦課される(3)の場合で事実を隠したり偽ったりした場合は，不納付加算税に代え35％の加算税がかかる（通法68③）。なお，過去5年以内に無申告加算税等が課されたことがある場合は，10％がさらに加算される。

第18章 申告手続き 961

〈図表18-9〉加　算　税

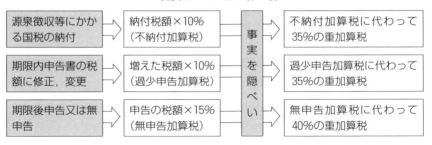

第3節 総 合 問 題

　次の資料に基づき，特定同族会社である福大株式会社（期末資本金1億円，期末資本金等の額1億9,000万円）の当期（自平成31年4月1日　至令和2年3月31日）の課税標準である所得金額と確定申告により納付すべき法人税額を計算しなさい。なお，復興特別法人税及び復興特別所得税は計算上，考慮しない。

〈資　料〉

1　当期純利益に関する事項

(1)　当期純利益　　　　　　　　　　　　　　　　　　　35,000,000円

(2)　剰余金配当に係る事項

　①　配当金総額（令和2年3月31日基準日）　　　　10,000,000円

　②　①についての利益準備金の積立額　　　　　　　1,000,000円

　福大株式会社の配当金の支払に係る基準日は定款で毎年3月31日と決定されている。

2　税務調整事項

(1)　損金の額に算入した中間納付の法人税　　　　　　11,000,000円

(2)　損金の額に算入した中間納付の県民税及び市民税額　　5,044,000円

(3)　損金の額に算入した納税充当金　　　　　　　　　20,000,000円

(4)　納税充当金より支出した前期分の事業税額　　　　14,765,000円

(5)　過大役員給与の損金不算入額

　　役員給与は全て定期同額給与に該当する。したがって，1項基準額によると定期同額給与，開示利益連動給与，事前確定届出給与に該当しない給与はないとする。

　①　実質基準により計算した金額　　　　　　　　　1,000,000円

　②　形式基準により計算した金額　　　　　　　　　1,100,000円

第18章　申告手続き　963

(6)　減価償却費の計算の資料（各自計算すること）

種　類	取得価額	損金経理償却費	期首帳簿価額	耐用年数	償却率	備　考
建　物	5,000,000円	90,000円	3,000,000円	45年	旧0.023	繰越償却超過額が25,000円である。
器具備品	7,000,000円	1,682,500円	4,050,000円	5年	新0.400	繰越償却超過額が150,000円である。
車　両	6,000,000円	2,607,000円	——	5年	新0.500	平成30年10月15日事業に供用

　なお，償却方法として，建物には定額法，その他は定率法を選定している。建物は平成19年3月31日以前取得であり，車両は平成19年4月1日以後取得である。そして，車両の保証率は0.06249，器具備品の保証率は0.10800である。

(7)　交際費に関する事項

　当期において損金経理により交際費勘定に計上した金額8,500,000円のうち以下のものが含まれている。

① 得意先を接待した時，送迎に要したタクシー代　300,000円

② 仕入先を飲食店で接待した費用（出席人数8名）　40,000円

③ 得意先を旅行に招待した費用　200,000円

④ 得意先に対する見本品を供与した費用　204,000円

⑤ 得意先を接待した飲食費（1人当たり5,000円超）　500,000円

964

(8) 受取配当等の益金不算入額に関する事項

(法人税額から控除される所得税・控除所得税額)

銘柄等	区　分	受取配当等の額（税込）	源泉所得税	住民税利子割額	配当計算期間
Ａ株式	剰余金配当	800,000円	56,000円	————	平成30.4.1～平成31.3.31
Ｂ株式	剰余金配当	240,000円	48,000円	————	平成31.10.1～令和元.9.30
Ｃ証券投資信託	収益の分配	900,000円	135,000円	45,000円	平成31.2.1～令和元.12.31
Ｄ公社債投資信託	収益の分配	100,000円	15,000円	5,000円	平成31.1.1～令和元.12.31
銀行預金利　子	利　子	500,000円	75,000円	25,000円	————————

(注)1　Ａ株式もＢ株式も関連法人株式等に該当するものである。控除負債利子は原則法30,000円，簡便法20,000円である。
　　2　証券投資信託は，オープン型である。
　　3　Ａ株式は平成30年10月５日に14,000株を取得している。
　　4　Ｂ株式は平成30年12月25日に3,000株を取得し，さらに令和元年７月10日に9,000株を取得している。
　　5　証券投資信託は令和元年８月８日に25,000口を取得したものである。
　　6　公社債投資信託は平成30年11月15日に3,000口を取得したものである。

(9) 寄付金に関する事項

①　当期において損金経理により寄付金勘定に計上した金額は，次のとおりである。

　　イ　Ａ都立高校への寄付金　　　　　　　　　　　　　　　300,000円

　　ロ　Ｂ商工会への寄付金（未払金処理）　　　　　　　　　325,000円

　　ハ　日本赤十字への寄付金　　　　　　　　　　　　　　　800,000円

　　ニ　Ｃ神社への寄付金　　　　　　　　　　　　　　　　1,700,000円

②　上記①の他，当期において支出した町内会に対する寄付金500,000円を仮払経理している。

第18章　申告手続き　965

《解答欄》

I　所得金額の計算

摘　　要	金　額	計　算　過　程
当　期　利　益	円	**I　過大役員給与の計算過程**
加		(1)　定期同額，開示利益連動給与，事前届出給与に該当しない給与 　　　　0円
		(2)　過大分の計算
		①　実質基準　　　　　　　　円
		②　形式基準　　　　　　　　円
		③　①〜②のいずれか　{ 多い / 少ない }
		金額　∴　　　　　　円
		いずれかを○で囲みなさい
		II　減価償却費の計算過程
		1　建物
		(1)　会社計上償却費　　　　　円
算		(2)　償却限度額
		円 × 0.9 × 0.
		＝　　　　　　円
小　計		(3)　減価償却不足額
減		(2)−(1)＝　　　　円　{ > / < }
		円
		いずれかを○で囲みなさい
		認容額　∴　　　　円
算		**2　器具備品**
小　計		(1)　会社計上償却費　　　　円

仮　　　計	

(2) 判 定

① 償却額（年内）月割はしない

（ _____円 ＋ _____円 ）

　　× _____ ＝ _____円

② 保証額

_____円 × _____

＝ _____円

③ ① $\left\{ \begin{array}{c} > \\ < \end{array} \right\}$ ②

∴ 通常の減価償却

(3) 償却限度額

（ _____円 ＋ _____円 ）

　　× _____ ＝ _____円

(4) 減価償却超過額

（超過額は資産の異なるごとに計上すること）

(1)－(2)＝ _____円

3　車　両

(1) 会社計上償却費 _____円

(2) 判定

① 償却額（年間）

_____円 × _____

＝ _____円

② 保証額

_____円 × _____

＝ _____円

③ ① $\left\{ \begin{array}{c} > \\ < \end{array} \right\}$ ②

∴ 通常の減価償却

(3) 償却限度額

$$\boxed{} 円 \times \boxed{} \times \frac{\boxed{}}{12}$$

$$= \boxed{} 円$$

(4) 減価償却超過額

$$(1)-(3)= \boxed{} 円$$

Ⅲ 交際費の損金不算入額の計算過程

1 支出交際費の額

$$\boxed{} 円 - \boxed{} 円 -$$

$$\boxed{} 円 = \boxed{} 円$$

2 損金算入限度額（定額基準）

① $\boxed{}$ 円 （定額基準）

② $\boxed{}$ 円 $\times\ 50\%\ \left(\begin{array}{c}\text{接待飲食費}\\ \text{基準}\end{array}\right)$

$$= \boxed{} 円$$

③ ①②多い方 $\boxed{}$ 円

3 損金不算入額

$$\boxed{} 円 - \boxed{} 円$$

$$= \boxed{} 円$$

Ⅳ 受取配当等の益金不算入額の計算過程

(1) 受取配当等の額

関連法人株式等

$$\boxed{} 円 + \boxed{} 円$$

$$= \boxed{} 円$$

(2) 控除負債利子

① 原則法 $\boxed{}$ 円

② 簡便法 $\boxed{}$ 円

③ ①②いずれか [　　　] 方の金額

∴ [　　　　　] 円

(3) 益金不算入額

関連法人株式等

([　　　　　円] − [　　　　　円])

× 100% = [　　　　　円]

V 寄付金の損金不算入額の計算過程

1 支出した寄付金の額

(1) 指定寄付金等 [　　　　　円]

(2) 特定公益増進法人等 [　　　　　円]

(3) その他

[　　　　円] + [　　　　円]

= [　　　　円]

(4) 合計(1)+(2)+(3)= [　　　　円]

2 損金算入限度額の計算

(1) 特定公益増進法人の特別損金算入限度額

① 資本基準額（特定公益増進法人）

$$[\text{　　　円}] \times \frac{[\quad]}{12} \times \frac{[\qquad]}{[\qquad]}$$

= [　　　円]

② 所得基準額（特定公益増進法人）

([　　　円] + [　　　円])

$$\times \frac{[\qquad]}{[\qquad]} = [\text{　　　円}]$$

③ 特別公益増進法人特別損金算入限度額

$$\left(\boxed{円}+\boxed{円}\right)\times\dfrac{\boxed{}}{\boxed{}}=\boxed{円}$$

(2) 一般寄付金の損金算入限度額

① 資本基準額（一般寄付金）

$$\boxed{円}\times\dfrac{\boxed{}}{12}\times\dfrac{\boxed{}}{\boxed{}}$$

$$=\boxed{円}$$

② 所得基準額（一般寄付金）

$$\left(\boxed{円}+\boxed{円}\right)\times\dfrac{\boxed{}}{\boxed{}}=\boxed{円}$$

③ 一般寄付金の損金算入限度額

$$\left(\boxed{円}+\boxed{円}\right)\times\dfrac{\boxed{}}{\boxed{}}=\boxed{円}$$

3 損金不算入額の計算

$$\boxed{円}-\boxed{円}-$$

（注1）

$$\boxed{円}-\boxed{円}$$

$$=\boxed{円}$$

（注1）

$$\boxed{円}<\boxed{円}$$

$$\therefore\ 少ない方\ \boxed{円}$$

Ⅳ 法人税額から控除される所得税（控除所得税額）の計算過程
(1) 株式出資
　① 原則法
　　イ　A株式

$$\boxed{}円 \times \frac{\boxed{}か月}{12か月}（）$$

$$= \boxed{}円$$

　　ロ　B株式

(i) $\boxed{}円 \times \dfrac{\boxed{}株}{\boxed{}株} \times \dfrac{\boxed{}か月}{12か月}（）$

$$= \boxed{}円$$

(ii) $\boxed{}円 \times \dfrac{\boxed{}株}{\boxed{}株} \times \dfrac{\boxed{}か月}{12か月}（）$

$$= \boxed{}円$$

(i)＋(ii)＝ $\boxed{}$ 円

　　ハ　イ＋ロ＝ $\boxed{}$ 円

　② 簡便法
　　イ　A株式

$$\boxed{}円 \times \frac{\boxed{}株 +（\boxed{}株 - \boxed{}株）\times \frac{1}{2}}{\boxed{}株}（）$$

$$= \boxed{}円$$

第18章　申告手続き　971

　　ロ　B株式

$$\boxed{円} \times \dfrac{\boxed{株} + (\boxed{株}}{\boxed{株}}$$

$$\dfrac{- \boxed{株}) \times \dfrac{1}{2}}{}\qquad (\qquad)$$

$$= \boxed{円}$$

　　ハ　イ＋ロ＝　$\boxed{円}$

③　①ハと②ハの多い方　$\boxed{円}$

(2)　受益権

①　原則法

　　C証券投資信託

$$\boxed{円} \times \dfrac{\boxed{か月}}{12か月}\qquad (\qquad)$$

$$= \boxed{円}$$

②　簡便法

　　C証券投資信託

$$\boxed{円} \times \dfrac{\boxed{口} + (\boxed{口}}{\boxed{口}}$$

$$\dfrac{- \boxed{口}) \times \dfrac{1}{2}}{}\qquad (\qquad)$$

$$= \boxed{円}$$

③　①と②の多い方　$\boxed{円}$

(3)　その他　$\underset{預金利子}{\boxed{円}} + \underset{公社債投資信託}{\boxed{円}}$

$$= \boxed{円}$$

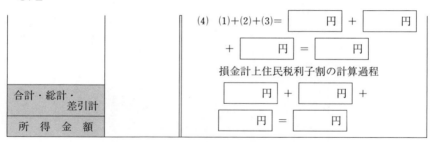

第18章　申告手続き　973

Ⅱ　納付すべき法人税額の計算

摘　　　要	税率	金　額	計　算　過　程
所　得　金　額			1,000円未満切捨 〔税率適用区分〕
法人税額の計算　(1)　年800万円以下　　　　　　円	15%	1,200,000	（1）　年800万円以下 　　　　　　　円　×$\frac{12}{12}$
(2)　年800万円超　　　　　　円	23.2%	円	＝　　　　　　円 　　　　（1,000円未満切捨） （2）　年800万円超
法　人　税　額			円　－　　　　円
			＝　　　　　　円
差　引　法　人　税　額			
法　人　税　額　計			
控　　除　　税　　額			100円未満切捨
差引所得に対する法人税額			
中　間　申　告　分　の　法　人　税　額			
納　付　す　べ　き　法　人　税　額			

《解 答》

Ⅰ 所得金額の計算

摘 要		金 額	計 算 過 程
当 期 利 益		35,000,000円	Ⅰ 過大役員給与の計算過程
加	損金の額に算入した中間法人税	11,000,000円	(1) 定期同額，開示利益連動給与，事前届出給与に該当しない給与 0円
	損金の額に算入した県民税及び市民税	5,044,000円	(2) 過大分の計算
	損金の額に算入した納税充当金	20,000,000円	① 実質基準 □ 1,000,000円
	損金計上住民税利子割	75,000円	② 形式基準 □ 1,100,000円
	過大役員給与の損金不算入	1,100,000円	③ ①～②のいずれか 多 い / 少ない
	器具備品減価償却超過額	2,500円	金額 ∴ □ 1,100,000円
算	車両減価償却超過額	1,107,000円	いずれかを○で囲みなさい
	交際費の損金不算入	256,000円	Ⅱ 減価償却費の計算過程
	未払寄付金否認	325,000円	1 建 物
	小 計	38,909,500円	(1) 会社計上償却費 □ 90,000円
減	納税充当金から支出した事業税	14,765,000円	(2) 償却限度額 旧定額法償却率 □ 5,000,000円 × 0.9 × □ 0.023 = □ 103,500円
	受取配当金等の益金不算入額	1,020,000円	(3) 減価償却不足額
	建物減価償却超過額認容	13,500円	(2)−(1)= □ 13,500円 { > / < }
算	仮払寄付金認定損	500,000円	□ 25,000円
	小 計	16,298,500円	いずれかを○で囲みなさい
仮 計		57,611,000円	認容額 ∴ □ 13,500円 2 器具備品

法人税額から控除される所得税額	215,500円
寄付金の損金不算入額	1,700,557円

(1) 会社計上償却費 　　　1,682,500円

(2) 判　定

　① 償却額（年間）月割はしない

　（ 4,050,000円 ＋ 150,000円 ）

　　　　　　　　× 0.400 ＝ 1,680,000円

　② 保証額

　　　7,000,000円 × 0.10800

　　　＝ 756,000円

　③ ① $\left\{\begin{matrix} > \\ < \end{matrix}\right\}$ ② ∴通常の減価償却

(3) 償却限度額

　（ 4,050,000円 ＋ 150,000円 ）

　　　　　新償却率

　　　× 0.400 ＝ 1,680,000円

(4) 減価償却超過額

　（超過額は資産の異なるごとに計上すること）

　　(1)－(2)＝ 2,500円

3　車　両

(1) 会社計上償却費 2,607,000円

(2) 判定

　① 償却額（年間）月割はしない

　　6,000,000円 × 0.500

　　＝ 3,000,000円

　② 保証額

　　6,000,000円 × 0.06249

　　＝ 374,940円

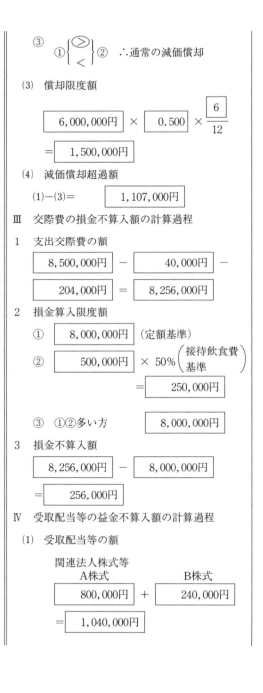

第18章　申告手続き　977

(2)　控除負債利子

①　原則法　　30,000円

②　簡便法　　20,000円

③　①②いずれか 少ない 方の金額

∴　20,000円

(3)　益金不算入額

関連法人株式等

(1,040,000円 － 20,000円)

× 100％ ＝ 1,020,000円

V　寄付金の損金不算入額の計算過程

1　支出した寄付金の額

(1)　指定寄付金等　　300,000円

(2)　特定公益増進法人等　　800,000円

(3)　その他

1,700,000円 ＋ 500,000円

＝ 2,200,000円

(4)　合計(1)+(2)+(3)＝ 3,300,000円

2　損金算入限度額の計算

(1)　特定公益増進法人の特別損金算入限度額

①　資本基準額（特定公益増進法人）

$190{,}000{,}000円 \times \dfrac{12}{12} \times \dfrac{3.75}{1{,}000}$

＝ 712,500円

②　所得基準額（特定公益増進法人）

$\left(\overset{仮計}{57{,}611{,}000円} ＋ 3{,}300{,}000円 \right)$

$\times \dfrac{6.25}{100} ＝$ 3,806,937円

③ 特定公益増進法人特別損金算入限度額

$$\{(1)+(3)\} \times \dfrac{1}{2} = \boxed{2,259,718円}$$

(2) 一般寄付金の損金算入限度額

① 資本基準額（一般寄付金）

$$\boxed{190,000,000円} \times \dfrac{12}{12} \times \dfrac{2.5}{1,000}$$

$$= \boxed{475,000円}$$

② 所得基準額（一般寄付金）

$$\left(\boxed{\overset{仮計}{57,611,000円}} + \boxed{3,300,000円} \right)$$

$$\times \dfrac{2.5}{100} = \boxed{1,522,775円}$$

③ 一般寄付金損金算入限度額

$$\{①+②\} \times \dfrac{1}{4} = \boxed{499,443円}$$

3 損金不算入額の計算

$$\boxed{3,300,000円} - \boxed{300,000円} -$$

$$\underset{(注1)}{\boxed{800,000円}} - \underset{(2)③}{\boxed{499,443円}}$$

$$= \boxed{1,700,557円}$$

$$\underset{(注1)}{\boxed{800,000円}} < \underset{(5)}{\boxed{2,259,718円}}$$

$$\therefore 少ない方 \quad \boxed{800,000円}$$

Ⅵ 法人税法から控除される所得税（控除所得税）の計算過程

(1) 株式出資

① 原則法

第18章　申告手続き　979

イ　A株式

$$56{,}000円 \times \frac{6か月}{12か月} \ (0.500)$$

$$= \boxed{28{,}000円}$$

ロ　B株式

(i)　$48{,}000円 \times \dfrac{3{,}000株}{12{,}000株} \times \dfrac{12か月}{12か月}$

$$= \boxed{12{,}000円}$$

(ii)　$48{,}000円 \times \dfrac{9{,}000株}{12{,}000株} \times \dfrac{3か月}{12か月} \ (0.250)$

$$= \boxed{9{,}000円}$$

(i)＋(ii)＝ $\boxed{21{,}000円}$

ハ　イ＋ロ＝ $\boxed{49{,}000円}$

②　簡便法

イ　A株式

$$56{,}000円 \times \frac{\boxed{0株} + (\boxed{14{,}000株} - \boxed{0株}) \times \dfrac{1}{2}}{\boxed{14{,}000株}} \ (0.500)$$

$$= \boxed{28{,}000円}$$

ロ　B株式

$$48{,}000円 \times \frac{\boxed{3{,}000株} + (\boxed{12{,}000株}}{\boxed{12{,}000株}}$$

$$- \boxed{3{,}000株}) \times \frac{1}{2}$$

$$\overline{} \quad (0.625)$$

$$= \boxed{30{,}000円}$$

ハ　イ＋ロ＝ $\boxed{58{,}000円}$

③　①ハと②ハの多い方　$\boxed{58{,}000円}$

(2)　受益権

①　原則法

C証券投資信託

$$\boxed{135{,}000円} \times \frac{\boxed{5\text{か月}}}{12\text{か月}} \quad (0.417)$$

$$= \boxed{56{,}295円}$$

②　簡便法

C証券投資信託

$$\boxed{135{,}000円} \times \frac{\boxed{0口} + (\boxed{25{,}000口}}{\boxed{25{,}000口}}$$

$$- \boxed{0口}) \times \frac{1}{2}$$

$$\overline{} \quad (0.500)$$

$$= \boxed{67{,}500円}$$

③　①と②の多い方　$\boxed{67{,}500円}$

	預金利子	公社債投資信託
(3)　その他	$\boxed{75{,}000円}$ ＋	$\boxed{15{,}000円}$
		＝ $\boxed{90{,}000円}$

(4)　(1)＋(2)＋(3)＝

$\boxed{58{,}000円}$ ＋ $\boxed{67{,}500円}$ ＋

$\boxed{90{,}000円}$ ＝ $\boxed{215{,}500円}$

		損金計上住民税利子割の計算過程
合計・総計・差引計	59,527,057円	45,000円 + 5,000円 +
所 得 金 額	59,527,000円	25,000円 = 75,000円

II　納付すべき法人税額の計算

摘　　要		税率	金　額	計　算　過　程
所　得　金　額			59,527,000円	1,000円未満切捨
法人税額の計算	(1)　年800万円以下　8,000,000円	15%	1,200,000円	〔税率適用区分〕 (1)　年800万円以下 $\boxed{8,000,000円} \times \dfrac{12}{12} =$ $\boxed{8,000,000円}$ 　　　（1,000円未満切捨）
	(2)　年800万円超　51,527,000円	23.2%	11,954,264円	(2)　年800万円超 $\boxed{59,527,000円} - 8,000,000円$
	法　人　税　額		13,154,264円	$= \boxed{51,527,000円}$
差　引　法　人　税　額			13,154,264円	
法　人　税　額　計			13,154,264円	
控　　除　　税　　額			215,500円	
差引所得に対する法人税額			12,938,700円	100円未満切捨
中　間　申　告　分　の　法　人　税　額			11,000,000円	
納　付　す　べ　き　法　人　税　額			1,938,700円	

第18章　申告手続き　983

《総括Point》

別表四の記入例（所得金額の計算書）

区　　分	金　額	計　算　過　程
当　期　純　利　益	×××	
加算　損金計上中間申告分法人税	Ⓐ××	
損金計上中間申告分住民税	××	
損金計上住民税利子割	××	
損金計上納税充当金	××	
損金計上附帯税	××	
損金計上罰金	××	
損金計上過怠税	××	
交際費の損金不算入	××	
減価償却超過額	××	
未払寄付金否認	××	
貸倒引当金繰入超過（個別評価の貸倒引当金繰入超過＋一括評価の貸倒引当金繰入超過）	××	
役員給与の損金不算入	××	
小　　　　計	×××	
減算　納税充当金から支出した事業税等	××	
前期減価償却超過額当期認容	××	
受取配当金の益金不算入	××	
貸倒引当金繰入超過額認容	××	
仮払寄付金認定損	××	
仮払交際費認定損	××	
小　　　　計	×××	
仮　　　　計	×××	
寄付金の損金不算入	××	
法人税額から控除される所得税額	Ⓑ××	
税額控除の対象となる外国法人税	××	
合　　　　計	×××	
総　　　　計	×××	
差　引　計	×××	
所　得　金　額	×××	

別表一の記入例（各事業年度の所得に係る法人税の申告書）

摘　　要			金　額	計　算　過　程
所　得　金　額			×××円	1,000円未満切捨
内訳	年800万円相当額	①	円	① $800万円 \times \dfrac{事業年度月数}{12}$
	年800万円超過額	②	××	$= \boxed{8,000,000円}$
税額	①×15%		×××	②
	②×23.2%		×××	$所得金額 - 800万 \times \dfrac{事業年度月数}{12}$
法　人　税　額			×××	$= \boxed{\qquad 円}$
試験研究費の特別控除額			××	
中小企業者の特定機械装置等の特別控除額			××	
エネルギー環境負荷低減推進設備の特別控除額			××	
雇用者数が増加した場合の特別控除額			××	
雇用者給与等増加の特別控除			××	
生産等設備の特別控除			××	
商業・サービス業中小企業者の特別控除			××	
差　引　法　人　税　額			×××	
課税留保金額に対する税額			××	
法　人　税　額　計			×××	
控　除　所　得　税　額			Ⓑ××	
控　除　外　国　税　額			××	
差引所得に対する法人税額			×××	100円未満切捨
中間申告分法人税額			Ⓐ××	
差　引　確　定　法　人　税　額			×××	

第18章　申告手続き　985

≪参考≫　中小法人と中小企業者等との取扱い例

<table>
<tr><td rowspan="6">法人税法上の中小法人等</td><td>定義</td><td colspan="2">普通法人のうち資本金もしくは出資金の頭が1億円以下のものである。
ただし，大法人（資本金5億円以上の法人）による完全支配関係がある法人又は完全支配関係がある複数の大法人に発行済株式等の全部を保有されている法人を除く</td></tr>
<tr><td rowspan="5">適用項目</td><td colspan="2">貸倒引当金の損金算入制度の適用（法定繰入率）　適用除外者の規定はある</td></tr>
<tr><td colspan="2">中小法人の軽減税率（15％）　適用除外者19％の規定はある</td></tr>
<tr><td colspan="2">欠損金　欠損金繰越控除（損金算入限度額）（中小法人以外は所得金額の50％が限度）欠損金の繰戻し還付制度</td></tr>
<tr><td colspan="2">特定同族会社の留保金課税の適用除外</td></tr>
<tr><td rowspan="14">租税特別措置法上の中小企業者等</td><td rowspan="7">定義</td><td colspan="2">(1)　中小企業者とは資本金が1億円以下の法人のうち
　①　同一の大規模法人に発行済株式総数等の$\frac{1}{2}$以上を所有されている法人ではない。または
　②　複数の大規模法人に発行済株式総数等の$\frac{2}{3}$以上を所有されている法人ではない法人
(2)　資本又は出資を有しない法人のうち常時使用する従業員数が1,000人以下の法人等
（注1）　判定対象となる法人の発行済株式等から，その有する自己株式等を除く。
（注2）　大規模法人とは以下の法人である。
　①　資本金の額が1億円超の法人
　②　大法人（資本金の額又は出資金額が5億円以上）との間に大法人による完全支配関係がある普通法人
　③　完全支配関係がある複数の大法人に発行済株式等の全部を保有されている普通法人</td></tr>
<tr><td rowspan="7">適用項目</td></tr>
<tr><td rowspan="6">適用除外者の規定がある</td><td>中小法人等に対する軽減税率（15％）</td></tr>
<tr><td>中小企業投資促進税制（特別償却・特別控除）</td></tr>
<tr><td>商業・サービス・農林水産業活性化税制（特別償却・特別控除）</td></tr>
<tr><td>中小企業経営強化税制（特別償却・特別控除）</td></tr>
<tr><td>特定事業継続力強化設備（災害他対策設備）等の特別償却</td></tr>
<tr><td>試験研究費の特別控除（支出額制度）</td></tr>
</table>

※表右欄に「適用除外者（前3年間の年間平均所得金額が15億円超の法人は適用されない規定）（注）」の記載あり。

少額減価償却資産（30万円未満）の損金算入特例（常時従業員1,000人超は除く）

		適用除外者の規定がない	試験研究費の特別控除（総額制度は中小企業者等以外も適用ある）
			交際費の損金算入限度額（800万円の定額基準）（資本金が1億円以下の法人，大法人による完全支配関係がある等の普通法人等は除く）（措法61の4②）

（注）適用除外者の規定（適用除外所得基準）

当期前3年以内終了事業年度の所得金額の合計	×	$\dfrac{12}{当期前3年以内終了事業年度の月数（36）}$	>	15億円 中小企業者等の特例を適用できない

当期前3年以内終了事業年度の所得金額の合計	×	$\dfrac{12}{当期前3年以内終了事業年度の月数（36）}$	≦	15億円 中小企業者等の特例を適用できる

《著者紹介》

山内 ススム（本名 進） 商学博士（慶応義塾大学）
Susumu Yamauchi

1982年 税理士試験合格，その後，会計事務所に勤務し
1986年 慶応義塾大学大学院修士課程修了
1992年 慶応義塾大学大学院博士課程修了
1997年 商学博士（慶応義塾大学）
1997年 工業経営学会研究賞受賞
2000年 日税研研究賞受賞
2002年 オックスフォード大学客員研究員
2003年 ケンブリッジ大学客員研究員
2005年 公認会計士二次試験合格
2006年 日本公認会計士協会実務補習所
　　　　西日本地区優秀論文賞受賞
　　　　九州地区成績優秀賞受賞
現在／福岡大学商学部教授
　　　　商学博士，税理士，会計士補，MBA

《主たる著書》

法人税法要説，税務経理協会（単著）
所得税法要説，税務経理協会（単著）
相続税法要説，税務経理協会（単著）
消費税法要説，税務経理協会（単著）
租税特別措置と産業成長，税務経理協会（単著）
簿記原理，共栄出版（単著）
実践簿記原理，共栄出版（単著）
応用簿記原理，共栄出版（編著）
国際会計基準総解説，日本経済新聞社（共著） 他

《主たる論文》

租税特別措置に関する一考察（三田商学研究）
M＆A税務に関する一考察（産業経理）他

著者との契約により検印省略

平成15年10月25日　初 版 発 行		**法人税法要説〔五訂版〕**
平成19年11月25日　改訂版発行	著　　　者	山 内 ス ス ム
平成22年10月1日　三訂版発行	発 行 者	大 坪 克 行
平成25年11月10日　四訂版発行	整 版 所	光 栄 印 刷 株 式 会 社
令和元年12月1日　五訂版発行	印 刷 所	光 栄 印 刷 株 式 会 社
	製 本 所	牧 製 本 印 刷 株 式 会 社

発 行 所	郵便番号 東京都新宿区 161-0033 下落合 2 - 5 - 13	**株式 会社 税 務 経 理 協 会**
	振替　00190－2－187408	電話 (03) 3953－3301（大代表）
	FAX (03) 3565－3391	(03) 3953－3325（営業部）
	URL　http://www.zeikei.co.jp/	
	乱丁・落丁の場合はお取り替えいたします。	

Ⓒ 山内ススム　2019　　Printed in Japan

Ⓡ（日本複写権センター委託出版物）
本書を無断で複写複製（コピー）することは，著作権法上の例外を除き，禁じら
れています。本書をコピーされる場合は，事前に日本複写権センター（JRRC）
の許諾を受けてください。
JRRC(http://www.jrrc.or.jp　e メール：info@jrrc.or.jp　電話：03-3401-2382)

ISBN978－4－419－06601－7　C 3032